中古的社邑與信仰

劉淑芬 著

上海古籍出版社

圖書在版編目(CIP)數據

中古的社邑與信仰 / 劉淑芬著. —上海：上海古
籍出版社，2023.8(2024.3重印)
ISBN 978-7-5732-0765-4

Ⅰ.①中… Ⅱ.①劉… Ⅲ.①佛教史-中國-古代-
文集 Ⅳ.①B949.2-53

中國國家版本館 CIP 數據核字(2023)第 130609 號

中古的社邑與信仰

劉淑芬　著

上海古籍出版社出版發行

（上海市閔行區號景路 159 弄 1-5 號 A 座 5F　郵政編碼 201101）

（1）網址：www.guji.com.cn
（2）E-mail：guji1@guji.com.cn
（3）易文網網址：www.ewen.co

上海商務聯西印刷有限公司印刷

開本 635×965　1/16　印張 39　插頁 3　字數 561,000
2023 年 8 月第 1 版　2024 年 3 月第 2 次印刷
ISBN 978-7-5732-0765-4

K·3406　定價：178.00 元

如有質量問題,請與承印公司聯繫

自　序

眼前是一個疾速變遷的世界，講求的是速度，比的是量能。相對於此，我則是在前一個世紀的研究環境中成長，其時文史要求的是年深日久的累積。1983年有幸進史語所工作，當年所方要求不急著寫論文，先好好讀三年書；所長丁邦新先生找我談話，叮囑凡找一個題目，要能做上五年十年研究，也就是能有開發拓展性的研究，這句話我牢記在心。

撰寫博士論文《六朝時代的建康》時，史書文獻上絕少提及平民和鄉村地區，典雅風流、璀璨絢麗的建康文化，僅屬於金字塔頂端一小部分人們的生活，不免覺得不足；又博論的"實質環境篇"討論了建康佛寺，在"文化篇"內也包含佛教信仰，使我開始關注佛教問題。其後看到北朝造像碑資料時，發現其中有平民和鄉村的資料，因此從1990年開始，漸漸以碑刻做社會史的研究，《5—6世紀華北鄉村的佛教信仰》（1993年）是踏出佛教社會史的第一步。又因先前為撰寫城市史，故稍涉建築史的課程，從劉敦楨先生的研究中，得知北齊鄉義慈惠石柱的重要性，唐長孺先生用其題記的豐富資料，以資研究北朝的課田與業田，啓發我用其中佛教資料做社會史研究，因有《北齊標異鄉義慈惠石柱——中古佛教社會救濟的個案研究》（1994年）之作。在造像碑記中，最顯著的是佛教結社的記錄，因此，社邑成為我關注的主題之一。1995年史語所成立"文物圖像研究室"，整理出版暨研究典藏的簡牘、拓本等非文獻資料，傅斯年圖書館藏有豐富的拓本，顏娟英學長領銜的拓本研讀計劃，每兩周一次，我就在拓本中努力搜尋社邑蹤跡。其後，因侯旭東先生厚意邀稿，故有《中古佛教政策與社邑的轉型》一文，刊於《唐研究》第13卷（2007年）。

在中國占主流地位的儒家思想，旨在關心活著的人，"未知生，焉知死"；對於亡故先人的祭祀是抱著誠敬的態度，即所謂的"慎終追遠"；然而其中並沒有宗教上"超薦"的功能，佛教的傳來，恰好填補了這塊空白。佛家提供人們死後的服務，南北朝以來，不唯民間在七月十五日造"盂蘭盆"超度七世父母，皇帝在此日也向寺院供獻"盂蘭盆"，稱爲"官盆"。自北朝以降，就爲亡故的親人做"七七齋"；到了唐代更出現佛教僧俗在生時先爲自己做齋，稱爲"生七"，或"預修齋"。對於皇族高官而言，另有"功德寺"的建置，盛唐以後，皇帝賜給皇族、高官功德寺，至北宋時期，更形成制度，寺院僧人長年爲某個家族的先人做追薦的法事，因有《唐、宋時期的功德寺——以懺悔儀式爲中心的討論》（2011 年），探討這個問題。此外，2010年在臺北舉行的"杜希德與 20 世紀歐美漢學（典範大轉移）國際研討會"，發表的《六朝家訓、遺令中的佛教成分——喪葬的新元素》（後收入陳珏主編《漢學典範大轉移——杜希德與"金萱會"》，2014 年），對我而言，意義非凡。1986—1987 年獲得傅爾布萊特基金會博士後研究獎助，赴美國普林斯頓大學東亞系追隨杜希德先生，先生每周和我約談一小時，撰此文時特爲追念先生，祈以報答他的教導與恩情。

在 21 世紀初年，所裏同事常相互邀約，就某一議題進行討論。2002年蒲慕州學長找了"中研院"和政治大學的朋友，從不同宗教的角度討論歷史上的鬼魅神魔，《中古僧人的"伐魔文書"》就是因此而作的論文。2002—2004 年，學弟林富士先生申請到"中研院"三年的主題計劃，檢視不同宗教與醫療的關係。醫療原來不是我關注的課題，他再三游説就缺佛教這一塊，因此勉爲其難，認領了佛教的子計劃。因平素好喫茶，故以"茶與佛教的醫療"爲題，没想到日後衍生出四篇論文：《"客至則設茶，欲去則設湯"——唐、宋時期世俗社會生活中的茶與湯》（2004 年），《唐、宋寺院中的茶與湯藥》（2006 年），更由此轉向戒律與清規的討論：《戒律與養生之間——唐宋寺院中的丸藥、乳藥和藥酒》（2006 年），以及《〈禪苑清規〉中所見的茶禮與湯禮》（2007 年）。因此之故，稍和醫療史連接，2005 年學弟李建民先生主導"從醫療看中國史"研討會，也邀我參加，先前因和富士弟論及中古時期國家和宗教爭奪醫療資源的問題，遂有《唐、宋時期僧人、國家和醫療的關係——從藥方洞到惠民局》一文（2008 年）。

　　其間，幾位學長又擬師法《劍橋中國史》，倡議共同撰寫《南港中國史》，但日後未能成形，遂改弦易轍，由幾位學長就不同的課題，編寫一套《中國史新論》。黃寬重學長邀約在其主編的“基層社會分冊”，發表《香火因緣——北朝的佛教結社》（2009 年）；林富士先生主編的“宗教史分冊”，也刊載《從造像碑看南北朝佛教的幾個面向——石像、義邑和中國撰述經典》（2010 年）。富士弟於 2021 年離世，念及往昔論學，多所受他啓發；又他辭世之前，限於疫情管制，未能前往探視，不勝感慨痛惜。

　　日本學者松長有慶先生認爲：研究佛教絕不可忽略密教。先前在對密教沒有太多理解時，撰寫了關於《佛頂尊勝陀羅尼經》及經幢三篇文章，後來集結成《滅罪與度亡——佛頂尊勝陀羅尼經幢之研究》（2008 年）。然而，密教深邃，其後一直至 2016 年參與“紀念房山石經與雲居寺創建1400 周年暨中國佛教協會發掘拓印房山石經 60 周年國際學術討論會”時，方撰成《咒石與經幢——9 世紀碑刻所見佛教僧俗持念的陀羅尼》一文。

　　研究中古佛教社會史，造像記是重要的資料，六朝唐代的筆記小說、《觀世音應驗記》、《冥祥記》、《冥報記》等也有相關的記載。此外，石窟造像和繪畫也是可資利用的文本。因研究東晉至宋代的聖僧信仰，在撰寫《中國的聖僧信仰和儀式（4—13 世紀）》（2013 年）的過程中，發現羅漢是聖僧信仰的一環，京都大德寺收藏南宋時期繪製百幅《五百羅漢圖》的內容，完整反映宋代羅漢信仰和儀式，今可以辨認裏面四十八幅的題記，頗有助於了解其時佛教信仰和地方社會。因此遂以“大德寺五百羅漢圖”爲主要資料，探討宋代的羅漢信仰及其儀式，而有《宋代的羅漢信仰及其儀式——從大德寺宋本“五百羅漢圖”說起》（2015 年）之作。此圖的內容極爲豐富，目前猶在持續探討中。

　　回首前塵，深自慶幸有機會在史語所讀書做研究，能夠進入此一學術殿堂，係拜勞師貞一鼎力推薦所賜。入所以後，嚴師耕望鼓勵運用石刻資料，以及先前傅師秀實、孫師同勛，以及杜維運先生、鄭欽仁先生的教導提攜，使我踏實地走上學術研究這條路。然而，由於力絀於做研究，兼以家事羈絆，未能常時執禮問候師長，有以報諸位先生重恩。先母劉邱靜慧女士出自桃園八德書香世家，皈依印順法師，常帶著我去臺北慧日講堂聽印海法師講經；以此因緣，高中時候皈依了印海法師，對佛教略有認識，也開啓了中年以後研究佛教社會史的因緣。年屆黃昏，時有"深恩負盡，死生師友"之感。今謹以此書奉獻諸師長，暨先父劉長雲先生、先母劉邱靜慧女士，希冀能報其厚恩於萬一。

目　　録

聖僧與羅漢

中古社邑研究

5—6 世紀華北鄉村的佛教信仰

　　本文係以 5—6 世紀華北村落的佛教造像記爲主要資料,探討其時鄉村居民的宗教活動與儀式,以及佛教在鄉村社會所發揮的功能。

　　5、6 世紀時佛教在華北鄉村地區非常盛行,遊化村落的僧人是促使佛教深入華北鄉村的主要原因。由於佛教經典鼓勵造像,以及佛教修行方法和儀式上的需要,歸心佛教的村落居民便傾力造像。有證據顯示:僧人也利用佛碑像上的圖相——包括佛本行、佛本生故事的片斷場景,以及經變的圖相,作爲他們傳道布教的輔助説明,這種做法可能影響了唐代變文的講述方式。鄉村居民基於宗教上的虔敬,而組織了叫做"義邑"或"法義"的信仰團體,由僧人作爲其指導者,稱之爲"邑師",領導他們從事建造佛像、寺院、興辦公共建設和慈善事業,並且共同修習佛法,舉辦及參與齋會和若干儀式。在佛像建造完工的前後,鄉村居民會舉行齋會、八關齋會,以及行道等儀式;而在佛像落成之日,還要舉行佛像的開光儀式。出現在 6 世紀的造像記中的"開光明主"、"光明主"這樣的頭銜,是迄今包括佛教與道教有關開光儀式最早的記録。

　　由於佛教在華北鄉村的深入流行,它深深地影響着鄉村信徒的日常生活,乃至其價值標準;人們常透過佛教的行事來表達其孝思忠忱,而致力弘揚佛教、捨田立寺、從事救濟飢寒等社會事業的行爲,也成爲鄉村社會重視的美德之一。又,鄉村佛教徒組織信仰團體,以從事造像和公共建設事業,並共同修習佛法,無形中縮小了社會階層之間的差距,促進了社會的整合。

一、前　言

中國中古時代(3—9 世紀),是佛教信仰從廣爲傳播流行到極爲興盛的時期,從帝王公卿、貴族百官,到庶民奴婢,都沉浸在虔敬的宗教信仰裏;佛教的教義、儀式深深地影響人們,並且融入其日常生活。然而,迄今關於中國佛教史的研究多偏重於上層階級的討論,貴族、官員和高僧所熱衷的教義禪觀、朝廷對佛教的政策等方面。何以造成這種偏差? 這大半要歸因於其所使用的資料。關於此一時期正史中,《魏書·釋老志》雖然對佛教傳入中國以迄於 6 世紀末的發展有簡略的敘述,不過,其中並沒有關於平民佛教信仰方面的記載;至於集佛教資料之大成的《大藏經》也很少有相關的材料。許理和(Zürcher)認爲:《大藏經》係數個世紀佛教僧侶審查(censorship)下的產物,因此不能顯現中國佛教的全貌。他舉兩點爲例:一、無論就翻譯的經典,或佛典的譯注而言,只有一小部分是出自私人之手,而絕大多數係帝王贊助的。二、以高僧傳來説,僅有少數高僧的傳記,實不足以反映實際上數百萬僧尼的事迹,而只能視爲冰山之一角;同時,那些高僧多爲僧尼中的知識分子,也是宗教宣傳家,因此不能反映多數出身平民階層、識字不多僧尼的活動。[1] 除了 Zürcher 所舉的例子之外,我覺得佛藏也多偏重於城市寺院及在其間活動僧尼的記載,如《洛陽伽藍記》、《梁京寺記》,而很少有鄉村方面佛教的記錄。幸而,有一類没有收錄在《大藏經》裏的佛教信徒造像、造經的資料——特別是造像記,卻蘊含着不少鄉村佛教和平民信徒的資料。

　　所謂的造像記,是鐫刻在佛像的臺座、碑陰,或石窟裏靠近佛像石壁上的銘文。自佛教於漢代傳到中國以後,便有佛像、佛畫的造作,近年來,考古發掘出土漢代的器物和孔望山摩崖造像,就是明證。[2] 佛教徒除了彩繪、刺繡佛像之外,又以金、銅、石、木、泥、磚、象牙等塑像,以及夾紵造像,其中只有金、銅和石佛像是刻有造像銘記的。造像記的内容繁簡不一,有的只簡略地記錄造像的年代日期,和出資造像者的姓名;有的則較詳細,包括佛教義理、造像的緣起、造像者的祈願、造像者所屬的宗教信仰團體,參與造像的人數,以及所有捐資造像者的姓名。金銅像一般形制都較小,銘文也多很簡短;至於石像的規模則較大,有的石碑像甚至超過兩公尺,其

① Erik Zürcher, "Perspectives in the Study of Chinese Buddhism", *Journal of the Royal Asiatic Society*(1982), pp.161 - 167.

② 楊泓《國内現存最古的幾尊佛教造像實物》,《現代佛學》1952 年第 4 期。

銘記有長有短,有的長達數百或數千字,還附有一個很長的造像者名單。迄今所知最早的造像記是鐫於西晉太康二年(281)金銅像上的銘文,[①]五胡十六國時代也有少量造像記遺存;不過,仍以北朝時期占絕對多數,特別是自 5 世紀後半以降爲多。[②]

魏晉南北朝時期,佛教無論在城市或鄉村都極爲興盛流行。關於此一時期城市裏的佛教的狀況,可從《洛陽伽藍記》一書見其梗概,作者楊衒之曾以華美生動的文筆,描繪 5 世紀末至 6 世紀中葉洛陽的寺院、佛教的行事與活動。至於鄉村地區的佛教,則沒有這類專書或有系統編纂的記述;在此情況下,鄉村居民捐資造像的造像銘記,便成爲了解鄉村佛教最直接而珍貴的資料。

本文係以 5—6 世紀華北村落——出自今日陝西、山西、河北、河南、山東省鄉村地區的佛教造像記爲主,探討其時鄉村居民的宗教活動與儀式,以及佛教在鄉村社會所發揮的功能。由於本文以造像記爲主要資料,因而有必要首先就其時造像風氣之盛行作一番敍述,並且探討其蓬勃開展的原因。其次,再就北朝鄉村佛教的信仰狀況、佛教對鄉村居民生活的影響以及佛教在鄉村社會的作用,逐一討論。

二、北朝的造像風氣及其興盛的原因

(一) 北朝的造像活動

自 5 世紀迄 6 世紀,中國建造佛像的風氣大盛,唐代的僧人法琳對其時造像數目,曾統計得出驚人的數據:在隋文帝統治時代(581—605),曾建造金、銅、檀香、夾紵、牙、石像等大小像十萬六千五百八十軀,修治故像一百五十萬八千九百四十餘軀。[③] 也就是說,在隋文帝以前,至少已經建

---

① 《十二硯齋金石過眼續錄》卷四《張揚剌造像記》,但此件佛像下落不明;現存最早有銘記的佛像是後趙建武四年(338)的金銅像,藏於舊金山 The Asian Art Museum of San Francisco。

② 佐藤智水《北朝造像銘考》,《史學雜誌》第 86 編第 10 卷。作者將他所收集到的南北朝以前二千五百餘造像記,作一統計,其中北朝造像占了一千三百六十件。

③ 《辯正論》卷三《十代奉佛篇》,收入《大正新修大藏經》,冊五二,頁 509 中。

造了一百五十餘萬尊佛像，這的確是一個龐大的數字，有些學者甚至認爲它過於龐大而不可信。① 不過，根據下列兩個理由，我認爲這個數字至少可反映其時造像數量的衆多。

首先，我們必須先了解中古時期人們計算造像數目的方法。從造像銘記來看，當時人係以鐫刻在金銅、石碑、摩崖、石窟裏大小佛、菩薩的總數而計。他們經常不只造一尊佛像，其造像常以一佛二菩薩、一佛二菩薩二弟子等形式出現；如《羅江海造一佛二菩薩象》記稱："開皇八年（588）七月廿日羅江海敬造一佛二菩薩。"② 又基於過去七佛和賢劫千佛的信仰，在主尊佛像之外，也常雕有七佛，或以許多小的佛像代表千佛，凡此都可使造像的數目變得十分驚人。如在山西孟縣千佛山摩崖佛巖壁上，除了佛龕的主像外，雕有許多小佛，即所謂的"千佛"；在右方佛龕下有這樣的題記："千像主趙郡太守嘉殷州刺史河間邢生，興和三年（541）六月八日。"此"千像主"係指建造千佛的施主。③ 惟其如此，所以個人或團體可能造像達數千，甚至數萬，如北齊唐邕個人就曾造佛像二萬二千軀。④ 6 世紀末，鄭元伯發願建造八萬四千佛像，功未成而身先辭世，由其女道貴及其弟子等承繼此願，終於在開皇四年（584）完成。⑤ 若不是以大、小佛像的總數計算，以個人微薄的力量難以完成建造八萬四千軀佛像的心願。

第二，以模型鑄造泥質佛像的方法，便於複製大量的佛像，也是促成其時佛像數量龐大的一個原因。今人談北朝造像多指金銅或石造佛像，而很少注意到泥製佛像；事實上，北魏已有泥製佛像，只是因其易於破損，以致傳世者甚少。《尊古齋陶佛留真》卷上就著録有紀年北魏孝昌元年（525）、西魏大統八年（542）的兩件泥佛像；西安單灘亦曾出土北魏泥佛百餘件。⑥

由以上的論證，可知隋文帝修治故像一百五十餘萬這個數字不是誇大，

① 《北朝造像銘考》，頁2。
② 北京魯迅博物館、上海魯迅紀念館《魯迅輯校石刻手稿》，上海書畫出版社，1987年，二函五冊，頁1077。
③ 道端良秀《山西於に於ける新出の六朝摩崖佛調查記》，《支那佛教史學》第6卷第3號，頁36。
④ 大村西崖《支那美術史·雕塑篇》，東京，佛書刊行會圖像部，1915年，頁353。
⑤ 《魯迅輯校石刻手稿》，二函五冊，頁105。
⑥ 陳直《西安出土隋唐泥佛像通考》，《現代佛學》1963年第3期，頁42。

也非衍誤。雖然這個數字不是指一百五十餘萬個單立的佛像,而是指大小佛像之總和;不過,它仍可反映北朝造像活動的興隆,以及其時佛像數量之龐大。

關於北朝造像的數目,確實難以估算。上述一百五十餘萬係指其時修復破損的佛像的數目,並沒有包括當時完好無缺的像。年代久遠,造像實物歷經歲月湮埋,加以人爲的破壞,所存者已不知僅是當時的若干分之一而已。今日我們所知的北朝造像,除了部分有銘記的佛像可見諸金石著録或方志的記載之外,從清末迄今,各地仍陸續有佛像的出土與發現。如1953—1954 年,河北曲陽修德寺出土北魏迄唐佛像計二千二百餘件,其中有年款者二百四十七件,屬於北朝者計一百五十八件。① 至於那些没有銘記的造像,或是其銘記文字不够雅致而爲金石家割捨者,則湮没難尋。關於這一點,《陝西金石志》描述得最爲清楚:

> 按元魏以來,造像滋多……然迄今千數百年,渭北各縣荒村廢寺,此種古物猶累百盈千,惟文字欠雅馴,且漫漶過甚,不堪著録。②

文字欠雅馴,正是多數鄉村造像的特色之一;本文主要依據村落的造像銘記,探討鄉村地區的佛教信仰。

(二) 造像風氣興盛的原因

5、6 世紀之際,何以造像風氣會如此熾烈興盛?

王昶首先在《北朝造像總論》文中認爲:此係由於自西晉永嘉以後戰亂連連,人民苦於干戈亂離,從而歸心佛教,傾力造像。湯用彤亦引其説以解釋北朝造像的盛行。③ 此説固然不錯,不過,僅從政治社會的角度觀察,似乎不足以完全理解其時如火如荼般開展的造像活動。除此之外,另有學者從佛教經典鼓勵造像這方面來解釋。就造像風氣的蓬勃興盛而言,政治

① 楊伯達《曲陽修德寺出土紀年造像的藝術風格與特徵》,《故宮博物院院刊》第 2 期,1960 年,頁43—49。
② 《陝西金石志》卷六,《石刻史料新編》第一輯(22),臺北,新文豐出版公司,1977 年,頁 18。
③ 王昶《金石萃編》卷三九《北朝造像總論》,《石刻史料新編》第一輯(1),頁 16—17。湯用彤《漢魏兩晉南北朝佛教史》,上海,1938 年,頁 509—510。

社會的動蕩不安顯係外在因素,而佛教的教義、儀式方爲促成此風氣的内部因素。以下擬就此一内部因素,作更進一步的討論。

　1. 佛教經典的鼓勵造像

　建造佛像風氣之大盛與大乘佛教的隆興有關,中、日學者的研究早已指出這一點。① 一些大乘經典中提及造像可獲得許多功德和福報,從東漢以來陸續譯出的大乘經典,如東漢月氏沙門支婁迦讖於靈帝光和二年(179)譯出的《道行般若經》(T·224)、《般舟三昧經》(T·418)中,就已宣揚造像的功德。《般舟三昧經》卷上四事品:"菩薩復有四事疾得是(般舟)三昧,何等爲四,一者作佛形像若作畫……"②西晉時竺法護譯的《賢劫經》(T·425)第一四事品,亦有相同的説法。③《道行般若經》第十曇無竭菩薩品裏提及:佛涅槃後,使人作佛像的目的在於透過人們對佛像的供養,使之得到福德。

　　　譬如佛般泥洹後,有人作佛形像,人見佛形像,無不跪拜供養者,其像端正姝好,如佛無有異,人見莫不稱歎,莫不持華香繒綵供養者。賢者呼佛,神在像中耶? 薩陀波倫菩薩報言:不在中,所以作佛像者,但欲使人得其福耳。……佛般泥洹後,念佛故作像,欲使世間人供養得其福。④

　姚秦時,鳩摩羅什譯出《妙法蓮華經》(T·262)中,備述各種發心起造佛像的功德,對人們極具鼓勵之作用。

　　　若人爲佛故,建立諸形像,刻雕成衆相,皆已成佛道。或以七寶成,鍮石赤白銅,白鑞及鉛錫,鐵木及與泥,或以膠漆布,嚴飾作佛像,如是諸人等,皆已成佛道。彩畫作佛像,百福莊嚴相,自作若使人,皆

① 望月信亨《佛像造立の起原と大乘佛教》,氏著《佛教史諸研究》,東京佛教研究所,1927年,頁53—59。谷響《談造像》,《現代佛學》1956年第8期,頁14。
② 《大正新修大藏經》,册一三,頁906上。
③ 《大正新修大藏經》,册一四,頁6下—7上。
④ 《大正新修大藏經》,册八,頁476中。

已成佛道。乃至童子戲,若草木及筆,或以指爪甲,而畫作佛像,如是諸人等,漸漸積功德,具足大悲心,皆已成佛道。①

除此之外,另有專為宣揚造像功德的經典。在唐代以前,有兩本特別倡導造像功德的經典,皆失譯者姓名,一為《佛說作佛形像經》(T·692),傳為後漢時譯出;一為《佛說造立形像福報經》(T·693),傳係東晉時所譯。此二經為同本異譯,內容大抵相同,只是後者多了偈讚。這兩部經的內容是敘述佛至拘鹽惟國時,回答其國王優填王所問造作佛像的福祐好處,盛稱造作佛像者死後不墮惡道,後世可生富貴豪家,其後無數劫會當得涅槃。

以上經典對北朝時人們造立佛像的影響有多大呢? 這從其時造像的題材和經典的關聯,可見一斑。前面提及《法華經》亟稱造作佛像的功德,它同時也是北魏時最為流行的經典之一;從敦煌到雲岡石窟,乃至於金銅佛、單立石像中,有許多釋迦、多寶佛並坐的形像,此係表現《法華經》中《見寶塔品》之一景,由此可見經典和造像有相輔相成的關係。②

2."觀佛"修行方法

佛經上說:"觀佛"是一種消除減滅人們罪業、獲得功德的修行方法。所謂"觀佛"一即觀像念佛,或觀想念佛,係佛指示人們於佛涅槃之後,目觀佛像,繫心思惟、憶念佛之形容相好,乃至於體念佛心,進入三昧,定中見佛,可以獲致減滅罪業及他種福報。觀佛的對象除了釋迦牟尼佛之外,也可以包括過去七佛及三世十方一切諸佛。從4世紀後半葉至5世紀中葉,中國譯出一些冠以"觀"字的經典,今尚存六種,其中有些經典講到觀佛的好處以及觀佛的方法。③ 如《觀無量壽佛經》(T·365)、《觀佛三昧海經》(T·643),對於如何觀想念佛,有詳細的描述。

就此修行方法而言,佛像是十分必要的;由於繫心思惟佛的相好及諸佛的境界,須透過對佛像的觀想,因此《觀佛三昧海經》中也兼敘及造立佛

---

① 《大正新修大藏經》,冊九,頁8下—9上。
② 塚本善隆《塚本善隆著作集》第二卷《北朝佛教史研究》第七《龍門石窟に現れたる北魏佛教》,東京,大東出版社,1974年,頁384。
③ 小丸真司《般舟三昧經と觀佛三昧》,《印度學佛教學研究》第32卷第2期。

像的福報：

> 佛告阿難：汝從今日持如來語遍告弟子，佛滅度後，造好形像令身相足，亦作無量化佛色像，及通身光及畫佛迹，以微妙彩及頗梨珠安白毫處，令諸眾生得見是相，但見此相心生歡喜，此人除却百億那由他恒河沙劫生死之罪。

> 時優填王，戀慕世尊鑄金爲像，聞佛當下，象載金像來迎世尊……爾時世尊而語像言：汝於來世大作佛事，我滅度後，我諸弟子以付囑汝……若有眾生於佛滅後造立形像，幡花眾香持用供養，是人來世必得念佛清淨三昧。①

從下列三點，可以看出觀佛的經典影響及佛像的造立。一、石窟造像。印度早在公元前 2 世紀就開始開鑿佛教石窟，爾後，隨著佛教向東傳布，從中亞到中國都有石窟的開鑿。由東晉僧人慧遠在廬山營築淡彩繪形佛影的龕室，並撰《佛影銘》一文之事，充分反映了經典的影響。②《觀佛三昧海經》卷七《四威儀品第六之餘》中，提及觀佛的方法之一"觀佛影"，即佛滅度後若欲知佛坐相，當觀佛影。此緣於佛至那乾訶羅國降伏毒龍和羅刹女之後，龍王以羅刹石窟奉佛，佛在二度入龍王石窟中坐時，踊身入石；佛跌坐在石壁之內，而其影映現於外，時眾生及諸天皆供養佛影。佛指示欲觀佛影者須先觀佛像，然後想象作一石窟，想象佛在石窟中跌坐，乃至於佛影的顯現。同卷經文中，也提及羅刹女和龍王爲佛之四大弟子尊者阿難，造五石窟。③ 由此可知，慧遠築佛影龕室和上述經典密切關聯。

二、石窟之內除了佛像之外，有許多佛陀一生的事迹——即佛傳，和佛陀前世事迹——即佛本生故事的雕刻和繪畫，這些也是觀想念佛的一部分。《觀佛三昧海經》卷一《序觀地品第二》中，敘述佛的前世種種事迹和佛陀的傳記，都可以是佛教徒繫念觀想的對象：

---

① 《觀佛三昧海經》卷六，《大正新修大藏經》，冊一五，頁 675 下，678 下。
② 《高僧傳》卷六，《大正新修大藏經》，冊五〇，頁 358 中。
③ 《大正新修大藏經》，冊一五，頁 679 中—681 中。

佛告父王：佛涅槃後，若四部衆及諸天龍夜叉等，欲繫念者、欲思
惟者、欲行禪者、欲得三昧正受者，佛告父王：云何名繫念，自有衆生
樂觀如來具足身相……自有衆生樂觀如來初生者，自有衆生樂觀如來
納妃時者，自有衆生樂觀如來出家時者，自有衆生樂觀如來苦行時者，
自有衆生樂觀如來降魔時者，自有衆生樂觀如來成佛時者……如是父
王，我涅槃後諸衆生等，業行若干，意想若干，所識不同，隨彼衆生心想
所見，應當次第教其繫念。①

有些石碑像上便雕有佛本生或佛本行故事的場景，它們當然也可以是
觀佛的對象。如東魏僧人道穎於武定四年（546）所造的石碑像上，就鐫有
釋迦牟尼出生的數個場景（見圖1）。

三、在佛像光背裏常出現七佛的圖形或雕刻，此亦典出《觀佛三昧海
經》中觀菩薩降魔白毫相之一景："諸菩薩頂有妙蓮華，其華金色，過去七
佛在其華上。"又，卷一〇中説："佛告阿難，若有衆生觀像心成，次當復觀
過去七佛像。"②

關於造像和觀佛之間的關聯，最直接而具體的證據是造像銘文。北朝
時《常岳等造石碑象記》文中，就明白地提到觀佛。

今佛弟子常岳等謂知四毒之分段，五蔭之畫疾，遂率邑義一百
餘人，寄財於三寶，托果於娑婆，罄竭家珍，敬造石碑像一區。其石
像也，乃運玉石於他山，采浮磬於今浦；既如天上降來，又似地中湧
出，致史跛看之徒樂善忘歸，矚目之莫，不覺日落。觀拔難周，尋形
叵遍。③

3. 以佛像爲中心布置爲"道場"，形同寺院，可在此舉行儀式和法會

北朝人建造單立石碑像、金銅佛像其功用有四：一是置於家中，供家

① 《大正新修大藏經》，册一五，頁 647 中、下。
② 《大正新修大藏經》，册一五，頁 653 中、693 上。
③ 《魯迅輯校石刻手稿》，二函一册，頁 229。並見《八瓊室金石補正》卷一六，頁 18。

人常時禮拜供養。二是放在寺院中,供僧侣信徒致敬供養。三是置於大道
通衢之中,供來往信徒禮敬,兼以感化過路行人。四是以佛像作成一個
"道場",代替寺院,在此舉行宗教活動。最末者對於鄉村地區尤其重要,
特別是在偏遠的地區,居民住家分布零散,尚未建有寺院;或者即使有寺院
而寺域狹小,不敷舉行儀式法會時,以佛像布置道場,應當是很普遍的。敦
煌發現的《敦煌寫本某地方佛教教團制規》,據學者推測可能係從北魏至
隋唐時實行於華北的僧團制規,其中就提到四月八日佛像出行,至偏遠鄉
村,可以佛像布置道場,以便舉行"行道"的儀式。

　　然則嚴飾尊像,無量利益,奉載四出,亦膺同見,爾時四眾,皆願供
養,但寺舍隘狹,或復僻遠,行者供養,必不周普。自今已後,諸佛弟
子、道俗眾等,宜預擇寬平清潔之地,脩爲道場,於先一日,各送象集
此,種種伎樂、香花供養,令一切人物,得同會行道。①

北齊時,田市仁等人在河陽(今河南省孟縣)南田元每村所建的石碑
像記,也透露了石碑像可布置爲道場:

　　邑主田市仁□人等性辯三乘,獨閑正覺,遂求荆山琬琰,訪達聖奇
工,建方石一區,作妙像八龕,鐫彫鏤琢,狀雲霓秀□,妝嚴麗美,似寶
塔空懸。乃於河陽南田元每村,故使鄉閭合掌,正幕道場,邑俗投心,
褰裳驟仰。②

此石碑像甚爲高大,殘高二尺九寸,若以此爲中心布置一個道場,想是十分
莊嚴的,因此碑記上稱"故使鄉閭合掌,正幕道場,邑俗投心,褰裳驟仰"。
6世紀華北鄉村的造像銘記裏,在捐資者的題名中也有"道場主"這樣的頭
銜。由此可見,佛碑像是可作爲一個簡單的道場來使用的。

---

① 塚本善隆《塚本善隆著作集》第三卷《中國中世佛教史論考》第十《敦煌本・中國佛教教團制
　規》,東京,大東出版社,1975年,頁288。
② 《陶齋藏石記》卷一三,《石刻史料新編》第一輯(11),頁16—17。

4. 浴佛、行像、行道等佛教儀式的需要

在釋迦牟尼的生辰,佛教徒舉行浴洗佛像的儀式"浴佛",以及佛像出行的儀式"行像";此外,於法會中常舉行"行道"的儀式,在這些儀式裏,佛像是不可或缺的。漢末,中國佛教徒已於佛誕日舉行浴佛的儀典;三國時,康僧會開始在吳都建業"設像行道";北魏洛陽在四月八日前後,都有大規模的行像活動。①

三、北朝鄉村佛教信仰的情況

由於本文主要討論華北鄉村的佛教信仰,所以必得先了解當時鄉村概況。關於六朝時的村,多位學者已有專文討論,如宮崎市定、宮川尚志、福島繁次郎、越智重明等;不過,他們的研究多著重六朝村制的起源和形成方面。② 此處僅擬描繪北朝鄉村的約略面貌,特別是牽涉到理解鄉村造像有關的問題,如村落的規模、範圍以及村落的居民等方面。

(一) 北朝鄉村的狀況

北朝村落的規模如何? 村落自然是有大有小,北朝大的村落户口數甚爲可觀,有達千户或百户以上者;小的村落則有小至幾十家者。《續高僧傳》卷二四《釋明瞻傳》裏提到: 北朝末年時,恒州石邑(今河北)龍貴村住有二千餘家。從現存造像銘記來看,這個數目也不是太誇張,在山西介休縣荒榛草莽中發現北齊天保十年(559)所造的"禪慧寺佛幢",係由比丘法悦及信徒一千餘人捐建的。③ 又,如北魏孝莊帝永安三年(530),位於今日山西省稷山縣的三交村居民薛鳳規等人造的佛像碑上,可辨識信徒的姓名

①　《三國志》卷四九《劉繇傳》云笮融奉佛事。《高僧傳》卷一《康僧會傳》,頁 325 中。范祥雍校注《洛陽伽藍記校注》,上海,古典文學出版社,1958 年,頁 132—133。
②　宮崎市定《中國における村制の成立》,《アジア史論考》中卷,東京,朝日新聞社,1976 年。宮川尚志《六朝史研究》第七章《六朝時代の村について》,京都,平樂寺書店,1977 年。福島繁次郎《魏晉南北朝史研究》,東京,名著出版社,1979 年。
③　《山右石刻叢編》卷二《禪慧寺佛幢》,頁 8—9。

有四百九十個以上。① 村落裏有能力捐資造像的人數達數百人之多,則其居民戶口數有可能在千人以上。不過,如《北史》卷八六《公孫景茂傳》稱其時"大村或數百户"這樣的村落,應該是較爲普遍的。如北魏景明四年(503),幽州范陽郡涿縣(今河北涿縣)當陌村的居民有兩個造像活動,分別由劉雄頭領銜的四百人,以及高伏德領銜的三百人兩個集團捐資造像;前者由於碑文字迹漶漫,難以統計捐資者確實的數目,而後者可辨識的人名有二百六十五個。② 雖然在以上兩個碑記裏,可辨識出有一些人同時參加了兩個造像活動,即使如此,一個村落有三四百人有能力捐資,那麼這個村落的居民人數至少應有五六百人,甚或更多。至於小的村落,則僅有數十家;如當時陳留郡襄邑縣(今河南睢縣附近)謀等村只有"三十家,男丁一百三十七人,女弱一百六十二口"。③

　　村的範圍:如上所述,從幾十家的小村,乃至於數百家,甚或千家的大村,大皆有一定的範圍;其所在位置或是倚山傍水,有自然形勢作爲屏障;或是位於平野,而有人工樊籬作爲界綫。村民耕種的田地多在村外,出入村落須經過村門。④ 從 3 世紀以後,由於華北多戰亂,村落多設有塢壁以自保,村落也常稱之爲"村塢"。如《晉書》卷八九云麹允爲人仁厚,無威斷,常賜屬下以厚爵"村塢主帥小者,猶假銀青、將軍之號";《魏書》卷八七《孫道登傳》説他於北魏和梁朝交戰中被俘,梁軍將他"面縛臨刃,巡遠村塢,令其招降鄉曲",孫道登是彭城吕縣人,可知其時在蘇北一帶有武裝自保的村落。北魏時河南、山西等地的村落也多是村塢,《魏書》卷七四《尒朱榮傳》敍述葛榮之亂時,其軍過汲郡(今河南省新鄉)"所在村塢悉被殘略"。同書,卷一四《元天穆傳》説邢杲謀反"旬朔之間,衆逾十萬,劫掠村

---

① 《薛鳳規等造像碑》,見《支那美術史·雕塑篇》,頁 241—242;並見《魯迅輯校石刻手稿》,二函一册,頁 179—200,此書題作《薩鳳顔造象碑》。然周錚據此一造像碑之實物考證(今在中國歷史博物館),"薩鳳顔"作"薛鳳規",見《北魏薛鳳規造像碑考》,《文物》1990 年第 8 期。今依此。

② 《劉雄頭等四百人造像記》,見北京圖書館金石組編《北京圖書館藏中國歷代石刻拓本匯編》,中州古籍出版社,1989 年,册三,頁 61。《高伏德三百人等造象記》,《魯迅輯校石刻手稿》,二函一册,頁 62—63。

③ 《宋書》卷四五《劉粹傳》。

④ 《冥報記》下:"隋開皇初,冀州外邑中,有小兒年十三,常盜鄰家雞卵,燒而食之。後早朝村人未起……使者曰不須也。因引兒出村門。村南舊是桑田,耕訖未下種。"

塢,毒害民人,齊人號之爲'蕎榆賊'。先是,河南人常笑河北人好食榆葉,故因以號之"。又,《北史》卷七六《樊子蓋傳》敍述他討絳郡賊敬槃陀時,不加分別善惡,將"汾水北村塢盡焚之"。不過,也有一些村落是不設防的,如隴西地區的村落。①

至於其時華北村落的居民,則不盡是漢人;有的係漢人村落,有的是非漢族所住的"胡村",有的村落則是胡、漢雜居。② 由於東漢以來便有北方遊牧及半遊牧部族陸續南遷,加上五胡十六國時期各政權的紛競爭奪,北朝時代的華北其實是一個多民族共居的世界;當然,仍以漢人爲多數。胡、漢混居的情況,視地域而有程度上的差別;如陝西一帶就是胡、漢混居相當普遍的地區,西晉初年,關中的居民已是"戎狄居半",③這個情形一直延續到 6 世紀末,馬長壽根據二十五個前秦到隋初的佛教造像銘記,研究鮮卑雜胡入關後的聚居狀況以及陝西各州胡人的漢化過程,將其地胡漢雜居的情形描述得很透徹。④ 從現存造像記來看,山東、山西、河南、河北地區鄉村的造像碑記上造像者的題名,顯示其地多是漢人村落,而陝西則多胡、漢混居的村落,或是胡人村落。

(二) 遊化鄉村的僧人

巡遊四處布教的僧尼,是佛教在鄉村地區興盛流行的功臣,此和北魏自明元帝(409—423)開始以僧尼敷導民俗的政策有關;此外,在武帝毀滅佛法時,許多僧尼匿居潛藏鄉間,則可能是促使佛教在鄉村地區更廣爲流布的因素之一。

由於自 4 世紀開始,先後割據部分華北土地建國的幾個政權的提倡,華北佛教甚爲流行;因此,4 世紀初北魏在太武帝拓跋珪建國時,便不得不認清此一事實,而尊崇佛教。至太宗明元帝拓跋嗣之世(409—423),更以

---

① 《隋書》卷五三《賀婁子幹傳》:"高祖以隴西頻被寇掠,甚患之。彼俗不設村塢,敕子幹勒民爲堡,營田積穀,以備不虞。"
② 《北史》卷六○《侯莫陳穎傳》:"周武帝時,從滕王逌擊龍泉、文城叛胡……先是稽胡叛亂,輒略邊人爲奴婢。至是,詔胡有厭匿良人者誅,籍沒其妻子,有人言爲胡村所隱匿者,勸將誅之。"
③ 《晉書》卷五六《江統傳》。
④ 馬長壽《碑銘所見前秦至隋初的關中部族》,北京,中華書局,1985 年。

佛教的僧尼來綏集被征服地區的民眾。塚本善隆《北魏建國時代の佛教政策と河北の佛教》一文,對此一過程有詳細的論述。兹略述其大要:其時華北地區佛教特別興盛之地,首數河北和關中,這是因爲後趙、前秦的君主受佛圖澄、道安等高僧的影響,篤信佛教,上尤下效,佛教因而日益昌盛;尤以後趙都城所在的河北地區,和前秦苻氏初基的長安,佛教尤爲興隆。拓跋珪在建國以前,曾以質子的身份,到後趙都城襄國,也曾至前秦都城長安,目覩此二地佛教興盛的情況,也體認到河北、山西地區佛教的流行;及他起自山西,東向河北拓地時,便令其軍隊對所經之處的寺院、所遇見的僧人,皆不能侵犯,並加禮敬。明元帝時,北魏領土更向南擴展至河南,他仍沿用前此尊崇佛教的政策,以期收服民心,《魏書·釋老志》稱:"太宗踐位,遵太祖之業,亦好黃老,又崇佛法,京邑四方,建立圖像,仍令沙門敷導民俗。"[1]

在明元帝之後,北魏仍繼續實施以沙門敷導民俗的政策,而其範圍應不限於京邑附近,在北魏領地的城市與鄉村,都有僧尼駐寺或遊走傳道。然而,北魏太武帝拓跋燾於太平真君七年(446),下令廢佛毀釋,此一禁令使得僧徒潛匿鄉村,深入荒僻,對於佛教在廣大鄉村地區的傳布,具有重大的影響。太武帝毀廢佛教的詔令極爲嚴刻,其内容包括:禁止人民建造佛像、信奉佛教,焚燒佛經,毀壞寺院及佛像,誅殺僧人。

> ……其一切盪除胡神,滅其蹤迹,庶無謝於風氏矣。自今以後,敢有事胡神及造形像泥人、銅人者,門誅。……有司宣告征鎮諸軍、刺史,諸有佛圖形像及胡經,盡皆擊破焚燒,沙門無少長悉坑之。[2]

據《魏書·釋老志》,此廢佛令在都城平城一帶的確曾徹底實行;不過,在都城及其他較大的城市如長安等地以外的區域,此一禁令並未嚴格實施,佛教仍然有生存的空間。這是由於當時擔任監國、總理萬機的人,係

① 塚本善隆《塚本善隆著作集》第二卷《北朝佛教史》第一《北魏建國時代の佛教政策と河北の佛教》,頁1—26。
② 《魏書》卷一一四《釋老志》,北京,中華書局,1974年,頁3034—3035。

篤信佛教的太子拓跋晃的緣故;他預先示警,緩下詔書,四處僧徒多得藏匿走避,至於佛像和經典,則爲信徒所藏匿,也多獲得保全。僅有佛教的寺院寶塔因無從遁形,而遭到全面性的破壞。

> 時恭宗爲太子監國,素敬佛道。頻上表,陳刑殺沙門之濫,又非圖像之罪。今罷其道,杜諸寺門,世不修奉,土木丹青,自然毀滅。如是再三,不許。……恭宗言雖不用,然猶緩宣詔書,遠近皆豫聞知,得各爲計。四方沙門,多亡匿獲免,在京邑者,亦蒙全濟。金銀寶像及諸經論,大得秘藏。而土木宮塔,聲教所及,莫不畢毀矣。①

在此禁令下,大多數僧人還俗,以避免受到迫害;雖然他們外形上不再是緇衣剃髮的出家人形像,但是,亡匿鄉野村落的僧人們,却仍然指導信徒與舉行佛教儀式。《釋老志》稱:"佛淪廢終帝(太武帝)世,積七八年。然禁稍寬弛,篤信之家,得密奉事,沙門專至者,猶竊法服誦習焉。唯不得顯行於京都矣。"②

及太武帝去世,文成帝即位,於興安元年(452)下詔復興佛法;潛藏的佛教在很短的時間裏,便重新恢復昔日的盛況:"天下承風,朝不及夕,往時所毀圖寺,仍還修矣。佛像經論,皆復得顯。"③而在毀法時期還俗的僧人,也多重新落髮,復爲僧人。

可能由於滅佛時期很多僧人匿居鄉村,北魏興復佛教之後,在鄉村遊化度衆的僧尼人數便大增。這從孝文帝於延興二年(472)下的詔書,可知在鄉村遊化的僧人已成爲朝廷關切的問題。

> 比丘不在寺舍,遊涉村落,交通姦滑,經歷年歲。令民間五五相

---

① 《魏書》卷一一四《釋老志》,頁3034—3035。
② 此處説佛法淪廢七八年,按太武帝於公元446年正式下令毀禁佛法,不過,在此之前二年,他已先有壓抑佛教的詔令,太平真君五年(444),下令禁止私養沙門。迄北魏於452年興復佛法,前後八年。《魏書·釋老志》:"先是,沙門曇曜有操尚,又爲恭宗所知禮。佛法之滅,沙門多以餘能自效,還俗求見。曇晢欲守死,恭宗親加勸喻,至於再三,不得已,乃止。密持法服器物,不暫離身,聞者歎重之。"
③ 《魏書》卷一一四《釋老志》,頁3036。

保,不得容止。無籍之僧,精加隱括,有者送付州鎮,其在畿郡,送付本曹。若爲三寶巡民教化者,在外齎州鎮維那文移,在臺者齎都維那等印牒,然後聽行。違者加罪。①

由此可知,在鄉野村落遊化的僧尼人數相當多,其中包括一些自行剃度的無籍之僧。北魏早自道武帝拓跋珪皇始中(396—397),就已設立僧官以管理僧人;其後在各州、鎮、郡都設有僧官以統攝僧徒,維那即僧官之首。②不過,僧官僅設在州、鎮、郡的層級,對於鄉村地區的管理難免鞭長莫及。又,無籍之僧原已是僧官難以掌握、管理者,在鄉村遊化的無籍之僧更成爲北魏政權不容易控制的對象。原先,北魏建國初年采取以"沙門敷導民俗"的政策,係藉僧人對鄉村社會的影響力,以達到使衆多鄉村人民歸心的目的;而迄孝文帝之時,許多遊化於地域遼闊鄉野之地的僧人反倒成爲朝廷棘手的問題。因此,孝文帝這道詔令主要通過民間伍保制度相互監察,不允許村落居民收容止宿遊化的僧人,並藉此檢括出無籍之僧,交付州、鎮或京畿的僧官處置;同時,明令規定欲至鄉村巡行遊化的僧徒必須持有其所屬地僧官發給的印牒或文件,作爲他們在鄉村布教的通行證。

孝文帝這道詔令是否確實付諸執行? 其成效如何? 由於文獻不足,無法得知其詳情。不過,太和十年(486)官員奏稱:循前所發布的詔令,諸州還俗僧尼共計一千三百二十七人。③ 這個數字偏低,就檢括無籍之僧這一點而言,似乎並未徹底執行。又,以僧人遊化村落的問題來説,亦復相同。宣武帝永平二年(509),擔任僧官之首沙門統的僧人惠深奏言中,就將其時有些僧人遊止民間列爲不遵守禁典,宜加管理:"或有不安寺舍,遊止民間,亂道生過,皆由此等。若有犯者,脱服還民。"④

一些鄉村造像記顯示:6 世紀華北鄉村有許多僧人遊走四方,傳布佛教。在若干單一村落的造像者題名裏,甚至出現了數十位僧人的名字,如

① 《魏書》卷一一四《釋老志》,頁 3038。
② 《魏書》卷一一四《釋老志》,頁 3040—3041。
③ 《魏書》卷一一四《釋老志》,頁 3039。
④ 《魏書》卷一一四《釋老志》,頁 3041。

北魏孝莊帝永安三年(530)，三交村《薛鳳規等造像碑》中，題名可識者四百九十四人，其中五十九名是僧尼。① 又，新王村(位於今山東濰坊市西北、臨朐東北)村民王貳郎等二百人於東魏孝靜帝武定二年(544)所造佛像碑上，造像者題名可識者一百九十一人，比丘僧、比丘尼題名者計四十五人，約占總數近四分之一。② 北齊後主武平三年(572)，黿水村(不詳所在)僧人量禪師等五十人造阿彌陀像的碑記上，題名者共五十人，其中比丘十三人、比丘尼十三名，居造像者之半。③《魏書・釋老志》記載北魏孝明帝正光(520—525)以後，天下多事，賦役增加，許多人民爲逃避調役而爲僧人，其時僧尼人數約有二百萬人。這是一個驚人的數字，有點令人難以置信，不過，從出現在造像記題裏的衆多僧尼這點看來，當時華北村落中確有爲數衆多的僧人。

事實上，僧人遊化村落本來就是佛教在鄉村地區傳布最主要的方式，要完全禁絕僧人遊化村落其實是未體察村落的實際情況與需要；同時，因爲有些僧人志願在山居林野清修，他們也常就近感化附近村落的居民。由於在許多貧窮或荒僻的村落中，居民無力興建寺院，以供僧人駐寺弘法；因此，在鄉村地區傳教布道的僧人也多係從一個村落，遊走至另一個村落的遊化僧。這些遊化僧可能由於鄉村居民的邀請而暫時在某一村落居住，爲村民講經説法，或者爲他們主持宗教儀式，甚至領導村民建造佛像，指導村人修習佛法。如6世紀下半葉僧人釋普安"依本山居，守素林壑，時行村聚，惠益生靈"，後來他居於子午、虎林兩谷合澗的龕庵，時常遊化附近四五個的村落，包括在其所居龕之西的魏村及其龕南的村落、程郭村、大萬村。④ 又，也有僧人以遊化鄉村爲其目標，如釋道紀："又復勸人，奉持八戒，行法社齋。不許屠殺，所期既了，又轉至前，還依上事，周歷行化。數年之間，繞鄴林郊，奉其教

---

① 《薛鳳規等造像碑》，見《支那美術史・雕塑篇》，頁241—242。
② 《陶齋藏石記》卷九《王貳郎等造佛菩薩記》，頁1—4。
③ 《量禪師等造阿彌陀像記》，拓本見《北京圖書館藏中國歷代石刻拓本匯編》，冊八，頁43—44。錄文見：《支那美術史・雕塑篇》，頁348—349；《魯迅輯校石刻手稿》，二函四冊，頁847—849。
④ 《續高僧傳》卷二七《釋普安傳》，頁681中、下。

者,十室而九。"①

　　何以僧人在鄉村地區傳教如此普遍,而佛教亦披靡華北的郊野村落? 這和僧人在傳教之時,同時也肩負社會救濟或醫療工作有關。首先,在北魏末年的戰亂流離中,村落也常遭戰火波及,村民喪亂窮乏,僧人常在此時伸出援手。②《續高僧傳》記隋末唐初釋神照對鄉村的救濟工作:"宇内初定,糇粒未充,照巡村邑,負糧周給,年經六祀,勞而無倦。供衆之暇,夜講法華、勝鬘經。"③同書也敍述隋初長安僧人釋德美的樂善好施:"故悲、敬兩田,年常一施,或給衣服,或濟糇糧,及諸造福處,多有匱竭,皆來祈造,通皆賑給。"④第二,僧人在當時鄉村的醫療方面扮演一個重要的角色。5 世紀中,在陝西活動的僧人道恒(? —417)在他所著的《釋駁論》中,引述時人對於僧人行事的批評攻詰,並且一一予以反駁;不論當時人批評僧人所做所爲是否允當,其描述僧人的活動,正是其時僧人生活最好的寫照。當時人攻擊僧人的條目裏列有:"或矜恃醫道,輕作寒暑;或機巧異端,以濟生業;或占相孤虛,妄論吉凶。"⑤由此可知其時有些僧人從事醫療行爲。受到印度醫學和佛經(特別是律藏)中對醫療方法的影響,許多僧人熟諳醫道,可以爲人治病。⑥ 如《釋老志》裏記載太武帝滅佛時期,僧人師賢"假爲醫術還俗,而守道不改"。另外,在醫療條件不足的僻遠鄉村,5 世紀時譯出的一些經咒,如《佛説咒齒經》(T·1327)、《囉嚩拏説救療小兒疾病經》(T·1330)等,⑦或可成爲無處投醫的村民的一個寄托;能不能治好病,那是另外一回事。凡此都有助於佛教在村落地區的傳播。

---

① 《續高僧傳》卷三〇《釋道紀傳》,頁 701 中。
② 關於村落屢經兵火,見宮川尚志《六朝時代の村について》。
③ 《續高僧傳》卷一三《釋神照傳》,頁 528 下—529 上。
④ 《續高僧傳》卷二九《釋德美傳》,頁 697 上。
⑤ 《弘明集》卷六,《大正新修大藏經》,册五二,頁 35。
⑥ 山崎宏《中國佛教・文化史の研究》第二章《中國醫學的特質》,京都,法藏館,1981 年。林子青《印度醫學對中國醫學的影響》,《現代佛學》1956 年第 6 期。道端良秀著,關世謙譯《中國佛教與社會福利事業》,高雄,佛光出版社,1986 年,頁 92—98。
⑦ 見《大正新修大藏經》,册二一。又,另有《佛説咒目經》(T·1328)、《佛説咒小兒經》(T·1329)。

（三）佛教在鄉村的傳布

　　對於大多數不識字的鄉村居民，僧人如何向他們傳述佛教的教義和佛經的内容？要回答這個問題，我們必須先了解：見諸《高僧傳》、《續高僧傳》的高僧或名僧，大多是在城市裏活動，和帝王、貴族論説講道；而活躍在都市的平民階層和鄉村地區者，則多爲一些比較講求坐禪修行的僧人。[①] 這些務實修行的僧人對鄉村社會的布教除了講説基本的佛理之外，又時常帶領村民組織以俗人爲主要成員的宗教組織，成爲此宗教組織的指導者，而被稱爲“邑師”。邑師及其他僧人除了領導村民舉辦共同修習的齋會、法會之外，有時並帶領村民建造佛像，或做一些修橋、鋪路、造井等社會公益事業。這些活動將在下一節討論，此處僅就僧人的傳教，以及村民所建造的佛石碑像上的圖像，爲僧人用以輔助其傳道的教材這兩點而論。

　　每年四月十五日至七月十五日是僧人“安居”時期，也是他們傳教講經的時期。雖然前面提及孝文帝延興二年的詔令，規定僧人不得隨意遊涉村落，如僧欲往鄉村傳道，須有州、鎮、都維那的文件；但仍然有不少僧人在鄉村遊走勸化。不過，孝文帝曾一度下令僧人可在安居時期“數處講説”，《帝令諸州衆僧安居講説詔》：“可敕諸州令此夏安居清衆，大州三百人，中州二百人，小州一百人，任其數處講説，皆僧祇粟供備，若粟尠、徒寡不充此數者，可令昭玄量減還聞。”[②] 由此可知，在某些時期政府允許僧人四處講經。此詔令發布的年代不詳，是否此後年年如此，不得而知。

　　村落居民所建的石碑像上，時有佛本生故事、佛本行故事，以及經變的圖像，這些除了裝飾的功能之外，也可提供僧人以輔助其傳教、講經之用（見圖 1、圖 2）。這從在鄉村所造的石碑像上圖像之旁的題記，可窺其梗概。如東魏孝静帝武定元年（543）河南省河内縣北孔村道俗九十人的造像碑的碑陰上，有三層計十一幅畫面的綫刻畫，描繪佛傳故事和須達拏本生故事，在每一畫面之左側有敍述此畫面的題記（見圖 3、圖 4）。第一層三個畫面之旁的題記分别爲：“太子得道，諸天送刀與太子剔”、“定光佛

① 服部克彦《續北魏洛陽の社會と文化》，京都，ミネルヴ書房，1965 年，頁 100—105。
② 《廣弘明集》卷二四，頁 272 下。

圖1　《道穎等造像記》，東魏孝靜帝武定四年（546），河南沁陽

　　此石碑像有釋迦牟尼出生的幾個場景。（《北京圖書館藏中國歷代石刻拓本匯編》，冊六，頁 133）

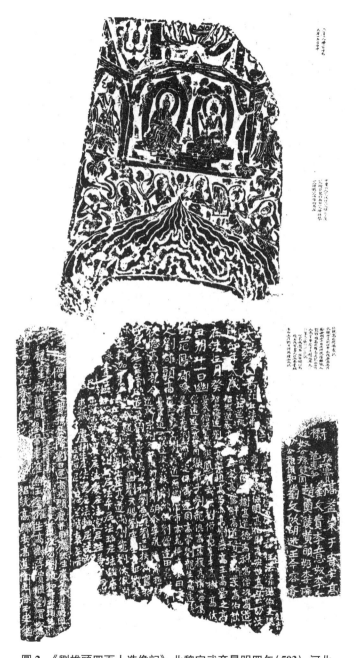

圖 2　《劉雄頭四百人造像記》,北魏宣武帝景明四年(503),河北

此石碑像有《法華經》中釋迦、多寶佛並坐之一場景。(《北京圖書館藏中國歷代刻拓本匯編》,冊三,頁 61)

圖3　《道俗九十人等造像碑》，東魏孝靜帝武定元年（543），河南
（《北京圖書館藏中國歷代石刻拓本匯編》，冊六，頁95）

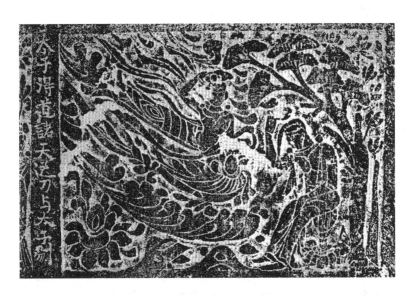

圖4　圖三之細部

（長廣敏雄《六朝時代美術の研究》,頁 73,76）

入國,童菩薩花時”、“如童菩薩賚銀錢與王女買花”,可知所繪的是《修行本起經》和《過去現在因果經》裏的佛本生故事。中層四幅所繪的是釋迦牟尼佛出生的情景,其題記分別作:“摩耶夫人生太子,九龍吐水洗”、“想師瞻太子得想時”、“黄羊生黄羔,白馬生白駒”。下層四幅的題記:“五百夫人皆送太子向檀毒山辭去時”、“隨太子乞馬時”、“婆羅門乞得馬時”、“太子值大水得度時”,可知其所繪的是須達挐本生故事。① 長廣敏雄的研究指出,此一故事畫的綫刻畫係以六朝時代佛傳及本生故事的長軸畫卷作爲粉本;漢魏六朝時爲了能使漢譯佛經普及流傳,在僧人的指導下展開了寫經事業,而此種畫卷即是伴隨著寫經,描繪經典故事,使傳教更爲生動容易。② 本文認爲在石碑像上的故事畫,一則可作爲信徒觀想之對象,二則可作爲僧人傳教説法的輔助。信徒可據石碑像上的場景,觀想佛前生或佛傳故事中的某些片斷;僧人在敍述佛傳或佛本生故事時,可以將石碑像上的畫面串連成完整的故事。以下再舉數例,就此觀點做進一步的説明。

如西魏文帝大統六年(540),山西省稷山縣巨始光等人所造的四面碑上同時刻有取材自三本經典的圖像,是顯示造像碑上之圖像和經典關係密切最好的一個例子;其圖像旁邊的題記可看作是僧人説法之輔助。正面之佛龕內雕刻釋迦佛與多寶佛並坐説法相,兩像左右各有一脇侍菩薩,兩旁龕柱上的題記分別爲:“左相多保佛塔,證有法華經”、“右相釋迦佛説法華經”。③ 此釋迦、多寶佛並坐之場景爲《妙法蓮華經》中之一景,習稱“法華變”,典出《妙法蓮華經·見寶塔品》:

> 爾時佛前有七寶塔,高五百由旬,縱二百五十由旬,從地踴出,住在空中,種種寶物而莊校之……爾時佛告大樂説菩薩:“此寶塔中有如來全身,乃往過去東方無量千萬億阿僧祇世界,國名寶浄,彼中有佛號曰多寶。其佛行菩薩道時,作大誓願:‘若我成佛,滅度之後,於十

① 《八瓊室金石補正》卷一九《道俗九十人造像讚碑并兩側》,《石刻史料新編》第一輯(7),頁19—22。
② 長廣敏雄《六朝時代美術の研究》第三章《搖籃期の佛教説話畫卷——東魏武定元年造像碑の綫刻畫》,東京,美術出版社,1969年,頁84—88。
③ 周錚《西魏巨始光造像碑考釋》,《中國歷史博物館館刊》第7期。

方國土有説法華經處,我之塔廟,爲聽是經故,踊現其前,爲作證明,讚言善哉。'彼佛成道已,臨滅度時,於天人大衆中,告諸比丘:'我滅度後,欲供養我全身者,應起一大塔,其佛以神通願力,十方世界在在處處,若有説法華經者,彼之寶塔皆踊出其前,全身在於塔中,讚言善哉。'善哉大樂説,今多寶如來塔,聞説法華經故,從地踊出。"①

由於這圖像和題記與經典的關係是如此地貼近,僧人在説法時正可以此作爲輔助説明。此一石碑像的背面也有一龕,龕内爲文殊菩薩與維摩詰居士並坐的圖像,像的左右各有一脇侍菩薩,兩旁龕柱上的題記分别是:"文殊師利説法時"、"維摩吉□大□利時"。這是表現《維摩詰經》(T·475)中的《問疾品》,文殊菩薩前去探視維摩詰居士之疾,兩人展開一段富有精彩哲理的辯論。又,此碑背面中央亦有一帷幕龕,中有立佛一尊,其左有三小兒作欲攀登狀,其右有一跪著的小兒,龕左的題記爲"此是定光佛教化三小兒補施,皆得須陀洹道",這是本於《賢愚經》中描繪阿育王施土因緣的故事。② 另外,在今山西芮城附近村落居民於北周武帝天和六年(566)建造的石碑像,其碑陰下半截雕有佛涅槃像,亦有題字,可惜今已漫滅不可識。③

北魏孝武帝太昌元年(532),北地郡高望鄉東向魯川(今陝西省)樊奴子造像碑的碑陰上,刻有地獄變相,旁有題記。今此碑下落不明,然而《關中石刻文字新編》對此變相及題記有詳細的記録:

第三列畫像一屋無四壁,古所謂堂無四壁曰"皇"是也,室中榻上坐一神人,作鞫獄狀,其右題云"此是閻羅王治□";神座之前,畫二羊作跪訴狀,又畫一人縛于架上,一人持刀屠割之,題字云"此是屠仁今

① 《妙法蓮華經》,《大正新修大藏經》,册九,頁 32 中,下。

② 周錚《西魏巨始光造像碑考釋》,《中國歷史博物館館刊》第 7 期。又,《賢愚經》(T·202)卷三阿輸迦施土品第十七:"爾時世尊晨與阿難入城乞食,見群小兒於道中戲,各聚地土,用作宫舍及作倉,藏財寶、五穀。有一小兒遥見佛來,見佛光相,敬心内發,歡喜踊躍,生布施心,即取倉中名爲穀者,即以手掬,欲用施佛,身小不逮,語一小兒:我登汝上,以穀布施。小兒歡喜,報言可爾,即躡肩上以土奉佛。佛即下鉢,低頭受土。"

③ 《合村長幼造像記》,《魯迅輯校石刻手稿》,二函五册,頁 969—973。

常羊命"(碑中屠人之"仁",當作"人";常羊命之"常",當作"償")。
又畫一人縛于柱上,題字云:"此是□道大神□罪人。"又畫二人裸身
荷長枷,題字云:"此人是盜今□此人加頭部。"又畫一神人坐胡床上,
手執長戈,前畫六道輪迴像。[1]

陝西耀州吳標兄弟父叔所造的碑像上,也刻有地獄變相。[2]

以此類圖像來作爲傳教、講經之輔佐教材,似乎可收到很好的效果。
《續高僧傳》卷二三《釋靜藹傳》將靜藹從一介儒生轉而投入僧人行列的
關鍵,繫於他遊觀寺院的地獄變相壁畫:"釋靜藹,姓鄭氏,滎陽人
也。……甫爲書生,博志經史。諸鄭魁岸者咸賞異之,謂興吾宗黨其此
兒矣。與同伍遊寺,觀地獄圖變,顧諸生曰:'異哉! 審業理之必然,誰有
免斯酷者?'便強違切諫,二親不能奪志,鄭宗固留,藹決烈愛縛,情分若
石,遂獨往百官寺,依和禪師而出家。"寺院裏的變相壁畫可感動一個出
自名門大族的儒生,從而出家爲僧,投入釋氏佛門,由此可知以圖像布教
可獲致良好的成效。我們也可想象當僧人在鄉間對那些大字不識,或識
字不多的鄉村居民傳道布教時,若伴以生動的圖像作爲説明,必能收到
弘大的效果。

在 6 世紀以後,此以圖像作爲講經傳道之輔助説明的做法,可能爲變
文的講説者所取則。Victor Mair 研究唐代變文,指出其時敍述變文者通常
使用一幅畫卷,作爲輔助説明。[3] 又,他在另一篇關於變相研究的論文中
也認爲:寺院壁畫的經變可能常爲僧人或在家的佛教徒引用,以幫助其傳
道。[4] 無論是變相或變文,此一利用取材自佛教經典、佛傳故事某些場景
的圖像,以輔助其講經傳道的做法,可上溯自 6 世紀僧人使用造像碑上的
圖像布道講説,以宣揚佛理。

①　毛子林輯,顧燮光校印《關中石刻文字新編》卷一《都督樊奴子造像記》,《石刻史料新編》第
　　一輯(22),頁 10—11。亦見於《關中文字存逸考》卷七。
②　《魯迅輯校石刻手稿》,二函五冊,頁 1015。
③　Victor Mair, *T'ang Transformation Texts* (Harvard, 1989), pp.71‒72, 152‒170.
④　Victor Mair, "Records of Transformation Tableaux (*pien-hsiang*)", *T'oung pao* 72(1986), pp.3‒43.

四、佛教與鄉村居民的生活

　　5、6 世紀時,佛教深深地浸透華北鄉村社會,它對鄉村居民的生活造成何等的影響? 這不但是一個令人饒有興味的課題,同時也是極少數可藉以了解其時平民生活的視角之一。

　　從鄉村造像記來看,佛教對鄉村生活影響之深,顯現在以下幾方面: 一、鄉村居民因信仰佛教而組織一種叫做"義邑"或"法義"的宗教信仰團體,以便共同修習佛教的儀式,或從事和佛教有關的社會活動。二、在農業之外,佛教的儀式和法會等宗教生活是鄉村人民主要的活動。三、佛教的幾個節慶是村落居民一年生活中的大事。

(一) 佛教信仰的團體: 義邑、法義

　　關於中國中古時期佛教徒所組織的信仰團體,數位學者已有專文討論,並且獲得很好的成績,其中,以小笠原宣秀、高雄義堅、塚本善隆、山崎宏、那波利貞的論文之討論較爲深入。[①] 不過,他們並未針對鄉村的信仰團體進行討論。本文僅就鄉村造像記中所見的信仰團體而言。

　　首先,就此等團體的組成分子而言,有僧人,也有俗眾。其組成的過程或是由一位乃至於數位僧人發起,領導俗人信徒組織而成的;或是由在家信徒主動組織信眾,再邀請僧人作爲其組織之指導者。前者如北齊文宣帝天保元年(550),洛音村的造像記稱:"大魏天保元年五月卅日,洛音村清信邑義長幼僧哲等卅人,自云生長閻浮,長在三界……"係由僧人主導者。[②] 這是一個很典型的鄉村造像的例子,按 550 年即東魏孝靜帝武定八年,這一年五月,高洋代魏,改元天保;不過,此一碑記仍稱大魏,另一方面,

---

① 小笠原宣秀《中國淨土教家の研究》一《盧山慧遠の結社事情》,京都,平樂寺書店,1951 年,頁 1—21。《北魏佛教教團の發達》,高雄義堅《中國佛教史論》,京都,平樂寺書店,1952 年,頁 25—36。塚本善隆《龍門石窟に現れたる北魏佛教》。山崎宏《支那中世佛教の展開》第四章《隋唐時代に於ける義邑及法社》,東京,清水書房,1947 年,頁 675—831。那波利貞《佛教信仰に基きて組織せられたる中晩期唐五代の社邑に就きて》(上、下),《史林》第 24 卷第 3、4 號。
② 《北京圖書館藏中國歷代石刻拓本匯編》,冊七,頁 1。

又用北齊的年號,顯示出鄉村造像記在記述方面時常不够嚴謹的特性。又,從北齊後主武平三年(572),電水村由比丘暈禪師領導的造像活動的碑記中可看得更清楚:"其净行比丘暈禪師率領邑義四部五十人等,乃殖良緣,廣脩寶業,敬造阿彌陀玉像一區……"①至於以俗衆主導者,如隋李阿昌等二十家先自行組織義邑,再請僧人作爲指導者:

> 維開皇元年,歲□丑四月庚寅朔廿三日壬寅,佛弟子李阿昌等廿家,去歲之秋,合爲仲契,每月設齋,吉凶相逮,今蒙皇家之明德,開興二教,然諸人等謹請比丘僧欽爲師,徒名曰大邑。②

第二,就此類佛教信仰團體的名稱而言,有的稱爲"義邑",有的叫做"法義"(或作"法儀")。此信仰團體因爲需要宗教上的實踐,所以每每敦請一位或一位以上的僧人、尼師,作爲其指導者,尊稱爲"邑師",其中義邑中俗人成員皆稱爲"邑子"或"邑義",法義中俗人成員皆稱爲"法義"。③如北齊山西安鹿交村的一個造像記有:

> 唯大齊皇建二年,歲次辛巳,五月丙午朔,廿五日庚午,并州樂平郡石艾縣安鹿交村邑義陳神忻合率邑子七十二人等,敬造石像一區……④

又,如山東高柳村法義造像記稱:

> 大魏永安三年歲次庚戌,八月甲辰朔,九日壬子,青州齊郡臨淄縣高柳村比丘惠輔、比丘僧□、比丘僧詳、比丘惠彌、維那李榮、維那李元

① 《北京圖書館藏中國歷代石刻拓本匯編》,册八,頁43—44。並見《魯迅輯校石刻手稿》,二函一册,頁847—849。
② 《隴右金石録》隋《隋李阿昌造相碑》,《石刻史料新編》第一輯(21),頁54。原件今藏於甘肅省博物館。
③ 山崎宏《隋唐時代に於ける義邑及法社》。黄懺華《北朝佛教》,收入中國佛教協會編《中國佛教》,北京,知識出版社,1980年,頁51。
④ 《山右石刻叢編》卷二《陳神忻七十人等造像記》,頁9—11。

伯法義兄弟姊妹一百五十人等敬造彌勒尊像二軀……①

　　第三,在造像記題名中出現一些不同的頭銜,其種類達數十種:有的是和管理此團體有關的職稱,有的則是和造像活動有關的名稱,有的是和舉行法會、儀式有關的稱謂,有的名稱則迄今尚不明是何意。② 茲分述如下:

　　和管理此團體有關者,如邑主、都邑主、維那、都維那、典坐、典録。這些稱謂有的係模仿政府僧官或職官之名,有的則借用寺院僧人職事之名。邑主之銜是易於了解的,爲此一團體之首,極可能是發起者;也有可能是在鄉里之中較孚衆望或較爲富有的人。有時候邑主不只一人,都邑主則顯然是諸邑主之首。"維那"係梵文"磨羯陀那"(karma-dana)的簡稱,又稱爲"悦衆",本來是早期佛教制度裏掌管僧衆之雜事的人。中國自姚秦時便以悦衆爲僧官之名,北魏以維那爲僧官的名稱之一,從北魏宣武帝永平二年(509)沙門統惠深上書中,可知在各州、鎮、郡設有維那、上坐、寺主的僧官;另外,在都城則設有都維那。③ 在義邑、法義裏的維那應負責管理此團體一般性的事務,都維那則是總理其事者。

　　和勸化村民助緣有關者,如化主、勸化主。從字面上來看,化主、勸化主可能是勸募人們加入義邑團體,或者勸募信徒裏助造像或舉辦齋會、法會者。

　　在此造像活動中出資較多者,如像主、釋迦主、菩薩主、金剛主、當陽像主、龕主、塔主等。冠有上述頭銜者可能認捐建造一尊像或一個佛龕的費用。

　　和儀式、齋會有關者,如光明主、開光明主、行道主、清净主、道場主、齋主、八關齋主。其中光明主、開光明主係和開光儀式有關,行道主是和

---

① 《魯迅輯校石刻手稿》,二函一册,頁175。
② 高雄義堅《北魏佛教教團の發達》一文中將一些頭銜分類,惟有些並不恰當,如將光明主認爲是供養主等。山崎宏《隋唐時代に於ける義邑及び法社》文中的分類則較清楚正確。戴禾《義邑制度述略》(《世界宗教史研究》1982年第2期)的分類亦不盡正確,如將齋主、光明主均視爲出資造像者。
③ 《魏書》卷一一四《釋老志》,頁3040—3041。

行道的儀式有關,齋主、八關齋主、清净主係和齋會有關,道場主則和提供舉行齋會、儀式的場所有關。另外,和供養此造像有關者,如香火主、燈明主。

由於造像上提供材料的限制,有少數的頭銜迄今仍不明其所指,如邑正(或作邑中正)便是一例。山崎宏認爲此係借用魏晉南北朝時九品官人法中的中正官之名,邑正乃邑中正、都邑中正之略稱,史書中雖然沒有邑里中正之記載,但造像銘記所見的邑正大概原是村里小職役的名稱。① 不過,由於沒有其他綫索可資追尋,邑正在義邑中扮演的角色不詳。

第四,義邑、法義信仰團體組織的目的和緣起關係到其活動的内容,山崎宏認爲此係北魏初期華北以在家佛教徒爲主而組成的信仰團體,他們營造佛像、窟院,或舉行齋會、寫經、誦經等行事,特別是爲造像、設齋等出資。② 除此之外,也有爲了修橋鋪路、造井種樹、捐造義塚、施食予貧人等興福積德之事而組成的。

第五,此處要特別指出的是:鄉村婦女在這類的信仰團體裏非常地活躍,有些義邑甚至除了僧人之外,清一色地由婦女組成。我至少收集到6世紀以後七個全由婦女組成的信仰團體及其造像活動的造像記,其中有兩個注有鄉村的名稱:公孫村和大交村(不詳所在)。

> 大齊天保四年二月廿日,公孫村母人合卅一人等,敬造白玉象一區,生者願在佛左右,往過者妙樂□,各得成佛。③

天保四年即公元553年,在此碑記之後有三十餘造像者的題名,其中有七人名字上冠有維那的頭銜,可知這是一個由婦女組合而成的信仰團體所造的像。又,北齊廢帝乾明元年(560)大交村的造像記,也顯示此係一個純粹婦女義邑的造像活動。

---

① 山崎宏《隋唐時代に於ける義邑及法社》。
② 山崎宏《隋唐時代に於ける義邑及法社》,頁767—768。
③ 《陶齋藏石記》卷一一《公孫村母卅一人造象記》,頁3—4。《支那美術史·雕塑篇》,頁316—317,"各得成佛"作"居時成佛"。

乾明元年四月十五日,大交村邑義母人七十五人等,敬造雙觀世音像一軀,上爲皇帝陛下,師僧父母,法界眾生,俱共成佛。①

以下造像者題名計七十四人,有兩位比丘尼,其餘皆是婦女,有三人擔任維那之職。

婦女信仰團體的人數有數十位,也有多達一百餘人者,如東魏孝靜帝元象元年(538)在山西有合邑諸母一百人造佛像碑。② 對於婦女信仰團體最具體的描繪是東魏孝靜帝武定三年(545)鄭清等六十位婦女義邑造像記的銘頌:

> 奇哉邑母,識知无常,緣鄉勸化,造石金剛,捨此穢形,早登天堂。
> 合邑諸母,善根宿殖,晝夜憂惶,造像永訛,釋迦已過,彌勒願殖。③

6 世紀中,顏之推撰《顏氏家訓》一書,其中描述北齊都城鄴城婦女的地位較當時南方城市婦女爲高,她們在家中地位較高,不但掌管人事外務,且常爲家庭的利益在外奔走營求。④ 從華北婦女集結自身的信仰團體,捐資造像,以及時常參加佛教徒共修的法會、齋會,也顯示北方婦女在經濟方面有較大的自主性。《顏氏家訓》卷一《治家第五》:"河北婦人,織紝組紃之事,黼黻錦繡羅綺之工,大優於江東也。"華北婦女在紡織方面的才幹,也意味著她們在家庭手工業方面以及對家庭經濟方面的貢獻,這可能是婦女有能力以婦女義邑捐資造像的重要因素。

此外,華北婦女在社會上也較活躍,使得她們有能力組織婦女的義邑。顏之推說:"河北人事,多由內政。"⑤ 雖然他形容的是城市的婦女,但從鄉村婦女組成屬於自己的信仰團體這一點來看,似乎一般北方婦女——無論

---

① 《支那美術史·雕塑篇》,頁 327—328。
② 《支那美術史·雕塑篇》,頁 257。
③ 《支那美術史·雕塑篇》,頁 267。
④ 顏之推撰,王利器集解《顏氏家訓集解》卷一《治家第五》:"江東婦女,略無交遊,其婚姻之家,或十數年間,未相識者,惟以信命贈遺,致殷勤焉。鄴下風俗,專以婦持門戶,爭訟曲直,造請逢迎,車馬填街衢,綺羅盈府寺,代子求官,爲夫訴屈。此乃恒、代之遺風乎?"
⑤ 《顏氏家訓集解》卷一《治家第五》,頁 60。

是城市或鄉村的婦女,在社會上都較活躍。如北齊天保十年,周雙仁爲了替其亡夫造像一區,然因財力不足,於是勸化七十一人,組成義邑,而得償所願。①

(二) 和造像有關的儀式、齋會與法會

今日我們如欲了解5、6世紀鄉村佛教徒的宗教生活,唯一的綫索是造像記上有關造像前後佛教徒的活動。從多數造像銘記中簡短的記錄,可知在造像活動完成前後,信徒會舉行齋會、八關齋會,以及行道等儀式;在佛像落成之日,還要舉行佛像開光的儀式。

1. 佛像的開光

6世紀的造像銘記中出現了"開光明主"或"開佛光明主"這樣的名詞,顯示了在佛像落成之日有開光的儀式;而值得注意的是,不論在佛教或道教的資料裏,此是開光儀式最早見諸記載者。

開光這個儀式的作用是爲了把佛、菩薩等像的神靈引進所建造的佛像裏,正如北魏孝明帝正光五年(524)杜文慶等造像記的銘讚稱:"妙像開明,誰云不善? 孰云不靈?"②由於要通過開光儀式方能使佛像有靈,因此在造像碑上每一尊佛、菩薩、佛弟子,乃至於金剛、力士等像都要一一開光,如北魏孝莊帝永安三年(530),山西三交村薛鳳規等人所造的石碑像上,便記有"釋迦佛開明主張羊"、"第四拘樓秦佛開明主楊□□"、"第六迦葉佛開明主沈通"、"第七釋迦牟尼佛開明化主楊洪戌"、"第一唯越佛開明主三□壁主張堆男"等各佛開光的資料。③ 又,北周武帝天和二年(567)山西芮城附近村落居民造的石碑像上分別鑴有"開思維像光明主陳□邑"、"開思維像主□北令陳高貴"、"開□□佛光明主□寇將軍"、"開加葉光明主□道桂"、"開阿難光明主□□□"、"開金剛光明主□□□"、"開金剛像主陳元嚼",④可見每一尊像都須分別開光。

---

① 《周雙仁等造像碑》,《魯迅輯校石刻手稿》,二函四册,頁717。並見《支那美術史·雕塑篇》,頁326—327。
② 《杜文慶等造天宫象記》,《魯迅輯校石刻手稿》,二函一册,頁131。
③ 《薛鳳顏等造象碑》,《魯迅輯校石刻手稿》,二函一册,頁188。
④ 《合村長幼造象記》,《魯迅輯校石刻手稿》,二函五册,頁969—973。

有的造像碑是僅在正面造像,有的在正面和背面造像,有的則是四面皆造像,開光儀式也要各面各像舉行,這一點在造像銘文中也可看出來。如北齊後主天統三年(567),宋買廿二人等造的石碑像上就刻有"開東面光明主李妙勝"、"開西面像光明主馬王容"等字,①可知各面各像皆要開光。

前面提及出現在6世紀佛教造像碑上的開光儀式,是迄今所知這個儀式最早舉行的時期,而諸多造像碑記類似的記載顯示其時這個儀式已經普遍施行了。不過,造像記上只告訴我們當時舉行了佛像開光的儀式,但此一儀式是如何做的? 則不得而知。上面所舉的例子裏,"開光明主"都非出家人,而是俗衆;他們在開光儀式中扮演什麼角色? 真正給佛像點眼開光者是何許人? 要回答這些問題並不容易,幸而8世紀時日本奈良東大寺盧舍那佛"大佛開眼"儀典若干細節的記錄,猶可提供一些比對的資料。此一則因東大寺是日本華嚴宗最重要的寺院,它和唐朝華嚴宗有很密切的關係。華嚴宗重要的經典及注本曾經由高麗僧人審祥傳至東大寺;審祥早先曾至中國留學,爲唐代華嚴宗之宗師法藏的弟子,他後來到了日本,於公元736年在東大寺講華嚴經。從那時起,東大寺便成爲日本華嚴宗主要的寺院。② 二則8世紀東大寺大佛開眼的儀式可能和其時唐代佛像的開光儀式相類。因東大寺的開光儀典中有來自中國的僧人道璿參與,道璿在那個儀式中擔任咒願師,和任開眼師的印度僧人菩提仙那,講華嚴經的講師隆律尊師,以及"讀師"延福法師,同爲此一儀式中重要的四個宗教專家。③以此之故,可以推斷東大寺的大佛開眼儀式和8世紀唐代佛像的開光儀式必定有某種程度相似之處。

如依東大寺開眼的儀典來看,給佛像點眼開光者是僧人;因此,6世紀中國佛像開光者也應當是僧人,而非那些出現在造像碑上、冠以"開光明主"的俗家信徒。根據《東大寺要錄》的記載,日本孝謙天皇天平勝寶四年(752)四月九日,奈良東大寺盧舍那佛大像舉行的開光儀式,實際

---

① 《宋買廿二人等造天宮石象記》,《魯迅輯校石刻手稿》,二函四册,頁777—780。
② 《本朝高僧傳》,收入《大日本佛教全書》卷一之一,册一〇二,東京,1932年,頁9。
③ 《東大寺要錄》卷三,大阪,全國書房,1934年,頁46—48。

上係由僧人點佛眼開光。當日,聖武太上天皇、孝謙天皇以及文武百官皆蒞臨參加,另外有一千餘名僧侶也在場,開光的儀式是由印度僧人"開眼師"菩提仙那執筆點佛眼,而開眼師的筆上有絲綫連接,在絲綫上又綁了許多筆,使參加者各執一筆,作象徵性的開眼。① 在中國 6 世紀的開光儀式中,那些作爲開光明主的俗家信徒也有可能作此象徵性的開光,而非實際上給佛像點眼。不過,在造像碑上有的冠以開光明主頭銜者是亡故者的姓名,如東魏孝静帝天平四年(537)維那卌人等所造的佛碑像上,便鑴著"光明主命過王□僧"、"菩薩光明主命過張承伯",這又該如何解釋呢?②

　　本文認爲:光明主或開光明主可能因其負責給予主持開光儀典的僧人的嚫施,而被賦予這個頭銜。據《東大寺要録》的記載,公元 752 年東大寺大佛開眼儀典中,天皇對於參加此一儀式的僧人皆各有布施,其中給予上述四位僧人的物品特別多,各給開眼師、咒願師、讀師絁十疋,綿十屯,布十端;而施予講師絁三百疋,綿三百屯,布三百端。③ 因此,我們可以推斷:出現在造像銘記上冠以"開光明主"或"開明主"那些人,也應是出資供給此一儀式僧人嚫施的施主。唯其如此,所以通過亡者親屬之捐資布施,那些命過壽終之人纔有可能成爲光明主或開光明主,由此而獲得功德。

　　2. 齋會、八關齋會

　　從出現在造像記上冠以"齋主"、"八關齋主"施主的題名,可知佛像開光落成典禮的前後,還舉行齋會和八關齋會。山崎宏《隋唐時代の佛徒の齋會》一文,對於隋唐時期各種齋有詳細的討論,他依據齋會舉辦的性質將僧、俗人舉行的齋會分爲:一、爲修道目的而舉行的齋會,這是以在家人爲主體的義邑、法社信仰團體的活動,其中亦有僧人參加;他們或是定期或是不定期舉行讀經、寫經、建齋、造像活動。二、係在諸種佛教儀式結束

---

① 川村知行《東大寺》Ⅰ古代《序·大佛開眼》,保育社,1986 年,頁 3—6。
② 《支那美術史·雕塑篇》,頁 255。按命過即亡故之人,《陶齋藏石記》卷一三《高僑爲妻王江妃造木版》:"齊武平四年歲次癸巳,七月乙丑朔,六日庚午……高僑元出冀州勃海郡,因宦仍居青州齊郡益都縣澠□里,其妻王江妃年七十七,遇患積稔,醫療每損,忽以今月六日命過壽終,上辭三光,下□蒿里。……"
③ 《東大寺要録》卷二《供養章第三》,頁 49—50。

之時,抑或申致感謝祝賀的情況下舉行的齋會;其中儀式方面如建寺塔碑、造畫佛像、寫經、譯經、授戒等;表達謝忱如病癒等。在以上所舉的各種情況中,佛像、佛畫完成的例子甚多。① 在造像記上所見的齋會,顯然是因造像完成而舉行的齋會;不過,以造像而結合的義邑在此像落成之後,仍然會以此佛像爲中心定期或不定期舉行法會、儀式和齋會。

　　"齋主"當是指供參加齋會者飲食的施主,他們可能同時也須負責在齋會後給予僧侶嚫施;另外,如果齋會不是在一個公共場合舉行,則是在齋主家裏舉行。② 齋會原來係指供養僧侶飲食之意,後來有時也包括對一般俗人飲食的供養。此處的齋會因和佛像落成有關,所有出資造像者應當都會參與,所以此一齋會供養飲食的對象可能包括僧人及俗眾。山崎宏研究唐代的齋會,發現齋會的施主以俗人居多,但亦有寺院、僧尼爲施主的情形。③ 然而,在5、6世紀造像碑上出現的齋主題名者全是俗人。

　　由造像題記上的"八關齋主"這個頭銜,可知參與造像義邑的成員在造像前後也舉行了"八關齋會"。所謂的八關齋會是指俗眾信徒於一日一夜間遵守佛教的八個戒律,此八戒是:不殺生、不貪、不淫、不妄語、不飲酒、不爲歌舞倡樂、不坐高廣之床以及過午不食。④ 佛經裏説持八戒齋的功德很大,《優陂夷墮舍迦經》裏佛告知優陂夷墮舍迦持八戒齋的功德是:"持八戒齋一日一夜不失者,勝持金銀珠璣施與比丘僧也。"又説:"佛正齋法有八戒,使人得度世道,不復墮三惡處,所生常有福祐,亦從八戒本因緣致成佛。"⑤而《齋經》也稱八戒齋之功德:"奉持八戒習五思念,爲佛法齋,與天參德,滅惡興善,後生天上,終得泥洹。"⑥至於八關齋主的角色和齋主相似,爲提供飲食、修習場所,以及施與參加八關齋會之僧人的

---

① 山崎宏《支那中世佛教の展開》第三章《隋唐時代の佛徒の齋會》,頁737—747。
② 山崎宏《支那中世佛教の展開》第三章《隋唐時代の佛徒の齋會》,頁757,引法國國立圖書館藏敦煌文書第五六二號紙背齋琬文,記在家的齋法。
③ 山崎宏《支那中世佛教の展開》第三章《隋唐時代の佛徒の齋會》,頁752。
④ 《齋經》(T·87),《大正新修大藏經》,册一,頁911。
⑤ 《優陂夷墮舍迦經》(T·88),《大正新修大藏經》,册一,頁912。
⑥ 《大正新修大藏經》,册一,頁911。

嚫施。①

小笠原宣秀研究中國中世人民的佛教生活,認爲六朝時代八關齋會非常盛行,一般是在個人家中舉行;南朝從皇室到貴族階級時常舉行此種齋會。② 誠然,東晉時支遁覓得同道二十四人在吳縣土山墓下,舉行一日一夜的八關齋會,而且寫了記敍其時其景的《八關齋詩序》,自然會令人認爲八關齋會在南朝上層社會非常流行。③ 不過,如果參照華北造像銘記,便可發現六朝華北八關齋會相當盛行,甚至有特爲定期舉辦此種齋會而組織的義邑。北周武帝保定二年(562)張操等人的造像記上,便清楚地交代他們是先組織一個"八關邑",而後纔建造佛像:

> 昔有像主張道元□□及四部大衆一百人等,體別心同,建八關邑。半月懺悔,行籌布薩,夙宵不眠,慚愧自責,策列五情,心居□念,改往脩來,志超彼岸,故能各捨己珍,慕崇真趣,於周武成二季歲次庚辰,仰爲皇帝陛下、晉國公、群像百辟、及法界有形,造無量壽像一區⋯⋯至保定二季歲次壬午,像主張操□復師合造釋迦像一區⋯⋯④

八關齋會在鄉村地區亦甚爲盛行,這從造像銘記上"八關齋主"的題記可以得到清晰的印象。如東魏孝靜帝興和四年(542)建於鄉村的《李氏合邑造象碑》中,就列有"八關齋主李市買"、"八關齋主李龍雲"、"大八關齋主殿中將軍李醜胡"等五個八關齋主的姓名。⑤ 數個齋主或八關齋主可能共同分擔一個齋會或八關齋會的費用,或者是個別地負責舉辦一個齋會或八關齋會。

另外,和齋會相關的一個儀式是"行道"。行道係指以人之右肩向著佛塔或佛像,旋繞塔、像,以表達尊敬之意的儀式。行道有時和齋會一

---

① 八關齋會有僧人參加,如東晉支遁在吳縣營八關齋會,便有"道士白衣凡二十四人"參與。見《廣弘明集》卷三〇支遁《八關齋詩序》,頁 350 上。
② 小笠原宣秀《中國中世佛教生活》,《印度學佛教學研究》第 2 卷第 1 號,頁 68。
③ 山崎宏《支那中世佛教の展開》第三章《隋唐時代の佛徒の齋會》,頁 752。
④ 《張操造象記》,《魯迅輯校石刻手稿》,二函五冊,頁 939。
⑤ 《李氏合邑造象碑》,《魯迅輯校石刻手稿》,二函二冊,頁 313—324。

同舉行,稱之爲"設齋行道"。① 6 世紀造像記上有"行道主"或"行道四面像主"的題名,可知所造之像也是用以舉行"行道"之用的。② 而從《續高僧傳》的一則記載,得知若有僧人參與行道,在此儀式之後須給各個僧人嚫施:

> 釋德美……後還京輦住慧雲寺,值默禪師,又從請業。……常於興善(寺)千僧行道,期滿嚫奉,人別十縑。③

由上可知,出現在造像記上冠以和儀式有關的頭衔,如"開光明主"或"開光主"、"齋主"、"八關齋主"、"行道主"、"行道四面像主"的施主們,其對此儀式主要之貢獻是財物上的布施;當然,他們也有可能因此而在此義邑中取得較高的地位。

3. 佛教的節慶

一年之中,二月八日、四月八日、七月十五日這三個佛教的節日是佛教徒舉行不同儀式和慶典的日子。《洛陽伽藍記》一書主要記敘 6 世紀時洛陽的寺院及其活動,關於其時佛教的節慶和活動,它僅描述四月八日盛大的行像活動,甚至沒有提到當日浴佛的儀式,至於其他的佛教節日則隻字未提。幸而從同一時代成書的《荆楚歲時記》裏關於節慶的記載,我們猶可覓得當時人們在佛教節日裏從事的活動和慶典之蹤迹。此書雖然以荆楚之地的風俗歲時爲主,不過,由於其時中國南、北方都沉浸在虔誠的佛教信仰裏,在慶祝佛教節日的儀式和習俗方面應沒有明顯的差異。本文除了引用此書的記敘之外,並且參照造像記的資料,以了解 5、6 世紀華北佛教節日的活動。

從鄉村造像記上所列的日期,可以得知有些造像是在前述三個節日完成的。

---

① 《續高僧傳》卷二六《釋慧藏傳》:"仁壽中年,敕召置塔于歙州,初至塔寺,行道設齋。"
② 《李氏合邑造象碑》,《魯迅輯校石刻手稿》,二函二册,頁 313—324,"行道主李瑛族"、"行道四面像主李仲賢"。
③ 《續高僧傳》卷二九《釋德美傳》,頁 697 上。

　　二月八日：關於釋迦牟尼的生日有二月八日及四月八日兩種不同的
説法，從歷史的記載看來，北朝多以四月八日爲佛陀的生辰。① 根據《荆楚
歲時記》，6 世紀的人是在四月八日這一天舉行慶祝佛陀誕辰的活動，而以
二月八日爲釋迦牟尼成道紀念日，也有慶賀的儀式。

　　　　二月八日，釋氏下生之日，迦文成道之時，信捨之家，建八關齋戒；
　　車輪寶蓋，七變八會之燈，平旦執香花繞城一匝，謂之"行城"。②

信徒執香花、伴以車輪寶蓋及變幻奇異的燈飾，繞城一匝這種行城的儀式，
當係城市居民慶祝釋迦成道紀念日的活動。至於鄉村信徒可能只舉行八
關齋會，或者使其建造的佛像在這一天落成，舉行開光儀式和齋會。
　　鄉村信徒慶祝四月八日佛誕日的主要活動是"浴佛"。根據東晉僧人
法顯西行求法的經歷《佛國記》一書的記載，在于闐慶祝四月八日佛誕日
所舉行各寺院佛像出巡的遊行，稱之爲"行像"；這個活動係自四月一日延
續至十四日，歷時近半個月之久。③ 而依《洛陽伽藍記》的敍述，在四月八
日的前幾日就有慶典活動：每年四月四日，長秋寺的釋迦像外出行像，隨
行者還有各種雜技百戲；四月七日，洛陽各寺院的佛像都齊集景明寺，以便
四月八日當天大規模的行像。④ 雖然這一天在洛陽城内有盛大的行像，但
此種活動在鄉間不易施行，一則因鄉村原野範圍遼闊、居民分散，故佛像不
可能繞境遊行；二則洛陽的行像伴隨著百戲雜技，這也非鄉村居民負擔得
起的。6 世紀時荆、楚地區的人係在寺院設齋，並且舉行浴佛的儀典：

　　　　四月八日，諸寺設齋，以五色香水浴佛，共作龍華會。⑤

① 這是由於在印度南、北傳的佛傳裏記載佛陀誕生、出家、成道、涅槃日期不一致的緣故。見中
　　國佛教協會編《中國佛教》(第 2 輯)九《浴佛》，北京，知識出版社，1982 年，頁 371—372。
② 守屋美都雄《中國古歲時記の研究》第二篇四第二部《荆楚歲時記・寶顏堂秘笈本校注》，東
　　京，帝國書院，1963 年，頁 340。
③ 足立喜六著，何健民、張小柳譯《法顯傳考證》，上海，國立編譯館，1937 年，頁 41—43。
④ 《洛陽伽藍記校注》卷一長秋寺條，頁 43；卷三景明寺條，頁 132—133。
⑤ 《中國古歲時記の研究》，頁 349。

我們有理由相信其時不只荆楚之人有浴佛的習俗,華北很多地區也在四月八日這一天作浴佛的儀式。早在十六國時代,石勒就曾作浴佛的儀式,爲其子祈福。① 又造像記更提供第一手的材料,顯示6世紀華北的信徒不只在寺院爲寺裏的佛像舉行浴佛典禮,也爲其所造的佛碑像作浴佛的儀式,如北魏孝明帝孝昌三年(527)劉平周等人所造的石碑像記,便説明其浴佛時用了若干絹布:"……天宫洗□□□,合用絹一伯(佰)午拾疋,市綵雇……"②此處説"天宫",係因北魏後期盛行造石碑像,有時是造多面像或塔像,其銘文記作"塔"、"浮圖"或"天宫"。③ 根據佛經的説法,須以五色香水浴佛像,再用絹布擦拭。西秦沙門釋聖堅譯的《佛説摩訶刹頭經》(又名《灌佛形像經》,T·696)裏提到四月八日浴佛法:

> 四月八日浴佛法:都梁、藿香、艾納,合三種草香授而漬之,此則青色水;若香少可以紺黛秦皮權代之矣。鬱金香手授而漬之於水中,授之以作赤水;若香少若乏無者,可以面色權代之。丘隆香擣而後漬之,以作白色水;香少可以胡粉足之,若乏無者,可以白粉權代之。白附子擣而後漬之,以作黄色水;若乏無白附子者,可以栀子權代之。玄水爲黑色,最後爲清净,今見井華水名玄水耳。
>
> 右五色水灌如上疏。
>
> 以水清净灌像訖,以白練若白綿拭之矣。斷後自占更灌,名曰清净灌,其福與第一福無異也。④

而依《荆楚歲時記》的記載,當時的人確實遵照佛經所記的浴佛法,以五色香水浴佛,四月八日條:

> 按高僧傳,四月八日浴佛,以都梁香爲青色水,鬱金香爲赤色水,

---

① 《高僧傳》卷九《竺佛圖澄傳》:"每至四月八日,(石)勒躬自詣寺灌佛,爲兒發願。"
② 《劉平周等造象記》,《魯迅輯校石刻手稿》,二函一册,頁150。
③ 《北朝造像銘考》,頁3。
④ 《佛説摩訶刹頭經》,《大正新修大藏經》,册一六,頁798中。

丘隆香爲白色水，附子香爲黃色水，安息香爲黑色水，以灌佛頂。①

此處雖然没有提及在以五色香水浴洗佛像後，再以白練或白綿擦拭像身，不過，若和上述劉平周等人所造像之銘記："天宮洗……合用絹一伯午拾疋。"兩相對照，便可得到一個和佛經所記完全相同的圖像。

七月十五日是舉行盂蘭盆會的日子，此乃爲追薦祖先，使其得脱死後之苦難。根據西晉月氏國沙門竺法護譯的《般泥洹後灌臘經》(T·391)，在四月八日及七月十五日兩個日子都須行浴佛（又稱"灌臘"）的儀式，而在七月十五日舉行盂蘭盆會所依據的《佛説盂蘭盆經》(T·685)，却是較晚譯出的經典，它約在五世紀纔被譯成漢文。② 然而，《荆楚歲時記》關於七月十五日活動的記載僅提到盂蘭盆會，而没有談到浴佛。不論在《盂蘭盆經》譯出之前七月十五日有無浴佛的儀式，至少在此經出現之後，它對這個節日的儀式有全面的影響力。

> 七月十五日，僧尼道俗，悉營盆供諸仙(寺)。
> 按盂蘭盆經云：有七葉功德，並幡花歌鼓果食送之，蓋由此也。
> 經又云：目連見其亡母生餓鬼中，即以鉢盛飯，往餉其母，食未入口，化成火炭，遂不得食。目連大叫，馳還白佛，佛言汝母罪重，非汝一人所奈何，當須十方衆僧威神之力，至七月十五日，當爲七代父母厄難中者，具百味五果，以著盆中，供養十方大德，佛敕衆僧，皆爲施主，祝願七代父母，行禪定意，然後受食。是時目連母，得脱一切餓鬼之苦。目連白佛，未來世佛弟子，行孝順者，亦應奉盂蘭盆供養。佛言大善。故後人因此廣爲華飾，乃至刻木割竹，飴蠟剪綵，模花葉之形，極工妙之巧。③

無論是佛教的哪一種儀式，僧侶都扮演了一個重要的角色，他們都可

---

① 守屋美都雄《中國古歲時記の研究》，頁 340。
② Stephen F. Teiser, *The Ghost Festival in Medieval China*, Princeton, 1988, pp.48–49.
③ 《中國古歲時記の研究》第二篇四《荆楚歲時記·寶顏堂秘笈本校注》，頁 359—361。

得到信徒給予的嚫施,這些收入使僧侶有能力捐資、參與造像的活動。《佛說摩訶剎頭經》裏就明白規定：僧人必須以從浴佛儀式中得到的部分嚫施,用以建造佛像和修建塔寺。

> 灌佛形像所得多少,當作三分分之。一者爲佛錢,二者爲法錢,三者爲比丘僧錢。佛錢繕作佛形像,若金若銅若木若泥若墇若畫,以佛錢修治之。法錢者,架立樓塔精舍籬落牆壁內外屋,是爲法錢。比丘僧有萬錢,千比丘當共分之。若無衆比丘,但一分作有,以一分給與法錢,數人亦三分分之,出以一分,持後法錢僧錢。[1]

由此我們亦可以理解：在鄉村的造像活動中,何以有許多僧侶參與其間,以及其費用的來源。

五、佛教在鄉村社會的作用

5、6 世紀時期,佛教無論在城市或鄉村都極爲興盛流行,在社會上造成很大的影響。就鄉村地區而言,信徒透過造像、組織義邑或法義這樣的宗教信仰團體,以及因宗教動機而興造的公共建設、慈善事業,無形中對社會整合有相當的助益,也促進了鄉村地方的公共建設,解決一些社會問題。同時,由於佛教深入浸透人民的日常生活,也影響及其價值標準。

(一) 社會整合的功能

佛教有促進鄉村社會整合的作用,顯現在村落之內不同姓族的連結、村落與村落之間的聯繫以及縮小社會差距三個方面。

5、6 世紀時華北有一些村落是以一個姓氏的同姓聚落爲主的村落,有的村落則是由幾個姓氏爲主要居民的聚落;有的村落裏居民全是漢人,有的則是胡、漢人混雜交錯居住的。同姓的村民很容易經由血緣、宗親的關

---

① 《大正新修大藏經》,冊一六,頁 798 上。

係結合在一起,組織義邑,從事造像等宗教活動、公共建設,或社會福利事業。如東魏孝静帝時以李次、李顯等一百餘李姓族人組成的義邑,他們基於宗教的情懷,首先在村中建造一座寺院;次則在其村對外交通要道上,掘一口井,並且在井旁種樹,以供疲倦乾渴的行人止渴休歇;三則在井旁樹立佛碑像。① 現存的一些鄉村造像銘記顯示:在以一個或數個姓氏居民爲主的村落,上述的宗教活動是將不同姓氏的村民凝聚在一起的因素。這裏我們以兩個村落爲例,一是河北涿縣當陌村,一是山西平定安(阿)鹿交村;這兩個村落都各造有三個佛碑像,留下了可供比對的寶貴資料。

在北魏宣武帝景明四年(503)至正始元年(504)前後約一年裏,當陌村的居民建造三個佛碑像。從可辨識的造像題名之中,一則可發現此村的居民係以高姓爲主,另外雜有張、劉、王等姓的少數居民;藉著造像活動以及相關的儀式、齋會,讓那些少數姓氏的村民可以參與村裏主要姓氏,同時也是多數居民的活動。這三個造像分別由三組人捐建:一、在503年三月廿一日完成者,係由劉雄頭這個少數姓氏者和高伏德、高道隆等四百人所造的;可辨識的造像者題名僅有十餘個僧尼的名字(見圖2)。② 二、在503年四月二日落成者,是由高伏德、劉雄(頭)等三百人所組成團體捐建的;造像題名可識者二百六十五人,其中七人係僧尼。③ 三、在504年三月九日完工者,是由高洛周等七十人所組成叫做法義的宗教團體出資的;題名可識者計一百二十一人,比碑額上所記的七十人多出了五十一人。④ 前兩個造像日期相差不到半個月,本來是比對此二宗教團體成員很好的機會,可惜題名者資料不夠完整;不過,從可識的第二、三兩組造像者題名中,仍可看出兩個現象:一則由於村民對佛教的虔敬信仰,不同社群的人可藉宗教活動而結合在一起;二則少數姓氏如劉氏的劉雄頭,甚至可能因爲和多數姓高氏同爲造像活動的發起人,或者因爲在此造像活動出資較多,而得以和高姓之首的高伏德、高道隆並列爲造像者的代表;此事除了使劉姓

①　《魯迅輯校石刻手稿》,二函二册,頁313—324。
②　《劉雄頭等四百人造像記》。
③　《高伏德三百人等造象記》。
④　《高洛周七十人等造像記》,《陶齋藏石記》卷六,頁8—10。

在此二造像活動及相關宗教儀式中扮演較重要的角色之外,可能也有助於提高劉姓在村中的地位。

安鹿交村的三件造像題名顯示一個有趣的現象:即姓氏爲較少者居民似乎有意藉比其他居民出錢出力較多、領導一個造像活動的方式,以提高其姓在村內的重要性。安鹿交村三個造像活動爲:一、東魏孝靜帝武定五年(547),由王法現等廿四人的造像;題名者計三十一人,以衛、張、王三姓者居多數,衛、張二姓各占了九人,而領銜者王法現所屬的王姓只有六人。[1] 二、北齊孝昭帝皇建二年(561),陳神忻率邑子七十二人造石室佛像;題名者七十四人之中,仍以衛、張、王姓爲多,衛姓者占了二十六人,張姓十六人,王姓十人,至於陳姓者僅領銜者陳神忻一人而已。[2] 三、北齊武成帝河清二年(563),安鹿交村義邑成員七十位邑子共同出資造像,没有領銜者的姓名,但出資造正面龕主像的“當陽像主”是韓知悦。[3] 韓姓在此村中並非居民占多數的姓氏,而更值得注意的是:韓知悦參加了上述三個造像活動。由這些現象,可以看出少數姓的居民似乎熱衷於在造像活動裏,扮演主要的角色。

在漢、胡人民,或是不同種姓的胡人雜居共處的村落裏,佛教也是消泯民族界綫、促進民族融合的功臣。馬長壽在《碑銘所見前秦至隋初的關中部族》一書中指出:居住在關內的北方諸族隨所在村邑的漢族或羌族建立佛像。如在咸陽發現的《王妙暉等五十人造像銘》裏,便可見到鮮卑和漢人的名字並列,邑主呼延蠻獠,呼延氏在漢代爲匈奴大姓,後屬鮮卑;又如邑子慕容妃,慕容氏爲鮮卑族。另外,《昨和拔祖等一百廿八人造像記》,也顯示此是胡、漢人民共同捐資所建的。[4] 胡、漢人民協力共造佛像這個事實,在隋開皇五年(585)八月十五日七帝寺所造的佛像銘文裏説得最爲清楚:“胡漢士女邑義一千五百人,三邑併心,四方並助。”[5]

在那個上自帝王、下達庶民幾乎全都篤信佛教的時代,佛教成爲不同

① 《山右石刻叢編》卷一《安鹿交村二十四人造像記》,頁 19—20。
② 《山右石刻叢編》卷二《陳神忻七十人等造像記》,頁 9—10。
③ 《山右石刻叢編》卷二《阿鹿交村七十人等造像記》,頁 16—18。
④ 馬長壽《碑銘所見前秦至隋初的關中部族》,頁 54—55。
⑤ 《七帝寺造象記》,《魯迅輯校石刻手稿》,二函五册,頁 1045。

階層的人們之間思想和文化的公分母；透過造像這樣的活動，也縮小了社會階層的差距。雖然鄉村居民絕大多數都是平民，但在鄉村的造像裏也有少數官員參加；他們有的原來是村落的居民，而有的則是官員領導村民造像。如北齊武成帝河清二年（563）五月，陽阿故縣村的造像題名可識者計一百八十九人，其中四位是僧尼，十七人有官銜。[①] 又，北周武帝天和元年山西一個村落的造像銘記裏，題名可識者共九十五人，其中八人是官員。[②] 至於官員領導村民造像的情況，如前面提到的薛鳳規等人的造像，薛鳳規其人便是個武官，其銘文云：“大魏永安三年……是以佛弟子比丘僧智、比丘道甑、比丘道行、比丘曇演、直後羽林鑒安陽男薛鳳規、鄉原道俗等……各竭家珍，建造石像一區……”[③]

　　由於造像活動不僅止於建造佛像而已，還包括若干儀式和法會，如開光、行道、齋會、八關齋會等；因此官員和平民共同參與一項造像活動的涵意，就不只是聯合出資造像而已，也意謂著不同階層的人共同參與一些宗教活動。如衆所熟知，正史記載下的中國南北朝時期是一個階層區分嚴明的社會；不過，若仔細審視那些資料，便可發現嚴格界劃家族地位差異的恐怕只限於貴族之間，因爲那牽涉到仕宦機會的優劣，所以不得不努力界分清楚。至於不同階層之間原已有明顯的劃分，一則没有上述的顧慮，二則佛教作爲不同階層之間共同信仰的基礎，兩者得以協力從事宗教活動，三則藉著共同參與活動，官員也易於得到人民的愛戴與合作，這和北魏建國初年“仍令沙門敷導民俗”政策所收的效果是一樣的。

　　村落之際的聯合：村落之間以佛教信仰作爲彼此聯繫的基礎，組織宗教團體義邑或法義，從事造像和一些公共建設如造橋、修路等；藉著這些活動，村落與村落之間有較爲密切的往來。如東魏孝靜帝武定七年（549），山西盂縣附近高嶺以東數個村落居民便共同建立法儀，修路並造像。

　　　　唯大魏武定七年歲在己巳，四月丙戌朔，八日癸巳，肆州永安郡定

---

①　《山右石刻叢編》卷二《陽阿故縣造像記》，頁11—16。
②　《合村長幼造象記》，《魯迅輯校石刻手稿》，二函五册，頁969—973。
③　《支那美術史·雕塑篇》，頁241—242。

襄縣高嶺以東諸村邑儀道俗等,敬白十方諸佛、一切賢聖、過□□善,
生遭季運,前不值釋加初興,後未遭彌勒三會,二聖中間,日有□歎。
先有願共相契約,建立法儀,造像一區,平治道路,刊石立碑。以此之
功,上爲皇帝陛下、渤海大王延祚無窮,三寶永隆,累級師僧□世父母,
現存眷屬,復願生生之處,遭賢遇聖,值佛聞法,常修善業,□至菩提,
誓不退轉,願法界唅生,同獲此願,一時成道。①

在造像者題名中,有"州沙門都僧觀"州級僧官列名其間,可知僧官在此一
村落之間的聯合中扮演一個重要的角色。又例,隋文帝開皇九年(589),
山東兩個村落的義邑成員廿一人造橋一座,並建交龍石碑像一區;由於此
一碑係殘碑,造像者之題名已不存。②

對村落居民而言,造橋修路以便村落之間的交通往來,是一種實際上
的需要,佛教在此間便成爲促進兩個或更多村落并肩合作、修橋造路一個
串連的因子。

(二) 日常生活和價值標準

由於鄉村居民篤信佛教,佛教的戒律也影響了他們的日常生活;有些
村民受了戒,佛教的戒律便成爲其日常生活中的制約。佛教的戒律中有五
戒、六戒、八戒、十戒等,對於在家的佛教徒而言,最常受的戒律是五戒和八
戒。五戒是指不殺生、不貪、不淫、不妄語、不飲酒,八戒前面已提過,即五
戒再加上不爲歌舞倡樂、不坐高廣之床和過午不食。五戒及八戒是佛教爲
在家俗人所設的戒律。不過,在北齊武成帝河清二年(563)陽阿故縣村
(今山西晉城附近)長幼居民所建的石碑像上,卻顯示了在此村落的居民
修習更多的戒法,其造像者題名中便有下列的記載:"二脩五戒法像主□
苗玉、□楊□道明"、"三脩八戒法像主胡□縣令劉天哥"、"四脩六戒法像
主張何勝、息張□"、"五脩施戒法像主高都太守王法□、妻張"、"六脩持戒

---

① 《金石續編》卷二《興化寺高嶺諸村造像記》,頁 19。並見《高嶺以東諸村邑儀道俗等造象
　記》,《魯迅輯校石刻手稿》,二函二册,頁 465—466。
② 《兩村法義廿一人造橋碑》,《魯迅輯校石刻手稿》,一函七册,頁 1199—1201。

法像主賈要、劉□法□"、"七脩忍戒法像主劉僧敬、妻□□、女僧□"、"八脩精進戒法像主王文標、息洪建"、"九脩禪定戒法像主□要女、女淨唯"、"十脩般若戒法像主衛定祖、妻□□女、生女僧□"。[1]

佛教成爲鄉村居民生活的一個重要成分，這從有些被朝廷表揚爲節義或孝義者，其行事雖然是儒家的忠孝，不過却透過佛教的方式來表達其忠孝之心，可見一斑。如《魏書·節義傳》中記載王玄威的節義事迹，是因他在獻文帝駕崩之後哀傷不已，又"及至百日，乃自竭家財，設四百人齋會，忌日，又設百僧供"。因此而得到朝廷的表彰。

朝廷下令民間舉孝義，始於北魏孝文帝太和十八年："十有一月辛未朔，詔冀、定二州民：……孝義廉貞、文武應求者，具以名聞。"[2]舉孝義一直延續至北朝末年，北魏時汲郡山陽人門文愛事其伯父母至孝，鄉人魏中賢等相與標其孝義。[3]《周書·孝義傳》中所列舉的人物事迹之中，張元、皇甫遐二人之所以受到褒揚，也都以佛教的行事來申致其孝思。

> 張元字孝始，河北芮城人也。……及元年十六，其祖喪明三年，元恒憂泣，晝夜讀佛經，禮拜以祈福祐。後讀《藥師經》，見盲者得視之言，遂請七僧，然七燈，七日七夜，轉《藥師經》行道。……居三日，祖果自明。

> 皇甫遐字永覽，河東汾陰人也。……保定末，又遭母喪，乃廬於墓側，負土爲墳。後於墓南作一禪窟，陰雨則穿窟，晴霽則營墓，曉夕勤力，未嘗暫停。積以歲年，墳高數丈，周回五十餘步。禪窟重臺兩匝，總成十有二室，中間行道，可容百人。……遠近聞其至孝，競以米麵遺之。遐皆受而不食，悉以營佛齋焉。郡縣表上其狀，有詔旌異之。[4]

由於佛教在其時人們生活中占有重要地位，而影響及其價值標準；致

---

① 《山右石刻叢編》卷二《陽阿故縣造像記》，頁14。
② 《魏書》卷七下《高祖紀下》。
③ 《魏書》卷八七《節義傳·門文愛》。
④ 《周書》卷四六《孝義傳》。

力於弘揚佛教,特別是捐財獻力以從事社會福利,成爲鄉村社會美德的重要標準之一。佛教的價值標準和孝義之間的關聯,在《大齊鄉老舉孝義雋脩羅之碑》的銘記中顯現得最爲清楚(見圖5)。此碑刻於北齊孝昭帝皇建元年(560),清乾隆年間在山東泗水縣城東五十里的韓家村天明寺出土,據《光緒泗水縣志》卷一三《舊迹志》形容此碑的形制爲:"碑首鐫石龕,中嵌佛象,下勒維摩詰經,碑陰書雋脩羅孝義事。"由此可知,此碑係一個佛像碑,碑的正面雕有佛像,並刻了部分《維摩詰經》的經文;在碑陰纔鐫刻《大齊鄉老舉孝義雋脩羅之碑》的銘文。此碑文額題即"大齊鄉老舉孝義雋脩羅之碑",至於其内容除了褒揚雋敬(脩羅)的孝行之外,也敍及他營造佛寺和從事社會救濟工作。

> 唯皇肇祚,大齊受命,引軒轅之高□,紹唐虞之遐統,應孝義以改物,揚人風以布則。於是□熙前緒,照顯上世。雋敬,字脩羅,鑽土長安,食菜勃海,前漢帝臣雋不疑公之遺孫,九世祖朗遷官於魯,遂住洙源。幼傾乾蔭,唯母偏居,易色承顔,董生未必過其行;守信志忠,投杼豈能著其心?捨田立寺,願在菩提;醱味養僧,纓絡匪慳;救濟飢寒,傾壺等意。少行忠孝,長在仁倫,可欽可美,莫復是過。蓋聞詮賢舉德,古今通尚,慝秀蔽才,錐囊自現。余等鄉老壹伯餘人,目覩其事,寧容嘿焉?敢刊石立樓,以彰孝義,非但樹名今世,亦勸後生義夫節婦。詔令所行。其辭曰……①

此碑文一方面可看作是佛教徒藉著表彰雋敬的行爲,用以宣揚建造寺院、供養僧侣、救濟飢寒爲良好的德行;另一方面,則恰適反映了鄉村居民的價值標準。其文中敍述雋敬的孝行是"孝",而有關他營造佛寺以及從事社會福利工作則是"義",因此文末説"敢刊石立樓,以彰孝義,非但樹名今世,亦勸後生義夫節婦"。

---

① 《雋敬碑》,《魯迅輯校石刻手稿》,一函六册,頁995—996。

圖5　《雋敬碑》,北齊孝昭帝皇建元年(560),山東
(《北京圖書館藏中國歷代石刻拓本匯編》,冊七,頁103)

從"義"字在北朝鄉村社會的涵意,可以看出佛教對其時鄉村的影響力之大。漢朝時的"行義"係指忠孝仁篤之類的義行美德,顯爲儒家的道德標準。[1] 然而,至北魏時期由於佛教的盛行,雖然標舉孝義者有些仍依儒家的標準,而佛教的捨田建寺、敬僧營齋、救濟飢寒等社會工作,也成爲義行美德之一,有此行爲者也成爲鄉人標舉孝義的對象。[2] 由此可見,佛教之浸透深入人心。

六、結　語

5、6 世紀時佛教在華北鄉村地區非常興盛流行,由於佛教經典的鼓勵造像,以及佛教的修行方法和儀式上的需要,所以歸心佛教的村落居民便傾力造像。千餘年之後,爲數衆多的鄉村造像碑記提供我們了解其時鄉村社會及其佛教信仰寶貴的資料。

5、6 世紀,四處巡走、遊化村落的僧人是促使佛教深入華北鄉村地區的主要原因。此一則和北魏建國以來的尊崇佛教,特別是明元帝下令以僧尼敷導民俗的政策有關,二則和 5 世紀中葉太武帝毀滅佛教期間,許多僧人爲逃避迫害而匿居鄉間有關。在北魏復興佛教之後,那些避居村野的僧人多又落髮爲僧,巡化村落,使得在鄉村地區遊化布教的僧尼人數大爲增加,對於佛教的深入荒僻、廣爲流布傳播,有很大的影響。

對於絕大多數不識字或識字不多的村落居民,僧人如何向他們傳述佛教的教義和佛經的內容? 有證據顯示: 佛碑像上的圖像中有佛本行(佛傳故事)、佛本生故事的片斷場景,以及經變的圖像,是僧人作爲其傳教講經的輔助教材。5、6 世紀中僧人用圖像作爲傳道布教之輔助説明的做法,可能影響了唐代變文的講述,唐代變文講述者通常使用一幅畫卷作爲其輔助説明。

鄉村居民基於宗教上的虔敬,他們組織了叫做"義邑"或"法義"的信

---

[1]　邢義田《論漢代的以貌舉人——從"行義"舊注説起》,收入《慶祝高去尋先生八十大壽論文集》,臺北,正中書局,1991 年。

[2]　《魏書》卷八七《節義傳》;《周書》卷四六《孝義傳》。

仰團體,敦請僧人做爲指導者,以從事建造佛像、寺院,興辦公共建設和慈善活動,並且共同修習佛法、舉辦及參與齋會和若干儀式。

從造像記上"齋主"、"八關齋主"、"行道主"的銘記,可知在佛像建造完工的前後,鄉村居民會舉行齋會、八關齋會,以及行道等儀式。另外,在佛像落成之日,還要舉行佛像開光的儀式。值得注意的是:6 世紀的造像記上出現"光明主"、"開光明主"這樣的頭銜,是迄今——包括佛教與道教,開光儀式最早的記錄。

佛教在華北村落的深入流行,對鄉村社會造成很大的影響。鄉村的佛教徒組織義邑、法義這樣的信仰團體,造像、從事公共建設和共同修習佛法,無形中促進了社會的整合,縮小了社會階層之間的差距。又,佛教不但深深地影響著鄉村信徒的日常生活,也及於其價值標準:人們常透過佛教的行事來表達其孝思忠忱,同時,致力弘揚佛教、捨田立寺、從事救濟飢寒等社會福利事業的行爲,也成爲鄉村社會重視的美德之一,有此等行爲者甚且成爲鄉人標舉孝義的對象。

5、6 世紀華北鄉村佛教徒還經常從事一些造橋、修路等公共建設,以及建造義塚、供應義餐等社會福利事業,這也是佛教對其時鄉村社會所發揮的作用和影響的又一例證。關於這一點,筆者將另以專文討論。

(本文原刊於《"中研院"歷史語言研究所集刊》第 63 本第 3 分,1993 年)

香 火 因 緣

——北朝的佛教結社

一、引　言

　　北朝時期出現一種佛教僧、俗信徒共組的信仰團體,亦即佛教結社(學界通常稱之爲"社邑"),當時人稱爲"義"、"義邑"或"法義"。由於中古佛教的流布興盛,使得它蓬勃發展,成爲其時社會中突出的現象之一。從 1930 年代以迄於今,學者已有很多的研究,[1]以前人豐碩的成果疊成一座小山,登高遠望,發現還可以從文本的視角對此課題再做一些思考。

　　直至今日,學者對北朝佛教結社没有統一的稱呼,有以下三種名稱:"義邑"、"邑義"、"社邑",而以稱"邑義"者居多數。事實上,所有研究依據的資料是造像記,因此應細細披讀造像記,並參酌相關文獻,以找出當時人對佛教社邑、成員確切的稱呼。[2]再則,迄今相關的研究幾乎都做整體性的敍述和討論,較少考慮到地域性的差别。事實上,北朝佛教結社具有一些地域性特色,以社邑的名稱來説,山東地區多稱"法義";部分陝西的義邑兼崇佛、道,又其執事名稱也和山西、河北、河南等地有少許的差别。因此,似宜就區域性分别敍述。

　　本文嘗試就從文本的性質來討論造像記的内容,包括"迴向文"中"四

---

[1]　中、日學者主要的研究,請參見本書第四章《中古佛教政策與社邑的轉型》,頁 134,注 2。

[2]　由於未能就造像記做較爲精密的閱讀,學者對於北朝佛教結社的名稱常爲造像記上出現的諸名詞所惑,甚至認爲其中出現的"合邑"、"邑會"、"諸邑"都是民間信仰團體的稱呼。佐藤智水《中国における初期の"邑義"について(上)》,《龍谷大學佛教文化研究所紀要》第 45 輯,2006 年,頁 77。

恩三有"的意涵以及社邑成員的共修性質,並略述其受到傳統私社的影響。此外,則從造像記的内容和造像題名分别討論"義"、"邑義"、"義邑"諸名詞的含義,以釐清當時人確切的稱呼,文末並略述區域性的特色。

二、從造像記的文本談起

北朝時期各地普遍存在著僧、俗信徒組成的社邑,其成員們捐資建造佛像碑(其上的文字通常稱爲"造像記")、寺院和石窟,並且留下了記録,它們成爲研究其時佛教結社最重要的資料。從造像記可知很多石佛像碑係由僧、俗信徒——包括不同階層的官員與平民,共同結社、集資造像;同一時期南方佛徒集會的資料,則幾乎全是上層階級的皇室、官員、高僧和隱士的活動,因此日本學者山崎宏認爲北方的"義邑"是平民的,一般而言知識教養較低;南方的"法社"成員係貴族、大官,戒律嚴謹,重視禪修。[①] 這個結論正是反映南、北方兩種文本性質的差異,故此結論值得再做檢討。

(一) 文本的性質

造像記的性質不同於一般的碑刻,它是外來新信仰的産物。[②] 造像碑文幾乎没有留下撰文者的姓名,[③]因此無法得知撰文者的身份和背景。就一般"造像記"的格式而言,第一部分通常讚嘆佛教、略述佛教義旨,第二部分敍述造像緣起——包括發起者、成員身份的敍述,第三部分係功德迴向(這一部分也有佛教意涵,見下文)。造像記的内容顯示:撰文者通常須對佛教教義有相當程度的理解,因此部分的造像記可能出自嫻熟佛教教理的僧人之手,由於僧人不應祈求名聞利養,所以未標注姓名。再則,很多的造像活動係在僧人領導或指導下進行的,其名字已經見諸碑上,故毋庸另

---

① 山崎宏《支那中世佛教の展開》,東京,清水書店,1947 年,頁 827—831。
② 此承陳弱水先生提示,特此致謝。
③ 迄今所見,僅有河南北齊天保三年宋顯伯造像碑上有"都維那伏波將軍、防城司馬程洛文并書"。《金石續編》卷二《宋顯伯等造像龕記并陰側》,《石刻史料新編》第一輯(4),臺北,新文豐出版公司,1978 年,頁 26。

署其名。不論如何,不標示撰文者姓名是北朝佛教碑銘的一個特色,至唐代則大多皆署名。

北朝佛教社邑大都由僧尼和俗人共同組成,在俗人部分出現了官員和平民共同加入的情形,這應是受當時流行經典宣揚的理念所致。以北魏孝明帝神龜二年(519)崔氏家族造佛像碑爲例,"像主崔懃"雖然沒有任何官銜,但却是出身山東清河的望族名家,係北魏名臣崔光(449—522)之子,史書上作"勤",但在碑刻上作"懃",當係碑刻別字。① 崔懃家族多人仕宦於北魏,參與此一造像活動的崔鴻、崔鸊、崔鷗三人是他的堂兄弟(崔光之弟崔孝友之子)。在造此像時,崔鷗是廣川太守,崔鸊擔任徐州倉曹參軍;至於崔鴻當時爲高陽王右司徒府右長史,著述豐富,《魏書》(卷六七)有他的傳記。這一個以崔懃爲主導人物的造像活動中,除了崔氏家族之外,還有佛教社邑成員的參與。

山東地區的佛教結社大都稱爲"法義",在此造像碑的側鑴有"法義兄弟廿五人各錢一百裁佛金色",其後有二十五人的題名,他們都係平民。② 一個全國性的望族和一群平民百姓可以共同結社,更值得注意的是:像主崔懃負擔大部分的造像費用"像主崔懃用錢九千",其堂兄弟出錢若干不得而知,但參與此活動的法義兄弟二十五人每人僅各出錢一百,差距甚大。崔氏家族似應足以負擔全部的造像費用,同時貴爲名望士族,爲何邀約這些平民百姓一起造像? 這只有從當時流行的經典來理解。6世紀時流行經典之一《像法決疑經》(T・2870)對福田的闡釋是"獨行布施,其福甚少",而鼓勵衆人"不問貧富貴賤,若道若俗,共相勸他,各出少財,聚集一處",共同布施。③ 另一部流行的中國撰述經典《示所犯者瑜伽法鏡經》

---

① 如《隋常景墓誌》,北川博邦《偏類碑別字》,東京,雄山閣,1975年,頁23。中古單字當另加偏旁,下另有一例。邱忠鳴從《魏書・崔光傳》中記載他有十一子:勵、勗、勯、勸、劼、勉、勃、劻、勴、勳、勉,其名都從力字,皆爲勤勉之意,故崔懃或爲其中之一子,他推斷"懃"爲上述十一字中某字的異體字,或應可與之並列的另一字。參邱忠鳴《北朝晚期青齊區域的佛教美術研究》,中央美術學院博士論文,2005年,頁43—44。不過,從碑別字和中古俗字的角度來看,其中"劻"字在《唐樊寬墓誌》中,就在其字下加"火"部(《偏類碑別字》,頁21)。
② 《八瓊室金石補正》卷一五《崔懃造像記》,《石刻史料新編》第一輯(6),頁6—7。
③ 《像法決疑經》,《大正新修大藏經》,册八五,頁1336中。

（T·2896），也有相同的論述。① 這可以解釋在一個重視身份地位的社會中，會出現平民和官員——甚至是州刺史這樣高位階官員，共同造像的現象，並且他們的名字同鐫刻在造像碑上。如西魏鎮固城大都督白實率領當地文武官吏軍士、平民共同建造中興寺石佛像，可以説是最極致的一個例子。②

　　同一時期，南方因有禁碑令的緣故，幾乎没有造像記這種文本的遺存；③東晉南朝僧、俗集會的資料，都是社會地位崇高、深具佛學素養的皇室、貴族、官員、文人、隱士和高僧往來所留下來的詩文；它所反映的是僧、俗的上層階級，而不包括一般僧人和居於市廛郊野多數平民的信仰情況。如《高僧傳》記載遊於廬山慧遠法師門下的隱士劉遺民、雷次宗、周續之、宗炳、畢穎之、張季碩，以及僧俗信徒共一百二十三人，在般若精舍的阿彌陀像前建齋立誓，互相策勉共修，期生西方；④其中，劉遺民、雷次宗、周續之、宗炳在《宋書·隱逸傳》都有傳記。山崎宏没有注意到南、北朝上述文本性質的不同，而遽以文本的差異性作爲南、北方佛教信仰的特點，這種看法是值得商榷的。

　　南朝都城建康的確有皇室、大臣共組信仰團體，《大宋僧史略》卷下“結社法集”條云：“齊竟陵文宣王募僧俗行淨住法，亦‘淨住社’也。”⑤可見南齊竟陵王蕭子良集合僧俗，修習淨住法，稱爲“淨社”。《出三藏記集》有宋、齊時《京師諸邑造彌勒像三會記》之目，⑥可知有修習彌勒淨土法門的信徒建造彌勒像和齋會（“龍華三會”、“龍華會”），⑦由於内文已亡佚，不知參與者究竟有哪些人。不過，此目和周顒所作的《宋明皇帝初造龍華

①　《大正新修大藏經》，册八五，頁1417下。
②　《白實等造中興寺石象記》，北京魯迅博物館、上海魯迅紀念館編《魯迅輯校石刻手稿》，二函三册，上海書畫出版社，1987年，頁515—523。
③　關於南朝時期南方少有集體造像和造像碑資料遺存，請參見本書第三章《從造像碑看南北朝佛教的幾個面向》。
④　《高僧傳》卷六《慧遠傳》，《大正新修大藏經》，册五〇，頁358下。
⑤　《大正新修大藏經》，册五四，頁250下。竟陵文宣王子良撰有《淨住子》二十卷。
⑥　《大正新修大藏經》，册五五，頁92中。
⑦　守屋美都雄《中國古歲時記の研究》第二篇四第二部《荆楚歲時記·寶顔堂秘笈本校注》：“四月八日，諸寺設齋，以五色香水浴佛，共作‘龍華會’。”東京，帝國書院，1963年，頁349。

誓願文》、《齊竟陵文宣王龍華會記》並列在"龍華像會集"之中，①可見所謂"京師諸邑"（指建康城內的佛教結社）的成員可能是以皇室成員和高級官員爲主。另外，同書還有《定林上寺建般若臺、大雲邑造經藏記第一》、《定林上寺太尉臨川王造鎮經藏記第二》之目。太尉臨川王蕭宏係梁武帝之子，定林上寺位於建康城東的鍾山，係由罽賓禪師曇摩蜜多所建的；東晉以來建康城東的鍾山地區有很多官員的賜田和別墅，城東也是王公貴人住宅分布的地區，故此地的寺院多是名僧修禪講經之所，其信徒多是帝王和官員，有"鍾山帝里，寶刹相臨"之稱。②據《梁書》的記載，劉勰依隨上定林寺僧祐住在該寺；梁武帝天監初年，劉勰出任中軍臨川王蕭宏的記事參軍，定林寺的經藏即由劉勰所制定。③天監七年（508），梁武帝念及佛典浩瀚，敕令莊嚴寺沙門僧旻、臨川王記室參軍劉勰等三十人，同集在定林上寺抄一切經論，至次年（509）撰輯成《眾經要抄》一書。④可見定林上寺應屬皇室貴族的寺院，從《定林上寺建般若臺、大雲邑造經藏記第一》、《定林上寺太尉臨川王造鎮經藏記第二》之目來看，"大雲邑"應係佛教社邑之名，它的成員可能都是官員或帝室成員。至於蕭宏是否是"大雲邑"的領導者，或者僅係"大雲邑"的成員之一，則不得而知。此外，梁簡文帝撰有《八關齋制序》，其中立制十條，第六條稱："白黑維那，更相糾察。若有阿隱，罰禮二十拜。"⑤可知參與八關齋會者有寺院僧職"三綱"（上座、寺主、維那）的"維那"，也有佛教社邑執事的"維那"（借用寺職之稱），故稱"黑、白維那"，即參與八關齋會者有僧、俗信徒。以上二例因有竟陵王、簡文帝的參與，當係在城市之中以皇族貴戚爲主體的修習佛法的結社。

至於同一時期南方平民百姓是否也有類似的佛教結社？迄今未見任

① 《大正新修大藏經》，冊五四，頁 92 中。

② 《續高僧傳》卷一五《義解篇十一·論曰》，收入《大正新修大藏經》，冊五〇，頁 548 中。並見拙文《南朝建康的佛寺與城市空間》，收入《鄭欽仁教授七秩壽慶論文集》，臺北，稻鄉出版社，2006 年，頁 71—72。

③ 《梁書》卷五〇《文學傳下·劉勰》，北京，中華書局，1973 年，頁 710。

④ 《歷代三寶記》（T·2034），《大正新修大藏經》，冊四九，卷一一，頁 99 上；《續高僧傳》卷一《譯經·梁揚都莊嚴寺金陵沙門釋寶唱傳》，頁 426 下。

⑤ 《全梁文》卷一二簡文帝《八關齋制序》，嚴可均輯《全上古三代秦漢三國六朝文》，京都，中文出版社，1981 年，頁 3018。

何資料。筆者認爲：由於東晉南朝實施禁碑令，南朝没有出現大量的石佛碑像；又因佛教傳布的形式和北朝僧人遊化的傳統不同，因此迄今未見集體造像，也没有留下如北朝造像記資料。此外，由於南方施行"符伍制"，或許也影響及人們結社的意願。①

（二）迴向文中的"四恩三有"

佛像碑上的文字包括"造像記"與造像者題名兩部分，少數造像碑上甚至僅有造像者題名，有的則僅有造像記而無造像題名。學者通常將"造像記"中的功德迴向（以下簡稱"迴向文"）稱做"發願文"，②這是没有從佛教意涵來思考，似難以回歸當時佛教徒造像的意義。

造像記的"迴向文"充分顯示大乘佛教的報恩與普度衆生思想，功德迴向的對象是"四恩三有"。"四恩"是指父母恩、衆生恩、國主恩、三寶恩；"三有"係指欲界、色界、無色界。造像者係以造像功德上報四恩，同時與一切衆生共享此福報，因此在結尾常出現"咸同斯福"之語。"三有"也可以"四生"代替，佛教以出生的形式將衆生分作四類：胎生（人、畜）、卵生（如飛禽魚類）、濕生（昆蟲）、化生（依業力而出現者，包括諸天、地獄衆生）。

在造像記的文字中，報四恩有兩種表現方式：一種是直稱迴向"四恩三有"，另一種則細數"四恩三有"包括的各種對象。直稱迴向"四恩三有"者，便不一一細數四恩對象的國主帝王、七世及現世父母、同邑成員、有靈含識、邊地衆生等，如孝明帝孝昌二年（526）帝主元氏法義卅五人造彌勒像記中稱"普爲四恩三有、法界衆生，願值彌勒"。③ 北齊孝昭帝皇建二年（561）邑義七十人造盧舍那像記："以此功德灑及四恩，遍潤三友。"④隋文帝開皇四年（584）東莞縣阮景暉等一百餘人造十六王子像題記云："上報

---

① 詳見本書第三章《從造像碑看南北朝佛教的幾個面向》。
② 一般提及造像記，都稱這一部分爲"發願文"，如侯旭東《五、六世紀北方民衆佛教信仰：以造像記爲中心的考察》，北京，中國社會科學出版社，1998年，頁90，150—152。
③ 《八瓊室金石補正》卷一六《帝主元氏法義卅五人題記》，頁2。
④ 《邑義七十人等造盧舍那像記》，《魯迅輯校石刻手稿》，二函四册，頁735。

四恩,下爲含識敬造十六王子像壹軀。"①以"四生"代替"三有"者,如北魏洪懋等造石象銘迴向:"願此福資主上聖昌,百司賢明,風和雨順,國豐民泰,三寶玄化,四生蒙度,同超危苦,齊證常樂。"②北齊武成帝河清二年(563)陽阿故縣村合邑長幼造像記的迴向文是"藉此功福,上爲皇帝(下闕)僧七世父母,因緣眷屬,邊地四生,咸登正(覺)"。③ 北齊後主天統三年(567)許州有一個義邑成員一百人等造丈八大像,其功德迴向作:"上爲皇家永康,下爲群品師僧□□,累劫因緣,四生洽(含)識,悉捨忘(妄)想,同登正覺。"④唐代以後的佛事中"四恩三有"的迴向常以"上報四重恩,下濟三途苦"的詞句表達,迄今仍然流行。

北朝多數的迴向文仍然是細數四恩三有中的各種對象,北魏孝明帝正光四年(523)在絳州(今山西新絳縣)董正國等人造像記中有相當完整的呈現:

> 微功既成,情存兼濟,□願皇帝祚延明逾日月,四表□寧光隆□□□;又願邑師并諸邑子等,蠻越□纓,龍飛常樂,望超淨方。現在□益,捨受從生,□沐法澤,六趣四衢,咸同斯福。⑤

又如武定五年(547)平定州(今山西平定縣)安鹿交村王法現等廿四人造像記的迴向文作:

> 造□成就,上爲佛法興隆,皇帝陛下、勃海大王,又爲群龍伯□□宰令長國士上寧,兵駕不起,五□熟成,人民安樂;下爲七世父母、前生父母、因緣眷屬。蠢動衆生,有形之類,普蒙茲眷,一時成佛。⑥

---

① 《八瓊室金石補正》卷二四《阮景暉等造象記碑》,頁3。
② 《陶齋藏石記》卷七《陽城洪懋等造石象銘》,《石刻史料新編》第一輯(11),頁24。
③ 《山右石刻叢編》卷二《陽阿故縣村造像記》,《石刻史料新編》第一輯(12),頁11。
④ 《金石萃編》卷三四《造丈八大像訟》,《石刻史料新編》第一輯(1),頁9。
⑤ 《山右石刻叢編》卷一《董正國等造像記》,頁1。
⑥ 《山右石刻叢編》卷一《安鹿交村二十四人造像記》,頁19。

　　也有稍微簡化者,如北魏法義兄弟一百餘人造像記中稱:"上爲帝主、法堺(界)群生、師僧父母、居家眷属、咸預福慶,所願如是。"①

　　北魏薛山俱二百人等造像碑的碑陽篆書"爲國結福"四個大字,②此即報國恩之意,國恩包括帝王國主、百官群僚,乃至於社會大衆。因此之故,也有的造像記中細述爲皇帝、七世父母、法界衆生造像,如龍門石窟題記中有正光六年(525)蘇胡仁合邑十九人等"造釋加一區,□爲皇帝陛□□,邑子等復願七世父母、所生父母、因緣眷屬,一時成仏(佛)"。③永熙二年(533)二十人造像記中稱"□爲皇帝、□□法界有形,敬□石像一區"。④

　　由上可知,發願迴向中的"爲皇帝敬造"、"爲國敬造",都是佛教報恩思想中的國主恩、國土恩,似不宜全從世俗的觀點來看:如日本學者塚本善隆所稱北魏佛教從道武帝以下即具有濃厚的國家色彩,或如佐藤智水提出北魏透過僧人教化民衆皇帝崇拜和鎮護國家的觀念,⑤或是中國學者認爲此係將崇佛的信念和儒家的忠孝思想合而爲一,⑥或者以爲是民衆的國家認同等,⑦皆係沒有從當時造像者所理解、接受的教義去了解所導致的偏差;解讀造像記宜從宗教的角度去理解它的内涵,方能回歸當時人們造像的心態情境及其真正的意涵。

(三) 香火因緣

　　北朝佛教僧、俗因共同修習佛法而結社,對佛教教理的信奉——特別是透過共同造像、造經、建造寺院、供養寺院、舉行齋會等活動,是維繫成員

① 《八瓊室金石補正》卷一六《法義兄弟百餘人題記》,頁2。
② 《薛山俱二百他人等造象》,《魯迅輯校石刻手稿》,二函三冊,頁563。
③ 《八瓊室金石補正》卷一三《蘇胡仁十九人等題記》,頁21。
④ 《八瓊室金石補正》卷一三《元□□廿餘人題記》,頁27。
⑤ 塚本善隆《太祖建國の佛教——趙郡法界活動と國家的佛教の基調》、《復與佛教の國家性格》,收入《塚本善隆著作集》第二卷《北朝佛教史究》,頁11—27,74—78。佐藤智水《北朝造像銘考》,頁87—96;《雲岡仏教の性格　北魏國家仏教成立の——考察雲岡佛教性格》、《北朝造像銘諸問題——皇帝崇拜について》,《北朝佛教史論考》,岡山大學文學部,1998年,頁157—158,114—123。
⑥ 李文生《中國石窟佛社造像最早出現於雲岡石窟——雲岡第11窟〈北魏太和七年邑義信士女造像記〉探討》,雲岡石窟文物研究所編《2005年雲岡國際學術研討會論文集·研究卷》,北京,文物出版社,2006年,頁312。
⑦ 侯旭東《造像記所見民衆的國家認同與國家觀念——北朝村里社會研究之一》,收入鄭振滿編《民間信仰與社會空間》,福建人民出版社,2005年,頁10—41。

之間關係最重要的因素。在上述的宗教活動中，都有以香爐供養佛的儀式，因此"香火因緣"一詞就被用以形容共同供佛侍僧，乃至於因佛教行事而結合的代名詞。

　　佛典中屢有以花、香（包括末香、塗香、燒香）、燈燭、幢幡供養佛的敍述，這些物品都是法事儀式重要的供養品，其中香火是必備之物，故以"香火"作爲法事的代稱。① 中古佛教徒使用的香器至少有兩種，一種是置於地上的香爐，形狀和博山爐相似；另一種是手持的長柄香爐，北朝造像碑上即可見到這兩種香爐的圖像。造像碑主龕佛像之下，常雕有一座博山爐狀的香爐，它的旁邊或是有一對護法的獅子，或是有兩位供養人，這樣的一種組合幾乎成爲多數石佛像碑的共有圖像。由於香鑪和獅子也是造像的重要內容，有些造像記中也提及此成分，如唐高宗顯慶五年劉某在龍門趙師客龕內造"阿彌□像一軀，并二菩薩二聖□（僧）、師子、香爐"。② 邑師道略和"邑義三百餘人等"建碑像一所，置在寺院之中，其造像記敍述此寺"內安万練之僧，招精進之士，銀爐鼓炎，百和騰烟，錫響讚聲，定崩煩惱"。③ 所描繪的就是寺院僧人以焚香梵唄的供養修習。

　　造像碑上香爐代表著對佛像的禮拜供養，少數香爐圖像甚至有極爲生動的描繪，或是香烟裊裊，或有僧俗信徒的手勢作添香之狀，如北魏孝武帝永熙三年（534）韓顯祖等人造佛像碑上，在佛像下鐫的香爐中還有裊裊香烟自爐中上生的狀樣，兩傍鐫刻著僧人和信徒像。④

圖 1　韓顯祖等人造塔像碑
（《北京圖書館藏中國歷代石刻拓本匯編》，冊五，頁 199）

---

① 《續高僧傳》卷一六《周京師大追遠寺釋僧實傳》："忽一旦告僧曰：'急備香火，修理法事，誦觀世音以救江南某寺堂崩厄也。'"頁 558 上。
② 《八瓊室金石補正》卷三一《趙客師龕內劉某題記》，頁 7。
③ 《金石萃編》卷三四《邑師道略等造神尊碑像記》，頁 27。
④ 《陶齋藏石記》卷七《韓顯祖等造象記》，頁 23；北京圖書館金石組編《北京圖書館藏中國歷代石刻拓本匯編》，鄭州，中州古籍出版社，1989 年，冊五，頁 199。

　　另如洛陽龍門石窟古陽洞北（左）壁東魏馮道智等題名，有圖“供一鑪，一人侍，右以手探之，作添香狀，左右僧尼像各一人”。①又例，北魏正光四年（523）翟興祖等人造像碑右側思惟像龕下，有比丘撞鐘的圖像。②另，2004年西安市東郊出土的北周佛立像之中，編號 BL004‑002 佛座正面浮雕一個香爐，兩側各有一比丘，右側比丘手持長炳香爐，爐上薰烟如雲，編號 BL004‑005 佛座正面浮雕一個香爐，右側有一俗家信徒持長炳香爐，左側雕一比丘左手亦持香爐，旁書“比丘法通一心供養”。③

圖 2　北周佛立像基座

（《西安市東郊出土北周佛立像》）

　　由於香、燈在儀式中重要性，因此造像碑的題名中遂有“香火”、“登明主”、“唄匿”（意即“梵唄”）的名銜，④此當是負責香火、燈燭供養者。北齊武平五年（574）絳州楊珍洛等人造像碑上有“香花主張纇”的題名，⑤也有“登明主”

①　《八瓊室金石補正》卷一七《馮道智等題名》，頁 8。
②　李獻奇《北魏正光四年翟興祖等人造像碑》，《中原文物》1985 年第 2 期，頁 23—24。
③　趙力光、裴建平《西安市東郊出土北周佛立像》，《文物》2005 年第 9 期，頁 85，圖十七；頁 88，圖二十六。
④　《八瓊室金石補正》卷一七《張貴興等石龕記》，頁 9；同書，卷二一《劉碑造像記》，頁 2。關於“香火”的例子很多，今從略。郝春文教授認爲“香火”源於南北朝寺院的香火一職，是在佛事活動中負責香火事的成員［曉文（郝春文）《釋香火》，《北京師範學院學報》1992 年第 5 期，頁 69—70；《中古社邑研究》，頁 147］。此外，他也認爲香火一詞在魏晉南北朝時期常指結義、結盟（《中古社邑研究》，頁 71）。
⑤　《山右石刻叢編》卷二《楊遵善造象記》，頁 21。

和"香火主"同時出現在同一個造像碑,①亦可見佛教結社的活動包含了成員的修習佛法及參與宗教儀式。由於對於佛教神祇的崇奉禮敬及相關佛事是這些成員結合的紐帶,隋《寶泰寺碑》敍述郭建欽、王神通等人爲了佛事而組成義邑,頌詞中也有香火的描述:"時雨溟濛,香烟氛馥;天長地久,春蘭秋菊。"②

　　中古佛教社邑主要是因共同造像、修習佛法而組織起來的,各種佛教行事(香火)是他們結合的紐帶,所以用"香火邑義"一詞稱呼其成員。造像記的迴向文在細數"四恩三有"時,有時也列有"香火邑義"(指社邑的成員),如龍門石窟北魏正光六年(525)比丘尼惠澄造像的題記稱:"仰爲七世父母,所生父母,朋右致□,香火邑義,一切衆生,敬造石像一區。"③西魏大統四年(538)山西芮城邑師法仙領導四十名社邑成員建造四面天宮像一區,迴向文稱:"逮及師僧父母、七世所生、因緣眷屬、香火邑義,生生世世,值佛聞法。"④又,東魏天平四年(537)比丘尼曇超、比丘曇演造彌勒像碑的迴向祈願:"上願三寶常化,國祚永隆。又爲師僧父母,生緣眷屬,一切邊地,俱至道場;香火邑義,妙果同歸,一時成佛。"⑤西魏大統四年(538)合邑四十人等造四面天宮像碑,功德迴向"遂及師僧父母、七世所生、因緣眷屬、香火邑義,生生世世,值佛聞法,彌勒現世,願登初首"。⑥ 上述諸例"香火邑義"和"七世父母"、"因緣眷屬"等並舉,皆指人員,"邑義"係指社邑成員(詳下文),"香火邑義"也是同義詞。

　　在造像記中和"香火邑義"相似的稱呼,還有"香火知識"、"因緣知識"。"知識"即"善知識"的簡稱,指能令人增長善法者,⑦又稱爲"善友知識"。佛教社邑成員共同修習法事,彼此互爲善知識;又因佛事結合,亦稱

① 《金石萃編》卷三六《王妙暉等造像》(武成二年),頁2—4。題名中有四個"登明主"和六個"香火"的題名。《金石續編》卷五《張周醜等造象記》(在陝西扶風),頁23,有"登明主"、"香火主"。
② 《山右石刻叢編》卷三《寶泰寺碑》,頁6。
③ 大村西崖《支那美術史·雕塑篇》,東京,佛書刊行會圖像部,1915年,頁227。
④ 《合邑四十人等造天宮像記》,《魯迅輯校石刻手稿》,二函三冊,頁525。"中研院"歷史語言研究所傅斯年圖書館藏拓本第00760號。
⑤ 《陶齋藏石記》卷八《比丘尼曇超等造象記》,頁2;《支那美術史·雕塑篇》,255;《曇超等造彌勒下生象記》,《魯迅輯校石刻手稿》,二函二冊,頁261。
⑥ 《北京圖書館藏中國歷代石刻拓本匯編》,冊六,頁6。
⑦ 《釋氏要覽》卷上(T·2127)"善知識"條,收入《大正新修大藏經》,冊五四,頁260上。

爲“香火知識”。如孝莊帝建義元年（528）山東黃石崖王僧歡造佛像的迴向文：“上願皇祚永隆，歷劫師僧，七世父母，兄弟姊（姊）妹妻子女等，及善友知識、邊地衆生，常生佛國，彌勒出世，龍華三會，願登初首。”①北齊河清四年（565）王惠顒等廿人造盧舍那像碑迴向文也提及“善友知識”。② 此外，佛教認爲善知識是成道的具足因緣，③因此善知識又稱爲“因緣知識”，北魏孝明帝神龜二年（519）龍門趙阿歡等造像的祈願迴向中有“因緣知識”，④又龍門北魏比丘尼化造釋迦像一軀，“上爲七世父母、所生父母、兄弟姊妹五等眷屬、因緣知識，若墮三惡道者，皆得解脱”。⑤

　　佛教社邑成員因事佛、造像等宗教活動而結合，也是一種“香火因緣”，如北齊天保元年（550）比丘僧哲領導四十人在洛音村建造四面像一區，其上的迴向文作：

　　　　不獨爲邑身，前願皇帝國主延祚，人民長壽；復願邑内大小、香火因緣、七世所生父母師僧，朋友知識，□生蠢動，邊地衆生，有形之類，普同斯願。⑥

　　“邑内大小”的“邑”是邑里之意，即功德迴向給邑里之人；“香火因緣”係指因佛事而結合的社邑成員。⑦ 北周武成二年（560）王妙暉等五十人義邑造釋迦像記中，形容他們之間的結合是：“邑子五十人等，并宿樹蘭

---

① 《八瓊室金石補正》卷一六《王僧歡題記》，頁 3。
② 《陶齋藏石記》卷一二《王惠顒等廿人造象記》，頁 9。
③ 鳩摩羅什譯《成實論》卷一四《定具中初五定具品》（T・1646），收入《大正新修大藏經》，册五四，頁 351 下。“問曰：‘若爾何故但説善知識耶？’答曰：‘經中説：阿難問佛：我宴坐一處，作如是念，遇善知識則爲得道半因緣也。佛言：莫作是語。善知識者，則爲得道具足因緣。’”
④ 《金石萃編》卷二八《趙阿歡等造像記》，頁 26。
⑤ 《八瓊室金石補正》卷一三《比邱尼化題記》，頁 31。
⑥ 《僧哲等四十人造像》，《北京圖書館藏中國歷代石刻拓本匯編》，册七，頁 1。這一年洛音村有兩個造像活動，一是五月三十日由比丘僧哲領導的造像，一是六月十五日由比丘僧通等八十人建造兩個石像碑，兩個造像記內容除了所造石像有些微差異之外，其餘文字完全一樣，見同書，《僧通等八十人造像》，頁 3。
⑦ 關於以上幾個造像記，郝春文教授有不同的解讀：“‘義’應該就是結義的意思。如《比丘尼惠澄等造像記》、《西魏合邑四十人等造四面天宮石像記》均明確自稱其所在的邑義爲‘香火邑義’，《北齊邑義僧哲造四面像記》、《北齊僧通等合邑造釋迦大像記》更進一步稱‘邑内大小’爲‘香火因緣’。”《中古時期社邑研究》，頁 71。

柯,同兹明世,爰托鄉親,義存香火。"①一直到唐代,"香火因緣"皆指現世中一起參與佛事的人們,如吉藏(594—623)《無量壽經義疏》(T·1746)述:"世間人民明作惡人,相因寄生者,由過去或作善知識、香火因緣,相托以爲眷屬也。"②這裏"香火因緣"所説的是人們過去因佛法、佛事而結識者,又如白居易(772—846)在《祭中書韋相公文》中,述及長慶初年和韋處厚(字德載,773—828)同從普濟寺宗律師受八關齋戒,月持十齋,一起到寺院參加寺院齋會和活動,使得他們有同道相親的情誼,因此白居易稱"繇是香火因緣,漸相親近",③此一因緣和前世並無關涉。④

(四) 傳統的社、私社與佛教結社

中古佛教信仰組織屬於漢代以降私社的一種。中國傳統對土地神的崇拜與祭祀,爲的是祈求農作物豐收,祭祀的場所是"社",它也是公衆聚會的場所。從西漢以來出現了在傳統里社之外另立私社的情形,如邗江漢墓的《神靈名位牘》、⑤河南偃師發現的《漢侍廷里父老僤買田約束石券》,"僤"即私人結社。⑥佛教傳來之後,佛教信徒爲了供敬事佛的目的結社,也是一種私社;由於其奉行佛教的義理教法,會聚成社,故稱爲"法社",⑦亦即贊寧所謂的"法會社"。⑧

法社在崇祀的對象、方法、跨越里社範圍的結合等方面,對傳統的社造成一些衝擊。傳統的社主要是依據居住的區域來畫定的,春秋二社以牲祭祀,它的儀式和社聚都遵從尊卑秩序。法社在以下四方面和傳統的里社有

---

① 《金石萃編》卷三六《王妙暉等造像記》,頁1;《支那美術史·雕塑篇》,頁364—365。

② 《大正新修大藏經》,册三七,頁124中。

③ 白居易著,朱金城箋校《白居易集箋校》卷六九,上海古籍出版社,1988年,頁3714。

④ 郝春文教授認爲:香火一詞在魏晉南北朝時期常指結義、結盟,西魏造像記中明確自稱其所在邑義爲"香火邑義",北齊的造像記中稱"香火因緣",這就把現世的結義關係又推到了前世。《中古時期社邑研究》,頁71。

⑤ 楊華《戰國秦漢時期的里社與私社》,《天津師範大學學報(社科版)》2006年第1期,頁26。

⑥ 邢義田《"漢侍廷里父老僤買田約束石券"再議》,《"中研院"歷史語言研究所集刊》第61本第4分,頁768—722。

⑦ 山崎宏認爲:"法社"是佛教性質的社,《支那中世佛教的展開》,頁803。

⑧ 《大宋僧史略》(T·2126)卷下《結社法集》:"社之法以衆輕成一重,濟事成功,莫近於社。……今之結社,共作福因……歷代以來,成就僧寺,爲法會社也。"收入《大正新修大藏經》,册五四。

所差異：一是法社所崇奉信仰的是外來的佛、菩薩等神祇。二是由於佛教不殺生的觀念，在舉行齋會和各種儀式時，不食肉飲酒，葷腥不沾。三是義邑有時打破居住地里社的範圍，如諸村聯合，有時候有外來者的加入。四則佛教結社遵守佛教衆生平等的理念和禁斷殺生的修習，使得它和傳統私社的牲祀和社聚的飲酒食肉有所抵觸，這也對國家所支持的社祀造成一些衝擊。從北朝以來就有一些僧人在傳教的過程中，勸導信徒在春秋二社時不殺牲祭祀，如隋朝僧人釋普安（529—609）在京師大興城郊傳道，勸導信徒在春秋二社時勿以血祀牲祭，由於受到他的感召"不殺生邑，其數不少"。① 另例：北齊文宣帝天保三年（552），在河内郡野王縣（今河南沁陽）宋顯伯等四十餘人結社造塔建寺，並建佛像碑、刻石記事，自述"邑社宋顯伯等卌餘人皆體識苦空，洞（下缺）毗救鴿之念，下憨羊嗷屠剐之痛（下缺）二八血祠之祈，專崇法社減饍之（下缺）"②雖然石刻有缺字，但從前後文可知他們應係革除二、八月春秋二社血祀之習，而改崇佛教的"年三月六"（即正、五、九三長齋月和每月六齋日：初八日、十四日、十五日、二十三日、二十九日、三十日）的齋戒；③佛教的齋是過中不食，因此有"法社減膳"之句。④ 在唐玄宗開元初年，河北獲鹿本願寺僧人智琇組織信徒建立金剛經碑，《金剛般若石經讚并序》云："勸化鹿泉縣崇善鄉望五十人等，厭生死苦，□解脱樂，革社會而鼎法會，拔罪根而種善根；月取三長，齋持八戒，同餐法藥，共庇禪林。"⑤更明白宣稱其係"革社會而鼎法會"。所謂的"法社"、"法會"都是指佛教的社邑聚會，它改革了傳統社祀聚會的方法和内容。

雖然佛教結社和傳統的社有上述的差別，但它在執事的名銜，以及造像碑上刻有成員"邑子"的畫像這兩方面，則受到後者的影響。寧可研究《晉當利里社碑》，認爲從漢至晉，里社的執事者的名稱有所改變，漢代爲

---

① 《續高僧傳》卷二七《遺身篇第七·隋京師郊南逸僧釋普安傳》，頁682上。山崎宏認爲這是將中國古來普通的"社"法社化了。
② 《金石續編》卷二《宋顯伯等造像龕記并陰側》，《石刻史料新編》第一輯（4），頁24。
③ 拙文《年三月十一——中古後期的斷屠與齋戒（上）、（下）》，《大陸雜誌》第104卷第1期，2002年，頁15—33；第104卷第2期，2002年，頁16—30。
④ 郝春文《中古時期儒佛文化對民間結社的影響及其變化》，《唐文化研究論文集》，上海人民出版社，1994年，頁202。
⑤ 《常山貞石志》卷八《金剛經碑》，《石刻史料新編》第一輯（18），頁2—3。

社宰、社祝,而見於此碑的執事者則爲"社老"、"社正"、"社掾"、"社史",①
在佛教義邑的執事中,也有"邑老"、"邑正"之名。如龍門北魏神龜二年
(519)趙阿歡諸邑三十二人等造像,就有"邑老張伏保"、"邑正許惠但"的
題名。西魏常岳百人等造佛像碑上,有"邑老定陵太守楊崇、邑老任懷勝"
之名。② 另如鞏縣北齊邑義五百人造雙石寶柱像,其上有七位"邑老"和七
位"邑正"的題名。③ 此外,造像題名另有"邑中正"一銜,則屬朝廷官屬
(見下文)。此外,傳統的社之成員稱爲"社人"或"社民",佛教義邑成員
則稱爲"邑子"。就碑刻上的圖像而言,《晉當利里社碑》上有社官"社
老"、"社掾"、"社史"和"社民"的題名,在八名社官的題名旁並且繪有圖
像(見圖3)。④ 較此晚出的北朝社邑造像碑上也刻有成員的形像,並在其
旁題名,如"大像主□□"、"開光明主□□",乃至於"邑子□□",由此似
乎不難看出後者似是受前者的影響。

三、北朝的義邑

從造像記和《續高僧傳》的資料,可知北朝社邑一般稱爲"義邑",其成
員纔稱"邑義"。今日"義"和"邑"二字同音,以此二同音字組成的"義
邑"、"邑義"的名詞,既拗口也容易混淆,頗令人費解。不過,根據《廣韻》,
中古時期"義"、"邑"的發音是不同的。中古音"義"字是去聲的寘韻疑母
字,"邑"是入聲緝韻影母字。如果用董同龢的擬音,中古"義"讀如*3je,
"邑"讀如*Öjep。⑤

① 寧可《記晉當利里社碑》,收入氏著《寧可史學論集》,北京,中國社會科學出版社,1999年,頁489。
② 《金石萃編》卷二八《趙阿歡等造像記》,頁26;《八瓊室金石補正》卷一六《常岳等百餘人造像碑》,頁19。王昶認爲《趙阿歡等造彌勒像記》有邑正許惠但,殆邑薦紳之屬也(見《金石萃編》卷二八《袁□等五十人造像記》,頁21)。此說不確。"邑正"是義邑的執事,"邑中正"才是朝廷的官屬,多以當地大族擔任,纔是"邑薦紳之屬"。
③ 《隋五百人造像記》,張紫峴撰《鞏縣金石志》,《石刻史料新編》第三輯(30),頁10—15。按:雖然題爲《隋五百人造像記》,但細讀造像記文稱"然今僞齊邑義道俗五百人等所營雙石寶柱像",可知實係北齊所建,至隋開皇元年舊像殘敗,乃由白公臺、比丘慧□等人修復。
④ 傅斯年圖書館藏拓本第186928號。
⑤ 關於中古"義"、"邑"的讀音,承蒙"中研院"語言研究所林英津博士提供專業知識;董同龢《漢語音韻學》,臺北,臺灣學生書局,1974年。

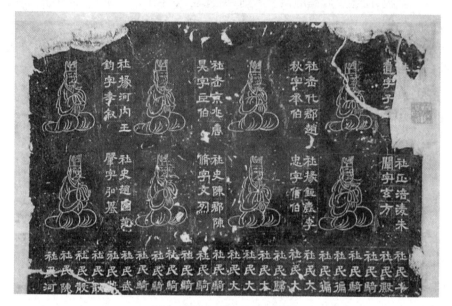

圖 3　晉當利里社殘碑及碑陰

（"中研院"傅斯年圖書館藏拓本）

圖 4　東魏武定元年（543）道俗九十人造像記（局部）

（"中研院"傅斯年圖書館藏拓本）

　　北朝造像記中出現"義"、"邑義"、"義邑"、"法義"相關的名詞,敦煌社邑文書中也有"義邑"、"邑義"之詞;不過,迄今學界對於"邑義"、"義邑"、"法義"三個名詞究竟所指,還沒有一致的看法。早年山崎宏解釋"法義"一詞是指"依佛法結合的組合員",再用"法義"來解釋"邑義",稱"邑義"是"邑的法義之意"。[1]　今日學者或認爲應稱作"邑義",[2]或將"義邑"和"邑義"混用。[3]　由於中古時期和佛教有關的事務幾乎都帶有"義"字,如"義門"、"義食"、"義堂"、"義坊"、"義所"、"義徒"、"義井"、"義橋"等;因此,如要解讀造像記中和社邑相關的名詞"義"、"邑義"、"義邑"的含意,非得從"義"字著手不可。關於古代至西漢"義"字的含義,陳弱水先生有專文討論,[4]以下僅就漢代以後社會上對於"義"的看法而言。

(一) 釋"義"

　　南北朝時期,"義"的觀念和價值出現一些變化。漢朝時的"行義"係指忠孝仁篤之類的義行美德,顯爲儒家的道德標準;[5]然而,由於佛教的盛行,北魏朝廷標舉"孝義"雖然仍依循儒家的標準,但佛教的捨田建寺、敬僧營齋、救濟飢寒等社會工作,也成爲義行美德之一,有此等行爲者也成爲鄉人標舉孝義的對象。[6]

　　中古時期"義"字被賦予佛教的意涵,它可以作爲佛教社邑的名稱,也可以指其成員。

① 山崎宏《隋唐時代的義邑及法社》,《支那中世佛教の展開》,頁 768。
② 大村西崖《支那美術史・雕塑篇》則稱"從元魏至隋造像銘記所見的邑師、邑義等邑里的布教組織……"頁 179。郝春文《專門從事佛教活動的民間團體及其與佛教的關係》,收入《中古時期社邑研究》,頁 71。佐藤智水《中國における初期の"邑義"について(上)》,《龍谷大學仏教文化研究所紀要》,頁 77—85。倉本尚德《北朝造像銘道佛二教關係》,《東方宗教》第 109 號,頁 19—20。佐藤智水《河北省涿縣の北魏造像と邑義(前編)》,《佛教史研究》第 43 卷,2007 年,頁 1—47。
③ 山崎宏《支那中世佛教の展開》論文題目及小標題,都稱這種信仰團體爲"義邑",不過,他在文中有時候也稱"邑義",頁 768,769,770,776。
④ 陳弱水《説"義"三則》,收入丘慧芬編《自由主義與人文傳統:林毓生先生七秩壽慶論文集》,臺北,允晨文化,2005 年。
⑤ 邢義田《論漢代的以貌舉人——從"行義"舊注説起》,頁 253—265。
⑥ 《魏書》卷八七《節義傳》,北京,中華書局,1974 年;《周書》卷四六《孝義傳》。並請參見本書第六章《北齊標異鄉義慈惠石柱——中古佛教社會救濟的個案研究》;後收入《臺灣學者中國史研究論叢:城市與鄉村》,北京,中國大百科全書出版社,2005 年,頁 52—87。

1. "義"的佛教意涵

在佛教傳來之前,"法義"係指"法儀"、"法度",或是"禮法義度",①
南北朝漢譯經典中,"法義"則是指佛法義理。諸佛菩薩説法稱爲"演法
義"、"説法義"、"宣揚法義",如《大方廣佛華嚴經》(T・279)卷二二《昇
兜率天宫品》云:"百萬億菩薩演説法義。"②當時僧尼大德講經也稱爲
"談法義"或"談義",《洛陽伽藍記》敘述胡統寺的比丘尼皆是"帝城名
德,善於開導,工談義理,常入宫與太后説法"。③ 北朝末年釋彭淵
(543—611)"目不尋文,口無談義,門人以爲蒙類也,初未齒之"。④《續
高僧傳》記載隋代北天竺僧人那連提黎耶舍遊行至烏場國,國主在宫中
設齋"與諸德僧共談法義"。⑤ 唐慧立《大慈恩寺三藏法師傳》敘述玄奘
以"所悲本國法義未周,經教少闕",故西行求法心切的理由,回絕了高
昌國王的請留供養。⑥ 唐五代敦煌講經文中也有"敷揚法義"、"傳法義"
之語。⑦

"義"字成爲佛教經義的代名詞,僧俗弟子崇仰高僧的深研佛理,稱
爲"慕義",論説佛教義理稱爲"談義"。《宋書》敘述建康東安寺的僧人
慧嚴、慧議二人學行精整,另一寺院鬭場寺則多禪僧,因此時人諺稱"鬭
場禪師窟,東安談義林"。⑧ 從刻於北魏孝明帝正光四年(523)《馬鳴
寺根法師碑》(山東樂安)的碑文,更可以看出"義"字係佛法教理的
代稱:

①　《墨子・法儀篇》:"子墨子曰:'天下從事者不可以無法儀,無法儀而其事能成者無有也。雖
　　至士之爲將相者,皆有法;雖至百工從事者,亦皆有法。百工爲方以矩,爲圓以規,直以繩,正
　　以縣。'"《荀子》、《莊子》屢言及"禮義法度","禮法義度"、"禮義法度"兩者是可以互通的,
　　見《莊子集解内篇校正・應帝王第七》,頁181。
②　《大正新修大藏經》,册一〇,頁116下。
③　楊衒之撰,范祥雍校注《洛陽伽藍記校注》"胡統寺",上海古籍出版社,1978年,頁59。
④　《續高僧傳》卷一一《隋終南山至相道場釋彭淵傳》,頁511下。
⑤　《續高僧傳》卷二《隋西京大興善寺北天竺沙門那連提黎耶舍傳》,頁432中。提及烏場國王:
　　"與諸德僧共談法義"。
⑥　慧立、彦悰著,孫毓棠、謝方點校《大慈恩寺三藏法師傳》卷一,北京,中華書局,1983年,
　　頁19。
⑦　潘重規《敦煌變文集新書》卷二《維摩詰經講經文(一)》,臺北,中國文化大學中文研究所敦
　　煌學研究會,1984年,頁231,252;《維摩詰經講經文(五)》,頁355。
⑧　《宋書》卷九七《夷蠻傳》。

大夏閑居，授講後生，四方慕義，雲會如至。……興難則衆席喪氣，復問則道俗雷解，音清調逸，雅有義宗。①

北齊皇建元年（560）山東東平有比丘法□和佛教信仰組織成員共同建造一所刻有《觀音經》的造像碑，其上稱其目的在於"刊經揚義"。② 北齊天保八年（557）河南登封智禪師弟子靜明勸化僧俗信徒修整故塔并石象一區，其記有"名僧慕義，上德依仁"之句。③

2. "義"是佛教社邑的名稱

"義"字不僅是佛教經義的代名詞，它也成爲佛教社邑的名稱。迄今所知最早的佛教社邑造像，是大同雲岡石窟第 11 窟東壁太和七年（483）邑義信士女等五十四人造像，在其題記中出現了"義"、"邑義"與"同邑"三個名詞，在迴向文中稱"又願'義'諸人命過諸師、七世父母、内外親族，神栖高境，安養光接……"④可知此處的"義"當係指社邑。再從下一個例子來看，就更清楚了，東魏孝靜帝武定二年（544），"青州北海郡都昌縣方山東新王村凡法義有二百人等敬窆石像碑銘"上的迴向文稱："願使天下'義'諸人并家眷屬，剋唱晨年，常以佛會，面奉聖顏，彌勒下生，願登上首。"⑤

最具體的例子是 6 世紀時今河北定興縣一個佛教結社，有詳細完整的碑記敍述其名稱叫做"義"。"義"的成員從事埋葬無人掩埋的屍骨、救濟飢民、施給醫藥的工作。北齊後主天統三年（567），他們的義行美風被刊刻在一座高約 7 公尺石柱上，上面鑴有"標異鄉義慈惠石柱頌"九個大字，並且有長達三千餘言的頌文，以表彰這一群佛教徒的義行美風（此石柱約在後主武平元年［570］以後纔完成）。從頌文中可知此一佛教結社的名稱是"義"，創首者稱"義首"，主其事者稱"義主"，而其成員或稱爲"義夫"、"義士"、"義徒"、"義衆"。他們從事的各種活動也都冠以"義"字，如救濟

① 《八瓊室金石補正》卷一五《馬鳴寺根法師碑》，頁 16。
② 傅斯年圖書館藏拓本第 00797 號。
③ 《金石續編》卷二《邑義垣周等造象記》，頁 32。
④ 傅斯年圖書館藏拓本第 18408 號。
⑤ 《陶齋藏石記》卷九《王貳郎等造佛菩薩像》，頁 1。

飢民的食物的叫"義食",提供義食的場所叫"義堂",其間建築物稱"義坊"。① 前面提及隋《寶泰寺碑》云:"尚書省使儀同三司潞州司馬東原郡開國公薛邈、因檢郭建欽、王神通等立義門,恭敬事佛。"②"立義門"係指以恭敬事佛而結合的團體。

　　3."義"也可指社邑成員

　　北朝時期,"義"字有時也指社邑成員,它可能是"邑義"、"法義"(此二詞皆指社邑成員,見下文)的略稱。如西魏文帝大統三年(537)曾任河北太守、鎮守固城的白實"率固城上下村邑,諸郡守、大都督、戍主,十州武義等,共崇斯福,爲國主大王……造中興寺石像"。③ 北周武帝建德元年(572),在陝西銅川、白水二縣之間一個村落中,由邑主都督甞仲茂,邑師比邱智□,和邑子八十人等,共同建造佛像碑,其迴向文稱:"藉此微功,願皇帝陛下,與日月齊暉,群公百辟,與天地同□。義等合邑七世父母,長居妙樂;見在眷屬,迴向上道。"④"義等合邑七世父母",此處"義"係指社邑成員,"義等合邑七世父母"則祈求成員及其七世父母,都可以得生善處。

(二) 釋"邑義"

　　北朝造像記最常出現的是"邑義"一詞,因此有些學者誤以北朝社邑即稱爲"邑義";然而,造像記主要敍述成員的活動,又從造像記的文義和造像題名看來,可知它多指社邑成員。以下將用較多篇幅解讀造像記暨題名,以闡明此説。

　　1.造像記主要交代造像者(包括發起人、佛教社邑的成員)、造像緣由、造像的内容及功德迴向。就文義而言,造像記中的"邑義"多指社邑的成員,因此在此一名詞之後通常連接數詞,如"率邑義若干人"、"道俗邑義若干人"。如提及雲岡太和七年"邑義信士女等五十四人造石厝、形像九

① 詳見本書第六章《北齊標異鄉義慈惠石柱——中古佛教社會救濟的個案研究》。
② 《山右石刻叢編》卷三,頁6。
③ 《白實等造中興寺石象記》,《魯迅輯校石刻手稿》,二函三册,頁516。
④ 《關中石刻文字新編》卷一《邑子甞仲茂八十人等造像記》,《石刻史料新編》第一輯(22),頁18—19;《關中金石文字存逸考》卷一〇,《石刻史料新編》第二輯(14),頁54下,有:"碑當在銅川、白水二縣間。"

十區及諸菩薩",①另在河南登封始建於北魏孝武帝永熙二年(533)、武定元年(543)峻工的佛碑像上稱"……然州武猛從□、汲郡□□□□□六鄉之秀老,遂割捐家資,率諸邑義五百餘人",共同造像和建造寺院。② 孝静帝元象二年(539)河北元氏縣趙融及長兄浮陽太守趙文奴、元氏縣令文□等人率領當地信徒"鄉人中兵參軍鄭鑒、邑義二千等",在凝禪寺造三級浮圖,並且刊石立碑記其事。③ 北齊文宣帝天保十年(559)《周雙仁等造像碑》中,敘述了她替亡夫造像,勸募佛徒"邑義七十一人"共同完成此事。④ 北齊武成帝河清三年(564)北豫州州都白水王府行參軍兼別駕毛乂、比丘道政共同"率邑義卅人等,選自福田,瞻言勝地,在垣墻寺所造像一區"。⑤ 武平元年(570)"清信士女楊暎香、任買女等邑義八十人"先後造《涅槃經》一部、建一佛像碑。⑥ 武平元年河南董洪達率"邑徒卅人等,乃訪濫田美玉,琨璞京珍,敬寫靈儀"。⑦ 北周武帝天和年間(566—572)在陝西咸寧縣"有諸邑義一百六十人等,減割資財,造石像一區"。⑧ 由"邑徒卅人"和"邑義卅人"句,可證明"邑義"非指稱社邑,而是指社邑成員,即"邑徒"之意。

又,武平二年(571)河南河內永顯寺道端法師率領信徒造像:"以武平二年歲次辛卯七月中,帥邑義三百人,在太行山大窮谷上寺之中造石像一區。"⑨同年,河南偃師有"邑師"比丘道略率領成員造像:"共邑義三百餘人……敬造神碑一所,尊像八堪"。⑩ 武平三年(572)在山東費縣有"興聖寺都維那王子□道俗邑義卅造四面像碑",⑪此例數詞接在"邑義"之後,

---

① 傅斯年圖書館藏拓本第18408號。
② 《魯迅輯校石刻手稿》,二函二册,頁343—347;《支那美術史‧雕塑篇》,頁262—263。
③ 《金石續編》卷二《凝禪寺三級浮圖碑》,頁3。
④ 《陶齋藏石記》卷一一《文海珍妻周雙仁等造像碑》,頁17—18。
⑤ 傅斯年圖書館藏拓本第10099號。
⑥ 《楊暎香等八十人造象》,《魯迅輯校石刻手稿》,二函四册,頁813;傅斯年圖書館藏拓本第24910號。
⑦ 《金石萃編》卷三四《董洪達造像銘》,頁20。
⑧ 《關中石刻文字新編》卷一《邑義一百六十人等造像記》,頁18。
⑨ 傅斯年圖書館藏拓本第10004號。在河南新鄭。
⑩ 《金石萃編》卷三四《邑師道略等造神尊碑像記》,頁26;《支那美術史‧雕塑篇》,頁346。
⑪ 《支那美術史‧雕塑篇》,頁347。

亦可見"邑義"所指的是社邑成員。西魏河南洛陽常岳等人造像記稱："今佛弟子常岳等……遂率邑義一百餘人,寄財於三寶,托果於娑婆,罄竭家珍,敬造石碑像一區。"又稱此造像活動係由邑師領導的:"自非大士邑師法建都邑義等。"①不論是"率(領)邑義"或是"都(導)邑義","邑義"一詞都是指社邑成員。以下這個例子就更清楚了,隋文帝開皇五年(585)河北前七帝寺主惠鬱暨弟子玄凝欲修復該寺,安喜縣裴世元和王姓、劉姓兩名縣尉率領群僚"勸率二長,詳崇結邑,尊事伽藍",另外還有武職的"十二州左開府其元岳、右開府和元志、副儀同宇文義演説軍人齊心歸善,胡漢士女邑義一千五百人,三邑併心,四方並助"。②從"結邑"之詞,可見"邑"是佛教結社的單位,而"邑義"則指其成員,所以稱"胡漢士女邑義一千五百人"。同年,孫龍伯等人所建造的石塔上稱:"又邑義等覩相□奇,人各脩心例己,共崇此福。"③

2. 有些造像記在"邑義"一詞之後接續人名,益可見此詞係指佛教結社的成員。北齊天統二年(566)《姚景四十人等造像記》"維大齊天統二年歲次丁亥,十月戊辰朔八日乙亥……是以邑義姚景、郭度哲四十人等",④前述北齊《標異鄉義慈惠石柱頌》文中,提及北齊時曾經下令:"諸爲邑義,例聽縣置二百餘人,壹身免役。"其題名中也有"信心邑義維那張市寧"。⑤少數造像記在"邑義"或"法義"一詞之後,加上"人"字,下接人名,如北魏宣武帝延昌二年(513)《劉璿造像記》云:"邑義人劉璿等同悼浮俗性田,衆生道缺……故仰爲皇帝陛下,師僧父母,敬造白石迦業像一區,崇願供養。"⑥武定五年(547)三月河北定縣有二所寺院信徒所組的信仰組織造像,造像記上即稱"豐樂、七帝二寺邑義人等……故仰爲皇帝陛下師僧父母、邊地衆生,敬造白玉龍樹思惟像一區,詳崇供養"⑦。同一個造像記上同時使用"邑子"、"邑義人"之詞,下接人名,更可證明此二詞同樣都是指

---

① 《魯迅輯校石刻手稿》,二函一册,頁229;並見《八瓊室金石補正》卷一六,頁18。
② 《七帝寺造象記》,《魯迅輯校石刻手稿》,二函五册,頁1043—1045。
③ 《支那美術史·雕塑篇》,頁396。
④ 《支那美術史·雕塑篇》,頁336—337。
⑤ 《定興金石志》(即《定興縣志》卷一六《金石》),收入《石刻史料新編》第三輯(23),頁6—7。
⑥ 《北京圖書館藏中國歷代石刻拓本匯編》,册四,頁13。
⑦ 《豐樂七帝二寺邑義人等造龍樹思惟象記》,《魯迅輯校石刻手稿》,二函二册,頁405。

社邑成員。1997 年山東惠民縣出土東魏武定六年（548）王叔義等人造像記云：“興陵縣人邑子李仲伯侍佛時，武定六年三月十四日濕沃人、像主王叔義、邑義人定州中山郡槐昌縣人劉瓮貴、趙景仲……”①可知“邑義”、“邑義人”、“邑子”爲同義詞。

3. 從一些造像記中對“邑義”的敍述，可見它係指社邑成員。西魏大統六年（540）曾任高涼令的巨始光率領地方上的官民建造石碑像，其記云：“維大魏大統六年歲次庚申七月丙子朔十五日庚寅，巨始光合縣文武邑義等，仰爲皇帝陛下、大丞相、七世、所生父母，存亡眷屬，爲一切衆生敬造。”②説明此一佛教結社的成員有高涼縣的文、武職官，故稱“合縣文武邑義”。又，東魏武定三年（545）河南獲嘉縣《邑子李洪演造像頌》云：

> 夫靈光郁烈……是以邑義等皆藉出蘭蕙，秀貫烟霞，悼純暉之日削，惻重闇之年深。遂相率捨，爰圖嘉石，於此爽塏，□像一區，庶鍾萬品，等階十號。頌曰：
> ……於穆邑義，廣夏之梁，爰樹填像，髣□遺光，功崇先祀，福潤見方，咸□□吉，永拔宿霜。③

從“邑義等皆藉出蘭蕙，秀貫烟霞”、“於穆邑義，廣夏之梁”之句，顯見“邑義”係指佛教結社的成員。在陝西咸寧縣北周天和年（566—572）間造像題記稱：“有諸邑義一百六十人等，減割資財，造石像一區，復願國祚遐延，朝野□□，□願諸邑義等永□善因，不生退轉……”④亦可顯示“邑義”係指成員。另，在今河北藁城縣賈同村出土的北齊後主武平元年（570）造像碑的碑座鐫刻著“武平元年正月十五日賈壋村邑義母人等普爲法界敬造玉像一軀”，其他三面都是造像者的題名，如“維那零目母劉”、“唯那祠伯母王”、“唯那顯伯母張”、“仲遠母王”、“伯仁母杜”等。這應是賈同村

---

① 惠民縣文物事業管理處《山東惠民出土一批北朝佛教造像》，《文物》1999 年第 6 期，頁 74。
② 周錚《西魏巨始光造像碑考釋》，《中國歷史博物館館刊》1985 年第 7 期，頁 90—92；傅斯年圖書館藏拓本第 18571 號。
③ 《金石萃編》卷三一《李洪演造像頌》，頁 14—15；《支那美術史·雕塑篇》，頁 266。
④ 《關中石刻文字新編》卷一《邑義一百六十人等造像記》，頁 18。

社邑成員之母集資建造的佛像,此村居民可能以賈姓爲主,故題名大都只列名字,而不注明姓氏,零目、祠伯、仲遠都是人名,"邑義母人"係指社邑成員"邑義"的母親們。①

　　4. 再從造像記中的對偶之詞,也可證明"邑義"係指信仰組織的成員,而非組織之名。西魏文帝大統四年(538)山西芮城佛弟子合邑四十人造像,其迴向文數及"因緣眷屬,香火邑義",眷屬、邑義相對,都係指人員,而不是佛教結社。②

　　5. 從造像題名的名銜上,亦可證明"邑義"指的是社邑成員,如北齊後主天統五年(569),山東"邑義孫昨卅人等"共同建寺造像,在題名中成員名字之上皆冠以"邑義"之銜。③ 北齊後主武平三年(572),佛教社邑執事"都維那"王子□卅人造四面佛像碑,其題名可識者三十一人,多冠以"邑義"之銜,另有十五人名之上冠以"邑子"之稱,④由此可見"邑義"意同"邑子"。另外,"法義"之稱限於山東地區,但在北朝山東一個無年月的造像碑的題名中並見"邑義"和"法義",⑤可知"邑義"、"邑子"、"法義"都是指社邑成員。

　　6. 除了造像記之外,文獻上記載的"邑義"也指社邑的成員。《續高僧傳‧釋曇曜附曇靖傳》:"隋開皇關壤,往往民間猶習《提謂》,邑義各持衣鉢,月再興齋。儀範正律,遞相鑒檢,甚具翔集云。"⑥文中"邑義"顯然指社邑的成員,故可各持衣鉢,每月舉行兩次齋會。同書也記敍僧人法通遊化各地,從今内蒙古到河南洛陽,乃至山西省各地,組織信徒組成社邑:"於即遊化稽湖,南自龍門,北至勝部,嵐、石、汾、隰,無不從化。多置邑義,月別建齋;但有沙門,皆延村邑,或有住宿,明旦解齋,家別一槃,以爲通供,此儀不絕,至今流行。"⑦此處的"邑義"似指社邑,但下文又稱每有僧

---

① 程紀中《河北藁城縣發現一批北齊石造像》,《考古》1980 年第 3 期,頁 244(圖一,1、2、3、4)。
② 《合邑四十人等造天宮象記》,《魯迅輯校石刻手稿》,二函三册,頁 525。
③ 《魯迅輯校石刻手稿》,二函四册,頁 799—801;《十二硯齋金石過眼録》卷七《孫昨卅人等造象殘碑》,《石刻史料新編》第一輯(10),頁 1—2。
④ 《王子□等造象》,《魯迅輯校石刻手稿》,二函四册,頁 799—801。
⑤ 《李神恩等造象題名》,《魯迅輯校石刻手稿》,頁 919—922。
⑥ 《續高僧傳》卷一《譯經‧魏北臺石窟寺恒安沙門釋曇曜傳附曇靖傳》,頁 428 上。
⑦ 《續高僧傳》卷二四《護法下‧釋法通傳》,頁 641 下。

人行脚巡化至村落"皆延村邑",請僧人爲他們主持齋會的儀式,則顯示佛教結社仍以"邑"爲單位或名稱,故村民延請遊化僧人至村中的社邑"村邑"。又,《續高僧傳》另一則記載中"邑義"、"義邑"並舉,則可清楚分辨出"義邑"係社邑之名,"邑義"則指成員(見下文)。

7. 南北朝時期,漢譯佛經中已出現"邑義"一詞,一方面顯示了印度原來就有佛教徒集結的傳統,另一方面也反映了當時中國社會存在著佛教徒結社及其具體的名稱。姚秦(384—417)時,竺佛念譯《出曜經》(T·212)中敘述迦葉佛涅槃後,人們起塔供養,經過數世以後,其塔崩壞,當時有"義合邑衆九萬二千人,時瓶沙王最爲上首"共同修復故塔。① 此處的"義"字就有佛法之意,故稱"義合邑衆"。北朝以"邑義"稱呼佛教社邑的成員,此一名詞也爲唐代譯經者所延續,如隋代淨影寺慧遠(523—592)《大般涅槃經義記》(T·1764)卷一〇,敘述"過去世時波羅奈國有婆羅門姓憍尸迦,好修福業,與其同友三十二人共爲邑義"。② 唐玄奘譯《本事經》(T·765)卷七敘述在所有的聚會中:"一切施設徒衆、朋侶、邑義,諸集會中佛、聖、弟子,僧爲最勝。"因此應延請僧衆恭敬供養,可獲得無上福田。③ 此處"邑義"應是指上述的義合義衆,也就是佛教社邑的成員。朋侶、邑義並稱,在北朝造像記中就有先例,如前面提到北魏正光六年比丘尼惠澄造像記:"比丘尼惠澄仰爲七世父母、所生父母、朋右(友)香火義邑,一切衆生,敬造石像一區。"唐玄奘譯《瑜伽師地論》(T·1579)卷三三,敘述各種集會的:"種種品類集會音聲想者,謂由此想遍於彼彼村邑聚落,或長者衆、或邑義衆、或餘大衆……"④"長者衆"、"邑義衆"並舉,可知長者、邑義都是指人們身份的名詞,"邑義"即佛教社邑的成員。

(三)釋"義邑"

由於造像記主要敘述造像者,所以遍見"邑義",而幾乎不見"義邑"一

① 《大正新修大藏經》,册四,頁659中。
② 《大正新修大藏經》,册三七,頁861上。
③ 《大正新修大藏經》,册一七,頁697中。
④ 《大正新修大藏經》,册三〇,頁469下。

詞，①很容易讓人誤解"邑義"就是北朝佛教社邑的名稱；上節已論證造像記中的"邑義"幾乎都是指社邑成員，此處則從文獻記載論述"義邑"纔是佛教社邑之稱。

《續高僧傳》的作者道宣（596—667）生年跨北朝末年以迄唐初，對北朝的佛教徒結社必有相當的了解，他敍述四川僧人釋寶瓊（？—634）的傳教活動："歷遊邑洛，無他方術，但勸信向尊敬佛法。晚移州治住福壽寺，率勵坊郭，邑義爲先。每結一邑必三十人，合誦大品，人別一卷。月營齋集，各依次誦，如此義邑，乃盈千計。"②上文中出現"邑義"、"邑"和"義邑"三個名詞，僧人寶瓊布教傳道以組織信徒爲第一要務，以三十個人組成一個團體"每結一邑，必三十人"，共同誦習經典，建齋營會。可知"邑"是社邑的單位，其成員稱"邑義"，所以稱"率勵坊郭，邑義爲先"，而此社邑即稱爲"義邑"，故云"如此義邑，乃盈千計"。

正因爲"邑"是佛教社邑的單位，因此義邑的宗教指導者稱爲"邑師"，籌組社邑的領導者稱"邑主"。至唐代以修造石經爲主所組的社邑稱"石經邑"，依其所修習的經典或教法而命名的社邑稱"金剛經邑"、"普賢邑"、"法華邑"、"上生邑"、"九品往生社"等。③ 綜上所述，"邑"作爲佛教結社的單位是很清楚的，雲岡邑義信士女等五十四人造像的迴向文也稱："又願同邑諸人從今已往，道心日隆，戒行清潔……"④因此造像記中常稱"合邑若干人"，其成員稱爲"邑子"，如龍門石窟孝文帝太和七年（483）孫秋生等人造像、宣武帝（500—504）景明中楊大眼等造像，以及邑主魏桃樹等題名，都有額題作"邑子像"，⑤意指此爲義邑成員所建造之像。又如，北魏孝武帝永熙三年（534）韓顯祖等建塔像記云"合邑之人迭相殼率，建立須彌塔石像二軀"，題名中其成員皆冠以"邑子"之銜。⑥

---

① 郝春文認爲："義邑"是唐以後纔出現的。《中古時期社邑研究》，頁175—176，注18。
② 《續高僧傳》卷二八《讀誦八·唐益州福壽寺釋寶瓊傳》，頁688上。
③ 參見本書第四章《中古佛教政策與社邑的轉型》，頁174—188。
④ 傅斯年圖書館藏拓本第18408號。
⑤ 《金石萃編》卷二七《孫秋生等造像記》，頁20;《八瓊室金石補正》卷一二《仇池楊大眼題記》，頁30;同書，卷一七《邑主魏桃樹等題名》，頁11。
⑥ 《八瓊室金石補正》卷一六《韓顯祖等建塔像記》，頁17。

　　北朝佛教社邑一般稱爲"義邑",另外有少數義邑是有名稱的,稱作
"某某邑"。如北魏宣武帝正始元年(504)河南汲縣有僧人法雅與"宗那
邑"一千人,爲孝文帝建造一所巨大碑像;在碑陰原有二十四列題名,今僅
存十列,均爲楊姓,[1]可見這是一個以楊氏家族爲主組成的義邑。北朝時
期,大家族多聚族而居,亦常見某一家族組成的義邑,如李氏合邑造像碑、
朱氏邑人造像記等。[2] 此"宗那邑"就是一個義邑的名稱,有學者將"宗那
邑"和義邑執事的"維那"、"典錄"等混淆了,認爲:"'宗'當是指比丘法雅
俗姓楊,與一千人同宗;'那邑'應是維那、邑子的合稱。"又從碑文"楊宗得
其宜與"之句,推測這是因爲孝文帝遷都洛陽,並定郡姓的緣故,楊氏是一
漢族大姓,所以爲孝文皇帝造九級浮圖以歌功頌德,[3]以上論點皆不正確。
在北朝造像銘記中,若造像者先世官世顯耀,無不一一稱述,而本碑看不到
任何一位楊氏先人或者當世楊氏族人的官銜,所敍述楊氏門望內容極爲空
洞,沒有任何具體的事實,由此可以推定楊氏充其量只是當地豪族,絕非高
門大族。孝文帝定姓族主要是依當代官爵而定的,[4]就此標準而言,楊氏
當然沒有份。楊氏之所以爲孝文帝建浮圖並造碑像,可以視爲一個沒有名
望的家族藉著造九級浮圖和建碑像之舉,一則以彰顯自己在新都洛陽地主
的身份,再則建塔、造像也可以增加自己的"象徵資本",以擴大自己在當
地的影響力。[5] "宗那邑"作爲一個義邑的名稱,也不是孤例,例如北齊武
成帝河清四年(565)有一"承林邑"造交龍佛像碑,[6]開皇元年(581)甘肅
涇川縣水泉寺有李阿昌等廿家組成"大邑"造寺建像。[7] 敦煌文書中則有

①　徐玉立《北魏"一千人爲孝文帝造九級一軀"碑及相關的幾個問題》,《文博》1993年第3期,
　　(附一)一千人爲孝文帝造九級一軀碑文,頁49,51。
②　參本書第一章《5—6世紀華北鄉村的佛教信仰》。
③　徐玉立《北魏"一千人爲孝文帝造九級一軀"碑及相關的幾個問題》,頁51。
④　參見唐長孺《論北魏孝文帝定姓族》,收入氏著《魏晉南北朝史論拾遺》,北京,中華書局,
　　1983年。
⑤　參見拙文《北魏時期的河東蜀薛》,《中國史學》(日本)第11期,頁54—55。後收入《臺灣學
　　者中國史研究論叢:家族與社會》,北京,中國大百科全書出版社,2005年,頁259—281。
⑥　《陶齋藏石記》卷一二《王邑師道□等造象碑》,頁5—6;《支那美術史·雕塑篇》,頁
　　334—335。
⑦　張寶璽《甘肅佛教石刻造像》,蘭州,甘肅人民出版社,2001年,頁171(圖版),221(錄文)。
　　《隴右金石錄》卷一,頁1,《隋李阿昌造相碑》。

隋代"優婆夷邑"、"大興善寺邑"的造經題記。①

唐代敦煌文書中也有"邑義"之詞,從其中的敍述可知"邑義"亦指社邑成員。斯·6537背《上祖社條》(文樣)爲歸義軍曹氏時期文書,其中有"夫邑義者,父母生其身,朋友長其值(志),危則相扶,難則相久(救)",可知形容的是人員;另如伯·4044《公元905至914年修文坊巷社再緝上祖蘭若標畫兩大聖功德讚并序》稱:"……次願社内先亡考妣,勿落三塗,往生安樂之國;次爲見存合邑義、合家等共陟仙階,……"②從文義上看來,"邑義"係指成員。至於敦煌常見的"三長邑義"一詞,則指爲三長齋月所組社邑的成員,如伯·3980《三長邑義設齋文》:"厥今於開寶殿,羨現金人,僧請祇園,飯呈香積者,有誰施之? 即有三長邑義爐焚寶香,廣豎良緣之加(嘉)會也。唯合邑之公等,天亭之美,月角爲眉……"③斯·4860背/1《社邑建蘭若功德記并序》稱:"厥有當坊義邑社官某等貳拾捌人等,并龍沙貴族,五郡名家……"④由此可知"義邑"是社邑之稱,凡此皆可見北朝社邑及其成員稱呼的痕迹。

四、區域性的差别

考古和藝術史學者都注意到造像碑的區域性特徵,如李静杰將造像碑分成中原東部地區、西北地區、蘇南地區和成都地區四部分討論。⑤就佛教結社而言,也有一些地域性的差别,郝春文指出:佛教結社的名稱和其首領在不同時期、不同地區及同一時期不同地區的稱呼不一。⑥本節將簡述山東地區、關隴地區佛教社邑及其成員、執事的名銜的區域性特色。

---

① 寧可、郝春文《敦煌社邑文書輯校》,南京,江蘇古籍出版社,1997年,頁750,752,753。
② 寧可、郝春文《敦煌社邑文書輯校》,頁55—57,668。
③ 寧可、郝春文《敦煌社邑文書輯校》,頁582。
④ 寧可、郝春文《敦煌社邑文書輯校》,頁679—680。
⑤ 李静杰《佛教造像碑分期與分區》,《佛學研究》1997年。
⑥ 郝春文《隋唐五代宋初佛社與寺院的關係》,《敦煌學輯刊》1990年第1期,頁16。

（一） 山東地區的“法義”

學者研究近幾十年來在山東地區出土的金銅和石造佛像,認爲北朝晚期山東地區出現一種新的藝術風格,它和東魏北齊鄴城地區的造像有較大的差異,並且將它命名爲“青州風格”。[1] 同一時期山東地區的社邑也有以下三項特色,一是社邑的名稱,相對於北方多數地區(包括山西、河北、河南、陝西)多稱爲“義邑”,其成員稱“邑義”;山東地區佛教結社成員則多稱爲“法義”(或作“法儀”),其組織也稱爲“法義”。二是成員之間互稱“兄弟姐妹”。三則相較於其他地區,山東法義的執事較爲簡單,僅有“維那”、“維那主”、“都維那”三種名銜,而“維那主”之銜僅見於本區。[2]

山東地區佛教社邑成員稱“法義”,其組織也稱爲“法義”,東魏孝静帝武定七年(549)《高嶺以東諸村邑儀道俗等造像記》稱其成員“有願共相契約,建立法儀,造像一區,平治道路,刊石立碑”。[3] 從“建立法儀”之句,可知此佛教社邑之名爲“法義”(法儀)。又,東魏武定年間河南有法義建造佛像碑,額題隸書“意瑗法義造佛國之碑”,碑陰題名皆冠以“法義”之名。[4] “意瑗法義”可能是此一法義的名稱,如前述義邑有名爲“宗那邑”、“承林邑”、“大邑”者。

山東地區的造像記中屢見“法義兄弟”或“法義兄弟姐妹”之稱,如北魏孝明帝神龜二年(519)《崔懃等造像記》中稱:“法儀兄弟廿五人,各錢一百裁佛金色。”[5]孝明帝正光五年(524),以道充爲首的“道俗法義兄弟姐妹一百人”共造佛像碑;[6]在博興縣境發現的北魏孝明帝正光六年(525)王世和等造像碑,題記作:“青州樂□□般縣王世和、□父□王伏會寺法義兄

---

① 劉鳳君《論青州地區北朝晚期石佛像藝術風格》,《山東大學學報(社科版)》1997 年第 3 期,頁 116—118;李静杰《青州風格佛教造像的形成與發展》,《敦煌研究》2007 年第 2 期,頁 6—13。
② 《夏慶孫等三十二人造像》,《昌樂金石續志》,《石刻史料新編》第三輯(27),頁 4—5。
③ 《支那美術史·雕塑篇》,頁 274—275。
④ 《意瑗法義造佛國碑》,《魯迅輯校石刻手稿》,二函二册,頁 493—501;《支那美術史·雕塑篇》,頁 280。
⑤ 《崔懃造像記》,《八瓊室金石補正》卷一五,頁 7;《支那美術史·雕塑篇》,頁 234。
⑥ 《道充等一百人造像記》,《北京圖書館藏中國歷代石刻拓本匯編》,册四,頁 171。

弟□心敬造尊像一□……”①又，孝莊帝永安三年（530），青州齊郡臨淄縣高柳村以比丘惠輔爲首的一個造像記稱：“法義兄弟姐妹一百午（五）十人等敬造彌勒尊像二軀。”②永熙三年（534）有“法義兄弟二百人等……敬造尊像一區，二侍菩薩”。③ 東魏孝静帝武定二年（544），青州北海郡都昌縣方山東新王村王貳郎等造像記云：“有維那王貳郎、縮率法義三百人等，信心崇道……法義兄弟題名刊後。”④又，北齊天保八年（557），在今山東一個造塔記中也稱“法儀兄弟八十人等”建妙塔一軀。⑤ 北齊河清四年（565），有“法儀兄弟王惠顯廿人等，敬造盧舍那像一軀。”⑥

山東歷城黄石崖造像中，也多見稱“法義兄弟姐妹”：正光四年（523）七月造像：“法義兄弟姐妹等，敬造石窟像廿四軀，悉以成就，歷名題記。”另，孝昌三年（527）七月造像：“法義兄弟一百餘人各抽家財，于歷山之陰，敬造石窟，雕刊靈像。”孝昌二年（526）九月造像云：“帝主元氏法義卅五人敬造彌勒像一軀，普爲四恩三有，法界衆生，願值彌勒。”張總先生認爲此似與北魏皇族有關，⑦此説可再商榷。“帝主元氏法義卅五人”當作“大魏皇帝元氏臣民法義卅五人”解，參見孝昌三年造像記云：“大魏孝昌三年七月十日，法義兄弟一百餘人各抽家財，于歷山之陰，敬造石窟，雕刊靈像。上爲帝主、法界群生、師僧父母、居家眷屬，咸預福慶，所願如是。”⑧可知法義造像迴向的首要對象是皇帝，“帝主元氏法義”正是前述“四恩三有”迴向的另一種表現方式。

何以山東地區佛教社邑及其成員别有“法義”之稱？何以其成員之間皆稱兄弟姐妹呢？藝術史學者推斷青州風格可能受南朝佛教和造像影響之説，⑨似乎不能直接用以解釋此一特殊性。就政治上來説，山東地區在

① 王思禮《山東省廣饒、博興二縣的北朝石造像》，《文物參考資料》1958 年第 4 期，頁 42。
② 《法儀兄弟三百人造像記》，《北京圖書館藏中國歷代石刻拓本匯編》，册五，頁 194。按：此當作《法儀兄弟一百五十人造像記》。
③ 《支那美術史·雕塑篇》，頁 244；《陶齋藏石記》卷七《法義兄弟二百人造像》，頁 21。
④ 《陶齋藏石記》卷九《王貳郎等造佛菩薩像》，頁 1—2。
⑤ 《陶齋藏石記》卷一一《法儀郭□猛等八十人造象記》，頁 7—8。
⑥ 《支那美術史·雕塑篇》，頁 335。
⑦ 張總《山東歷城黄石崖摩崖龕窟調查》，《文物》1996 年第 4 期，頁 44，45。
⑧ 張總《山東歷城黄石崖摩崖龕窟調查》，頁 44。
⑨ 杜在忠、韓崗《山東諸城佛教石造像》，《考古學報》1994 年第 2 期，頁 261。

469 年纔納入北魏的版圖，前此則屬於東晉、劉宋政權的轄區，但迄今所見最早山東地區的造像是在 519 年，距南朝直接影響已有五十年之久；而且南朝的造像或文獻也未見"法義"一詞。因此，就此一名詞來看，似乎和南朝沒有關涉。筆者認爲：山東"法義"之稱可能和某一經典在此區的流行有關，而若干佛教經典的流行有時也和僧人布教的地域有關，如北朝末年至隋代初年，在關中一帶特別流行《提謂波利經》。① 而隋初至唐朝中葉，三階教流行於河南寶山、洛陽和長安一帶。②

　　北朝各地佛教社邑之中，僅有山東地區成員之間稱"兄弟姊妹"，社邑成員互爲兄弟姐妹在佛典中有其淵源，同爲事佛之人爲"道法兄弟"、"法兄弟"，至於女子則稱"法姊妹"；律典中稱比丘爲"同法兄弟"、比丘尼爲"同法姊妹"，乃至於信佛的僧俗都是同法的兄弟姊妹。③《佛所行讚》(T・192) 中稱"尊奉彼我同，則爲法兄弟"，《增壹阿含經》(T・125) 中阿闍世王稱事佛之人"皆是我道法兄弟"，《摩訶摩耶經》(T・383) 中，摩訶摩耶稱信佛的大衆爲"諸法兄弟及以姊妹"。④ 在 6 世紀中國僧人所撰述的經典《像法決疑經》(T・2870) 中，更可見到和此相關的內容，此經勸勉佛教徒應視一切衆生爲自己的眷屬——父母、妻子、兄弟、姐妹，"以是義故"而加以濟助的觀念：

　　　　未來世中諸惡起時，一切道俗應當修學大慈大悲，忍受他惱，應作是念：一切衆生無始以來是我父母，一切衆生無始以來皆是我之兄弟姊妹妻子眷屬，以是義故，於一切衆生慈悲愍念隨力救濟。⑤

　　此外，山東地區的佛教和北朝末年《華嚴經》的流行也有相當的關聯。在題名"法義"所造的佛像中，以彌勒像、盧舍那像居多。邱忠鳴認爲：山

---

① 《續高僧傳》卷一《譯經・魏北臺石窟寺恒安沙門釋曇曜傳》，頁 428 上："隋開皇關壞，往往民間猶習《提謂》……"
② 拙文《林葬——中古佛教露屍葬研究之一（三）》，《大陸雜誌》1996 年第 3 期，頁 20—31。
③ 《根本説一切有部尼陀那目得迦》(T・1452) 卷二，收入《大正新修大藏經》，册二四，頁 421 下。
④ 《大正新修大藏經》，册四，頁 53 下；《大正新修大藏經》，册二，頁 649 中—下；《大正新修大藏經》，册一二，頁 1007 上。
⑤ 《大正新修大藏經》，册八五，頁 1338 上。

東佛教與當地大族清河崔氏對《十地經論》的偏向信奉有關，並且影響此一地區盧舍那佛像的興起。史載崔氏家族篤信佛教，崔光曾爲《十地經論》作序，又每爲朝臣講《十地經》與《維摩經》，崔光的一位弟弟從地論大師慧光出家，法名“慧順”，恒講《十地》、《維摩》、《華嚴》。雖然崔氏家族成員大都在洛陽或其他地區任官，但崔氏宗族的凝聚力影響及青州崔氏的家族和僧侶，①崔氏家族對於青州佛教的影響可以從以下兩方面獲得證明，一是邱文中提到了《崔懃造像記》和《崔氏宗門寶塔之頌》，②可知在京任官的崔氏宗人也參與家鄉宗人的造像活動。二則從淄博市臨淄區崔氏家族墓葬——包括崔猷（崔光的堂兄）、崔鴻及其二弟崔鸕、四弟崔鷗，和崔鷗之子崔德、崔博墓的發掘，③可確定崔氏家族死後多歸葬本鄉，凡此皆顯示其家族和山東的家鄉一直有密切的關聯。

又，山東定光佛造像偏多也和《華嚴經》有關，《華嚴經》偈讚：“定光如來明普照，諸吉祥中最無上。”如永熙三年（534）法義兄弟一百人等造像，所造的尊像就是定光佛。④ 又，北齊河清年間，法儀百餘人等“敬造定光像一軀”。⑤ 可爲北朝末年此一地區《華嚴經》流行的一證。

除了“法義”之外，山東地區佛教結社也有稱做“義邑”者，其成員爲“邑義”。如孝文帝太和年間張道果等七十八人造像碑稱：“青州樂陵郡陽信縣張道果，謹率邑儀道俗内外七十八人等，敬造彌勒像一軀。”⑥山東惠民縣出土東魏孝靜帝天平四年（537）僧俗三百人共同造像，其記稱：“邑義三百人敬造彌勒石□三區，衆雜經三百……復願七世師僧父母、亡過見存、眷屬大小、邑義知識、一切有形之類，願使邑義三百人等值佛聞法，咸同斯福。”⑦山東省諸城市出土東魏武定四年（546）的造像題記云：“大魏武定

---

① 邱忠鳴《北朝晚期青齊區域的佛教美術研究》，中央美術學院博士論文，2005 年，頁 105—110。
② 邱忠鳴《北朝晚期青齊區域的佛教美術研究》，頁 42—44，107。
③ 淄博市博物館等《臨淄北朝崔氏墓地第二次清理簡報》，《考古》1985 年第 3 期，頁 219—221；山東省文物考古研究所《臨淄北朝崔氏墓》，《考古學報》1984 年第 2 期，頁 221—243。
④ 《陶齋藏石記》卷七《法義兄弟二百人造像》，頁 21，在下層正中佛像右側有“此是定光佛出”六字。
⑤ 《支那美術史·雕塑篇》，頁 330。
⑥ 《支那美術史·雕塑篇》，頁 187—188。在太和十四年以前。
⑦ 惠民縣文物事業管理處《山東惠民出土一批北朝佛教造像》，《文物》1999 年第 6 期，頁 72。

四年歲次丙寅十月庚午朔八日丁丑,清信士佛弟子夏侯豐珞、趙顯明邑儀兄弟廿餘人等敬造彌勒石像一軀……"①在山東無棣縣出土北齊天保九年(558)陽顯姜夫廿七人等造像的題記稱:"大齊天保九年太歲在寅九月辛卯朔廿九日,大像主陽顯姜夫、故人張族、長廣太守居家眷屬、諸邑義廿七人等敬造白玉像一區。"②

張總認爲"法義"和"邑義"同意,③這個看法是很正確的。前述武定七年《高嶺以東諸村邑儀道俗等造像記》稱其成員"有願共相契約,建立法儀,造像一區,平治道路,刊石立碑。"就是"法義"和"邑義"並用,即可證明這一點。"法義"之稱幾乎只見於山東地區,山西和山東毗鄰,從上則造像記中的兩詞並用,可顯示出地域間的相互影響。同時也可見此二名詞係指同一事。此外,在河南也有極少數稱"法義"的例子,洛陽龍門石窟的題記中也出現了一例,蓮花洞有《元□等法儀廿餘人造像記》。④ 另外,1984年在河南偃師縣南蔡庄鄉宋灣村,收集到北魏正光四年(523)翟興祖等人造像碑,亦云:"此下法義卅人等建造石像一區,菩薩侍立,崇寶塔一基,朱彩雜色,覩者生善,歸心正覺。"⑤

(二) 關隴地區義邑的特色

學者指出陝西造像風格除了北魏因素之外,更明顯的是地域的特色。⑥ 關隴地區佛教社邑也有區域性的特色,顯現在以下四個方面:一是陝西的造像碑有並造佛、道教像者,即所謂的"佛道混合造像碑",這種造像碑幾乎僅見於陝西。⑦ 二是關隴地區出現異於其他地區的義邑執事名

---

① 杜在忠、韓崗《山東諸城佛教石造像》,《考古學報》1994年第2期,頁235。
② 惠民地區文物管理處《山東無棣出土的北齊造像》,《文物》1983年第7期,頁46,圖九,造像底座銘文拓本。
③ 張總《山東歷城黄石崖摩崖龕窟調查》,《文物》1996年第4期,頁45。
④ 李文生、孫新科《龍門石窟佛社造像初探》,《世界宗教研究》1995年第3期,頁43。
⑤ 李獻奇《北魏正光四年翟興祖等人造像碑》,《中原文物》1985年第2期,頁22。
⑥ 麟游縣博物館(執筆者張燕)《麟游縣博物館館藏佛道教石刻造像》,收入西北大學考古專業、日本赴陝西佛教遺迹考察團、麟游縣博物館《慈善寺與麟溪橋》,北京,科學出版社,2002年,頁199—120。
⑦ 張國維《晉西南地區發現一批小型佛道石造像》,《文物》1994年第8期,頁81—95。此外,山西芮城、聞喜、永濟等縣也有少數佛道混合造像的發現。

衙。三是部分義邑兼具宗教之外的功能。四是由於有很多非漢民族居於此地,因此非漢民族組成義邑,或是加入漢人的義邑,參與造像。

1. 佛道造像碑

道教造像碑以陝西爲最多,根據李淞的統計,在陝西北朝道教造像中,有一半是並造佛、道像的。①

當我們檢視佛道混合造像碑題記時,似應考慮當時人們實際信仰的情形。對於佛教、道教,乃至於民間信仰有清楚的區分,可能是近代學者的認知;有些人可能同時信仰佛教和道教,或者摻雜某些民間信仰,即使今日也不乏雜糅佛、道、民間信仰的信徒。中古時期已經出現儒、釋、道三教兼融的情況,因此陝西地區出現佛、道混合造像碑,似乎也不用太過於驚訝。早先,小田義久的研究指出:從中古時期幾部疑僞經典(中國撰述的經典)的內容,以及一些墓葬出土的衣物券中除了陳述死者"十善持心,五戒堅志"之外,同時也提到"五道大神"道教的冥官,可知在正統佛教發展的同時,中古庶民信仰其實是佛、道混合的形態。② 近年來中國學者也漸趨向於此說。③ 從陝西佛道造像碑上的詞語也可以反映這個現象,分述如下:

一、造像記上有"佛道合慈"之語,藏於臨潼博物館的北魏正光四年(523)師録生合宗七十一人造佛道像碑記云:"如來大聖,至尊□延,分刑(形)普化,内外啓徹。佛道合慈,無爲是一。"清楚地並提佛、道,而其迴向文中提到道教的"歷劫先仙師",而其祈願却是佛教彌勒信仰"龍華三會,願在初首"。④ 這種兼崇二教的情況可能是相當普遍的,⑤唐武德二年(619),高祖在下令每年正月、五月、九月及每月十齋日禁斷屠殺和行刑

---

① 根據李淞《關中一帶北朝道教造像的幾點基本問題》一文中"表一:陝西北朝道教造像碑石簡表"所做的統計,《新美術》1997年第4期,頁38。

② 小田義久《中國中世庶民信仰》,《龍谷大學論集》第389、390合并號,頁267—278。

③ 温玉成認爲:陝西佛道造像碑如《魏文朗佛道造像碑》、《茹小策合邑一百人造像碑》係調和不同宗教的造像,《"西天諸神"怎樣來到中國?》,《中原文物》2007年第3期,頁72;張勛燎、白彬也指出陝西普遍存在著共同建造佛、道教造像的事實,充分反映了二教之間和平共處、彼此尊重,相互滲透影響。見張勛燎、白彬《中國道教考古》,北京,綫裝書局,2006年,册三,頁740。

④ 張勛燎、白彬《中國道教考古》,册三,頁706。

⑤ Christine Mollier, *Buddhism and Taoism Face to Face: Scripture, Ritual, and Iconographic Exchange in Medieval China* (Honolulu: University of Hawaii Press, 2008).對於中古時期佛道互動提出許多新的看法,其中頁174—208有關於佛、道造像的討論。

的《禁屠詔》中,也兼談釋教的慈悲和道教的去殺理念:"釋典微妙,浄業始於慈悲;道教沖虛,至德去其殘殺。"唐高祖因尊崇道教,而以十齋日取代佛教的六齋日,但是其後十齋日反倒爲佛教所吸收,而成爲其齋日之一種。①

二、有的造像記更明言其兼奉二教,如藏在臨潼博物館的北魏神龜二年(519)義邑造老君像碑,提到"俗弟歸佛宗,托身投道門……減割五家財,建養永神仙,奉師歸三寶……合邑善□□,□道食福田"。② 可知撰文者之弟皈信佛教,但從其後的文詞"神仙"、"三寶"並見,又建老君像,可知此一義邑是兼崇佛、道。

三、造像記中即明白宣稱"造佛道像",如藏於耀縣博物館的北魏始光元年(424)魏文朗造像碑:"始光元年,北地郡三原縣民佛弟子魏文朗家多不赴,皆有違勸,爲男女造佛道像一區。"北周保定二年(562),耀縣有佛弟子李曇信兄弟"減割家珍,敬造釋迦、太上老君諸尊……"③

四、有些佛、道像或者純粹的道教造像,其迴向祈願却是佛教的浄土(包括西方彌陀浄土或是彌勒浄土)或者願成佛道。④ 此一現象可能是道教造像係受佛教影響所致。⑤ 如1936年在漆河出土的,北魏北地郡泥陽縣人夏侯僧邑子九十人造佛道像,迴向發願中"願歷劫師徒、七世父母、所生父母,願生西方妙樂國土……見在眷屬,七紵供足。一切衆生,減(咸)同斯願,果成佛道"。⑥

---

① 參見拙文《年三月十──中古後期的斷屠與齋戒》,《大陸雜誌》第104卷第1期,2002年,頁15—33;第104卷第2期,2002年,頁16—30。

② 陝西省耀縣藥王山博物館、陝西省臨潼市博物館、北京遼金城垣博物館合編《北朝佛道造像碑精選》,天津古籍出版社,1996年,頁63—64;《中國道教考古》,頁700—702。一般皆題爲"王守令造像造佛道像碑",王守令之名出自迴向發願文中的"邑子茲茂盛,師徒普延年。同疇兆劫壽,練質願更仙。皇帝統無窮,國興身長存。鎮王守令等,同享受百□"。由此可知,皇帝是和百官"鎮王守令"相對之語,"王守令"並非人名。

③ 佐藤智水《4—6世紀における華北石刻史料の調查・研究》(研究成果報告書),龍谷大學,2005年,頁60。

④ 關於北朝道教造像與佛教内容混雜的情況,參見張勛燎、白彬《中國道教考古》,册二,頁679—684。

⑤ 張勛燎、白彬《中國道教考古》,册三,頁730—733。

⑥ 《4—6世紀における華北石刻史料の調查・研究》,頁43。

　　至於此地區何以獨出現佛、道混合的造像碑?[1] 是一個值得思考的問題。學者從實物遺存考證,認爲北朝道教造像的起源與樓觀道派有關;[2]就地域性而言,樓觀派起於陝西終南山下樓觀,流傳於關隴地區,[3]與此一現象也頗爲相應。雖然如此,佛、道混合造像碑僅限於此區的原因,仍可再做進一步的研究。

2. 華北義邑執事名銜

　　陝西佛道造像碑顯示此一地區佛教和道教有較多的關涉,也使得此一地區佛教義邑部分執事名銜染上道教色彩。爲了説明這一點,必須先對北朝佛教義邑執事作一整體的敍述,王昶《北朝造像諸碑總論》列舉許多造像題名的名銜,但並未做精確的分類和敍述。本文將北朝造像碑上的名銜就其屬性分爲五類:(一)義邑的執事。(二)宗教專職人員。(三)在造像和相關活動中出資較多的成員。(四)複合式的名銜。(五)義邑的成員。這五類中僅有第一種是義邑的執事,以下分別敍述。

　　造像碑上宗教專職人員包括“比丘”、“比丘尼”和“沙彌”(題名中未見沙彌尼),此外,還有專爲某一家族所尊奉爲師的比丘或比丘尼,稱爲“門師”;某一義邑的指導者“邑師”。有時一個義邑的“邑師”不止一人,在此情況下,還出現“大邑師”、“都邑師”之名,如北齊天保八年河南登封有劉碑等人造像,造像者題名中有“大邑師惠獻”、“大邑師僧和”、“大邑師僧□”。[4] 另如天保三年(550)在河南輝縣僧嚴等造佛像碑上有“都邑師僧進”的題名。[5] 北齊後主武平六年(575),在洛陽龍門藥方洞有“都邑師道興”率邑人造釋迦并二菩薩像,[6]北朝無紀年造像碑上有“大都邑師”。[7]

---

①　關於陝西佛、道造像碑,已有不少的研究,如:Stanley K. Abe, *Ordinary images* (Chicago: University of Chicago Press, 2002), pp.270 - 295. Stephen R. Bokenkamp, "The Yao Baoduo 姚伯多 Stele as Evidence for the 'Dao-Buddhism' of the Early Lingbao 靈寶 Scriptures", *Cahiers d'Extreme Asie*, 9(1998), pp.55 - 67; Stanley K. Abe, "Heterological Visions: Northern Wei Daoist Sculpture from Shannxi 陝西 Province", *Cahiers d'Extreme Asie*, 9(1998), pp.69 - 83.

②　《中國道教考古》,册三,頁 730—745。

③　任繼愈主編《中國道教史》(增訂本),北京,中國社會科學出版社,2001 年,頁 230—234。

④　《八瓊室金石補正》卷二一《劉碑造象銘》,頁 8。

⑤　《北京圖書館藏中國歷代石刻拓本匯編》,册七,頁 22。

⑥　《金石萃編》卷三五《道興造像記》,頁 12。

⑦　《北京圖書館藏中國歷代石刻拓本匯編》,册六,頁 196。

　　在造像和相關活動中出資較多的成員包括以下三者：

　　一、在造像活動中認領建造佛、菩薩像的"像主"。他們的名字常出現在其所負擔尊像的名稱之下，如"釋迦主"、"菩薩主"、"阿難主"、"迦葉主"、"維摩主"、"文殊主"、"七佛主"、"無量壽佛主"等。至於出資購買造像碑石的是"施石主"（或作"世石主"），和碑像主題有關的"天宮主"、"塔主"、"浮圖主"。

　　二、造像活動經常和寺院有所關聯，或是由寺院僧人發起建造，或是信徒建造佛像碑置於寺院供養，因此在造像碑上出現和寺院有關的名銜。南北朝寺院有官方認定的"三綱"（寺主、上座、都維那），是綱紀管理僧人的僧職；另外有民間自署的"俗人寺主"，則是指俗人出資、捐地建造寺院，而成爲此寺的"寺主"，或稱"俗寺主"、"寺檀主"。有時俗人姓名上冠以"寺主"者，其實是"俗人寺主"的略稱。① 捐贈土地建造寺院者爲"施地主"，和寺院建築有關的有捐造柱礎或佛殿香案、鐘鼓的"構柱主"、"大門柱主"、"香几主"、"鐘主"等。②

　　三、負擔儀式和齋會費用者，如所造的碑像上的每個尊像都需舉行開光儀式，由僧人執筆點佛眼，供給主持開光儀式僧人嚫施的施主，稱"光明主"或"開光明主"。③ 由於造像碑上每一尊佛、菩薩、佛弟子，乃至於金剛、力士等像都要一一開光，施主有時分別負擔爲某一佛、菩薩開眼的嚫施，而在"開光明主"之上各冠以佛、菩薩之名，如北魏孝莊帝永安三年（530），山西三交村薛鳳規等人所造的石碑像上，有"釋迦佛開明主張羊"等。④ 滑縣開皇二年隆教寺四面造像碑上"開釋迦大像光明主夏妻胡妙姬"、"開維摩光明主吳法思"、"開阿彌陀大像光明主東郡太守馬法僧妻吳買"、"開迦葉光明主吳子期"、"開阿難光明主比丘尼延净"、"開觀世音大

① 本書第四章《中古佛教政策與社邑的轉型》，頁147—149。
② 《常山貞石志》卷二北齊天保五年《成氏造石浮圖記》（頁36），有"構柱主成甕"、"施地主成芷"；《八瓊室金石補正》卷四一唐《開元寺三門樓題刻》（頁7，16），有"大門柱主張君相"、"大門柱主彭襲威"題名。
③ 關於開光儀式和"開光明主"一詞，詳見本書第一章《5—6世紀華北鄉村的佛教信仰》，頁34—36。
④ 《薛鳳顏（規）等造象碑》，《魯迅輯校石刻手稿》，二函一册，頁188。

像光明主生妻張豐姬”等。① 造像之後通常會設齋慶讚，或者義邑定期舉行齋會，如隋李阿昌造像碑的“大邑”的成員“半月設齋”，每月舉行兩次齋會。“齋主”出資供給齋食和負責僧尼的齋嚫，一個齋會中可能由數人或十數人共同負擔費用，出資多者冠以“大”和“都”字：“大齋主”、“都齋主”、“八關齋主”、“大八關齋主”。此外，還有“香火主”、“香火”、“燈明主”，應是負責出資供應香、燈者。此外，有勸化信徒加入義邑或出資造像的“化主”（“勸化主”）。化主經常不止一人，如四面造像碑，有時各面都有一位“化主”，因此有“大化主”、“都化主”總領。

至於義邑執事名銜，有作爲領導者的“邑主”；有時邑主在一人以上，則有“大邑主”、“都邑主”、“大都邑主”以統領之。邑主多由俗人擔任，但有時僧人也以“邑主”身份出現，顯示其在此義邑的組成中居於主導的地位，如東魏孝靜帝武定元年（543）河南河内（今河南沁陽）附近的村落中，由清信士合道俗九十人造一佛像碑，其題名中有“邑主、都維那法猛侍佛時”，②即此義邑係以僧人爲主導，其“邑主”係在一所寺院擔任三綱“都維那”之職的法猛。義邑執事另有借自佛寺寺職的“維那”、“典坐”二銜，維那是寺院僧職的三綱之一，總司寺院的事務，因此，維那也是義邑執事中最重要的一職，通常不止一人，因此也有“都維那”、“大都維那”之職。僧職中有“典坐”，係通典雜事，③在義邑中的作用也相仿。

義邑執事也有“中正”一職，係借自州郡選舉的職官，因此在造像題名所見的“中正”一銜須仔細分辨它究竟屬於州郡職官，或係義邑執事。凡是“中正”前附有郡、邑之名者如“邑中正”、“郡中正”、“都邑中正”都是朝廷官屬，多以當地大族擔任。這些名詞屢見於南北朝諸史，如吳郡顧琛爲“本邑中正”、沈約爲“中書郎、本邑中正”、河東柳崇“遷太子洗馬、本郡邑中正”。④ 在河南偃師北齊天統元年邑主韓永義等人造像碑上，就同時出

① 《滑縣金石志》卷一《開皇二年隆教寺四面造像碑》，《石刻史料新編》第三輯（29），頁10—14。
② 《道俗九十人等造像記》，《魯迅輯校石刻手稿》，二函二册，頁339；《北京圖書館藏中國歷代石刻拓本匯編》，册六，頁95。
③ 《大宋僧史略》卷中《雜任職員》：“……次典座者，謂典主床座。凡事舉座，一色以攝之，乃通典雜事也。”頁245上。
④ 《宋書》卷八一《顧琛傳》；《梁書》卷一三《沈約傳》；《魏書》卷四五《柳崇傳》。

現了作爲義邑執事的"中正"和地方郡中正的題名,"中正霍羅侯"是義邑執事,"洛陽郡中正姜範"、"征東將軍洛州大中正、平恩縣開國男皇甫迥"則是有中正官職者。① 又如山西北齊《陽阿故縣村造像記》題名中有:"水精王像主太學博士、郡中正周清郎"、"大像主郡中正李安善"、"像主郡中正劉永達"、"邑子郡中正正世隆",也都是官員。② 至於義邑執事的"中正"有時不止一人,故有"都中正"一銜以領之。如北齊天統三年宋買造天宮像記的造像記暨題名中,宋買擔任"邑中正"之官,也是義邑組織執事"大都邑主"。③

在題名中還有一種複合式的名銜:如李氏合邑造像碑有"都邑、金像、義井主長樂太守李次",顯示李次既是此一義邑的"都邑主",又是出資造金像、建義井的"金像主"、"義井主";另有"八關齋主、都唯那李元"係指李元既是此一義邑的執事"都唯那",又是在齋會中出資的"八關齋主"。④又如東魏武定七年(549)武安縣(治所在今河北武安市西南)龍山寺主比丘道寶率領一百人建一所佛像碑,題名中有"比丘像、邑主道勝"、"比丘像、邑主僧教",⑤意即這比丘道勝、僧教既是"邑主",同時也是出資造像的"像主"。山東呂世樹等造像題名有"左廂金剛主并光明吳法榮"、"右廂金剛主并光明薛雲遠、潘吹",⑥則此三人不僅出資造金剛像,同時又負擔開光儀軌施的"開光明主"。

至於義邑的成員大都稱爲"邑子",在山東地區多稱"法義",至於在甘肅地區則稱爲"邑生"。

3. 關隴地區的義邑執事名銜

關隴地區義邑執事名稱有以下三項地區性的特色:一、部分執事名銜雜糅道教的色彩。二、甘肅一帶義邑成員多稱"邑生"。三、少數僧尼帶有俗家姓氏。

---

① 《金石萃編》卷三四《合邑諸人造佛堪銘》,頁3—4。
② 《山右石刻叢編》卷二《陽阿故縣村造像記》,頁12—14。
③ 《金石萃編》卷三四《宋買造像碑》,頁5—6。
④ 《魯迅輯校石刻手稿》,二函二冊,頁313—324。《滑縣金石志·興和四年李氏合邑造像碑》。
⑤ 傅斯年圖書館藏拓本第10995號;大村西崖《支那美術史·雕塑篇》,頁286—287。
⑥ 《八瓊室金石補正》卷二二《呂世樹等造象題名》,頁37。

　　在佛道混合造像碑中出現一些道教信徒的名稱"道民",以及道教宗教專職人員的名銜如"典錄"、"侍香"、"侍者"、"三洞法師"等,①是可以理解的。不過,在純粹佛教義邑的執事名銜中也有部分雜有道教色彩,這類執事名銜僅見於關隴地區,如"典錄"、"彈官"、"邑日"、"邑謂"(或作邑胄、邑胥),可稱是此一地區的特色。北魏孝武帝永熙二年(533)雍州宜君郡黄堡縣邑主□蒙文姬合邑子卅一人造像題名中就有"典錄"、"彈官"。②以北周武成二年(560)原典部邑子造七級浮圖的題名而言,這是一個純佛教的信仰組織,題名者共計二百三十餘人,但其執事除了二名"典坐"、二名"維那"之外,還有四名"邑長"、七名"治律"、六名"典錄"、四名"香火",③北周天和六年(571)比丘邑師曇貴和趙富洛合邑廿八人造觀世音像一區,其執事名稱除了"維那"、"邑主"、"典坐'、"化主"之外,另有"典錄"、"治律"、"邑日"、"香火"、"行維那"。④ 武成二年王妙暉等邑子五十人造釋迦石像,此一義邑的執事之中,就有"邑謂"三人。⑤

　　義邑成員的名稱在北方多數地區稱爲"邑子"或"邑義",在山東地區則多稱"法義",在甘肅地區又別稱爲"邑生"。陝西地區多稱爲"邑子",但也有少數爲"邑生",如陝西麟游縣河西鄉常村古寺出土的一通北魏千佛造像碑,碑左造像者的題名中有五位"邑生"的題名。⑥ 彬縣博物館藏西魏羌族荔非氏造像碑,成員皆稱"邑生"。⑦ 但越向甘肅地區則"邑生"一詞更爲普遍,甘肅正寧縣北周保定元年合邑生一百三十人等造人中釋迦石

---

① 臨潼博物館藏北魏正始二年(505)馮神育同邑二百人等造道教像碑,這是一個純粹道教徒的信仰組織,其成員稱"邑子",宗教專職人員有"三洞法師"任平定等三人、"門師張明玉"、"邑師馮洪標"、"道士",道教弟子"錄生"、"道民",至於義邑執事的名銜有"邑正"、"典錄"、"侍者"。見李淞《涇渭流域北魏至隋代道教雕刻詳述》,收入《長安藝術與宗教文明》,北京,中華書局,2002 年,頁 370—372。道教符籙中有典籙、靈官。"錄生"是指十歲已上受三將軍符籙、十將軍符籙,三歸五戒,得加此號。"侍香"是道教行儀時的執事名稱,由參加儀式的道士擔當。另如魏文朗造像記主龕是釋迦和老君並坐像,題名中有"清真魏法花"。
② 《4—6 世紀における華北石刻史料の調查・研究》,頁 46—49。
③ 《金石萃編》卷三六《七級浮圖記》,頁 5—11。
④ 《陶齋藏石記》卷一四《趙富洛等廿八人造觀世音象記》,頁 4—5。
⑤ 《金石萃編》卷三九《王妙暉造像記》,頁 1—4。
⑥ 《麟游縣博物館藏佛道教石刻造像》,《慈善寺與麟溪橋》,頁 179—180。
⑦ 李淞《關中北朝造像碑研讀札記》,收入《長安藝術與宗教文明》,頁 349—350。

像,除了邑主、維那之外,還有邑政、邑謂、香火主,其成員皆稱"邑生"。①
甘肅的隋李阿昌造像碑皆稱"邑生",②1984 年甘肅正寧出土北周造像佛
座,四面鑴有義邑造像題名,"保定元年正月十五日合邑生一百三十人等
共同尊心,爲法界廣發洪願,造人中釋迦像一軀",③成員的姓名也都冠上
"邑生"之銜。

　　此外,陝西地區少數佛教僧人仍冠以俗家姓氏,也是值得注意的現象。
從東晉道安法師之後,僧人捨俗出家,皆同"釋"姓,故佛教僧尼皆以釋爲
姓,繫以法名,而不用俗家姓名。不過,陝西佛教造像碑有部分僧人仍冠俗
姓,留有俗名,如北魏延昌四年(515)造像碑云"大代延昌四年歲次己未四
月一日,比丘郭魯勝造石像一區,爲亡弟子魯豐……";④孝武帝永熙二年
(533)陝西銅川市一個羌人"義邑"所建的造像碑中,就有"沙彌夫蒙僧
貴"的題名。⑤ 又,西魏文帝大統五年(539)富平縣(今陝西富平)縣令曹
續生并邑子卌四人所造的石碑像上,有"比丘李□晃"、"比丘焦法玉"、"沙
彌上官法櫚"和四個焦姓沙彌的題名。⑥ 佛教僧人不從釋姓、仍冠有俗家
姓氏者,僅見於此一地區。道教的宗教專家道士等皆保留俗家姓名,由於
陝西地區多佛道造像碑和道教造像碑,上述情況也有可能受到道教的
影響。

　　北朝時期,有不少非漢民族居住在關中地區,他們也參與或組織義邑,
加入造像。馬長壽《碑銘所見前秦至隋初的關中部族》一書中指出:居住
在關內的北方諸族隨所在村邑的漢族或羌族建立佛像。如在咸陽發現的
王妙暉等五十人造像碑題名中,就有鮮卑和漢人並列其中。又如昨和拔祖
等一百廿八人造像碑題名也顯示此是胡、漢人民共同捐資所建的。⑦ 胡、

①　魏文斌、鄭炳林《甘肅正寧北周立佛像研究》,《歷史文物》2005 年第 9 期,頁 88。
②　《隴右金石錄》卷一《李阿昌造像碑》,《石刻史料新編》第一輯(2),頁 1。
③　周偉洲《甘肅正寧出土的北周造像題銘考釋》,收入氏著《西北民族史研究》,鄭州,中州古籍
　　出版社,1994 年,頁 450。陳瑞琳《甘肅正寧縣出土北周佛像》,《考古與文物》1985 年第 4 期,
　　頁 109;魏文斌、鄭炳林《甘肅正寧北周立佛像研究》,頁 85。
④　韓偉《耀縣藥王山佛教造像碑》,《考古與文物》1996 年第 2 期,頁 13。
⑤　馬長壽《碑銘所見前秦至隋初的關中部族》附錄一《關中北魏北周隋初未著錄的羌村十種造
　　像碑銘》、四《邑主雋蒙□娥合邑子三十一人等造像記》,北京,中華書局,1985 年,頁 91。
⑥　《金石萃編》卷三二《曹續生造像記》,頁 14。
⑦　《碑銘所見前秦至隋初的關中部族》,頁 54—55。

漢人民協力共造佛像這個事實，在隋開皇五年（585）八月十五日七帝寺所造的佛像銘文裏説得最爲清楚："胡漢士女邑義一千五百人，三邑併心，四方並助。"[1]此外，1984年在甘肅正寧出土的北周保定元年合邑生一百三十人等造人中釋迦石像題名共有一百四十九人，其中包括七個非漢民族：鮮卑、羌、匈奴、氐、西域胡、吐谷渾和高車族。[2]

　　相較於北方其他地區，關隴佛教義邑有比較明顯的地域性特色；同時，陝西道教徒也組織義邑以建造道教神像，如北魏神龜三年陝西耀縣有錡雙胡合邑廿人等造像，錡雙胡同時也是此一道教義邑的"邑師"。[3] 荔非周歡道教造像碑是耀縣羌族荔非氏所組的義邑所造的像，西墻千佛像碑爲耀縣以西羌荔非氏家族爲主要成員的義邑所造的。[4]

五、結　語

　　有關中古佛教社邑，前賢已做出很多的貢獻，本文僅是細讀造像記文本，釐清其時社邑的名稱、成員的稱呼，認爲北朝佛教信仰組織稱做"義"或"義邑"，而以"義邑"居多數；其成員則稱爲"邑義"。同時，佛教信仰組織在不同的地區也有一些差異，山東地區可能受到當地流行經典或僧人布教的影響，社邑多稱爲"法義"，其成員也叫做"法義"。陝西地區則有很多佛、道造像碑，部分義邑的執事名銜沾染道教色彩。甘肅一帶比較特別的是義邑成員稱"邑生"，有異於其他地區"邑子"的名稱。

　　入唐之後，佛教徒仍組社邑；不過，由於唐代佛教政策有一個大的轉向，在嚴格控制僧人和寺院的數量、僧人隸籍屬寺，以俗人官吏統治僧人的基調之下，使得佛教社邑的名稱、組織以及其所從事的活動，都有相當的調整。[5] 對唐代佛教信仰組織有直接影響的兩個因素，一是高宗咸亨五年

---

① 《七帝寺造象記》，《魯迅輯校石刻手稿》，二函五册，頁1045。
② 周偉洲《甘肅正寧出土的北周造像題銘考釋》，頁457。魏文斌、鄭炳林《甘肅正寧北周立佛像研究》，頁84，89—92。
③ 《4—6世紀における華北石刻史料の調査研究》，頁27—29；《魯迅輯校石刻手稿》，二函一册，頁96—99。
④ 陝西省文物普查隊《耀縣新發現的一批造像碑》，《考古與文物》1994年第2期，頁57—58。
⑤ 關於唐代佛教政策對佛教結社的影響，參見本書第四章《中古佛教政策與社邑的轉型》。

(674)詔,禁絶各種形式的私社——包括了佛教結社,由於詔書中明言禁止"别立當宗及邑義諸色等社",即使在玄宗天寶元年(742)復准許百姓私社存在之後,也不復見以"義邑"爲名稱的組織,而改稱爲"邑"、"社"或"會"。除了國家的政策之外,佛教内部的變化如流行經典、修行方法,可能也是造成中晚唐社邑偏重於修習經典的重要因素。中晚唐時期頗有一些社邑是依其所修習的經典或教法而命名的,如《法華經》、《華嚴經》和《金剛經》的流行,出現了"法華邑"、"法華社"、"普賢邑社"、"華嚴社"、"金剛經社"等;浄土信仰的流行,出現了"九品往生社"與"西方社"、"上生會"。由於《佛頂尊勝陀羅尼經》的廣泛流傳,唐代社會興起建立石經幢的風潮,因此也出現了和建立經幢有關的"尊勝寶幢之會"。

五代迄於宋代的佛教政策基本上延續唐代之舊,有各種"經會"和"千人邑"等佛教結社。自北朝以降,千餘年以來佛教徒結社的傳統綿延不斷,迄今仍有。

(本文原刊於黄寬重主編《中國史新論・基層社會分册》,臺北,聯經出版事業公司,2009年)

從造像碑看南北朝佛教的幾個面向

——石像、義邑和中國撰述經典

一、前　　言

　　有關魏晉南北朝佛教史的資料主要是收録在《大藏經》中的漢譯經典、高僧傳記,少數寺院記如《梁京寺記》、《洛陽伽藍記》,以及敦煌寫經中的"中國撰述經典"（疑僞經典）。[①] 從 1920 年代日本學者神田喜一郎首先注意到碑刻資料對佛教史研究的重要性,[②]1930 年代塚本善隆使用龍門石窟的造像題記,豐富了北魏佛教史的研究。[③] 所謂的造像記,是鐫刻在佛像碑的臺座、光背,或石窟裏靠近佛像石壁上的銘文。造像碑是一個資料寶庫,除了從藝術史的角度研究之外,其上的題記、圖像都可以提供此一時期佛教和歷史的重要資料。關於北朝造像碑本身,李静杰有全面性的研究。[④] 1970 年代佐藤智水利用造像記的資料研究北朝佛教,[⑤]其後學者陸續利用碑刻的資料——僧人的塔銘、刻經、造像銘記等,一方面補充、修正

① 牧田諦亮《疑經研究》,京都人文科學研究所,1976 年,頁 104。
② 神田喜一郎《三階教に關する隋唐の古碑（上）、（下）、（補遺）》,《佛教研究》第 3 卷第 3、4 號,第 4 卷第 2 號,1923 年。
③ 塚本善隆《龍門石窟に現れたる北魏佛教》,收入氏著《塚本善隆著作集》第二卷,東京,大東出版社,1942 年,頁 305—374。中譯有：林保堯、顏娟英譯《龍門石窟——北魏佛教研究》,新竹,覺風佛教藝術文化基金會,2005 年。
④ 李静杰《佛教造像碑分期與分區》,《佛學研究》第 6 卷,1997 年;《佛教造像碑》,《敦煌學輯刊》1998 年第 1 期;《石佛選粹》,北京,中國世界語出版社,1995 年。
⑤ 佐藤智水《北朝造像銘考》,《史學雜誌》第 86 編第 10 卷,1997 年,頁 1—47。

了一些前此佛教史的認知，①另一方面則拓展了佛教史研究的範疇，包括鄉村地區和平民階層的佛教信仰層面。由於造像碑內容包含信仰內容、造像緣起、造像者的題名等，以造像碑研究佛教史遂發展出以下幾個方向：（一）有些論文是單就某一個造像碑介紹、解說、考釋，②甚至有幾個造像碑成爲學者互相討論的共同議題，如"魏文朗造像碑"、③"巨始光造像碑"等。④（二）另有學者則以單一造像碑作微觀的研究，如林保堯根據東魏武定元年（543）駱子寬等人造像碑，探討法華的義理和圖像；顏尚文以東魏興和四年（542）的"李氏合邑造像碑"，研究以法華思想組成的佛教信仰組織。⑤（三）還有學者以衆多造像記爲資料探討佛教信仰的實況和內涵，藤堂恭俊以造像記研究北魏的淨土信仰，陳敏齡研究曇鸞的淨土思想及其在北魏的傳布，⑥郝春文研究東晉南北朝時期的佛教結社，⑦劉淑芬、盧建榮以造像記研究北朝鄉村的佛教信仰情況，⑧李文生以龍門造像銘記

---

① 如温玉成《碑刻資料對佛教史的幾點重要補正》，《中原文物》1985 年特刊（鄭州），"魏晉南北朝佛教史及佛教藝術討論會論文選集"，頁 206—215。

② 如周錚《北魏薛鳳規造像碑考》，《文物》第 8 卷，1990 年，頁 58—65；李獻奇《北齊洛陽平等寺造像碑》，《中原文物》1985 年第 4 期，頁 89—97；齊藤達也《隋重建七帝寺記（惠鬱造像記）について——譯注と考察》，《國際佛教學大學院大學研究紀要》第 6 卷，2003 年，頁 87—125；施安昌《隋刻"重修定州七帝寺記"》，收入氏著《善本碑帖論集》，北京，紫禁城出版社，2002 年。

③ 李淞《北魏魏文朗造像碑考補》，《文博》1994 年第 1 期，頁 52—57；石松日奈子《陝西省耀縣藥王山博物館所藏"魏文朗造像碑"の年代について——北魏始光元年銘の再檢討》，《佛教藝術》第 240 卷，1998 年，頁 13—32；石松日奈子著，劉永增譯《關於陝西省耀縣藥王山博物館藏〈魏文朗造像碑〉的年代——始光元年銘年代新論》，《敦煌研究》1999 年第 4 期，頁 107—117。

④ 藤原有仁《西魏大統六年巨始光造像碑》，《書論》第 9 卷，1976 年，頁 61—68；林保堯《西魏大統六年巨始光等造像碑略考——造像題記與拓本流布的一些問題》，《藝術學》第 21 卷，2004 年，頁 109—146；周錚《西魏巨始光造像碑考釋》，《歷史博物館刊》第 7 卷，1985 年，頁 90—94。

⑤ 林保堯《法華造像研究——嘉登博物館藏東魏武定元年石造釋迦像考》，臺北，藝術家出版社，1993 年；顏尚文《法華思想與佛教社區共同體——以東魏〈李氏合邑造像碑〉爲例》，《中華佛學學報》第 10 卷，1997 年，頁 233—248。

⑥ 藤堂恭俊《北魏時代に於ける淨土教の受容とその形成——主として造像銘との関連に於て》，《佛教文化研究》第 1 卷，1951 年，頁 93—131；陳敏齡《曇鸞的淨土思想——兼論北魏金石碑銘所見の淨土》，《東方宗教研究》第 4 卷，1997 年，頁 47—66。

⑦ 郝春文《東晉南北朝佛社首領考略》，《北京師範學院學報》1991 年第 3 期，頁 49—58；《東晉南北朝時期的佛教結社》，《歷史研究》1992 年第 1 期，頁 90—105；《兩晉南北朝時期的法社》，《北京師範學院學報》1992 年第 1 期，頁 95—100。

⑧ 劉淑芬《五至六世紀華北鄉村的佛教信仰》，《歷史語言研究所集刊》第 63 本第 3 分，1993 年，頁 497—544；盧建榮《從造像銘記論五至六世紀北朝鄉民社會意識》，《師大歷史學報》第 23 卷，1995 年，頁 97—131。

探討佛教信仰組織，①侯旭東則以專書討論 5、6 世紀北方民衆的佛教信仰。② 最近則有高橋學以四川的造像記研究此一地區的佛教，③倉本尚德以關中造像記爲主，探討此地區佛、道二教的關係。④

　　近十年來，開始有學者注意到少數北朝末年的造像碑上并刻有佛經，筆者將它稱爲"刻經造像碑"。關於在鄉村地區的刻經造像碑，有周建軍、徐海燕和李静杰分别研究山東巨野縣大義鎮石佛寺北齊河清三年（564）劉珍東等二百人建造的刻經造像碑，⑤謝振發、劉淑芬則同時討論數個刻經造像碑。⑥ 刻經造像碑視其置放的地點不同，所刻的經典也有差異，置於寺院供養者多刻漢譯的入藏經典，置於鄉村郊野者則多刻"中國撰述的經典"，作爲僧人教導信徒之用。佛教傳到中國以後，陸續有中、外僧人花費極大的心力將梵文經典譯成漢文，形成卷帙浩繁的漢文藏經。不過，在佛教傳布的過程中出現了一些非譯自梵文的中國撰述的經典，在傳統的經録中將它們列入"疑僞"部，近代學者稱之爲"疑經"或"疑僞經典"，在《大正新修大藏經》册八五"疑僞部"中收録的就是這類經典。牧田諦亮對此類經典作過精彩而深入的研究，後來他提出以"中國撰述經典"一詞代替"疑經"，認爲它們代表了庶民信仰，對了解中國人接受佛教的過程，提供了重要的資料。⑦ 他以爲：中國佛教的發展除了法華、華嚴、般若的經典

---

① 李文生、孫新科《龍門石窟佛社造像初探》，《世界宗教研究》1995 年第 3 期，頁 42—50。

② 侯旭東《五、六世紀北方民衆佛教信仰——以造像記爲中心的考察》，北京，中國社會科學出版社，1998 年。

③ 高橋學《南北朝時代四川地域の佛教信仰造像記の考察から》，收入佐藤成順博士古稀記念論文集刊行會編《東洋の歷史と文化——佐藤成順博士古稀記念論文集》，東京，山喜房佛書林，2004 年。

④ 倉本尚德《北朝造像銘にみる道佛二教の關係——關中におけうる邑義の分析を中心に》，《東方宗教》第 109 卷，2007 年，頁 18—51。

⑤ 周建軍、徐海燕《山東巨野石佛寺北齊造像刊經碑》，《文物》1997 年第 3 期，頁 69—70；李静杰《六世紀的僞經與僧團整頓》，《敦煌學集刊》1997 年第 1 期，頁 85—86。

⑥ 劉淑芬《中國撰述經典與北朝佛教的傳布——從北朝刻經造像碑談起》，收入簡牘學會編輯部主編《勞貞一先生百歲冥誕紀念論文集》，臺北市簡牘學會、中華簡牘學會，2006 年，頁 249—276。

⑦ 牧田諦亮《疑經研究》，頁 104。1994—1996 年，牧田諦亮監修，落合俊典編《七寺古逸經典研究叢書》（東京，大東出版社）中第一、二、三卷即正式以《中國撰述經典》作爲書名。

之外,中國撰述經典對庶民生活有很大影響。① 在北朝的刻經造像碑上,就鑴刻有這類的經典,如《高王觀世音經》(或稱《高王經》)、《大方廣華嚴十惡品經》、《佛在金棺上囑累經》,提供其流行的實物證據。②

南北朝時期,北方有數以千計的造像碑,佐藤智水前述的論文用了1 360種,侯旭東也收集到1 600 餘種,③近年來還陸續有新的發現,其總數當在數千通以上。不過,同一時期的南朝卻僅有四五百件,而且其中僅有少數刻有銘文。本文主要透過造像碑來討論南北朝佛教信仰所呈現出來的差異,集中在以下三個問題的討論:

(一)爲何南、北造像碑的數字如此懸殊? 本文認爲:這是由於南朝實施禁碑令所致,清朝金石學者已注意到禁碑令導致這樣的結果,本文進一步討論此一時期南方在禁碑令實施下仍然出現少數的造像碑的原因,以及在禁碑令下南方用以取代石造像的素材。

(二)北朝的造像碑之中,除了一部分是個人或個別家族興建的之外,大都是由僧、俗人組成的稱爲"義邑"或"法義"的佛教信仰組織成員所建造的,在南方的造像記卻看不出有這種組織。本文從南朝實施符伍連坐的法律,導致人們盡量避免和伍制之外的人聯繫,以免自己及同伍的人遭受不必要的牽連,來解釋南朝不見類似的佛教信仰組織的現象。同一時期的北方則未實施同伍連坐制,因此出現了多數人,甚至跨越村的範圍、諸村聯合的佛教信仰組織。

(三)本文透過南、北雙方政府對於"中國撰述經典"的態度,探討其對佛教控制的程度。當時南、北雙方都出現了這種非來自梵本漢譯的經典,北方的數量較多;少數北朝造像碑上並且刻有這類經典,顯示北朝政府對它並沒有制約,而有相當程度的流傳。同一時期南方較少出現這類的經典,本文透過南朝政府對兩本中國撰述經典的處置,探討南朝政府抑止此類經典的流傳。

---

① 牧田諦亮《疑經研究今後課題》,收入郝春文主編《紀念敦煌藏經洞發現一百周年——敦煌文獻論集》,瀋陽,遼寧人民出版社,2001 年,頁 479—481。
② 參見劉淑芬《中國撰述經典與北朝佛教的傳布——從北朝刻經造像碑談起》。
③ 侯旭東《造像記與北朝社會史研究的回顧與展望》,《中國史研究動態》1999 年第 1 期,頁 2,6。

二、禁碑令與南朝的造像

北朝石刻造像的數量和種類很多,《金石萃編》的作者王昶在《附北朝造像諸碑總論》一文有簡要敘述:"或刻山崖,或刻碑石,或造石窟,或造佛堪……其餘之散軼寺廟塔院者,當不可勝紀也。"①相對於此一情況,同一時期南朝石刻佛像和石窟之稀少,正形成了一個強烈的對比。以造像碑來說,北方有數以千計的石刻佛像碑,至於南方近百年來出土的數量總計也不過數百件,而且主要集中在四川成都地區。成都出土南朝石造像的地點有萬佛寺、商業街、西安路,而以成都市西門外萬佛寺遺址出土的最多,至少在兩百件以上,但部分造像已經散失,在中國歷史博物館、重慶市博物館、四川大學博物館都有收藏,但詳細資料並未完全公布。②這些石造像很少有銘記,即使有銘文也非常簡短,因此,想要利用南方的造像記作社會史的研究,是有相當的困難的。另外,相較於北方各地諸多石窟,南朝僅有建康(今江蘇南京市)東北攝山栖霞(一作棲霞)寺千佛巖石窟和四川廣元千佛崖、皇澤寺石窟。

同一時期南、北石刻造像有如此明顯差異的現象,令人覺得奇怪:爲什麼北朝有如此多的造像碑,而南方如此稀少?日本學者八木宣諦致力於南方造像記的蒐集,他對於南朝較少石窟造像,也没有團體造像和長篇大論的造像記,推測可能是南方缺少堅固石材的緣故。③其實,南朝石刻造像缺乏主要是由於東晉南朝實施"禁碑令"的緣故,佛像碑也是石碑的一種,當然也在被禁止之列。清代學者已經注意到南朝禁碑導致南方碑刻數量稀少,近代雖然有學者研究東晉南朝的禁碑令,④但多忽略此令影響及南方石刻造像的製作,本文從禁碑令來解釋南方石造像稀少的情況,至於

---

① 王昶《金石萃編》卷三九《王女暉等造像記·附北朝造像諸碑總論》,收入《石刻史料新編》第一輯,臺北,新文豐出版公司,1978 年,頁 16—17。
② 李裕群《試論成都地區出土的南朝佛教石造像》,《文物》2000 年第 2 期,頁 64。
③ 八木宣諦《南朝造像記の研究——資料と概要》,《印度學佛教學研究》第 44 卷第 2 號,1996 年,頁 67。
④ 徐國榮《漢末私謚和曹操碑禁的文化意蘊》,《東南文化》1997 年第 3 期,頁 108—111;劉涛《魏晉南朝的禁碑與立碑》,《故宮博物院院刊》2001 年第 3 期,頁 4—11。

同一時期的北方並無碑禁,因此出現衆多的佛教石刻造像和石窟。

(一) 東晉南朝的禁碑令

　　東漢建安十年(205),曹操爲了抑止厚葬之風,下令禁止立碑。表面上是爲改善風俗、禁遏浮華的風氣,不過,它的背後還有政治的用意和文化意涵,①由於和本文的討論没有直接的關係,在此從略。曹操的禁碑主要是限制私家立碑頌德,②晉武帝咸寧四年(278)重申碑禁時,也明白提到這一點:"此石獸碑表,既私褒美,興長虛僞,傷財害人,莫大於此。一禁斷之。其犯者雖會赦令,皆當毀壞。"③由上可知,西晉的禁碑令十分嚴格,如果不遵守此令私自造碑,即使有赦令不予治罪,此碑還是要銷毀的。西晉統治的時期很短,不久發生宗室變亂"八王之亂"(291—306),諸王擁兵自重,中央政令不行,從宗室到地方都有人不再服從禁碑令,擅自立碑。④ 晉懷帝永嘉年間(307—313),北方多個非漢民族大規模南下,建立政權,北方陷於長期的混亂。永嘉五年(311),匈奴攻陷洛陽,懷帝、愍帝相繼遇害,晉朝宗室琅邪王司馬睿在建康即帝位,在南方建國,史稱"東晉"(317—420)。

　　東晉時期王權衰弱,"君弱臣強"是此一時期的特色,⑤雖然沿襲西晉的禁碑令,但是南方有勢力的家族如吳郡陸氏,和來自北方、擁戴王室有功的大族王氏、庾氏等奏請立碑,也得到皇帝的允許;故禁碑令的實施比較鬆

---

① 徐國榮《漢末私謚和曹操碑禁的文化意蘊》,頁110。徐國榮認爲東漢時期的碑頌代表兩大文化意涵:一是士大夫階級的相互標榜,有朋黨之嫌;一是士大夫階級一種反抗態度,昭示著名士所追求的清剛貞亮的氣節和人格。曹操的碑禁是一種杜絶朋黨的措施,以及對於東漢以來清流名士貞剛人格的打擊。筆者認爲:徐國榮提到東漢的私謚,可能纔是曹操禁碑的原因之一,死有謚,在禮制上應由帝王賜予,而不可由臣民自己封謚,曹操握權之後,自然不願有這種違反禮制權威的事。再則,曹操是實用主義者(由魏武三令可見一斑),不喜虛浮溢美之事。
② 劉濤《魏晉南朝的禁碑與立碑》,頁6。
③ 《宋書》卷一五《禮志二》。
④ 劉濤列舉了幾個不守禁碑令的例子,如南陽王司馬模爲廣平太守丁邵立碑。又例,陸雲遇害,他的門生故吏在清河爲他修墓立碑。學者束皙在元城教授,他去世後,門生故吏在他的墓側立碑。參劉濤《魏晉南朝的禁碑與立碑》,頁11注13。
⑤ 《魏書》卷九六《僭晉司馬叡傳·昌明子德宗德宗弟德文》:"自叡之僭江南,至於德文之死,君弱臣強,不相羈制,賞罰號令,皆出權寵,危亡廢奪,釁故相尋,所謂夷狄之有君,不若諸夏之亡也。"

弛,也漸有人私自立碑,至東晉末年立碑溢美已經有浮濫的情況。因此,安帝義熙年間(405—418),尚書祠部郎中裴松之上書,建議如要立碑須經奏請,由朝議決定,纔可以建碑:"諸欲立碑者,宜悉令言上,爲朝議所許,然後聽之。庶可以防遏無徵,顯彰茂實。"安帝並没有接受他由朝議決定的主張,而是直接下令禁止所有立碑的行爲。[①]　南方從此邁入嚴格的禁碑時代,至南齊武帝永明七年(489),再度下詔禁止厚葬立碑。[②]　在此期間,碑禁一直嚴格地實施著,直到梁代初年,天監六年(507)梁武帝仍重申葬制"凡墓不得造石人獸碑,唯聽作石柱,記名位而已"。[③]　由於東晉南朝一直實施禁碑令,要建碑都必須上奏皇帝,得到許可之後纔可建造,使得南朝碑刻數量十分有限。

不過,梁武帝在位時期,禁碑令稍微鬆弛,使得梁代石刻略有增加,表現在以下兩方面:(1)梁武帝即位之初,主動替已故名臣如王儉、劉瓛立碑;[④]從此之後,就有一些地方百姓請爲當地的良吏建立德政碑,如雍州百姓奏請爲刺史蕭恭建碑頌德,鄱陽郡百姓至建康請求爲内史陸襄立碑頌德,吳興郡民爲太守夏侯亶立碑頌美。大同二年(536)豫州州民上表請爲刺史陳慶之樹碑頌德,衡州吏民奏請爲刺史蘭欽立碑頌德,晉陵百姓請爲太守謝舉立碑,吳郡吏民詣闕請爲太守何敬容樹碑紀德。[⑤]　隨著對良吏頌德碑的建立,也漸有爲良吏建立墓碑的情況,如梁普通中(520—527)晉陵太守蕭昱驟然去世,百姓爲他立廟建碑。[⑥]　大通三年(529),南豫州刺史夏侯亶去世,州民表請爲亶立碑置祠。[⑦]　梁大同三年(537),故佐史尚書左丞劉覽等人奏請爲徐勉刊石紀德,武帝下詔許立墓碑。[⑧]　原來禁碑令的用意

---

① 《宋書》卷六四《裴松之傳》:"由是並斷。"《南史》卷三三《裴松之傳》:"義熙初,爲吳興故彰令,在縣有績,入爲尚書祠部郎。松之以世立私碑,有乖事實,上表陳之,以爲'諸欲立碑者,宜悉令言上,爲朝議所許,然後聽之,庶可以防遏無徵,顯彰茂實。'由是普斷。"
② 劉濤《魏晉南朝的禁碑與立碑》一文,認爲此時係再嚴飭碑禁,頁8。
③ 《隋書》卷八《禮儀志三》。
④ 《南齊書》卷二三《王儉傳》;卷三九《劉瓛傳》。
⑤ 《梁書》卷二二《太祖五王·南平王偉子恭傳》;卷二七《陸襄傳》;卷二八《夏侯亶傳》;卷三二《陳慶之傳》;卷三二《蘭欽傳》;卷三七《謝舉傳》;卷三七《何敬容傳》。
⑥ 《梁書》卷二四《蕭景傳附弟昱傳》。
⑦ 《梁書》卷二八《夏侯亶傳》。
⑧ 《梁書》卷二五《徐勉傳》。

是要禁止門生故吏爲其長官師長建立墓碑,如齊建武中(495—498)故吏
范雲上表求爲竟陵王子良立碑,就没有得到齊明帝的同意恩准。① 然而到
梁武帝時代,這種情況有時也得到皇帝許可,最突出的一個例子是安成王
蕭秀碑,梁天監十七年(518)蕭秀薨,故吏夏侯亶等表請在墓旁立碑,蒙武
帝許可,命令蕭秀的門客王僧孺、陸倕、劉孝綽、裴子野分別撰寫碑文,②由
於諸文俱佳,難以分出高下,因此下令各勒在一碑,使得蕭秀墓的神道擁有
四通碑誌。③ (2)在禁碑令下,佛教的碑碣比較不受限制,僧人的墓碑和
佛寺的碑碣成爲其中一個異數。原來禁碑令的用意一則在於防止士大夫
的互相標榜,形成朋黨;④二則在防止溢美浮譽。不過,對於方外的僧人則
不曾禁止他們建立墓碑,在《高僧傳》、《續高僧傳》中有很多爲僧人建立墓
碑的例子。⑤ 從南齊開始,由於皇室崇信佛教,如齊武帝、文惠太子、竟陵
王等都敬禮名僧,建造寺院,因此寺院碑銘、佛教僧人碑銘數目漸有增加。
如齊武帝永明七年(489)在建康建禪靈寺,就命謝朓撰寺碑。⑥

　　至梁朝,由於武帝及皇室成員都篤信佛教,太子、湘東王蕭繹都常爲寺
院撰寫碑銘,使得梁朝寺碑、僧人墓銘有更多的增長。如梁武帝親撰《菩
提達磨大師碑》,⑦又他以自己在建康三橋籬門的舊居改建爲"光宅寺",
命令周興嗣和陸倕各撰寫寺碑。⑧ 梁元帝蕭繹(508—554)曾經將這些碑
文輯爲《内典碑銘集林》三十卷,⑨道宣在《續高僧傳序》中,自稱"郊郭碑

① 《南齊書》卷四〇《武十七王·竟陵文宣王子良》。
② 《梁書》卷二二《太祖五王·安成王秀傳》。
③ 《南史》卷五二《梁宗室下·安成康王秀傳》。
④ 徐國榮《漢末私諡和曹操碑禁的文化意蘊》,頁110。
⑤ 如東晉僧人釋僧詮去世:"特進王裕及高士戴顒,至詮墓所刻石立碑,唐思賢造文,張敷作
誄。"見《高僧傳》卷七《義解四·釋僧詮傳》,頁369下。齊永明二年,僧人玄暢遷化,葬在鍾
山,臨川獻王立碑,汝南周顒製文。見《高僧傳》卷八《義解五》,頁377中。
⑥ 禪靈寺建寺的年代,見劉淑芬《六朝建康的佛寺與城市空間》,鄭欽仁教授七秩壽慶論文集編
輯委員會《鄭欽仁教授七秩壽慶論文集》,臺北,稻鄉出版社,2006年,頁68;《南齊書》卷四三
《謝朓傳》。
⑦ 《智證大師請來目録》,收入《大正新修大藏經》,册五五,頁1106下收有"菩提達磨碑文一本
(梁武)"。海東沙門天頗《禪門寶藏録》,收入《卍續藏經菁華選》,册五。《禪宗集成》卷三
《君臣崇信門三十九則》,頁813下:"梁武帝問達磨。……帝後製達磨碑云'見之不見,逢之
不逢,古之今之,悔之恨之'(傳燈及達磨碑)。"
⑧ 《梁書》卷四九《周興嗣傳》。
⑨ 梁元帝《内典碑銘集序》,《廣弘明集》卷二〇,《大正新修大藏經》,册五二,頁244下—
245上。

碣"是他撰寫此書的重要資料的來源之一,[①]其中就包括了寺碑和僧人墓碑。

筆者統計史書、僧傳、六朝文中所見的佛教碑銘的數量如下:

朝　　代	東晉	劉宋	南齊	梁	陳
碑銘數量	3	1	7	22	3

　　以上的碑銘大都是僧人的墓碑,也有在僧人所駐錫的寺院樹碑,或有在墓側、寺院同時建碑者。有的僧人甚至有三碑,包括在寺院、墓側及墓内的墓誌,甚至有一個碑是陰、陽面各刻著由兩位文人所撰寫的碑文。

(二) 禁碑令與南朝的石刻造像碑

　　禁碑令也影響平民百姓建造石佛像碑(即"造像碑"),清代顧炎武(1613—1682)《金石文字記》注意到碑禁和南方石刻稀少的關係:"自魏至陳,文字之罕傳於後,有繇來矣。"他敍述從建安十年曹操禁止立碑,其後晉武帝咸寧四年再度下禁碑令,晉室南渡,仍沿襲著禁碑令,整個南朝基本上都是執行禁碑令的。[②] 端方(1861—1911)則是第一個注意到南朝造像稀少這個現象的學者,他在《陶齋藏石記》中説:"南朝有碑志之禁,故傳石寥寥。"他同時也提及在南朝少數石刻之中以梁朝石刻爲多:"梁代號獨多,然亦祇蕭氏陵墓各種井牀題字,及吳縣顧廷謙、陳寶齋造象兩種,其經近人訪得者,則蕭景造象,鄱陽王恢入蜀記,及縣州北山許菩薩等造象數種而已。"[③]近人八木宣諦收録各地南朝石刻造像拓本七十三件,其中梁朝所造者有五十一件,占了 70%。[④] 梁代石造像的比例偏高,和上表所顯示的情況頗爲一致。

　　南方石佛像極爲稀少,它們得以存在的原因之一是附會神迹之故。有兩個關於石像的神迹故事,似可反映在禁碑令之下,石佛像的製作受到相當程度的制約,因此,石佛像只能以神迹出現。西晉以來,三吳地區就有石

---

① 道宣《序》,《續高僧傳》,《大正新修大藏經》,册五〇,頁 425 中。
② 顧炎武《金石文字記》卷二,收入《石刻史料新編》第一輯(12),臺北,新文豐出版公司,1978年,頁 4。
③ 《陶齋藏石記》卷五《劉敬造釋迦牟尼像記》,收入《石刻史料新編》第一輯(11),頁 8—9。
④ 八木宣諦《南朝造像記の研究——資料と概要》,頁 64—65。

佛浮海而來的傳説,如晉愍帝建興元年(313),吳郡婁縣(今江蘇省昆山市
一帶)界有兩個石像浮在海上,吳縣(今江蘇省蘇州市)華里人朱膺和東靈
寺帛尼將此二像載到吳郡(治所在吳縣)通玄寺(劉宋時此寺稱爲"北
寺")供養。① 至梁簡文帝撰寫《吳郡石像碑》一文,還敍述其後有來自外
國的僧人法開特別到此禮拜,稱他在本國時即已聞知此二石像的神力,若
能前往瞻禮石像和阿育王塔,可以"滅無量罪,免離三塗"。② 就是因爲有
這樣的傳説,中大通四年(532),梁武帝命令臨汝靈侯蕭猷爲此二石像建
造兩枚銅質的背光,③還將此寺改稱"石佛寺"。另一個有關石像神迹的傳
説,發生在南齊武帝永明七年(489),有一塊巨石浮在水深三尺的浙江上,
主書朱靈讓將它帶到建康,齊武帝親自將它投擲到禁苑中的天淵池作試
驗,竟然也可以浮在水面上,因爲感受它的靈異性,就命人將它刻成佛
像。④ 當時著名的文人沈約(441—513)更撰寫《瑞石像銘》敍述此事首尾,
對於此石的靈性作了以下的敍述:"良由法身是托,不溺沈玉之淵;剖析既
離,方須浮金之水。"又:"愛其貞恒之性,嘉其可久之姿,莫若圖妙像於檀香,
寫遺影於祇樹。乃詔名工,是鐫是琢,靈相瑞華,焕同神造。"⑤另外,在建康
以外也有少數的石像係置於寺院之中,如剡縣石城寺有彌勒石像;⑥又,齊
永明二年(484),紀德真因公出至四川,請涪陵喪思寺穎法師爲其亡弟造

---

① 道宣《集神州三寶感通録》(T・2106)卷中《西晉吳郡石像浮江緣》,《大正新修大藏經》,册五
二,頁 413 下—414 上。《弘明集》卷一一《高明二法師答李交州森難佛不見形事(并李書)》,
《大正新修大藏經》,册五二,中釋法明敍述一則吳郡石佛浮海而來的事:"吳郡有石佛,浮身
海水,道士巫師人從百數,符章鼓舞,一不能動。黑衣五六,朱張數四,薄爾奉接,遂相勝舉,即
今見在吳郡北寺。"(頁 71 下)
② 《全梁文》卷一四簡文帝《吳郡石像碑》,收入嚴可均校輯《全上古三代秦漢三國六朝文》,北
京,商務印書館,1999 年,頁 3031 下:"有外國沙門釋法開來,稱彼國衆聖所記,云東方有二石
像及阿育王塔,若能恭往禮覲,滅無量罪,免離三塗。禮已而去。"道士《法苑珠林》卷一三有
類似的敍述。但道宣《續高僧傳》卷六有《梁餘杭西寺釋法開傳》則釋法開俗姓俞,吳興餘
杭人。
③ 簡文帝《吳郡石像碑》,《全梁文》卷一四,頁 3031 下:"後中大通四年歲在壬子,臨汝靈侯奉敕
更造銅光二枚,其一高九尺,其一高八尺五寸。"
④ 《南齊書》卷一八《祥瑞》:"(永明)七年,主書朱靈讓於浙江得靈石,十人舉乃起,在水深三尺
而浮,世祖親投于天淵池試之,刻爲佛像。"
⑤ 《廣弘明集》卷一六沈約《瑞石像銘(并序)》,頁 212 上。
⑥ 歐陽詢《藝文類聚》卷七六梁劉勰《剡縣石城寺彌勒石像碑銘》,北京,清華大學出版社,2003
年,頁 8;《全梁文》卷六〇,頁 3309 下。

釋迦石像;①另外,荆州大乘寺也有石像。②

　　在禁碑令下,南朝石刻佛像和石窟都在特殊緣由下出現。迄今出土的石刻造像幾乎僅集中在四川成都等地,而其中很大一部分是置於寺院中供養的;建造的時代集中在齊、梁時期,尤其以梁代所建造的占最大的比例。迄今在四川出土有銘記的南朝石佛像二十四件,而梁代就占了十九件。③石刻佛像在四川獨多應該是和梁代益州刺史的篤信佛教有關,在成都萬佛寺出土佛像中就有一尊由梁朝第八任益州刺史鄱陽王蕭範(499—550)所建造釋迦石像,有以下的銘文:"梁中大通元年鄱陽王世子造……上于安浦寺敬造釋迦像。"安浦寺即今萬佛寺,④由此可見,梁代四川石造像似乎是由益州刺史帶頭建造的,當時一些僧人也紛紛造像。日本學者諏訪義純的研究指出,梁代一共有九位益州刺史,全都是由宗室擔任,其中有五位刺史對於四川佛教的發展有所貢獻。這幾位出身宗室的刺史有的從都城建康帶了名僧隨他一起赴任,有的則在當地建立寺院,在成都寺院興起講經的高潮。⑤ 其中兩度擔任益州刺史西昌侯蕭淵藻(483—549),曾經帶著建康鍾山定林寺釋僧副同行,到四川弘傳禪法;第九任益州刺史武陵王蕭紀(537—553 在任)也從建康帶名僧慧韶同行。⑥ 雖然南朝依舊實施禁碑令,不過,四川可能因距離首都遙遠,而且南朝的方鎮都有相當大的權力,在此情況下四川石造佛像獨多。

<hr>

① 陶宗儀《古刻叢鈔·石佛識》,《石刻史料新編》第一輯(10),頁 41。

② 徐陵《與李那書》,梅鼎祚編《陳文紀》卷五,文淵閣四庫全書本,册一三九九,頁 21:"獲殷公所借《陪駕終南入重陽閣詩》及《荆州大乘寺宜陽石像碑》四首,鏗鏘并奏,能驚趙執之魂;輝焕相華,時瞬安豐之眼。"注云:"那,周人,《周書》無傳。周武帝遣治御正殷不害等使陳,陵書所云'殷儀同及那答殷御正者'是也。此陵於殷見那詩文,與那書,那答之。"

③ 據高橋學《南北朝時代四川地域の佛教信仰——造像記の考察から》,收入《東洋の歷史と文化——佐藤成順博士古稀記念論文集》,東京,山喜房佛書林,2004 年,"表一:南北朝時代四川地域出土在銘石造佛"(頁 189—191)所列項目統計,劉宋一件,南齊四件,梁代十九件。另有:北魏延昌三年(514)一件當是在公元 553 年西魏據有四川以後傳入的,以及北周五件(此時四川已在北朝統治之下)不列入統計。

④ 六朝時名爲安浦寺,唐時名爲淨衆寺,宋代換名淨因寺,元末明初更名爲萬佛寺,見劉志遠、劉廷璧編《成都萬佛寺石刻藝術》,北京,中國古典藝術出版社,1958 年,頁 1—2。

⑤ 諏訪義純《梁武帝の蜀地経略と仏教——益州刺史の任免を中心として》,《中國南朝佛教史の研究》,京都,法藏館,1997 年,頁 202—224。

⑥ 《續高僧傳》卷一六《梁鍾山定林寺釋僧副傳》,頁 550 中;卷六《梁蜀郡龍淵寺釋慧韶傳》,頁 471 上。

　　四川省博物館所藏萬佛寺出土石刻造像共計六十三件,年代涵蓋了南朝中期到唐代中晚期,其中以梁代的造像最多。其形制都偏小,其中在150 釐米以上者,僅有六件,一百至149 釐米者僅十六件,五十至99 釐米者有十件,而49 釐米以下者却有三十一件,幾近一半。① 在有紀年的十一件造像中,有七件是梁代所建造的,其中五件的高度都不到50 釐米;其中,造像碑僅有三件,高120、高60 和殘高75 釐米。② 四川大學博物館藏兩件梁朝石造像,一是梁中大通四年(532)繁東鄉齋建寺比丘釋僧顯所造,殘高22 釐米;一是梁太清三年(549)佛弟子丁文亂所建,殘高26 釐米。③ 至於1990 年成都市商業街發現的十三件石刻造像中,其中九件殘高都不超過60 釐米,④其中僅兩件有題記,一是荆州道人釋法明,一是佛弟子王州子夫妻二人所造。

　　1995 年成都市西安路出土的一批南朝石刻造像,高度多在半米左右,推測是供奉在佛寺中的,其中有四件有題記:一是中大通二年(530)七月八日比丘晃藏所造,一是太清五年九月三十日佛弟子柱僧逸所造,一是大同十一年(545)十月八日佛弟子張元,一是天監三年(504)比丘釋法海;總計兩件是僧人所造,兩件是俗家信士所造。⑤

　　南朝僅有幾處石窟造像,也都和齊、梁皇室的支持有關。南京栖霞寺千佛石窟的建造係得到南齊皇室的支持,至於四川石窟建造的時代約在北魏晚期,當時四川已經是北朝的領土了,⑥故不列入討論。南齊高士明僧紹(? —483)和僧辯法師在攝山創建栖霞寺,但石窟的建造却是在明僧紹去世之後,其子明仲璋和法度法師在西峰石壁鐫造無量壽佛龕,得到齊文惠太子蕭長懋(458—493)、豫章王蕭嶷(444—492)、竟陵王蕭子良(460—

①　據袁曙光《四川省博物館藏萬佛寺石刻造像整理報告》一文中附表《四川省博物館藏萬佛寺石刻造像統計表》,《文物》2001 年第10 期,頁38。
②　袁曙光《四川省博物館藏萬佛寺石刻造像整理報告》,頁32—34。
③　霍巍《四川大學博物館收藏的兩尊南朝石刻造像》,《文物》2001 年第10 期,頁39—40。
④　據張肖馬、雷玉華《成都市商業街南朝石刻造像》一文,它們的殘高分別是15.3 釐米、14.6 釐米、31.4 釐米、25.3 釐米、24 釐米、37.4 釐米、40.1 釐米、59.2 釐米、32.9 釐米,《文物》2001 年第10 期,頁4—18。
⑤　成都市文物考古工作隊、成都市文物考古研究所《成都市西安路南朝石刻造像清理簡報》,《文物》1998 年第11 期。
⑥　李裕群《古代石窟》,北京,文物出版社,2003 年,頁219—220。

494)、始安王蕭遥光(468—499)的贊助支持。此龕的年代約在齊永明二
年(484)至建武四年(497),至梁武帝天監十年(511),臨川王蕭宏(473—
526)曾經加以瑩飾。① 此外,無量殿上有梁武帝中大通二年(530)所造的
佛龕。②

　　浙江新昌縣寶相寺龕像也和栖霞寺無量壽佛龕類似,它是在齊明帝建
武中(494—497)由僧人僧護開始雕造,但因財力不繼而未竟工。至梁武
帝天監七年(508),始豐令陸咸通過建安王蕭偉(476—533)上奏該像的靈
異事迹,武帝下令由僧祐在天監十二年(513)重新經營,至天監十五年
(516)完工。③

　　由上可見,上述二石窟係得到皇帝和宗室子弟的支持,並且佐以神迹,
使得它成爲在禁碑令之下江南少見的石窟造像。

(三) 禁碑令下的南朝造像

　　南朝佛教十分興盛,由於禁碑令的實施,鮮少有石刻佛像碑和石佛的
建造,而多以下列幾種方式建造:金銅像、木像、檀像、瓷像、陶像、畫像、繡
像、夾紵像、玉像、牙像和珠像。

1. 金銅像

　　東晉南朝多建金銅像,從宋文帝元嘉十二年(435)丹陽尹蕭摹之的奏
書中就可以很清楚地看出這一點。由於當時人們競造新的寺院和佛像,尤
其以建康、三吳、會稽等地爲甚,因此,蕭摹之建議要有所約制:"請自今以
後,有欲鑄銅像者,悉詣臺自聞;興造塔寺精舍,皆先詣在所二千石通辭,郡
依事列言本州;須許報,然後就功。其有輒造寺舍者,皆依不承用詔書律,
銅宅林苑,悉没入官。"④可知寺院中多係金銅像,因此建議如擬建造寺院
要向州政府申報,得到允許纔可建造;至於銅像則必須得到朝廷的准許纔
可鑄造。如不依此申報,擅自建寺鑄像,則一切充公没收。宋文帝也准許

---

① 宿白《南朝龕像遺迹初探》,收入氏著《中國石窟寺研究》,北京,文物出版社,1996 年,頁
　 176—178。
② 李裕群《古代石窟》,頁 236。
③ 慧皎《高僧傳》卷一三《釋僧護傳》,《大正新修大藏經》,册五〇,頁 412 上,中。
④ 《宋書》卷九七《夷蠻傳 · 西南夷 · 天竺》。

此奏,同時沙汰僧人,有百餘人因此還俗。到南齊時仍然重申此令,齊高帝遺詔令"不得輒鑄金銅爲像,皆須墨敕"。①

南朝有不少大型的金銅佛像,晉恭帝爲太子時"其後復深信浮屠道,鑄貨千萬,造丈六金像,親於瓦官寺迎之"。② 劉宋文帝元嘉二十六年(449),北魏太武帝派兵南侵,圍汝南懸瓠城(今河南汝南),行汝南太守陳憲保城自固,他爲了防守城池,取寺院中的金銅像,改作大鉤,"施之衝車端,以牽樓堞"。③ 如齊高帝建元四年(482),高帝薨,竟陵王蕭子良爲其造釋迦像一軀,沈約撰《竟陵王造釋迦像記》云:"莫若裁金寫好,資巧傳儀。"④天監五年,梁武帝令劉潛作《雍州平等寺金像碑》。⑤ 建康光宅寺内有金銅佛像,⑥梁武帝還曾經賜給簡文帝"金銅苦行佛并佛迹供養具等",給他供養。⑦ 梁武帝在建康鍾山建大愛敬寺,它的別殿龍淵殿有一尊丈八金像。⑧

2. 木像和檀像

戴逵(?—396)與其子戴顒(377—411)在山陰靈寶寺製作木質無量壽佛及二脇侍菩薩,⑨另有以木材或質地更高級的進口檀木建造佛像,如南齊武帝時建康僧人釋法匱"每齋會得直,聚以造栴檀像,像成自設大會"。⑩ 又如梁武帝在鍾山建大愛敬寺,並造丈八栴檀像。⑪

3. 陶像、瓷像

南方是瓷器的主要産地,浙江地區尤其以青瓷著名,以陶瓷製造佛像

---

① 《南齊書》卷一《高帝紀》。
② 《晉書》卷一〇《恭帝紀》。
③ 《宋書》卷七二《文九王·南平穆王鑠傳》;《南史》卷一四《宋宗室及諸王下·南平穆王鑠》。
④ 沈約《齊竟陵王題佛光文一首》,《廣弘明集》卷一六,頁211中。
⑤ 《梁書》卷四一《劉潛傳》。
⑥ 《法苑珠林》卷一四《梁高祖光宅寺金像緣》,《大正新修大藏經》,册五三,頁389上:"梁祖天鑒初。於本宅立光宅寺造丈八金像。"
⑦ 《廣弘明集》卷一六《謝敕苦行像并佛迹等啓》,頁209上。
⑧ 《續高僧傳》卷一譯經《梁揚都莊嚴寺金陵沙門釋寶唱傳》,427上:"中院正殿有栴檀像,舉高丈八。匠人約量,晨作夕停。每夜恒聞作聲,旦視輒覺功大。及終成後,乃高二丈有二。相好端嚴,色相超挺。殆由神造屢感徵迹。帝又於寺中龍淵别殿。造金銅像舉高丈八。"
⑨ 《法苑珠林》卷一三,頁386中:"東晉會稽山陰靈寶寺有木像者,徵士譙國戴逵所製。"
⑩ 《高僧傳》卷一〇《釋法匱》,頁393中。
⑪ 《續高僧傳》卷一《梁揚都莊嚴寺金陵沙門釋寶唱傳》,頁427上。

是很自然的事。不過,由於陶瓷像易碎,迄今很少存留者。在湖北鄂州市石山鄉塘角頭村鄉發掘第 4 號墓中,由前堂通往後室的甬道中,出土一尊佛坐像。另外,在南京的孫吳墓中也出土了三件模印的小型佛坐像,在武昌蓮溪寺孫吳永安五年(262)校尉彭盧墓中,出土了鏤刻立姿菩薩裝佛像的銅片,①以及四件青釉坐俑在眉心間有凸圓形物,楊泓認爲它應和佛教的"白毫相"有關。②

4. 畫像

東晉南朝有佛教繪畫的傳統,東晉明帝大寧元年(323),皇帝親自在皇宮内的樂賢堂畫釋迦佛像,③另外在建康的佛寺多有名家繪製的壁畫。④

5. 繡像

南齊永明四年(486)八月二日,武帝第三皇孫的生母陳夫人就請建康樂林寺比丘尼釋寶願,爲她造無量壽佛的繡像一軀。沈約還爲此撰《繡像贊并序》。⑤ 齊竟陵王子良世子蕭昭胄曾撰《繡像頌》,僧祐《齊竟陵王世子撫軍巴陵王雜集序》稱:"觀其摘賦經聲,述頌繡像,千佛願文,捨身弘誓。四城九相之詩,釋迦十聖之讚,並英華自凝,新聲間出。"⑥另外,還有珠像,晉孝武帝送給僧朗五色珠像一軀。⑦

6. 夾紵、織成像

織成像是一種特殊設計織造而成的佛像。⑧ 梁簡文帝曾爲某一位比丘撰寫《造丈八夾紵金薄像疏》,可知夾紵像也可以貼金。⑨

---

① 程欣人《武昌東吳墓中出土的佛像散記》,《江漢考古》1989 年第 1 期,頁 1。
② 楊泓《跋鄂州孫吳墓出土的陶佛像》,《考古》1996 年第 11 期,頁 28。
③ 《佛祖統紀》卷三六《法運通塞志第十七之三》,頁 339 中,晉明帝:"大寧元年,帝手御丹青,圖釋迦佛于大内樂賢堂。"《晉書》卷七七《蔡謨傳》:"彭城王紘上言,樂賢堂有先帝手畫佛象,經歷寇難,而此堂猶存,宜敕作頌。"
④ 劉淑芬《六朝建康的佛寺與城市空間》。
⑤ 沈約《繡像贊并序》,《全梁文》卷三〇,頁 3126 下;《廣弘明集》卷一六《繡像題贊(并序)》,頁 212 中。
⑥ 《出三藏記集》卷一二,《大正新修大藏經》,册五五,頁 86 下。
⑦ 《廣弘明集》卷二八《晉天子司馬昌明書》,頁 322 上。
⑧ 徐陵《東陽雙林寺傅大士碑》,《全陳文》卷一一,頁 3465 上:"遺誡于雙林山頂如法燒身,一分舍利起塔于塚,一分舍利起塔在山。又造彌勒像二軀,置此雙塔,莫移我眠牀,當取法猛上人織成彌勒像永安牀上,寄此尊儀,以標形相也。"
⑨ 《廣弘明集》卷一六《爲人造丈八夾紵金薄像疏》,頁 210 上。

三、南北朝的佛教信仰組織

有很大一部分的北朝造像碑是由佛教信仰組織建造的,這種組織在山東稱爲"法義",在其他的地區稱爲"義邑",[①]爲了方便敍述,以下概稱爲"義邑"。山崎宏認爲此係北魏初期以華北在家佛教徒爲主而組成的信仰團體,他們營造佛像、窟院,或舉行齋會、寫經、誦經等行事,特別是爲了造像、設齋等出資而組合。[②] 何以在北朝造像記上出現衆多的佛教信仰組織,在南方却不見蹤迹? 本文認爲這是由於東晉南朝實施符伍連坐制的緣故,使得人們不敢有佛教信仰的組織,而同一時期的北方則無同伍連制,所以在城市和鄉村遍布許多佛教的義邑。

(一) 東晉南朝的符伍制

所謂"符伍制"是指居民以五家爲一個單位"伍",互相監察,並且共同連保連坐的制度。"伍"其實是自漢代以來就有縣級地方行政制度最底層的組織,[③]《宋書·百官志》:"漢制,置丞一人,尉大縣二人,小縣一人。五家爲伍,伍長主之;二五爲什,什長主之;十什爲里,里魁主之;十里爲亭,亭長主之;十亭爲鄉,鄉有鄉佐、三老、有秩、嗇夫、游徼各一人。鄉佐、有秩主賦税,三老主教化,嗇夫主争訟,游徼主姦非。"從漢代至南北朝大抵如此。[④] 不過,"伍"本來並無互保並且連帶受罰之意;漢代並未實施同伍連坐之制,和帝時洛陽令王君在其轄區内實施"傷殺人,比伍同罪對門"之制,他還將此一條文寫在里門上,一時之間轄區大治,人們作歌《洛陽行》

---

① 關於北方佛教信仰組織名稱及其地域上的差異,參見本書第二章。

② 山崎宏《支那中世佛教の展開》第四章《隋唐時代に於ける義邑及び法社》,東京,清水書房,1974 年,頁 767—768。

③ 嚴耕望認爲縣府組有三個層級,縣長官、縣佐吏、鄉里及鄉里吏,而伍則是在鄉里之内的。見氏著《中國地方行政制度史——魏晉南北朝地方行政制度》,臺北,"中研院"歷史語言研究專刊之四十五 B,頁 317—349。

④ 嚴耕望認爲沈約作如是解,同前注。

來咏嘆他的能力。① 如果當時有同伍連坐之法，此事就無庸被提出來。羅彤華研究唐代的伍保制，追溯其來源是先秦軍隊中的什伍制，②不過，本文認爲：唐代的伍保制最直接的來源應是東晉南朝領域實施同伍連坐的"符伍制"。

前此已有學者討論過東晉南朝的符伍制，他們大都就宋文帝時朝廷上有關同伍犯法的論議，或從法律史的角度探討此一制度所反映出社會階層的問題，③或以此討論其時的貴族制度。④ 本文則主要從文獻上所見，敍述此一時期符伍連坐之制包含哪些內容？ 以及其對百姓和社會所造成的影響。

符伍制是依據人們居住的處所，以五家編爲一"伍"，士人、平民百姓和奴客一律包涵在內，只要是在同伍之內的人，在刑法上有互相督責——包括賦稅徵收、力役的徵發，以及犯罪連坐之責。史書上所見，三吳和浙江地區是實施"符伍制"的。揚州的三吳和會稽地區是東晉南朝政府財賦最主要的來源，⑤爲了確實可以掌握此一地區的賦稅收入，在此實施了嚴格"符伍制"。至於在都城建康則未實施符伍制，這是因爲建康人口繁多，有來自全國各地的人，如果實施符伍制，相當麻煩；另外，因有很多王公貴人和士人居住在建康城內，在執行上也會有困難。⑥

爲什麼稱作"符伍制"？ 在此制中，不論是上層的士人階級、平民，或是下層的奴客都被編入同伍之中，同伍的人都要持一種憑證"符"，但因士人地位較高，因此士人可以不必持符，但還是要負連帶的責任的："又尋甲

---

① 《宋書》卷二一《樂志三》："洛陽行，雁門太守行，古詞八解：孝和帝在時，洛陽令王君……治行致賢，擁護百姓，子養萬民。二解外行猛政，內懷慈仁，文武備具，料民富貧，移惡子姓名，五篇著里端。三解傷殺人，比伍同罪對門。禁錮矛八尺，捕輕薄少年，加笞決罪，詣馬市論。"
② 羅彤華《唐代的伍保制》，《新史學》第 8 卷第 3 期，1997 年，頁 1—42。
③ 李天石《試論南朝奴客的身份問題——以劉宋符伍問題的討論爲中心》，《南京曉莊學院學報》2001 年第 3 期，頁 37—43。
④ 川合安《南朝宋初"同伍犯法"論議》，《集刊東洋學》第 67 卷，1992 年，頁 99—110。
⑤ 劉淑芬《六朝的城市與社會》上篇《六朝建康的經濟基礎》，臺北，學生書局，1992 年，頁 81—86。
⑥ 《南史》卷二二《王曇首附王儉傳》："建元元年，(王儉)改封南昌縣公，時都下訛雜，且多姦盜，上欲立符伍，家家以相檢括。儉諫曰：'京師翼翼，四方是湊，必也持符，於事既煩，理成不曠，謝安所謂何以爲京師。'"

符制,钃士人不傳符耳,令史復除,亦得如之。共相押領,有違糾列,了無等衰,非許士人閭里之外也。"①又稱之爲"押符"。當同伍有人犯法,在法律上士人有連坐之責,不過,在執行上則有困難。史書上記載,士人在被追究連坐之罪時,經常請托訴願,以求免去責罰。如王淮之(378—433)自述東晉末年他擔任山陰令時,同伍的平民奴客犯法,士人可以不必連坐;而如果士人犯法,同伍的平民可以檢舉。② 如王弘(379—432)敍述各地士人因同伍犯法應負連帶的責罰時,大都受到朝廷恩准而未受罰:"又士人坐同伍罹謫者,無處無之,多爲時恩所宥,故不盡親謫耳。"他還舉出東晉時會稽"四族"(孔、魏、虞、謝),以及當世江蘇吳縣和義興縣許、陸姓士人,先後拜朝恩之賜,而得以免連坐之責。③

　宋文帝元嘉初年,在朝堂上展開一場關於士人應不應連坐的論議,最後文帝采取王弘的看法,士人可以不受同伍犯罪連坐之責,而由他的奴客代受其罰;至於没有奴客的士人,則可以輸錢贖罪。另外,如士人犯罪,如果没有奴客可以證明其無罪,就由二千石的官員親自來審理判斷:

　　弘議曰:"尋律令既不分別士庶……今謂之士人,便無小人之坐;署爲小民,輒受士人之罰,於情於法,不其頗歟?且都令不及士流,士流爲輕,則小人令使徵預其罰,便事至相糾,閭伍之防,亦爲不同。謂士人可不受同伍之謫耳,罪其奴客,庸何傷邪?無奴客,可令輸贖。又或無奴僅爲衆所明者,官長二千石便當親臨列上,依事遣判……"太祖詔:"衛軍議爲允。"④

---

① 《宋書》卷四二《王弘傳》。
② 《宋書》卷四二《王弘傳》:"尚書王淮之議:昔爲山陰令,士人在伍,謂之'押符'。同伍有愆,得不及坐,士人有罪,符伍糾之。……"按王淮之爲山陰令時在東晉末年,見《宋書》卷六〇《王淮之傳》。
③ 《宋書》卷四二《王弘傳》:"弘博練治體,留心庶事,斟酌時宜,每存優允。與八座丞郎疏曰:'同伍犯法,無士人不罪之科,然每至詰謫,輒有請訴。若垂恩宥,則法廢不可行;依事糾責,則物以爲苦怨。宜更爲其制,使得優苦之衷也。……'""又士人坐同伍罹謫者,無處無之,多爲時恩所宥,故不盡親謫耳。吳及義興適有許、陸之徒,以同符合給,二千石論啓丹書。己未間,會稽士人云十數年前,亦有四族坐此被責,以時恩獲停。"
④ 《宋書》卷四二《王弘傳》。

　　基本上,在劉宋初年貴族制度完備時,這場論議的結果是再度强調士人優越的地位。① 雖然法律上士人和平民地位一樣,但是由於士人在政治、社會、經濟方面的優勢,使得同伍犯法連坐多難以執行,因此采取罪其奴客的辦法。至於士人自己家中奴客犯法,士人是否應負連坐的責任? 在法律上,自家奴客犯法是要負責的;不過,從南齊初年的一個事件中,可知在此情況下,士人大都也不須負連帶責任。齊武帝建元元年(479),驃騎諮議沈憲等好幾位士人的家奴犯了强盜罪,他們的子弟受到牽連,但是這些士人却都没事,當時御史左丞任遐奏稱御史中丞陸澄(425—494)没有糾舉此事,未盡到職責,請免陸澄的官職。② 值得注意的是,陸澄是南方士族吳郡大族四姓(朱、張、顧、陸)之一,他顯然站在維護士族的立場,因此他上書皇帝爲自己辯護的内容並不是就此事件而論,而是指責任遐是他的下屬,糾察他是不合理的。③ 高帝讓朝臣商議此事,最後決定陸澄"以白衣領職",即免去其官品,形同平民,但仍然保住他的官職。④ 從高帝對於陸澄的處置,可以看出當時很多士人在同是士人官員的庇護下,並不坐同伍犯法的責罰——包括情形更嚴重的自家奴客犯法的連帶責任,也未受到連坐之罰。此一事件顯示出兩層意義:一、即使陸澄被糾舉他在這方面未盡職責,請免去他的官職,但實際上他還是保有官職,也未受到調職,可見在此事件上,皇帝並不認爲他有嚴重的失職。二、雖然法律上有明文,但皇帝體認到士族集團的勢力,士人實際上大都不受連帶處罰的。關於士人不受連坐的爭議,此後没有其他相關的記載,可能已經不認爲它是不合理的。

　　符伍制的實施對人們造成實質上的負擔,除了謀反、盜劫等罪同伍要連坐之外,⑤更在經濟上對人們造成重大的負擔。在追繳賦税時,如果有

① 川合安《南朝宋初"同伍犯法"論議》,《集刊東洋學》第 67 卷,1992 年,頁 99—110。
② 《南齊書》卷三九《陸澄傳》:"齊建元元年,驃騎諮議沈憲等坐家奴客爲劫,子弟被劫,憲等晏然。左丞任遐奏澄不糾,請免澄官。"
③ 《南齊書》卷三九《陸澄傳》。
④ 《資治通鑑》卷九六《晉紀十八》顯宗成皇帝中之下咸康四年,胡注"白衣領職":"黜其品秩,同於民庶,而仍領司隸之職。"
⑤ 《晉書》卷三〇《刑法志》:"夫律者,當慎其變,審其理。若不承用詔書,無故失之刑,當從贖。謀反之同伍,實不知情,當從刑。此故失之變也。"

人無力繳交,則同伍的人要共同負擔其積欠的額度。南齊永明六年(488),行會稽郡事顧憲之(436—509)對於當地人民在賦、役兩方面深受符伍制連責的痛苦,有很具體的描述。他在上皇帝的奏書中,舉山陰縣爲例,負擔賦稅的稅戶有二萬人,其中有三分之一到一半的人是資產不到三千錢的人,不過,因爲有錢的士人有免稅權,因此要繳稅和負擔勞役的都是這些窮苦的人。當官府向這些人去追討賦稅和徵發勞役時,若有一個人未繳稅,由於符伍制的連帶責任,就約有十人因連帶責任被追討。此制實施甚嚴("符旨既嚴"),而且前後發生的連坐是累積的"前檢未窮,後巧復滋"。一旦被牽連,即使經過很長的時間,仍在追討之限,當大家都無法負擔時,只好集體逃亡("親屬里伍,流離道路"):

　　山陰一縣,課戶二萬,其民貲不滿三千者,殆將居半,刻又刻之,猶且三分餘一。凡有貲者,多是士人復除。其貧極者,悉皆露戶役民。三五屬官,蓋惟分定,百端輸調,又則常然。比局檢校,首尾尋續,橫相質累者,亦復不少。一人被攝,十人相追;一緒裁萌,千葉互起。蠶事弛而農業廢,賤取庸而貴舉責,應公贍私,日不暇給,欲無爲非,其可得乎? 死且不憚,矧伊刑罰;身且不愛,何況妻子。是以前檢未窮,後巧復滋,網辟徒峻,猶不能悛。竊尋民之多僞,實由宋季軍旅繁興,役賦殷重,不堪勤劇,倚巧祈優,積習生常,遂迷忘反。四海之大,黎庶之衆,心用參差,難卒澄一。化宜以漸,不可疾責,誠存不擾,藏疾納污,實增崇曠,務詳寬簡,則稍自歸淳。又被符簡,病前後年月久遠,具事不存,符旨既嚴,不敢闕信。縣簡送郡,郡簡呈使,殊形詭狀,千變萬源。聞者忽不經懷,見者實足傷駭。兼親屬里伍,流離道路,時轉寒涸,事方未已。其士人婦女,彌難厝衷。不簡則疑其有巧,欲簡復未知所安。愚謂此條,宜委縣簡保,舉其綱領,略其毛目,乃囊漏不出貯中,庶嬰疾沈痼者,重荷生造之恩也。①

---

① 《南齊書》卷四六《陸慧曉傳附顧憲之傳》。

因此,顧憲之請縣府將符伍制連保互責的内容簡化,使百姓有蘇息的機會。

符伍制連坐的另一項目是力役,王羲之(303—361;或 321—379)擔任會稽内史時,上書描述當時徵發人民從軍及服役,如有叛逃者,通常令其家人及同伍的人追捕;若擒拿不到,家人及同伍的人怕罪及己身,只好跟著逃亡了:

> 自軍興以來,征役及充運死亡叛散不反者,虚耗至此,而補代循常,所在凋困,莫知所出。上命所差,上道多叛,則吏及叛者席卷同去。又有常制,輒令其家及同伍課捕,課捕不擒,家及同伍尋復亡叛,百姓流亡,户口日減,其源在此。[1]

除了三吴、會稽實施符伍制之外,其他地區也有施行此制者。如宋明帝時,沈攸之(?—478)擔任郢州刺史、荆州刺史期間,都在當州實施符伍連坐制,泰始五年(469)在郢州時:"將吏一人亡叛,同籍符伍充代者十餘人。"[2]明帝末年,沈攸之出任荆州刺史時,爲了集結軍力,也施行同樣的制度"聚斂兵力,將吏逃亡,輒討質鄰伍"、"將吏一人亡叛,同籍符伍充代者十餘人"。[3]

關於符伍制的内容,除了犯罪、賦税、力役之外,還包括禮法部分,如埋葬不如法也在符伍連坐之列。宋文帝元嘉年間(424—454),丹陽有丁姓人家因每有斂葬,都不有用棺材,而被人糾告。當時擔任著作佐郎的何承天(370—447)認爲和丁姓人家同伍的丁寶等人也應該有責任,"同伍積年,未嘗勸之以義,繩之以法"。不過,何承天也認爲這一次不該處罰這三家,因爲"(元嘉)十六年冬,既無新科,又未申明舊制",可知"葬不如法"的罪名原是舊制,只不過很久未曾强調此點。(何)承天議曰:

> 禮所云還葬,當謂荒儉一時,故許其稱財而不求備。丁况三家,數

---

① 《晉書》卷八〇《王羲之傳》。
② 《宋書》卷七四《沈攸之傳》。
③ 《南齊書》卷一《高帝紀上》。

十年中,葬輒無棺槥,實由淺情薄恩,同於禽獸者耳。竊以爲丁寶等同伍積年,未嘗勸之以義,繩之以法。十六年冬,既無新科,又未申明舊制,有何嚴切,欻然相糾。或由鄰曲分争,以興此言。如聞在東諸處,此例既多,江西淮北尤爲不少。若但此三人,殆無整肅。開其一端,則互相恐動,里伍縣司,競爲姦利。財賂既逞,獄訟必繁,懼虧聖明烹鮮之美。臣愚謂况等三家,且可勿問,因此附定制旨,若民人葬不如法,同伍當即糾言,三年除服之後,不得追相告列,於事爲宜。①

如上所述,何承天主張此次不罰的另一個理由,是因此制有時被百姓作爲報復的工具,如在三吳、浙東、江西、淮北等地,有不少個案是同伍的人因爲彼此之間的紛争,而公報私仇,任意告發。由此也可看出符伍制的另一弊病。

符伍制的内容除了朝廷的規定之外,地方官有時也自行加入新的内容,如劉宋初年宣城太守劉式之就制定"吏民亡叛制",如有户口逃亡的情事,符伍里吏都要送到揚州服勞役,而捕獲逃亡者的人可得到進升二階的獎賞。後來繼任的羊玄保(371—464)認爲此制不當,上奏停止實施此制。②

此外,符伍制另一不合理之處是以五家爲單位,而在郊野地區居民分散,同伍連坐受罰是有問題的。如劉宋孝武帝出鎮歷陽時,當地有百姓盜墓,墓地附近的居民都被處以"同伍遭劫不赴救"的罰責而連坐,當時行參征虜軍事沈亮(404—450)認爲此罰不當,因居民和墓地相去甚遠,故請以"愚謂相去百步内赴告不時者,一歲刑,自此以外,差不及罰"。③

符伍制確實給人民帶來很大的困擾,因爲比伍連坐,一人有罪,就牽連了許多人,謝方明(379—426)擔任會稽太守時,深深地憐愍士民之苦,所以除"除比伍之坐",一直到沈約撰述《宋書》時,當地的人還在稱贊他的德政。《宋書·謝方明傳》對於會稽郡民受到符伍制之苦,有很生動的描述:

① 《宋書》卷六四《何承天傳》。
② 《宋書》卷五四《羊玄保傳》:"善弈棊,棊品第三,太祖與賭郡戲,勝,以補宣城太守。先是,劉式之爲宣城,立吏民亡叛制,一人不禽,符伍里吏送州作部,若獲者賞位二階。玄保以爲非宜……由此此制得停。"
③ 《宋書》卷一〇〇《自序·沈亮傳》。

高祖受命,遷侍中。永初三年,出爲丹陽尹,有能名。轉會稽太守。江東民户殷盛,風俗峻刻,强弱相陵,姦吏蜂起,符書一下,文攝相續。又罪及比伍,動相連坐,一人犯吏,則一村廢業,邑里驚擾,狗吠達旦。方明深達治體,不拘文法,闊略苛細,務存綱領。州臺符攝,即時宣下,緩民期會,展其辦舉;郡縣監司,不得妄出,貴族豪士,莫敢犯禁,除比伍之坐,判久繫之獄。……方明簡汰精當,各慎所宜,雖服役十載,亦一朝從理,東土至今稱咏之。①

符伍制影響、擴及範圍之大"又罪及比伍,動相連坐,一人犯吏,則一村廢業,邑里驚擾,狗吠達旦"。經常使得一村的人難以安居樂業。

符伍制對於人們的影響不僅是實質的層面,它同時在心理上使人産生對他人的防範之心,即所謂的"不交閭伍",以免惹禍上身。劉宋王弘就稱符伍制是一種"閭伍之防",②人人都深怕同伍的鄰家有犯罪、欠税、逃役,甚至是不守禮法的行爲,要無辜地擔負起"罪及同伍"的責任。在此情況下,實在不可能再去組織一個團體來給自己增添麻煩,甚至如果有人加入這樣的組織,若不糾告,可能會有禍害及身。劉宋顏延之(384—456)的家訓《庭誥》,就告誡其子弟"每思防避,無通閭伍"。③ 這可以解釋東晉南朝爲什麽没有聯合數家甚至組織同村居民的佛教信仰組織。同一時期的北方由於未實施符伍制,在城市與鄉村的佛教徒盛行組織信仰團體,尤其以鄉村地區爲多,有的義邑甚至是由數個村落居民聯合組成的,如東魏孝静帝武定七年(549),山西孟縣附近高嶺以東數個村落居民便共同建立法儀,修路並造像。④

(二)北朝無同伍連坐制

從《魏書》的兩則記載可以看出北朝並未實施同伍互糾連坐之制,一

---

① 《宋書》卷五三《謝方明傳》。
② 《宋書》卷四二《王弘傳》。
③ 《宋書》卷七三《顏延之傳》。
④ 參見本書第一章。

是高祐(？—499)任西兗州刺史時爲了防止盜賊,纔在當地設五家互保之制:"又設禁賊之方,令五五相保,若盜發則連其坐,初雖似煩碎,後風化大行,寇盜止息。"①由此可見,在他以前此州並未施行同伍連坐之制。

二是孝文帝爲了禁遏無籍僧人隱匿、巡行鄉村所下的一道詔書中,令民間實施五家相保之制,互相監察,不准收容遊化僧人。延興二年(472)詔:

> 比丘不在寺舍,遊涉村落,交通姦滑,經歷年歲。令民間五五相保,不得容止。無籍之僧,精加隱括,有者送付州鎮,其在畿郡,送付本曹。若爲三寶巡民教化者,在外齎州鎮維那文移,在臺者齎都維那等印牒,然後聽行,違者加罪。②

北魏建國之初,即利用僧尼來綏集被征服地區的民衆,③致使鄉村中有許多僧人遊化四方,其中有一部分是私度的無籍僧人。至孝文帝時,欲檢括出無籍之僧,故下令通過民間伍保制度相互監察,不允許村落居民收容止宿遊化的僧人;同時,明令規定欲至鄉村巡行遊化的僧徒必須有其所屬地僧官發給的印牒或文件作爲他們在鄉村布教的通行證。

北朝未在民間實施同伍連坐制,僅有爲了確認官員係出身士族,而實施官員伍人相保之制。北魏孝明帝神龜元年(518)正月,下詔令:"詔以雜役之户或冒入清流,所在職人皆五人相保,無人任保者奪官還役。"④至於其實施的具體情形,則無資料可以追查。

四、南北朝對中國撰述經典的態度

南北朝時期,南、北雙方都出現了"中國撰述經典"(疑僞經典),北方

---

① 《魏書》卷五七《高祐傳》。
② 《魏書》卷五七《高祐傳》。
③ 塚本善隆認爲北魏從明元帝(409—423在位)時開始實施以僧人敷導民俗的教化政策。見塚本善隆《北朝佛教史》(《塚本善隆著作集》第二卷)第一章《北魏建國時代の佛教政策と河北の佛教》,東京,大東出版社,1974年,頁1—26。筆者認爲從道武帝時即已采取此一政策,見劉淑芬《中古佛教政策與社邑的轉型》,《唐研究》第13卷,2007年,頁241—299。
④ 《魏書》卷九《肅宗紀》。

的數量較多,南方較少;北朝政府對這類經典並沒有制約,南朝政府則是抑止它的流傳。反映在造像碑上,就是少數的北方造像碑上除了造像之外,並刻有經典,其中有幾個刻經造像碑上所刻的就是中國撰述經典,顯示北方對於這類經典的態度是比較開放的。如上所述,南方幾乎沒有平民和僧人共同組織信仰組織,同時南方政權對於疑偽經典則抱持著監控、管制的態度。

(一)北方刻經造像碑上的中國撰述經典

北方出現的部分中國撰述經典和以下兩個因素有關:一和北魏建國初年以來以沙門敷導民俗的政策有關,僧人教化民眾——特別是針對那些村落居民,必須有淺顯易懂的經典。二是經歷北魏太武帝滅佛事件,經典流散,文成帝恢復佛教之後,僧人自行撰述經典以利傳教。[1]

如前所述,北魏建國初年采取"以沙門敷導民俗"的政策,[2]藉著僧人對鄉村社會的影響力,以達到使眾多鄉村人民歸心的目的;一些鄉村造像記顯示:6世紀華北鄉村有許多僧人遊走四方,傳布佛教。對於大多數不識字的鄉村居民,僧人如何向他們傳述佛教的教義和佛經的內容?活躍在平民階層和鄉村地區的則多爲一些比較講求坐禪、修行的僧人,[3]他們爲了使多數沒有受過教育的村民理解佛教,遂將佛教教義、經典簡化,這些爲傳教而撰述的經典都是卷數不多、篇幅簡短,內容淺顯而易懂。

北魏太武帝拓拔燾於太平真君七年(446)下令廢佛毀釋,破壞經像,命令僧人還俗。此一禁令使得僧徒潛匿鄉村,深入荒僻,對於佛教在廣大鄉村地區的傳布,具有重大的影響。文成帝時恢復佛教,還繼續著以僧人巡行教化的政策。然而,由於有一些經典遭受到破壞,因此曇靖遂撰述《提謂波利經》,塚本善隆認爲此經是那些"爲三寶巡民教化"的僧人所使用的經典。[4] 由於北魏以僧人教化民眾的政策,使得這部經典的影響廣泛

---

① 《續高僧傳》卷一《魏北臺石窟寺恒安沙門釋曇曜傳附曇靖傳》,頁428上。
② 塚本善隆《北朝佛教史》,頁1—26。
③ 服部克彦《北魏洛陽の社會と文化》,京都,ミネルヴァ書房,1965年,頁100—105。
④ 塚本善隆《北朝佛教史》,頁195—197。

而深遠,《續高僧傳》記載:一直到隋代初年,在關中一帶,"往往民間猶習《提謂》,邑義各持衣鉢,月再興齋,儀範正軌,遞相監檢。"①

除了《提謂波利經》之外,僧人也用其他的中國撰述經典來傳道,這些經典的特性之一就是篇幅簡短,所敍述的内容也多和實際上的修習有關,如誦佛菩薩名號(如《高王觀世音經》)、不飲酒食肉戒(如《大方廣華嚴十惡品經》、《齋法清浄經》、《善惡因果經》、《佛在金棺上囑累經》)。

迄今已知北朝以迄於隋代在鄉村地區的刻經造像碑之中,所刻的大都是中國撰述經典,包括:三個刻《高王觀世音經》,一個鑴刻《大方廣華嚴十惡品經》、一個雕有《佛在金棺上囑累經》。《高王觀世音經》和東晉以來觀音的信仰和流傳有關,至於《大方廣華嚴十惡品經》、《佛在金棺上囑累經》的經文中强調不食酒肉,則和南北朝以梁武帝爲首的斷食酒肉運動有關,反映了當時佛教修習的一個面相。②

東魏孝静帝武定八年(550),在今河南禹州市,杜文雅、杜英儁十四人等所建造的佛像碑,其碑陰造像龕兩層,下方刻《高王經》12行,每行23字(見圖1),③這是迄今所見最早的《高王觀世音經》的版本了。此外,北朝有兩個佛像碑上也刻有《高王觀世音經》,但今未見其録文或拓本。東魏武定六年(548)山西平定僧人志朗率領義邑所建造的佛像碑上兼刻有《觀音經》:

> 今大魏唯隆唯盛,然斯上黨之南□八澗村之東北龍山寺主高僧沙門比□志朗……于是遂率諸檀越主……(闕)餘人,造釋迦像二軀……兼有《觀音經》□刊在於上。④

① 《續高僧傳》卷一《魏北臺石窟寺恒安沙門曇曜傳附曇靖傳》,頁428上。
② 參見劉淑芬《中國撰述經典與北朝佛教的傳布——從北朝刻經造像碑談起》,《勞貞一先生百歲冥誕紀念論文集》,《簡牘學報》第19輯;後收入劉淑芬《中古的佛教與社會》,上海古籍出版社,2008年。
③ 北京魯迅博物館、上海魯迅紀念館編《魯迅輯校石刻手稿》,上海書畫出版社,1987年,二函二册,頁475。據魯迅記録:"石高七尺二寸,廣一尺六寸,側廣一尺,正面象堪二層,下方記十二行,行十九字。兩側各象堪三層……後面象堪二層,下方《高王經》。"
④ 北京圖書館金石組編《北京圖書館藏中國歷代石刻拓本匯編》,鄭州,中州古籍出版社,1989年,册六,頁149。

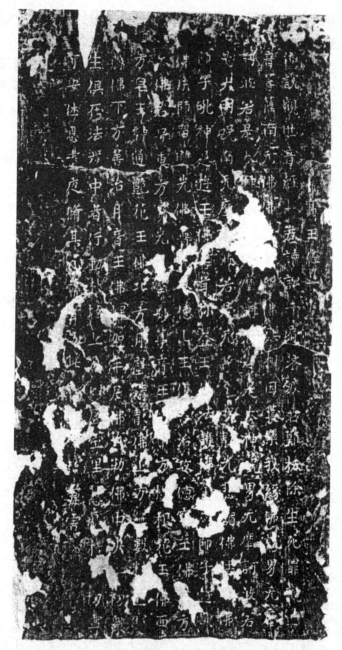

圖 1 《杜文雅造像記》碑陰

("中研院"歷史語言研究所傅斯年圖書館藏拓本第 11000 號)

又，北齊孝昭帝皇建元年（560），“大齊東平郡須昌縣□檀寺碑”上也鐫有《觀音經》：

> ……佛弟子比丘法經，欲使□教再彰，神暉重朗，遠召□工，奉剛彫玉，置靈尊於上堪，刻《觀音經》於下□。願使皇道□□，父師常□，邑儀諸人，龍華初會，法界有形，等咸正覺。其頌曰：“……置于巖竇，刊經揚義，法流□固。”①

以上兩個造像碑上的《觀音經》應該都是《高王觀世音經》。② 另外，隋代的一個造像碑上同時刻有《佛說觀世音經》一卷和《佛說天公經》一卷，此《佛說觀世音經》即《高王觀世音經》。

山東巨野縣大義鎮小徐營村石佛寺遺址，發現了一所北齊河清三年（564）劉珍東等二百人建造的刻經造像碑，素面方座，碑身高 290 釐米，寬 88 釐米、側寬 17 釐米。碑首蟠龍造三尊佛像，碑陽鐫刻佛經，其左下角有“華嚴經（偈）”四個小字，③上面的經文係《大方廣華嚴十惡品經》的部分內容。④《大方廣華嚴十惡品經》主要是談佛教最基本的五戒，而此碑所刻的部分主要是強調其中的第四戒食肉。方廣錩認爲此經著重敍述飲酒食肉的罪孽及斷食酒肉所獲得的福報，是南北朝時期以梁武帝爲首的佛教徒推行斷食酒肉的產物。⑤ 如果推究南北朝佛教徒推行斷食酒肉的運動的根源，在於其時《涅槃經》的流行，梁武帝的《斷酒肉文》中所引的“食肉斷大慈種”等句，就是出自《涅槃經》。⑥

山東汶上辛家海村隋開皇九年（589）章仇禹生造像碑上，刻有《佛在金棺上囑累經》。此碑上所刻的經文主要是敍述造經像之法；不過，其中

---

① 傅斯年圖書館藏拓本第 00797 號。
② 參見劉淑芬《中國撰述經典與北朝佛教的傳布——從北朝刻經造像碑談起》。
③ 周建軍、徐海燕《山東巨野石佛寺北齊造像刊經碑》，頁 69—70。
④ 李靜杰《六世紀的僞經與僧團整頓》，頁 85—86。
⑤ 《敦煌學大辭典》佛教典籍《大方廣華嚴十惡品經》條（方廣錩撰），上海辭書出版社，1998 年，頁 729。
⑥ 《大般涅槃經》，《大正新修大藏經》，冊一二，頁 386 上，626 上。

也强調造經像者(施主和匠師)都應守三月六齋,不飲酒、食肉和五辛。①由此也可看出它和前述强調斷食酒肉、守三月六齋的中國撰述經典(《大方廣華嚴十惡品經》、《齋法清凈經》、《善惡因果經》)的相似處。

　　由刻經造像碑看來,遊化僧人所用的教本除了《提謂波利經》、《高王觀世音經》之外,還有上述中國撰述經典包括:《大方廣華嚴十惡品經》、《佛在金棺上囑累經》和《天公經》。《法苑珠林》、《經律異相》所徵引的佛典中,除了《提謂波利經》之外,還有不少是被經録列在"疑僞"之列的中國撰述佛典,如《像法決疑經》、《佛在金棺囑累經》等。由此可知,從北朝到唐代所流行的經典之中,除了《法華經》、《涅槃經》、《華嚴經》等正統的經典之外,還有一些中國僧人所撰述的簡短經典。前者是大德高僧、貴族文士之間流行的經典,後者則是流傳於一般僧人和鄉村信衆的經典。

(二) 南方對中國撰述經典的態度

　　如前所述,北朝末年關中地區最流行的一部中國撰述經典,是曇靖所撰的《提謂波利經》,當時並未受到政府或僧團的干預,日本學者里道德雄認爲滅佛之後以沒有護持的經典作爲藉口,允許此類經典的流傳,等於是公認了僞經的成立。②《提謂波利經》撰成的年代約在宋孝武帝在位時期(454—464),③而在稍晚南方僧人僧祐(445—518)撰寫經録《出三藏記集》(T·2145),則將此經列入"疑經僞撰"項下。

　　相較於北方,南方雖然也出現了一些中國撰述的經典——其中有很大一部分是抄集經典,但其數量和流行程度都不能和北方相比,從以下兩個例子看來,南朝皇帝和佛教教團對於這樣的經典抱持著異端的看法,並且有某種程度的監控。僧祐《出三藏記集》基本上將非漢譯的經典都視爲疑

①　《章仇禹生等造象并金棺經》,《魯迅輯校石刻手稿》,二函五册,頁1083—1087。據魯迅著録:"此石高七尺八寸,廣三尺,正面佛象,後面經名一行,經文十六行,行四十八字,題名一行,側題名二行,年月一行。"《八瓊室金石補正》卷三四《章仇禹生造經像碑》,頁31—32。
②　里道德雄《僧法尼と誦出經典群——南朝僞經成立の一斷面》,《東洋學研究》第27卷,1992年,頁30,頁42注6。
③　釋僧祐撰,蘇晉仁、蕭鍊子點校《出三藏記集》卷五《新集疑經僞撰雜録第三·提謂波利經》,北京,中華書局,1995年,頁225。

偽經典,在最崇信佛教的梁武帝統治時期,對於僧人妙光的撰述《薩婆若陀眷屬莊嚴經》,給予很嚴厲的懲治,妙光本人遭到終身監禁,而爲此經潤飾文字的俗人路琰也被判決放逐十年。以下是《出三藏記集》關於此事首尾的記載:

　　薩婆若陀眷屬莊嚴經　一卷　二十餘紙
　　右一部。梁天監九年,郢州投陀道人妙光,戒歲七臘,矯以勝相。諸尼嫗人,僉稱聖道。彼州僧正議欲驅擯,遂潛下都,住普弘寺,造作此經。又寫在屏風,紅紗映覆,香花供養,雲集四部,嚫供烟塞,事源顯發,敕付建康辯覈疑狀。云抄略諸經,多有私意妄造,借書人路琰屬辭潤色。獄牒:“妙光巧詐,事應斬刑。路琰同謀,十歲謫戍。”即以其年四月二十一日,敕僧正慧超,令喚京師能講大法師、宿德如僧祐、曇准等二十人,共至建康前辯妙光事。超即奉旨,與曇准、僧祐、法寵、慧令、慧集、智藏、僧旻、法雲等二十人於縣辯問。妙光伏罪,事事如牒。衆僧詳議,依律擯治。天恩免死,恐於偏地復爲惑亂,長繫東冶。即收拾此經,得二十餘本及屏風於縣燒除。然猶有零散,恐亂後生,故復略記。薩婆若陀長者,是妙光父名。妙光弟名金剛德體,弟子名師子。①

　　郢州(治所在夏口,即今之武昌)僧人妙光是一位行頭陀的僧人,因爲他有殊勝的容相,而爲當州的女尼和婦女信衆崇拜,視爲“聖道”。郢州僧正認爲這是不法的行爲,打算將他驅逐出境,他就走避到都城建康,住在“普弘寺”,並且撰述了這部經典。他還將此經寫在屏風上,用香花供養,吸引了僧、俗信徒前來膜拜供養“雲集四部,嚫供烟塞”。上述行爲引起官方的注意,先是將他送到建康縣論罪,認爲這部經摘抄佛典的內容,並且有自己撰述的部分“抄略諸經,多有私意妄造,借書人路琰屬辭潤色”。按,在《薩婆若陀眷屬莊嚴經》中所敍述的聖賢,都是妙光的親人弟子,如他的父親就稱爲“薩婆若陀長者”,弟弟叫做“金剛德體”,弟子稱作“師子”。

① 《出三藏記集》卷五《新集疑經偽撰雜録第三》,頁 231。

據佛經上敘述如來之身"金剛德體",①由此似可看出他有意將其親人聖賢化。因此,官府判決妙光應處以斬刑,而幫他抄飾文字的俗人路琰則被判以放逐十年之刑。然而,由於梁武帝篤信佛教,並未立即依建康令的決議執行,在天監九年(510)四月二十一日,另由僧正慧超召集京師講經大法師、名僧宿德二十人,至建康縣衙訊問、並且辯論妙光事件。這二十位僧人可知其名的有曇准、僧祐、法寵、慧令、慧集、智藏、僧旻、法雲,都是當時建康的名僧,在《續高僧傳》中皆有傳,《出三藏記集》的作者僧祐也在其列。此一僧人審判團的判決和先前建康縣一樣,妙光也俯首認罪;所不同的是刑罰部分:衆僧決議用僧律來處置他,不用斬刑,而是處以流放之刑。不過,由於恐怕他在邊區還會再有這樣"惑亂"的行爲,因此改將他長期拘禁於京都。里道德雄認爲他是被拘繫在今福建省侯梁附近的東冶縣,②此說不確。他應該是被囚禁在建康"東冶"這個地方的監獄,一則既然恐怕他在偏僻的地方會再作亂:"衆僧詳議,依律擯治。天恩免死,恐於偏地復爲惑亂,長繫東冶。"自然不可能讓他遠離都城建康。二則建康就有一個稱作"東冶"的地點,它位於秦淮水北,是一個冶鑄的場所,也設有監獄。③ 此外,衆僧也決議銷毀這部僞經,一共蒐集了二十餘本,以及寫有此經的屏風,全數燒毀。特別值得注意的是:參與此僧人審判團的釋僧祐所撰《出三藏記集》,對凡是非漢譯的經典都視爲"疑僞經",④此一看法應可反映《出三藏記集》撰述時代南朝的佛教思潮。從梁武帝召集名僧二十人共同審問及辯論如何處置妙光之事,以及僧團推翻了官方將妙光處死的決議,而改爲監禁終身,一方面顯示僧團基於佛教不殺的理念,而得以改變官方的審判結果,另一方面也顯示出南方僧團具有一定的力量。由上可

---

① 如《佛説月光童子經》,《大正新修大藏經》,冊一四,頁 816 中:"如來之身金剛德體,衆惡盡滅,萬善積著;相好光明,神器無喻。"另,《中本起經》卷下《大正新修大藏經》,冊四,頁 160 下:"如來出世,權慧現身,金剛德體,明暉大千。迴匝三界,濟度群生。"
② 里道德雄《僧法尼と誦出経典群——南朝僞経成立の一斷面》,頁 34。
③ 如劉宋時劉穆之的孫子劉瑾,官始興相,"以贓貨繫東冶內",可知東冶有監獄。見《宋書》卷四二《劉穆之傳》。又如南齊時始安王遙光作亂時,就是攻破建康東冶的監獄,將囚犯釋放出來,給他們武器,見《南齊書》卷二六《宗室・始安王遙光傳》:"遙光召親人丹陽丞劉渢及諸僞楚,欲以討喧爲名,夜遣數百人破東冶出囚,尚方取仗。"
④ 見《出三藏記集》卷五《新集疑經僞撰雜録第三》。

知,梁朝的皇帝、官府和佛教的僧團對於中國撰述經典,皆秉持著嚴厲的態度。

在妙光被判刑的數年前,也有一位出身士族的女子尼子(法名"僧法",499—505)口誦出經典,令人寫下了二十一種經,共三十五卷,《出三藏記集》也將它們列入疑偽之列,①此處主要就她並未受到懲處這點而論。這名女子出生在南朝士族濟陽考城江氏家族,她的父親南齊時任太學博士,從南齊末年到梁朝初年,尼子陸續口誦出佛經,後來她出家爲尼,法名"僧法",住在建康的青園尼寺。梁武帝聽到僧法誦出經典之事,特地召見她、測試其真實性,她竟也在皇宮內口誦出數部經典。方廣錩從後世的各種經錄中,考訂僧法誦出的二十一種經之中,有十六種經(《寶頂經》、《净土經》、《正頂經》、《法華經》、《藥草經》、《太子經》、《伽耶波經》、《波羅奈經》、《逾陀衛經》、《妙音師子吼經》、《出乘師子吼經》、《勝鬘經》一卷、《優曇經》、《妙莊嚴經》、《維摩經》一卷、《序七世經》)在僧法去世不久後就亡佚了,②另有五部經在僧法逝世後仍然流傳於世,其中《華嚴瓔珞經》在梁代流通,而且受到人們的重視;不過,它和《優婁頻經》二書都在隋代亡佚了。③還有三部經由於唐代智昇《開元釋教錄》指出其爲僧法誦出的偽經,而失去其正統性,在開元年間以後就告亡佚。④本文另外要指出的是,這五部在僧法去世後還在流傳的經書中,有三部經:《益意經》二卷、《般若得經》一卷、《華嚴瓔珞經》一卷,是由僧人"智遠承旨"錄下,⑤智遠可能係梁時建康新安寺僧人智遠。⑥這應當是僧法在武帝召見時在宮內誦出的經典,敕令智遠錄下的,它們有可能係因皇帝召見所出的結果,而得以流傳稍久。此外,《出三藏記集》記載《逾陀衛經》一卷,係"天監四年臺內華光

① 方廣錩對這些經典作了詳細的考證,參見方廣錩《關於江泌女子僧法誦出經》,《藏外佛教文獻》第 9 輯,北京,宗教文化出版社,1995 年,頁 401—422。

② 方廣錩《關於江泌女子僧法誦出經》,頁 401—422。

③ 同上,頁 413—414,403—404。

④ 這三部經是:《益意經》、《般若得經》、《阿那含經》,見方廣錩《關於江泌女子僧法誦出經》,頁 405—413,414—417。

⑤ 《出三藏記集》卷五《新集疑經偽撰雜錄第三》,頁 229。

⑥ 《續高僧傳》卷五《義解・梁揚都建元寺沙門釋法護傳附智遠》,頁 460 中。

殿出", 指的是僧法在臺城内的華光殿誦出。但僧法在天監四年三月去世,[1]又,在有關僧法的記載中,梁武帝僅召見她一次,如果前述三經是天監元年僧智遠承旨錄下,那麼武帝召見僧法當是在此年,而非天監四年。如果以上四經都是僧法在武帝召見時所誦出的經典,何以前三經是由僧人智遠承旨錄下,而此經只作"華光殿出",在此存疑。

天監四年(505)僧法辭世,在她有生之年,並没有受到任何的處分,可能有以下幾個原因:第一,她所誦出的經典並未流傳,没有惑衆的嫌疑。例如和她同一時期的《出三藏記集》作者僧祐聽聞此事,曾經登門造訪求見,不過,她的家人並没有出示這些經典"其家祕隱,不以見示"。[2] 江家何以隱秘僧法誦出的經典而不外傳,可能和梁朝對於中國撰述經典的態度有關。前面討論妙光撰述《薩婆若陀眷屬莊嚴經》而受到禁錮終身的處分之事,雖然是在僧法去世後纔發生的,但《出三藏記集》將這類非漢譯的經典都列入疑偽之列,而近代學者研究此書係在南齊時撰成,至梁代續有增訂,[3]因此,可以反映從南齊到梁代對於這類經典態度,也提供我們理解江家隱秘僧法誦出經典的背景。

第二,先前也有誦出經典事例。如《出三藏記集》在記載僧法誦出佛經之後,敍述一則先例:漢建安末年,濟陰有一位丁姓人家的妻子忽然如同生病一般,便能説"胡言"(應當是梵文),向人索取紙筆,自己以梵文寫下所敍説的内容。當時有來自西域的胡人見了此書,指出這是佛經:

> 昔漢建安末,濟陰丁氏之妻忽如中疾,便能胡語,又求紙筆,自爲胡書。復有西域胡人見其此書,云是經菊。推尋往古,不無此事。但義非金口,又無師譯,取捨兼懷,故附之疑例。[4]

---

① 《出三藏記集》卷五《新集疑經偽撰雜録第三》,頁230。
② 《出三藏記集》卷五《新集疑經偽撰雜録第三》,頁230。
③ 《出三藏記集》,蘇晉仁《序言·(三)撰寫年代》,頁9—11。
④ 《出三藏記集》卷五《新集疑經偽撰雜録第三》,頁230—231。

在唐道世的《法苑珠林》中，也敍述了這則故事，但其時代則移至了晉朝，内容略有不同，並且有更多的鋪敍。① 不過，僧祐仍然認爲這些經典屬於“疑經”。

（三）濟陽考城江氏雖不是第一等士族，②不過這個家族在東晉南朝出了不少名臣文士，僧法的父親江泌官拜南齊太學博士，是當時著名的孝子，在《孝義傳》中有他的傳記，③這或許也是梁武帝親自召見僧法的原因之一。可能基於對士人的優禮，加上僧法在宮中也誦出三部經典，證明了她的能力，以及其誦出的經典並未公開流傳，因此，梁武帝並未對僧法做出任何的處置。

僧法去世後，江家的親族不用畏懼僧法受到懲治，她的舅父孫質認爲這是真經，遂抄寫流傳“行疏勸化，收拾寫寫。既染毫牘，必存於世”。④ 里道德雄認爲朝廷和僧團對孫質流傳這些經典的行動似乎是未有處分，所以僧祐没有記載。⑤ 可以確定的是：一部分僧法誦出的經典似乎有某種程度的流傳，如僧祐僅見到其中一部經典《妙音師子吼經》就是借自張姓人家的抄本。⑥

里道德雄指出：僧法和妙光兩個事件相異的是前者係天授，後者是人爲的經典。⑦ 本文認爲妙光之所以受到皇帝和僧團的懲治，主要是因他將自己撰述的經典神聖化，同時以聖僧的姿態出現，並且神化了他的家人、弟子的緣故。這些行爲會擾亂僧團的秩序，並且有可能造成社會的動亂。整體而言，南朝政府對於撰述經典的監控比較嚴格。

---

① 《法苑珠林》卷一八《敬法篇第七之二・緣・晉居士丁德真》，《大正新修大藏經》，册五三，頁 417 上一中。魯迅在《古小説鉤沈》中指出（頁 473），《冥祥記》中收有此則故事，注明出《法苑珠林》卷一八，然而，王琰《冥祥記》或王曼穎《補續冥祥記》的時代早於《法苑珠林》。
② 濟陽考城江氏門第不高，亦非累世官宦高顯之族，如《梁書》卷五一《何點傳》：“點雅有人倫識鑒，多所甄拔。知吳興丘遲於幼童，稱濟陽江淹於寒素，悉如其言。”
③ 《南齊書》卷五五《孝義・江泌傳》。
④ 《出三藏記集》卷五《新集疑經偽撰雜録第三》，頁 231。
⑤ 里道德雄《僧法尼と誦出経典群——南朝偽経成立の一斷面》，頁 34。
⑥ 《出三藏記集》卷五《新集疑經偽撰雜録第三》“《妙音師子吼經》借張家”，頁 230。
⑦ 里道德雄《僧法尼と誦出経典群——南朝偽経成立の一斷面》，頁 34。

五、結　語

唐人對於南朝文化非常地嚮往,①詩人文士寫了很多六朝懷古詩,其中杜牧(803—約852)"江南春絶句":"南朝四百八十寺,多少樓臺烟雨中。"流傳千古,使人有南朝佛教極盛的印象,事實上,北朝佛教隆盛的程度不在南朝之下,由於國家對佛教的控制較南朝爲鬆散,北魏都城洛陽寺院的數目足足比南朝建康寺院多了一倍。在梁朝佛教最興盛的時期,建康城内有五百餘佛寺,如包括近郊一帶,則約有七百餘所寺院。② 建康的佛寺有很大一部分是由皇帝、王公大臣和僧人所建立的,③經過梁朝末年的戰亂,至陳朝時還有五百餘寺。至於北魏都城洛陽則有 1 367 所寺院,東魏孝静帝天平元年(534)遷都鄴城之後,有四十萬以上的居民被迫遷移到新都,但洛陽也還有 421 所寺院。④ 洛陽寺院有一些係由皇室、閹官、官員建造,但也有不少寺院的建立和義邑組織有關,宋代僧人贊寧(919—1001)曾經指出佛教結社"成就僧寺"。⑤《洛陽伽藍記》記載建陽里内有10 所寺院,就是由此里居民二千餘户供養的。⑥ 另外,從洛陽孝敬里平等寺遺址出土的四通造像碑:北齊後主天統三年(567)邑主韓永義等造像碑、崔永仙等人造像碑、北齊後主武平二年(571)邑師比丘僧道略等三百人造像碑,⑦都是由佛教義邑組織所建造的,由此亦可顯示北朝佛教信仰組織和寺院的發展有密切的關聯。

---

① 唐朝的國家和社會有"南朝化"的傾向,見唐長孺《論唐代的變化》,收入氏著《魏晉南北朝隋唐史三論——中國封建社會的形成和前期的變化》,武漢大學出版社,1993 年;牟發松《從社會與國家的關係看唐代的南朝化傾向》,收入牟發松主編《社會與國家關係視野下的漢唐歷史變遷》,上海,華東師範大學出版社,2006 年,頁 12—32。
② 《南史》卷七〇《循吏・郭祖深傳》中記載郭祖深上書稱:"都下佛寺五百餘所,窮極宏麗。僧尼十餘萬,資産豐沃。"所指的當是建康城内有五百餘寺。至於《續高僧傳》卷一五《義解篇十一》,稱梁朝最盛時建康"當斯時也天下無事家國會昌,風化所覃被于荒服,鍾山帝里寶刹相臨,都邑名寺七百餘所。"(頁 548 中)所指的應是建康及建康近郊的寺院,因在鍾山就有寺院七十所。
③ 劉淑芬《六朝建康的佛寺與城市空間》。
④ 楊衒之撰,范祥雍校注《洛陽伽藍記校注》,上海古籍出版社,1978 年,頁 349。
⑤ 《大宋僧史略》,《大正新修大藏經》,册五四,頁 250 下。
⑥ 楊衒之撰,范祥雍校注《洛陽伽藍記校注》,頁 78。
⑦ 李獻奇《北齊洛陽平等寺造像碑》,《中原文物》1985 年第 4 期,頁 90。

　　如上所述,南方對於社會和佛教的監控比較嚴格,就東晉南朝的形勢這是可以理解的,由於東晉在江左立國,面對北方的强敵,不得不先安内,因此實施"符伍制",依伍制連坐來糾檢非法,也以此確保政府有足够的財政收入、勞力的徵集。實際上,符伍制不僅對人民的生活造成很大的影響,也使得人們因爲怕被牽連而盡量减少與他人來往;人們本來就深怕同伍的人出了差錯,自己平白遭到連累,故盡可能地减少和他人的接觸,即顏延之告誡子弟"每思防避,無通閭伍"。因此,人們更不可能超越"伍"的範圍,和其他的信徒聯合共組"義邑"之類的信仰組織。爲了安定内部,南朝皇室雖然也崇奉佛教,但對於可能因佛教而引起的社會問題也很注意。僧人妙光撰述《薩婆若陀眷屬莊嚴經》,將自己和家人神聖化,以及將此經書寫在屏風上,用香花供養,吸引了僧、俗信徒前來供膜拜供養。這些行爲引起官方的注意,導致官府和佛教僧團先後審判妙光,最後將他監禁終身。此一事件不僅顯示南方政府對於中國撰述經典的態度,也反映出其對佛教界的監控。

　　上述南朝的政策,或許也可用來解釋同一時期北朝有很多佛教的叛亂,而南方則少有這種現象。北朝涉及僧人的叛亂事件很多,塚本善隆《北魏の佛教匪》一文討論北朝共有十件僧人的反叛事件,都是以僧人爲起事的主導人物;①也推測北魏和佛教有關的小匪賊相當多,但未見於記載。他並且認爲:北魏佛教叛亂的首腦及其黨徒不要說對佛教没有正確的理解,也不見得信奉佛教,而是利用佛教的匪徒,故他用"佛教匪"這個名詞來稱呼這些叛亂。不過,讓這些佛教匪可以聚結的是當時佛教普及的社會,從北魏的佛教政策——包括利用佛教以綏服被征服地區的人民,以及設置僧官,在中央設昭玄曹,地方州、郡、縣設僧曹,這些

① 這十次叛亂是:(1)沙門張翹,道武帝天興五年(402);(2)沙門慧隱,孝文帝延興三年(473);(3)沙門法秀,孝文帝太和五年(481);(4)沙門司馬惠御,孝文帝太和十四年(490);(5)沙門劉惠(慧),宣武帝永平二年(509);(6)沙門劉光秀,宣武帝永平三年(510);(7)沙門劉僧紹,宣武帝延昌三年(514);(8)沙門法慶(大乘賊),孝明帝延昌四年(515);(9)大乘賊餘黨,孝明帝熙平二年(517);(10)月光童子劉景暉,孝明帝熙平年間(516—517)。塚本善隆認爲北魏和佛教有關的小匪賊相當多,但未見於記載。見塚本善隆《北魏の佛教匪》,收入氏著《北朝佛教史研究》,頁181。

政策都可反映出其時佛教的興盛。① 由於北方對佛教的利用,所以對於佛教教團並沒有很大制約,北方各地都有僧、俗自由組織佛教信仰組織。

在南朝僅有四起和僧人有關的叛亂事件,劉宋時期有兩件和僧人有關的叛亂,但僧人都不是主腦。第一件叛亂事件發生在宋文帝元嘉二十八年(451)五月,青州有亡命司馬順則詐稱晉室近屬,自號"齊王",趁著梁鄒戍主崔勳之到州府時,乘虛攻襲、並且占有梁鄒城。同時,有沙門自稱司馬百年,號"安定王",和亡命之徒秦凱之、祖元明等各據村屯,以響應司馬順則。此一亂事可能和當地官吏施政不當有關,因爲崔勳之等人最初以爲梁鄒城内軍民受到叛軍的脅迫,官軍一到,應該會奔逃官軍,没想到城民都爲叛軍堅守城池,殺傷官軍甚多。② 不過,此一亂事持續的時間並不長,七月,青、冀二州刺史蕭斌派遣振武將軍劉武之、軍主劉回將精兵千人前往討伐,先後討斬司馬百年和司馬順則,至八月十一日(癸亥)亂事就宣告平定。③ 司馬百年可能不是真的沙門,一則他没有法名,二則在佛教的記載中完全未提及此事,三則在此事件後,朝廷並未對僧人有任何加強控制的措施。七年以後所發生的一件涉及僧人的叛亂事件,孝武帝則下詔沙汰僧尼,而佛教的文獻中也有關於此事的記載。

劉宋孝武帝大明二年(458)七月,南彭城(此是僑郡,在晉陵,今江蘇常州)羌人高闍和沙門曇標、道方,與秣陵民藍宏期等謀爲亂,他們邀殿中將軍苗允、員外散騎侍郎嚴欣之、司空參軍闞千纂、太宰府將程農、王恬等人參與,預計八月一日夜起兵攻宮門,襲殺太宰江夏王義恭,改立高闍爲帝。但此事還未付諸行動,便被發現其叛逆的陰謀,遭處死的人有數十人。④ 根據道宣《廣弘明集》記載,宋孝武帝因此事而下令沙汰僧人,訂立種種嚴厲的法條制約僧尼,如勒令非戒行精苦的僧尼還俗。不過,因有尼

① 塚本善隆《北魏の佛教匪》,頁 181—182。
② 《宋書》卷七八《蕭思話傳附子蕭斌傳》。
③ 《資治通鑑》卷一二六《宋紀八》文帝元嘉二十八年。
④ 《宋書》卷七五《王僧達傳》。

師出入宮廷爲此事奔走,後來並未付諸實行。[1] 在這裏要指出來的是：此一叛亂事件中首腦是高闍,而不是僧人曇標。[2]

　　另外兩起僧人叛亂事件發生在梁朝後期,武帝中大通元年(529),北徐州有妖賊僧强自稱天子,當地土豪蔡伯龍響應,聚衆至三萬人,攻陷州城,梁武帝命兗州刺史陳慶之平亂,斬殺了僧强和蔡伯龍。這場亂事歷時很短,值得注意的是,《梁書》的記載稱“妖賊沙門僧强”,又説“僧强頗知幻術”煽惑民衆;但《資治通鑑》僅稱“妖賊僧强”。[3] 並未明説他是僧人。又,簡文帝大寶元年(550),四川沙門孫天英率領數千人夜攻州城,但很快就爲益州刺史武陵王蕭紀討平,斬殺孫天英。[4] 日本學者諏訪義純認爲孫天英係冠以沙門之名,並不是真正的僧人,[5]妖賊僧强或可能也是這種情況。另外,有學者注意到了北朝有兩次滅佛的行動,但南朝則無滅佛事件。[6]

　　本文從南朝政府對於社會的控制——包括禁碑令、符伍制,以及對中國撰述經典的態度等方面討論,認爲這是造成南方絶少有石佛像,沒有如北朝處處有僧、俗人共同組成的信仰團體,較少有中國撰述經典的流行這些現象的原因。更由於信徒的缺乏組織,也使得南方沒有以僧人爲首腦的佛教徒叛亂事件;也因爲南方僧團和佛教徒力量相對薄弱,所以南方沒有發生政府禁抑佛教的滅佛事件。

(本文原刊於林富士主編《中國史新論·宗教史分册》,臺北,聯經出版事業公司,2010 年)

---

① 《宋書》卷九七《夷蠻·天竺傳》：“世祖大明二年,有曇標道人與羌人高闍謀反,上因是下詔曰：‘佛法訛替,沙門混雜,未足扶濟鴻教,而專成逋藪。加姦心頻發,凶狀屢聞,敗亂風俗,人神交怨。可付所在,精加沙汰,後有違犯,嚴加誅戮。’於是設諸條禁,自非戒行精苦,並使還俗。而諸寺尼出入宮掖,交關妃后,此制竟不能行。”

② 《宋書》卷六《孝武帝紀》：“秋七月甲辰,彭城民高闍等謀反伏誅。”

③ 《梁書》卷三二《陳慶之傳》;《資治通鑑》卷一五三《梁紀九》高祖武皇帝中大通元年。

④ 《資治通鑑》卷一六三《梁紀十九》太宗簡文皇帝大寶元年：“益州沙門孫天英帥徒衆千人夜攻州城,武陵王紀與戰,斬之。”

⑤ 諏訪義純《梁武帝の蜀地経略と仏教——益州刺史の任免を中心として》,頁 220。諏訪義純認爲此一亂事的首腦孫天英係冠以沙門之名;集數千人,可見當時蜀地沙門社會勢力之大。

⑥ 張箭以北魏太武帝和北周武帝滅佛的原因,來檢視南方並無這些條件,所以沒有滅佛之舉。見張箭《試析南方爲什麽不滅佛》,《宗教學研究》2004 年第 3 期,頁 89—97。

中古佛教政策與社邑的轉型

一、前　言

　　關於中古時期佛教僧俗共組的信仰組織,北朝華北大部分地區稱之爲"義邑",其成員稱爲"邑義",而在今日山東地區及山西省一部分地區,稱其成員爲"法義"或"法儀"。[①] 在唐朝則多稱爲"社"、"邑"或"會";歷來學者已做過不少研究,[②]也注意到此二者從名稱到内涵都有所差異,但未曾深究其緣由。那波利貞首先注意到它們在宗教活動上的變化:初唐以前的義邑比較偏向於造像、建窟、修窟之事,中晚唐以後的社邑比較傾向於設齋會、誦經、寫經、印沙佛等,並且指出中晚唐的社邑組織中没有社僧這個現象。[③] 松本文三郎注意到初唐以後佛教造像的減少、建造經幢之風漸

① 關於北朝迄隋佛教信仰組織名稱的討論,詳見本書第二章《香火因緣——中古時期的佛教信仰組織》。
② 中、日學者主要的研究如下:小笠原宣秀《中國浄土教家的研究》一《盧山慧遠的結社事情》,京都,平樂寺書店,1951 年,頁 1—21;高雄義堅《中國佛教史論》,《北魏佛教教團の發達》,京都,平樂寺書店,1952 年,頁 25—36;塚本善隆《龍門石窟に現れたる北魏佛教》,收入《塚本善隆著作集》第二卷《北朝佛教史研究》,東京,大東出版社,1974 年;山崎宏《支那中世佛教の展開》第四章《隋唐時代に於ける義邑及び法社》,東京,清水書房,1974 年再版,頁 765—829;那波利貞《佛教信仰に基きて組織せられたる中晚期唐五代の社邑就きて》(上、下),《史林》第 24 卷第 3、4 號;佐藤智水《北朝造像銘考》,《史學雜誌》第 86 編第 10 號;寧可《述社邑》,《北京師範學院學報》1985 年第 1 期;唐耕耦《房山石經題記中的唐代社邑》,《文獻》1989 年第 1 期;郝春文《東晉南北朝佛社首領考略》,《北京師範學院學報》1991 年第 3 期;又《釋"香火"》(署名曉文),《北京師範學院學報》1992 年第 5 期;又《東晉南北朝時期的佛教結社》,《歷史研究》1992 年第 1 期;又《兩晉南北朝時期的法社》,《北京師範學院學報》1992 年第 1 期;又《從衝突到兼容——中古時期傳統社邑與佛教的關係》,作者《中古時期社邑研究》,臺北,新文豐出版公司,2006 年;劉淑芬《五至六世紀華北鄉村的佛教信仰》,《歷史語言研究所集刊》第 63 本第 3 分,1993 年;《北齊標異鄉義慈惠石柱——中古佛教社會救濟的個案研究》,《新史學》第 5 卷第 4 期,1994 年;李文生、孫新科《龍門石窟佛社造像初探》,《世界宗教研究》1995 年第 3 期;李文生《龍門石窟佛社研究》,《歷史文物》第 6 卷第 2 期,1996 年。
③ 那波利貞《佛教信仰に基きて組織せられたる中晚期唐五代の社邑就きて》。

興；山崎宏則認爲此和義邑的衰微有關。① 郝春文指出：佛教結社的名稱和其首領在不同時期、不同地區及同一時期不同地區的稱呼不一。② 李文生專就龍門石窟的佛社造像討論，發現從北朝到唐代，佛社有名稱上的變化、僧尼參與程度上的差異，組織由北朝的繁複趨於簡化的情況。③ 如上所述，佛教信仰組織從北朝到唐代的變化是很明顯的，松本文三郎、山崎宏曾經嘗試解釋這個現象，但未有具體的討論。又，前此相關的研究多單就社邑本身討論，本文嘗試從國家佛教政策探究。筆者認爲：這種變化發生在唐代初年，而導致其變化的主因是此二時期佛教政策的差異，使得佛教信仰組織呈現不同面貌。此處必須説明：本文討論佛教政策僅限於影響及佛教信仰組織的部分，此外，由於郝春文等學者對於敦煌的社邑已做許多深入精闢的討論，④又因晚唐時期敦煌已不在唐帝國直接控制之下，加以敦煌的社邑也有其特殊性，如敦煌常見爲“三齋二社”（三長齋月和春秋二社）活動而組成的社邑，以及部分儀式性的社邑（如“燃燈社”、“行像社”等），幾乎不見於同一時期其他地區，因此敦煌社邑不列入本文的討論。

　　北朝迄隋代佛教政策促成了佛教信仰組織的蓬勃發展，學者認爲：北朝義邑的發達和北魏以僧人教化的政策有密切的關聯；⑤除此之外，本文以爲北朝政策的不嚴格限制寺院和僧人的數量、以僧官統治僧人、僧俗往來頗爲自由，都是造成僧俗共組的義邑、法義遍及華北城市與鄉村的因素。入唐之後，佛教政策則有一個大的轉向，在嚴格控制僧人和寺院的數量、僧人的隸籍屬寺，以俗人官吏統治僧人的基調之下，使得佛教信仰組織在僧人參與、宗教活動的内容方面都産生了變化。除了國家的政策之外，佛教内部的變化如流行經典和修行方法，可能也是造成中、晚唐社邑偏重於修習經典的重要因素，如《法華經》和《金剛經》的流行，出現了“法華邑”、“金剛經社”等；阿彌陀佛净土信仰的流行，出現了“九品往生社”與“西方社”。

①　山崎宏《支那中世佛教の展開》，頁 785—786。
②　郝春文《隋唐五代宋初佛社與寺院的關係》，《敦煌學輯刊》1990 年第 1 期，頁 16。
③　李文生、孫新科《龍門石窟佛社造像初探》，頁 49—50。
④　如郝春文有關的研究收入《中古時期社邑研究》下篇《敦煌寫本社邑文書研究》。
⑤　塚本善隆《北朝佛教史》第一《北魏建國時代の佛教政策と河北の佛教》，頁 24—26。

二、北朝的僧人教化政策與義邑、法義

南北朝時期,北方出現衆多稱爲"義邑",或稱爲"法義"(以下簡稱
"義邑"該綜二者)的佛教信仰組織;南方則幾乎不見此類組織,筆者另有
專文從南朝的實施禁碑令和符伍制解釋此一現象。[1] 塚本善隆認爲北魏
以僧人教化政策和義邑的興盛有相當密切的關聯。[2] 北魏從道武帝開始
采取以僧人教化的政策,以及以僧人統治僧人的政策,致使追緝私度僧尼
的效果不彰;無籍之僧遊行各地傳教,也是促成義邑興盛的重要原因。

相對於盛唐以後限制僧俗往來,北朝並不禁止僧俗的往來、僧俗聚會
和宗教修習活動。因此,在北朝的造像記中常見到僧尼的參與義邑,並且
有僧尼成爲此一組織的指導者,稱爲"邑師"。同時,造像題名中出現很多
"齋主"、"八關齋主"等頭銜,顯示其時齋會的興盛與僧俗聚會的頻繁。
又,由於北朝對於創建寺院的規定較爲寬鬆,在寺院三綱的"寺主"之外,
也出現了"俗人寺主"(或稱"俗寺主"、"寺檀主")之名。入唐以後,由於
國家宗教政策的改變,這些名詞都不復見。

(一) 義邑與法義

關於北朝佛教信仰組織的名稱,學者的看法不一,或認爲應稱作"邑
義",[3]或將"邑義"和"義邑"混用。[4] 現今所存北朝造像銘記出現最多的
名詞是"邑義",通常作"邑義若干人等造像",然而,從其文義和造像題名
看來,佛教信仰組織的名稱當做"義邑",其成員纔稱做"邑義",理由如下:

---

[1]　參見本書第三章《從造像碑看南北朝佛教的幾個面相》。
[2]　塚本善隆《北魏建國時代的佛教政策と河北の佛教》,認爲皇帝托付僧人敷導民俗的任務,有
　　不少僧人巡迴都邑教化,在北魏造像銘記中屢見"邑師"之名,僧人係指導都邑村落佛教、教
　　化的指導者,以邑師爲中心而組成的信仰團體"邑會"、"邑義"、"義邑"非常發達,頁24。
[3]　大村西崖《中國美術史‧雕塑篇》則稱"從元魏至隋造像銘記所見的邑師、邑義等邑里的布教
　　組織……"(東京,國書刊行會,1917年複刻,頁179)。郝春文《專門從事佛教活動的民間團
　　體及其與佛教的關係》,《中古時期社邑研究》,頁71。
[4]　山崎宏《支那中世佛教の展開》論文題目及小標題,都稱這種信仰團體爲"義邑",不過,他在
　　文中有時候也稱"邑義",頁768、769、770、776。

第一，中古時期，"義"是和佛教信仰有密切關聯的一個字，它可以作爲佛教組織的名稱，也可以稱呼其成員。①

第二，佛教信仰組織的單位是"邑"，②造像記中常稱"合邑若干人"，其成員稱爲"邑子"。如龍門石窟孝文帝太和七年（483）孫秋生等人造像、宣武帝景明中（500—504）楊大眼等造像、額題爲"邑子像"，③意指此爲佛教信仰組織義邑的成員所建造之像。又例，北魏孝武帝永熙三年（534）韓顯祖等建塔像記云"合邑之人迭相殼率，建立須彌塔石像二軀"，題名中其成員皆冠以"邑子"之銜。④

第三，正因佛教信仰組織的單位是"邑"，一般稱爲"義邑"，另有少數有名稱者作"某某邑"。如北魏宣武帝正始元年（504）河南汲縣僧人法雅與"宗那邑"一千人，爲孝文帝建造一所巨大碑像；⑤北齊武成帝河清四年（565），有一"承林邑"造交龍佛像碑，⑥開皇元年（581），甘肅涇川縣水泉寺有李阿昌等廿家組成"大邑"造寺建像。⑦

第四，從文獻上而言，《續高僧傳》的作者道宣（596—667）生年跨北朝末年迄唐初，對北朝的佛教組織必有相當的了解，在此書中對四川僧人釋寶瓊（？—634）所組的佛教團體有很簡要的描述："歷遊邑洛，無他方術，

---

① 如現今所知最早的佛教組織記錄爲雲岡石窟第 11 窟東壁太和七年《邑義信士女等五十四人造像記》，其上祈願文稱："又願義諸人，命過諸師，七世父母，内外親族，神栖高境，安養光接，托育寶花，永辭穢質。"可知"義"當是一個團體的名稱。而其文稱"邑義信士女等五十四人"造像，則可知"邑義"指的是其成員（傅斯年圖書館藏拓本第 18408 號）。又，另如北齊後主天統三年（567）在今河北定興縣石柱村樹立的石柱上的《標異鄉義慈惠石柱頌》中，亦可知一佛教信仰組織稱"義"，見本書第六章《北齊標異鄉義慈惠石柱——中古佛教社會救濟的個案研究》。

② 郝春文《中古時期社邑研究》："東晉南北朝時期的邑義，自稱爲邑、邑義的最多，法義次之。這裏的 ' 邑 ' 字，不是地理概念，而是指某一地域内信奉佛教的人結成的宗教團體。"（頁 71）

③ 《金石萃編》卷二七《孫秋生等造像記》，收入《石刻史料新編》第一輯（1），臺北，新文豐出版公司，1977 年；《八瓊室金石補正》卷一二《仇池楊大眼題記》，收入《石刻史料新編》第一輯（6）。

④ 《八瓊室金石補正》卷一六《韓顯祖等建塔像記》。

⑤ 徐玉立《北魏"一千人爲孝文帝造九級一軀"碑及相關的幾個問題》，《文博》1993 年第 3 期，頁 53。

⑥ 《陶齋藏石記》卷一二《王邑師道□等造象碑》，收入《石刻史料新編》第一輯（11），頁 5—6；《中國美術史·雕塑篇》，頁 334—335。

⑦ 張寶璽《甘肅佛教石刻造像》，蘭州，甘肅人民出版社，2001 年，頁 171（圖版）、221（錄文）。《隴右金石録》卷一《隋李阿昌造相碑》，收入《石刻史料新編》第一輯（21），頁 54。

但勸信向尊敬佛法。晚移州治住福壽寺,率勵坊郭,邑義爲先。每結一邑必三十人,合誦大品,人别一卷。月營齋集,各依次誦,如此義邑,乃盈千計。"①此處"邑義"指的是人,"義邑"纔是組織之名。又,同書《釋曇曜附曇靖傳》所稱的"邑義"也是指佛教信仰組織成員,而非組織之名:"隋開皇關壞,往往民間猶習《提謂》,邑義各持衣鉢,月再興齋。儀範正律,遞相鑒檢,甚具翔集云。"②

第五,從造像記出現"邑義"一詞的前後文看來,都係指此一組織的成員,如北魏孝武帝永熙二年(533)在河南登封所造的一個佛碑像上稱,"然州武猛從□、汲郡□□□□□六鄉之秀老,遂割損家資,率諸邑義五百餘人",共同造像、建造寺院。③ 北齊文宣帝天保十年(559)七月三日,《周雙仁等造像記》:"佛弟子文海珍妻周〔雙〕仁,仰爲忘(亡)夫敬造石象一軀,力不獨濟,勸率□得邑儀(義)七十一人,共同□願,象身得成。"④下面這個例子就更清楚了,西魏文帝大統四年(538)山西芮城有"佛弟子合邑卅人"造像,祈願文中提及"因緣眷屬,香火邑義",眷屬、邑義皆係指人,而不是組織之名。⑤

第六,從造像題名的名銜上,亦可證明"邑義"指的是信仰組織的成員,如北齊後主天統五年(569),山東"邑義孫昉卅人等"共同建寺造像,其成員名字之上皆冠以"邑義"之銜。⑥ 北齊後主武平三年(572),佛教組織的執事"都維那"王子□四十人造四面佛像碑,成員(可識者計三十一人)多冠以"邑義"之銜,另有十五人名之上冠以"邑子"之稱。⑦ 由此可見"邑義"意同"邑子"。另外,"法義"組織幾限於山東地區,北朝山東一個無年

①　《續高僧傳》卷二八《唐益州福壽寺釋寶瓊傳》,《大正新修大藏經》,册五〇,頁688上。
②　《續高僧傳》卷一《魏北臺石窟寺恒安沙門釋曇曜傳三》(曇靖,頁428上)。此書另敍述僧人釋法通"南自龍門北至勝部,嵐谷汾隰,無不從化,多置邑義,月別建齋。但有沙門皆延村邑,或有住宿,明旦解會。家別一檠,以爲通供,此儀不絶至今流行。"卷二四,頁641下。
③　《中國美術史·雕塑篇》,頁262—263。
④　《中國美術史·雕塑篇》,頁326—327。
⑤　《合邑卅人等造天宫象記》,北京魯迅博物館、上海魯迅紀念館《魯迅輯校石刻手稿》,二函三册,上海書畫出版社,1987年,頁525。
⑥　《魯迅輯校石刻手稿》,二函四册,頁799—801;《十二硯齋金石過眼録》卷七《孫昉卅人等造象殘碑》,收入《石刻史料新編》第一輯(10),頁6—7。
⑦　《王子□卅人等造四面象碑》,《魯迅輯校石刻手稿》,二函四册,頁839—842。

月的造像碑題名的名銜中同時出現"邑義"和"法義",①可知"邑義"、"邑子"、"法義"都是指信仰組織的成員。

(二) 有關寺院和僧人的政策

北魏建國之初,即實施以僧人教化民衆的政策,這也涉及度僧和僧尼人數的規定;相對於唐代嚴格控制僧尼和寺院數量,北魏迄隋代在這方面的規定和實施則顯得較爲鬆散。

1. 有關僧人、寺院數目的規定

北魏對於寺院的數目,似乎沒有定額和嚴格的控制。孝文帝遷都洛陽時,規劃城内僅有一所僧寺、郭内一所尼寺,其餘都在郭城之外,這僅是對都城寺院建置地點的規範,並沒有提及數量上的限制。宣武帝永平二年(509)沙門統惠深立條制: 有僧人五十以上者,方許立寺。孝文帝太和元年(477)時,四方諸寺計六千四百七十八所,至宣武帝延昌中(512—516)達一萬三千七百二十七所,增加一倍有餘。至北魏末年,更增加至三萬餘所。② 寺院數目有如此迅速增長的原因,除了北魏沒有限制寺院的數目之外,也和以僧官統治僧人的政策有關。孝明帝神龜元年(518)尚書令任城王元澄(? —519)上奏,論及寺院數目增長之風不可抑遏,指出根本的原因在於僧官的統治:"朝格雖明,恃福共毁,僧制徒立","下司因習而莫非,僧曹對制而不問。"甚至出現僅有三五僧人即建有一寺的情況。③

至於僧人數目方面,雖然孝文帝、孝明帝都曾經明令規定每年度僧人數,但似乎未曾嚴格實施,私度的情形非常嚴重。孝文帝太和十六年(492)規定每年度僧:"四月八日、七月十五日,聽大州度一百人爲僧尼,中州五十人,下州二十人,以爲常準,著於令。"孝明帝熙平二年(517)春,也重申前令;值得玩味的是,同一詔書中也制定對於私度僧的處罰,兼及僧人和俗人官吏;其中對官吏的處罰比對僧人更爲嚴厲,官府僚吏都要連坐,每縣有十五以上私度僧、州鎮三十人,則縣令、郡守、州刺史要遭免職的處分,

---

① 《李神恩等造象題名》,《魯迅輯校石刻手稿》,二函四册,頁 919—922。
② 《魏書》卷一一四《釋老志》。
③ 《魏書》卷一一四《釋老志》。

至於私度僧則配當州服役。①

由於私度的情形頗爲嚴重,早在孝文帝之世就下令檢括私度無籍之僧;不過,從其檢括的方式看來,一則僅能針對住在寺院中的僧尼進行檢查,由當寺的維那和寺主決定去留。由此也可顯示出北魏在處理涉及國家户籍問題的私度僧時,僧人仍然有主導權。二則對於前述住寺的私度僧尼,如果其業行精勤,也仍可留在僧團中,僅淘汰素行不良的僧尼,因此,在這一波的沙汰私度僧尼的行動中,諸州還俗者僅一千三百二十七人。② 至宣武帝延昌中,寺院數已較太和元年時增加一倍,僧尼人數當然也增加不少。至北魏末年,僧尼更多達二百萬;北齊之世,法上爲昭玄統時所部"僧尼大衆二百餘萬",③充分顯示北魏以來私度僧尼情形的嚴重。

2. 僧官統治僧人

諸户立雄研究北魏迄唐的僧制,提出一個很重要的論點:北魏迄隋代,僧人的管理權掌握在僧人之手;至唐代以後,此管理權轉而操之於俗人官吏,④也就是説,北魏佛教教團權力很大。

自道武帝拓跋珪皇始中(396—397),就已設立僧官以管理僧人,中央設僧務機構昭玄寺,有沙門統二人,都維那三人;州、鎮、郡則設沙門曹,各有都、統、維那。⑤ 自此以後,僧人事務幾乎都歸僧曹及寺院三綱管理,如孝文帝延興二年(472)詔檢括私度僧:

> 比丘不在寺舍,遊涉村落,交通姦滑,經歷年歲。令民間五五相保,不得容止。無籍之僧,精加隱括,有者送付州鎮,其在畿郡,送付本曹。若爲三寶巡民教化者,在外齎州鎮維那文移,在臺者齎都維那等印牒,然後聽行,違者加罪。⑥

① 《魏書》卷一一四《釋老志》。
② 《魏書》卷一一四《釋老志》。
③ 《魏書》卷一一四《釋老志》;《續高僧傳》卷八《齊大統合水寺釋法上傳》,頁485中。
④ 諸户立雄《中國佛教制度史の研究》第一章第三節《北魏の僧制・西魏の教團制規と道僧格》,第四節《唐初における佛教教團の統制》,東京,平河出版社,1990年,頁85,103—104,117—123。
⑤ 謝重光、白文固《中國僧官制度史》,蘭州,青海人民出版社,1990年,頁54—57。
⑥ 《魏書》卷一一四《釋老志》。

塚本善隆認爲在州鎮搜檢出的私度僧係交給州鎮的官府,至於在京畿,則交付予中央的官府;不過,他附注"本曹"也可能指中央的昭玄曹。① 本文則認爲從前後文看來,係命令中央和地方的官府稽查無籍的僧人,故曰"令民間五五相保,不得容止",在地方上所檢出的私度僧送交州、鎮的僧曹,至於京畿則付與中央的昭玄曹處置。再則,同一詔書規定欲至各地遊化僧人必須有當地僧官發給的許可證,亦即決定僧人是否可以四處巡行遊化,也操在僧官之手,顯示其基本的精神就是由僧人管理僧人。西魏敦煌寫本某地方佛教教團規制中,僧人到外州遊化,則是由寺院的三綱發給手牒。②

在法律上,僧人也幾乎全由僧曹處置。宣武帝永平元年(508)詔,"自今已後,衆僧殺人已上罪者,仍依俗斷,餘犯悉付昭玄,以内律僧制治之"。③ 也就是不管是佛教内部的事務,或者是和社會有關的刑罰,除了涉及殺人罪以外,都由僧署依佛教戒律來處置。北齊時出家五衆(比丘、比丘尼、式叉摩那、沙彌、沙彌尼)犯法者則"皆據内律治之"。④

一則因以僧官統治僧人,有時會出現僧人違禁時"僧曹對制而不問"的情況,再則北魏皇帝大都篤信佛教,對於僧人時或諸多寬容。如宣武帝永平四年(511)尚書令高肇(?—515)舉發都維那僧遍、僧頻等人將"僧祇户"前涼州軍户趙苟子等二百家據爲一寺私用,徵求無度,以致有五十餘人不堪其苦而自殺,奏請以僧律處罰僧遍等人。然而即使證據確鑿,宣武帝仍然寬宥僧遍等人,都不追究。⑤

就僧俗的互動而言,在以僧人教化的政策下,自然不禁止僧俗往來;僧官不僅參與造寺和造像的活動,甚至成爲義邑組織的"邑師"。如北魏孝明帝正光四年(523)六月山西絳州董成國等人造像碑上有"□沙門統道王"的題名。又,東魏孝靜帝武定七年(549),肆州永安

---

① 塚本善隆《塚本善隆著作集》第一卷《魏書釋老志の研究》,東京,大東出版社,1974 年,頁217—218。
② 諸户立雄《中國佛教制度史の研究》第一章第三節《敦煌本"教團制規"檢討》,頁 83—85。
③ 《魏書》卷一一四《釋老志》。
④ 《續高僧傳》卷二一《隋西京大興善寺釋洪遵傳》,頁 611 中。
⑤ 《魏書》卷一一四《釋老志》。

郡定襄縣（今山西定襄縣）高嶺以東諸村義邑建造佛像碑上，題名有
"□沙門都僧觀"。[①] 另，河清三年（564）河南登封有邑主張暵族等人的
建寺造像碑，碑陽有"邑師沙門都□敬"的題名。[②] 北齊山東臨沂呂世樞等
人造像題名中，有"大象、光明主、比丘僧沙門都道"。[③] 在僧官的鼓勵之
下，義邑蓬勃開展，義邑造像、建寺、造佛堂經常是連接在一起的。

（三）僧人教化政策

北魏從道武帝（386—409 年在位）在華北拓展領地之時，爲了綏服新
征服地區人民，即采取以僧人"敷導民俗"的政策。此一政策爲明元帝所
承繼，在孝文帝時的詔令仍可見其蹤迹，至宣武帝時又再銘旨僧人教化，北
朝時期出現的部分疑僞經典也和此一政策有關。

塚本善隆認爲明元帝（409—423 年在位）開始采取"令沙門敷導民
俗"的政策，[④]本文則認爲道武帝時即已采取此一政策，理由如下：（一）《魏
書·釋老志》稱："太宗踐位，遵太祖之業，亦好黃老，又崇佛法，京邑四方，
建立圖像，仍令沙門敷導民俗。"明言"仍"令沙門敷導民俗，可見在明元帝
之前即已采行此一政策。因道武帝在從山西向河北拓地時，體認到當時華
北佛教的流行，即尊禮名僧，遣使供施隱居在泰山的僧朗；及定都平城之
後，更以禮徵河北名僧法果至京師，任命他爲"道人統"，以管攝全國的佛
教僧尼，[⑤]此時應該就已經實施以沙門敷導民俗的政策。（二）道人統法
果宣稱"太祖明叡好道，即是當今如來，沙門宜應盡禮"。[⑥] 這可能是基於
道安（312—385）"不依國主，法事難立，又教化之體，宜令廣布"的理念所
作出的妥協，並且更進一步宣稱道武帝"即是當今如來"，[⑦]可以反映北魏

---

① 《山右石刻叢編》卷一，收入《石刻史料新編》第一輯（20），《董成國造像記》，頁 1；《興化寺高
　嶺諸村造像記》，頁 22。並見《高嶺以東諸村邑儀道俗造象記》，《魯迅輯校石刻手稿》，二函
　二册，頁 465—466。
② 《金石萃編》卷三三《在孫寺造像記》，頁 32。
③ 《八瓊室金石補正》卷二二《呂世樞等造象題名》，頁 37。
④ 塚本善隆《北朝佛教史》第一《北魏建國時代の佛教政策と河北の佛教》，頁 1—26。
⑤ 塚本善隆《北魏建國時代の佛教政策と河北の佛教》，頁 1—26。
⑥ 《魏書》卷一一四《釋老志》。
⑦ 塚本善隆《北魏建國時代の佛教政策と河北の佛教》，頁 18—19。

以僧人教化的目的,即是透過僧人宣導皇權的崇高與合法性。

北魏持續執行此政策,即使日後欲檢括無籍之僧時,仍然准許僧人遊化鄉村。前述孝文帝延興二年四月癸酉詔檢括無籍之僧,但也没有改變僧人教化的政策,只是規定遊化的僧徒必須有當地僧官發給的文件,作爲他們在鄉村布教的通行證。

從北魏宣武帝正始二年的一則造像記,顯示其時仍然持續此一政策:

> 太和十六年,道人僧暈爲七帝建三丈八彌勒像、二菩薩□□丈造素,至景明二□鑄鐫訖竟。正始二□歲次乙酉二月壬寅朔四日,銘旨三州教化。……大魏今上皇帝陛下,忠慕玄追,孝誠通敏,班旨三州,率宣功就。略表始末,銘之後代耳。七寶瓶前定州刺史彭城王元勰、定州刺史城陽王元鸞。①

僧暈從太和十六年開始,爲七帝(道武帝、明元帝、太武帝、南安王拓跋余、文成帝、獻文帝、孝文帝)造三丈八尺彌勒大像暨二菩薩像,至宣武帝景明二年(501)完工。迄正始二年,宣武帝追慕先人,特地班旨三州,宣告此像完成,從上文提及“今上皇帝陛下,忠慕玄追,孝誠通敏,班旨三州,率宣功就”,可知教化的内容是教忠教孝。然而,此因僧暈爲七帝造像,故教化的内容應也涉及佛法。由於以僧人教化政策和義邑的發展有密切的關係,從東魏、北齊、北周以迄隋代造像題記,可知其時仍持續此一政策。

以僧人巡行教化可收到何等效果? 北周武帝天和元年(566)在今山西芮城一個鄉村義邑造像碑的碑陽上堪之下緣有:“邑師三□僧族”和“邑師比丘惠觀”的題名,其頌詞除了佛教的語詞之外,更云“移風革俗,禮惠齊聞”,②説明了僧人在傳播佛法的同時,也達到了禮治教化的目的。

---

① 《僧暈造像記》,《魯迅輯校石刻手稿》,二函一册,頁53—54;北京圖書館金石組編《北京圖書館藏中國歷代石刻拓本匯編》(以下簡稱《北圖石刻拓本匯編》),册三,鄭州,中州古籍出版社,1989年,頁19。
② 《合村長幼造像記》,《魯迅輯校石刻手稿》,二函五册,頁969—972。

（四）僧人教化與義邑

從造像記和題名中出現以下幾個名詞："邑師"、"門師"、"師僧父母",反映此一時期僧人教化和義邑的組成有密切的關係。由於北魏對於造寺並無嚴格的限制,有的義邑是爲造寺而組成的,[①]故此時義邑造像題名中也出現"俗人寺主"、"俗寺主"、"寺檀主"的名詞。

1. 邑師、門師與"師僧父母"

由於義邑的成員（稱爲"邑義"、"邑子"、"法義"）在造像主題的選擇和佛法的修習上,必須有僧尼的指導和參與,因此義邑常請一位或一位以上的僧人作爲指導者,稱爲"邑師",而在造像祈願文中也經常出現"師僧父母"的詞語。

山崎宏指出：邑師不必專屬於某一義邑,在特定期間如每月一回或二回,爲之説教或指導禮拜,同一邑師可以作爲二個以上義邑之師。[②] 他所描述正是遊化僧人的情況,如李文生研究龍門石窟北魏的義邑造像中,發現有一位名叫慧敢的比丘,在景明至正始年間（500—508）,參加了邑主來温香等九十餘人造像。另外,他在以下四個造像活動：永平三年（510）邑主魏僧通等廿三人造像、神龜三年（520）邑主孫今堂等人造像、神龜三年邑主趙阿歡等人造像,以及不明紀年的維那樂惠等率諸邑義造像中,都擔任"邑師"。[③] 從這個例子看來,比丘慧敢是在某一個地區巡行教化,而得以組織好幾個以造像爲主的義邑。

北朝時期在鄉村遊化的僧尼人數相當多,[④]有時一個義邑的"邑師"不只一人,在此情況下,還出現"大邑師"、"都邑師"之名,如北齊天保八年（557）河南登封有劉碑等人造像,造像者題名中有"大邑師惠獻"、"邑師僧和"、"邑師僧□"。[⑤] 另如,天保三年（552）在河南輝縣僧嚴等造佛像碑上

---

① 山崎宏認爲佛教信仰組織是北魏初期以華北在家佛教徒爲主而組成的,他們營造佛教、窟院,或舉行齋會、寫經、誦經等行事,特別是爲造像、設齋等出資而組合（《支那中世佛教の展開》,頁 767—768）。

② 山崎宏《支那中世佛教の展開》,頁 779—780。

③ 李文生、孫新科《龍門石窟佛社造像初探》,頁 45。

④ 本書第一章《5—6 世紀華北鄉村的佛教信仰》。

⑤ 《八瓊室金石補正》卷二一《劉碑造象銘》,頁 8。

有"都邑師僧進"的題名。① 北齊後主武平六年(575),在洛陽龍門藥方洞有"都邑師道興"率邑人造釋迦幷二菩薩像,②北朝無紀年造像碑上有"大都邑師"。③ 又,雖然有的造像題名上沒有"邑師"之名,但僧人實際上是此一義邑的領導者和指導者。④

在義邑的組成或造像活動中,邑師有時扮演了主導的角色,或是數個義邑在一位以上邑師的合作之下共同造像,如北周武帝天和四年(569)八月一日在陝西涇陽有諸邑子等人"遂相合師,共崇洪願",出資建造一所佛像碑,其上有三邑師"邑師法敬"、"邑師法通"、"邑師惠咬"題名。⑤ 另如在邑師的教化之下,常岳率邑義一百餘人捐捨資財,在洛陽龍門附近山崖上造一所彌勒像,造像記稱:"自非大士邑師法建都邑義等,少染道門,長聞法教,知脆命之不堅,危身之難保,遂臨伊闕之左,斷石嶺之西,鐫聖容一所。……乃率合一百人等,知四大之无常,焉能建此功業者哉!"⑥北齊後主武平二年(571)九月十五日,有一所寺院的信徒三百餘人所組織的義邑,在"邑師道略"的指導下,建造一所佛像碑,置於此寺供養。⑦

此外,有的僧人更以"邑主"身份出現,顯示其在此義邑的組成中居於領導的地位。東魏孝靜帝武定元年(543)在河南河內(今河南沁陽)附近的村落中,由清信士合道俗九十人造一佛像碑,其題名中有五名比丘,另有四位僧人:"邑師法振侍佛時"、"邑主、都唯那法猛侍佛時"、"都唯那法僑侍佛時"、"都唯那法莨侍佛時",⑧顯示出此義邑係以僧人爲主導;邑主係在一所寺院擔任寺綱都維那之職的法猛,另外兩名僧人法僑、法莨則擔任此一義邑組織中執事的都維那之職。又如東魏武定七年四月八日,武安縣(治所在今河北武安市西南)龍山寺主比丘道瓚率領此義邑成員一百人建

① 《北圖石刻拓本匯編》,冊七,頁22。
② 《金石萃編》卷三五《道興造像記》,頁12。
③ 《北圖石刻拓本匯編》,冊六,頁196。
④ 郝春文《中古時期社邑研究》,頁145。
⑤ 《金石萃編》卷三七《顏那米等造像記》,頁17。
⑥ 《魯迅輯校石刻手稿》,二函一冊,頁229—230;並見《八瓊室金石補正》卷一六,頁18。
⑦ 《金石萃編》卷三四《邑師道略等造神尊碑像記》,頁26。
⑧ 《道俗九十人等造像記》,《魯迅輯校石刻手稿》,二函二冊,頁339;《北圖石刻拓本匯編》,冊六,頁95。

一所佛像碑,從造像記和題名中,可知此造像活動是由道瓚發起的,共有四位"邑主",其中兩名是僧人:"比丘像、邑主道勝"、"比丘像、邑主僧教".[①]

　　一直到隋代的造像碑上,都可見到"邑師"的題名。前述隋開皇元年李阿昌等廿家組成一個稱爲"大邑"所造的佛像碑上,即有"邑師比丘僧欽"、"邑師比丘道珍"的題名.[②] 開皇十六年(596)三月邑子八十人等造阿彌陀像一區,其上有"邑師比丘法和"的題名.[③] 值得注意的是: 石刻資料所見"邑師"之名,僅迄於隋代,入唐以後即不復見。

　　五胡十六國以降,從帝王、貴族到平民一族一門供養敬事某位僧人,稱爲"門師"、"門僧".[④] 在義邑的造像活動中,也可見這類僧人的身影,如北魏孝明帝正光五年(524),陝西富平魏氏邑人建造的佛像碑上有"門師節□□"的題名.[⑤] 陝西涇陽有一所西魏文帝大統四年(538)義邑造像碑上,不但有"邑師法仙",還有"門師僧欽、門師□法"的題名.[⑥] 大統十五年(549)五月十四日完工的佛像碑,係由以"邑主"、"像主"吳神達爲首的義邑所建造的,其上有七位僧人題名,其中"門師□□□"當是指吳神達的門師.[⑦]

2. 師僧父母

　　在造像記的祈願文中常見"師僧父母"一詞,反映了遊化僧人和邑師在義邑中的重要性。如北魏孝明帝孝昌三年(527)七月十日,山東歷城黃石崖有法義兄弟一百餘人的造像,記文稱:"上爲帝主、法堺群生、師僧父母、居家眷屬,咸預福慶,所願如是."[⑧]北齊孝昭帝皇建二年(561)五月二十五日,并州樂平郡石艾縣安鹿交村邑義陳神忻七十二人等敬造石室二區:"上爲佛法興隆……下爲七世□□見存,師僧父母,因緣眷蠢動□生,

---

①　傅斯年圖書館藏拓本第 10995 號;大村西崖《支那美術史・雕塑篇》,頁 286—287。

②　《隴右金石錄》卷一《隋李阿昌造相碑》,頁 54。

③　《金石萃編》卷三九《王女暉等造像記》,頁 15。

④　山崎宏前引書,第五章《支那佛教盛時に於ける家僧・門師》,頁 832—839。

⑤　《八瓊室金石補正》卷一六《魏氏造象碑并側》,頁 3;《金石萃編》卷三二錄有此碑記,但不全。

⑥　《合邑卌人等造天宮象記》,《魯迅輯校石刻手稿》,二函三冊,頁 525。

⑦　《金石萃編》卷三二《吳神達等造像記》,頁 16。

⑧　《八瓊室金石補正》卷一六《法義兄弟百餘人題記》,頁 2。

有形之類,越三途之苦難,□登政覺。"①

北魏分裂以後所譯出的經典纔出現"師僧父母"一詞,這可能是受到北魏以來流行語彙的影響,如東晉和唐代所譯的《大方廣佛華嚴經·離世間品》中相同的一段文字,東晉佛馱跋陀羅所譯的本子稱述"尊敬福田"作"父母、沙門",但在唐代實叉難陀譯本作"師僧父母",而且將"師僧"置於"父母"之前。②

3. 俗人寺主

北朝並不嚴格限制寺院的建立,前述永平二年沙門統惠深奏言"其有造寺者,限僧五十以上,啓聞聽造"。因此僧俗多創建寺院,某些寺院和義邑有依存的關係,或是組成義邑建造寺院,也有義邑係由某一寺院信徒所組成的。在寺院三綱(寺主、上座、都維那)的"寺主"(由僧人擔任)之外,建造寺院的俗人施主常被冠以"俗人寺主"之名,或逕稱爲"寺主"。

南北朝以來,寺院三綱是綱紀僧人的僧職;另外有所謂的"俗人寺主",或稱"寺檀主"、"俗寺主",則是指俗人出資、捐地建造寺院,而成爲此寺的"寺主"。如北魏孝明帝熙平二年(517),張法壽施捨居宅建爲"務聖寺";張法壽與其妻亡故之後,東魏孝靜帝天平二年(535),其子張榮遷、張脩和二人建造佛像碑爲其亡父母祈求冥福,由當寺比丘洪寶撰寫的銘文即稱張法壽爲"務聖寺檀主"。③ 又,東魏孝靜帝天平二年"中岳嵩陽寺碑銘序"中稱司空公裴衍爲"寺檀主"。④ 建於隋文帝開皇五年(585)"七帝寺碑"中的一段描述,爲俗人寺主下了最好的注腳;碑文敍述孝文帝太和十

---

① 《山右石刻叢編》卷二《陳神忻七十二人等造象記》,《石刻史料新編》第一輯(20),頁9。
② 東晉佛馱跋陀羅譯《大方廣佛華嚴經》卷四二離世間品第三十三之七:"佛子、菩薩摩訶薩,有十種慢業,何等爲十? 所謂於尊重福田: 和尚、阿闍梨、父母、沙門、婆羅門所,而不尊重恭敬供養,是爲慢業……"(《大正新修大藏經》,冊九,頁663下—664上)。唐實叉難陀譯《大方廣佛華嚴經》卷五八離世間品第三十八之六:"佛子、菩薩摩訶薩,有十種慢業,何等爲十? 所謂於師僧、父母、沙門、婆羅門,住於正道、向正道者尊重福田所,而不恭敬,是慢業。"(《大正新修大藏經》,冊一〇,頁308中一下)
③ 《金石萃編》卷三〇《比丘洪寶造像銘》,頁9:"務聖寺檀主張法壽能於五蓋重羅之下,契斷恩愛塵勞之繒綱,於熙平二年捨宅造寺。"
④ 《魯迅輯校石刻手稿》,一函五冊,頁818—819:"司空公裴衍昔在齊都,欽承師德,願歸中國,爲寺檀主,本願既從,雲歸表節,禪師乃構千善靈塔一十五層……"(傅斯年圖書館藏拓本第03192、18545號)

六年僧量造三丈八彌勒金像，至北周武帝毀滅佛法，像與寺皆遭毀壞，至隋文帝開皇元年，僧量的弟子慧鬱及其弟子玄凝欲修復舊像，但寺院舊址已歸私人所有，當時有崔子石、何永康兩人出資買回舊寺之地，建寺復像，此二人即是此寺的"俗寺主"："賴摩訶檀越前定州贊治并州總管府戶曹參軍博陵人崔子石、前薩甫下司録商人何永康，二人同贖得七帝寺院，價等布金，貴餘祇樹。一發檀那，雙心俱施，並爲'俗寺主'。"①在印度捐資施地造寺之人，也被稱爲"寺主"，義淨《大唐西域求法高僧傳》敍述印度寺院："寺内但以最老上座而爲尊主……更無別置寺主、維那，但造寺之人名爲'寺主'。"②

北朝的造像題名中，屢見"俗人寺主"之銜；也有俗人姓名上冠以"寺主"者，亦即"俗人寺主"。如東魏孝靜帝興和四年(542)，在今河南滑縣境李村有李氏家族一百多人共同建寺、造像、建碑，此碑左側的題名中有"永安寺比丘僧法恩、寺主比丘法尚"，可知此寺就是"永安寺"，在碑陰有"寺主李元安"的題名，③李氏即俗人寺主。東魏孝靜帝武定元年(543)，在河南淇縣有一所寺院信徒五百餘人所組成的義邑建造佛像碑，題名中有兩位俗人寺主："寺主鎮東將軍、林慮太守赫連子悦"、"寺主李興宗"。④《北齊書》、《北史》均有赫連子悦傳，⑤由此碑可知他任職林慮太守時期，也參與郡民的建寺、造像活動。前面提及東魏武安縣龍山寺主比丘道瓊率領義邑建造一所佛像碑，其上有龍山寺俗人寺主的題名："象、塔、寺主兩縣令桓肆同供養侍佛"、"像、寺、都(邑)主平東將軍、前昌樂縣令桓小成"。⑥

北齊文宣帝天保九年(558)，魯文字(道惠)造寺置僧，並和義邑成員一千人造像；及其去世後，其子魯思明又造寶塔三區，題名即有："東、西二

①　《定縣金石志》卷下《七帝寺碑》，《石刻史料新編》第三輯(24)。施安昌《隋刻〈重修定州七帝寺記〉》，《善本碑帖論集》，北京，紫禁城出版社，2002年，頁155。《慧鬱等造像記》，《北圖石刻拓本匯編》，册九，頁25；《魯迅輯校石刻手稿》，二函五册，頁1043—1046。

②　義淨《大唐西域求法高僧傳》卷上《新羅慧輪法師》，《大正新修大藏經》，册五一，頁5下。

③　《李氏合邑造象碑》，《魯迅輯校石刻手稿》，二函二册，頁320—323。《北圖石刻拓本匯編》，册六，頁90。

④　《魯迅輯校石刻手稿》，二函二册，頁343—350；《北圖石刻拓本匯編》，册六，頁96。

⑤　《北齊書》卷四〇《赫連子悦傳》；《北史》卷五五《赫連子悦傳》。

⑥　傅斯年圖書館藏拓本第10995號；大村西崖《支那美術史·雕塑篇》，頁286—287。

寺都福主魯文字"、"寺主魯相舉"。① 北齊武成帝河清二年（563），山東有
薛貳姬率邑義數十人造丈六鐵像一區，在題名中除了"像主薛貳姬"之外，
另有"寺主陳貳"。② 河清四年四月八日在河南輝縣白鹿山所建的"玄極
寺碑"，碑右側有"白鹿玄極寺主王桃湯，三爲郡中正"題名。③ 北齊後主
天統五年（569）宋氏道俗邑人造一佛二菩薩像碑上，有六位寺主的題名，
其中有五位係俗人寺主："寺主平昌令宋安宗，寺主朔州刺史宋安舍，寺主
安國令宋安集，寺主趙郡太守宋領宗"，"寺主外兵參軍宋景和"。另有"寺
主比丘僧法住，俗字宋景樂"，即宋氏家族中的一名成員後來出家，成爲此
寺"三綱"的寺主，統領僧衆。④ 由此看來，玄極寺應是由宋氏家族所建造
的寺院。北齊後主武平三年（572）王子□率領義邑成員卅人等造四面石
碑像一區"置在伽藍"，從碑額上大字題寫著"興聖寺主諸葛始興"八個
字，⑤可知此碑應是置於興聖寺内，而諸葛始興即此寺的俗人寺主。關於
義邑所從事的宗教活動，學者已有論著，⑥今略。

三、唐代佛教政策與社邑的轉型

　　對唐代佛教信仰組織有直接影響的兩個因素，一是高宗咸亨五年
（674）詔，禁絶各種形式的私社——其中就包括了佛教信仰組織；一是玄
宗開元年間（713—741）諸詔敕，對於僧人行動和宗教活動的内容做了很
多的限制。其後，天寶元年（742）又詔令"私社與官社同日祀"，孟憲實認
爲此係對私社的解禁，⑦這是很正確的。然而，除了高祖、武宗之外，玄宗
是唐朝諸帝對佛教管制最多，也最爲嚴厲的一個皇帝，因此如要充分解讀

① 傅斯年圖書館藏拓本第 00788 號；《北圖石刻拓本匯編》，册七，頁 71。
② 《歷城金石續考》卷三一，《石刻史料新編》第三輯（25），頁 26；《支那美術史·雕塑篇》，頁
　 358—359。
③ 《魯迅輯校石刻手稿》，一函六册，頁 1035。
④ 《北京圖書館藏中國歷代石刻拓本匯編》，册七，頁 199；《支那美術史·雕塑篇》，頁 341。
⑤ 《王子□卅人等造四面象碑》，《魯迅輯校石刻手稿》，二函四册，頁 836。
⑥ 參見本書第一章《5—6 世紀華北鄉村的佛教信仰》；郝春文《中古時期的社邑研究》上篇貳
　 《專門從事佛教活動的民間團體及其與佛教的關係》，頁 128—129,148—152。
⑦ 孟憲實《唐朝政府的民間結社政策研究》，《北京理工大學學報》2001 年第 1 期，頁 28—29。

天寶元年詔，必不可忽視前此開元二十九年間有關佛教的諸詔敕。本文認爲：天寶元年詔的目的實係在開元諸詔敕給予僧人很多的制約後，擬再將佛教結社活動列於官方的監視之下，所以本節將重點置於開元諸詔敕的討論。

　　開元年間加諸佛教僧人的各種制約，使得中、晚唐的社邑和北朝的義邑從名稱到內涵都有不小的變化。無論是咸亨五年詔或是開元諸詔敕，主要目的都是爲防止佛教徒對統治者形成威脅，它們的發布和其時先後發生的一些涉及佛教叛亂事件應有所關聯。除此之外，唐代佛教政策和北朝的政策有很大的差異，也影響及佛教信仰組織產生一些變化。唐朝佛教政策的基調包括：以俗官統制僧人、控制寺院和僧尼數目和僧人的"隸籍屬寺"，如玄宗開元諸詔敕都和僧人隸籍屬寺有關。唐朝以賜額的方式嚴格控制寺院的建置，使得此一代幾乎沒有爲了建寺而組成的社邑，也不見北朝常見的"俗人寺主"。

（一）唐代佛教政策的幾項基本原則

　　諸戶立雄認爲唐初強化對佛教統制，顯現在兩方面：一是設置俗人出任的中央僧官以統領僧人，二是制定《道僧格》，作爲統治僧尼的基本法典。[1] 唐太宗制定《僧格》頗有嚴格控制佛教的意圖，[2]今已不存，中日學者持續努力從文獻中輯出資料，以期復原其原樣。[3] 不過，由於學者輯逸復原的工作較少考慮各項資料——尤其是皇帝的詔敕發布的時間先後，因此迄今所復原《道僧格》的價值在於呈現唐代僧尼法律的全貌，但對理解唐代各個時期佛教政策的發展和變遷，則比較沒有幫助。因此，本節不擬

---

① 諸戶立雄《中國佛教制度史の研究》第一章第四節《唐初における佛教教團統治》，頁108—125。

② Stanley Weinstein 著，釋依法譯《唐代佛教——王法與佛法》，臺北，佛光出版社，1999 年，頁32—35。

③ 秋月觀暎《道僧格復舊》，《歷史》第 4 輯；道端良秀《唐代佛教史の研究》第一章第四節《二僧尼に對する法令》，京都，法藏館，1957 年，頁 114—136；二葉憲香《僧尼令の先行法としての道僧格》，收入《律令國家と佛教》（《論集奈良佛教》第 2 集，東京，雄山閣，1994 年）；諸戶立雄《中國佛教制度史の研究》第一章第二節《道僧格の復舊》，頁 48—50；鄭顯文《唐代〈道僧格〉研究》，《歷史研究》2004 年第 4 期；又《唐代律令制研究》，北京大學出版社，2004 年；周奇《唐代宗教管理研究》，復旦大學博士論文，2005 年，頁 28—40。

援引復原的《道僧格》，而改就唐帝在不同時期所發布的詔令進行討論。

對於寺院和僧人數量的控制是唐朝佛教政策的基調，①在寺院政策方面，以賜額（"額寺"）控制合法寺院的數量，②另外也將非額寺的各種道場列入管制；③在僧人管理方面，除了僧籍之外，還要將此籍掛在某寺之下，本文將之稱爲"隸籍屬寺"。

1. 以俗官統制僧人

唐太宗貞觀九年（635），玄琬法師在去世之前上表請僧尼有過者，皆依內律治之，同年，下詔依內律明爲條制，以規範僧尼的行爲，④學者多認爲此即唐代《僧格》的成立。唐代寺院僧人由"三綱"監督管理，依謝重光的研究：僧尼的管理在武則天延載元年（694）以前以及玄宗開元二十四年（736）這一年，係是鴻臚寺崇玄署統官僧尼的時期，但度僧須受御史的監察、僧籍管理和僧官選任受尚書祠部的督察；延載元年以後至開元二十四年，以及開元二十五年以後歸祠部統管。唐玄宗天寶末年新設"功德使"，有關佛教大部分的管理權逐漸轉移到功德使之手。安史之亂前，國家僧務完全置於王權一元化的統治下；安史之亂動搖了王權對教權的統治，出現了地方州郡的僧官包括"僧正"、"僧統"，唐代後期新設了中央僧官"左街僧錄"、"右街僧錄"，形成了寺院（三綱和監寺）——地方僧官——中央僧官（左右街功德使、左街僧錄、右街僧錄），也就是圓仁所述：監寺、僧正、僧錄這三種。⑤ 簡言之，僧人的管理權從北朝時期教團自治，轉而成爲由俗人官吏管轄，其決斷權在於俗官之手。諸戶立雄還注意到州縣官對於僧尼管理權包括：私度僧尼和對於寺觀的監督統制權（如僧尼與百姓往來、僧

---

① 本文主要是從唐代的佛教政策而論，至於它的落實情況，和政策之間是有若干的落差。如在額寺之外，出現很多的蘭若、佛堂等，關於這一點，筆者另有文討論，參見《唐宋時期的功德寺——附論功德寺的意涵》。

② 張弓《漢唐佛寺文化史》，北京，中國社會科學出版社，1997 年，頁 232—234；明傑《唐代佛教度僧制度探討》，《佛學研究》，2003 年；周奇《唐代國家對寺院經濟的控制——以寺院人口爲例》，《佛學研究》，2004 年。

③ 參見拙文《唐宋時期的功德寺——附論功德寺的意涵》。

④ 《佛祖統紀》卷三九《法運通塞志第十七之六·唐太宗》，《大正新修大藏經》，冊四九，頁 364 下；同書卷五四《歷代會要志第十九之四·褒恤終亡》，頁 473 中。

⑤ 謝重光、白文固《中國僧官制度史》第五節《安史之亂後僧官系統的重建》，頁 111—122。

尼赴俗人家齋會等）。①

2. 寺院數目的控制和管理

唐朝僅有"額寺"是合法的寺院。"額寺"始於隋朝,隋末的動亂賦予唐室一個整頓佛寺的機會,而以賜寺額作爲控制寺院數量的方法。②《舊唐書·職官志》記載:"凡天下寺有定數,每寺立三綱,以行業高者充。"其下注稱:"諸州寺總五千三百五十八所,三千二百三十五所僧,二千一百二十二所尼。每寺上座一人,寺主一人,都維那一人。"③在合法的額寺之外,還有以下各種形式的道場存在,如山房、蘭若、普通、佛堂、義井、村邑、齋堂等,④雖然這些都不是合法寺院,但從初唐即將之列入管理。

五代後周世宗顯德五年(958),下詔廢除佛寺、僧人還俗,相州節度掌書記馬去非與大伾山寺僧衆上奏請保留此寺,世宗敕准保留,"大伾山寺准敕不停廢記"云:"乃頒行天命,條貫僧居,有敕額者存,無敕額者廢。非輕釋氏,用誡游民。"⑤點出了控制寺院數量最重要的目的是控制僧尼數目。

3. 僧尼的隸籍屬寺

唐代對於僧尼管理的重點在於:(一)人數的控制,對於僧尼出家有種種的限制,並嚴格管理僧尼户籍。(二)僧尼籍須隸於寺院。關於前者,學者已做過不少討論,在此略過。

唐代除了編列僧尼籍之外,其名籍還須隸屬於某所寺院之下,即"隸籍屬寺"。周奇首先注意到唐代僧尼出家,取得僧籍之後,須"配名"至某寺,纔使僧籍落實,完成最後一道手續。⑥ 按,相較於"配名"一詞,僧傳用

---

① 諸户立雄《中國佛教制度史の研究》,頁 108—123。高宗時,曾因卧病中的玄奘之請求,高宗下詔停止僧尼用俗法論罪(《佛祖統紀》卷五四《歷代會要志第十九之四·僧制治罰》:"玄宗詔:僧尼有過一依佛律處分,州縣不得擅行決罰。"頁 472 下。但這可能是短暫的。
② 張弓《漢唐佛寺文化史》,頁 232—233。
③ 《舊唐書》卷四三《職官志二》,北京,中華書局,1975 年,頁 1831。
④ 小野勝年《入唐求法巡禮行記の研究》(京都,法藏館,1989 年)卷四,記載武宗毁廢佛法,在會昌四年(844)七月十五日首先廢除以下諸種非額寺的道場:"又敕下令毁拆天下山房、蘭若、普通、佛堂、義井、村邑、齋堂等,未滿二百間、不入寺額者。其僧尼等盡勒還俗,充入色役。縣令分析聞奏。"頁 71。圓仁《入唐求法巡禮行記》,顧承甫、何泉達點校,上海古籍出版社,1988 年,頁 178。
⑤ 《金石萃編》卷一二一《大伾山寺准敕不停廢記》,頁 28。
⑥ 周奇《唐代宗教管理研究》第三章《出家制度》第五節《配名與移録》,頁 102—105。

得比較多的是"隸籍"一詞,①即"隸名籍"的簡稱。如僧人智通"隋大業中出家受具,後隸名總持寺",②其隸名總持寺當係入唐之後的事。大和元年(827)鄂州刺史牛僧孺往訪在武昌郡黄鵠山結茅庵修行的僧人無等(748—830),因其所居蘭若非合法寺院,"牛公慮其蘭若不隸名籍,特爲奏題曰'大寂'也"。③因隸名籍於某寺,意味著要定點居住在此寺,因此有"配住"之稱。唐代僧人的"隸籍屬寺"已是一種定制,如僧人玄素"以如意年中始奉制度,隸名於江寧長壽寺"。④天寶八載,齊翰出家"奉制度配名永定寺"。⑤"配名"即"隸名籍配住"之意。從 2004 年吐魯番出土的"唐龍朔二年西州高昌縣思恩寺僧籍",具體反映了僧人的隸籍於寺。⑥在此制度下,僧人自某寺移籍至他寺,須通過申請得到許可,或者係皇帝的恩賜。不唯僧尼隸名籍於某寺,道士女冠亦復相同,如唐初道士元覽"時遇恩度爲道士,隸籍於至真觀"。⑦

基於僧人隸籍於寺院的原則,僧尼不得擅離寺院;由此也可以理解玄宗開元年間諸詔敕中,如不得和俗人來往"潛行閭里"、"或妄托生緣。輒有俗家居止",實是本於此一政策。

(二)《咸亨五年詔》及其出現的背景

唐高宗下令禁止春秋二社之外所有形式的結社,其中就包括了佛教的結社。此詔發布的近因爲咸亨年間祖珍儉事件、高宗初年陳碩真謀反,遠則和唐建國以來多次涉及佛教的謀逆事件有關。

1. 背景

唐初以來數起涉及僧人的叛亂事件,可能對唐朝皇帝的佛教政策有所影響,顯現在防止僧尼聚衆作亂的諸詔敕之中,咸亨五年禁絶所有私社也

---

① 《續高僧傳》、《宋高僧傳》中各有一次"配名";《宋高僧傳》中"隸名"有十八次之多。
② 《宋高僧傳》卷三《唐京師總持寺智通傳》,《大正新修大藏經》,册五〇,頁 719 下。
③ 《宋高僧傳》卷一一《唐鄂州大寂院無等傳》,頁 774 中。
④ 《宋高僧傳》卷九《唐潤州幽棲寺玄素傳》,頁 761 下。
⑤ 《宋高僧傳》卷一五《唐吳郡東虎丘寺齊翰傳》,頁 799 下。
⑥ 孟憲實《吐魯番新發現的〈唐龍朔二年西州高昌縣思恩寺僧籍〉》,《文物》2007 年第 2 期。
⑦ 王太霄《元珠録序》,《全唐文》卷九二三,北京,中華書局,1983 年,頁 9624 上。

是其中之一。由於前此學者對於這一部分較少留意,此處乃不憚冗長,敘述如下。

（1）唐初和佛教有關的反亂

A. 河北沙門曇晟事件

唐高祖建國之初,天下未定,群雄紛競,其中高開道自稱"燕王",數度引突厥爲援,給唐室帶來很大的困擾,一直到武德七年(624),高開道的將領張金樹殺開道來降,纔平定這股勢力。[1] 值得注意的是,高開道部分的兵力是接收武德元年(618)在河北反叛的僧人曇晟之徒衆。唐高祖飽受來自河北及突厥的侵擾,自然不會忘記防範僧人的武裝力量。

武德元年,河北沙門曇晟趁著懷戎縣(今河北涿鹿縣西南)令設齋集僧的場合,與其僧徒挾持齋衆,殺縣令和鎮將,建國立號,自稱"大乘皇帝",立尼靜宣爲耶輸皇后,建元爲"法輪"。爲了增長實力,他派遣使臣招誘在漁陽郡(治所在今河北薊縣)有馬數千匹、衆且萬人的"燕王"高開道。數月之後,高開道襲殺沙門曇晟,並且接收他所有的徒衆。曇晟有多少兵馬,不得而知,《舊唐書》稱"曇晟與其僧徒五十人擁齋衆而反",《新唐書》沒有提及曇晟的門徒有多少人,《資治通鑑》稱:"因縣令設齋,士民大集,曇晟與僧五千人擁齋衆而反,殺縣令及鎮將。"[2]此一記載恐有誤,即使此齋會參與的僧人有五千人之多,這些僧衆也未必完全贊同曇晟之謀。

B. 李仲文與比丘尼志覺事件

武德三年(620)七月,驃騎大將軍可朱渾定遠告發并州總管李仲文與突厥通謀,欲引兵入寇,高祖因此徵李仲文入朝。次年(武德四年)二月,并州安撫使唐儉又密奏李仲文有數項不法情事,包括(一)與妖僧志覺有謀反語。(二)娶陶氏之女以應桃李之謠。(三)諂事突厥可汗,可汗允諾立他爲"南面可汗"。(四)收贓索賄。高祖命裴寂、陳叔達、蕭瑀交相審問,殺了李仲文。[3]

---

[1]　《資治通鑑》卷一八八唐高祖武德三年;卷一八九唐高祖武德四年;卷一九〇唐高祖武德五年。

[2]　《資治通鑑》卷一八六唐高祖武德元年。《舊唐書》卷五五《高開道傳》;《新唐書》卷八六《高開道傳》。

[3]　《資治通鑑》卷一八八唐高祖武德三年;武德四年。

隋末動亂中,或有群雄徵發僧兵爲助,或有僧尼爲求自保而投靠某一陣營的情事,①以及上述武德初年兩次涉及僧尼的謀反事件,都是導致其後高祖對新征服的領地采取廢省寺院和僧人政策的重要原因。唐高祖在武德四年(621)平定王世充,至武德六年(623)平定劉黑闥、武德七年討平輔公祏,下令毀廢其領地的寺院,僅在各州留一寺,三十僧。至武德九年(626),下令盡廢佛道二教。迄太宗即位之後,纔逐步解禁,建寺並度僧。關於高祖抑禁佛教之來龍去脈,請見諸户立雄《唐高祖朝の佛教政策》。②

C. 李好德妖言事件

太宗貞觀五年(631),河內人李好德因患病而妄有"妖言",此一事件影響及唐代死刑的執行,故在正史留下了記錄;但史書並未提及著名的禪僧釋靜琳還受此事的牽連,下獄受審。由於大理丞張蘊古認爲李氏有狂病,奏請不當坐罪,然而治書侍御史權萬紀上言張蘊古所奏不實,太宗在盛怒之下,立即斬殺張氏。事後太宗非常後悔,詔"死刑雖令即決,皆三覆奏"。③ 史書對於李好德的背景一無描述,不過,《續高僧傳》記敘因李好德歷任數官,曾經從靜琳習業,後避居山林時,靜琳令弟子爲他剃度;妖言事件爆發之後,靜琳也被執禁獄中受審,後因獄官的掩飾,而被釋放。④

(2)高宗朝涉及僧尼的叛亂

高宗永徽四年(653)十月,睦州女子陳碩真與妹夫章叔胤舉兵反叛,自稱"文佳皇帝",歷時兩個月纔告平定。她先是引兵二千攻陷睦州和於潛,其後,攻打歙州,但沒能成功,唐室令揚州刺史房仁裕發兵討伐。陳碩真的手下童文寶將四千人寇婺州,刺史崔義玄發兵拒守成功,並且進攻至睦州,投降者數以萬計。十一月,崔義玄和揚州刺史房仁裕合師,擒斬陳碩真、章叔胤,平定此事。⑤ 因陳碩真起事之前"撞鐘焚香",故官府將揚州僧人都集中到建業加以詢問,其過程甚爲嚴酷,甚至有僧人受不了折磨,選擇

---

① 諸户立雄《中國佛教制度史の研究》第四章第一節《隋末・唐初戰亂の佛教界》。
② 諸户立雄《中國佛教制度史の研究》第四章第二節《唐高祖朝の佛教政策》,頁520—534。
③ 《新唐書》卷五六《刑法志》;《資治通鑑》卷一九三唐太宗貞觀五年。
④ 《續高僧傳》卷二〇《唐京師弘法寺釋靜琳傳》,頁591上。
⑤ 《資治通鑑》卷一九九唐高宗永徽四年。《舊唐書》卷七七《崔義玄傳》;《新唐書》卷三《高宗紀》。

自縊結束生命,還有超過三百名僧人奔赴牛頭山,投靠在那裏修行的禪僧釋法融。爲了籌措這些僧人的食物,法融不辭勞苦地奔波往還於城市和山林,《續高僧傳・潤州牛頭沙門釋法融傳》中有很詳細的描述。①

在平亂期間,揚州一帶被懷疑和陳碩真有牽連的人爲數不少,在此事平定之後,高宗特別派遣刑部尚書唐臨清查被冤屈者:"詔刑部尚書唐臨馳傳案覆,被詿誤者悉免之;人吏爲賊所殺者,官爲殯殮。"②

高宗咸亨年間(670—674),趙州人祖珍儉因行幻術,並且賣卜於市,爲人舉告而被斬於市。此係因唐代法律有"妖言"之罪,而妖言通常被和謀反連在一起。③ 此事發生在哪一年不詳,但咸亨五年五月即有禁絕所有私社之詔。

2.《咸亨五年詔》

咸亨五年五月,高宗下詔禁止所有私社;值得注意的是,禁私社詔是接續在下列禁僭服色的内容之後,因此它也有維持皇權統治的意涵在内:

> 采章服飾,本明貴賤,升降有殊,用崇勸奬。如聞在外官人百姓,有不依令式,遂於袍衫之内,著朱紫青綠等色短小襖子;或於閭野,公然露服,貴賤莫辨,有乖彝倫。自今已後,衣服上下,各依品秩,上得通下,下不得僭上。仍令所司,嚴加禁斷,勿使更然。又春秋二社,本以祈農,如聞除此之外,別立當宗及邑義諸色等社,遠集人衆,別有聚斂,遞相繩糾,浪有徵求。雖於吉凶之家,小有裨助,在於百姓,非無勞擾。自今已後,宜令官司嚴加禁斷。④

此詔前半段的内容主要是捍衛儒家爲主的統治,用服色采章以區別貴賤、維持以皇帝爲中心的統治,故云"升降有殊,用崇勸奬";其後接著談禁絕私社,也有相通的意思。"別立當宗及邑義諸色等社"指的是當宗同姓的

---

① 《續高僧傳》卷二〇《潤州牛頭沙門釋法融傳》,頁604下—605上。
② 《册府元龜》卷一三六《帝王部・慰勞》,臺北,臺灣中華書局,1972年,頁10。
③ 陳登武《從人間世到幽冥界——唐代的法制、社會與國家》第三章第二節《妖言型謀反》,臺北,五南圖書出版公司,2006年,頁103—109。
④ 《册府元龜》卷六三《帝王部・發號令》二,頁13。

私社以及佛教義邑和其他形式的私社。所謂的當宗之社係同姓之人所組的私社，①佛教的義邑也有以同姓宗族爲主組成者，如前述李氏、陳氏、朱氏邑人的義邑。② “邑義”係指北朝以來的佛教信仰組織“義邑”的成員，“邑義諸色等社”應係指從北朝以來佛教僧俗因造像、造經、設齋等宗教目的所組成的“義邑”，以及民間爲喪葬吉慶互助的結社。孟憲實以爲“民間結社實際上不只一種，突出的功能似乎是以喪葬爲主”。③ 不過，根據後文“雖於吉凶之家，小有裨助”，它應該也包括一些喜慶場合如結婚、生子等吉慶場合的互助。如武周長壽元年（692），右拾遺張德爲了慶祝兒子出生，宰殺羊隻宴請同僚。④ 上述各種形式的私社對於百姓逢遇吉（喜事）、凶（喪葬）必須有大筆支出時，成員則繳交規費，以資助其家辦事。凡此諸種私社，高宗以“非無勞擾”爲由，將之全面禁絕。

　　傳統的社主要是依據居住的區域來畫定的，春秋二社以牲祭祀，它的儀式和社聚都遵從尊卑秩序；然而就私社而言——特別是佛教的義邑而言，它和傳統的社有以下不同之處：時或打破居住地（如諸村聯合，有時候有外來者的加入），它也包含祭祀，但是祭祀的對象是外來的神祇；也有祭祀後的聚食“齋會”，但不食肉飲酒，而是蔬食。由於佛教結社遵守佛教衆生平等的理念，和禁斷殺生的修習，使得它和傳統私社的牲祀和社聚的飲酒食肉有所抵觸，這也對國家所支持的社祭造成一些衝擊。從北朝以來就有一些僧人在傳教的過程中，勸導信徒在春秋二社時不殺牲祭祀，更勸他們在三長齋月時持八戒，此二者即所謂的“革社會而鼎法會”。如北齊文宣帝天保三年，在河內郡野王縣（今河南沁陽）宋顯伯等四十餘人所組成的信仰組織造塔建寺，並建佛像碑刻石記事，自述“邑社宋顯伯等卌餘人皆體識苦空，洞（下缺）毗救鴿之念，下愍羊嗷屠剮之痛（下缺）二八血祠之祈，專崇法社減饍之（下缺）”，⑤雖然石刻有缺字，但從前後文可知此一義

---

① 《舊唐書》卷六二《楊恭仁附弟楊續孫楊執柔傳》：“則天嘗曰：‘我令當宗及外家，常一人爲宰相’，由是執柔同中書門下三品。”（頁2383）
② 《朱氏邑人等造象記》，《魯迅輯校石刻手稿》，二函三册，頁691—696；《陳氏合宗等造四面石象碑》，二函六册，頁1189—1201。
③ 孟憲實《唐朝政府的民間結社政策研究》，頁26。
④ 《資治通鑑》卷二〇五則天武后長壽元年。
⑤ 《金石續編》卷二《宋顯伯等造像龕記并陰側》，頁24。

邑應是革除二、八月春秋二社血祀之習,而改崇佛教的齋戒;佛教的齋是過中不食,因此有"法社減膳"之句。又如僧人釋普安(529—609)在京師大興城郊傳道,勸導信徒在春秋二社時勿以血祀牲祭,由於受到他的感召"不殺生邑,其數不少"。① 在唐玄宗開元初年,河北獲鹿本願寺僧人智琇組織信徒,建立金剛經碑,《金剛般若石經讚并序》云:"勸化鹿泉縣崇善鄉望五十人等,厭生死苦,□解脱樂,革社會而鼎法會,拔罪根而種善根;月取三長,齋持八戒,同餐法藥,共庇禪林。"②更明白宣稱其社是"革社會而鼎法會"。所謂的"法社"、"法會"指的都是佛教的社邑聚會。

　　咸亨五年詔對佛教信仰組織的影響,是自此之後遂不復見以"義邑"爲名稱的組織。雖然前此學者從數則記載論證唐代仍有義邑的存在,但這是不正確的,因爲一則他們没有留意到咸亨五年的禁絶私社詔,二則其所引用的文獻資料都係隋末唐初之事。如山崎宏從以下幾個資料判定唐代仍有"義邑"的存在:(1)永徽四年李莊村老宿邑義李仁等廿一人造像記,③(2)道宣(596—667)《續高僧傳》有關僧人組織義邑的三則記載,以上例子都發生在隋末至咸亨五年以前。按《續高僧傳》成書於唐麟德二年(665),④其中所敍述都係咸亨五年詔以前的事迹。如《釋曇曜傳附曇靖傳》云:"隋開皇關壞,往往民間猶習《提謂》,邑義各持衣鉢,月再興齋,儀範正律,遞相鑒檢,甚具翔集云。"⑤所敍述的是隋朝初年關中一帶義邑的活動。另,隋文帝開皇末年時,今山西有僧人釋法通遊化各地,北至勝州(治今内蒙古托克托西南),南迄山西各地、洛陽龍門皆受其感化,多組義邑,延僧修習佛法:"多置邑義,月别建齋,但有沙門皆延村邑,或有住宿,明旦解齋。家别一槃,以爲通供。此儀不絶,至今流行。"⑥上面所述也係麟德二年以前之事。另外,前面提及僧人釋寶瓊晚年移居成都福壽寺,勸化城内外居民組織以誦經爲主的義邑,⑦釋寶瓊卒於貞觀八年(634),以上

① 《續高僧傳》卷二七《隋京師郊南逸僧釋普安傳》,頁682上。
② 《常山貞石志》卷八《金剛經碑》,《石刻史料新編》第一輯(18),頁2—3。
③ 山崎宏《支那中世佛教的展開》,頁786。
④ 陳垣《中國佛教史籍概論》,北京,科學出版社,1955年,頁29。
⑤ 《續高僧傳》卷一《魏北臺石窟寺恒安沙門釋曇曜傳附曇靖傳》,頁428上。
⑥ 《續高僧傳》卷二四附見《釋法通傳》,頁641下。
⑦ 《續高僧傳》卷二八《唐益州福壽寺釋寶瓊傳》,頁688上。

的敍述自然不晚於高宗之世。

又如鎌田茂雄舉《龐履溫碑》，稱立碑者乃"邑老謝虔祐等人"和頌詞中"勖以義邑"二詞，以及《庾賁德政頌》中"邑老彭滔等三十五人"，《磁州重修佛殿記》中的"邑衆七十人"等例，證明從唐至五代都有義邑的資料。① 實則《龐履溫碑》並非佛教的碑刻，而是元氏縣邑老謝虔祐等人立碑以贊頌元氏縣令龐履溫的德政；又，"勖以義邑"乃斷句之誤，頌詞云："化澆浮兮勖以義，邑尊三兮市無二。政勝殘兮仍博施，如水火兮時不匱。刊石鐫金兮邁傳懿，直爲循良兮守名器。"② 至於"邑老謝虔祐等人"以及《庾賁德政頌》中"邑老彭滔等三十五人"，此"邑老"不是義邑的"邑"，而是"邑里"之"邑"。咸通六年（865）《重修磁州佛殿記》"邑衆七十人"，③ 可知其係一種佛教結社，但並非以義邑爲名。總之，上述學者所據以論述終唐之世都有義邑的諸例，都係在高宗咸亨以前之事，故此説難以成立。

自高宗咸亨五年禁絕所有私社之後，幾乎不見以"義邑"爲名，以及此種組織形態的佛教結社。以龍門石窟爲例，李玉昆指出迄隋代仍有邑子造像，如賓陽中洞（第一四〇窟）隋開皇十年楊慈明造像記，但至唐代則不見有稱"邑子"的實例。④ 政令可以改變民間組織（包括宗教的組織）的名稱，在歷史上也不是沒有其他的例子可作爲佐證，如宋徽宗政和八年（1118）下令僧、道都不得用"主"字。⑤ 雖然咸亨五年之後，以"義邑"爲名的組織全面歸於沈寂，但"上有政策，下有對策"，佛教徒的集體活動並没有停止，而改以其他的形式出現。就在此詔發布之後不久，上元元年（674，咸亨五年八月十五日改咸亨五年爲上元元年）劉仁則廿六人等所建的《大德寺造像建閣碑》，"邑主"、"邑子"的名稱不見了，而以"齋主"、"供

----

① 鎌田茂雄《中國佛教史》第六卷《隋唐の佛教》（下），頁89—90。
② 《金石萃編》卷八一《龐履溫碑》，頁15；《全唐文》卷三六四邵混之《元氏縣令龐履溫碑》，頁3706下。
③ 《陶齋藏石記》卷三四《重修磁州佛殿記殘石》，頁14—15。
④ 李玉昆《龍門碑刻及其史料價值》，收入劉景龍、李玉昆《龍門石窟碑刻題記彙録》，北京，中國大百科全書出版社，1998年，頁18上。
⑤ 吳曾《能改齋漫録》卷一三《御筆宮觀寺院不得稱主》："政和三年六月御筆：天下道士不得稱宮主、觀主，並改作知宮觀事，女冠准此。僧尼不得稱寺主、院主、庵主、供養主之類，並改院主作管幹院事，副作同；供養主作知事，庵主作住持，餘皆以此改定。"臺北，臺灣商務印書館，1966年，頁334。

養主"的名銜出現。①

在禁私社詔頒布之後,也有違反此詔而受到嚴格處罰的實例。武則天天授元年(690),衡水人王弘義看見趙(今河北趙縣)、貝(今河北清河)一帶百姓作"邑齋",就向官府告發他們意圖謀反,有二百人因此遭到誅殺。②此邑齋當係佛教社邑的齋會,如玄宗開元初年,同州(今陝西大荔、合陽、韓城、白水等市、縣)境內有數百個人家結爲"東、西普賢邑社",每日請僧設齋,稱"普賢邑齋"。③

由於咸亨五年詔中明白指明禁止"別立當宗及邑義諸色等社",即使在玄宗天寶元年之後不再禁止私社,佛教的結社也不復以"義邑"爲名,④中晚唐時期的佛教信仰組織都以"社"、"邑"或"會"爲名。

(三)開元諸詔敕與天寶元年詔

雖然高宗下詔禁止私社,但私社並没有完全絶迹,玄宗注意到此一情況,遂在天寶元年(742)下令"百姓私社,宜與官社同日致祭"。⑤ 孟憲實認爲這道詔敕係放棄高宗以來對私社的打壓,宣布了對民間私社的正式承認。⑥ 此説固然不錯,不過,玄宗朝對於僧尼的控管冠於唐室諸帝,因此,必須注意在此詔發布之前,玄宗在開元年間所下的諸詔敕已經給予佛教的結社很多的限制,這也影響及天寶元年允許私社公開存在以後,佛教信仰組織呈現一些異於前此的變化。如要了解天寶元年詔,實在有必要從玄宗

---

① 《金石萃編》卷五八《唐大德寺造像并建彌勒閣碑銘》,頁14—16;《金石萃編補正》卷一《唐大德寺劉仁則等造象碑》,頁15—16。
② 《資治通鑑》卷二〇四則天順聖皇后天授元年。
③ 《太平廣記》卷一一五《普賢社》:"開元初,同州界有數百家,爲東西普賢邑社,造普賢菩薩像,而每日設齋。……其西社爲普賢邑齋者,僧徒方集……"北京,中華書局,1961年,頁800。
④ 敦煌中晚唐的社邑文書中有不少"三長邑義"、"邑義"之詞,但其執事仍爲"三官"(社長、社官、錄事),其成員稱"社衆",又其文稱"社齋文"、"社邑文"、"社文",如伯3545、斯5573、伯3765、斯6417、斯6923背、斯5561、北圖6855(見寧可、郝春文輯校《敦煌社邑文書輯校》,南京,江蘇古籍出版社,1997年,頁514、528、534、540、556—557、564—565、575—576)。另如,斯4860背《社邑建蘭若功德記并序》,有"厥有當坊義邑社官某等貳拾捌人……三官謂衆社曰……福所備資益我節度使曹某(保)祚安邊,永保乾坤之壽;次爲合邑衆社,身如劫石齊寧",可知此一組織仍以"社"名(同前書,頁679—680)。
⑤ 《册府元龜》卷三三《帝王部·崇祭祀》二,頁15。
⑥ 孟憲實《唐朝政府的民間結社政策研究》,頁28—29。

即位以後對佛教的政策來理解。

1. 玄宗朝對佛教加强控制的緣由

鎌田茂雄認爲：唐玄宗開元年間(713—742)對佛教屢加控制,是受到了武則天迄睿宗時期僧人的介入政治(如武則天朝的薛懷義,中宗、睿宗朝的惠範)的緣故。[1] 玄宗對於這些僧人的行迹自是深惡痛絕,加上高宗朝以來陸續有涉及佛教的謀反事件,也引起他的不安,這應是他在開元年間屢下制約佛教詔敕的原因之一。

(1) 高宗迄玄宗朝佛教的反亂

從高宗禁私社之後,以迄於玄宗天寶之前,計有以下五件和佛教有關的反叛事件:

〔1〕高宗弘道元年(683),綏州(治所在今陝西綏德)稽胡白鐵余利用佛教聚衆謀反,自稱"光明聖皇帝",署百官,攻占城平縣(陝西清澗東北),進攻綏德、大斌二縣,殺官吏並焚民居。朝廷派遣右武衛將軍程務挺與夏州都督王方翼討伐,攻拔其城,擒獲白鐵余,餘黨悉平。[2]

〔2〕睿宗景雲二年(711),有長髮賀玄景自稱"五戒賢者",在陸渾(今河南嵩縣)山上誑騙百姓信從,並藉機殺害人命、奪其資産,後爲官府檢獲,決殺賀玄景,縣官也因此事件遭到貶官。[3]

〔3〕玄宗開元元年(713),有一名叫做王懷古的人宣稱:"釋迦牟尼佛末,更有新佛出;李家欲末,劉家欲興。"鼓動人們起兵,後爲朝廷下令諸道按察使輯拿處死。[4] 這應是一個小規模假托佛教的叛亂。

〔4〕開元三年十一月丁亥,相州人崔子亶因反叛而被誅殺,原委不詳,八天之後的乙未日,玄宗下詔"禁白衣長髮會",[5]或和此事件有關。

〔5〕開元二十四年歙州(治所在今安徽歙縣)洪貞爲鄉人告發"潛署百官,意圖不軌",當地豪傑多響應,州兵討捕,擒拿數十名黨羽,但洪貞却

---

[1]　鎌田茂雄《中國佛教史》第五卷《隋唐の佛教》(上),頁98。

[2]　《資治通鑑》卷二〇三唐高宗弘道元年。

[3]　張鷟《朝野僉載》卷五,趙守儼點校,北京,中華書局,1979年,頁115。

[4]　《册府元龜》卷九二二《總錄部·妖妄》二,頁4。

[5]　《新唐書》卷五《玄宗紀》開元三年。

不知去向。洪貞"常焚香持念,頗有方術",①持念頗和密教有關。②

2. 開元諸詔敕對佛教的制約

玄宗朝有關佛教詔敕幾乎全部都是在開元年間發布的,也就是在天寶元年詔發布之前,就已經對佛教僧尼作出種種嚴格的限定,可以歸納爲以下諸項:

(1) 禁止歷門教化

如上節所述,北朝係實施以僧人教化政策,至唐代則全面禁止僧人歷門教化。唐代"道格"中有"道士等有歷門教化者,百日苦使"的規定,③今研究法制史學者多依此條復原"僧格"中的歷門教化條,如鄭顯文復原"聚衆教化條":"凡道士、僧尼,非在寺觀,別立道場,聚衆教化,並妄説罪福,及毆擊長宿者,并還俗;州縣官司,知而不禁者,依律科罪。其有乞餘物者,准教化論,百日苦使。"④迄今所見,唐代最早禁止僧人遊化的記載是睿宗唐隆元年(710)七月十九日《誡勵風俗敕》,令僧、道不得隨意到民家行走:

> 真如設教,理歸清淨;黃老垂範,道在希微。僧尼道士女冠之流,並令修習真寂,嚴持戒行,不得假托功德,擾亂閭閻,令州縣嚴加檢察。私度之色,即宜禁斷。⑤

"擾亂閭閻"即指僧道的歷門巡遊教化。其後,玄宗開元二年(714)六月制:"應説災祥,誆惑閭里,並令州縣長官等嚴加捉搦,仍令御史訪察繩糾。"⑥此制所言有一部分指的是佛教僧人。開元十九年(731)四月癸未詔

① 《太平廣記》卷四二五《洪貞》,頁 3463。
② 持念或念誦真言是密教的重要行法,有"持念儀軌",也有"念誦儀軌",如"金輪聖王持念儀軌"、不空譯《十一面觀自在菩薩心密言念誦儀軌經》(T・1069)等;另外,專修密法的僧人也稱爲"持念僧",如"慧日寺五部持念僧惟謹"。詳見拙文《九世紀的中國密教——入唐八家及其他》,待刊稿。
③ 《唐律疏議》卷三《除免比徒》,劉俊文點校,北京,法律出版社,1999 年,頁 73。
④ 鄭顯文《唐代〈道僧格〉研究》,頁 48。
⑤ 《唐大詔令集》卷一一〇《政事・誡諭》,臺北,鼎文書局,1978 年,頁 571。
⑥ 《册府元龜》卷六三《帝王部・發號令》二,頁 14。

即明指僧人的"眩惑州閭"：

> 近日僧徒，此風尤甚，因緣講説，眩惑州閭，黏壑無厭，唯財是斂，津梁自壞，其教安施？無益於人，有蠹於俗。或出入州縣，假托威權；或巡歷鄉村，恣行教化，因其聚會，便有宿宵。左道不嘗，異端斯起。自今已後，僧尼除講律之外，一切禁斷。六時禮懺，須依律儀，午後不行，宜守俗制。如犯者先斷還俗，仍依法科罪。所在州縣，不能捉搦，并官吏輒與往還，各量事科貶。①

在開元二十八年三月詔中，更直稱："自今以後，輒有托稱佛法，因肆妖言，妄談休咎，專行誑惑，諸如此類，法實難容，宜令所在長官，嚴加捉搦。"②無論是"擾亂閭閻"或"誑惑閭里"，係指部分巡門僧人的行徑；"出入州縣"、"巡歷鄉村"則具體指出僧人的遊化，此皆在禁止之列。至宣宗大中六年（852）宰相因祠部奏上言："其僧中有志行堅精，願尋師訪道，但有本州公驗，即任遠近遊行，所在關防，切宜覺察，不致真偽相雜，藏庇姦人。"③僧人方得以申請本州公驗（本州發給公文，可以作爲照驗），外出訪師參聞佛法。

（2）僧尼在寺院內活動的制約

開元年間，玄宗屢下詔敕制約僧尼在寺院的活動，規定僧尼"午後不出院"、必須依律六時禮懺。開元二年，他首先限制僧尼在午後的活動：

> 玄宗初即位，東都白馬寺鐵像頭無故自落於殿門外。後姚崇秉政，以僧惠範附太平亂政，謀汰僧尼，令拜父母，午後不出院，其法頗峻。④

上文云姚崇秉政後，有鑒於僧人惠範附從太平公主，因此展開一連串的反制政策。依《册府元龜》記載，開元二年正月紫微令姚崇請檢責天下僧尼，

① 《册府元龜》卷一五九，頁 17；《唐大詔令集》卷一一三《政事・道釋》作"午夜不行"，頁 588。
② 《册府元龜》卷六三《帝王部・發號令下》，頁 22。
③ 《唐會要》卷四八《議釋教下》，北京，中華書局，1985 年，頁 844；《資治通鑑》卷二四九宣宗大中六年。
④ 《舊唐書》卷三七《五行志》。

以偽濫還俗二萬餘人。開元二年閏二月三日玄宗更有《令僧尼道士女冠拜父母敕》，①"午後不出院"之令也當係在此時發布。此令使得僧尼在中午以後就遭禁足在自己修行的院落之内。按唐朝寺院多爲殿堂、樓閣爲主體的單院或多院式的建築，②僧人即居住在各院之中，如西明寺有東塔院。僧人午後不出院，當不是指離開所隸屬的佛寺，而是指其所居的僧院。因此，這條法令可以説是相當嚴苛，而且執行得很嚴格，從中唐詩人賈島（779—843）的遭遇即可見其一斑。賈島原來是一名僧人，因僧人午後不得出行而覺得鬱悶，作詩自傷，這也是促成他日後還俗的一個因素。③

玄宗在開元十九年四月癸未《誡僧尼詔》中，再度重申僧人"午後不行"之禁："六時禮懺，須依律儀，午後不行，宜守俗制。如犯者先斷還俗，仍依法科罪，所在州縣不能捉搦，并官吏輒與往還，各量事科貶。"④至文宗大和年間（827—835），僧人"午後不行"的法條纔解禁，他的看法比較人性化，以爲僧尼"雖曰緇徒，無非赤子，有妨自遂"。⑤

僧人午後不出院的法令，可與開元十二年詔"諸寺三階院通入大院，不得有異"。⑥ 相互對照，其目的都是爲了加强對僧人行爲——包括修習上的控管：

> 開元十三年乙丑歲六月三日，敕諸寺三階院並令除去隔障，使與大院相通，衆僧錯居，不得别住。所行集録，悉禁斷除毀。若綱維縱其行化誘人，而不糾者勒還俗。⑦

一般都僅認爲此係對三階教的禁遏，三階教僧徒獨立居於寺中某一院落稱"三階院"，和寺中其他院落隔離，玄宗令撤去三階院的隔障，使三階教僧

---

① 《唐大詔令集》卷一一三《令僧尼道士女冠拜父母敕》，頁 588。
② 張弓《漢唐佛寺文化史》卷上，頁 166—171。
③ 《新唐書》卷一七六《賈島傳》。
④ 《册府元龜》卷一五九，頁 17；《唐大詔令集》作"午夜不行"。
⑤ 《唐大詔令集》卷一一三《條流僧尼敕》："如聞兩街功德使近有條約，不許僧尼午後行，雖曰緇徒，無非赤子，有妨自遂，亦軫予懷。從今已後，午後任行。"（頁 591）
⑥ 《册府元龜》卷六〇《帝王部·立制度》，頁 12—13。
⑦ 《開元釋教録》卷一八《右三階法及雜集録》，《大正新修大藏經》，册五五，頁 679 上。

人和"衆僧錯居",目的是爲了防禁他們在寺院中另樹圍籬,有獨立的修持行法,不受綱維、監寺的控管。此詔最後還强調寺院的三綱不得讓僧人四處遊行,教化民衆。

(3) 僧尼和俗人往來的限制

Stanley Weinstein 認爲唐太宗發布《道僧格》的主要目的之一,係限制僧尼參與世俗世務,試圖將僧尼的活動局限於寺院中的例行修持。① 玄宗開元諸詔敕另將僧尼和信徒的往來限定在寺院之内,爲的是防止僧、俗人在此之外有頻繁的往來。他先是禁止百官與僧道往還,其後更限制僧道與百姓的往來,乃至於管制不同寺院間僧人的互訪。

開元二年七月十三日制,首先禁止百官與僧道往還:

> 如聞百官家多以僧尼道士爲門徒往還,妻子等無所避忌,或詭托禪觀,妄陳禍福,事涉左道,深斁大猷。自今已後,百官家不得輒容僧尼道士等至家,緣吉凶要須設齋,皆於州縣陳牒寺觀,然後依數聽去。仍令御史金吾明加捉搦。②

從南北朝時期開始,佛教俗家信徒師事僧人,或有一家崇奉敬事某位僧人,稱爲"門師"或"門僧",有時也將這位僧人迎請至家供養,至唐代此風依然存在。如唐初左僕射裴寂在其宅第置别院,延請釋志超等僧人居住供養。③ 又,張爲《詩人主客圖序》一文中,提及"門僧良乂"。④ 乾寧二年(895)内樞密使、知内侍省事、濮陽開國侯吳承泌崇信佛教"誓不茹羶飲酒",其家就有"門僧"。⑤ 晚唐詩人方干(門人稱"玄英先生")去世後,孫

---

① Stanley Weinstein《唐代佛教——王法與佛法》,頁 34—35。
② 《唐會要》卷四九《雜録》,頁 860;《册府元龜》卷一五九《帝王部·革弊》,頁 11—12。
③ 《續高僧傳》卷二〇《唐汾州光嚴寺釋志超傳》:"左僕射魏國公裴寂,挺生不世,器璉宏深,第中别院置僧住所,邀延一衆,用以居焉。亟歷寒暑,業新彌厲。"頁 592 中。
④ 《全唐文》卷八一七張爲《詩人主客圖序》,頁 8604 下。
⑤ 《全唐文》卷八四一裴廷裕《大唐故内樞密使特進左領軍衛上將軍知内侍省事上柱國濮陽郡開國侯食邑一千户食實封一百户吳公墓誌銘并序》:"乾寧二年春正月二十日,薨於渥水,年四十五。……長男修□、次男修睦皆南遷未復,小男修禮。葬有日,公之季知象猶子恕已,以書寓門僧,請銘於裴廷裕。"(頁 8845 上一下)

鄰及其外甥楊弅、"門僧居遠"蒐集其遺作,輯爲《玄英先生詩集》十卷。①
然而,玄宗對於官員和僧人在寺院之外的來往,是非常忌諱的,開元十四年
御史大夫奏稱中書主事張觀、左衛長史范堯臣與"私度僧王慶則往來與説
占卜吉凶",張觀和王慶則皆被杖死,連坐遷貶者十餘人,中書令張説也因
此事被停中書令的兼職。② 開元十九年《誡勵僧尼敕》中,再度申明僧尼必
須遵守午後不行等規定,如有違犯的僧尼先判還俗,再依法論罪;而不能揪
出違反此規定的僧尼之地方州縣官,以及那些與僧尼往還的官吏,都要依
情事輕重科罪貶官。③

　　至開元五年三月詔,再度申明限制僧尼和百姓民家來往:"僧尼道士
等先有處分,不許與百姓家還往,聞近日仍有犯者,宜令州縣捉搦,勿使更
然。"④唐肅宗寶應元年(762)八月癸酉《條貫僧尼敕》中,更限制僧尼道士除
了自家師承教主,或者在齋會中碰面之外,都不得"輒有往來,非時聚會":

　　　　教宗清浄,禮避嫌疑,其僧尼道士,非本師教主,及齋會禮謁,不得
　　妄托事故,輒有往來,非時聚會,並委所縣官長勾當。所有犯者准法處
　　分。亦不得因兹攪擾,分明告示,咸使知悉。⑤

由以上三件詔書,可以看出對於僧尼行動的控制日趨嚴密,加上前述禁止
歷門教化的規定,使得僧俗之間的聚會相當有限。這可以解釋從北朝迄隋
代造像碑上常見的"邑師",何以不見於唐代任何形式資料的緣故。李文
生研究龍門石窟佛社的結論,也可爲唐代限制僧俗往來作一注脚;他發現
唐代佛社造像共有十條,除了一條是道俗造像之外,其餘八條都無僧尼參
加;而九條佛社造像中,皆無佛教寺院僧官等職事參加。⑥

---

① 《全唐文》卷八六五,王贊《玄英先生詩集序》,頁9070下。
② 《舊唐書》卷九七《張説傳》。
③ 《册府元龜》卷一五九:"所在州縣不能捉搦,并官吏輒與往還,各量事科貶。"頁17。
④ 《册府元龜》卷六三《帝王部・發號令》二,頁16。
⑤ 《册府元龜》卷五二《帝王部・崇釋氏》二,頁1—2;《唐大詔令集》卷一一三《政事・道釋》,
　　頁590。
⑥ 李文生、孫新科《龍門石窟佛社造像初探》,頁48。

（4）限定僧尼定居於隸籍的寺院

唐代正度僧尼"隸籍屬寺"的用意在於控管僧尼，原則上不容許僧尼離開本寺，目的是怕僧尼"互相掩匿，共成姦詐"。開元年間曾經三度下詔申明此事，開元十年（722）二月庚寅《禁僧道掩匿詔》：

> 釋道二門，施其戒律，緇黄法服，衆亦崇尚，苟有逾濫，是無憲章。如聞道士僧尼，多有虚掛名籍，或權隸他寺，或侍養私門，托以爲詞，避其所管，互相掩匿，共成姦詐，甚非清净之意也。自今已後，更不得於州縣權隸，侍養師主父母，此色者並宜括還本寺觀。①

此詔禁止僧尼道士以各種名義，如"權隸他寺"、托稱服侍供養父母、師僧的"侍養私門"，離開本寺，故下令州縣將此等僧尼道士括還本寺觀。開元十一年（723）五月又下詔禁止僧道"非處行宿"，並且下令州縣官嚴加捉搦禁止。②

至開元十九年七月《不許私度僧尼及住蘭若敕》，再度申明僧人不准在俗人家宅居住，同時不許僧人離開所屬寺院，至山林蘭若中居住活動：

> 惟彼釋道，同歸凝寂，各有寺觀，自合住持。或寓迹幽閑，或潛行閭里，陷於非僻，有足傷嗟。如聞遠就山林，別爲蘭若，兼亦聚衆，公然往來；或妄托生緣，輒有俗家居止，即宜一切禁斷。③

盛唐以後對於寺院的控制頗爲嚴厲，如日僧圓仁記載唐文宗開成三年（838）八月三日他在揚州的經歷："爲畫造妙見菩薩、四王像，令畫師向寺裏，而有所由制不許外國人濫入寺家，三綱等不令畫造佛像。"④亦可見其

---

① 《册府元龜》卷一五九《帝王部·革弊》，頁 15。
② 《册府元龜》卷六三《帝王部·發號令二》，頁 20："五月詔曰：緇黄二法，殊途一致，道存仁濟，業尚清虚。邇聞道僧，不守戒律，或公訟私競，或飲酒食肉，非處行宿。出入市廛，罔避嫌疑，莫遵本教。有一塵累，深壞法門。宜令州縣官嚴加捉搦禁止。"
③ 《唐大詔令集》卷一一三《不許私度僧尼及住蘭若敕》，頁 588—589；《册府元龜》卷一五九，頁 18。
④ 《入唐求法巡禮行記の研究》卷一開成三年八月三日，頁 164。

一斑。

（5）僧尼宗教活動的制約

玄宗朝對於僧尼在宗教的修持傳習方面也有所限定，包括以下四點：一是僧尼至俗人家中參與齋會的限制。二是以寺院作爲主要的禮拜場所，並且提供經典供俗人取用。三是僧尼僅能講律。四是禁止僧尼占相卜筮。

玄宗在開元二年七月十三日《禁百官與僧道往來詔》中，規定官員如因吉凶事欲請僧人至家設齋，須先向寺院所在的州縣申請，經批准若干名僧道前往之後，行文寺觀，寺觀纔可允許核准人數的僧道至俗家。① 至於一般百姓在家中設齋是否也須向州縣申請，不得而知；不過，如果官員都必須有這道手續，推斷百姓應該也不能免。里道德雄研究南北朝舉行八關齋會的場所可以在寺院，也可以在信徒家中。② 此令規定官員擬請僧尼至家舉行齋會須向州縣官府申請，由於手續麻煩，一則可能使得家中齋會的次數減少，二則可能使設齋場所從家裏轉移至寺院舉行。北朝造像碑上經常出現"齋主"、"八關齋主"、"大八關齋主"、"大齋主"等頭銜的題名，這些人絕大多數是俗人。唐代的造像題記、造幢記幾乎沒有這類的題名。

從唐太宗開始，即對民間的造像和寫經有所限制，下令民間工匠不得預造佛道形象販賣；已造好的成品必須送到當地寺、觀中安置，由寺、觀給值收購。③ 學者注意到唐代造像減少，④或和此有關。至於唐初佛經的販售是很普遍的，武周久視元年（700），狄仁傑上疏稱當時"里陌動有經坊，閭閻亦立精舍"。⑤ 至開元二年七月二十九日，下詔禁止民間開鋪寫經，以及鑄造佛像：

> 佛教者，在於清淨，存乎利益。今兩京城內，寺宇相望，凡欲歸依，

---

① 《唐會要》卷四九《雜錄》，頁 860；《册府元龜》卷一五九《帝王部·革弊》，頁 11—12。
② 里道德雄《中國南北朝期に於ける八関斎について》，《東洋大學大學院紀要》第 22 號，頁 48。
③ 《廣弘明集》卷二八《啓福篇·唐太宗斷賣佛像敕》："佛道形像，事極尊嚴。伎巧之家，多有造鑄。……自今以後，工匠皆不得預造佛道形像賣鬻。其見成之像，亦不得銷除。各令分送寺觀，令寺觀徒衆酬其價直。仍仰所在州縣官司檢校，敕到後十日內使盡。"（《大正新修大藏經》，册五二，頁 329 中）
④ 松本文三郎《支那佛教遺物六·石經》，東京，大鐙閣，1919 年。
⑤ 《舊唐書》卷八九《狄仁傑傳》。

足申禮敬。……如聞坊巷之内,開鋪寫經,公然鑄佛。……自今已後,坊市等不得輒更鑄佛寫經爲業;須瞻仰尊容者,任就寺拜禮;須經典讀誦者,勒於寺贖取。如經本少,僧爲寫供,諸州寺觀並準此。①

此詔禁止鑄造佛像,百姓可到寺院中瞻仰禮拜,將宗教活動場所導向寺院。至於禁止民間販售佛經寫本,而通過寺院發給經本,可能和當時取締彌勒教匪有關。次年(開元三年)十一月十七日《禁斷妖訛等敕》云:

> 比有白衣長髮,假托彌勒下生,因爲妖訛,廣集徒侶,稱解禪觀,妄説災祥;或别作小經,詐云佛説;或輒蓄弟子,號爲和尚。多不婚娶,眩惑閭閻,觸類實繁,蠹政爲甚。刺史縣令,職在親人,拙於撫馭,是生姦宄。自今以後,宜嚴加捉搦,仍令按察使採訪。如州縣不能覺察,所由長官,並量狀貶降。②

此處稱彌勒教徒“别作小經,詐云佛説”,也就是自行撰寫傳教經典,其内容是政府難以控制的,因此玄宗下令州縣、按察使訪查,務必禁絶這種撰述經典。以此和北朝對於《提謂波利經》等經典的寬容態度比較,③實相去甚遠。由於禁止民間開鋪寫經,百姓如需佛經可以向寺院購買;寺院中若經本不足,則由僧尼抄寫供應。由於寺院有僧人擔任的“監寺”可以控管,④將佛經抄寫流傳的工作集中在寺院之中,它的用意在於禁絶上述“小經”的流傳。

至於僧尼在寺院中的宗教活動也受到限制,前述開元十九年四月癸未

---

① 《唐大詔令集》卷一一三《斷書經及鑄佛像敕》,頁588;《册府元龜》卷一五九《帝王部·革弊》,頁12。

② 《唐大詔令集》卷一一三,頁588。

③ 里道德雄認爲滅佛之後以没有護持的經典作爲藉口,允許此類經典的流傳,等於是公認了僞經的成立。見里道德雄《僧法尼と誦出経典群——南朝僞経成立の一斷面》,《東洋學研究》第27號,1992年,頁30,42〔注6〕。並見本書第三章《從造像碑看南北朝佛教的幾個面相》。

④ 《入唐求法巡禮行記の研究》卷一開成四年正月十八日:“凡此唐國有僧録、僧正、監寺三種色:僧録統領天下諸寺,整理佛法;僧正唯在一都督管内;監寺限在一寺。自外方有三綱并庫司。”(頁362)

《誡勵僧尼敕》詔中,限定僧尼只准講律"僧尼除講律之外,一切禁斷"。①由於寺院之中只能講律,其他的講經活動也受到限制,從憲宗元和十年(815)五月詔,可知從唐德宗興元元年(784)敕令在三長齋月(正、五、九月),開放觀察使節度州可有一寺一觀講經,但京畿附近諸縣則不許講經:

> (憲宗元和十年)五月詔:京城寺觀講,宜準興元元年九月一日敕處分,諸畿縣講宜勒停,其觀察使節度州每三長齋月,任一寺一觀置講,餘州悉停。惡其聚衆,且虞變也。②

在詔書中清楚説明限制寺觀講經的理由是"惡其聚衆,且虞變也",充分顯示對僧尼聚衆作亂的防治,這也是唐代佛教政策的基本精神。

由文宗太和年間《條流僧尼敕》,可知當時從京城到諸府州都有人在三長齋月講經,作八關齋會;以及七月十五日僧人解夏之後,僧俗載著佛像巡繞村城的"行城"活動,在此敕中皆明令禁斷上述行事:

> 比來京城及諸州府三長齋月,置講集衆兼□戒懺,及七月十五日解夏後,巡門家提,剥割生人,妄稱度脱者,並宜禁斷。③

"巡門家提"係指僧人在七月十五日夏安居結束之日,列隊巡行城市和鄉村的儀式。義淨(635—713)《南海寄歸内法傳》敍述印度七月十五日僧俗行城的儀規,道誠《釋氏要覽》則指出印度僧人在安居結束之後巡行遊化稱"迦提";贊寧《大宋僧史略》也描述了中土七月十五日僧人夏安居結束之日的行城活動,稱爲"出隊迦提"。④ 由於僧徒行經之處,百姓競施財物

---

① 《册府元龜》卷一五九,頁 17。
② 《册府元龜》卷五二《帝王部·崇釋氏》二,頁 8。
③ 《唐大詔令集》卷一一三《條流僧尼敕》,頁 591。
④ 義淨撰,王邦維校注《南海寄歸内法傳校注》卷二《十五隨意成規》:"凡夏罷歲終之時,此日應名隨意……必須於十四日夜,請一經師,昇高座,誦佛經。于時俗士雲奔,法徒霧集,燃燈續明,香華供養。明朝摠出,旋繞村城,各並虔心,禮諸制底。棚車輿像,鼓樂張天,幡蓋縈羅,飄揚蔽日,名爲三摩近離,譯爲和集。凡大齋日,悉皆如是,即是神州行城法也。"(北京,中華(轉下頁)

供養,以祈求功德,故敕文稱此係"剝割生人"。

至五代後唐明宗時纔再允許各地寺院在三長齋月講經,但每寺只許開一講座,《條流寺院僧尼敕》:

> 此後如有修補寺宇功德,要開講求化,須至斷屠之日,方得於大寺院開啓,仍許每寺只開一坐。……其坊界及諸營士女,不因三場齋月開講,亦不得過僧舍,如公然通同許捉獲,所犯人並加極法。今後僧不因道場及齋會,不得公然於俗舍安下住止。如違,准上科斷。①

此敕文的後半,仍然延續著唐代禁止僧俗往來的內容。

(6) 禁止占相卜筮

唐太宗貞觀九年即下令禁止僧徒"假托神通,妄傳妖怪,左道求財"的行徑;貞觀十三年(639)敕令廣爲書寫《遺教經》——即《佛垂般涅槃略説教誡經》,頒給五品以上的官員和各州刺史,用以檢視僧尼的行爲:"若見僧尼行業與經文不同,公私勸勉,必使遵行。"②此經的內容主要是告誡比丘清淨自修、不得參與世俗事務,包括顯異惑衆的"占相吉凶,仰觀星宿,推步盈虛,曆數算計……咒術仙藥",③因此,此二詔書是前後呼應的。④

玄宗朝繼承唐初禁止佛教僧侶占相卜筮的政策,在開元二年、十七年

(接上頁)書局,1995 年,頁 113—114)《釋氏要覽》卷下《入衆·迦提》:"梵語具云迦栗提迦,即九月望宿名也。謂西國三月安居,至九月十六日解,後安居比丘行化故,取望宿爲名也。"(《大正新修大藏經》,冊五四,頁 299 上)《大宋僧史略》卷上《創造伽藍》:"行像者……又此土夏安居畢。僧衆持花執扇。吹貝鳴鐃引而雙行。謂之出隊迦提也(取迦提月名也)。"(《大正新修大藏經》,冊五四,頁 237 中)吳明遠《中國五六世紀盂蘭盆會之探源》認爲文宗敕文"解夏後巡門家提",引《南海寄歸内法傳》卷二《十四五衆安居》,安居結束後"此時法俗盛興供養,從八月半以後,名'歌栗底迦月',江南迦提設會,正是前夏了時。八月十六日即是張羯絺那衣日"(《南海寄歸内法傳校注》,頁 111—113)。認爲"迦提設會",也就是"迦絺那"(授功德衣)儀式。然而,從敕文中"巡門家提"之句,可知其所指的應是七月十五日當日的行城儀式(臺灣大學歷史研究所碩士論文,2001 年,頁 35—36)。
① 《五代會要》卷一二《雜錄》,臺北,世界書局,1979 年,頁 151。
② 《佛祖歷代通載》卷一一,《大正新修大藏經》,冊四九,頁 569 中—下;《佛祖統紀》卷三九《法運通塞志第十七之六·太宗》,《大正新修大藏經》,冊四九,頁 365 中。
③ 《佛垂般涅槃略説教誡經》,《大正新修大藏經》,冊一二,頁 1110 下—1111 上。
④ 滋野井恬《唐貞觀中遺教經施行》,《印度學佛教學研究》第 26 卷第 1 號,頁 280—283;Stanley Weinstein《唐代佛教——王法與佛法》,頁 33—36。

皆重申此令，①開元二十八年三月詔禁止僧尼輒托佛法的妄談休咎：

> 蠹政之深，左道爲甚，所以先王設教，犯者必誅，去其害群，蓋非獲已。自今以後，輒有托稱佛法，因肆妖言，妄談休咎，專行誑惑，諸如此類，法實難容，宜令所在長官，嚴加捉搦。②

由上所述，可知開元年間諸詔敕給予佛教僧尼嚴密的制約，限制僧俗往來，凡此皆使得僧人在佛教結社中難以扮演重要的角色。

3. 天寶元年詔

從開元諸詔敕對佛教和僧尼的制約看來，天寶元年詔的含意與其説是公開承認私社的存在，毋寧説是在無法完全禁絕私社情況下，透過私社與官社同日祭祀以達到監控私社的目的。天寶元年十月九日詔：

> 社爲九土之尊，稷乃五穀之長，春祈秋報，祀典是尊……自今已後，應祭官等庶事，宜倍加精潔，以副朕意，其社壇側近，仍禁樵牧。至如百姓私社，宜與官社同日致祭。③

此詔一方面如孟憲實所述宣布了對民間私社的正式承認及對高宗禁斷私社的解禁；佛教社邑也是私社的一種，此詔亦是宣示了對佛教結社的解禁。④ 另一方面，也必須注意"至如百姓私社，宜與官社同日致祭"這句話的另一意思，是將私社與官社的掛鉤，顯示政府有意透過官社來監控私社的活動。不過，從天寶七載（748）三月冊尊號赦稱"自今已後，每月十齋

---

① 開元二年六月八日《大明宮成放免囚徒等制》（見《唐大詔令集》卷一〇八，頁 560；《册府元龜》卷八五《帝王部·赦宥四》，頁 3），以及二十七年夏四月癸酉詔（見《册府元龜》卷一五九，頁 19）。

② 《册府元龜》卷六三《帝王部·發號令下》，頁 22。

③ 《册府元龜》卷三三《帝王部·崇祀二》，頁 14—15；《唐會要》卷二二《社稷》，頁 425。

④ 以房山社邑爲例，唐耕耦指出社邑題記以天寶和貞元兩個時期爲最多，孟憲實另外注意到在天寶元年以前只有三次記録，而在天寶二年這一年中就有八次記録，此後年年不斷。他認爲此一現象和高宗以來朝廷的禁斷私社政策和玄宗天寶元年對私社的解禁有關。見孟憲實《唐朝政府的民間結社政策研究》。

日,不得輒有宰殺。又聞閻閻之閒,例有私社,皆殺生命,以資宴集。仁者之心,有所不忍,亦宜禁斷"。① 可見私社和官社同日祭並未完全收到效果。

天寶元年詔對於中晚唐社邑有以下兩方面的影響,一是社邑借用了官社的社官之名,官社本來就置有三官,從《大唐開元禮》卷七一"諸里祭社稷"中,可知"社正"在社祭儀式中扮演重要的角色。② 依《朝野僉載》所記,社三官是社平、社直、社老。③ 如龍門石窟、房山石經和敦煌社邑的執事都係仿官社的三官,龍門石窟社邑執事稱爲社官、錄事、平正,④房山社邑的執事是社官、平正和錄事,相當於敦煌社邑的三官"社長、社官、錄事"。⑤ 又,以上三處社邑的成員都稱爲"社人"。

另一個影響則顯現在敦煌"三齋二社"混合的社邑,春秋二社是傳統的社祭,三長齋月則是佛教的行法,這種混合很有可能是由於"私社宜與官社同日祀"的啓發衍化而成的。由於唐高祖武德二年下令"年三月十"(即在正、五、九三個月和每個月的十齋日)斷屠的政令,⑥"三長義邑"應該是被允許存在的,如河北本願寺智琇法師勸化鹿泉縣崇善鄉望五十人組織邑會,他們的活動是"月取三長,齋持八戒"。⑦ 三長義邑在敦煌更爲普遍,⑧有不少義邑就叫做"三長義邑",它的成員叫做"三長邑義",⑨也就是爲了三長齋月所組成的共修會,它的時代從中、晚唐一直延續到 11 世紀。⑩

① 《册府元龜》卷五四《帝王部·尚黄老二》,頁 10—11。
② 《大唐開元禮》卷七一,北京,民族出版社,2000 年,頁 7—9。
③ 《朝野僉載》卷四,頁 92。
④ 李文生《龍門石窟佛社造像》,頁 17,21;另有社長,社長係曾擔任過社官的長者。
⑤ 唐耕耦《房山石經題記中的唐代社邑》,頁 100;李文生《敦煌莫高窟社團造像管窺》,《1990 敦煌學國際研討會論文集》,瀋陽,遼寧美術出版社,1995 年,頁 161。
⑥ 關於唐代年三月十的斷屠禁殺,請參見拙文《年三月十一——中古後期的斷屠與齋戒》,《大陸雜誌》第 105 卷第 1、2 號。
⑦ 《唐文拾遺》卷四九了空《金剛般若石經讚并序》,《全唐文》第 11 册,頁 10936 下。
⑧ 山崎宏《支那中世佛教の展開》第四章《隋唐時代に於ける義邑及び法社》,頁 675—829。
⑨ 在敦煌文書中的社齋文中,常有"奉爲三長邑義報願幼德之會"之詞,按"三長邑義"係指此一團體的成員,而此一團體的名稱當是"三長義邑",見本書第二章《香火因緣——北朝的佛教結社》。
⑩ 有關敦煌的三長義邑,有 P.3128 紙背、S.4976 背、P.2226 背、S.5573、P.3765、P.3122、S.6923 背、S.5561、S.6144、北圖 6855、P.3980、Ch.IOL.77、S.10563、P.2237 背,以上分別見寧可、郝春文輯校《敦煌社邑文書輯校》,頁 514,521,528,534,548,556—557,564,569,575,582—583,585,644。

有的社邑雖然不以"三長義邑"(簡稱"三長邑")爲名,但是其成立的目的之一是爲了在三長齋月時舉辦齋會,如《大中九年九月廿九日社長王武等再立條件》(P.3544)的内容,就明列其成立目的是每年的"三齋二社"。那波利貞注意到這種混合係在天寶之際出現的,[①]不過,他没有追查它的來源,本文認爲: 天寶元年詔"私社宜與官社同日祀"正可解釋這種混合的産生。

四、中晚唐的社邑

由於上述唐代國家政策的多項規定禁止"義邑"組織,佛教徒遂改以"社"的名義集結,以避免受到取締。因此,社和義邑在性質上是同一物,又因國家的政策轉向了,所以它不只在名稱上要轉變,内部的組織以及其所從事的活動都要做一個調整。

存留至今有關唐代佛教組織的資料相當有限,筆者所蒐集到的資料大都是中、晚唐時期,而以 9 世紀占絕對的多數。前此學者已經注意到它們和北朝隋代的佛教組織有以下幾方面的差異: 一是名稱上的差別,二是組織趨於簡化,三是領袖名稱的改變。[②] 除此之外,本文認爲中晚唐的社邑還有以下幾個特色: 僧人角色的變化,宗教活動從北朝以造像爲主、轉而建造經幢和修習佛法,齋會顯著地減少,[③]這些變化都可以從唐代佛教政策來理解。

(一) 從"義邑"到"邑"、"社"、"會"

由於高宗咸亨五年詔禁止"當宗及邑義諸色等社",此後佛教信仰組織不再稱爲"義邑",而多稱爲"邑"、"社"、"會",此三者是可以互通的。

① 那波利貞《佛教信仰に基きて組織せられたる中晚期唐五代の社邑就きて》;山崎宏《支那中世佛教の展開》,頁 820—821。

② 李文生《龍門石窟佛社研究》,頁 21;郝春文《隋唐五代宋初佛社與寺院的關係》,《敦煌學輯刊》1990 年第 1 期,頁 16。

③ 日本學者大谷光照《唐代の佛教禮儀》和山崎宏《支那中世佛教の展開》第三章《隋唐時代に佛徒齋會》。不過,其中所討論絶大多數都是國家爲先皇帝后忌辰的齋會,而非民間佛教徒的齋會。北朝造像記中出現大量的齋主、八關齋主,正足以反映其時齋會的盛行。至唐代除了爲亡者追福的齋會和寺院所舉行的齋會之外,甚少有佛教徒聚集共修的齋會。

漢字係單音節,因此通常用雙字構成一詞,如"社邑"、"邑社"、"邑會",在討論這些佛教信仰組織宜注意分辨。

"社"或"邑"其實是北朝義邑的延伸,從以下一些資料,可知"邑"和"社"係同一,如房山石經題記"邑"、"社"是可以替換的,或稱爲"石經邑"、"石經社"。[1] 又,太和中舉明經石文素所撰《白鹿鄉井谷村佛堂碑銘》同時用"社邑"、"邑社"二詞:"又(元和)十三年戊戌歲,後輩小邑社十四五人,崇立尊勝陀羅尼石幢一所","文素不才,社邑相推,聊筆略述,直書其事。"[2]可知"邑"和"社"無大的區別,而且可以互置替換。

唐代出現的一個新的名詞是"會",或稱作"邑會",如唐文宗開成二年在山東歷城東佛峪(山東濟南歷下區),由劉長清等八人所組的"金剛經邑會",在同一碑文中又稱"金剛經會"。[3] "會"的性質也和"社"、"邑"相似,同樣也可以重疊使用或互置替換。如唐懿宗咸通五年(864),包括官吏(兵馬使、判官)、平民共組邑社,捐資護持百家巖寺,在《百家巖寺邑記》一文中,稱呼此一佛教信仰組織爲"會"、"邑",如"遂各減糧儲,同崇此會","結邑奉爲,願佛教永興,法輪常轉",此一組織中的執事名稱有"邑長兵馬使□□"、"都維那判官□□",其成員稱"邑衆"。[4] 後唐莊宗磁州武安縣佛教徒爲重修古定晉禪院,招募千人,共結"千佛邑",其銘云"巨善邑會,日用日新"。[5]

值得注意的是,晚唐五代江南的結社多稱"會"。江蘇上元縣衡陽寺有三個唐代末年的經幢座,係由十一個會共建的,每一會有一個"會首",在題名中共出現了十九個"會首"(第一幢五個,第二幢八個,第三幢六個),在第三幢中有"第一會弟子王恭……"和"柳彦璆會下女弟子范十一娘"。[6] 楊吳

---

① 郝春文《中古時期社邑研究》,頁 154。

② 《全唐文》卷七五七石文素《白鹿鄉井谷村佛堂碑銘》,頁 7863 下—7864 上。

③ 《山左金石志》卷一三《大唐□金剛□會碑》,《石刻史料新編》第一輯(19),頁 11—12;《支那美術史·雕塑篇》,頁 539—540;《金剛會碑》,《北圖石刻拓本匯編》,冊三一,頁 8。山崎宏認爲唐代有"邑會",又有單稱爲"會"的僧俗信仰團體(《支那中世佛教的展開》,頁 787),其實此二者是相同的。

④ 《唐文續拾》卷一○闕名《百家巖寺邑記》,頁 11283 下—11284 上。

⑤ 《磁州武安縣定晉山重修古定晉禪院千佛邑碑》,《金石萃編》卷一一九,頁 40。

⑥ 《江蘇金石志》卷七《衡陽寺殘經幢》,《石刻史料新編》第一輯(13),頁 8—19。

天祐五年(908),在今江蘇揚州市法海院有“造幢子會”建立一所石幢,僅存中段,但有相當完整的造幢者題名:“建造幢子會主僧仁□”,以及“會首曹真”等十四名會首。① 稍晚於此,在西湖上天竺寺有兩個建於公元935年的經幢,左幢是吴保容、吴鐔二人爲首勸募建成的,作爲發起人的吴保容、吴鐔是“都會首”,還有“會首”陳暉等多人。②

中、晚唐時期頗有一些社邑是依其所修習的經典或教法而命名的,如“普賢邑”、“法華社”、“法華邑”、“華嚴社”、“總持社”、“上生邑”、“金剛經會”、“九品往生社”、“尊勝寶幢之會”。此外,也有社邑並未有名稱。

(二) 僧人角色的變化

從北朝迄隋代的造像題記所見,義邑、法義大都有僧尼的參與,甚至僧尼以“邑師”身份作爲此一組織的指導者。那波利貞和法國學者謝和耐都依P.2708《殘社文》中有“社僧永保盡心、社僧永安定、社僧智定”,認爲隋唐五代佛社中存在著南北朝佛社“邑師”的僧人;但郝春文認爲在佛社文獻、金石銘刻中有關社僧的記載僅此一例,故以爲敦煌佛社中僧人僅是社中的一分子、施主,③這應該是比較正確的看法。

入唐以後,由於前述對僧人的種種限制,僧人在社邑及造像、建造經幢等宗教活動中,大都隱去身份。如唐高宗麟德元年(664)懷州修武縣(河南修武縣)慈仁鄉无爲里周村十八家造一所彌勒像碑;儀鳳元年(676),周氏人等再建造一所佛頂尊勝陀羅尼經幢。④ 至開元二十四年,由於先前所造的彌勒像碑凋舊失色,周村卌餘家再出資藻飾,施以丹青。⑤ 在此七十

① 《甘泉金石續考》卷一五《楊吴法海院石幢》,《石刻史料新編》第三輯(6),頁6—20。南吴高祖楊隆演不承認後梁,遂沿用唐哀帝天祐年號。

② 《兩浙金石志》卷四《吴越天竺寺經幢》,《石刻史料新編》第一輯(14),頁37—39。

③ 郝春文《隋唐五代宋初佛社與寺院的關係》,《敦煌學輯刊》1990年第1期,頁19。

④ 黄叔璥《中州金石考》(收入《歷代碑誌叢書》第14册,江蘇古籍出版社,1998年)卷五《唐尊勝陀羅經》:“唐尊勝陀羅經,首行有儀鳳元年字,前序後經。”

⑤ 愛宕元《唐代前期華北村落一類型——河南修武縣周村》一文,認爲此碑係“‘周村’周氏一族子孫於麟德元年之後72年、约歷經兩代之後的開元二十四年,仿祖先造像供養追此碑”(鍾翀譯,《杭州師範學院學報》2003年第5期,頁52)。這個理解有誤,按其碑文先敍其先人所造像“具三十二相,向一百餘年,覩容色而將□冀衰嚴而取麗……□求異術,或訪奇能,方施藻鎣之工,載耿丹青之色,巧行金頂,通飾玉毫,光焰浮於九天,慈悲盈於十地。湛蓮華於浄目,謂彌勒之初生。”(《金石續編》卷七《周村卌餘家鐫像記》,頁17),由此方可知顯德元年所造係彌勒像。

餘年間,周村造像都沒有組成邑社,從愛宕元所錄出的題名中,也沒有任何僧人。[1] 又,李文生研究龍門石窟佛社造像,北朝計有三十七條,無僧尼參加者僅有十條;而唐代共有九條,除了一條是道俗七人造像之外,其餘八條都無僧尼參加。[2]

唐太宗所制定的《僧格》今已不存,其時可能已經制定了禁止厲門教化的條文。在龍門佛社的造像中,沒有任何高祖武德年間之作,而在太宗、高宗朝的佛社造像僅是佛教徒的集體造像,而僧人的題名多從集體造像的活動中消失。如永徽元年(650)洛陽龍門有王師德等人造像,記文僅稱“大像主王師德”、“洛陽鄉望父老等卅人”。[3]

唐耕耦《房山石經題記中的唐代社邑》一文指出:房山石經中的唐代社邑,時間最早的是玄宗開元十年(722),迄於唐昭宗乾寧元年(894),長達一百七十三年,主要集中在唐玄宗天寶年間和德宗貞元年間。天寶年間造經的社邑絕大多數是行業性的社邑和以州郡縣爲名社邑,貞元年間則以村名、鄉名的社邑爲多。[4] 從此文後的附錄看來,在行業性社邑中並無僧人的題名,在地區和跨地區的社邑——特別是以村爲名的經社或經邑,則可見到僧人的身形,有的僧尼係在一個以上村落中活動,甚至是擔任“邑主”。如貞元十四年(798)歸義縣盧僧村邑有“邑主僧淨超十七人”,又如貞元六年(790)迄十四年間,諸村社有八次造經活動,僧人寶光都參與其中,有時他甚至是“邑主”領導邑人造經。[5] 由此觀之,中唐以後村落之中僧人的活躍,是一個值得注意的現象。

自唐迄於五代,社邑中幾乎不見“邑師”之稱。後周太祖廣順三年(953)十二月二日,河南修武縣田景儒等人組成“羅漢邑”,以支持當地一所寺院,其後並建一所佛頂尊勝陀羅尼經幢,在題名中有維那田景儒、邑錄事谷□、邑人十四人,以及“本師和尚智明”;本師和尚智明可能是田景儒

① 愛宕元《唐代前期華北村落一類型——河南修武縣周村》。
② 李文生、孫新科《龍門石窟佛社造像初探》,《世界宗教研究》1995 年第 3 期,頁 48。
③ 《金石萃編》卷四七《王師德等造像記》,頁 29—30。
④ 唐耕耦《房山石經題記中的唐代社邑》,頁 98。
⑤ 唐耕耦《房山石經題記中的唐代社邑》,附錄“地區和跨地區社邑上經表”,頁 91,95—96。

之師,或是"羅漢邑"的指導者,但已經不再稱"邑師"了。①

（三）宗教活動的内涵

今所存留的中晚唐社邑的資料雖然不多,但遍及陝西、河南、山東、山西、浙江、江蘇,其結社主要的目的有二:一是修習佛法——特別就某一經典或某一教法而言;二是爲建造經幢而組成的。後者也反映了唐代集體造像減少、而建造經幢增多的情況。中晚唐社邑多係爲修習某一部經典而組成的,一方面顯示其所修習經典的流行,另一方面也和玄宗的禁鑄佛寫經,在佛經由寺院提供的情況下,某些寺院中出現了石刻經碑或石壁佛經的情形相互呼應。

1. 修習佛法的社邑

以下分别就修習各種經典和法門的社邑而言,其名稱也多冠以所修習的經典之名:

(1)《金剛經》

開元七年,恒州鹿泉縣本願寺僧人智琇及崇善鄉"鄉望"五十人建立了一所金剛經碑;其時私社尚未解禁,因此這一批佛教徒未采用社邑之名和組織,實質上智琇是其指導者,和其他僧人都以"經主"這個名銜出現,另外還有俗人也冠有"經主"之銜。② 他們之所以選擇鎸刻《金剛經》,當係因此爲其所修習經典的緣故。

唐文宗開成二年在山東歷城東佛峪(山東濟南歷下區),由"金剛經邑"所建立的石彌勒像碑上,對於其結社的經過及其活動有清楚的敍述,《□□石彌勒像讚并序》記:

> □濟州歷城縣維那劉長清等八人,爲□中金剛經邑會之長,曾同
> 邑内信直者十數公,俱禮南靈臺山禪大德僧□方爲出世之師。……維
> 那劉公等,痛惠焰絶照,法鏡沉光,無明益昏,大道荒塞,乃率邑内諸人

---

① 《羅漢□陀羅尼幢》,《金石萃編》卷一二一,頁1—2。
② 《金剛經碑》,《常山貞石志》卷八,頁1—7。由於碑文有部分泯泐,"經主"人數無法確定。

等家財同心,奉爲没故禪大德建此彌勒像一軀,侍菩薩兩軀。……開成二年歲次丁巳四月甲午朔,功德主及都維那、邑人等一百一十人結金剛經會,每會書經一卷。每至正月十八日、九月十五日設齋一中,以表衆緣,標於此碑。①

山崎宏從"劉長清等八人爲□中金剛經邑會之長"之句,認爲此八人組成八個邑會,一會平均十三四人。② 實則劉長清等八人都是金剛經邑的重要執事,曾和此邑內十數人禮僧人□方爲師,後來其師去世,乃會同此邑內諸人施財,爲其師造彌勒像,以報師之德。此一金剛經會的成員包括"功德主及都維那、邑人等一百一十人",並非八個邑會之人合計一百一十人;其活動是每次聚會時成員各寫《金剛經》一卷,另外在每年正月十八日、九月十五日聚會,禮佛、請僧、設齋。

歷五代至宋初,繼有以念誦或書寫《金剛經》的社邑,如後梁乾化五年(915)十月,洛陽某禪院所建的《惠光舍利銘》上,除了"院主僧行堅"的題名之外,另有"念金剛經社女弟子維那梁師智"等人的題名。③ 又,宋太祖開寶三年(970),王延福等人遷移後周時所建經幢,在《重修尊勝幢記》之前,有"念金剛經邑衆等"十一人的題名。④

(2)《華嚴經》

從南朝以來,就有修習《華嚴經》的齋會,至唐代則有僧人勸信徒組成社團,分別讀誦此經,並且舉辦齋會。唐京兆崇福寺僧沙門法藏(642—712)撰集《華嚴經傳記》中,敍述當時益州宏法師勸信徒五六十人結社修習《華嚴經》,每人各誦一卷,每月十五日同集設齋,一起誦經:

《華嚴齋記》　一卷右竟陵文宣王撰。

自齊梁已來,每多方廣齋集,皆依此修行也。今益州宏法師,亦以

---

① 《八瓊室金石補正》卷七三《佛峪金剛會碑》,頁2—4;《北圖石刻拓本匯編》,册三一,頁8。
② 山崎宏《支那中世佛教的展開》,頁792—793。
③ 《八瓊室金石補正》卷七九《惠光舍利銘》,頁8—9。乾化五年(乙亥)十一月改元貞明,惠光卒於三月,葬於十月,所以仍稱乾化。
④ 《八瓊室金石補正》卷八二《王延福等重修尊勝幢記》,頁24—25。

華嚴爲志,勸其士俗、清信等或五十人,或六十人,同爲福社,人各誦《華嚴》一卷,以同經部,每十五日,一家設齋,嚴道場高座,供主昇座,餘徒復位,各誦其經,畢而方散,斯亦齋集之流也。①

另,白居易《華嚴經社石記》一文,記載杭州"華嚴經社"的緣由及活動。長慶二年(822)杭州龍興寺僧南操請靈隱寺僧道峰講《大方廣佛華嚴經》,至《華藏世界品》時,南操感動發願,擬招募僧俗十萬人,每人各轉讀《華嚴經》一部,十萬人又勸千萬人,各轉華嚴經一部:"每歲四季月,其衆大聚會,於是攝之以社,齊之以齋。"此社一直延續到唐敬宗寶曆二年(826)仍然不替,社人每年在四季的最後一月(即三、六、九、十二月)舉辦齋會,其費用來於"募財置良田十頃,歲取其利,永給齋用。……田千畝,齋四時,用不竭之征,備無窮之供乎!"②南操發願勸十萬人轉《華嚴經》,並不表示此社成員已達十萬人之多;白居易自述他即十萬人之一,也是針對這個願而言。③

(3)《法華經》

普賢菩薩在《大方廣佛華嚴經》(以下簡稱《華嚴經》)和《妙法蓮華經》(以下簡稱《法華經》)這兩部經典中,都占有很重要的地位,後秦鳩摩羅什譯《妙法蓮華經》(T・262)第二十八品——也是最後一品即《普賢菩薩勸發品》中,普賢菩薩勸大衆受持、讀誦、書寫、講説此經。至劉宋元嘉中曇無蜜多譯《觀普賢菩薩行法經》特別強調懺悔的重要性,其中提到"五悔"法,稱"於六齋日敕諸境内力所及處,令行不殺,修如此法,是名修第四懺悔"。④ 從南北朝初年以來,就有僧俗修習"普賢齋",如劉宋武帝永初年間(420—423),釋僧苞至北徐州黄山精舍,建"三七普賢齋懺";⑤約在同時,北方僧人釋道冏常作"普賢齋"。⑥ 又,玄宗開元初年,同州境内有數

① 《大正新修大藏經》,册五一,頁172上。
② 《白居易集箋校》卷六八《華嚴經社石記》,上海古籍出版社,1988年,頁3661—3662。
③ 鎌田茂雄《中唐の佛教變動と國家權力》認爲十萬人是誇大,没有注意到這是發願之文,而作爲一個佛教徒以及此社的一個成員,亦當等同斯願(《東洋文化研究所紀要》第25册,頁240)。
④ 《大正新修大藏經》,册九,頁394中。
⑤ 《高僧傳》卷七《釋僧苞傳》,頁369中。
⑥ 《高僧傳》卷一二《釋道冏傳》,頁407上。

百個人家結爲"東、西普賢邑社","造普賢菩薩像,每日設齋"。唐開元二十三年括州刺史李邕撰《大唐秦望山法華寺碑并序》,記敍豪州刺史王弼任蘇州司馬時,與夫人武氏共同護持寺院,在會稽(今浙江紹興)秦望山法華寺"啓普賢臺一級,寫法華經千部,廣化人吏,大啓津途"。即普賢臺,立"法華社","每年二月,重會一時"。① 在唐元和十三年(818)十月廿日所建的《興國寺故大德上座號憲超塔銘并序》的題名中,有"法華邑人"史清九人等題名。②

文宗大和二年,在今山西鳳臺由前試太常卿司徒暎等二十八人共組"法華邑",各持念《法華經》一品。由於此經共有二十八品,可知其組成目的是各人持念一品。至大和七年,因邑人多遷出此城,只剩六七人,他們仍然聚志供給硤石寺科稅,同時和其他施主共同建造上方閣一所,并畫法華感應事相、素盡彌勒佛,並刻石記事。在此碑的下截有"法華邑"人題名,除了《妙法蓮華經》序品第一邑人司徒暎諷誦"之外,第二品以下的邑人名字都是空白的,這或許是因前述此邑成員多遷出城,③建立此碑時,此法華邑可能在重組的階段,因此讀誦第二品以下邑人名字未定。

(4) 淨土法門

依佛典所述,東西南北四維上下十方都有諸佛淨土,唐代佛教徒最嚮往修習的是西方極樂世界的阿彌陀佛淨土和彌勒淨土。如詩人白居易(772—847)先後修習、參加求生此二淨土的佛教結社,《佛祖統紀》中兩則有關白氏結社的記載,都將他先參加阿彌陀極樂淨土的"西方社"以及他去世之前改組往生彌勒淨土的"上生會"混爲一談。④ 他在開成元年所撰

① 《金石萃編補略》卷二《秦望山法華寺碑》,頁 10—11 云:"頃者豪州刺史前此邦別乘太原王公名弼。"《石刻史料新編》第一輯(5)。按《全唐文》卷四百三八李訥《東林寺舍利塔銘并序》:"蘇州司馬王弼。"頁 4471 上。
② 《金石萃編》卷一○七《憲超塔銘》,頁 8。
③ 《山右石刻叢編》卷九《龍興寺造上方閣畫法華感應記》,頁 8—10:"城隍信士共結法華邑,都有二十八人,各持念法華經一品,至一二年後倫散出邑,今時祇有六七人。"
④ 《佛祖統紀》卷二八《淨土立教志第十二之三・往生公卿傳》:"白居易號香山居士,官太子太傅。初勸一百四十八人結'上生會',行念慈氏名,坐想慈氏容,願當來世必生兜率。晚歲風痺,遂專志西方,祈生安養,畫西方變相一軸,爲之願曰:'極樂世界清淨土,無諸惡道及衆苦。願如我身病苦者,同生無量壽佛所。'一夕念佛坐榻上,倏然而逝。"(頁 282 中)另一則記載和此相類,見卷四二《法運通塞志十七之九》,頁 386 下—387 上。

的《聖善寺白氏文集記》稱:"與東都聖善寺鉢塔院故長老如滿大師有齋戒之因,與今長老振大士爲香火之社。"①可知其時他和鉢塔院現任長老共結香火之社,修習的是西方彌陀净土,《與果上人殁時題此訣别兼簡二林僧社》詩云:"本(一作願)結菩提香火社,爲嫌煩惱電泡身。不須惆悵從師去,先請西方作主人。"②另外,此處所言的鉢塔院故長老如滿大師,和他日後交往甚密的佛光寺僧如滿並不是同一人,白氏所撰《佛光和尚真讚并序》云:"會昌二年春,香山寺居士白樂天,命繢以寫和尚真而贊之。和尚姓陸氏,號如滿,居佛光寺東芙蓉山蘭若,因號焉。我命工人與師寫真,師年幾何,九十一春。會昌壬戌,我師尚存。"這位住在佛光寺東蘭若的如滿和尚纔是《舊唐書》所述和白居易共結香火社的僧人:"會昌中,請罷太子少傅,以刑部尚書致仕,與香山僧如滿,結香火社,每肩輿往來,白衣鳩杖,自稱香山居士。"依白居易在開成二年所寫的《醉吟先生傳》也稱"與嵩山僧如滿爲空門友,平泉客韋楚爲山水友,彭城劉夢得爲詩友,安定皇甫朗之爲酒友"。③ 由"嵩山僧如滿"之句,可知如滿原是嵩山佛光寺東芙蓉蘭若修行的僧人,白居易晚年招請他至洛陽,《九老圖詩》序云:"會昌五年三月,胡、吉、劉、鄭、盧、張等六賢,於東都敝居履道坊,合尚齒之會,其年夏,又有二老,年貌絶倫,同歸故鄉,亦來斯會……二老謂洛中遺老李元爽,年一百三十六歸洛;僧如滿,年九十五歲。"④可能在此之後,如滿即住在白居易所建的香山寺。《舊唐書》本傳稱:"會昌中,請罷太子少傅,以刑部尚書致仕,與香山僧如滿結香火社。"按:會昌二年(842)白居易致仕,此時原居嵩山的如滿尚未到洛陽來。會昌五年(845)五月,下詔令東西二都各留佛寺四所,每寺各留卅人。天下州郡各留一寺,按寺院規模,上寺保留廿人,中寺保留十人,下寺保留五人,其餘僧尼皆令還俗。此年夏天,僧人如滿可能就是因爲還俗而回到故鄉洛陽來,而被邀入"香山九老"之列。會昌六年(846),唐武宗去世,宣宗即位,同時恢復佛教。如滿和白居易結社

---

① 《白居易集箋校》卷七〇《聖善寺白氏文集記》,頁3770。
② 《全唐詩》卷四四〇,北京,中華書局,1979年,頁4902。
③ 《白居易集箋校》卷七〇《醉吟先生傳》,頁3782。
④ 《全唐詩》卷四六二,頁5262。

可能就在此時,從修習彌陀净土,改爲修習彌勒净土,《答客問》詩云:"海山不是吾歸處,歸即應歸兜率天。"其下自注"予晚年結彌勒上生業",①和同修共組"上生會":

> 樂天嘗立願曰,吾勸一百四十八人,同爲一志,結"上生會",行念慈氏名,坐想慈氏容,願當來世必生兜率。②

不久之後,如滿即遷化,葬在香山寺之側,起塔供養。大中元年,白居易去世,遺命葬在如滿師塔之側。③

A. 上生邑

從北朝以來,彌勒信仰就非常流行,迄唐代仍然很興盛,彌勒的經典主要是《佛説觀彌勒菩薩上生兜率天經》(即《上生經》)和《佛説彌勒下生成佛經》(即《下生經》)。④ 從唐初以來爲數不多的資料中,顯示有些僧人講説此二經,而佛教社邑也有以"上生"爲名者。唐儀鳳三年(678)在河北所建的《佛説彌勒菩薩兜率天下生成佛經碑》,其上並刻《心經》。⑤ 唐敬宗寶曆二年,在鳳臺(今山西晉城市)有"上生邑"的邑衆建造彌勒菩薩上生經變碑,其上有"上生邑弟子北孔亭村□□"的題名;此外,此碑也没有任何僧人的題名。⑥

後周世宗顯德二年,山東省淄川縣龍興寺百法大德的信衆共組"禮佛會",他們在每月十五日於寺中舉行法會"長於月圓日,宿净三業,且入寺中,隨僧讚唱以連天,五體投誠而迎地"。其後,此會又建造經幢,上面同時刻《上生經》、《下生經》。⑦ 後晉高祖天福十二年(947)在今山西鳳臺元

---

①　《全唐詩》卷四五九,頁5234。
②　《佛祖統紀》卷四二《法運通塞志十七之九》,頁386下—387上。
③　《舊唐書》卷一六六《白居易傳》。
④　楊惠南《漢譯佛經中的彌勒信仰——以彌勒上、下經爲主的研究》,《文史哲學報》第35期,1987年。
⑤　《北圖石刻拓本匯編》,册一六,頁79。
⑥　《山右石刻叢編》卷八《紀彌勒菩薩上生變讚并序》,頁53—55。
⑦　《山左金石志》卷一四《龍興寺經幢》,頁18—20。

泉寺,由"院主沙門智辯、典座智朗"建立的經幢上,刻著《佛説上生經》。①

五代時期,寺院中頗有僧人專講《上生經》,也可爲 9 世紀以降此經的流行,以及佛徒結"上生邑"作一注脚。如後周世宗顯德三年,今山西陽城龍泉禪院建碑,就是由"講上生經沙門師誡篆額"。② 南唐保大五年(947),在壽州(治壽春,今安徽壽縣)開元寺所建的"金剛經碑",係由"勾當化緣建造蜀水長講金剛經、百法論大德道顥并篆額"。③ 此外,五代僧人普勝至潞州(治今山西長治)講《上生經》。④

B. 彌陀净土—九品往生社

根據《佛説觀無量壽經》,凡是往生西方净土的人依其修持的功夫,分爲九品(上品上生、上品中生、上品下生、中品上生、中品中生、中品下生、下品上生、下品中生、下品下生)。⑤ 吴郡包山福願寺僧人神皓(715—790)晚年設置"西方社",⑥祈求往生彌陀净土。文宗開成五年五月,⑦浙江會稽禹寺請玄英法師在餘姚平原精舍講金剛經,法師在此講經會中勸募 1 250 人,結"九品往生社",並且刻石記事。此碑額題"往生碑"三字,在題名上分列第一品至九品,據《結九品往生社并序》稱其等第是依"施有等差,階陳九品",即依社人捐貲多寡而列品等。雖然碑文稱法師募 1 250 人,實際上題名者僅有 125 人,其中有 13 名比丘、14 名比丘尼。⑧

唐代有不少信徒念佛求生净土,如德宗貞元年間(785—805),僧人少康到了睦州(治今浙江建德),誘導當地老少念"阿彌陀佛",又在當地烏龍山建净土道場,聚集信徒午夜行道念佛:"築壇三級,聚人午夜行道唱讚,二十四契稱揚净邦,每遇齋日雲集所化三千許人登座……"⑨從後唐明宗

---

① 《山右石刻叢編》卷一〇《智辯造佛説上生經幢》,頁 27。
② 《八瓊室金石補正》卷八一《陽城龍泉院記》,頁 11。
③ 《八瓊室金石補正》卷八一《重刊壽州金剛經碑》,頁 28—30。
④ 《宋高僧傳》卷二八《宋西京廣愛寺普勝傳》,頁 887 下。
⑤ 《佛説觀無量壽經》,《大正新修大藏經》,册一二,頁 344 下—346 上。
⑥ 《宋高僧傳》卷一五《唐吴郡包山神皓傳》,頁 803 上。《全唐文》卷九一八清書《唐洞庭山福願寺律和尚墳塔銘并序》,頁 9568 下。
⑦ 唐文宗以開成五年正月崩,是月武宗即位,明年改元會昌,開成五年皇帝昇遐,謂武宗也。
⑧ 《八瓊室金石補正》卷七三《九品往生社碑》,頁 21—23;《往生社碑》,《北圖石刻拓本匯編》,册三一,頁 73。
⑨ 《宋高僧傳》卷二五《唐睦州烏龍山净土道場少康傳》,頁 867 中—下。

天成二年（927）六月七日敕文中，似乎9世紀中佛教徒夜間行法頗爲流行："一州城之内、村落之中，或有多慕邪宗，妄稱聖教，或僧尼不辨，或男女混居，合黨連群，夜聚明散，托宣傳於法會，潛縱恣於淫風。若不却除，實爲弊惡。"因此，政府也密切關注這種行爲，下令地方官輯查，並予以最嚴厲的處分："此後委所在州府縣鎮及地界所由巡司節級，嚴加懲刺，有此色人，便仰收捉，勘尋關聯徒黨，並決重杖處死。"①上述僧人少康和信徒似乎並未有組織，由於僻處山野之中，其活動並沒有受到官府的注意和處罰；但在城市或鄰近京城的地區，僧俗聚會則受到嚴厲的懲處。從以下一個例子，可以反映晚唐政府仍然嚴密監視著佛教的聚衆行事，文宗開成四年，藍田縣人賀蘭進與里内五十餘人相聚念佛，神策鎮將以爲其有謀逆之嫌，將他們全數逮捕，即將處以死刑之時，御史中丞高元裕認爲他們可能是被冤枉的，上疏請在行刑前將賀蘭進等五十人解押到御史臺審問，如確有其事方執刑。② 可惜的是：史書的記載止於此，未能得知這五十多名念佛者是否得以免於一死。

2. 寺院刻經

上述中、晚唐社邑多以修習某一經典或法門而結社；同一時期也出現一個和此頗爲相應的現象，即僧人或俗人在寺院的刻經。在寺内建石壁刻佛經的事例分布在河北、河南、蘇州、杭州、四川。德宗貞元元年（785），汴梁相國寺大德僧景融在寺内刻《金剛般若波羅蜜經》，據真言所撰的《大唐金剛般若石經記》敘述它的作用："於是月殿西次，雕楹南嚮；四序光景，六時香烟。模可以廣千萬經，觀可以更億兆衆。"説明了此石經可以模寫拓傳"廣千萬經"，也可以供"更億兆衆"觀讀修習。③

杭州永福寺（一名孤山寺）僧人惠皎在石壁上刻《法華經》，他從憲宗元和十二年（817）杭州刺史嚴休任内開始這項工作，到穆宗長慶四年（824）白居易爲杭州刺史時竣工，前後歷時八年。此寺石經"上下其石六尺有五寸，短長其石五十七尺有六寸，座周於下，蓋周於上，堂周於石，砌周

① 《五代會要》卷一二雜録，北京，中華書局，1998年，頁152。
② 《舊唐書》卷一七一《高元裕傳》，頁4452。
③ 《全唐文》卷九一六真言《大唐金剛般若石經記》，頁9548下—9549上。

於堂"。元稹《永福寺石壁法華經記》認爲僧徒刻經的目的在於藉此弘傳發揚經義："予觀僧之徒所以經於石、文於碑,蓋欲相與爲不朽計,且欲自大其本術。"①

蘇州重玄寺法華院也有石壁鐫刻八種佛經,僧人清晃首先規劃此事,清海繼其志,最後在其弟子南容之手完成;從唐穆宗長慶二年(822)冬開始刻經,至文宗大和三年(829)纔完成,前後歷時八年。蘇州刺史白居易撰《蘇州重玄寺法華院石壁經碑》,其中一半的篇幅是簡敍石壁所刻八種佛經及其内容。② 此八部經典之中,《妙法蓮華經》、《維摩詰經》、《金剛般若波羅蜜經》、《佛頂尊勝陀羅尼經》、《阿彌陀經》、《般若波羅蜜多心經》六部經都是當時流行的經典。又,在《妙法蓮華經》之外,復鐫刻《觀普賢菩薩行法經》,也顯示此寺的强調法華經典。至於《實相法蜜經》當係指唐菩提流志所譯《實相般若波羅蜜經》,據《開元釋教録》稱此經與玄奘所譯的《大般若波羅蜜多經》第十般若理趣分是同本異譯。③ 另,唐宣宗大中五年,河南尹柳仲郢出任梓州(今四川省三臺)刺史、東川節度使,辟李商隱(812—858,或799—858)爲節度書記。④ 大中七年,李商隱在梓州長平山慧義精舍經藏院"特創石壁五間",刻《妙法蓮華經》七卷。⑤

五代仍然延續在寺院建立經碑或經壁之風,後晉高祖天福三年,李恭等信衆在合玄山太平寺"鐫石壁《金剛經》一卷"。⑥ 後唐天成年間(926—929),楚國静江軍節度觀察使桂州刺史馬賨在今桂林一所寺院,建立"金剛般若波羅蜜經碑"。⑦

寺院刻經可能和開元二年禁止民間開鋪寫經的詔令有關,寺院作爲一個提供佛經的場所,刻經一方面是可以藉此弘教,另一方面可以提供觀讀

---

① 《元稹集》卷五一《永福寺石壁法華經記》,北京,中華書局,1982年,頁558。
② 《白居易集箋校》卷六九《蘇州重玄寺法華院石壁經碑》,頁3702—3703。
③ 《開元釋教録》卷一一:"實相般若波羅蜜經一卷,大唐天后代天竺三藏菩提流志譯出大周録第二譯,右一經與大般若第十會般若理趣分同本異譯。西域梵文有廣略二本,故實相理趣文意乃同,咒大小異。"(頁583下—584上)
④ 宋寧娜《李商隱生卒年新考訂(二)》,《南通大學學報》2006年第4期。
⑤ 劉學鍇、余恕誠校注《李商隱文編年校注》第五册,北京,中華書局,2002年,頁2158—2160。
⑥ 《唐文續拾》卷八希甯《金剛經讚》,頁11264下。
⑦ 《八瓊室金石補正》卷八一《馬賨造金剛經碑記》,頁20。

和氈拓流傳。又，從寺院選刻的佛經，顯示《金剛經》、《法華經》和以下所談的《佛頂尊勝陀羅尼經》應是當時最流行的經典。

3. 從造像趨於建幢

學者注意到唐代經幢的流行，甚至超越造像的現象，[1]此一現象也反映在專爲建幢而組成的社邑，甚至即稱爲"尊勝寶幢之會"。1992 年 3 月山西稷山縣白池村出土了一所建於唐開元二十四年的經幢，它是由"佛弟子郭長壽合邑一十七人等"所造的經幢，從其上題名有社官的名銜"錄事上騎都尉王思欽"、"邑長上柱國梁小慶"、"平正品子王什善"，[2]可知此是一佛教社邑所建的經幢。

元和六年一月十五日在河南縣金谷□（鄉）有王藥藏率領百家共組的社邑建造一所佛頂尊勝陀羅尼經幢，《王藥藏等造經幢讚》稱："結社延慶，奉賴我皇；傤斂金帛，堅兹經幢。"記文中並有"社錄呂秀"之名。[3]

長慶四年，神策都虞候侍御史史公與"總持社"邑人建立一所佛頂尊勝陀羅尼經幢，從國威《佛頂尊勝陀羅尼幢記》一文敍述和此社有關僧人的修持的文句："況吾師正覺成就，神通事顯，多門開秘密，教總攝□藏，統御十（缺）……"[4]可知此係一位修習密教僧人指導的社邑，其名爲"總持社"也顯示此社邑的修習以密法爲主。

僖宗乾符五年（878）八月十五日，許州（今河南許昌）有一個"尊勝寶幢之會"共同建造的一所經幢竣工，從邢筠所撰的讚序，可知這是許州陳宗可向當地某寺僧人表示願意結一邑會，建造經幢。造幢者的題名中，計有僧俗共四十七人，其中僧人六名，包括當寺的三綱（都維那、寺主和上座），另外負責此幢建造的"勾當僧"三名。發起人陳宗可則是擔任此會的"都維那"之職，由於此會規模並不大，且因係單純爲建經幢而結會，故在題名中僅見有此一頭銜。[5] 另，僖宗光啓四年（888）二月，固安縣千秋鄉

---

① 山崎宏《支那中世佛教の展開》，頁 785—786,822。
② 王澤慶《山西稷山出土崇化寺唐開元石經幢》，《文物》2003 年第 8 期，頁 66。
③ 《唐文續拾》卷八至禪《王藥藏等造經幢讚》，頁 11258 上。
④ 《唐文續拾》卷八國威《佛頂尊勝陀羅尼幢記》，頁 11259 上—11259 下。
⑤ 《八瓊室金石補正》卷四八《陳宗可等尊勝幢讚》，頁 22—23；《全唐文》卷八一六，頁 8592 上一下。

□□村信士清河張文□等人所組社邑，在興居寺僧人的領導之下，建造一所佛頂尊勝陀羅尼經幢，置於寺中。①

　　結社造幢的風氣一直延續至五代、宋代。如後周太祖廣順三年(953)，今河南修武縣人田景儒等人所組“羅漢邑”建造尊勝陀羅尼經幢。② 另有爲修復舊幢而組的社邑，宋太祖開寶七年(974)山西聞喜唐興寺內舊有的經幢破損，王□等人遂發起修復舊幢，從題名上看來，除“邑首王□”之外，有“都維那王説、副維那李延福”、“邑人”共計十六人，另有“清衣邑衆”的助緣，以及本寺僧人“唐興寺主僧緣政、比□緣海”的題名。③

五、結　語

　　綜上所述，從北朝以迄於唐代，國家的政策對於佛教信仰組織曾經發揮很大的影響。北魏初年以僧人教化政策促進了義邑的蓬勃發展，迄於唐代初年，佛教政策有重大的轉變，遂不復見“義邑”的名稱，代之而起的是穿上傳統官社形式外衣的佛教社邑，稱“社”、“邑”或“會”。由於唐代佛教政策對於僧人和宗教活動的種種制約，也導致社邑內涵的改變。五代迄於宋代的佛教政策基本上延續唐代之舊，對於僧人、寺院和教團采取嚴密的控管，因此社邑的形式和內涵也延續下來，特別顯現在以下兩方面，一是“經社”或“經會”，一是“千人邑”。

　　中晚唐社邑預期以一人招募十人或千人的思維，也影響及五代、宋、遼、金時期的“千人邑”。文宗開成五年玄英法師在餘姚平原精舍的講經會中勸募 1 250 人，結“九品往生社”，實際上題名者僅有 125 人，可知其規劃可能是以一人勸募十人。長慶二年，杭州龍興寺僧人南操發起的“華嚴經社”係預計以一人勸募千人：“願於白黑衆中，勸十萬人，人轉《華嚴經》

---

① 《唐文續拾》卷一一闕名《張文□等造經幢記》，頁 11297 下。

② 《金石萃編》卷一二一《羅漢□陀羅尼幢》，頁 4—5：“准景儒等自□年前，遂見當院精藍寶地，是飯依作福之田，結□善緣，乃爲衆會，名‘羅漢邑’。”由此似可推斷此院可能名爲“羅漢院”。

③ 《山右石刻叢編》卷一一《保寧禪院經幢》，頁 11—12。按：宋太宗淳化年間，改“唐興寺”爲“保寧禪院”。

一部;十萬人又勸千萬人,人諷《華嚴經》一卷。"①五代以後,遂有以千爲名的"千人邑",如後唐磁州武安縣(今河北武安)重修定晉禪院的過程中,就是"別化千人之邑,同修一劫之緣,蓋造高樓,安排佛像"。此邑的起始係先設"都維那"三人,在此之下再設"維那"十人,由此十人再到各地招募信徒加入:"共構良因,互相勉導,逐處鄉邑,次立維那,舉其萬法之門,結會千人之數。"②不過,此邑還不是以"千人邑"作爲名稱,至遼代遂有一些以"千人邑"爲名的社邑,③如遼世宗天禄三年(949)舍利石匣上有"千人邑"的題名。④ 道宗大安八年(1092)《大遼國懽州西會龍山碑銘》碑陰鑴有"千人邑□□□□□。……劉文遂等男女各五百人,碑小不能具録"的字句。⑤ 聖宗統和二十三年(1005)所立的《重修雲居寺碑記》、⑥興宗重熙十四年(1045)的舍利石函上也有"千人邑"的題名。⑦ 天祚帝乾統三年(1103)河北涞水金山院沙門善信"結千人之友,爲念佛邑",鄉貢進士韓温教撰《金山演教院千人邑記》,並刻石記事,在碑陰列邑人姓名。⑧ 金熙宗皇統六年(1146)宜州遼代耶律祥衮家功德寺藏經所爲火焚毁,郡人馬祐與支持此寺的舊社邑人顔壽"轉相糾合,乃得千人,立爲一社",以重建經藏,皇統八年東海徐卓撰碑記《宜州廳峪復建藏經千人邑記》,即稱此邑爲"千人邑"。⑨

宋代的佛教結社以經會特爲普遍,有以《華嚴經》結社者,宋人王禹偁《寄杭州西湖昭慶寺華嚴社主省常上人》詩云:"夢幻吾身是偶然,勞生四

① 《白居易集箋校》卷六八《華嚴經社石記》,頁 3661—3662。
② 《金石萃編》卷一一九《重修定晉禪院碑》,頁 38—39。
③ 關於千人邑,前此學者已有一些討論:王吉林《遼代"千人邑"研究》,《大陸雜誌》第 35 卷第 5 期;蔣武雄《遼代千人邑的探討》,《空大人文學報》第 8 期;陳志健《彰武金代佑先院碑爲復建藏經千人邑碑考》,《遼海文物學刊》1996 年第 1 期。
④ 向南《遼代石刻文編》太宗、世宗、穆宗、景宗編《仙露寺葬舍利佛牙石匣記》,石家莊,河北教育出版社,1995 年,頁 5。
⑤ 同上書,道宗編下《懽州西會龍山碑銘》,頁 444。
⑥ 陳述輯校《全遼文》卷四《重修范陽白帶山雲居寺碑(應曆十五年)》,北京,中華書局,1982 年,頁 79;卷五《重修雲居寺碑記(統和二十三年)》,頁 104。
⑦ 陳述輯校《全遼文》卷七《石函記(重熙十四年)》,頁 160。
⑧ 《遼代石刻文編》天祚編《金山演教院千人邑記》,頁 534。
⑨ 羅福頤校録《滿洲金石志補遺附外編》外編《宜州藏經千人邑碑》,長春,滿日文化協會,1937 年,頁 22—23。

十又三年。任誇西掖吟紅藥，何似東林種白蓮。入定雪龕燈焰直，講經霜殿磬聲圓。謫官不得餘杭郡，空寄高僧結社篇。"①此一"華嚴社"似以講經爲主，而社主是僧人。另有"金剛經會"，施主散施經本，並請僧人講説。②另外，還有"看經會"和"誦經會"，看經會的成員主要是官吏士紳，如李綱（1085—1140）與京師太平興國寺堂頭和尚璨公共結"看經社"，③宋舒岳祥《遊天王寺》詩云："經社千人會，然燈七佛深。松行喧萬籟，僧定不知音。"④從姚勉（1216—1262）在《重建觀音閣緣化榜語》敍述其中的活動："此閣成就，豈徒美觀？禪衲律僧，經社道友，或此習定，或此誦經，隨所修爲，種種方便。"⑤可知此閣係經社活動的場所。

北宋張方平對宋代經社普遍的情形有簡要的描述："僧徒讖戒，里俗經社之類，自州縣坊市，至於軍營，外及鄉村，無不向風而靡。"⑥此外，曹勛詩也敍及鄉村經社"前村有經社，香火訊屢通"。⑦由於少數經社的聚集和活動有時産生令統治者不安的情況，如張方平所述："蓋愚俗傳習，初無惡意，漸爲誘惑，因入於邪。"爲了防範他們對治安和皇權的統治造成威脅，故朝廷數度下令禁斷經社，如至和二年（1055），仁宗應允趙抃的奏言，下詔開封府禁斷李清等人的誦經社。⑧紹興二十年（1150）六月，高宗也下令禁止百姓"結集經社"。⑨宋光宗時朱熹知漳州，亦曾禁止寺院的傳經會。⑩度宗咸淳九年（1273）五月復下令"申禁奸民妄立經會，私創庵舍，以

---

① 北京大學古文獻研究所編，傅璇琮等主編《全宋詩》卷六六，北京大學出版社，1991 年，頁 757。
② 黃公紹《在軒集·金剛經會門榜》，頁 18："凡在聽説之際，同生懺悔之心，以此上報四重恩，下濟三塗苦。"又"惟汾陽家積善，以壽春本結緣，爲一切衆生，散兩度五百卷"，文淵閣四庫全書本，册一一八九。
③ 李綱《梁谿集》卷一〇八《與了翁書》，文淵閣四庫全書本，册一一二六，頁 2；鄧肅《栟櫚集》卷一五《太平興國堂頭璨公語錄》，文淵閣四庫全書本，册一一三三，頁 6。
④ 舒岳祥《閬風集》卷三，文淵閣四庫全書本，册一一八七，頁 14。
⑤ 姚勉《雪坡集》卷四六《市心重建觀音閣緣化榜語》，文淵閣四庫全書本，册一一八四，頁 14。
⑥ 張方平《樂全集》卷二《論京東西河北百姓傳習妖教事》，文淵閣四庫全書本，册一一〇四，頁 20，此奏係論河南河北民間傳習妖教（當係白衣彌勒教之類）的來由。
⑦ 曹勛《松隱集》卷二一，文淵閣四庫全書本，册一一二九，頁 8。
⑧ 趙抃《清獻集》卷六《奏狀乞禁斷李清等經社》，文淵閣四庫全書本，册一〇九四，頁 32。
⑨ 《宋史》卷三〇《高宗紀》。
⑩ 《宋史》卷四二九《道學三·朱熹傳》。

避征徭,保伍容苾不覺察坐之"。① 這個詔令中隱然有唐代佛教政策的影子。關於宋、遼、金時期佛教社邑和其時國家佛教政策的關聯猶有待未來進一步的探討。

（本文原刊於《唐研究》第 13 卷,北京大學出版社,2007 年）

---

① 《宋史》卷四六《度宗紀·咸淳九年》。

佛教與社會

六朝家訓、遺令中的佛教成分[*]

——喪葬的新元素

一、前　言

　　近三十年來,考古學、藝術史學者致力於從六朝墓葬中,找尋佛教影響的相關圖像,然而,迄今所知墓葬中佛教的圖像仍然相當有限。[①] 在一個佛教信仰興盛流傳的時代,在墓葬中出現有關佛教的圖像並不令人驚異,因爲某些佛教的元素如忍冬、蓮花等紋飾也見於同一時期的器物和建築構件中。齊東方認爲:考古發現的墓葬是孤立遺迹,只是全部喪葬活動系統的一個片斷,僅傳達喪葬活動中有限的内容。因此,應結合建造墓葬喪葬觀念與制度進行探索。[②] 其實,相對於墓葬中極少數的佛教相關文飾圖像,六朝時期家訓、遺令中,有更多佛教對於喪葬影響的訊息。

　　迄今已有不少關於六朝家訓、遺令的研究,[③]不過,關於佛教的影響則甚少人提及,[④]故未有全面的討論。有些六朝家訓直接叮囑子孫要信奉佛

---

[*]　本文承蒙"中研院"文哲所劉苑如教授惠賜寶貴意見,謹此致謝。

[①]　鄭岩《魏晉南北朝壁畫墓研究》,北京,文物出版社,2002 年,頁 171。楊秋莎《漢魏時期蜀漢、孫吳墓葬中的佛教遺物——兼談長江流域的佛教傳播》,《四川文物》2003 年第 5 期;林聖智《墓葬、宗教與區域作坊——試論北魏墓葬中的佛教圖像》,《美術史研究集刊》第 24 卷,2008 年;韋正《試談南朝墓葬中的佛教因素》,《東南文化》2010 年第 3 期。董永剛《山西北朝墓葬所見裝飾圖案的佛教因素》,《四川文物》2011 年第 1 期。

[②]　齊東方《唐代的喪葬觀念習俗與禮儀制度》,《考古學報》2006 年第 1 期,頁 59。

[③]　孫麗萍《近十年來〈顏氏家訓〉研究概述》,《華夏文化》2009 年第 1 期。

[④]　僅有吉川忠夫《中國人の宗教意識》Ⅳ《宗教に傾斜する心性》,二,遺言・遺書のなかの佛教,東京,創文社,1998 年,頁 228—242。康世昌《漢魏六朝"家訓"研究》(臺北,花木蘭文化出版社,2009 年)一書提及。

教,甚至以爲家業,如南齊張融(444—497)勸誡其子孫"專尊於佛迹",①
梁朝徐勉(466—535)雖没有直言要其子徐崧信奉佛教,但《誡子書》提到
釋教的觀念影響及他個人的思維和行事,如對宅院財富的看法,乃至於他
將建康城清明門附近的宅第之半,捐施予宣武寺等事,②也是一種間接的
陳述。顏之推(531—591)自述"家世歸心"佛教,惟恐子孫信心未牢固,因
此在家訓中特撰《歸心篇》,重加勸誘,並且要求他們在留心世務俗計之
時,也要"兼修戒行,留心誦讀,以爲來世津梁"。③ 南朝末年著名文人和書
法家王褒希望他的兒子可以繼承其家世代"既崇周孔之教,兼循老釋之
談"的門風。④ 凡此都是指導性的原則,此外,有些人交代身後喪葬事宜則
更具體顯示佛教的影響。

　　喪葬的内容包括入斂納棺、殯(停靈)、埋葬、祭祀四個部分,⑤關於家
訓中對喪葬的囑咐,顏之推《顏氏家訓》有《終制》篇,其中入斂納棺殯(停
靈)、埋葬部分是儒家的,關於墓葬中隨葬品已有學者做過研究,⑥至於祭
祀則屬於佛教。《顏氏家訓》以專書的呈現,比較容易引人注意,事實上,
正史中也星散著不少這方面的資料,有的不成篇章,有的僅有隻言片語,所
以常爲人所忽略。本文搜羅這些零散的資料,發現顏之推《終制》篇佛教
的影響,在六朝時代並不是稀有的例子,佛教對喪葬的影響其實超越了此
篇的内容。

　　南北朝士族普遍信奉佛教,他們對於佛教的實踐也反映在他們對於身
後事的關注。湯用彤最先論述南北朝士族信仰佛教的情況,⑦其後學者續

---

① 《弘明集》(T·2102)卷六張融《門律》,收入《大正新修大藏經》,册五二,頁38下。
② 《梁書》卷二五《徐勉傳》,爲書誡其子崧曰:"……吾清明門宅,無相容處。所以爾者,亦復有
　　以;前割西邊施宣武寺,既失西廂,不復方幅,意亦謂此逆旅舍耳,何事須華? 常恨時人謂是我
　　宅。古往今來,豪富繼踵,高門甲第,連闥洞房,宛其死矣,定是誰室? ……且釋氏之教,以財
　　物謂之外命;儒典亦稱'何以聚人曰財'。……"
③ 顏之推撰,王利器集解《顏氏家訓集解》卷五《歸心第十六》,北京,中華書局,1993年,頁335,364。
④ 《梁書》卷四一《王規附子褒傳》。
⑤ 迄今没有完整六朝喪葬令的遺存,如依唐代喪葬令所見的儀禮,可分爲此四種内容,參見石見
　　清裕《唐代の官僚喪儀禮と開元二十五年喪葬令》,收入吾妻重二、二階堂善弘編《東アジア
　　の儀礼と宗教》,東京,雄松堂出版,2008年,頁171—175。
⑥ 謝明良《讀"顏氏家訓·終制"札記》,《故宫學術季刊》第7卷第2期,1989年,頁107—122。
⑦ 湯用彤《漢魏兩晉南北朝佛教史》,長沙,商務印書館,1938年,頁428—440。

有不少的討論。① 從晉代開始，士族普遍研讀佛經，敬奉佛教的士族們除了談論佛教義理之外，也做宗教的實踐如禮佛、受戒（五戒、八關齋戒、菩薩戒），以及爲了實行不殺生戒而長期茹素蔬食、舉辦各種法會和齋會。不少士人世代信奉佛教，成爲一種“家業”，②在他們的生活中留下了清晰的印記，如日常生活中蔬食；在對佛教教團的贊助上，則有供養僧人、建造佛像和寺院等。當時社會上也在佛教的節日如二月八日、四月八日、七月十五日舉行相關的佛事。③

　　本文所謂的家訓係指廣義的家訓，包括遺令、遺制、遺書、誡子書，以及臨終遺言、囑咐（以下簡稱“家訓”）。這些資料顯示：在喪葬的入斂納棺、殯、埋葬和祭祀方面，都可見到佛教的蹤影，它們和從來儒家制定的喪葬制度有很大的差異。以入斂納棺而言，有人叮囑要穿著僧人的服裝入斂，或以佛經作爲隨葬品，甚至施行僧人禮。在埋葬方面，也有實施佛教的露屍葬者；在祭祀方面則加入佛教意涵的日期，如六齋日、七月十五日等；在祭品上則有重大的變革，不以牲祭酒品、改用蔬果清水，並且加上具有佛教意涵的香、燈。除此之外，又增加爲亡者追福和追薦之事，如建造經像、寺院，爲亡者營福；又營七七齋和七月十五日的盂蘭盆供，以資追薦。以上都是佛教傳來之前未有的內容，可謂之喪葬的新元素。

二、納棺入斂——以佛經隨葬和“斂以法服”

　　南北朝士人遺囑中和佛教有關的殯斂內容包括：在棺木中置入佛經

① 宮川尚志《六朝史研究・宗教篇》第十一章《六朝時代士大夫の佛教信仰》、第十二章《六朝時代女性の宗教生活》，京都，平樂寺書店，1964 年。王永平《略論東晉時期瑯邪王氏與佛教文化》，《學習與探索》2006 年第 1 期。王永平《略論南朝時期瑯邪王氏與佛教文化之關係》，《學習與探索》2007 年第 1 期。王永平《廬江何氏與東晉佛教》，《揚州大學學報（人文社會科學版）》2007 年第 2 期。孫昌武《南朝士族的佛教信仰與佛教文化》，《佛學研究》2008 年。
② 除了佛教之外，道教也是一樣，會稽大姓孔稚珪（447—501）家族世奉道教，“積世門業，依奉李老”，竟陵王蕭子良曾想勸他歸依佛教，他不願意放棄道教，稱這是“門業”、“門志”、“先業”。見吳正嵐《論孔稚珪的隱逸觀念和宗教信仰的關係——兼論〈北山移文〉的主旨》，《南京大學學報（哲社版）》2002 年第 2 期。
③ 宗懍著，守屋美都雄譯注，布目潮渢、中村裕一補訂《荊楚歲時記》，東京，平凡社，1978 年，頁 340，349，359。

作爲隨葬品,穿著僧人的服裝,乃至於剃除鬚髮以僧人形入斂。

　　漢代墓葬中已有書籍隨葬之例,六朝是一個宗教盛行的時代,佛、道教的經典也加入隨葬書籍的行列。馬王堆漢墓中有《老子》、《易經》、《戰國策》等帛書,山東臨沂銀雀山漢墓中有《孫子兵法》、《晏子春秋》等竹書,①雖然迄今還未有六朝隨葬書籍的出土,但從當時人的遺令中,可知隨葬的書籍有:《孝經》、《法華經》、《老子》。《孝經》是儒家的經典之一,晉代以降,皇帝、太子常親自講此經,它和《論語》是六朝時期最受重視的儒家經典,②吉川忠夫指出:它不僅是幼童的基礎讀物,甚至具有宗教性的作用,也成爲隨葬的項目之一。③ 從晉代開始即有人以它作爲隨葬品,晉朝皇甫謐的《篤終論》稱"平生之物,皆無自隨,唯齎《孝經》一卷,示不忘孝道"。④至南齊時張融的遺令中,除了此書之外,又增加了《老子》和佛經:"三千買棺,無製新衾。左手執《孝經》、《老子》,右手執《小品》、《法華》。"⑤在中華書局的點校本中,上文作"右手執小品法華",未釐清這是指兩部經典,《小品》指的是般若經典中卷帙較少者,般若是佛經中最重要的部分,中古時期般若經典陸續譯出,對中國士人有很大影響;名士多讀《小品》,也是玄談的重要成分之一。⑥ 它有新舊譯本,多指後秦鳩摩羅什所譯的《小品般若波羅蜜經》(T·227),僧叡爲此經作序即稱《小品序》;⑦也有人以爲是《道行般若經》。⑧ 至於《法華經》(即《妙法蓮華經》,T·262)和《涅槃經》是六朝時期最流行的佛經。以上隨葬的書籍中包含儒、釋、道的典籍,

---

① 曉菡《長沙馬王堆漢墓帛書概述》,《文物》1974 年第 9 期;徐淑彬《山東臨沂市銀雀山的七座西漢墓》,《考古》1999 年第 5 期。
② 吉川忠夫《六朝精神史研究》第十五章《六朝時代のおける"孝經"の受容》,京都,同朋舍,1984 年,頁 547。
③ 吉川忠夫《六朝精神史研究》第十五章,二、宗教としての"孝經",頁 551—553;四、"孝經"の隨葬,頁 556—567。
④ 《晉書》卷五一《皇甫謐傳》。
⑤ 《南齊書》卷四一《張融傳》。
⑥ 如殷浩讀《小品》,見劉義慶撰,余嘉錫箋疏,周祖謨、余淑宜整理《世說新語箋疏》上卷下《文學第四》:"殷中軍被廢東陽,始看佛經,初視《維摩詰》,疑'般若波羅密'太多,後見《小品》,恨此語少。"臺北,華正書局,1984 年,頁 234。
⑦ 《小品般若波羅蜜經》卷一,收入《大正新修大藏經》,冊八,頁 536 下—537 上。
⑧ 《高僧傳》(T·2059)卷四《義解一·康僧淵傳》:"康僧淵,本西域人,生于長安。貌雖梵人,語實中國。容止詳正,志業弘深。誦《放光》、《道行》二般波若,即大、小品也。"收入《大正新修大藏經》,冊五○,頁 346 下—347 上。

顯然是受晉代以來三教的影響。不過,張融以兩本佛經隨葬,儒、釋書則各一部,似乎佛教的傾向較强,他在《門律‧通源》中即明白地説:"吾門世恭佛。"①六朝之世,士族有家學,即使是宗教也是家傳,無論是信奉佛教,抑或是道教,都是世代家傳的。從東晉以來,吳郡大族的張氏即信奉佛教,以玄談著名;家族累代多好讀佛經,和僧人來往問道,②劉宋時張演著有《續觀世音應驗記》,他在序言中説:"演少因門訓,獲奉大法。"③

南北朝時期,還有士人遺言要穿著僧人的服裝入斂,剃除鬚髮、披著法服,是出家修道者的容貌和服飾;④因此,殮以法服可以説是以僧人的形式入斂。梁朝侍中到溉(477—548)交代要以法服入殮,他家世代奉佛,其先世在建康東郊的蔣山建了一所延賢寺;⑤此外,到溉和其弟到洽共居一齋,到洽辭世之後,到溉就捨此齋爲寺,他的俸禄都全部用來支持這兩所寺院。⑥他僅有一個兒子到鏡早逝,因此他臨終囑咐好友張綰、劉之遴,要求子孫將他薄葬"斂以法服":"以太清二年卒,臨終托張、劉勒子孫薄葬之禮,曰:'氣絶便斂,斂以法服,先有家竁,斂竟便葬,不須擇日。凶事必存約儉,孫侄不得違言。'"他臨終之時,更將自己置於僧人的情境,在僧人梵唄誦經聲中辭世:"便屏家人,請僧讀經贊唄,及卒,顏色如恒,手屈二指,即佛道所云得果也。"⑦

梁朝尚書左丞劉杳臨終時,遺命其子"斂以法服,載以露車,還葬舊墓,隨得一地,容棺而已。不得設靈筵及祭醊"。⑧史書上説他清儉無所嗜好,自居母憂,便長斷腥膻,持齋蔬食。⑨事實上,他的斷腥茹素不單因母

---

① 《弘明集》(T‧2102)卷六張融《門律》,頁38下。
② 王永平《六朝江東世族之家風家學研究》第四章《文采風流:吳郡張氏之家風與家學》,南京,江蘇古籍出版社,2003年,頁182—185。
③ 傅亮、張演、陸杲撰,孫昌武點校《觀世音應驗記三種》,北京,中華書局,1994年,頁10。
④ 《長阿含經》(T‧1)卷六第二分初小緣經第一:"剃降鬚髮,法服修道,名爲'沙門'。"收入《大正新修大藏經》,册一,頁38下。在佛典中有很多相關的記載,不一一列舉。
⑤ 在劉宋元嘉二十八年以前,到氏家族即創建此寺。《宋書》卷二八《符瑞志中‧甘露》:"元嘉二十八年二月戊辰,甘露降鍾山延賢寺。"
⑥ 《南史》卷二五《到彦之傳附從兄溉》。
⑦ 《南史》卷二五《到彦之傳附從兄溉》。
⑧ 《南史》卷四九《劉懷珍傳附懷慰子杳傳》。
⑨ 《梁書》卷五〇《文學‧劉杳傳》:"及覩釋氏經教,常行慈忍。天監十七年,自居母憂,便長斷腥膻,持齋蔬食。"

親去世之故,和其家族的佛教信仰也有關係。劉杳係南齊光禄大夫劉懷珍(420—482)的侄孫,父名劉懷慰,生有三子,長子劉霽,次子劉杳,三子劉歆。其母明氏生病時,劉霽讀誦佛經祈禱:"霽年已五十,衣不解帶者七旬,誦《觀世音經》數萬遍。夜中感夢,見一僧謂曰:'夫人算盡,君精誠篤志,當相爲申延。'後六十餘日乃亡。"劉懷珍從父弟劉峻在代都的時候,因爲"居貧不能自立,與母並出家爲尼僧,既而還俗"。① 劉懷珍的從孫劉訏,曾經和劉歆到建康城東鍾山諸寺院聽講佛經,兩人還在宋熙寺東澗築室隱居;劉訏著縠皮巾、"披納衣",悠遊山澤。② 納衣即"百衲衣",爲僧人之服。由上可見,劉氏家族是世代奉佛,合族敬信。劉訏披僧人之服遨遊山水,劉杳遺命要"斂以法服",徵諸其家族的行事,也是其來有自的。

陳朝尚書姚察(533—606)也遺命穿僧人服入斂:"吾意斂以法服,並宜用布,土周於身。又恐汝等不忍行此,必不爾,須松板薄棺,纔可周身,土周於棺而已。"③不用棺木、直接下葬,即佛教"去棺薄瘞",④即佛教以血肉施捨給鳥獸蟲蟻的露屍葬,下節再予以討論。他後來以周身薄棺下葬,應該還是仍著法服入斂。

同一時期,北朝士族也都普遍崇信佛教,⑤也有遺令披法服入斂者,北魏延昌四年(515)八月,尚書裴植(466—515)爲領軍于忠誣諂,而被處以死刑,他臨終前神色自若,不僅要求子弟讓他穿法服,甚至剃去頭髮鬍鬚,以僧人之禮下葬:"臨終,神志自若,遺令子弟,命盡之後,剪落鬚髮,被以法服,以沙門禮葬于嵩高之陰。"⑥河東裴氏家族虔敬事佛,⑦裴植之母夏侯氏以七十高年,還捨身入佛寺爲奴婢,充當灑掃工作;裴植的三個弟弟裴

---

① 《南史》卷四九《劉懷珍傳附懷慰子霽傳》。

② 《南史》卷四九《劉懷珍傳附從孫訏傳》:"訏善玄言,尤精意釋典,曾與歆聽講鍾山諸寺,因共卜築宋熙寺東澗,有終焉之志。……訏嘗著縠皮巾,披納衣,每遊山澤,輒流連忘返。"

③ 《陳書》卷二七《姚察傳》。

④ 拙文《石室瘞窟——中古佛教露屍葬研究之二》,《大陸雜誌》第98卷第2、3、4期,1999年;後收入《中古的佛教與社會》,上海古籍出版社,2008年,頁263。

⑤ 邵正坤《試論北朝家庭的佛教信仰》,《殷都學刊》2007年第2期。

⑥ 《魏書》卷七一《裴叔業傳附兄子裴植傳》。《北史》卷四五《裴叔業傳附兄子植傳》。

⑦ 拙文《北魏時期的河東蜀薛》,《中國史學》(東京,中國史學會)第11期;後收入黃寬重、劉增貴主編《臺灣學者中國史研究論叢:家族與社會》,北京,中國大百科全書出版社,2005年,頁259—281。迄於唐代,裴氏敬信彌篤,愛宕元《唐代河東聞喜の裴氏と佛教信仰——中眷裴氏の三階教信仰を中心として》,吉川忠夫編《唐代の宗教》,東京,刀水書房,2000年。

瑜、裴粲、裴衍也都穿著奴婢的衣服,追隨陪伴老母。其後,裴氏兄弟各以布帛數百爲母親贖身。裴母更在嵩山出家爲比丘尼,經歲纔回家。在家庭的影響之下,裴植"覽綜經史,尤長釋典,善談理義",①其母曾爲比丘尼,裴植完全以僧人形貌服飾禮儀入葬,是可以理解的。西脇常記認爲:在家者遺言剃除鬚髮、被以法服入葬,是寄望來世能够出家爲僧。②

佛教傳來,對儒家的禮制是很大的衝擊。從晉朝開始,就有人提出佛教的廢止牲祭,以及僧尼出家剃髮係違反了儒家周孔之教,而加以抨擊,這些論點見於孫綽捍衛佛教的《喻道論》中:

> 或難曰:周孔之教,以孝爲首;孝德之至,百行之本。本立道生,通于神明。故子之事親,生則致其養,没則奉其祀。三千之責莫大無後,體之父母,不敢夷毁。是以樂正傷足,終身含愧也。而沙門之道,委離所生,棄親即疏,刊剃鬚髮,殘其天貌。生廢色養,終絶血食?③

對於僧人剃髮披納,以爲是違反了"身體髮膚,受之父母,不敢毁傷"。上述諸例遺命以著僧服,甚至剃除鬚髮的形貌入斂,顯示了兩重意義:一則反映某些俗人信徒在生之日雖然歸心佛教,但無法違背禮教,脱俗出家爲僧人的無奈。二則部分信徒心慕出家,生前無法如願,在離開人世之後以僧人的方式入斂,可稍慰其情。如唐代一位遺言不與其夫婿(故邢州任縣主簿王君)合葬的婦女宋尼子自述:"吾心依釋教,情遠俗塵,雖匪出家,恒希入道。"④又,在隋代故去的一位居士,采行露屍葬,其後他出家的女兒鳩拾其餘骨,建塔於寶山之谷,其塔銘稱"冀居婆塞之類,同沾釋氏之流",⑤

---

① 《魏書》卷七一《裴叔業傳附兄子裴植傳》。《北史》卷四五《裴叔業傳附兄子植傳》。
② 西脇常記《中國古典社會における佛教の諸相》,東京,知泉書館,2009 年,頁 220。
③ 《弘明集》卷三,頁 17 上。
④ 《唐故邢州任縣主簿王君夫人宋氏(尼子)之墓誌銘》,陝西省古籍整理辦公室編《全唐文補遺》第二輯,西安,三秦出版社,1995 年,頁 322—323。
⑤ 河南省古代建築保護研究所《寶山靈泉寺》,鄭州,河南人民出版社,1991 年,頁 85;周紹良《唐代墓誌匯編》,上海古籍出版社,1992 年,頁 89。並見拙文《唐代俗人的塔葬》,收入《中古的佛教與社會》。

自身雖爲俗人，但期望藉此方式廁身於僧人之列，將其動機刻畫得入木三分。

三、埋葬——露屍葬和夫妻異穴

南朝時期，曾經有三人在遺命中都提到了佛教的露屍葬法，但都未付諸實施。同一時期，北方的皇室和士人則有施行露屍葬者。南北朝在佛教露屍葬實踐的方法，也顯示了南北佛教的差異。[①]

所謂的露屍葬，是指没有棺槨，而將死者的遺體直接暴置於野外，或沉之於水中，目的是要以自己的身體布施給蟲魚鳥獸，爲施波羅密的極緻。在印度的露屍葬，包括了林葬和水葬；不過，就目前的文獻所及，中國中古時期並没有施行水葬者，[②]僅有林葬和“石室瘞窟”——即將遺體直接放置在石室或石窟之内。林葬又稱爲“尸陀林法”，尸陀林原係印度王舍城外的棄屍場所，幽邃森寒，又稱爲“寒林”，遂稱置遺體於林野的葬法爲“尸陀林法”。關於這種露屍葬法，有相關的經典《尸陀林經》、《佛説要行捨身經》的遺存，敦煌遺書中還有《尸陀林發願文》——也就是林葬的志願書（見圖1）。林葬和石室瘞窟雖然同爲露屍葬，但兩者稍有區别，林葬是直接將死者的遺體暴露在山林野地，而石室瘞窟則是將屍體置於石窟或石室之中，略有掩蔽。暴屍的地點和方式不同，但其用意則同是捨身血肉以施衆生。[③]

露屍葬一則因不合於儒家禮法，二則爲人子孫者不忍心付諸實行，連篤信佛教的梁武帝都無法認同，因此，南朝三例實際上都未付諸實行。梁武帝天監八年（509），太中大夫王敬胤去世，遺命以草蓆覆身，送到其先人的墓道中，實施露屍葬。雖然如此，他的外甥許慧詔不敢從命，通過阮研

---

① 另外的差異，參見本書第三章《從造像碑看南北朝佛教的幾個面向——石像、義邑和中國撰述經典》。

② 《續高僧傳》（T·2060）卷二七《遺身篇傳論》中説印度的四種葬法中，“東夏所傳，惟聞林、土；水、火兩設，世罕其蹤”。收入《大正新修大藏經》，册五〇，頁685中。

③ 參見拙文《林葬——中古佛教露屍葬研究之一（一）、（二）、（三）》，《大陸雜誌》第96卷第1、2、3期，1998年；後收入《中古的佛教與社會》。

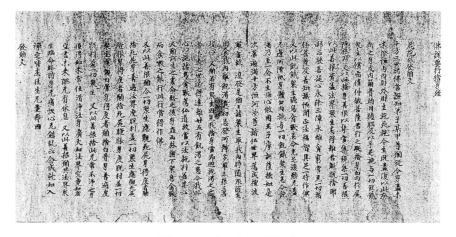

圖 1　6577"尸陀林發願文"

中國社會科學院歷史研究所、中國敦煌吐魯番學會敦煌古文獻編輯委員會、英國國家圖書館、倫敦大學亞非學院編《英藏敦煌文獻》，冊一一，成都，四川人民出版社，1992 年，頁 127。

（官至交州刺史）上奏請示皇帝。梁武帝認爲此種葬法易爲動物狐鼠所食，"戮屍已甚"，故下詔以其遺體置於棺中，再埋在土中：

先是有太中大夫琅邪王敬胤以天監八年卒，遺命："不得設復魄旌旐，一蘆藉藉下，一枚覆上。吾氣絕便沐浴，籃輿載尸，還忠侯大夫墠中。若不行此，則戮吾尸於九泉。"敬胤外甥許慧詔因阮研以聞。詔曰："敬胤令其息崇素，氣絕便沐浴，藉以二蘆藉，鑿地周身，歸葬忠侯。此達生之格言，賢夫玉匣石槨遠矣。然子於父命，亦有所從有所不從。今崇素若信遺意，土周淺薄，屬辟不施，一朝見侵狐鼠，戮屍已甚。父可以訓子，子亦不可行之。外內易棺，此自奉親之情，藉土而葬，亦通人之意。宜兩捨兩取，以達父子之志。棺周於身，土周於槨，去其牲奠，斂以時服。一可以申情，二可以稱家。禮教無違，生死無辱，此故當爲安也①。"

---

① 《南史》卷四九《劉懷珍附王敬胤傳》。

在這段文字中出現了兩次"戮屍",首先是王敬胤遺命如果不遵從他不用棺木的露屍葬法的遺命,"則戮吾尸於九泉"。第二次是武帝認爲如果依從王敬胤之遺命,會被動物啃食"一朝見侵狐鼠,戮屍已甚"。兩種不同的價值觀,却用同一個名詞來形容。又,值得注意的是:梁武帝篤信佛教,對佛教有很深的了解,他後來還下令僧尼斷食酒肉,更將宗廟的牲祭改爲蔬食大餅,但他却不贊同露屍葬,而做出以下的裁定:在祭祀方面去除牲祭,但在埋葬時仍然以棺木下葬,以達到"禮教無違,生死無辱"。

前文提到姚察遺言稱他最想實施露屍葬(不用棺木,僅以布包裹遺體,埋在土中),在姚察提出這樣的遺言之前,陳後主至德三年(585),出身陳郡陽夏大族的謝貞(官至南平王友、掌記室事)給他的族子謝凱的遺疏中,已提到了他最想采取僧人的"尸陀林法"——露屍葬:

> 初貞之病,有遺疏告族子凱:"氣絶之後,若依僧家尸陀林法,是吾所願,正恐過爲獨異。可用薄板周身,載以露車,覆以草席,坎山次而埋之。又靖年尚小,未閲人事,但可三月施小床,設香水,盡卿兄弟相厚之情。即除之,無益之事,勿爲也。"①

按謝貞是姚察的好友,同樣篤信釋教,②兩人可稱法友,故謝貞病重時將他六歲的幼子謝靖托付姚察照顧,此二人在遺命交代後事的内容,幾近相同。謝貞是東晉著名宰相謝安的九世孫,世代敬信佛教,十四歲時,其父謝藺因爲母親阮氏亡故,不食而死;謝貞因此幾度號哭昏厥,他的家人、賓客惟恐他步其父後塵,因此由叔父謝洽、族兄謝喦帶他前往華嚴寺,請長爪禪師爲他説法,謝貞才稍進饘粥。③ 從此事可知謝氏家族和華嚴寺關係密切,長爪禪師有可能是他家族的"門師"。④ 梁朝末年喪亂,謝氏家人四出星散,謝貞在江陵陷落之後,被遷往洛陽,謝喦逃往番禺,謝貞的母親在宣

---

① 《陳書》卷三二《孝行·謝貞傳》;並見《南史》卷七四《孝義下·謝藺附子貞傳》。
② 《南史》卷七四《孝義下·謝藺附子貞傳》。
③ 《陳書》卷三二《孝行·謝貞傳》。
④ 山崎宏《支那佛教盛時に於ける家僧·門師考》,《立正史學》第9號(渡辺先生謝恩號),1937年,並見拙文《北魏時期的河東蜀薛》,《中國史學》第11號。

明寺出家。陳朝建立之後,謝喦回到鄉里,供養謝貞之母將近二十年之久。謝貞因爲孝行聞名,太建五年(573),北魏讓他回到南方盡孝。① 由上可知謝貞的家族篤信佛教之一斑,這也就是謝貞病篤遺疏想采行僧人"尸陀林法"的緣由了。不過,他後來考慮到此一葬法太過於特異,也惟恐子孫不忍心執行,②所以改爲薄棺周身(如梁武帝裁定王敬胤的葬法)。

隋煬帝大業二年(606),姚察遺命也提及原先想實施"斂以法服,並宜用布,土周於身"的露屍葬。姚察有此想法不惟是受好友謝貞的影響,也和他家族和個人的信仰有關。六朝人的名字中有很多涉及佛教的名字,③由此考查姚察的先世,則他的家族最晚從曾祖父那一代就是信奉佛教了。姚察的祖父名菩提,父名僧垣,字法衛,④從姚僧垣的遺令關於停靈期間的囑咐,也可看出其佛教信仰痕迹:"靈上唯置香奩,每日設清水而已。"⑤至於姚察幼年即信受佛教,從鍾山明慶寺尚禪師受菩薩戒,經常住在山寺;陳朝時他入仕於朝,官俸都用以建造寺院,一生中大半的時間都是蔬食,自稱"習蔬菲五十餘年"。此外,他對佛教義理有很深刻的領悟,發願讀藏經,並且圓滿卒讀,臨終時西向云"一切空寂",可見其領悟的境界。⑥

南朝士族未見實際上采行施露屍葬者,但同一時期的北方則有人確實施行露屍葬,包括林葬和石室瘞窟兩種形式,由此亦可顯示南北佛教在實踐上的差異。北魏宣武帝延昌二年(513)冬天,逸民馮亮去世,囑咐侄兒馮綜將他露屍山野,再火焚餘骨,起塔藏經。馮亮長於佛經,宣武帝曾經欲授以官職,命他侍講《十地經》等佛經,却爲他堅決推辭。其

---

① 《陳書》卷三二《孝行・謝貞傳》。
② 唐代《潤州刺史王美暢妻長孫氏墓誌》中,對爲人子者執行母親露屍葬遺言的不忍之心有生動的描述。武則天大足元年(701),王美暢夫人長孫氏卒,遺命於"龍門山寺側爲空以安神",其子王昕等遵其遺令,於長安三年(703)在龍門鑿造瘞窟,將她安厝其中,其墓誌銘云:"夫人長孫氏,河南郡人也。……夫人宿植得本,深悟法門,捨離愛網,以爲合葬非宜,何必同墳? 乃遺令於洛州合宮縣界龍門山寺側爲空,以安神埏。子昕等孝窮地義,禮極天經,思切風枝,哀纏霜露。從命慎情所未忍,違教則心用荒然。乃詢訪通人,敬遵遺訓,遂以長安三年,梯山鑿壑,架險穿空,構石崇其基,斲絮陳其隙,與天地而長固,等靈光而歸然。"《八瓊室金石補正》卷四九,頁13。
③ 宮川尚志《六朝人名現佛教語》,《東洋史研究》第3卷第6期,第4卷第1、2、6期;呂叔湘《南北朝的人名與佛教》,收入《呂叔湘文集》第四卷,北京,商務印書館,1990年。
④ 《周書》卷四七《藝術・姚僧垣傳》;《南史》卷六九《姚察父僧垣》。
⑤ 《周書》卷四七《藝術・姚僧垣傳》。
⑥ 《陳書》卷二七《姚察傳》。

後，他隱居山中"與僧徒禮誦爲業，蔬食飲水，有終焉之志"。永平三年（510），殿中侍御史王敞謀反，[1]牽連山中僧人，馮亮也因此被捕，宣武帝下詔免其罪，敕住洛陽景明寺。後來因他思念山中舊居，皇帝特別爲他在嵩山建"閑居寺"。[2] 關於馮亮采行佛教露屍葬的後續發展，《魏書》有詳細的敘述：

　　遺誡兄子綜，殮以衣帢，左手持板，右手執《孝經》一卷，置尸盤石上，去人數里外。積十餘日，乃焚於山，以灰燼處，起佛塔經藏。初，亮以盛冬喪，時連日驟雪，窮山荒澗，鳥獸飢窘，僵尸山野，無所防護。時有壽春道人惠需，每旦往看其屍，拂去塵霰，禽蟲之迹，交橫左右，而初無侵毀。衣服如本，唯風吹帢巾。又以亮識舊南方法師信大栗十枚，言期之將來十地果報，開亮手以置把中。經宿，乃爲蟲鳥盜食，皮殼在地，而亦不傷肌體。焚燎之日，有素霧蓊鬱，迴繞其傍，自地屬天，彌朝不絕。山中道俗營助者百餘人，莫不異焉。[3]

　　由於他的遺體是直接置於岩石上，時值冬天，鳥獸乏食，理應很快就被食用了；但壽春僧人惠需每天早上去探視馮亮的遺體，發現雖然有鳥獸經過的痕迹，但都未侵擾馮亮的遺體。惠需遂將南方法師寄付的十枚大栗放在馮亮手中，但栗子被吃掉了，却也不傷周馮亮的遺體。如此經過十餘天，纔將馮亮的遺體就地火化，在當處起塔供養。這是依一般露屍葬的程序而作的，在捨身血肉供鳥獸之後，還要將餘骨火化，將骨灰置於塔中。[4]

　　中國俗人最早采取石室瘞葬者，是西魏大統六年（540）文帝皇后乙弗氏"鑿麥積崖爲龕而葬"，其後東魏孝靜帝武定五年（547），大丞相高歡去世；瘞葬在北響堂山石窟中。乙弗氏的葬於石龕，顯然是受佛教的影響。

---

① 《魏書》卷八《世宗宣武帝紀》。
② 《魏書》卷九〇《逸士·馮亮傳》。
③ 《魏書》卷九〇《逸士·馮亮傳》。
④ 拙文《林葬——中古佛教露屍葬研究之一》，《中古的佛教與社會》，頁184。

她雖貴爲皇后，但由於柔然對西魏的威脅，文帝采取和親政策，另娶柔然主阿那懷的長女爲后（即悼后），因此命令乙弗后出家爲尼，居於別宮。不過，文帝對乙弗后仍然舊情不忘，有意再續前緣。大統六年（540），柔然入侵，據傳是爲悼后打抱不平而來的，因此，文帝以國家爲重，賜死乙弗后，並且將她瘞藏在麥積山石窟。乙弗后就死之前，曾“召僧設供，令侍婢數十人出家，手爲落髮”。① 可見她葬在麥積山石窟中，顯然和她的佛教信仰有關。據傅熹年的考證，今麥積山第四十三窟就是乙弗后的墓。② 該窟內部分前、後兩室，後室縱式葬屍，前室布置佛教藝術，是一個所謂的“含像瘞窟”。③ 七年之後，東魏孝靜帝武定五年（547）正月，大丞相高歡去世；當年八月，瘞葬在北響堂山石窟中。據《資治通鑑》的記載：

> 甲申，虛葬齊獻武王於漳水之西；潛鑿成安鼓山石窟佛寺之旁爲穴，納其柩而塞之，殺其群匠。及齊之亡也，一匠之子知之，發石取金而逃。④

唐道宣的《續高僧傳》也提及這一點：

> 仁壽下敕，令置塔于慈州之石窟寺，寺即齊文宣之所立也。大窟像背文宣陵藏中，諸雕刻駭動人鬼。⑤

一直到明代的文獻，都記載著高歡瘞藏在北響堂山石窟中。《永樂大典》云：

> 智力寺：《元一統志》：“寺在磁州武安縣。齊高歡薨於太原，默

---

① 《北史》卷一三《后妃列傳·文帝文皇后乙弗氏》。
② 傅熹年《麥積山石窟中所反映出的北朝建築》，《文物資料叢刊》第 4 輯，1981 年，頁 158—159。
③ 張乃翥《龍門石窟唐代瘞窟的新發現及其文化意義的探討》，《考古》1991 年第 2 期，頁 162。
④ 《資治通鑑》卷一六〇《梁紀十六》武帝太清元年。
⑤ 《續高僧傳》卷二六《感通下·隋京師大興善寺釋明芬傳》，頁 669 下。

置于鼓山天宫之傍。"即此,滏陽乃虛陵也①。

智力寺,也就是今北響堂寺。又,文云"滏陽乃虛陵也",係因《魏書·孝静帝紀》上説"(八月)甲申,葬齊獻武王於鄴城西北"的緣故。考古學者也確實在今北響堂山第三窟中心方柱上部,發現一個洞穴,深 3.87 米,寬 1.35 米,高 1.77 米,②這應當就是瘞藏高歡靈柩的陵穴了。

北齊的士族也有采行石室瘞窟者,文宣帝天保六年(555),并州主簿王憐之妻趙氏去世,她事佛篤敬"精心練行,遍覽諸經",遺言"朔望奠祭,不得輒用牲胥"。從其墓誌銘顯示她應是采取石室瘞窟葬法:"瘞於城西春山之上,洞房石室,珉床雕户,庶畢天地,求於不朽。"③

除了露屍葬之外,還有受佛教戒律影響而不與其配偶合葬者,即夫妻不合葬。佛教是一種禁欲的宗教,比丘修行的梵行(又稱爲"净行")時,須注意身、語、意的清净。清净分身清净、心清净、自性清净,要保持身的清净,主要是要禁斷情欲。中古時期有佛教徒爲了清净之故,選擇不與配偶合葬的例子。梁朝侍中蕭琛(478—529)遺令他的兒子們不和妻子同葬:"遺令諸子,與妻同墳異藏,祭以蔬菜。"④北魏宗室任城康王元雲(?—481)之五女元純陀,嫁與穆氏,因夫婿早逝,再嫁邢巒(431—514)爲繼室。延昌三年(514),邢巒因疾驟逝,⑤她就出家爲尼,法名智首。她似乎未住在寺院之中,往滎陽依外孫西河王悰(字魏慶),⑥孝莊帝永安二年(529)十月在滎陽郡解別館去世,她遺言不和夫婿合葬:"臨終醒寤,分明遺托,令別葬他所,以遂脩道之心。"她的子女遵從遺命,將她埋藏在洛陽芒山西南一處叫做馬鞍小山處。⑦ 不與夫婿合葬的用意,

① 《永樂大典》卷一三八二四,臺北,世界書局,頁 10。
② 趙立春《響堂山北齊塔形窟龕述論》,《敦煌研究》1993 年第 2 期,頁 40。並見趙立春《響堂山北齊"塔形窟龕"》,《中原文物》1991 年第 4 期。
③ 羅振玉《中州冢墓遺文·王憐妻趙氏墓誌銘》,收入《石刻史料新編》第三輯(30),臺北,新文豐出版公司,1986 年,頁 6。
④ 《梁書》卷二六《蕭琛傳》。
⑤ 《魏書》卷六五《邢巒傳》。
⑥ 《魏書》卷一九上《景穆十二王上·京兆王子推傳附悰傳》。
⑦ 《魏故車騎大將軍平舒文定邢公繼夫人大覺寺比丘元尼墓誌銘并序》,趙超《漢魏南北朝墓誌彙編》,天津古籍出版社,1992 年,頁 261—262。

主要是因受菩薩戒之故，並且祈求得以脱離六道，往生佛國浄土，在唐代墓誌中有清楚的陳述，如開元十三年辭世的尚舍直長薛府君夫人裴氏係隻身葬在洛陽龍門菩提寺後崗：“先是遺付：不許從於直長之塋，以其受誡律也。”①又，唐睿宗景雲二年（711）去世的毛處士夫人賈氏虔心浄土，與夫君同塋異穴：“墳兆雖同，儀形各異。非周文之合葬，祈釋教之往生。”②

南朝以降，也有遺命葬在其景仰的僧人墓旁塔側者。如梁朝中書侍郎蕭际（一作“蕭睒”）與妻——南齊太尉王儉之女別居，掛冠隱居於攝山；③此山栖霞寺的住持是擅長《華嚴》、三論的僧朗法師，④蕭际幽居此山時，多所親近，更遺命葬於法師之側：“南蘭陵蕭睒，幽栖抗志，獨法絶羣，遁世兹山，多歷年所。臨終遺言，葬法師墓側，還符田豫托西門之家，更似梁鴻偶要離之瘞。”⑤及至唐代，頗有僧俗信衆遺言要埋葬在僧人墓側者，如開元二十六年（738）去世的薛夫人盧氏預立遺囑要葬在龍門大智禪師（義福，658—736）塔側：“令卜宅所，要近吾師，曠然遠望，以慰平昔。”⑥這種在師僧去世之後，隨葬其墓塔之側，不僅表達景仰之意，也是“表生從善友之心，殯不離勝緣之境”的用意。⑦

---

① 周紹良主編，趙超副主編《唐代墓誌彙編》開元二二七《唐故尚舍直長薛府君夫人裴氏墓誌銘并序》，上海古籍出版社，1992 年，頁 1313。
② 《大唐故毛處士夫人賈氏（三勝）墓誌銘并序》，《全唐文補遺》第六輯，頁 379。
③ 《梁書》、《南史》皆作“蕭际”（《梁書》卷五二《止足·蕭际素傳》；《南史》卷一八《蕭思話子惠明子际傳》）。江總《栖霞寺碑》作“蕭睒”。見《金石萃編》卷一三二，收入《石刻史料新編》第一輯（4），臺北，新文豐出版公司，1977 年，頁 32—35。《弘明集》（T·2102）卷一〇收録《大梁皇帝敕答臣下神滅論》作“丹陽甿蕭睒素答”，收入《大正新修大藏經》，册五二，頁 64 下。
④ 《栖霞寺碑》：“先有名德僧朗法師者，去鄉遼水，問道京華，清規挺出，碩學精詣，早成波若之性，夙植尸羅之本，闡方等之指歸，弘中道之宗致。……”《高僧傳》卷八《義解五·釋法度傳》：“度常願生安養，故偏講無量壽經，積有遍數。齊永元二年，卒於山中。春秋六十有四矣。度有弟子僧朗，繼踵先師，綱山寺。朗本遼東人，爲性廣學，思力該普，凡厥經律皆能講説。華嚴、三論，最所命家。今上深見器重，敕諸義士受業于山。”頁 380 下。
⑤ 《金石萃編》卷一三二《栖霞寺碑》，頁 32—35。
⑥ 同上書，卷五六《薛氏優婆夷功德塔銘》，頁 14。大智禪師的塔在龍門，《大智禪師塔誌銘》云大智於開元廿四年七月六日“遷神於奉先寺之西原，起塔守護”。見《芒洛冢墓遺文補編》，收入《石刻史料新編》第一輯（19），頁 6—7。
⑦ 三階教徒尚直陪葬在信行塔側，見《金石續編》卷六《尚直塼墳銘》（長安三年，703），頁 22—23。

四、祭祀的物品和日期

由於佛教徒最基本的五戒(不殺、不盜、不淫、不妄語、不飲酒)中有去殺和禁酒,因此在家訓中另外出現了祭祀物品的新內容。六朝篤信佛教者爲了遵守五戒,在牲祭方面或改以脯(肉乾),或直接去牲改以菜食蔬果祭祀,也有以清水代替酒者。又,由於在佛教的儀式中香、燈都扮演了重要的角色,因此有遺命交代靈前要設香燈、香火、香水。除此之外,佛教的齋日也成爲祭祀的日期。

自古以來祭祀祖先是以牲祭,故稱"血食";就儒家的立場而言,"終絶血食"是很嚴重的事。北魏臨淮王元孝友曾經上書孝静帝,稱品官如妻無子而不娶妾,以致無後代者"無以血食祖父,請科以不孝之罪"。① 佛教之中,因爲出家爲僧無後,以及因不殺生戒而改以蔬食祭祀,都被視爲"終絶血食"。又,在儒家的禮制中,養老賓祭必以酒肉,②尤其"祭祀以酒爲本",③酒是祭禮中不可或缺的物品,然而,酒也是五戒之一,部分佛教徒改以清水代酒致祭。某些家訓僅簡單地交代勿以牲祭,以蔬菜奉祀,顏之推《終制篇》則進一步批評儒家以牲祭祀之不當:

> 靈筵勿設枕几,朔望祥禫,唯下白粥清水乾棗,不得有酒肉餅果之祭。親友來餕酢者,一皆拒之。汝曹若違吾心,有加先妣,則陷父不孝,在汝安乎? 其內典功德,隨力所至,勿剗竭生資,使凍餒也。四時祭祀,周、孔所教,欲人勿死其親,不忘孝道也。求諸內典,則無益焉。殺生爲之,翻增罪累。④

---

① 《魏書》卷一八《太武五王·臨淮王譚子彧弟孝友傳》。《北齊書》卷二八《元孝友傳》。
② 胡寅撰,容肇祖點校《崇正辯》卷一:"中國聖王之治……且儒者之教,養老賓祭必以肉,故畜之牧之以待用;今之推許僧毀禁,則僧坊可以爲豕牢矣。儒者之教,養老賓祭必以酒,故種秫造麴,糵釀之以待用;今之推許僧毀禁,則僧坊可以築糟丘矣。"北京,中華書局,1993年,頁28。
③ 《宋書》卷三九《百官志上》:"祭酒,晉官也,漢吳王濞爲劉氏祭酒。夫祭祀以酒爲本,長者主之,故以祭酒爲稱。"
④ 顏之推撰,王利器集解《顏氏家訓集解·終制》,上海古籍出版社,1980年,頁537。

他明訂祭祀的食物不得有酒、肉，更明白地告誡他的後人，雖然儒家以四時牲祭祀亡故親人爲孝的表現，但以佛教的觀點看來，這不僅無益，反而是增加先人的罪業。顏之推在《歸心篇》中還舉了七個殺生會獲致惡報的例子，①他另外著有《冤魂志》，包含更多戒殺的警示故事。②

其實，早從劉宋時代，右僕射江夷就遺命子孫"薄斂蔬奠，務存儉約"。③《佛祖統紀》記載江夷委托著名的藝術家戴顒造觀音像之事，兩人都夢見神人告知勿造觀音像、改造彌勒像。④ 由此可知，江夷應敬事佛教，而其家族也是世代奉佛的，江夷五世孫江紓曾經因父親江蒨患了眼疾，求助於草堂寺智者法師，並且捨其居宅爲"慧眼寺"。⑤ 前文提到吳郡張氏家族世代信奉佛教，張裕、張敷父子二人、張裕的侄兒張暢和其子張融都和僧人來往密切。⑥ 如張裕之弟張邵請僧業法師至姑蘇，爲他建造閑居寺，居宗秉化，應是以他爲"門師"。⑦ 張邵的侄孫張浩（張邵兄張偉之孫）任東陽太守時："逼郡吏燒臂照言，百姓有罪，使禮佛贖刑。"因此被免官。⑧ 家族篤信如此，張邵和其子張東都先後遺命勿用牲祭，劉宋初年，時任吳興太守的張邵去世："邵臨終，遺命祭以菜果。"⑨張東去世前遺命"祭我必以鄉土所產，無用牲物"，齊武帝永明八年（490），張東之子張沖擔任監青、冀二州行刺史事，居官在外，還派人"四時還吳國取果菜"用以祭拜。⑩

蕭齊皇室篤敬佛教，從皇帝到宗室都遺令勿以牲祭。武帝蕭賾（440—493）和他的弟弟豫章王蕭嶷（444—492）在世時都禮佛敬僧，對於身後的

① 《顏氏家訓集解》卷五《歸心篇》，頁 366—372。
② 羅國威《冤魂志校注》，成都，巴蜀書社，2001 年。
③ 《宋書》卷五三《江夷傳》。
④ 《佛祖統紀》（T·2035）卷三六："戴顒，逵之子，才巧如其父。江夷嘗托顒造觀音像，積年未成。夜夢人曰：'江夷於觀音無緣，可改爲彌勒。'顒即馳報，而夷書已至，俱於此夕感夢。及改造彌勒，觸手成妙（其像在會稽龍華寺）。"收入《大正新修大藏經》，冊四九，頁 341 下。
⑤ 《南史》卷三六《江夷傳附五世孫紓傳》。
⑥ 王永平《六朝江東世族之家風與家學研究》第四章《文采風流：吳郡張氏之家風與家學》，江蘇古籍出版社，2003 年，頁 183—184。
⑦ 《高僧傳》卷一一《明律·釋僧業傳》："釋僧業，姓王，河內人。幼而聰悟，博涉衆典，後遊長安從什公受業。……值關中多難，避地京師。吳國張邵挹其貞素，乃請還姑蘇，爲造閑寺。地勢清曠，環帶長川，居宗秉化，訓誘無輟，三吳學士輻湊肩聯。"頁 400 下—401 上。
⑧ 《宋書》卷四六《張邵傳附兄子張暢傳》。
⑨ 《宋書》卷四六《張邵傳》。
⑩ 《南史》卷三二《張邵傳》。張沖爲張東之子，出繼伯父張敷。

祭祀物品,兩人也有相同的看法。武帝遺詔以酒脯代替牲祭:①

> 祭敬之典,本在因心,東鄰殺牛,不如西家禴祭。我靈上慎勿以牲
> 爲祭,唯設餅、茶飲、干飯、酒脯而已。天下貴賤,咸同此制。未山陵
> 前,朔望設菜食。②

肉脯屬於三浄肉(不見殺、不聞殺、不疑爲我而殺)之一,佛陀准許比
丘食三浄肉,是權宜之法,目的在於隨事漸斷,乃至於完全斷絕食肉。③ 值
得注意的是,齊武帝還將以肉脯代替牲祭,推廣至全國"天下貴賤,咸同此
制"。豫章王蕭嶷也有類似的遺命:

> 嶷臨終,召子子廉、子恪曰:"人生在世,本自非常……三日施靈,
> 唯香火、槃水、盂飯、酒脯、檳榔而已。朔望菜食一盤,加以甘果,此外
> 悉省。葬後除靈,可施吾常所乘轝扇繖。朔望時節,席地香火、槃水、
> 酒脯、盂飯、檳榔便足。"④

蕭嶷的祭品中還包括檳榔和香。六朝以來,檳榔是上層社會喜好的食
品,⑤如任昉之父任遙便好食此物"以爲常餌"。⑥ 皇帝有時以交州或干陀

---

① 《魏書》卷一〇八之一《禮志一》:"高祖延興二年,詔:'其命有司,非郊天地、宗廟、社稷之祀,皆
無用牲。'於是羣祀悉用酒脯。"《北齊書》卷一四也記載,文宣帝天保末年,他還接納了篤信佛教的
高元海(北齊神武帝高歡侄孫)的勸説,祭祀宗廟不用牢牲,和梁武帝一樣請祖先吃素了。

② 《南齊書》卷三《武帝紀》。

③ 小乘准許食三浄肉,大乘佛教則以之爲通往完全禁殺的一個過程。净影寺沙門慧遠述《大般
涅槃經義記》(T・1764)卷二《如來性品》:"初問食肉斷大慈種,云何如來先聽比丘食三浄
肉。不見、聞、疑是三浄也。佛答:隨事漸斷,故爾。言聽食浄爲斷不浄。"收入《大正新修大
藏經》,册三七,頁665上。《諸經要集》(T・2123):"述曰:此之一教,亦有權實。言權教者,
據毘尼律中,世尊初成道時,爲度龐惡凡夫,未堪説細。且於漸教之中,説三種浄肉,離見聞
疑,不爲己殺。鳥殘自死者,開聽食之。先龐後細,漸令離過。是別時之意,不了之説。若據
實教,始從得道,至涅槃夜,大聖慇懃,始終不開。"《大正新修大藏經》,册五四,頁159中。

④ 《南齊書》卷二二《豫章文獻王嶷傳》。

⑤ 如最好的檳榔的出産地是干陀利國,《南史》卷七八《夷貊上・西南夷・干陀利國》:"干陀利國,
在南海洲上,其俗與林邑、扶南略同,出斑布、古貝、檳榔,檳榔特精好,爲諸國之極。"

⑥ 《南史》卷五九《任昉傳》。

利國貢獻的品質絕好的檳榔賜給臣下。① 中古時期，在中國南方、印度和南海諸國等地，檳榔都是貴重的食品，它是佛典中所稱"三十五供養"之一，②在印度和南海地區，檳榔也是供養敬事僧人的食品之一。③ 陳朝吏部尚書毛喜以珍貴的香和檳榔供養天台國清寺的智者大師，④陳後主也曾派主書以檳榔供養智者大師，請他在太極殿講《仁王經》。⑤ 玄奘西行求法到那爛陀寺，法藏將他安置在幼日王院，待以上賓之禮，供養甚厚，其中就包括了檳榔。⑥

南齊鬱林王隆昌元年（494），瑯琊王秀之去世，遺令"朱服不得入棺，祭則酒脯而已"。⑦ 瑯邪王氏與佛教文化之關係，學者已做過研究，就中特以王導一支和名僧交最爲普遍，其他房支也多信奉佛教。⑧ 王廙這一支系也不例外，王廙是王導的從兄，其曾孫王裕之（字敬弘）經常陪同宗炳遊山玩水，曾經前往廬山找慧遠考尋文義。⑨ 王秀之即王敬弘之孫。另外，吳

---

① 《全宋文》卷一二江夏王義恭《謝賜交州檳榔啓》："奉賜交州所獻檳榔，味殊常品，坒遠菌醬。"《全上古三代秦漢三國六朝文》，京都，中文出版社，1981 年，頁 2502 上；《全梁文》卷二八沈約《謝賜交州檳榔啓》，頁 3114 下；卷五一王僧孺《謝賜干陀利所獻檳榔啓》，頁 3246 下；卷六六庾肩吾《謝賚檳榔啓》，頁 3343 上。

② 《文殊師利問經》（T・468）卷上《菩薩戒品第二》："佛告文殊師利：'有三十五大供養，是菩薩摩訶薩應知。然燈、燒香、塗身、塗地香、末香、袈裟及繖；若龍子幡并諸餘幡、螺鼓、大鼓、鈴盤，舞歌以卧具，或三節鼓、腰鼓、節鼓并及截鼓；曼陀羅花持地灑地，貫花懸繒：飯、水、漿飲可食、可噉，及以可味香和檳榔、楊枝、浴香，并及澡豆，此謂大供養。'"收入《大正新修大藏經》，册一四，頁 493 上。

③ 義淨（635—713）《南海寄歸内法傳》（T・2125）卷一《九受齋軌則》，收入《大正新修大藏經》，册五四，頁 210 下。義淨著，王邦維校注《南海寄歸内法傳》，北京，中華書局，1995 年，頁 62—63。

④ 《國清百録》（T・1934）卷二《陳吏部尚書毛喜書第二十》："喜次書。適奉南嶽信，山衆平安。弟子有答，具述甲乙，後信來當有音外也。今奉寄牋香二片，熏陸香二勱，檳榔三百子，不能得多，示表心，勿責也。弟子毛喜和南。"收入《大正新修大藏經》，册四六，頁 801 下。

⑤ 同上書，卷一："羅闍宣口敕：施檳榔二千子，節子一百枚。菰席一領。羅闍宣口敕：請講。國家一年舊有仁王兩集，仰屈於太極殿開講。……"頁 799 下。

⑥ 《大唐大慈恩寺三藏法師傳》（T・2053）卷三："七日供養已，更安置上房在護法菩薩房北，加諸供給。日得贍步羅果一百二十枚，檳榔子二十顆，豆蔲二十顆，龍腦香一兩，供大人米一升。其米大於烏豆，作飯香鮮，餘米不及，唯摩揭陀國有此粳米，餘處更無，獨供國王及多聞大德，故號爲供大人米。月給油三升，酥乳等隨日取足。"收入《大正新修大藏經》，册五○，頁 237 上、中。

⑦ 《南史》卷二四《王裕之附孫秀之傳》。

⑧ 王永平、姚曉菲《略論南朝時期琅邪王氏與佛教文化之關係》，《學習與探索》2007 年第 1 期，頁 208—210。

⑨ 《宋書》卷九三《隱逸・宗炳傳》："妙善琴書，精於言理，每遊山水，往輒忘歸，征西長史王敬弘每從之，未嘗不彌日也。乃下入廬山，就釋慧遠考尋文義。"《南史》卷七五《隱逸上・宗少文》。

郡四族之一的顧氏是儒學世家，在宗教上比較傾向於道教，在南朝佛、道二教的論爭，顧歡是偏向道教的。[1]　至梁朝顧憲之（436—509）的遺令中則出現了佛教的論述，靈前只設香燈，祭以蔬素：

> 喪易寧戚，自是親親之情；禮奢寧儉，差可得由吾意。不須常施靈筵，可止設香燈，使致哀者有憑耳。朔望祥忌，可權安小牀，暫設几席，唯下素饌，勿用牲牢。蒸嘗之祠，貴賤罔替；備物難辦，多致疏怠。祠先人自有舊典，不可有闕。自吾以下，祠止用蔬食時果，勿同於上世也。示令子孫，四時不忘其親耳。孔子云："雖菜羹瓜祭，必齊如也。"本貴誠敬，豈求備物哉？[2]

顧憲之交代勿用牲牢，改用素饌祭祀，更進一步叮囑從他以後家族的祭祀改用蔬食："祠止用蔬食時果，勿同於上世也。"

顧憲之去世後不久，天監十六年（517）夏四月甲子，梁武帝下令"去宗廟牲"，但仍用脯脩，至十月，依左丞司馬筠等參議，以大餅代大脯，徹徹底底請祖先吃素了：

> （天監）十六年四月，詔曰："夫神無常饗，饗于克誠，所以西鄰礿祭，實受其福。宗廟祭祀，猶有牲牢，無益至誠，有累冥道。自今四時蒸嘗外，可量代。"八座議："以大脯代一元大武。"……十月，詔曰："今雖無復牲腥，猶有脯脩之類，即之幽明，義爲未盡。可更詳定，悉薦時蔬。"左丞司馬筠等參議："大餅代大脯，餘悉用蔬菜。"帝從之。……麢是起至敬殿、景陽臺，立七廟座，月中再設淨饌。自是訖於臺城破，諸廟遂不血食。[3]

---

① 　王永平《六朝江東世族之家風家學研究》，頁140—141。
② 　《梁書》卷五二《止足傳·顧憲之》；《南史》卷三五《顧覬之傳附孫憲之》。
③ 　《隋書》卷七《禮儀志二》。《南史》卷六《武帝紀上》："三月丙子，敕太醫不得以生類爲藥；公家織官紋錦飾，並斷仙人鳥獸之形，以爲褻衣，裁翦有乖仁恕。於是祈告天地宗廟，以去殺之理，欲被之含識。郊廟牲牷，皆代以麪，其山川諸祀則否。時以宗廟去牲，則爲不復血食，雖公卿異議，朝野喧囂，竟不從。冬十月，宗廟薦修，始用蔬果。"

　　梁武帝以大餅蔬菜祭祀這個例子,是空前的創舉。自古以來皇帝祭祀宗廟都是用牲牢,史書上通常用“宗廟不血食”形容一個朝代的滅亡,從武帝冒著“不血食”這個忌諱,讓祖先也吃素,可知他個人信仰虔誠的程度了。日本學者諏訪義純認爲梁武帝禁斷僧尼食酒吃肉的“斷酒肉文”,是中國佛教文化史、風俗史上一大變革的重大事件,①他是從佛教史的角度來看,但如延伸到武帝去宗廟牲祭,以及在此之前,已有俗人在祭祀中去掉牲祭,如顧憲之囑咐子孫“自吾以下,祠止用蔬食時果,勿同於上世也”。也就是在武帝之前,就有人開啓了祖先祭祀不血食之始,正是反映其時佛教徒謹守五戒之下的蔬食風潮。篤信佛教的竟陵王蕭子良(460—494)廣召文學之士,沈約(441—513)即是著名的“竟陵八友”之一,他曾撰《究竟慈悲論》:“釋氏之教,義本慈悲;慈悲之要,全生爲重。”強調蔬食之重要性。② 在梁武帝之後,北齊天保(550—560)末年,文宣帝接納了篤信佛教的高元海(北齊神武帝高歡侄孫)的勸説,祭祀宗廟不用牢牲,③和梁武帝一樣請祖先吃素了。

　　梁武帝大通二年(528)巴陵內史庾子興在上任途中辭世:“遺令單衣帢履以斂,酒脯施靈而已。”他曾經爲其父庾域建立佛寺,④由此可知他以酒脯施靈,應係不願以牲祭之故。中大通四年(532),監揚州孔休源(469—532)去世,遺令薄葬“節朔薦蔬菲而已”,⑤他曾爲竟陵王西邸學士之一,西邸在建康城雞籠山麓,蕭子良集學士在此抄寫衆書,爲《四部要略》千卷;由於蕭子良篤信佛教,也常在西邸舉行齋會“數於園營齋戒,大集朝臣衆僧,至於賦食行水,或躬親其事,世頗以爲失宰相體”。⑥ 他並且

① 諏訪義純《梁武帝の“斷酒肉文”提倡の文化史的意義——酒、肉、葷辛の禁忌に關する南北朝隋唐の僧侶たち動向から——》,前田惠學博士頌壽記念會《前田惠學博士頌壽記念佛教文化學論集》,東京,山喜房佛書林,1991 年,頁 137—138。

② 《廣弘明集》(T・2103)卷二六慈濟篇第六沈休文《究竟慈悲論》,收入《大正新修大藏經》,冊五二,頁 292 下—293 上。

③ 《北齊書》卷一四《上洛思王宗傳附子元海》:“元海好亂樂禍,然詐仁慈,不飲酒噉肉。文宣天保末年敬信內法,乃至宗廟不血食,皆元海所謀。”《北史》卷五一《齊宗室諸王上・上洛王思宗傳附子元海》。

④ 《南史》卷五六《庾域附子子興傳》:“欲爲父立佛寺,未有定處,夢有僧謂曰:‘將修勝業,嶺南原即可營造。’明往履歷,果見標度處所,有若人功,因立精舍,居墓所以終喪。”

⑤ 《梁書》卷三六《孔休源傳》。

⑥ 《南齊書》卷四〇《武十七王・竟陵王子良傳》。

撰有《净住子》敍述佛教修行的要旨。① 作爲西邸學士之一員的孔休源浸潤其間,應也是敬信佛法者,史載其長子孔雲童"頗有父風,而篤信佛理,遍持經戒"。② 此外,前面提到不與妻子同葬的蕭琛也是"竟陵八友"之一,他的宗教傾向也是很清楚的,遺令諸子"祭以蔬菜"。③ 陳武帝章皇后以國母之尊,遺令"喪事所須,並從儉約,諸有饋奠,不得用牲牢"。④ 姚察仕宦的俸祿都捐給佛寺建造,終其一生蔬食五十餘年,而且僅日一餐,⑤有如僧人。因此,他也特別囑咐子孫須以菜食祭祀"不須立靈,置一小牀,每日設清水,六齋日設齋食菜果,任家有無,不須別經營也"。⑥

同一時期,北方也有人遺命不用牲祭,北齊并州主簿王憐之妻趙氏因夫婿早逝,她"精心練行,遍覽諸經",天保六年(555)以七十高齡辭世,囑咐不以牲祭"委財三寶,朔望奠祭,不得輒用性靈"。⑦ 北周逸民韋敻(502—578)心存三教,⑧遺命勿用牲祭:"朝晡奠食,于事彌煩。吾不能頓絕汝輩之情,可朔望一奠而已,仍薦素蔬,勿設牲牢。"⑨

佛典屢次提到"燒香燃燈"供養佛像、經典的功德,香不僅是禮佛重要的供養品,也是佛教法會儀式中不可缺少之物。因此之故,它也成爲僧俗信徒墓葬中的隨葬品。東晉僧人單道開采取石室瘞窟的露屍葬,在置放其遺體的石室中就有香火瓦器:

> 敕弟子以屍置石穴中,弟子遁移之石室。……晉興寧元年,陳郡

---

① 《隋書》卷三四《經籍志三》:"净住子二十卷,齊竟陵王蕭子良撰。"今本《净住子》三十一章,每章皆有西邸學士之一的王融作頌,道宣作序《統略净住子净行法門序》,收録於《廣弘明集》(T·2103)卷二七,《大正新修大藏經》,册五二,頁 306 中—321 中。

② 《梁書》卷三六《孔休源傳》。

③ 《梁書》卷二六《蕭琛傳》。

④ 《陳書》卷七《高祖章皇后傳》。

⑤ 《陳書》卷二七《姚察傳》,姚察因母喪哀毀過之,身體變得很衰弱,兼有氣疾。陳後主因此召見他:"乃謂察曰:'朝廷惜卿,卿宜自惜,既蔬菲歲久,可停長齋。'又遣度支尚書王瑒宣旨,重加慰喻,今從晚食。手敕曰:'卿羸若此,齋菲累年,不宜一飯,有乘將攝,若從所示,甚爲佳也。'察雖奉此敕,而猶敦宿誓。"

⑥ 《陳書》卷二七《姚察傳》。

⑦ 《漢魏南北朝墓誌彙編》北齊《夫人趙氏墓誌》,頁 399。

⑧ 《周書》卷三一《韋敻傳》:"武帝又以佛、道、儒三教不同,詔敻辨其優劣。敻以三教雖殊,同歸於善,其迹似有深淺,其致理殆無等級。乃著三教序奏之。帝覽而稱善。"

⑨ 《周書》卷三一《韋敻傳》。

袁宏爲南海太守，與弟穎叔及沙門支法防，共登羅浮山，至石室口，見開形骸，及香火瓦器猶存。①

　　前面提及豫章王蕭嶷遺言其身故之後的祭祀物品中，也包括了“香火”：“朔望時節，席地香火、槃水、酒脯、盂飯、檳榔便足。”南齊國子祭酒張緒（422—489）“遺命作蘆莨輀車，靈上置杯水、香火，不設祭”。② 張緒是吳郡人，他和三吳、建康的僧人有很多的來往，尊禮擅長《涅槃經》、《法華經》，讀誦《浄名經》的僧人道琳，③親近住在建康何園寺的僧人慧亮，④經他賞識贊揚的家鄉吳郡僧人僧旻，因此揚名顯譽，並且隨他到建康住在白馬寺。⑤ 史稱他“善言”，其所善言的内容即包括了佛教的經典教義，下面一則記載充分顯示了他的嫻熟佛義：

　　　　建元元年，轉中書令，常侍如故。緒善言，素望甚重，太祖深加敬異。……車駕幸莊嚴寺聽僧達道人講，座遠，不聞緒言，上難移緒，乃遷僧達以近之。⑥

　　建元元年（479），齊高帝到建康莊嚴寺聽僧達法師講《維摩經》，⑦張緒也參與此會。由於張緒的座位較遠，無法就僧達的講經發言，高帝就請僧達坐到張緒附近。⑧ 張緒遺令靈上置杯水、香火，充分顯示其宗教實踐。
　　陳朝太常卿周弘直（500—575）病危時，遺疏囑咐家人在棺内要放手

① 《高僧傳》卷九《神異上・晉羅浮山單道開傳》，頁 361—362。《晉書》卷九五《藝術・單道開傳》。
② 《南齊書》卷三三《張緒傳》；《南史》卷三一《張裕傳附張緒傳》。
③ 《高僧傳》卷一二《誦經七・釋道琳傳》，頁 406 中。
④ 《高僧傳》卷七《義解四・釋慧亮傳》：“後立寺於臨淄，講《法華》、《大小品》、《十地》等，學徒雲聚，千里命駕。後過江，止何園寺，顏延之、張緒眷德留連。”頁 373 中。
⑤ 《續高僧傳》卷五《義解・梁揚都莊嚴寺沙門釋僧旻傳》，頁 461 下—462 上。
⑥ 《南齊書》卷二四《周弘正附弟弘直傳》。
⑦ 《南史》卷三一《張裕附岱子張緒傳》。
⑧ 《佛祖統紀》卷三六，也有關於此事的記載，但文義似不達：“建元元年，帝幸莊嚴寺，聽僧達法師講《維摩經》。御座稍遠，中書令張緒請遷（講）席以隣帝座。”頁 346 下。一則高帝親臨聽法，豈有御座離法師講席稍遠之理？二則《佛祖統紀》成書較晚，應以《南齊書》、《南史》爲準。其中，以《南齊書》的敍述最爲完整，正是因爲張緒“善言”，所以高帝意欲聽到他對僧達法師講經的發言。

巾和香爐：

> 氣絕已後，便買市中見材，材必須小形者，使易提挈。斂以時服，
> 古人通制，但下見先人，必須備禮，可著單衣裙衫故履。既應侍養，宜
> 備紛帨；或逢善友，又須香烟，棺內唯安白布手巾、龘香爐而已，其外一
> 無所用。①

“紛帨”係指拭物之佩巾，周弘直囑咐在棺內放白布手巾的用意，係設
想若在地下見到祖先，可作爲服侍先人之用。至於香是佛教的供養品，如
逢善友接引，須用香供養；因此需備香爐，此當係長柄香爐。所謂的善友，
或稱爲善友知識、善知識，是指在修行道路中所遇見給予提醒幫助的人；由
於人有累劫積習和惰性，需要他人的提示和幫助，是以云“登聖越凡，不因
善友，無人達也”。② 周弘直之兄周弘正（496—574）官至陳尚書右僕射，史
書稱他“善玄言，兼明釋典，雖碩學名僧，莫不請質疑滯”。③ 他熟習當時佛
教界的僧人的學識與動向，非常賞識吳郡虎丘山僧人智聚，④更和當時著
名的僧人寶瓊爲莫逆之交，⑤由此可知其家應篤信佛教，其弟弘直遺囑中
也可清楚見到佛教的影響。陳朝謝貞付囑族子謝凱後事之中，也交代在供
靈之時須設香水：“但可三月施小牀，設香水，盡卿兄弟相厚之情，即除之，
無益之事，勿爲也。”⑥南北朝末年的醫家姚僧垣（499—583），曾爲梁武帝、
元帝、北周武帝、宣帝、靜帝醫病，其父名菩提，和他名僧垣都有佛教的意
涵，可知他家世代奉佛。他遺命靈上僅供香盒與清水：“遺誡衣白帢入棺，
朝服勿斂。靈上唯置香奩，每日設清水而已。”⑦

---

① 《陳書》卷二四《周弘正附弟弘直傳》。
② 《續高僧傳》卷二《隋東都上林園翻經館沙門釋彥琮傳》：“言善知識者，是大因緣。登聖越凡，
　　不因善友，無人達也。”頁439下。
③ 《陳書》卷二四《周弘正傳》。
④ 《續高僧傳》卷一〇《義解六·隋吳郡虎丘山釋智聚傳》：“汝南周弘正，博通內外，鑒賞人倫，
　　常歎嘉之，以爲釋門之瑚璉也。”頁502下。
⑤ 《續高僧傳》卷七《義解三·陳揚都大彭城寺釋寶瓊傳》稱釋寶瓊：“素與簡子周弘正早申莫
　　逆。”頁478下。
⑥ 《陳書》卷三二《孝行·謝貞傳》。
⑦ 《周書》卷四七《藝術·姚僧垣》。《北史》卷九〇《藝術下·姚僧垣》。

　　至於祭祀的日期除了禮制中的"朔、望、祥、禫"之外,此時也加入了佛
教的齋日。顏之推《終制篇》中,除了交代"朔望祥禫,唯下白粥清水乾棗,
不得有酒肉餅果之祭"之外,另外囑咐:"若報罔極之德,霜露之悲,有時齋
供,及七月半盂蘭盆,望於汝也。"①"朔、望、祥、禫"係指每月的初一、十
五,以及亡故後第十三月的"祥"、第十五月的"禫"。"有時齋供"應是指
每個月六齋日,姚察的遺令就明白指出要在六齋日(每個月的初八、十四、
十五、廿三、廿九、三十日)以蔬菜祭祀。② 至於七月半盂蘭盆屬於追薦佛
事,則完全是先前喪葬所未有的內容。

五、營福與追薦——濟度亡者的佛事

　　喪葬內容原來僅包括入斂、殯、埋葬和祭祀,六朝時新增了佛教爲亡者
營福和追薦,有些家訓遺令中也包含此二者。所謂的追福,包括建寺塔、造
像、造經,以及濟助貧老孤獨等;至於追薦的宗教儀式則包括在佛教的六齋
日裏設齋、"七七齋"、"百日齋"、"忌日齋",以及七月十五日營盂蘭盆供
僧,以濟度亡者。③

(一) 營福

　　營福是佛教的修習方法之一,慧遠與桓玄書中論及佛教修行的三種方
式: 禪修、讀誦明解佛典、興建福業。④ 營福是指營福業,所謂的"福業"又
稱"福田",也稱爲"功德"。佛經中所謂的"福田",是指人們爲將來的福
報所做的事,就好像播田撒種可致收穫一般。⑤ 在福田之中,又分爲"悲

---

① 《顏氏家訓集解·終制》,頁 536—537。
② 《陳書》卷二七《姚察傳》:"吾習蔬菲五十餘年,既歷歲時,循而不失。瞑目之後,不須立靈,置
　　一小牀,每日設清水,六齋日設齋食素菜,任家有無,不須別經營也。"
③ 參見本書第十章《唐、宋時期的功德寺——以懺悔儀式爲中心的討論》。
④ 《弘明集》(T·2102)卷一二《遠法師與桓太尉論料簡沙門書》:"經教所開凡有三科: 一者禪
　　思入微,二者諷味遺典,三者興建福業。三科誠異,皆以律行爲本。"收入《大正新修大藏經》,
　　册五二,頁 85 中。
⑤ 常盤大定《續支那佛教的研究·佛教的福田思想》,東京,春秋社,1941 年,頁 473—498。道端
　　良秀著,關世謙譯《中國佛教與社會福利事業》壹、三《福田思想》,高雄,佛光出版社,1981
　　年,頁 6—9。

田”和“敬田”；敬田指的是佛、法、僧、父母、師長，悲田指的是濟助孤獨貧窮困苦、建造義井、給施醫藥。① 供佛、敬僧、造像、造經、建造塔寺等，即屬敬田，以食物衣物救濟孤老貧困，則屬於悲田。由於佛教的輪迴觀，若此生修行未能成聖證果，就會墮入六道輪迴，如果生前修福，就不至於墮入惡道（地獄、餓鬼、畜生），故有生之年即應多修福業，唐代衢州靈石寺僧人慧聞“常言未預聖位，於五道中流轉，非福何憑”？經常勸勉信衆以修福業爲最重要之事。②

佛教徒在生之日造作福業，在其亡故之後，家人有時也以亡者的名義捐施，將此福業功德迴向給他們，祈求亡者可以超生浄土或者得生善處，就是“追福”。北魏獻文帝皇興三年（469）定州中山郡趙珝爲亡故的雙親和兄長造像的祈願文，對追福之意有很具體的敍述：

> 唯大巍皇興三年，定州中山郡趙珝爲亡父母、亡兄造彌勒佛像一區，若在三塗，速令解脱；若生人間，王侯子孫。捨身處身，常與佛會，願見世安隱，願願從心，使一切衆生，普同斯願。③

太和十九年（495）長樂王穆亮夫人尉遲氏爲亡兒牛橛在龍門造像的祈願文：

> 太和（十）九年十一月，使持節司空公長樂王邱穆陵亮夫人尉遲爲亡息牛橛請工鏤石，造此彌勒像一區。願牛橛捨於分段之鄉，騰遊无礙之境，若存托生，生於天上諸佛之所；若生世界，妙樂自在之處，若有苦累，即令解脱，三塗惡道，永絕因趣，一切衆生，咸蒙斯福。④

---

① 西晉法立、法炬譯《佛説諸德福田經》（T・683）裏提到七種福田：一者興立佛圖僧房堂閣，二者園果浴池樹木清涼，三者常施醫藥療救衆病，四者作牢堅船濟度人民，五者安設橋梁過度羸弱，六者近道作井渴乏得飲，七者造作圊厠施便利處。如能做此七事，可得梵天福報。《大正新修大藏經》，册一六，頁 777。
② 《宋高僧傳》卷二一《感通篇六之四・唐衢州靈石寺慧聞傳》，頁 846 上。
③ 周悦讓撰《登州金石志》卷上《元魏彌勒佛石像記》，收入《石刻史料新編》第三輯（27）。
④ 《八瓊室金石補正》卷一二《邱穆陵亮夫人題記》，收入《石刻史料新編》第一輯（6），頁 18—19。

從北朝以來，北方各地佛教信徒建造了數以千萬計的單體石造像（造像碑），以及在石窟中造像，其中有不少就是爲亡故親人追福所建造的，如洛陽龍門有北魏宣武帝景明二年（501）護軍長史鄭長猷爲亡父、亡兒士龍各造彌勒像一軀。①

佛教徒生前以自己的財物布施以營福，在去世之後則囑托後人，六朝的家訓中，也有托付家人在其亡故後爲其營福者，也就是"生則自作，死囑後人"。供養僧人屬於敬田，南齊武帝蕭賾和豫章王蕭嶷在世時都禮佛敬僧，武帝遺令："顯陽殿玉像諸佛及供養，具如別牒，可盡心禮拜供養之。應有功德事，可專在中。"②即他叮囑在其去世後，仍須在其生前禮佛供僧的顯陽殿，繼續供養諸佛像和僧人。蕭嶷命其子蕭子廉、蕭子恪在尋常供佛的處所之外，另外要在住宅內供養佛像和僧人"後堂樓可安佛，供養外國二僧，餘皆如舊"。③蕭嶷先武帝一年辭世，永明十年（492）蕭嶷病重時，武帝"賜錢百萬營功德"，④可能是用在建造經像或施濟貧苦，爲他祈福。蕭嶷去世後，武帝發現他雖然貴爲親王，歷事顯位，但身後竟然沒有現金（見錢），因此下令將他的服飾雜物出售，得數百萬錢，建造一所"集善寺"，爲之追福。⑤至於蕭嶷則遺命將他的衣物車馬施捨作福："葬後除靈，可施吾常所乘轝扇繖"，"與汝遊戲後堂船乘，吾所乘牛馬，送二宮及司徒，服飾衣裘，悉爲功德。"即將他的車乘船馬送給親人和司徒之外，所有的衣物都捐施作功德。⑥其子蕭子廉等敬遵遺命，號泣奉行。顏之推也叮囑其子視其能力多寡爲他營福："其內典功德，隨力所至，勿刳竭生資，使凍餒也。"⑦

北魏宣武帝正始三年（506），宮內作大監賞法端辭世，臨終囑咐以其資產建造佛像，以祈求冥福，冗從僕射長秋承祀答應爲她執行遺言，遂在龍門造釋迦像一軀及二菩薩：

① 《八瓊室金石補正》卷一二《鄭長猷題字》，頁25。
② 《南齊書》卷三《武帝紀》。
③ 《南齊書》卷二二《豫章文獻王嶷傳》。
④ 《南齊書》卷二二《豫章文獻王嶷傳》。
⑤ 《南齊書》卷二二《豫章文獻王嶷傳》："嶷後，第庫無見錢，世祖敕貨雜物服飾得數百萬，起集善寺，月給第見錢百萬，至上崩乃省。"
⑥ 《南齊書》卷二二《豫章文獻王嶷傳》。
⑦ 《顏氏家訓集解·終制》，頁536。

　　夫靈光秘影，緬盈雲度，留眷先容，實須時顆。清女佛弟子官内作大監覺法端不幸邁終，其以生資集俟神圖，是以冗從僕射長秋承祀允爲造釋迦像一區并二菩薩。願端值生妙樂國土，又願皇化曾隆，大魏彌歷，引秩千基，福鍾万代。唯大代正始三年歲次丙戌三月丙寅朔十九日訖。①

　　前面提及北齊并州主簿王憐之妻趙氏，"臨終遺屬，委財三寶"，即嘱咐以她的資産供養佛、法、僧。② 北周静帝大象二年（580），掃寇將軍、武騎司馬梁嗣鼎去世，他臨終前，嘱咐要以皇帝敕賜的衣物，充做建造金銀像兩區、涅槃經二部。③

（二）追薦

　　基於佛教的輪迴觀，在生之日行事極善者死後即往生浄土，若無法超凡入聖，則依生前的行事會轉入六道（天、人、阿修羅、地獄、畜生、餓鬼）。又，人死後極善則往生，極惡之人即墮入地獄；其他的人在轉世時有一個過渡之身，稱"中有身"（中陰身），每七日死而復生，歷經七七。在每個七日如能爲其營齋，請僧行道轉經迴向，稱爲"七七齋"，可以幫助亡者不轉生到惡道。④ 此外，對於亡故親人的追薦儀式還有百日齋。

　　根據齊王琰《冥祥記》的記載，從東晉開始就有爲亡者做七七齋，請僧轉經：

　　　　晉史世光者，襄陽人也。咸和八年，於武昌死。七日，沙門支法山轉《小品》，疲而微卧。聞靈座上，如有人聲。史家有婢，字張信，見世光在靈上著衣帕，具如平生。……見世光入一黑門，有頃來出，謂信曰："舅在此，日見榜撻，楚痛難勝，省視還也。舅生犯殺罪，故受此

<hr>

① 《八瓊室金石補正》卷一三《冗從僕射等題記》，頁 2。
② 《漢魏南北朝墓誌彙編》北齊《夫人趙氏墓誌》，頁 399。
③ 《漢魏南北朝墓誌彙編》北周《梁嗣鼎墓誌》，頁 490—491。
④ 《釋氏要覽》（T・2127）卷下《雜記・累七齋》，收入《大正新修大藏經》，册五四，頁 305中、下。

報。可告舅母：會僧轉經，當稍免脱。"舅即輕車將軍報終也。①

　　此則故事敍述爲亡者轉經，使亡者史世光脱離惡道，甚至幫助其生到天道；他還能到地獄去探視因犯殺罪而墮入地獄的亡舅，復回到人間轉告家中女婢，要其舅母請僧人轉經，可稍減免亡舅之苦。另外，宋武帝永初二年（421），江陵四層寺沙門竺慧熾去世，弟子爲設七日會。② 劉宋孝武帝孝建二年（455），江陵長沙寺慧遠預言自己的死期，他去世之後，闔境爲他設三七齋。③ 齊武帝遺令要顯陽殿爲他做功德事，④當係轉經行道等齋會。前文提及遺命子孫將其"斂以法服"入葬的梁朝太常卿劉之遴，其母敬信釋教，"臨終，正念不亂，繫想諸佛及本師，至乎壽盡"，她遺命"遺旨以三十兩上金，奉别充道場功德"。他在母親下葬之後，奉上三十兩金予印闍梨，囑托他做法事追薦亡母，期望她能超昇净域："所希運心救拔，必使亡靈遊於净土。"⑤

　　北朝方面也有相關的記載，北魏皇興五年（471），獻文帝駕崩時，司州恒農北陝人王玄威非常悲戚，出資在獻文的百日設四百人齋會，轉經行道；又在其周年忌日設百僧供。⑥ 又，孝明帝神龜元年（518），胡太后之父胡國珍（439—518）去世，從初亡至七七，都設千僧會："令七人出家；百日設萬人齋，二七人出家。"⑦又，宦官孟鸞暴卒，胡太后除了賜帛三百匹、黃絹十匹以供喪葬費用之外，在七日還爲他設二百僧齋，賜助施五十匹。⑧ 北齊儒士孫靈暉爲南陽王高綽之師，高綽後來被誅殺，在他亡故的七七和百日，孫氏都爲他"請僧設齋，轉經行道"。⑨

① 《法苑珠林》（T・2122）卷五《感應緣》，收入《大正新修大藏經》，册五三，頁 303 下—304 上。《冥祥記》，收入《古小説鉤沈》，臺北，盤庚出版社，1978 年，頁 462—463。

② 《冥祥記》，頁 493。

③ 《冥祥記》，頁 414—415。

④ 《南齊書》卷三《武帝紀》。

⑤ 《廣弘明集》（T・2103）卷二八啓福篇劉之遴《與印闍黎書》，收入《大正新修大藏經》，册五二，頁 326 中，下。

⑥ 《魏書》卷八七《節義・王玄威傳》。

⑦ 《魏書》卷八三下《外戚下・胡國珍傳》。

⑧ 《魏書》卷九四《閹官・孟鸞》。

⑨ 《北齊書》卷四四《儒林・孫靈暉傳》。

關於七月十五日盂蘭盆會係爲救度亡故的先人,學者已有很多的研究。①《冥祥記》有兩則關於七月十五日爲先人作福會的故事,陳洪據此推定漢地至少早在 4 世紀末已流行臘佛或盂蘭盆儀式。② 章巽認爲:法顯《佛國記》記載東晉義熙八年(412)青州長廣郡在七月十五日舉行"臘佛"儀式,就是所謂的"盂蘭盆"。③《荆楚歲時記》云"七月十五日僧尼道俗悉營盆供諸佛",以盂蘭盆中置放"百味五果"供養僧人,由僧人爲施主咒願,行禪定意,以救度亡故的先祖親人。④ 由此看來,可能從東晉開始,人們就開始在此日舉行儀式以濟度先人。顔之推寄望他的子孫,能够在七月十五日爲他營盂蘭盆供僧,以資濟度:"若報罔極之德,霜露之悲,有時齋供,及七月半盂蘭盆,望於汝也。"⑤他叮嚀將佛教營福之事和追薦的儀式納入喪葬的内容,也爲中古時期以盂蘭盆濟度先人的行事和風氣,作了佐證。

此外,六朝佛教的影響也顯現在喪葬的其他方面,如僧人爲亡者撰寫墓誌銘、在墓誌上刻佛像、在墓地造塔。佛教僧人的名字開始出現在俗人的墓誌銘中,如宣武帝永平二年(509)偏城太守元德墓誌銘是"受戒師道由"所撰寫的,⑥此戒當是菩薩戒。⑦ 在北魏孝明帝武泰元年(528)二月十七日去世的魏前將軍廷尉卿元公夫人薛慧命,係河東薛胤之女,其家族篤信佛教,慧命亦"尊佛盡妙,禪練尚其極"。⑧ 她去世之後,"門師釋僧澤"爲她撰寫墓誌銘——北朝時期貴族多有自家供養敬事的僧人,稱爲"門師",⑨僧澤當係其家的門師。又,北魏蘭倉令孫遼精勤事佛,禁斷酒肉,修齋持戒,

---

① 如: Teiser, Stephen F., *The ghost festival in medieval China*, Princeton University Press, 1988. Teiser, Stephen F., *The scripture on the ten kings and the making of purgatory in medieval Chinese Buddhism*, Honolulu: University of Hawaii Press, 1994.
② 陳洪《盂蘭盆會起源及有關問題新探》,收入吴立民主編《佛學研究》第 8 卷,1999 年,頁 243。
③ 章巽《法顯傳校注》,上海古籍出版社,1985 年。
④ 宗懷著,守屋美都雄譯注,布目潮渢、中村裕一補訂《荆楚歲時記》,東京,平凡社,1978 年,頁 359—361。
⑤ 《顔氏家訓集解》,頁 536—537。
⑥ 《漢魏南北朝墓誌彙編·元德銘》,頁 56。
⑦ 船山徹《六朝時代における菩薩戒の受容過程——劉宋·南齊期を中心に》,《東方学報》第 67 卷。
⑧ 《漢魏南北朝墓誌彙編·魏故元氏薛夫人墓銘》:"夫人諱慧命,河東汾陰人也。……曾祖法順,曾祖親裴裔女。祖初古拔,祖親西長公主;父胤,母梁氏。門師釋僧澤書。"頁 214—215。
⑨ 山崎宏《支那中世佛教の展開》第五章《支那佛教盛時に於けるの家僧·門師》,東京,清水書店,1947 年,頁 836—839。

曾經燒指供養。他去世之後,孝明帝正光五年(524)他的兒子孫顯就等三人在他墓地建立一所浮圖,在墓銘中就稱述此塔追薦之功能:"十塵外遣,五陰內忘;蒸斯沈溺,作彼舟航。……清净未倚,簡率誰擬? 方覬彌陀,遽淪濛汜。……崇功去劫,樹善來因,舟壑雖改,永□天人。"[1]另外,北魏兗州城局參督護高平郡事吳高黎的墓誌上半部是佛龕造像。[2] 南朝墓葬的磚畫中也出現僧人的圖像,餘杭廟山畫像磚墓中有四位僧人的形像,對稱分布於墓室左右,兩人雙手合十,兩位手持香爐。[3] 閩侯南嶼墓二僧人和一世俗人爲一組,一僧人持人,一僧似作誦經狀。[4] 墓磚上的僧人形像或可能有宗教上的作用,唐初一個磚誌上稱:"宜向衡靈,殯葬斯墓;有一比丘,引道直行。"[5]

六、結　語

中古時期佛教極爲興盛流行,地面上的寺院、石窟、單體石造像遍布各地,但墓葬中却極少有佛教圖像的事實,頗讓學者感到疑惑不解。[6] 俞偉超以爲:中古時期佛教信仰雖然流行於社會,但没有反映在葬俗中[7]。筆者認爲:由於喪葬屬於禮制的範圍,從漢代以降,這都是儒家爲維持尊卑秩序,制定從皇帝、公侯各個級品官葬地、墓域和墳高大小,陪葬物品、送葬儀仗以及墓地上的設置(石碑、石表、石獸),[8]並且著之於法令《喪葬令》。雖然六朝時期佛教信仰熾盛昌行,也無由介入這一套經由國家法令制定的喪葬制度。

---

① 《漢魏南北朝墓誌彙編・孫遼浮圖之銘記》,頁 147。
② 《漢魏南北朝墓誌彙編》北魏《魏故士吳(高黎)君之墓誌》誌蓋,頁 178。吳高黎亡於北魏宣武帝正始元年(504),其妻吳氏卒於孝明帝正光五年(524),孝昌二年(526)權葬於洛陽芒山。
③ 杭州市文物考古研究所《浙江省餘杭南朝畫像磚墓清理簡報》,《東南文化》1992 年第 3、4 期,頁 123—125。
④ 福建省博物館《福建閩侯南嶼南朝墓》,《考古》1980 年第 1 期,頁 61,62 圖四 10、11。
⑤ 《全唐文補遺》第七輯《孟隆武朱書磚志》,頁 249。
⑥ 韋正《試談南朝墓葬中的佛教因素》,《東南文化》2010 年第 3 期,頁 100。作者討論南朝墓葬的佛教因素,對於隋唐墓葬中幾乎不見佛教因素,認爲佛教與當時歷史乃至於佛教史的關係深值得玩味。
⑦ 俞偉超《中國古墓壁畫内容變化的階段性——〈河北古代墓葬壁畫精粹展〉座談會上的發言提綱》,《文物》1996 年第 9 期,頁 64。
⑧ 張鵬一《晉令輯存》卷三《喪葬令第十七》,西安,三秦出版社,1989 年,頁 186—187。

　　本文提到家訓遺令中的佛教因素,都和當時喪葬令不抵觸,包括納棺入斂的衣服:僧人服飾的法服衲衣、隨葬品中的佛經,並無逾越禮制的規範。又,中國從來就采行土葬,對於其他的葬法一無規定,故露屍葬其實也並未違反法令的規定。① 因此,中古時期有一些采取露屍葬法者並未受到國家的取締。② 至於祭祀的物品並未著之於法令,不過,以蔬素代替牲祭、以水代酒,則顛覆了傳統的祭祀,也導致嚴厲的抨擊。祭祀的日期方面,係在傳統祭祀日期之外,再加上佛教的六齋日、七七齋、百日齋、忌日齋。上述喪葬中的新元素,對傳統喪葬制度帶來一些衝擊。因此之故,也有儒者予以反彈。如李翱(772—836)撰《去佛齋論》,批評當時溫縣令楊垂撰集的《喪儀》中有《七七齋》一篇,李氏認爲"楊氏《喪儀》,其他皆有所出,多可行者,獨此一事傷禮,故論而去之,將存其餘云"。③ 楊氏《喪儀》除了七七齋之外,皆有所本,即指符合儒家禮制的規範法令。

　　傳統喪葬的儀節是由儒家制定的,對於亡故先人係秉持著誠敬的態度,即所謂的"慎終追遠"。然而,由於儒家不處理人們死後的問題,佛教的追福和超薦儀式正好填補了這塊空白,這一部分完全是在喪葬禮制之外的。爲亡故的親人的追思和追薦,在某種程度上可以稍慰人們失去親人的苦痛哀傷,如唐武宗會昌四年(844),李潛在其父墳前樹立一所尊勝陀羅尼經幢,其造幢記就形容爲人子女者亡親的鉅悲至痛,因爲佛教的陀羅尼的追薦,可以稍減少其悲苦:"嗚呼!潛罪釁酷重,遭大禍殘喘未泯,以及今日,號奉安衬,如斬之創,鉅痛無所解。聞西方教,有佛頂尊勝真言,可以福薦神道,是用購集鐫刻,謹立於封樹前二步。冀清净塵露之語,上爲冥祐,下則微蠲終天之苦。"④由於它符合人們在心理上的需要,從西晉以來,就有佛教徒以建像、造經、立寺的功德爲亡者祈求冥福,希望亡故的親人可以因此不墮惡道、神生净土。這些追福或追薦的佛事,不唯流行於民間,即如帝后皇親官員也都熱衷於此事,如在北魏平城郊外馮太后永固陵域,就

① 只有火葬是"西國法",從北魏以來須得到國家的許可。
② 中古時期頗有一些采取林葬和石室瘞窟的露屍葬法者,都未受到國家的取締管制。參見拙文《林葬——中古佛教露屍葬研究之一》、《石室瘞窟——中古佛教露屍葬研究之二》。
③ 《全唐文》卷六三六李翱《去佛齋論》,北京,中華書局,1983 年,頁 6424 下。
④ 《八瓊室金石補正》卷四七《李潛尊勝幢記》。

建造"思遠浮圖",以爲太后追福。胡太后爲其亡父胡國珍做七追薦。六朝以降,佛教對於死亡信仰的影響正逐步加深,在禮制管不到的部分,種種爲亡者追福和追薦的佛教行事日益浸盛。

唐代喪葬中,佛教的追福和追薦佛事扮演了重要角色,宰相姚崇(650—721)遺令中反映了其時爲亡者造像和七七齋追福的流行,他也順俗允許子孫爲他做七七齋:"亦有緣亡人造像,名爲追福。……吾亡後必不必不得爲此弊法。若未能全依正道,須順俗情,從初七至終七,任設七僧齋。若隨齋須布施,宜以吾緣身衣物充,不得輒用餘財,爲無益之枉事,亦不得妄出私物,徇追福之虛談。"[1]唐代更發展出在生前做七七齋,稱爲"逆修齋"、"預修齋"或"生七齋"。[2] 唐初詩人王梵志《家口惣死盡》詩云:"家口惣死盡,吾死無親表。急首賣資産,與設逆修齋。托生得好處,身死雇人埋。錢遺鄰保出,任你自相差。"[3]對時人重視逆修齋,有很生動的描述。六朝以後,懺悔儀式在追薦佛事中占了重要的地位,和爲亡者追福建造寺院結合,導致唐、宋敕賜功德寺的出現。[4]

前文提及張融遺令囑以《孝經》、《老子》、《小品》、《法華》隨葬。此是依先前以《孝經》陪葬之例發展出來的,此後便寂爾無聞。按:佛經是法舍利,它只能作爲佛塔和佛像的裝藏,不應置於墳墓之内作爲隨葬品,故僅此一例。[5] 不過,唐代譯出的經典中有強調破地獄功能並且明言可以利益亡者,如佛陀波利翻譯的《佛頂尊勝陀羅尼經》強調"壞罪集福",並且有破地獄的功能,因此很多刻有此經的"佛頂尊勝陀羅尼經幢",被放置在墳墓之旁,或墳墓之内。此種"墓幢"或"墳幢"後來甚至被官方制定爲喪葬制度的内容,金、元時代人張景文撰《大漢原陵秘葬經·庶人幢碣儀制》條云:

---

① 《舊唐書》卷九六《姚崇傳》。

② 生七齋的依據是東晉天竺僧人帛尸梨蜜多羅譯《佛說灌頂隨願往生十方浄土經》中敍述:"普廣菩薩復白佛言:'若四輩男女善解法戒,知身如幻,精勤修習,行菩提道。未終之時逆修三七,然燈續明,懸繒旛蓋,請召衆僧,轉讀尊經,修諸福業,得福多不?'佛言:'普廣,其福無量,不可度量。'"《佛說灌頂經》(T·1331)卷一一,收入《大正新修大藏經》,册二一,頁530上,中。

③ 王梵志著,項楚校注《王梵志詩校注》卷一《家口惣死盡》,上海古籍出版社,1991年,頁17。

④ 本書第十章《唐、宋時期的功德寺——以懺悔儀式爲中心的討論》。

⑤ 即使宣化遼墓中也只見到壁畫的桌子上有《妙蓮華經》。

"凡下五品官至庶人,同於祖穴前按石幢,上雕陀羅尼經,石柱上刻祖先姓名並月日。"①這是唯一正式被納入喪葬禮制中的佛教的元素。

此外,唐五代以迄元代的墓葬中,陸續出土了一些手寫經咒絹畫和雕版經咒,即"墓葬陀羅尼"。這些經咒出現在墓葬中是有經典依據的,它們大都是"大隨求咒",也就是《佛説隨求即得大自在陀羅尼神咒經》(T·1154)的"陀羅尼"部分,此經強調此陀羅尼的滅罪得福,並且説明將它佩戴在身上,就得諸天圍繞守護,消除罪障,免除各種地獄之苦,即得生於三十三天。② 自此之後,墓葬陀羅尼這個傳統持續不斷,③今日臺灣的佛教徒通常會在亡者的遺體上覆蓋著一方黄絹,其上印有梵文陀羅尼的"陀羅尼被"。又,七七齋迄今也仍是佛教徒喪葬的重要儀式之一。六朝以降,佛教的因素在喪葬中就未曾斷絶,以迄於今。

(本文原刊於陳玨主編《漢學典範大轉移——杜希德與"金萱會"》,臺北,聯經出版事業公司,2014 年)

---

① 張景文《大漢原陵秘葬經》,收入《藏外道書》,册一,據永樂大典本影印,成都,巴蜀書社,1992年,頁30,總頁160。
② 參見拙文《墓幢——經幢研究之三》,《"中研院"歷史語言研究所集刊》第74本第4分。
③ 王微《乾隆裕陵棺槨藏文經咒釋讀》,《故宫博物院院刊》2006年第1期;霍巍《唐宋墓葬出土陀羅尼經咒及其民間信仰》,《考古》2011年第5期。

北齊標異鄉義慈惠石柱

——中古佛教社會救濟的個案研究

一、前　言

　　"標異鄉義慈惠石柱"是北齊時,在今河北定興縣石柱村所建立的一座高約 7 米的石柱(見文末附圖),它是遺存至今少數南北朝的建築之一,在中國建築史的研究上具有相當的重要性。在此石柱上刊刻有題爲"標異鄉義慈惠石柱頌",長達三千餘言的頌文。從頌文可知,此石柱的樹立,是爲了表彰一群佛教徒所組織的社會救濟團體——"義"的成員之義行美風;並且據以作爲此縣"邑義"例置二百餘人豁免力役的一個證明。因此,它可以説是研究北朝宗教史、社會史、經濟史、政治史,乃至於其時范陽的地方史,極爲珍貴的第一手資料。

　　對於此一珍貴的歷史建築實物,以及據其頌文所做相關的歷史研究,迄今仍是寥然可數。建築學者劉敦楨在 1930 年代曾對此石柱作過測繪與研究,①其後羅哲文亦曾爲文對此石柱作簡要的介紹。② 至於歷史學方面,則僅有唐長孺根據頌文中佛教徒捨課田、莊田的題記,以研究北齊時代的田制。③

　　本文主要根據此石柱頌文,探究北朝佛教徒的社會救濟事業,兼論佛

---

① 劉敦楨《定興北齊石柱》,收入《劉敦楨文集》第二集,北京,中國建築工業出版社,1984 年。
② 羅哲文《義慈惠石柱》,《文物》1958 年第 9 期。柘文《義慈惠石柱》,《文物》1977 年第 12 期。
③ 唐長孺《北齊標異鄉義慈惠石柱頌所見的課田與莊田》,氏著《山居存稿》,北京,中華書局,1989 年。

教對北朝社會的影響。首先,就佛教經典——特別是當時所流行的經典,探討其對佛教徒社會福利事業的影響。再則,討論北魏末年以迄北齊時代范陽地區的兵災人禍,以了解此地佛教徒興辦社會救濟事業的背景。第三,敍述此一佛教社會救濟組織"義"的緣起與歷史,以及其所從事救濟事業的内容。第四,探討此一佛教社會救濟組織的成員、組織及其經濟來源。第五,從歷史的觀點,探討此石柱的性質及其形制。最後,從本文論述所及之處,探討佛教對中古社會的影響。

由於本文主要根據石柱頌文,因此有必要對此材料做一個簡單的説明。雖然此一石柱建立於北齊時代,而且迄今猶存,但在清末以前,未爲金石家所著録。清光緒十三年,碑工李雲從首先發現此一石柱之珍貴,鹿喬笙得知此事,募工親自前往摹拓,並且録其文贈與沈曾植。光緒年間所修的《定興縣志》卷一六《金石》,便收録有此石柱頌文,其後即附以沈曾植考訂頌文的長跋。① 不過,《定興縣志》中缺少了施地的題記和此"義"之中二百餘人的題名,這可能是最初氈拓者、録文者不重視這一部分的緣故。然而,就社會史和經濟史而言,施地題記和題名卻是極爲珍貴的史料。今除了頌文之外,並收録此二部分者有:(一)《北京圖書館藏中國歷代石刻拓本匯編》第七册,但題名部分不盡清晰。(二)《魯迅輯校石刻手稿》第一函第六册中,並録有施地題記和題名。本文徵引此一資料時,頌文部分係以《定興縣志》爲主,施地題記和題名部分則兼引上述兩者的資料。

二、佛教的福田思想與中古時期的社會福利事業

中古時代佛教徒熱心從事社會福利事業——包括社會救濟和地方公共建設,乃是受到佛教福田思想的影響,6 世紀中兩部流行的經典尤其具有重大的影響。

自西晉以降,有一些漢譯的佛典中提到了福田這個觀念,其中尤其以

---

① 《定興金石志》,即《定興縣志》卷一六《金石》,收入《石刻史料新編》第三輯(23),臺北,新文豐出版社,1986 年。

西晉時法炬所譯的《佛説諸德福田經》（T·683）①是專講福田的經典，此經中提到七種福田，行者得福，即生梵天。此七法是：一者興立佛圖僧房堂閣。二者園果浴池樹木清涼。三者常施醫藥療救衆病。四者作牢堅船濟度人民。五者安設橋梁過度羸弱。六者近道作井，渴乏得飲。七者造作圊廁施便利處。②　此外，《摩訶僧祇律》、《四分律》、《雜阿含經》、《長阿含經》、《增一阿含經》諸經典中，也都提及施濟增功德之法，常盤大定將以上經典所提的福田歸納爲十類：園果、林樹、橋梁、舟船、房舍、穿井、圊廁、醫藥、福德舍、起塔精舍堂閣。③

　　從敦煌莫高窟中的兩幅完成於6世紀下半葉的“福田經變”，可知《佛説諸德福田經》在北朝末年是非常流行的經典之一。從“福田經變”所呈現的場景，可知它完全是根據《佛説諸德福田經》的内容而繪製的。敦煌莫高窟二六九窟北周壁畫，從此窟北頂東段開始，由西到東共畫有六個場景：一、立佛圖，畫堂閣，二、種植園果以施清涼，三、施給醫藥，四、曠路作井，五、架設橋梁，六、道旁立小精舍。④　前五個場景顯然是描繪《佛説諸德福田經》中所述七個福田的項目，至於第六個道旁立小精舍的場景，也是《佛説諸德福田經》中所述的福田之一；經中述説有一個名爲聽聰的比丘，因前世曾在大道旁作小精舍，備有卧具與糧食，供給衆僧，兼提供行旅之人止歇；他因行此功德，命終之後得以生天、爲天帝釋，其後又下生爲轉輪聖王九十一劫，今世又得以值逢釋迦牟尼佛等諸多福報。⑤　另外一幅“福田經變”在三〇二窟，此窟係建造於隋開皇四年（584），在此窟人字西披下端，從北到南，繪有伐木、建塔、築堂閣建造佛圖的情景，以及設園池、施醫藥、置船橋、作井、建小精舍等場景。⑥

　　6世紀時另外一部流行的經典——《像法決疑經》（T·2870），對福田

---

① 《大正新修大藏經》，册一六。
② 《大正新修大藏經》，册一六，頁777中。
③ 常盤大定《佛教の福田思想》，收入氏著《續支那佛教の研究》，東京，春秋社，1941年，頁477—478。
④ 史葦湘《敦煌莫高窟中的〈福田經變〉壁畫》，《文物》1980年第9期，頁44。
⑤ 《大正新修大藏經》，册一六，頁777中。
⑥ 史葦湘《敦煌莫高窟中的〈福田經變〉壁畫》，頁45。

思想有更進一步的闡釋。此經並非譯自梵文的經典,而係北朝僧人所撰寫的,然而此經在當時不但相當流行,而且是對佛教界有很大影響的一部經典;6世紀時著名僧人的著作中曾徵引此經,而且特別值得注意的是,此經對三階教尤其有重大的影響。天台的智顗(583—597)在其著作《法華玄義》中曾引此經的文句以作爲經證,嘉祥寺吉藏(549—633)著《中觀論疏》、《法華玄論》中徵引了此經。此經對於6世紀下半葉開始興起的末法思想,似乎也有相當的影響。①　在末法思想逐漸流行中,有三階教的興起,其創始人信行(541—594)在其著作《瑜珈法鏡經》中曾大量引用此經。②《像法決疑經》不僅對6世紀佛教界和僧侶有很大的影響,它所宣揚的悲田思想在民間也引起了相當大的反響,如本文主要討論的河北范陽佛教徒社會救濟組織最初就是由一群平民佛教徒發起的。

《像法決疑經》的内容是常施菩薩在釋迦牟尼佛涅槃之前,向佛請教:在佛入滅之後所謂的"像法時期",應該做何種福德最爲殊勝?佛爲決其疑所説的種種福德中,一再强調布施貧窮孤老的重要性,最後甚至直説:"此經名爲《像法決疑》,亦名《濟孤獨》,如是受持。"③

> 善男子,我今成佛,皆因曠劫行檀布施、救濟貧窮困厄衆生。十方諸佛亦從布施而得成佛。是故,我於處處經中,説六波羅蜜皆從布施以爲初首。……善男子,此布施法門,三世諸佛所共敬重。是故四攝法中,財攝最勝。

> 善男子,未來世中諸惡起時……當爾之時,悲心布施貧窮孤老一切苦厄,乃至蟻子,其福最勝。善男子,我若廣説布施孤窮病苦功德,窮劫不盡,涅槃時至,爲汝略説。④

---

① 牧田諦亮《佛説像法決疑經について》,《結城教授頌壽記念佛教思想史論集》,東京,大藏出版株式會社,1964年,頁601—603。

② 矢吹慶輝《三階教之研究》,東京,岩波書店,1973年,頁670。並參見牧田諦亮《佛説像法決疑經について》一文之末附《像法決疑經本文と校注》。

③ 《佛説像法決疑經》,《大正新修大藏經》,册八五,頁1338下。

④ 《佛説像法決疑經》,《大正新修大藏經》,册八五,頁1336中,1338上。

此經中更特別强調布施貧窮孤老的"悲田",遠勝於施予佛法僧的"敬田":

> 善男子,我於處處經中,説布施者,欲令出家人、在家人修慈悲心,
> 布施貧窮孤老乃至餓狗。我諸弟子不解我意,專施敬田,不施悲田。
> 敬田者即是佛法僧寶,悲田者貧窮孤老乃至蟻子。此二種田,悲田
> 最勝。①

　　牧田諦亮認爲悲田勝於敬田這種説法,是自 5 世紀時北涼時曇無讖所
譯的《優婆塞戒經》(T・1488) 中,提及"福田"和"貧窮田"兩種田的解釋
發展而來的。② 在此經中貧窮田是指施予貧苦的人,是爲了增福德、爲生
憐憫、爲成功德、爲捨一切苦因緣,故施於貧窮。③《像法決疑經》中的布施
和救濟貧窮孤老的悲田思想,幾乎全部爲後來三階教主要的經典《瑜珈法
鏡經》所吸收,④進一步地影響了三階教所展開大規模的社會福利事業。

　　就是這種濟助貧苦孤獨的悲田思想中,基於對困頓窮愁者的悲憫情
懷,不僅對於貧窮孤老,甚至對於受困的餓狗螞蟻,亦存矜恤之心;因此,在
面對北魏末年戰亂連年所衍生屍骸橫地、餓孚遍野的悽慘景況,佛教徒的
福田中遂衍生了新的項目——義塚與義食。原來佛典中所述的福田之中,
並未有義塚這一項,不過,《像法決疑經》中亦曾説到布施時不該算計是否
爲福田的項目,只要需要濟助時,便當去做:"善男子,菩薩布施時,不觀福
田及非福田。若見貧苦衆生,悉皆施與。"⑤因有經典這樣的提示,北朝末
年的佛教徒面對北魏末年戰亂所造成河北地區幾近人間地獄的情況:"形
骸曝露,相看聚作北山;血流成河,遠近翻爲丹地。"⑥基於掩埋屍骨現實的
需要,於是有義塚福田的新創。本文所討論的這個社會救濟組織,就是從
掩埋無主枯骨,踏出其社會救濟工作的第一步。

---

① 《佛説像法決疑經》,《大正新修大藏經》,册八五,頁 1336 上,中。
② 牧田諦亮《佛説像法決疑經について》,頁 599。
③ 《大正新修大藏經》,册二四,頁 1024。
④ 前引牧田諦亮文,文末所附《像法決疑經本文と校注》,將《瑜珈法鏡經》和《像法決疑經》雷
　　同之處,一一列出。
⑤ 《像法決疑經》,頁 1338 中。
⑥ 《定興縣志》卷一六《北齊石柱頌》,頁 3。

此外,《像法決疑經》中也宣稱: 衆人共同布施更勝於個人獨力的布施,[①]這對於社會救濟團體的成立,也有相當的鼓勵作用。

三、標異鄉義慈惠石柱頌——北朝末年 一個佛教救濟組織的記功碑

"標異鄉義慈惠石柱頌",記述河北范陽附近佛教徒所從事包括義葬、義食、醫藥等社會救濟事業,除了從佛教的思想來理解之外,也有其特殊的時代背景。此處擬就其社會背景探討其所濟助的對象,並且詳述此一佛教徒的組織——包括其成立的經過和變遷。

(一) 背景

北魏末年長期的戰亂,是范陽地區的佛教徒展開社會救濟工作的大背景;特別是自孝明帝孝昌元年(525)以後,柔玄鎮民杜洛周的變亂,以及其後葛榮餘黨韓樓之亂,對河北地區造成極大的破壞。杜洛周、葛榮的變亂其實是六鎮之變的延續,因此,若談杜洛周之亂,不得不回溯六鎮之變。

北魏孝明帝正光五年(524),戍守邊關沃野、懷朔、武川、撫冥、柔玄(以上五鎮皆在今内蒙古境内),以及懷荒(今河北張北縣北)六鎮的鎮兵,由於中央和地方的疏隔所導致不平等的待遇之遠因,以及六鎮的飢饉未獲適時救助的近因,因而爆發群體叛變,史稱"六鎮之變"。北魏政府引柔然主阿那瓌之援,於孝昌元年(525)六月敉平了六鎮的變亂。在戰亂中,六鎮生產組織遭受嚴重的破壞,亂平之後,北魏政府便把六鎮降户二十餘萬人散置在定州(治盧奴,今河北定縣)、冀州(治信都,今河北冀縣)、瀛州(治趙軍都城,今河北河間),就食於此三州。這就種下了柔玄鎮民杜洛周在河北引起的動亂的原因。就食於三州的六鎮鎮民在遷徙至河北的途中,已飽受旅途上的飢餓困苦,而當他們抵達河北時,又正值河北頻遭水旱,飢

---

① 《像法決疑經》,頁 1336 中。

饉積年，也無處可以就食，而導致了以杜洛周爲首的河北之亂。

孝明帝孝昌元年八月，以柔玄鎮民杜洛周爲首的六鎮降户，在上谷（治沮陽，今河北懷來縣東南）起兵，南圍燕州（治廣寧，今河北涿鹿縣）。四個月之後（孝昌二年二月），以懷朔鎮兵鮮于修禮爲首的六鎮降户，在定州的左人城（今河北唐縣西）起兵，聚衆至十萬餘人。這一年的八月，鮮于修禮爲其别帥元洪業所殺，元洪業旋即爲修禮部將葛榮所殺，葛榮於是成爲這一支叛軍的領導人物。葛榮的軍隊所向皆捷，屢次擊敗北魏政府軍，鋭不可擋，而於孝昌三年（527）先後攻陷殷州（治廣阿，今河北隆堯縣東）、冀州。武泰元年（528）正月，又攻下了河北大鎮定州，至是，便與杜洛周的勢力相銜接。二月，葛榮遂并杜洛周，挾勢繼攻占冀、定、滄、瀛、殷五州，衆至數十萬人之多。同年，葛榮揮軍指向北魏首都洛陽，却在滏口（河北磁縣西北石鼓山）爲尒朱榮所擊敗，葛榮被俘，送至京師處死。不過，葛榮之變並未就此結束；這一年年底，葛榮的餘部韓樓、郝長繼續起兵，占領幽州，有衆數萬人。直到第二年（孝莊帝永安二年）九月，北魏大都督侯淵纔將韓樓討平。

上述兵亂對范陽地區有直接的影響，見諸記載者有三：（一）孝昌二年七月的粟園之戰。（二）虎眼泉之戰。（三）永安中韓樓之亂。

粟園之戰：范陽附近是重要的糧產區，尤其以粟園（今河北易縣東南西固安）最是豐盛，所謂的“固安之粟，天下稱之”，[①]因此范陽一帶自然成爲杜洛周及其軍隊抄掠的主要目標。孝昌二年四月，杜洛周自上谷南下，抄掠薊城（今北平西南），與魏政府軍數度交戰，各有勝負，杜洛周復引兵返回其根據地的上谷。[②] 這是杜洛周軍隊首度抄掠幽州之始，其後他更屢屢南下侵擾幽州，而及於范陽郡。同年六月，杜洛周的部將曹紇真、馬叱斤等將兵薊南，北魏幽州行臺常景、都督于榮、刺史王延年在粟園部署軍隊，以邀擊曹紇真的人馬。由於連天雨霾，曹紇真軍隊遠來勞頓，所以常景等得以逸待勞，大破曹紇真軍，並且“斬曹紇真及將卒三千餘人”。[③] 這些在

① 《資治通鑑》卷一五一，北京，古籍出版社，1956年，頁4714。
② 《資治通鑑》卷一五一，頁2712。
③ 《資治通鑑》卷一五一，頁4714。

戰亂中死難兵士的骸骨曝露無人收理,激發了日後范陽地區佛教徒踏出其社會福利事業第一步“鄉葬”。

虎眼泉之戰:在粟園之戰後,杜洛周率眾南趨范陽,又爲常景和王延年所擊敗;同時,常景又派遣別將在虎眼泉,再度擊破杜洛周的軍隊,《魏書·常景傳》云其:“又遣別將重破之州西虎眼泉,擒斬及溺死者甚眾。”虎眼泉距今石柱所在的定興不遠,《水經注》云:“濡水又東,得白楊水口,水出遒縣西山白楊嶺下,東南流入濡水,時人謂之虎眼泉也。”①遒縣位於范陽縣之西北,濡水出遒縣西山白楊嶺下,向東南流入濡水,即虎眼泉;考之今地,虎眼泉正是易水流入拒馬河之地,其地適在石柱村所在的定興附近。虎眼泉之戰是常景的部將在杜洛周敗軍北返途中邀擊之,故能大破其軍,杜洛周的軍隊死於兵刃或溺死者人數甚多。

韓樓之亂:從武泰元年(528)十二月,葛榮餘部韓樓據幽州反,迄永安二年(529)九月,魏尒朱榮派遣大都督侯淵討平韓樓爲止,總計幽州地區前後又經歷了十個月的戰火兵亂。② 日後成爲“義”的重要成員之一——范陽大族盧文翼及其族人盧文偉,曾率鄉人守范陽城,以拒韓樓。《魏書》卷四七,《盧玄附盧文翼傳》:“永安中爲都督,守范陽三城,拒賊帥韓婁有功,賜爵范陽子。”又,盧文偉以白衣率鄉閭守范陽,後以功除范陽太守。③

在這一地區戰亂造成的兵災人禍中,有的居民在戰爭中無辜地喪失了性命,更由於戰亂破壞了正常的生產,而引發了地區性的飢饉和疾疫。石柱頌文對此地所遭受的破壞與災難,有簡短沉痛的陳述:

> 值魏孝昌之季,塵驚塞表,杜葛猖狂,乘風間發,蟻集蜂聚,毒掠中原。桑乾爲虜馬之池,燕趙成亂兵之地。士不芸耨,女無機杼,行路阻絕,音信虛懸。殘害村薄,鄰伍哀不相及;屠戮城社,所在皆如亂麻。形骸曝露,相看聚作北山;流血成河,遠近翻爲丹地。仍有韓婁麪勃鳥

---

① 段熙仲點校,陳橋驛復校《水經注疏》卷一一《易水》,南京,江蘇古籍出版社,1989 年,頁1030—1031。
② 《資治通鑑》卷一五二,頁4754。
③ 《北齊書》卷二二《盧文偉傳》。

集,驚危趣走,薊城鴟視,藏户遂復。王道重艱,原墅再絕。①

就是在此一兵荒戰亂中,遍地散落著無人收掩的屍骨,餓莩滿道,在范陽地區一批平民佛教徒懷著悲憫之心,展開了社會救濟工作。

(二)"義"的簡史

東魏北齊時,在今定興石柱村佛教徒稱其所成立的社會救濟組織爲"義";它原先是少數平民佛教徒出自宗教悲憫的情懷,在戰亂之後發起掩埋屍骨、救濟飢民的社會救濟工作,後來也提供醫療服務。值得注意的是:此"義"之所以得以茁壯擴展,則和請來著名僧人曇遵來此弘揚佛法,有很大的關係。"義"的施給救濟的場所——"義坊"也曾一度遷移,而其經濟來源始終是一群熱心的佛教徒所捐贈的田園宅地。

1. 緣起

此"義"成立的時間約在東魏初年,葛榮餘黨韓樓之亂平定之後,以王興國爲首的一些平民佛教徒,在魏末兵火之後,哀憫無人收埋的枯骨,首先開始"鄉葬"的工作,這是此"義"所展開的第一項社會救濟工作。他們駕車緣著涿水兩岸,收拾無主的屍骨,集在一處,共做一墳,稱爲"鄉葬"。在頌文中敍述:"王興國七人等……乃罄心相率,馳車歷境,緣涿東西,拾諸離骨,既不能辯其男女,誰復究其姓名,乃合作壹墳,稱爲鄉葬。"②不過,在石柱額題"標異鄉異慈惠石柱頌"大字下,有"元造義王興國、義主路和仁",以及"元鄉葬十人等如左:田市貴、滑榮祖、梁令奴、田寶護、陳顯仁、鮮于法珍、田顯和、鄭暎世、田勳順、史靈貴"的題名,③究竟最初從事鄉葬者是七人或十人?最先倡議鄉葬者是王興國,這是沒有疑問的,所以稱他爲"元造義",頌文中稱"王興國七人等",大概最初響應鄉葬者爲七人,後來繼有參加者,除王興國之外,另有"元鄉葬十人",共計十一名。

---

① 《定興縣志》卷一六,頁3。
② 《定興縣志》卷一六,頁3。
③ 《慈惠石柱頌》,北京魯迅博物館、上海魯迅紀念館《魯迅輯校石刻手稿》,上海書畫出版社,1987年,一函六册,頁1051。

王興國等人隨即又在鄉葬墓所,提供"義食",主要是接濟那些路經此
地的返鄉流民。自北魏末年以來,有許多瀛、冀、幽等州人民爲逃避戰亂而
南向避難,《北史》卷一五《魏諸宗室傳·高涼王孤傳附上黨王天穆傳》:
"初,杜洛周、鮮于修禮爲寇,瀛、冀諸州人多避亂南向。……靈太后詔流
人所在皆置,命屬郡縣,選豪右爲守令以撫鎮之。"迄亂平之後,這些流民
又陸續北還,逶迤於漫長的返鄉路途,其中有一部分流民的歸途經過范陽,
"義"所在地恰在官道之旁(見下文),是這些流民必經之地。如孝莊帝永
安二年(529),朝廷派遣征東將軍劉靈助兼尚書左僕射,慰勞幽州流民於
濮陽頓丘(今河南浚縣北),因帥流民北還,而與侯淵共滅韓樓。[1] 劉靈助
所率領這批北返的幽州流民,一定要到達薊城附近,纔有可能與侯淵共滅
韓樓於薊;而自頓丘到薊,須經過范陽。流民在漫長的歸鄉途中,難免飢渴
疲乏,在范陽附近的"義"所接待的飢民,當有部分是路經此地的流民。石
柱頌文云:

> 宇宙壹清,塵消萬里,城邑猶簡,村薄未幾。去來女婦,往還公子,
> 駱驛長途,靡所厥止。仍兹四輩,心懷十力,念此浮魂,嗟於遊息。近
> 減家資,遠憑此識,於此塚傍,遂爲義食。[2]

此"義"剛開始供應義食時,一切都很簡陋,僅是在鄉葬墓所旁做臨時性的
供食;後來纔建立"義堂",作爲供應義食的場所。頌文形容義食供應之初
的情景是:

> 遂興誓願,賙給万有,各勸妻孥,抽割衣食,負釜提壺,就兹墓左,
> 共設義食,以拯餒虛。於後荏苒,遂構義堂。[3]

對提供"義食"和構築"義堂"有較多貢獻者,除了王興國等十一人之

---

① 《魏書》卷九一《術藝傳·劉靈助》。
② 《定興縣志》卷一六,頁3。
③ 《定興縣志》卷一六,頁3,4。

外,另有田鸞礤、鄭貴和、陳靈奴、賈魏珍四人,他們的名字繫以"元貢義"的頭銜,出現在石柱額下"元鄉葬"的題名之後。①

從構築義堂時開始,此"義"便不再是一個救助戰爭中災民暫時性社會救濟團體,而衍變成一個長期性的社會救濟組織。

2. 曇遵法師與"義"的茁壯發展

東魏孝静帝武定二年(544),是此"義"發展的一個重要契機。范陽的大族盧文翼請名僧曇遵到此地弘揚佛法,曇遵吸引了衆多的信徒,他們成爲此"義"的贊助者,使得此"義"獲得更多的經濟來源。另外,由於曇遵在來到此地之前,已遍歷華北各地傳教,而名聲大噪;他來到此地以後,也吸引了一些上層階級的信徒,使得此一原來只是少數平民佛教徒發起的社會救濟組織,加入了不少地方大族、朝廷和地方的官員的成員。

武定二年,有國統光師弟子沙門三藏法師曇遵,稟資大德,歷承沖旨;體具五通,心懷十力。常以智慧,救諸煩惱;名盛南州,邀致無因。有摩訶檀越大都督盧文翼……洞解十号之方,深達具足之海,既承芳實,朝夕敬慕,久而通請,方致神座。仍及居士馮叔平、居士路和仁等道俗弟子五十餘人,別立清館,四事供養,敷揚祕教,流通大乘。五冬六夏,首尾相繼,鱗羽感其德音,緇素服其惠了;貴賤往來,於是乎盛,便於此義,深助功德。②

曇遵是北朝末年名僧慧光的弟子,慧光在北魏末年駐錫洛陽,擔任國僧都,北齊時被召至鄴都,任爲國統。慧光在僧侶戒律方面有很多的貢獻,造四分律疏,删定羯磨戒本、僧制十八條等,造就不少弟子,影響很大。③曇遵俗姓程,魏時曾仕爲員外郎,後來出家,從慧光學,前後達十年之久。他的長處在於講析義理,因此以四處傳教而聞名。《續高僧傳·釋曇遵傳》云:"大乘頓教,法界心原,並披析義理,挺超時匠。手無異筆而變他成

---

① 《慈惠石柱頌》,《魯迅輯校石刻手稿》,一函六册,頁 1051。
② 《定興縣志》卷一六,頁 4。
③ 《續高僧傳》卷二一《釋慧光傳》,《大正新修大藏經》,册五〇,頁 608 上。

己,故談述有續,而章疏闕焉。"①他從洛陽開始其傳教事業,足迹遍歷齊、楚、魏、晉、燕、趙,名聞朝廷,後來齊帝徵召他至鄴都,以爲國都,後轉爲國統。北齊時曇遵名聲很高,他以義理析辯,清高的風格,四處傳道,而清譽遠揚,所以盧文翼不辭費盡心思,把他請到范陽來。

盧文翼爲了曇遵的來到,建立"清館";此清館是爲供養法師,及作爲他在此傳教的道場之用,原不是和"義"混合爲一的。因此,清館有別於"義"所的"義堂",頌文中也説是"別立清館"。至於清館的地點,當在距離"義堂"不遠之處,因此"義"纔得以近水樓臺之便,得到曇遵的信徒大力的支持。此一清館僅是宅第,而不是真正的寺院建築;這大概是因爲盧文翼請曇遵至此時,並未做曇遵等人可能長期在此停留的打算,頌文中也説"時有敕請法師,始復乖阻"。② 曇遵在范陽停留"五冬六夏",其後,曇遵還是爲皇帝所徵召,長駐於鄴都。

雖然曇遵駐錫的清館原來是和"義"所分開的,但自從曇遵至此之後,曇遵和其弟子便成爲此"義"經濟和實務運作上的重要支柱。"義"一方面在經濟來源上得到曇遵信徒的贊助;另一方面,追隨曇遵至此的俗家弟子馮叔平、路和仁,全力投入此一社會救濟組織。日後曇遵雖爲齊帝徵召至鄴都,但並未就此斷絕和此"義"的關係,其弟子馮叔平、路和仁等人,始終留在范陽,爲此"義"的主持人。《續高僧傳・曇遵傳》記載他四處傳教的情形:"初出化行洛下,流演齊、楚、晉、魏,乃至燕、趙,通傳道務,攝治相襲。"曇遵被召回鄴都之後,路和仁在范陽"獨主義徒"(詳下文),似乎可以作爲曇遵在其傳教過程中"通傳道務,攝治相襲"的一個注脚。

其後,此"義"的社會救濟項目中增添了醫療一項,和曇遵及其弟子的加入應有相當的關係。佛教僧侶在中古醫療中扮演一個重要的角色,這可以從當時人對僧人的批評中見其端倪,5世紀中在陝西活動的僧人道恒在其所著的《釋駁論》中,引述時人對僧人的攻詰,並予以反駁;不論當時人對僧人的批評是否允當,但其所描述僧人的活動,正是其時僧人生活最好

① 《續高僧傳》卷二〇《釋曇遵傳》,頁484上。
② 《定興縣志》卷一六,頁4。

的寫照,其中有條目是:"或矜恃醫道,輕作寒暑。"①又,北朝僧人所撰的
《像法決疑經》中説:"何故未來世中一切俗人輕賤三寶,正以比丘、比丘尼不
如法故……或誦咒術以治他病……或行針灸、種種湯藥以求衣食……"②由
此可見,中古時有許多僧人從事醫療行爲。此"義"最初僅是十數個平民
百姓發起,爲掩埋枯骨、救濟飢民的小型社會救濟組織,若無曇遵門人僧徒
的參與,大概也就没法進一步拓展醫療這一項服務了。

　　由少數平民佛教徒發起的"義",後來由於得到曇遵信徒的大力支持,
而逐漸茁壯擴大;雖然曇遵吸引了不少上層階級,"貴賤往來,於是乎盛",
不過,其主要的支持者還是平民佛教徒居多。武定四年,"義堂"遷移新
址,其土地田園即是來自一批平民所捐獻的。

　　3."義"址的遷移

　　義堂原先是位於官道之旁,武定四年(546)因爲官道西移,路經此地
的人漸稀,服務的對象亦隨之減少,義所於是隨著官道西移。頌文記:

> 　　武定四年,神武北狩,敕道西移,舊堂寥廓,行人稍簡,乃復依隨官
> 路,改卜今營。③

　　然而,據光緒《定興縣志》中沈曾植跋文的考訂,"神武北狩"應當是指
武定三年(545)事,高歡上言:幽、安、定三州北接奚蠕,請於險要修立城戍
以防之;高歡本人亦曾躬自臨履此築城之役。因此,沈氏認爲可能是撰文
人誤以三年作四年,但他也不排除另一可能性:即高歡北狩事從武定三年
冬,延續到四年春。④本文以爲如就第二個可能性而言,則頌文所記"武定
四年,神武北狩,敕道西移",也没有錯。唐長孺即以爲高歡巡視北邊城戍
是在四年,這個看法是很正確的。⑤因爲就此築城之役而言,高歡不必從
頭至尾督導,他也極可能是在四年春纔赴北方巡視工事,其時纔下令官道

---

① 《廣弘明集》,《大正新修大藏經》,册五二,卷六,頁35。
② 《像法決疑經》,頁1337中、下。
③ 《定興縣志》卷一六,頁5。
④ 《定興縣志》卷一六,頁17。
⑤ 唐長孺《北齊標異鄉義慈惠石柱頌所見的課田與莊田》,氏著《山居存稿》,頁119。

西移。又，官道西移事關"義"址的遷移，對於此"義"而言，是一件大事，頌文作者應該不至於弄錯纔是。由上所述，官道遷移的時間宜以頌文所述的武定四年爲是。

"義"的新址和其田園，主要是由范陽一個以嚴僧安爲首的嚴氏宗族所施捨的土地田園。由於嚴氏宗人所施捨的田土園地占了日後此"義"址之絕大部分，因此別有題記將各人所施捨田園的數目，刻在石柱南面上層下截和西南隅上層下截。① 以嚴僧安爲首的嚴氏宗族七人，是首先捨地入"義"者，他們都是慈悲虔信的佛教信徒；其中嚴僧安的貢獻尤多，不僅捨地入"義"，還親自參與義址的建築規劃，故題記中稱他是"起義檀越"：

> 初施義園宅地主篤信弟子嚴僧安、故人嚴承、嚴法胤、嚴僧芝、嚴道業、嚴惠仙、嚴平仁等，並解苦空，仰慕祇陁之惠，設供招納，捨地置坊。僧安手自穿井，定基立宅，實是起義檀越。②

上文中稱嚴氏七人"捨地置坊"，頌文中稱"義"的新址，或即稱爲"義坊"，或稱爲"義所"，或仍如舊址稱爲"義堂"。此七人所施捨的土地就成爲義坊的基礎，在武定四年以後十數年期間，嚴氏宗族陸續施地予"義"，其中多有同一家族中父子前後陸續捐獻土地的情形，如嚴僧安父子、嚴承父子、嚴光燦父子孫三代，嚴光燦之弟嚴市顯父子、嚴道業父子、嚴惠仙父子、嚴市念父子皆然，所以頌文中說嚴僧安合宗捨地的情形是："若父若子，乃識乃親，或前或後，非貧非富，正向十方，壹心大道。"③

由於其時北方人多聚族而居，因此政府所配給他們的課田也都毗鄰相連，以嚴氏宗族所施課田爲主的義坊及其田園，應是相當完整的一片土地。如嚴僧安的四個兒子"長子懷秀、次息奉悦、第三息懷達、第四要欣，性並恭孝，敬從父命，立義十載有餘，重施義南課田八十畝，東至城門，西至舊官

---

① 《魯迅輯校石刻手稿》，一函六册，頁 1057—1060。
② 《魯迅輯校石刻手稿》，一函六册，頁 1057—1058。
③ 《定興縣志》卷一六，頁 5。

道中"。又,嚴承的兩個兒子侍伯、阿繼"爲父重施義東城壕、城南兩段廿畝地"。① 可見其新施土地和嚴氏宗族先前所施的土地是相鄰毗連的。

前述嚴氏宗族中施地之地主如嚴僧安等人的名字,被冠以"施主"的頭銜,重複出現在石柱南面上層上截的題記中,②因此,被冠以"施主"的題名者,可能都是施捨課田土地入義的人。如:西南隅上層上截中四名"施主"中,有嚴僧芝者,即是前述施地的地主之一,故其他三名施主也有可能是施捨土地田園入義者。另外,在石柱西面上層上截有七名嚴姓施主,以及西北隅上層上截的四名嚴姓施主,③也可能是施地的嚴氏宗人。又,在石柱東南隅上層上截的題記中,四名李姓的"施主",也應是施地的地主。④除了嚴氏宗族之外,也還有其他的人施捨其土地,如題記中"定州軍士吕貴觀爲亡父母施地入義"。⑤

遷移以後的義坊,規模遠較舊的義堂爲大,而且不斷地在擴充中;如上所述,在遷址後十餘年仍陸續有人施捨土地田園。義坊中除了有作爲其經濟基礎的田園之外,還有作爲供應義食處所的"義堂"。此義堂後來經路和仁整修改建,采取仿寺院的建築,規模頗爲宏整,因此頌文稱其"雖曰義坊,無異茄藍"。⑥

4."義"大規模的賑濟活動

"義"址遷移後,因爲得到一批捐贈的土地,在經濟的來源上似乎比以前充裕,除了平日的義食供應之外,它曾做過兩次大規模的賑濟活動,即天保八年救助築長城之役的民夫,以及河清三年救助水災的飢民。

文宣帝天保八年(557)時,義坊曾接濟救助築長城之役的民夫。其實,早在天保六年(555)文宣帝即下令於北境築長城,築長城之役一直延續到天保八年以後。被徵召前往北境築長城的民夫,在其築城工役期滿之後須各自返鄉,政府不與任何照料,甚至可能連糧食亦不供應,因此許多老

---

① 《魯迅輯校石刻手稿》,一函六册,頁1058。
② 《魯迅輯校石刻手稿》,一函六册,頁1053。
③ 《魯迅輯校石刻手稿》,一函六册,頁1054。
④ 《魯迅輯校石刻手稿》,一函六册,頁1053。
⑤ 《魯迅輯校石刻手稿》,一函六册,頁1057。
⑥ 《定興縣志》卷一六,頁6。

弱民夫不耐飢病的侵襲，而僵仆死在返鄉的途中。從天保六年迄八年間，
奉詔領山東兵監築長城的定州刺史趙郡王高叡目覩此一慘狀，便率領他的
軍隊，部伍民夫，護送他們返鄉，有部分的役民因此而得以安全返回家鄉。
《北齊書》卷一三《趙郡王琛附子叡傳》云：

> 六年，詔叡領山東兵數萬監築長城。……先是，役徒罷作，任其自
> 返，丁壯之輩，各自先歸；老弱之徒，棄在山北，加以饑病，多致僵損。
> 叡於是親帥所部，與之俱還，配合州鄉，部分營伍，督帥監領，強弱相
> 持，遇善水草，即爲停頓，分有餘，贍不足，賴以全者十三四焉。

如高叡這樣安排，返鄉的民夫中也僅有十分之三四得以平安返回家鄉，由
此可知，若任民夫自行返鄉，大多數的人是會抱恨死在途中的。

天保八年，善於體恤民夫行役之苦的高叡被徵召至鄴都，[①]至北境築
長城的民夫再度自行面對困危重重的迢迢歸鄉路；此時位於范陽的義坊便
對於路經此地返鄉的民夫伸出援手，供給他們糧食和醫藥；另外，也埋葬那
些死於此地民夫，頌文中有簡短的敍述：

> 天保畚蟲之歲，長圍作起之春，公私往還，南北滿路，若軍若漢，或
> 文或武，旦發者千群，暮來者萬隊，猶若純陁之□□□□，窮舍利香積，
> 曾何云愧？兼復病者給藥，死者塼埋，齋送追悼，皆如親戚。[②]

據《隋書》的記載，可以很清楚地看出，"天保畚蟲之歲，長圍作起之
春"即是指天保八年。《隋書‧五行志下》："後齊天保八年，河北六州、河
南十二州蝗。畿人皆祭之。帝問魏尹丞崔叔瓚曰：'何故蟲？'叔瓚對曰：
'五行志云："土功不時，則蝗蟲爲災。"今外築長城，内修三臺，故致災
也。'"可知天保八年河北有蟲災，義坊所救濟的正是此一"長圍作起"之時
築長城的役民。其時義坊所接濟的人數相當大，路經范陽的築長城之民

① 《北齊書》卷一三《趙郡王琛附子叡傳》。
② 《定興縣志》卷一六，頁6。

夫,以及監修長城工役的官兵"且發者千群,暮來者萬隊",其中官兵當有公家糧食的供應,因此,義坊的救濟對象是以役民爲主。又,上文云"窮舍利香積,曾何云愧?"香積典出《維摩詰經》,後來指供給僧人之物(僧家供料),①對於路過此地的疲憊飢渴的役民而言,餐飲的供應無疑是最迫切的需要;更何況義食本來就是義坊社會救濟事業中最主要的項目。另外,"病者給藥",義坊對役民也提供醫療服務。前面已經提過:由於曇遵的僧俗弟子參與此"義",對於醫療工作的推展應有相當的助力。又,對於不幸病歿的役民,也給予埋葬,並且爲他們作佛教的追薦儀式。埋葬無主的枯骨原是此"義"最先展開的社會救濟工作,由此看來,義坊似乎不曾中斷其"鄉葬"的工作。

武成帝河清三年(564),山東有大規模的水災,與之而來的是災後的飢饉,而其時政府並未給予飢民任何的救助。《北齊書》卷七《武成紀》記河清三年"山東大水,饑死者不可勝計,詔發賑給,事竟不行"。當時,范陽也是災區之一,然而在此情形下,義坊也未中止其義食的供給。頌文云:"仍以河清遭潦,人多飢斃,父子分張,不相存救,於此義食,終不暫捨。"②其義食所濟助者中當多有水災的災民。在荒歲時,義坊仍然可以維持義食的供應,這當是由於義坊有一大片田園作爲其經濟基礎,平時糧作收穫在扣除開支之外,或有盈餘,所以在荒歲仍可以維持其一貫義食的供應。

義坊似乎也具有《佛說諸德福田經》中所述"小精舍"的性質,又因其聲名遠播,上自皇帝、王公貴臣,下至地方守宰,路經此地,都曾到義坊停留。前面已經提過:小精舍除提供過往僧侶食宿之外,也供給一般俗人憩息和餐飲的場所。北齊文宣帝曾在此義坊停留用餐:"天保三季,景烈皇帝駕指湯谷離宮,義所時薦壹餐,深蒙優噂。"③沈曾植據史文考訂,認爲這當係天保四年(553)秋,文宣帝"北巡冀、定、幽、安,仍北討契丹",從平州至陽師水歸至營州,登碣石,以臨滄海,這一趟的路途中,經過此地所作的

①　《釋氏六帖》卷二一《寺舍塔殿部・廚》,杭州,浙江古籍出版社,1990年,頁450。
②　《定興縣志》卷一六,頁6。
③　《定興縣志》卷一六,頁5。

停留。① 當時,義坊曾薦供皇帝及其隨從一餐。另外,從武成帝河清三年(564),至後主天統四年(568),幽州刺史斛律羨和他的家人,都屢屢在此停留、用餐。路經此地的王公貴臣、地方守宰的家族,也經常成爲此"義"的贊助人,如北齊斛律羨家族、范陽太守劉仙、范陽縣令劉徹等。

四、義坊的成員、組織與經濟基礎

(一) 釋"義"

在頌文中,稱此一佛教的社會救濟組織爲"義",從其所做的善行到其成員,也都冠以"義"字。如救濟飢民的食物叫"義食",提供義食的場所叫"義堂",其間建築物稱"義坊";其成員或稱爲"義夫"、"義士"、"義徒",其創首者稱"義首",主其事者稱"義主"。由於此字牽涉到此一社會組織的命名與精神,也是理解中古佛教徒行事的關鍵之一,故有必要提出來討論。究竟中古佛教徒所稱的"義"字是什麼含義?

北朝時,和佛教有關的組織皆可以"義"字稱,如佛教徒的信仰組織稱"義邑"、"法義",其成員分別叫"邑義"、"法義";②中古佛教徒從事地方建設,其所開挖的井叫"義井",所建造的橋稱"義橋"。佛教徒的捨田立寺、敬營僧齋、救濟飢寒等社會工作,也成爲義行美德之一,有此行爲者也成爲當時人表揚孝義的對象。③ 6 世紀佛教徒使用"義"字含義,可在其時流行的經典中找到其依據。

6 世紀時所撰的《像法決疑經》中,有勸佛教徒視一切衆生爲自己的眷屬——父母、妻子、兄弟、姐妹,"以是義故"而加以濟助的觀念:

---

① 《定興縣志》卷一六,頁 17。
② 關於中古佛教信仰團體,已有多位學者做過研究,如小笠原宣秀《中國净土教家の研究》一、《盧山慧遠の結社事情》,京都,平樂寺書店,1951 年。高雄義堅《中國佛教史論·北魏佛教教團の發達》,京都,平樂寺書店,1952 年,頁 25—36。塚本善隆《龍門石窟に現れたる北魏佛教》。山崎宏《支那中世佛教の展開》第四章《隋唐時代に於ける義邑及び法社》,東京,清水書房,1974 年。
③ 參見本書第一章。

　　未來世中諸惡起時，一切道俗應當修學大慈大悲，忍受他惱，應作是念：一切衆生無始以來是我父母，一切衆生無始以來皆是我之兄弟、姊妹、妻子、眷屬，以是義故，於一切衆生慈悲愍念，隨力救濟。①

這種視衆生爲自家親人眷屬的觀念，確曾爲 6 世紀時的佛教徒的信仰組織所奉行。北魏孝明帝正光五年(524)，以道充爲首的法義造像活動中，稱"道俗法義兄弟姐妹一百人"共造此像；②又，孝莊帝永安三年(530)，青州齊郡臨淄縣高柳村以比丘惠輔爲首的一個法義團體，在其造像銘記中稱"法義兄弟姐妹一百午(五)十人等敬造彌勒尊像二軀"。③　又，北齊天保八年(557)，在今山東一個法儀(義)造塔記中也稱"法儀兄弟八十人等"建妙塔一軀。④　山崎宏解釋"法義"這個名稱的意思，認爲：法義是以同樣信仰佛法的道義而組合之意，如同義兄係指血緣以外結合而成之兄的意思，是以佛法結合的成員；而所謂的"義邑"是邑的法義。⑤　如此看來，隋《寶泰寺碑》云："尚書省使儀同三司潞州司馬東原郡開國公薛邈、因檢郭建欽、王神通等立義門事，恭敬侍佛。"⑥所以稱"立義門"，當係指以恭敬侍佛而結合、有類一門親人的團體。

　　北朝末年，范陽地區的社會救濟組織不只以佛法結合成員，更以如上述經典所稱"視衆生如眷屬"的信念，濟助危難之人。石柱頌文中數度提到義坊濟助他人時，皆將之視爲親人，從其最初開始拾枯骨的鄉葬"乃合作壹墳，稱爲鄉葬，設供集僧，情同親里，於是乎人倫哀酸，禽鳥悲咽"。⑦文末頌詞中更說此舉之恩義有如父母妻子："有茲善信，仁沾枯朽，義等妻孥，恩同父母，拾□骷骸，共成壹有。"⑧而敍述天保八年義坊救助築長城之

① 《像法決疑經》，《大正新修大藏經》，册八五，頁 1338 上。
② 《道充等一百人造像記》，《北京圖書館藏中國歷代石刻拓本匯編》，册四，頁 171。
③ 《法儀兄弟三百人造像記》，《北京圖書館藏中國歷代石刻拓本匯編》，册五，頁 194。按：此當作《法儀兄弟一百五十人造像記》。
④ 《法儀兄弟八十人等造像記》，《北京圖書館藏中國石刻拓本匯編》，册七，頁 57。
⑤ 山崎宏《隋唐時代に於ける義邑及び法社》，頁 768。
⑥ 《山右石刻叢編》卷三《石刻史料新編》第一輯(20)，頁 6。
⑦ 《定興縣志》卷一六，頁 3。
⑧ 《定興縣志》卷一六，頁 9。

役的民夫,也是將那些人視爲自家的親人"兼復病者給藥,死者塴埋,齋送追悼,皆如親戚"。又,頌詞形容供應義食"營造供賓,無避寒暑;慇育路人,如母茲父"。①

由上可見,6 世紀的佛教徒以悲憫的情懷,視衆生爲自己的親人——父母兄弟姐妹妻子這樣一個理念,去濟助急難困厄之人,正如同《像法決疑經》中所云"以是義故",所以范陽這個社會救濟組織自稱爲"義",是很可以理解的。又,爲何他們不像同時代的佛教信仰團體稱爲"義邑"或"法義"? 這可能是因爲義邑、法義係以造像、寫經、共同修習佛法等和宗教有關活動的目的而組合的團體,②但此社會救濟組織則從一開始就是以實踐佛教福田思想的社會救濟事業爲主,故自稱爲"義"。

另外,關於中世紀佛教徒將其所做的社會福利和救濟事業,皆冠以義字這一點,或有人會認爲是和漢末五斗米道的"義舍"、"義米肉"有關。如光緒《定興縣志》就認爲"義"的來源在此:"其稱鄉義者,殆仿義民義舍之名耳。"③不過,本文認爲,此二者的性質並不相同,而且佛教的"義"有其思想的根源,兩者未必有關聯。五斗米道之所以置義舍、義米肉,是作爲其傳教中的一個手段,《魏志》卷八《張魯傳》云:"魯遂據漢中,以鬼道教民,自號'師君'。其來學道者,初皆名'鬼卒'。受本道已信,號'祭酒'。……諸祭酒皆作義舍,如今之亭傳。又置義米肉,縣於義舍,行路者量腹取足;若過多,鬼道則病之。"作義舍、置義米肉者是其教中的"祭酒"之行爲,雖用以供行路之人取用,但亦以鬼道懲治取用過量者,顯係一種傳教方式。又,漢末以後道教徒似乎不見有以置義舍、義米肉的傳教活動;中世紀道教徒也沒有救濟式的義食的供應。基本上,佛教徒的社會救濟是修行的方法之一,因此它和漢末五斗米道的義米肉似乎沒有直接的關聯,而和先前存在於中國社會中的社會救濟有關,如《搜神記》記載,漢河南尹周暢"收葬洛陽城旁客死骸骨萬餘,爲立'義冢'"。又如,楊伯雍在無終山上,"作'義

① 《定興縣志》卷一六,頁 10。
② 山崎宏《隋唐時代に於ける義邑及び法社》,頁 767—768。
③ 《定興縣志》卷一六,頁 11。

漿'於□頭,行者皆飲之"。① 可惜的是,關於這方面的資料極爲缺乏,無法作更進一步的討論。

（二）義坊的成員

參與此"義"社會救濟事業——或是施給土地、資財,或是主持、加入社會救濟工作的運作者,都是此"義"的成員,他們涵括了上、下階層,分述如下:

1. 當地的平民百姓

從石柱上題名所見,參與此"義"者絕大多數是當地的平民百姓,計有:

> 發起人"元造義"王興國
>
> 主持義坊工作的"義主"路和仁
>
> 最初從事鄉葬工作的"元鄉葬"十人
>
> 最初對義食有較多貢獻的"元貢義"四人
>
> 執事人員"老上座"一人,"上座"二十人
>
> 執事人員"都寺田主"一人,寺主十五人
>
> "大居士"一人,"居士"八人,"經生"一人
>
> "施主"二十七人②

另外,還有沒有頭銜者一百五十四人的題名。以上二百餘人全部都是沒有官銜的平民。值得注意的是,其中有十三名姓鮮于氏的非漢民族。此事實一則顯示北朝末年范陽一帶是胡、漢民族混居的地區。二則可知在漢胡雜居的村落中,佛教是消泯民族界綫,促進民族融合的動力之一。胡、漢民族基於同樣的信仰,不僅共同捐資建造佛像,③也攜手並肩從事社會救濟工作,如此"義"中最先發起鄉葬者稱"元鄉葬"的十人中,就有一非漢人的鮮

---

① 另外,《越絶書》外傳記地傳第十:"富中大塘者,句踐治以爲義田。"此義田用途不詳。

② 《魯迅輯校石刻手稿》,一函六册,頁 1051—1052。

③ 參見本書第一章。

于法珍。

2. 當地大族盧氏家族

自北魏以降,范陽盧氏便是山東巨族;以迄於唐,仍然世代簪纓不替。范陽盧氏在此"義"中扮演十分重要的角色。自盧文翼開始,以及其子士朗、孫釋壽三代對此"義"有很大的貢獻。武定二年,盧文翼首先敦請名僧曇遵至此傳道,對於此"義"的壯大,有很大的影響。盧文翼的第三子盧士朗又爲此"義"的檀越,據《新唐書·宰相世系表》,士朗曾仕至殿中郎,故頌文説他"寧將榮禄革意直置,逍遥正道,坐卧清虚,仍憂此義,便爲檀越"。[①] 所謂的檀越,梵文作 dana-pati,漢譯爲施主,或稱檀越施主,係指施給僧衆衣食的信男信女。由此可知:盧士朗是此"義"的重要施主之一,爲此"義"經濟方面主要的來源之一。

盧文翼的第三代,士朗的長子盧釋壽,曾任范陽郡功曹,他仍然繼續其父祖之志,爲此"義"的檀越。頌文説他"還爲義檀越,志存世業,財力匡究"。[②] 可知盧氏家族三代以其家族聲望與財力,作爲此"義"重要的贊助人。

3. 高僧曇遵的信徒們——包括了追隨曇遵到范陽來的道俗弟子五十餘人,其中以瀛州高陽的居士馮昆以及相州陽平清淵的居士路和仁對此"義"的貢獻最爲突出

《續高僧傳·釋曇遵傳》説馮昆本姓程,河北人。[③] 頌文則稱:"馮居士昆者,字叔平,瀛州高陽人。本與法師(曇遵)同味相親,造次不舍,因請至此。"[④]至於路和仁爲河南人,頌文云:"有路和仁者,字思穆,陽平清淵人也。與馮生(馮昆)綢繆,往日依隨法師,聯翩積歲。"[⑤]他有可能從曇遵至河南弘法時,開始其追隨曇遵的生涯。由於他們兩人和曇遵有此因緣,所以當盧文翼請曇遵法師至范陽駐錫時,爲了使法師能够久駐在此地弘法,就連平常跟隨曇遵的道俗弟子五十餘人一并請來;他們日後便成爲法師的

---

① 《定興縣志》卷一六,頁4。
② 《定興縣志》卷一六,頁8。
③ 《續高僧傳》卷八,頁484上。
④ 《定興縣志》卷一六,頁4。
⑤ 《定興縣志》卷一六,頁5。

得力助手,對於此"義"有很大的助力。馮昆對於此"義"的奉獻,可以説是"鞠躬盡粹,死而後已"。他從武定二年追隨曇遵至此,至北齊天保八年(557)客死於范陽爲止,十三年之中,盡心盡力奉獻於此"義"的社會救濟工作;他死後更埋葬於此"義"之側。他爲此義奉獻、捨己捨家的情操,換來的是此義社會事業的壯大,故頌文中對他極爲頌揚:"常於此義,專心扶獎,壹愊既迴,衆情頓慕,功業久存,良實是歸。"①

至於路和仁則在曇遵離開范陽之後,成爲"義"的主持人。路和仁從武定二年隨曇遵到范陽之後,即致力於"義"的社會救濟工作,然而曇遵在此停留"五冬六夏",約在天保元年(550)爲北齊皇帝徵召至鄴都,路和仁亦隨行,在鄴都停留一年之後,懇請皇帝允許,路和仁一人回到范陽,獨力主持"義"的社會工作。

> (路和仁)即於此義,專□□□,而法師向并仁從衣屐,蒙預内齋,時經壹歲。每以此義慇懃告請,賴有敕許,始得言歸。於是獨主義徒,晨夜吐握,痑痲驚拊,巨細不違。②

從路和仁回到范陽之後"獨主義徒",可知自武定二年曇遵到范陽之後,義坊的主持者事實上是曇遵的俗家弟子,前有馮昆,後則是路和仁。從石柱額題下"義主路和仁"的題字,以及石柱頌稱"興國元首,和仁爲主",③即可知他在此"義"中所占的重要地位。他對此"義"另一項大的功迹,是增修改建"義坊"。

4. 名將斛律氏的家族

自北齊建國,以迄武平二年(571)斛律光因讒被誅、更盡滅其族之前,斛律氏一門多出名將,更因此致貴顯,總計一門有一皇后、二太子妃、三公主,尊寵之盛,當時無人可以比擬。④ 斛律氏家族中,斛律金之子,亦即名

① 《定興縣志》卷一六,頁4。
② 《定興縣志》卷一六,頁6。
③ 《定興縣志》卷一六,頁10。
④ 《北齊書》卷一七《斛律金傳》。

將斛律光之弟的斛律羨之家族,和"義"有密切的關係,石柱之建立就是出自斛律羨的指示。

斛律氏家族和此"義"的關聯,是因斛律羨自河清三年迄武平二年間,長期擔任都督幽、安、平、南、北營、東燕六州諸軍事,幽州刺史的緣故。當時幽州刺史的治所在薊城,而范陽恰在薊城和都城鄴城的交通綫上,因此,斛律羨及其家人多年往來駐所和都城之間,便有很多機會經過在官道之旁的"義"所。斛律氏一族原來可能就是佛教信徒,所以斛律羨每往還治所和京城之時,必在此地停留;不僅建造佛像置於此"義",也捐獻資財以供"義餐",頌文説他:"馹馬入覲,屢過於此,向寺若歸如父;他還百里,停餐届義,方食慰同慈母。貧殊僧俗,脱驂解駕,敬造尊像;抽捨珍物,共造義餐。"[1]

頌文以"屢過於此,向寺若歸如父",來形容斛律羨對"義"之眷,然則此"義"是否建有佛寺? 又,斛律羨所建的佛像置於何處? 就頌文數處的敍述,顯示其時義坊並未建有佛寺:第一,頌文形容路和仁改建之後的義坊,係仿寺院建築,故云"雖曰義坊,無異茄藍",可見原是没有寺院的。第二,在石柱的題名中,未見有僧人;若此"義"有佛寺,必有僧人,而其僧人也必會參與此"義"。第三,石柱上題記稱斛律羨之子斛律世達"奉敕覲省,假滿還都,過義致敬王像,納供忻喜"。[2] 僅説致敬斛律羨所建之佛像。又,題記中敍及斛律羨的另一個兒子斛律世遷路經此地,也只説是過"義"禮拜其父斛律羨所建之佛像,並未提及有佛寺:"過義禮拜,因見徘徊。並有大祖賢陽王像,令公佘朱郡君二菩薩立侍像側,致敬無量,公與銘名爲徘徊主,方許財力,營構義福。"[3]由上可知,此"義"的建築雖仿寺院建築,但事實上此"義"並非佛寺,可能在其義坊中規劃有佛堂,其中便安置了斛律羨所建造的佛像。至於上文中説斛律羨"屢過於此,向寺若歸如父",當係形容之詞。不過,在此須提出來說明的是,北齊時此地並未建有佛寺,其後自何時開始在此地建立寺院,不得而知;但至遲在晚明迄清末時,此地確有

---

[1]　《定興縣志》卷一六,頁7,8。
[2]　《定興縣志》卷一六,頁10。
[3]　《定興縣志》卷一六,頁10。

一“沙丘寺”。從明代《重修沙丘禪寺山門記》所記,其時沙丘寺正殿爲五架三間,規模並不大。①

　　由以上的引文,可知斛律羨的兒子之中,斛律世達和斛律世遷也對此“義”有所布施,用以“營構義福”。

　　5. 范陽太守

　　范陽太守劉仙(字士逸),他在甫任爲范陽太守時,路過此“義”,便對此一地方的社會救濟事業亟爲贊賞,因此便以私人財力,加入此一社會救濟的行列:“奬厲妻子,減徹行資,中外忻悦,共拯饑饉。”②

　　由上可見,不同社會階層的人可以匯集在一處,以從事社會救濟事業,這也和當時流行的經典有關。《像法決疑經》中鼓勵衆人打破貧富貴賤的差異,共同布施:

　　　　善男子,若復有人,多饒財物獨行布施,從生至老;不如復有衆多人衆,不同貧富貴賤,若道若俗,共相勸他各出少財聚集一處,隨宜布施貧窮孤老惡疾重病困厄之人,其福甚大。假使不施,念念之中施功常生無有窮盡。獨行布施,其福甚少。③

這可以解釋位居政治高位的北齊名將、幽州刺史,和地方官范陽太守、縣令及其屬吏,以及社會上有力的家族范陽盧氏,何以參與由一群平民佛教徒所發起的社會救濟工作的緣由了。其實,不同階層的人不僅共同布施,也集資以共同造像,就此看來,在那個上、下階層都篤信佛教的時代,佛教可以説是不同階層的人之間的公分母,有助於縮短社會階層的差距。④

(三)“義”的組織

　　唐長孺認爲“義”完全仿寺院的組織,⑤然而,從石柱題名看來,“義”

①　劉敦楨《定興北齊石柱》,頁 57—58。
②　《定興縣志》卷一六,頁 8。
③　《像法決疑經》,頁 1336 中。
④　參見本書第一章,頁 43—47。
⑤　唐長孺《北齊標異鄉義慈惠石柱頌所見的課田與莊田》,氏著《山居存稿》,頁 128。

的組織頗爲簡單，僅有兩個執事借用了寺院"三綱"中上座、寺主的名號。因此，不宜認爲它是完全仿寺院組織。

在題名中出現了"老上座"、"上座"、"都寺主"、"寺主"、"大居士"、"居士"的頭銜，這些人應是"義"的執事人員。就中老上座二人，上座十八人；都寺主一人，寺主十五人；大居士一人，居士八人。① 又，此石柱上的刻文中，頌文提及天保十年時獨孤使君以此義坊七十九人奏聞朝廷，就中有"義夫田鸞礓"，②魯迅録文作"田鸞礓"，和"元貢義"的"田鸞礓"相同，按此三處當是指同一人，有些微的差異，當是抄録拓本的差誤。居士在後世多指在家的佛教徒，但究其原始它是譯自梵語，梵語作 grha-pati，爲家長、長者之意；又指富有之人，或居家之士。③ 從"大居士馮昆"的題名看來，此"義"中的居士不是在家佛教徒的泛稱，而當是家長之意。如前面所述，從武定二年以迄天保八年，前後十三年間，馮昆"常於此義，專心扶獎"，是掌理"義"的重要人物；又，從題名的排序"老上座—上座"、"都寺主—寺主"、"大居士—居士"的格式看來，居士當是"義"執事的職銜之一。

中國佛寺的首長，有所謂的"三綱"的名目，吐魯番文書資料顯示：它大約出現於東晉十六國時期，當時的三綱指的是祠主、維那、高座；至南北朝時期，則係指上座、寺主和維那。至唐代，則明令規定上座、寺主、都維那是寺院的三綱。④ 5、6世紀時佛教的信仰團體——"義邑"或"法義"也多仿寺院組織，而有很多種職稱，⑤就中也包括了寺主、上座、維那。不過，此"義"僅有上座、寺主、居士三個職稱，這可能是因爲此係一社會救濟團體，在性質上不同於義邑、法義的緣故。義邑、法義以修習佛法、建造寺院或造像等爲主，有較多的活動，分工較細，需要比較多的執事人員，故有許多不同的頭銜。

此外，題名中另有"義衆壹切經生姜子察"，由此推斷此"義"似乎也從事寫經流傳的工作。

---

① 《魯迅輯校石刻手稿》，一函六册，頁 1052—1053。
② 《定興縣志》卷一六，頁 6。
③ 《望月佛教大辭典》，册二，頁 1187。
④ 王素《高昌至西州寺院三綱制度的演變》，《敦煌學輯刊》1985 年第 2 期。
⑤ 山崎宏《隋唐時代に於ける義邑及び法社》，頁 775—780。

（四）“義”的經濟來源

在武定四年“義”尚未遷移以前，其經濟來源是施主們的捐贈，就中是否有人捐贈田園以供拓殖生產，則不詳。

武定四年“義”所隨著官道西移以後，陸續得到許多佛教徒捐贈的土地，田園就成爲“義”主要的經濟來源；當然，另外也應有信徒零星的捐款或捐贈物品。義坊田園主要來自嚴氏家族的捐贈，其所占的土地似乎頗爲廣大，如嚴氏家族第一批捐贈的土地包括“今義坊園地西至舊官道中，東盡明武城壙，悉是嚴氏世業課田”，其後，嚴氏子孫又陸續施地予“義”，在題記所列出者計有：一、嚴僧安的四個兒子懷秀、奉悅、懷達，要欣“重施義南課田八十畝”。二、嚴承的兒子侍伯、阿繼“爲父母重施義東城壕、城南兩段廿畝地”。三、嚴市顯的三個兒子士林、惠房、定興，及孫兒洪略“共施武郭莊田四頃”。四、嚴惠仙之子阿懷、蘭懷、天保等“各施地廿畝”。五、嚴市念之子□□、阿礼、阿灰“仰慕亡考，捨地卌畝”。①

這些土地田園除了建築物所占地之外，大都是用以種植糧食蔬果，一則供應義食所需，二則也販售求利，作爲“義”的收入。如嚴承的兩個兒子所施的廿畝地“任義拓園種殖供賓”，②是種植糧食抑或蔬果的田園，以供義食所需。又例，嚴惠仙的三個兒子各施地廿畝“任衆造園，種收濟義”，③以及嚴市念的三個兒子所捨的四十畝地是“與義作園，利供一切”，④則或以其收穫供應義食，或以其收穫變賣求利，轉而用到“義”所從事社會救濟其他的項目醫療、義塚的支出上。而嚴市顯的三個兒子所施的莊田四頃，更言明了如無人耕種，可以出售土地，作爲“義”的經費之用：“衆雖廢莊，任衆迴便，賣買莊田，收利福用。”⑤

另外，值得一提的是：嚴僧安之子所施的八十畝課田是指定作爲果園，其收成是用以讓來此領受義食的人享用：“任義園食，衆領蒔果，普天

---

① 《魯迅輯校石刻手稿》，一函六冊，頁1058—1060。
② 《魯迅輯校石刻手稿》，一函六冊，頁1058—1059。
③ 《魯迅輯校石刻手稿》，一函六冊，頁1059。
④ 《魯迅輯校石刻手稿》，一函六冊，頁1060。
⑤ 《魯迅輯校石刻手稿》，一函六冊，頁1060。

共味,隨時禮念。"①這顯然是《佛説諸德福田經》中所述七福田之一的"種植園果以施清涼"具體的實踐。

至於這些土地、果園由誰耕種,從頌文和題名中並無綫索可尋。不過,我們似可做一種推測:即可能有一批佛教徒奉獻其部分的時間,以爲"義"的田園耕種的方式,播種善因。前述題名的二百餘人中,當有一部分人是以這種方式參與"義"的工作,並且因此而得到獎勵。

五、關於"標異鄉義慈惠石柱"

由於此"義"的善行傳聞遠近,地方官於是上書朝廷,旌揚其成員的善行義舉。不過,從朝廷下令表揚此"義",到石柱的建立,其間還有一番波折。

(一) 石柱建立的經過

北齊文宣帝天保十年(559),由獨孤使君將此"義"創始者、主事者,以及贊助者七十九人的義行上奏朝廷。武成帝大寧二年(562)下令標異,以表彰其義行。然而,由於其時正值北齊建國之初,可能在物力、財力方面都比較吃緊一些,並未立即建立標柱;而即使延至次年(河清二年,563)由范陽太守命人所建的也是木柱而已:

> 天保十年,獨孤使君寬仁愛厚,慈流廣被,不限細微,有效必申,便遣州都兼别駕李士,合范陽郡功曹皇甫遵,□□□□□首王興國,義主路和仁,義夫田鸞碑、劉子賢……七十九人等,具狀奏聞,時蒙優旨,依式標□(異),□□□□(大寧二年),尋有符下,于時草創,未及旌建。河清二年,故范陽太守郭府君智見此至誠,感降天旨,喜於早舉,明發不忘,遂遣海懿鄉重郡功曹盧宣儒、□□典從,來至義堂,令權立木柱,

---

① 《魯迅輯校石刻手稿》,一函六册,頁1058。

以廣遠聞。①

頌文中没有説明獨孤使君的名字和官銜,史料中亦無從查考,當係其時的地方官,很可能是幽州刺史。此石柱“標異鄉義慈惠石柱頌”的額題之右,有一行小字“標義門使范陽郡功曹盧宣儒、典西曹掾解寶憐、范陽縣使丞李承㑵、典西曹龍仲裕”,②此三人是負責建立木柱時主事的官吏。

　　在樹立木柱後八年,即北齊後主天統三年(567),幽州刺史斛律羨下令郡縣,將木柱改建爲石柱。雖然幽州刺史有改立石柱的命令,但實際上無論是州府或郡縣皆未給予財政上的資助;此石柱之所以得以建立,主要是由“義”的成員出資興造,另外,范陽縣令劉徹亦有所捐助。

　　　　(斛律羨)天統三年十月八日,教下郡縣以石代焉。義士等咸敬竭愚誠,不憚財力,遠訪名山,窮尋異谷,遂得石柱一枚……有建忠將軍、范陽縣令劉明府君名徹,字康買……以石柱高偉,起功難立,遂捨家資,共相扶佐。③

“義”的成員之所以不憚財力,樹立此一巨大石柱,一則因此是朝廷下令旌表,對他們而言,是一種無比的榮耀;二則也因爲援以北齊新令,此“義”有二百餘人得以免役,建立石柱刊刻頌文並題名,也有以此作爲免役的一個證明之意,關於這一點將在下文討論。

(二) 石柱的性質及其樣式

　　由於此一石柱是極少數北朝的建築遺存之一,所以建築學者很早就此石柱的樣式做過一些研究。建築學者劉敦楨認爲此石柱的性質和古代丘墓前的墓表、帝王的陵標爲同一類型,④羅哲文則認爲是一種紀念碑。⑤

---

① 《定興縣志》卷一六,頁6,7。
② 《魯迅輯校石刻手稿》,一函六册,頁1051—1052。
③ 《定興縣志》卷一六,頁8。
④ 劉敦楨《定興北齊石柱》,頁58—59。
⑤ 羅哲文《義慈惠石柱》,頁67。

本文認爲：此石柱的性質是漢代"表其門閭"以褒揚孝行義事傳統的延伸，建築學者不曾從這個層面來考慮，因此其對此石柱樣式的來龍去脈的看法，也還有再商榷的餘地。

1. 石柱的性質

就石柱的性質而言，它是後漢以來朝廷以"表其門閭"的方式，褒揚孝子、義夫、節婦這個傳統的延續。自漢安帝首度下詔以旌表門閭，彰顯個人的孝行義事之後，① 此一方法便爲其後各個朝代所采行，旌揚孝行義事，以之獎勸風俗，而這種表其門閭的例子在史書上的記載，亦不絕如縷，通常見諸《孝義》或《孝友》、《列女》等傳。北朝各代對此相當重視，北魏胡太后、北周宣帝和隋煬帝都曾下詔申明此制。

北魏宣武帝延昌四年(515)九月乙巳，胡太后特下詔書："孝子、順孫、義夫、節婦，表其門閭，以彰厥美。"② 其後北魏政府一直很重視表彰孝子、義夫、節婦，故《魏書》對於這方面的記載特別豐富。從中可見有孝行義迹的人，往往因鄉里稱美，而由州縣奏請朝廷旌表其義行美迹，其表揚方式仍延續著後漢以來"表其門閭"的傳統，在其住處所在的里閭或其所住房屋，豎立旌表文字的標記；稱之爲"標其里閭"或"表其門閭"。《魏書·孝感傳》中記李顯達純孝，靈太后詔表其門閭；又，王崇有孝行"州以奏聞，標其門閭"。《魏書·節義傳》記天水白石縣人趙令安、孟蘭彊等"四世同居，行著州里，詔並標榜門閭"。又，邵洪哲有義行"詔下州郡，標其里閭"。由於受到表揚的事迹畢竟是少數，而其孝行節義亦復非常人所能辦到的，所以此事又稱之爲"標異"。如北魏東郡小黃縣人董吐渾、兄養，"事親至孝，三世同居，閨門有禮。景明初，畿内大使王凝奏請標異，詔從之"。③ 此石柱額題作"標異鄉義慈惠石柱頌"，很明顯是此一脈絡的相承。

另外，部分受到"標其門閭"者也可免徭役，甚或租調兵役全免，以作爲獎勵。如吳悉達事親至孝，又拯濟孤窮，經有司奏聞，"標閭復役，以彰

---

① 《後漢書》卷五《孝安帝紀》，記元初六年二月乙卯詔："賜人尤貧困、孤弱、單獨穀，人三斛；貞婦、有節義者十斛，甄表門閭，旌顯厥行。"
② 《魏書》卷九《肅宗紀》。此年正月，宣武帝薨，孝明帝即位，胡太后臨朝聽政。
③ 《魏書》卷八六《孝感傳》，閻元明附董吐渾傳。

孝義"。王續生有孝行,世宗"詔標旌門閭,甄其徭役",閻元明事母至孝,州刺史上書表其孝行,"詔下州郡,表爲孝門,復其租調兵役,令終母年"。①

至於"標其門閭"是怎麼一個標法呢?漢代以來的傳統便是高大其門閭,以示尊崇之意,同時在其門閭上書寫著旌表的文字。如《後漢書》卷八四《列女傳》,記載沛劉長卿妻有貞順節行:"沛相王吉上奏高行,顯其門閭,號曰'行義桓嫠'。"是拓建其門閭,並以此四字書寫其上,以標顯之。這類褒揚文字不僅書寫在里門上,也書之於其住所的門上,《魏書》卷九〇《逸士‧李謐傳》中就將這一點敘述得清楚,延昌四年朝廷下詔賜諡"貞靜處士",並表其門閭:"遣謁者奉册,於是表其門曰'文德',里曰'孝義'云。"至於"高大門閭"里門又是怎麼個高顯法呢?史書中沒有相關的記載,但從《隋書》卷八〇《列女傳》中所記,可知有些是采取建闕的方式。隋文帝下詔褒表節婦韓覬之妻,"表其門閭,長安中號爲'節婦闕'"。即建闕以突顯其里門的特異性。

2. 石柱的式樣

此石柱的性質既是漢代以降"表其門閭"的傳統,爲什麼出現標柱的形式?這就涉及此次標異的對象不是個人,而是一個團體之故。在此之前,一般的"表其門閭"都是旌表個人或個別家族,所以可以標顯其家門和里門;然而此"義"的成員衆多,不止於一家之人,又非處於同里,因此不能再采取標其門閭的方式,而必須有所變通與創新。大寧二年時,武成帝下令"依式標□(異)"義衆的善行義舉,但對此一團體如何個標異法呢?據石柱頌云:"靈圖既作,降敕仍隆,標建堂宇,用表始終。"②可知原先可能欲以"標建堂宇",以標顯義坊建築物的方式表彰義衆。不過,當河清二年范陽太守郭智依敕表揚義衆時,卻是以建立木柱的方式爲之,此一木柱因後來爲石柱所取代,故無法得知其形制。

劉敦楨文(以下簡稱"劉文")中對於木柱的記敘,有誤解頌文之意,今特以辨明。劉文認爲河清二年郭智建立木柱之時,同時並且判申義坊成員

① 《魏書》卷八六《孝感傳》,頁1884。
② 《定興縣志》卷一六,頁9。

二百餘人一身免役。① 事實上，北齊每縣邑義二百餘人免役新令的頒布，是在木柱建立之後，關於這一點，頌文中説得很清楚：

> 河清二年，故范陽太守郭府君智見此至誠……令權立木柱，以廣
> 遠聞。自爾於今，未曾刊頌。新令普班，舊文改削，諸爲邑義，例聽縣
> 置二百餘人，壹身免役，以彰厥美，仍復季常考列，定其進退，便蒙令公
> 據狀判申，臺依下□，具如明案。②

據此，顯然是在木柱建立之後，纔有“義”之成員二百餘人依令獲得免役之事；而且上文云建立木柱之後“自爾於今，未曾刊頌”，可見木柱上是没有書寫任何記敍此“義”的歷史和義行的頌文，而可能僅有朝廷旌表的文字而已。在此木柱改建石柱時，纔在其上刊刻頌文，並及依新令義坊中二百餘人蒙朝廷判定得以免役之事。

天統三年因斛律羨下令，“義”衆方將木柱改爲石柱；此石柱雖係柱狀，但它在性質上既非陵標墓表，因此不宜以它和陵標墓表互相比對討論，而毋寧將它視爲一種新創。這樣的理解並非没有道理，據今已知者，除此石柱外，在文獻實物雙方，尚未發現同樣之例。③ 正由於它是一種新創，無先前累積的美學經驗，這或許是劉敦楨覺得此柱有其缺點的緣故，劉文云：

> 顧自美術角度批評之，此柱亦自有其缺點。如上下二部，分別觀之，
> 其下部蓮瓣與柱身比例，異常粗健，而上部石屋，則爲比較繁密精細之建
> 築，不與柱身相稱；且屋與柱之間，尤乏聯絡，極似强予拼合於一處者。④

劉文又認爲：此石柱這種不協調是因爲石柱上部的石屋和下部的柱身，“各具不同的意義與形體，宜其外觀未能融洽爲一，發生前述的缺點也”。⑤

---

① 劉敦楨《定興北齊石柱》，頁42。
② 《定興縣志》卷一六，頁6,7。
③ 劉敦楨《定興北齊石柱》，頁60。
④ 劉敦楨《定興北齊石柱》，頁58。
⑤ 劉敦楨《定興北齊石柱》，頁60。

他以石柱下部的柱身在營建意義、稱謂與形制諸點，都是漢代以降傳統的墓表，而柱上的石屋爲安置信仰對象的佛龕。[1] 這種看法頗有商榷的餘地：第一，石柱本身應視爲一個整體來討論。第二，從營建的意義而言，石柱是"表其門閭"的傳統，它和墓表是兩種在性質上完全不同的建築物，不宜混爲一談。

至於爲什麼出現佛龕的石屋和石柱的結合這種形式？本文認爲：它采用石柱和石屋佛龕相結合，正足以顯示此"義"的精神所在。此"義"的成員是基於佛教福田思想，而開展其社會救濟工作，就設計的意匠而言，木柱上的佛龕石屋最能顯示出此"義"的精神；惟前無先例，所以在技法的表達上未臻於圓熟，而出現如劉文所指出石屋和柱身不够融洽協和、渾爲一體的結果。

就中國建築史而言，此石柱在八角柱上安以佛龕石屋，不惟是一種創新，它更重要的意義在於：它下開唐代興起的"佛頂尊勝陀羅尼經幢"形制上的先河。[2] 此石柱下部的柱身是采取唐代以前所流行的八角柱，[3]不過，此石柱並非等邊的八角柱，其四隅的寬度約僅有四正面的二分之一，四個正面面寬 40 釐米，四隅面寬僅 20 釐米；而上、下的寬度又不完全一致，上部直徑略小，其收分比例，每高一米，約收 2.5 釐米。[4] 這種不等邊的八角柱也見於漢、北魏、北齊的遺物中，如肥城孝堂山郭巨祠、和雲崗、天龍山諸石窟中都有不等邊八角形柱子。據劉敦楨考訂，石屋在性質上是佛龕，其説甚是。北朝佛教極爲興盛流行，石窟、佛龕、碑像製作之盛，至今遺存的瑰寶猶多。將其時建築上流行的八角柱和佛龕結合，是此一石柱設計上的新創。唐代開始製作的佛頂尊勝陀羅尼經幢絕大多數是八角柱，而在柱頂八面各有一龕佛像。

① 劉敦楨《定興北齊石柱》，頁 58—60。
② 楊廷寶敍述鄭州開元寺唐中和五年幢時，就指出其局部的做法和北齊石柱有相似之處。見楊廷寶《汴鄭古建築遊覽紀録》，《中國營造學社彙刊》第 6 卷第 3 期，頁 14。關於唐代佛頂尊勝陀羅尼經幢的形制，筆者將另文討論。
③ 梁思成《我們所知道的唐代佛寺與宮殿》，《中國營造學社彙刊》第 3 卷第 1 期，頁 104。
④ 劉敦楨《定興北齊石柱》，頁 61；柘文《義慈惠石柱》，《文物》1977 年第 12 期，頁 79。

六、結語——兼論佛教對
北齊社會的影響

中國中古時代,上、下階層皆風靡篤信佛教,因此,佛教對於政治、社會、經濟方面都有相當程度的影響。就本文討論所及,佛教的影響顯現在以下幾方面:一、佛教在縮短上、下社會階層的差距,和促進不同民族的融合方面,發揮了相當的作用。二、社會救濟工作一方面是佛教福田思想的實踐,另一方面它也是佛教傳布、發揮其組織能力的方法之一。三、佛教的福田思想不僅影響了佛教徒從事社會福利工作,它同時也影響及國家的社會救濟事業。

此“義”的社會救濟工作,從最初的“鄉葬”至此石柱建立時(武平元年),前後已綿延了四十年之久;其後可能還持續了一段時間。此“義”從視陌路之人有如親眷這種情懷,而加以濟助;到涵括上、下階層這種打破富貴貧賤的組合,以共同施濟的行為,都是佛教經典的實踐。不過,值得注意的是,雖然此“義”有貴如王侯的荆山王斛律羨及其家人,和范陽的各級官員的參與,但對此“義”貢獻最大、參與最多者,還是一群名不見經傳的平民百姓。

此一社會救濟團體是少數平民佛教徒所發起的,不過,此“義”之所以得以擴展苗長,則有賴高僧曇遵及其信徒的力量;就中僧人及其追隨者强大的組織能力亦是不容忽視的。如曇遵的俗家弟子馮叔平、路和仁對此“義”的領導,不惟匯集了信徒的力量,使“義”的社會救濟工作得以苗長,同時也是佛教傳布、壯大的一種方式。從馮叔平、路和仁在此“義”中所扮演的角色,可知其時有一批儒生是追隨著高僧,他們對高僧的布教工作有相當的助力。如魏末齊初的高僧慧光就有許多儒生追隨著他,《續高僧傳》中稱“時光諸學士翹穎如林,眾所推仰者十人,揀選行解入室惟九”。[①]就中特別敘述儒生憑衮的事迹,憑生通解經史,因聽慧光論講,服其清辯,而盡心歸依。他在慧光門下雖是行事謙敬,一如僧家弟子“低頭斂氣,常

---

① 《續高僧傳》卷二一《釋慧光傳》,頁608上、中。

供厨隸,日營飯粥,奉僧既了,蕩滌凝澱,温煮自資"。不過,他同時也是慧光的得力助手,"隨其要務,莫不預焉",對慧光的傳法事業也有相當的幫助:"每有名勝道俗,來資法藥,袞隨病立治,信者銜泣。"當時甚至有人將他的言論記下來,稱之爲"捧心論"。① 由此例子,可以更爲了解馮叔平、路和仁兩位儒生。他們畢生奉獻於此"義",是追隨曇遵弘法表現的方式之一。馮衮以其才辯答人問難,爲人解惑;馮叔平、路和仁則以獻身社會救濟工作,協助曇遵"通傳道務,攝治相襲"。

由於經典的影響,有許多佛教徒從事社會福利事業,他們對社會的貢獻,以及其所發揮移風易俗的作用,使得朝廷將自漢末以來表彰個人美行義風之舉措,擴大到褒揚如此"義"這種從事社會救濟工作的佛教團體。從漢末以降,便以"表其門閭"褒揚個人的孝行義舉,其中部分受到朝廷表揚標其門里閭的個人或家族,還可得到免徭役,甚至租調兵役全免,以作爲獎掖。至北齊時代,更下令免每縣邑義二百餘人的徭役,以資獎勵,即頌文中所稱:"新令普班,舊文改削,諸爲邑義,例聽縣置二百餘人,壹身免役,以彰厥美,仍復年常考定,列其進退。"此處所説的"諸爲邑義",包括了如本文所述專以從事社會救濟事業爲主的"義"這樣的團體,或者是兼營社會事業的佛教信仰團體"義邑"、"法義";從造像記所見,義邑、法義多兼從事地方公共建設事業,如造橋、鋪路、開挖義井等。② 由於每縣僅有二百餘人免役的額數,不是每個這種團體的成員都有這等好處,所以必須時常考核哪些人是此中最熱心公益者,作爲免除其力役的標準,即所謂的"年常考定,列其進退"。

此新令頒布的時間約在河清二年(563)之後,即在木柱建立之後,改建石柱之前。故改建石柱刻鑴頌文之時,亦敍及此"義"中張市寧、牛阿邕等二百人依令可免徭役之事。建立此石柱的目的主要是標異"義"的成員之義行,但也有以此石柱刊刻頌文題記,作爲此"義"之中二百餘人免徭役的證明,即頌詞所稱:"符賜標柱,衆情共立,遣建義所,旌題首領,衆免役苦。"③

① 《續高僧傳》卷二一《釋慧光傳》,頁 608 中。
② 拙文《慈悲喜捨——中古時期佛教徒的社會福利事業》,《北縣文化》第 40 期,1994 年。
③ 《定興縣志》卷一六,頁 10。

佛教的福田思想不僅影響了中古時期民間的社會救濟工作,也影響及國家的社會救濟事業。早先北魏時的"僧祇粟",就是由僧人所主持的社會救濟工作。北魏文成帝時,僧人曇曜奏請:"平齊户及諸民,有能歲輸穀六十斛入僧曹者,即爲'僧祇户',粟爲'僧祇粟',至於儉歲,賑給飢民。"①所謂的"平齊户"是指原先居住在山東齊地的劉宋屬民,皇興二年(468),北魏從劉宋奪回此地,次年,將居住在此地的人民遷移至平城附近,從事耕墾,並加以監視,稱之爲"平齊户"。這種由平齊户和能歲納穀六十斛入僧曹者而來的僧祇粟,雖説是由僧曹管理,但是它是作爲國家的官物,以備荒年時,用以賑濟人民的;而在平日,僧祇粟可出貸生息。此一僧祇粟,直接由僧官管理,顯然是僧人以國家的資源所展開的社會救濟工作。可惜後來由於部分僧人的私利與貪欲,而導致不少弊病,並未充分發揮其功效。②到了北齊時,則在租税中規定:人徵"義租五斗",交送各郡,以備水旱荒年賑濟之用。到了隋代,出現了鳩集地方民間力量,設置爲救濟飢荒的"義倉",《隋書・食貨志》云:"(長孫平)於是奏令諸州百姓及軍人,勸課當社,共立義倉。收穫之日,隨其所得,勸課出粟及麥,於當社造倉窖貯之。即委社司,執賑檢校。每年收積,勿使損敗。若時或不熟,當社有饑饉者,以此穀賑給。"③從義租到義倉,雖然不再是由僧人掌管,但它多少也是佛教福田思想影響下的產物。前文提及佛教經典中闡揚視衆生如親眷"以是義故",而加以濟助的觀念,影響了中古佛教徒所組織的各種團體、社會福利事業等,皆以"義"爲名,如本文所討論的社會救濟團體就叫做"義"。北齊的義租、隋代的義倉,透過國家的行政命令和地方的組織能力的社會救濟,仍冠以"義"字,也是基於相同的理念。

另外,值得一提的是:中古時期佛教徒的"義"係指對非親非故之人所做的施濟,但將其視之爲自己的親人,故曰"義等妻孥";不過,到了宋代以後,所謂的"義"的施濟則主要是針對自己的族人,如范仲淹設"義莊"以贍族人。中國歷史上宗教思潮的影響及其變遷、轉化,亦頗值得深思。

---

① 《魏書》卷一一四《釋老志》。
② 《魏書》卷一一四《釋老志》。
③ 《隋書》卷二四《食貨志》。

附圖　定興北齊石柱

（中國建築學院編《中國古建築》，香港，三聯書
店，1982 年，頁 54）

（本文原刊於《新史學》第 5 卷第 4 期，1994 年）

唐、宋時期僧人、國家和醫療的關係

——從藥方洞到惠民局

一、前　言

佛教傳來之後，中國的醫療中就多了僧人醫療這一個類別，它與傳統的醫療（包括官醫和民間醫人）、巫醫、道醫並列爲四個醫事系統，他們各擁有程度不等的醫療資源。關於僧醫在中古以迄於宋代的活動，學者已做過一些研究，主要著重在僧人的醫療行爲，[①]以及醫方的撰集方面，而較少從僧人所掌握的醫藥資源、寺院作爲一個醫療的場所，以及醫藥知識的傳播這些角度來考慮。又，一般討論僧人的醫療多著眼於藥物的治療，實際上，僧人的療病方法包含以下三種：一是醫藥，二是咒術，三是懺悔儀式。本文主要從社會史的角度探討唐、宋時期僧人在醫療上所扮演的角色。

黃敏枝教授對宋代僧人的醫療有很詳細的論述，她認爲在宋代官醫制度逐漸上軌道之後，僧人在民間醫療中應是逐步失去它的地位和功能，因此他們的作用是補官醫的不足。[②]然而，關於官醫有什麼不足，則未有具體的討論。事實上，這種情形在宋代以前尤其明顯。唐朝官醫所及僅到州的階層，在縣級的單位中並無官醫的設置，由於某些寺院的僧人熟習醫療，

---

① 黃敏枝《宋代僧人與醫療》，收入張學明、梁元生主編《歷史上的慈善活動與社會動力》，香港，教育圖書公司，2005 年，頁 26—78；《中國僧史上的沙門社會活動資料》，《大陸雜誌》第 67 卷第 2 期；《兩晉南北朝時沙門的醫藥知識》，《食貨》第 5 卷第 8 期，1975 年。

② 黃敏枝《宋代僧人與醫療》。

該寺院就成爲人們求診的場所,有人甚至爲了求醫,而遷居到寺院附近。同時,巡遊各地、深入偏遠地區傳教的僧人更可提供官醫所不及之處的醫療救助。僧人也致力於藥方的傳播,不僅編集方書在僧團之内流傳,也透過不同方式散布藥方,如洛陽龍門石窟藥方洞鐫刻的藥方即是一例。另外,僧人以咒術和宗教儀式治病,也使得他們具有和巫醫、道醫競爭的能力。到了宋代,醫學教育下及縣的層級,[①]而最引人注意的一項措施是官方成藥販賣所"惠民藥局"的成立。不過,官醫和官方藥局都是集中在城市。前此研究可能高估了宋代官方醫療,如果仔細檢視各種文獻,便可發現雖然政府命令各地設置惠民藥局,但是有些地方却晚到南宋末年纔設置。這種情況一則和地方官是否重視此項醫療救助有關,二則也必須正視各地的歧異性,在嶺南、四川、雲貴以及部分的江南地區巫醫的盛行,也給予僧人提供在巫醫之外醫療的機緣。

　　然而,僧人所掌握的醫療資源和透過醫療行爲所展現的影響力,給予統治者不小的壓力,唐代皇帝一方面敕令禁止僧、道的醫療行爲;另一方面,皇帝也開始編集藥方,頒布州縣,板榜於大路,顯示出和僧人競爭的意圖。宋代的頒布方書以及惠民藥局的成立,也都有同樣的意涵。國家和僧人的爭奪醫療資源,也可以從官方社會救濟項目中悲田養病坊中僧人角色的變化來檢視。唐朝的悲田養病坊雖然是由政府出資,但其場所是設置在寺院之中,並且由僧人主持。及至宋朝,由病坊延伸而來的居養院、養濟院,則派有醫工診視病人,僅由僧人支援煮藥和照顧病人;唐、宋二代僧人在國家醫療救濟中主、從角色的變化,也可顯示出國家和僧人在醫療主導性上的微妙變化。

二、中古的佛教與醫療

　　伴隨著佛教東傳,不僅帶來了佛教經典,也帶來了印度的醫學——其中包括佛教醫學以及佛教中的咒術,它們對中國社會產生了相當大的影

---

①　陳元朋《兩宋的醫事制度及其社會功能》,《史原》第 20 期,1997 年,頁 290—292。

響,顯現在兩個層面,一是僧人在傳教過程中的醫療行爲,一是佛教醫療的某些成分滲入了官方的醫療體系。① 在南北朝以降的醫書中就有來自異域他方的藥方,而從隋朝以迄於宋朝太醫署之下,設有四科醫師、針師、按摩師、咒禁師;其中咒禁的來源有二,一是道教,一是佛教。② 僧人在傳教過程中,也以醫術濟人,由於僧人掌握了某些醫藥知識和醫藥資源如藥材等,也使得寺院成爲人們生病求醫的場所之一。

(一) 佛教的教義與醫療

　　"自利利人"是僧人學習醫療知識最主要的動機,③爲他人治療疾病不只是個人的修習行爲,也有利於佛教的傳布。僧人掌握了重要的醫療資源——包括醫藥知識、藥物和宗教的治療方法,這和佛教本身所具有的一些特質有關。佛教的教義認爲人心執著於貪、嗔、痴,就是一種病,佛陀的教示就是醫治這些病,使人能够覺悟,以恢復自性,因此佛是"大醫王"。④又,在佛教的修習中,給施醫藥可以獲致福德,在佛經中有"藥王菩薩"和"藥上菩薩",他們原來是兩兄弟,因爲各以"呵梨勒及諸雜藥"和"醍醐上妙之藥"供養僧人和大衆,而得以成佛。⑤ 這種故事給人們很深刻的印象,唐玄宗開元八年(720)五月,都城長安發生疾疫,有一位稱爲"醫王"的僧人韋老師施藥救活了很多人,玄宗召見他,稱他爲"藥王菩薩"。⑥ 有些佛教的醫方中,更注明服藥時要念"藥王菩薩"的名號(見下文)。

---

① 朱瑛石《"咒禁博士"源流考——兼論宗教對隋唐行政法的影響》,《唐研究》第 5 卷,北京大學出版社,1999 年;范家偉《六朝隋唐醫學之傳承與整合》第四章《禁咒法——從巫覡到獨立成科》,香港,中文大學出版社,2004 年。

② 李林甫等撰,陳仲夫點校《唐六典》卷一四:"咒禁博士,掌教咒禁生,以咒禁祓除邪魅之爲厲者。有道禁出於山居方術之士,有禁咒出於釋氏。以五法神之,一曰存思,二曰禹步,三曰營目,四曰掌決,五曰手印。皆先禁食葷血,齋戒於壇塲以受焉。"北京,中華書局,1992 年,頁 411。

③ 《高僧傳》(T·2059)卷四《義解一·于法開》:"謝安、王文度悉皆友善,或問:'法師高明剛簡,何以醫術經懷?'答曰:'明六度以除四魔之病,調九候以療風寒之疾,自利利人,不亦可乎?'"收入《大正新修大藏經》,册五〇,頁 350 下。

④ 《方廣大莊嚴經》(T·187)卷一〇:"衆生在長夜,煩惱病纏縛。佛爲大醫王,療之令得愈。"收入《大正新修大藏經》,册三,頁 597 上。

⑤ 《翻譯名義集》(T·2131)卷一,收入《大正新修大藏經》,册五四,頁 1062 上一中。

⑥ 《佛祖統紀》(T·2035),收入《大正新修大藏經》,册四九,頁 373 下。

在所有的福德中,以醫療照顧居首,即所謂的"看病福田是第一福田";①因此,僧人修習的知識"五明"中就包括了"醫方明",在僧人的修行中,濟助病人、給施醫藥就是一個重要的項目。佛經中有很多關於醫藥的記載,特別是律部的經典,如《四分律》、《五分律》、《十誦律》、《摩訶僧祇律》等,對於疾病的緣因、治病的方法,都有詳細的記載。加上僧人在僻靜的山野中修禪,或有可能招致風寒,或者坐禪方法不對,也容易致病,因此在禪修的經典中,也有不少有關醫藥的記載,如《治禪病秘要法》(T・620)。② 此外,其他的佛經中也有一些相關的記載,如《金光明經》(T・663)中的《除病品》,道端良秀就説它"完全是醫學書"。③

(二) 僧人的醫療資源

中古僧人所掌握的醫療資源包含他們修習的"醫方"——其中包括佛教醫學,不過由於僧人是在中國社會成長的,因此他們的醫療知識有很大一部分是中國傳統的醫療知識。另外,宗教性的咒術和懺悔儀式,是學界較少關注的課題,實則有的僧人也用這些宗教的療法爲人祛疾治病。

1. 醫藥知識

5 世紀中,就有人批評僧人從事醫療行爲的正當性;④6 世紀中一部中國撰述的經典《像法決疑經》,描述僧人以咒術、針灸和傳統的醫藥爲人治病:"何故未來世中一切俗人輕賤了三寶,正以比丘、比丘尼不如法故……或誦咒術,以治他病……或行針灸,種種湯藥,以求衣食……"針灸當係傳統醫學,東晉僧人于法開就是同時精通印度醫學和傳統醫術的"祖述耆婆,妙通醫法",他曾爲人針灸治病。⑤ 唐京師定水寺釋智凱"存念寒微,多

① 《梵網經》(T・1484)盧舍那佛説菩薩心地戒品第十卷下:"佛子,見一切疾病人,常應供養如佛無異。八福田中,看病福田第一福田。"收入《大正新修大藏經》,册二四,頁1005 下。
② 參見本書第八章《中古僧人的"伐魔文書"》。
③ 道端良秀《中國佛教與社會福利事業》,高雄,佛光出版社,1981 年,頁 87。
④ 5 世紀中在陝西活動的僧人道恒,在他所寫的《釋駁論》中,引述當時人對僧人的批評,其中有一條是:"或矜恃醫道,輕作寒暑。"見《弘明集》(T・2102)卷六道恒法師《釋駁論》,收入《大正新修大藏經》,册五二,頁 35 中。
⑤ 《高僧傳》卷四《義解一・于法開》,頁 350 上。

行針療"。① 此外,僧人撰集醫書,累積這方面的知識,在僧團中傳授和流傳。

僧人精於醫方者,還有俗人向他學習,如北魏太武帝始光三年(426),宋、魏交戰,魏南安太守李亮降宋,他本來就對醫方稍有涉獵"少學醫術,未能精究",投宋以後就在彭城向沙門僧坦學習醫方"略盡其術,針灸授藥,莫不有效",後來竟成爲聲譽遠播的名醫:"徐兖之間,多所救恤,四方疾苦,不遠千里,竟往從之。"②李亮的長子李脩傳其業,後來回到北魏,以醫術而致顯貴,常入宮爲孝文帝和太后治病;又在東宮召集諸學士及工書者百餘人,撰諸藥方百餘卷,流傳當時,後來還擔任太醫令。③ 宋、齊之間,僧深善於醫治脚弱氣之疾,並且撰集藥方,《千金序》敍述他"撰録法存等諸家醫方三十餘卷,經用多效,時人號曰《深師方》焉"。④ 按:支法存是東晉時生長在廣州的胡僧,長於醫術,⑤《隋書‧經籍志》録有"支法存《申蘇方》五卷",又《舊唐書‧經籍志》録有"《僧深集方》三十卷",⑥可見僧深當是集録當時僧團中流傳的醫方,合爲一書。支法存《申蘇方》今已不存,但從僧深所集的藥方和後人的著述中,可知支法存長於切脈、針灸和各種藥方,其方書的内容可能也包含這三種療方。《宋高僧傳》中,形容中唐江州廬山五老峯僧人法藏長於醫術"同支法存之妙用",他曾爲人切脈處方。⑦《外臺秘要》中有支法存療脚氣湯方,《普濟方》針灸門中則提及支法存舊法。⑧ 由此可知,支法存醫方的内容甚廣,涉

---

① 《續高僧傳》(T‧2060),卷三〇雜科聲德篇,收入《大正新修大藏經》,册五〇,頁 705 上。
② 《魏書》卷九一《術藝‧李脩傳附父李亮傳》。李亮歸宋的時間,見《資治通鑑》卷一二〇《宋紀二‧太祖文皇帝上》元嘉三年。
③ 《魏書》卷九一《術藝‧李脩傳》。
④ 《全唐文》卷一闕名序《千金序》,北京,中華書局,1983 年,頁 4244 上。
⑤ 王燾《外臺秘要》卷一八脚氣論二十三首:"千金論曰:考諸經方,往往有脚弱之論,而古人少有此疾。自永嘉南度,衣纓士人多有遭者,嶺表江東有支法存、仰道人等,並留意經方,偏善斯術。晉朝仕望,多獲全濟。莫不由此二公。"臺北,中國醫藥研究所,1985 年,頁 488 上。《法苑珠林》(T‧2122)卷七七《感應緣‧魏胡人支法存》:"魏支法存者,本是胡人,生長廣州,妙善醫術,遂成巨富……"收入《大正新修大藏經》,册五三,頁 866 中。
⑥ 《隋書》卷三四《經籍三‧醫方》;《舊唐書》卷四七《經籍志》下醫術類。
⑦ 《續高僧傳》卷二〇《感通篇‧唐江州廬山五老峯法藏傳》,頁 840 中。
⑧ 《外臺秘要》卷一九《雜療脚氣方一十四首‧千金防風湯》,頁 534 上;《普濟方‧針灸》卷四二三《針灸門‧脚氣附論法》,頁 434。

及湯方、診脈、針灸。此外，還有僧人搜集醫方，如北朝末年四川僧人寶彖“又鈔集醫方，療諸疾苦”。① 僧人的醫方不止流行當世，也流傳在僧團之中。

2. 藥材

由於有些僧人以醫療救濟作福田，經常在寺院中貯備一些藥材；若干寺院甚至儲藏著大量的藥材，稱之爲“藥藏”，以便隨時施濟前來求醫的人。“藥藏”的淵源久遠，印度的阿育王在王城的四個城門邊作“藥藏”，其中滿藏著藥草，每天用錢一萬購買藥材，以濟施病人。② 中國的僧人行化各地時，也不忘隨時給施醫藥，甚至在駐錫的寺院中也設有“藥藏”，貯存藥材，做定點的施濟。宋末齊初，住在建康鍾山靈根寺的僧人法穎（？—482），備受宋孝武帝和齊高帝的尊敬禮遇，賞賜他生活物品和費用；另外，他也得到許多信徒的供養，都用來在長干寺建造經像和設置“大藥藏”。③ 陳朝時曾發生疾疫大流行，百姓病死的很多，當時天台山僧人慧達（？—610）在都城建康的大市設“大藥藏”施醫給藥，救活了不少人。④ 寺院“藥藏”濟助的對象不僅是僧人，也包括俗人。寺院施藥的傳統一直不曾斷絕，至唐末五代時智暉禪師在洛陽中灘創温室院，施濟醫藥。⑤

有的寺院雖然不像建康長干寺“大藥藏”貯有大量的藥材，但因某些僧人熟習醫方，可能或多或少都收存一些藥材；也有寺院甚至開闢藥圃或藥園，自行栽植藥草。如唐代開元二十四年（736）所立的《齊州神寶寺碣》中，就提此寺有藥園：“奇卉怪木，如窺須達之園；瑞藥仙苗，似入提伽之院。”⑥因此寺院就成爲人們生病時求醫的場所之一，有人甚至遠行百里，

---

① 《續高僧傳》卷八《義解篇四·周潼州光興寺釋寶彖傳》，頁 486 下。
② 《善見律毗婆沙》（T·1462）卷二，收入《大正新修大藏經》，册二四，頁 682 上。
③ 《高僧傳》（T·2059）卷一一，收入《大正新修大藏經》，册五〇，頁 402 上；《出三藏記集》（T·2145）卷一二《雜錄》“靈根寺顒（穎）律師始造藥藏記第九”，收入《大正新修大藏經》，册五五，頁 93 上。
④ 《續高僧傳》卷二九，頁 694 上。
⑤ 《景德傳燈錄》（T·2076）卷二〇，收入《大正新修大藏經》，册五一，頁 366 下。
⑥ 《八瓊室金石補正》卷五五《齊州神實寺碣》，收入《石刻史料新編》第 1 輯（7），臺北，新文豐出版公司，頁 34。

將病患送到寺院來醫治。① 由於對於僧人或旅行者提供一個住宿的場所，也是一種福田，②因此，唐、宋時期寺院對於外出旅行者、巡禮聖地的信徒，乃至於準備科舉考試的士人，多有提供住宿者。③ 寺院平日已經對俗人開放住宿，對於遠道而來的病人更不會拒絕，有的寺院甚至專闢一個空間來安置他們。如陝州（今河南陝縣）有一位洪昉禪師，就在陝縣城裏建了一所"龍光寺"，並設有"病坊"，收容的病人經常有數百人之多；主持病坊事務的就是寺院中的僧尼，經費則來自他化緣所得的錢物。④ 前面提及唐末智暉禪師在洛陽郊外建"温室院"，"日以施水給藥爲事"，⑤提供人們澡浴和醫藥。沐浴也屬於福田的一種，同時它也是寺院所提供另一項和衛生醫療有關的服務。⑥

　　寺院中貯藏的藥材有一部分是來自信徒的捐施，基於給施醫藥是福田之一，因此俗家信徒也捐施藥材給寺院，從敦煌文書中的施捨文中，可知信徒除了給寺院施捨財物之外，也捐給寺院各種藥材，⑦如 P.2837《施捨文》云："把豆三顆，龍骨多少，並諸雜藥，施入修造。"P.3541《施捨文》："升麻、杓藥共二兩，槐子七棵，入修造。"P.2583《施捨疏》："□一匹二丈五尺、蒲桃一斗，解毒藥五兩，已上物充……"⑧

　　3. 藥方的傳承與流布——從藥方洞談起

　　東晉南北朝時期，除了前述支法存和僧深的著作之外，僧人撰述的方

---

① 《高僧傳》卷九《神異上·竺佛調傳》："竺佛調者，未詳氏族，或云天竺人，事佛圖澄爲師，住常山寺積年，業尚純樸不表飾言，時咸以此高之，常山有奉法者兄弟二人，居去寺百里，兄婦疾篤，載至寺側，以近醫藥。"頁 387 下。
② 《佛説諸德福田經》（T·683）卷一記載比丘聰聰先世"生波羅奈國，爲長者子，於大道邊，作小精舍，床卧漿糧，供給衆僧；行路頓乏，亦得止息。緣此功德，命終生天爲天帝釋，下生世間爲轉輪聖王，各三十六反"。收入《大正新修大藏經》，册一六，頁 777 中。
③ 那波利貞《簡易宿泊所としての唐代寺院の対俗開放》，《龍谷史壇》第 33 號；嚴耕望《唐人習業山林寺院之風尚》，收入《唐史研究叢稿》，香港，新亞研究所，1969 年。
④ 《神僧傳》（T·2064）卷六《洪昉》，收入《大正新修大藏經》，册五〇，頁 990 中、下。
⑤ 同前書，《京兆府重雲智暉禪師》，頁 1013 上。
⑥ 黃敏枝《宋代佛教的浴室院》，收入《史學：傳承與變遷學術研討會論文集》，臺北，臺灣大學歷史系，1998 年。
⑦ 鄭炳林《唐五代敦煌的醫事研究》，收入蘭州大學敦煌學研究所編《敦煌歸義軍史專題研究》，蘭州大學出版社，1997 年，頁 518。
⑧ 轉引自鄭炳林《唐五代敦煌的醫事研究》，頁 518。

書還有：《釋道洪方》一卷、曇鸞《論氣治療方》一卷、《釋僧匡針灸經》一卷。① 這些醫方都見於著錄，想必流行當世，但也有些藥方似乎僅流傳在僧團之中，如宋太宗徵求醫方，以醫術聞名的廣利大師洪蘊獻上數十個古醫方。② 宋代名士劉宰（1165—1238）在給侍郎李悳的一封書信中，提及丹陽寺僧人有一個"黑錫丹"的秘方："遠世傳黑錫丹，有異功，其方實出於丹陽寺僧，其徒自以爲修合，有秘法，人莫能知，售此以致富。"③

　　流傳在僧團中最有名的藥方，首數鐫刻在洛陽龍門石窟藥方洞中的藥方。藥方洞在龍門西山石窟群南段的山崖上，北臨奉先寺 18.5 米，南距古陽洞 12.45 米。因爲此一洞窟兩側門上刻有古代藥方（見圖 1），故稱爲"藥方洞"。這個石窟是在北魏時開鑿的，最早的造像題記是永安三年（530）陳暈造像記；北齊是此洞重要的經營時期，有北齊武平六年（575）《都邑師道興造像記》。至於洞中藥方鐫刻的時代學者有不同的看法，④據張瑞賢主編《龍門藥方釋疑》一書，從藥方的書法風格、異體字的特徵、藥方與周圍造像的關係和藥方避諱字，認爲它係在唐高宗永徽元年至四年之間（650—653）所刻的，⑤其論述舉證都十分有説服力。

　　藥方洞內的藥方曾被 10 世紀中成書的日本醫書所徵引，但在中國並沒有稱爲《龍門方》的醫書及相關記載，學者對此提出不同的解釋，本文認爲這是因它係一種流行在僧團中的方書的緣故。日本精通醫術的丹波康賴（912—995）在公元 984 年（後梁末帝貞明四年）撰成《醫心方》三十卷，其中有九十六個注明引《龍門方》。⑥ 日本學者赤堀昭從以下兩點：（一）無論在中國或《日本國見在書目錄》都沒有《龍門方》的記載，（二）《外臺秘要》一書不曾引用，推斷此書最晚到了唐代就遺佚了，或者它在中國沒

---

① 《隋書·經籍志三·醫方》。
② 《宋史》卷四六一《方技上·沙門洪蘊》。
③ 劉宰《漫塘集》卷一〇《回知遂寧李侍郎》，文淵閣四庫全書本，册一一七〇，頁 5。
④ 關於藥方洞鐫刻的年代，歷來學者有北齊、北齊至唐，以及唐代三種看法，見宮大中《龍門石窟藝術》，上海人民出版社，1981 年；李文生《龍門石窟藥方洞考》，《中原文物》1981 年第 3 期；李文生《我國現存最早的石刻藥方——龍門藥方洞藥方年代考》，《中華醫史雜誌》第 11 卷第 4 期，1991 年；丁明德《洛陽龍門藥方洞的石刻藥方》，《河南文博通訊》1979 年第 12 期。
⑤ 張瑞賢主編《龍門藥方釋疑》（鄭州，河南醫科大學出版社，1999 年）一書，對藥方研究史有詳細的敍述，並且提出永徽元年至四年的新説，頁 69—73。
⑥ 《龍門藥方釋疑》，頁 85。

圖 1　藥方洞的藥方刻石

有受到重視。① 本文認爲此書之所以不見於中國的著録,係因它是一種流行在僧團中的方書之故,有以下幾個原因:第一,雖然學者將《醫心方》中所收録的《龍門方》和現存龍門藥方比對,多數是不相符的,②但"《龍門藥方釋疑》課題研究組"將龍門藥方和敦煌卷子兩個不知名的醫籍卷子P.3596、S.3347 相比,却發現它們具有相當高的相似性,可以推知龍門方和這兩種藥方可能有相同的來源。③ 馬繼興考證後二者係唐代初年的文書,恰好和龍門藥方鐫刻的時代相近。④ 1991 年王冀青發現 S.9987 號敦煌唐人寫本《備急單驗藥方卷》兩殘片,並且確定它和 S.3347、S.3395 號殘片原屬同一件寫本。⑤ 該研究組另外從五個佐證中,認爲龍門藥方和《備急單驗藥方卷》係屬同一來源。筆者進一步認爲此類同源藥方應是流行於僧團之中的方書,此藥方《序》稱因人有一百八煩惱,故録立即有效驗的一百八藥方,S.9987 Back2 背面有《備急單驗藥方卷并序》,其序云:

　　……救急易得,服之立效者一百八方,以人有一百八煩惱,合成此□□勞市,求刊之巖石,傳以救病,庶往來君子録之備用。⑥

由此看來,此一藥方的編者很有可能是僧人。又,值得注意的是:日本深江輔仁撰《本草和名》(成書於延喜十八年,即公元 918 年,相當於後梁貞明四年)一書中,曾提及《龍門百八》的書名。⑦

　　龍門藥方和佛教有密切的關聯,是毋庸置疑的,它有可能是僅在僧團之内流傳。唐代龍門一帶有很多寺院,今人有"八寺"或"十寺"之説,實際上的數目可能還要多一些。⑧ 邵殿文認爲:從龍門石刻藥方看來,應充分

---

① 《龍門藥方釋疑》,頁 60。
② 張瑞、李國坤、先静《〈醫心方〉所引〈龍門藥方〉研究》,《中國中藥雜誌》1995 年第 4 期,頁 250。
③ 《龍門藥方釋疑》課題研究組所做的比對,見《龍門藥方釋疑·敦煌卷子的綫索》,頁 77—79。
④ 《龍門藥方釋疑》,頁 77。
⑤ 王冀青《敦煌唐人寫本〈備急單驗藥方卷〉在英國首次發現》,《中華醫史雜誌》1991 年第 2 期。
⑥ 同上。
⑦ 《龍門藥方釋疑》,頁 58。
⑧ 王振國《龍門古寺史迹拾零》一文提出:"自北魏到清,龍門至少有十八所寺院。"《耕耘論叢》第 1 輯,北京,科學出版社,1999 年,頁 132—133。

考慮到當時在龍門各寺裏,有收藏並且編著各類醫方集的可能性,而其中之一就是《龍門方》。① 僧人在醫藥方面似乎自有其傳承,有一些醫方是比較流行於僧團之中的,從《醫心方》中所引的一些醫書,似可見其端倪。唐代來華的日本僧人以及東渡日本的中國僧人將中國醫學傳到日本,他們所帶去的主要是僧團中流行的藥方,如"龍門方"、"僧深方"等。《醫心方》中除了記載《龍門方》之外,也有注明其他僧人的藥方書,如它引《僧深方》計有 146 條。②《隋書·經籍志》中有"《僧深方》三十卷",此書又稱爲《深師方》,③在唐代甚爲流行,王燾撰《外臺秘要》(約成書於天寶十一載,公元 752 年),在自序中稱:"近代釋僧深、崔尚書、孫處士、張文仲、孟同州、許仁則、吳升等十數家,皆有編録,并行於代。"④雖然如此,但在其書中引《僧深方》僅 30 條,以此和成書於 10 世紀的《醫心方》相較,可知《醫心方》的編者受到僧團醫籍的影響較爲濃厚。又,《醫心方》中也有三種鑑真(688—763)所傳的藥方,鑑真於公元 763 年渡海抵達日本,他將中國文化很多成分傳播至東瀛,其中最大的影響之一是醫藥,因而被尊爲日本醫學之祖,著有《鑑上人秘方》。⑤ 鑑真在中國並沒有醫籍著述存留,他傳去的也應是流行在僧團中的一部分藥方。從《普濟方》中收録有數個出自醫僧的藥方,亦可窺知僧團中確實有醫方流傳,如治風疾的"南劍州醫僧白龍丸",治老人氣冷虛疾的"鎮江醫僧桂聳方",以及不知名的醫僧以蘭香子治眼疾方。⑥

　　從北朝以來,佛教徒就開始用石刻——特別是在石碑上造像、刻經,用以宣揚佛教;⑦因此,僧人以石刻的方式流傳藥方,也是很自然的事,亦即

① 邵殿文《藥方洞石刻藥方考》,《中華醫史雜誌》1993 年第 4 期,頁 113—114。
② 岡西爲人《宋以前醫籍考·二經方·第九類·諸家方論(漢—隋)》36《僧深藥方》注,臺北,南天書局,1977 年,頁 547。
③ 《太平御覽》卷七二四《方術部五·醫四》:"《千金序》曰……又曰:僧深,齊、宋間道人,善療脚弱氣之疾,撰録法在存等諸家醫三十餘卷,經用多效,時人號曰《深師方》焉。"
④ 《外臺秘要》原序。
⑤ 《宋以前醫籍考》服雲母訣附《鑑上人秘方》:"《日本國見在書目録》醫方家,鑑上人秘方。"頁 710。
⑥ 朱橚等編《普濟方》卷一一六《諸風門·諸風雜治》,北京,人民衛生出版社,1959 年,頁 668;卷一八四《諸氣門·冷氣附論》,頁 2382。《醫方類聚》卷六七《眼門四·齋醫方·目疾》如神餅子,册四,頁 99。
⑦ 拙文《中國撰述經典與北朝佛教的傳布——從北朝刻經造像碑談起》,《勞貞一先生百歲冥誕紀念論文集》,臺北市簡牘學會、中華簡牘學會,2006 年。

前述《備急單驗藥方卷并序》所稱"求刊之巖石,傳以救病,庶往來君子録之備用"。如在唐代經幢上所刻的絕大多數是《佛頂尊勝陀羅尼經》,唐憲宗元和八年(813)所建的那羅延經幢上説明其目的是"打本散施",供人氈拓流傳之用;而懿宗咸通七年(866)黄順儀爲其女所造的經幢上,更注明其所依據的經本是"東都福先寺西律院玉石幢本"。① 以石刻方式流傳藥方,以濟世活人,龍門藥方洞也不是一個孤例;《太平廣記》上記載的一則故事敍述唐宣宗大中年間(847—860),成都府李琚在當地的净土寺造一石壁,正面刻西方净土圖像,而在背面則鑴刻了唐德宗所撰集的方書《廣利方》。② 由此可知,將藥方刻石流傳,也成爲佛教僧俗信徒修福的方法之一。

五代以迄於宋,仍然有僧人以刻石的方式流傳藥方。後唐明宗太原少尹陳立閑習醫方,遂"集平生驗方七十五首,并修合藥法百件,號曰《要術》,刊石置於太原府衙之左,以示於衆,病者賴焉"。③ 宋代洛陽縣興國寺中有一方碑石,上面鑴刻著"洛陽縣興國寺無際禪師傳流藥方换骨丹",内附詳細的藥方及服用的方法(見圖2),④"换骨丹"是治療中風癱瘓久不愈、四肢彈曳不遂之方。宋英宗時羅適擔任舒州城縣尉,因見到當地人都找巫醫治病,就自費買藥濟施百姓,又"石刻方書",以便後人取用。⑤

4. 宗教的治療方法

佛教的宗教治療法中包括:純粹的咒術治療、以藥物爲主並輔以佛菩薩名號、懺悔儀式三種,關於咒術治療方面,學者已經做過一些研究,⑥此處就略去,以下僅討論後二者。

---

① 拙文《佛頂尊勝陀羅尼經和唐代尊勝經幢的建立——經幢研究之一》,《歷史語言研究所集刊》第67本第1分,1996年,頁187—188。

② 《太平廣記》卷一〇八《報應七·金剛經》:"唐李琚,成都人。大中九年四月十六日忽患疫疾,恍惚之際,見一人自稱行病鬼王。……又問作何善事……琚云:'在成都府,曾率百餘家於净寺造西方功德一堵;爲大聖慈寺寫大藏經,已得五百餘卷,兼慶讚了。'……王云:'急送去。'便見所作功德在殿上,碑記分明,石壁造《廣利方》在後。"

③ 《册府元龜》卷八五九《總録部·醫術二》,文淵閣四庫全書本,册九〇二一九一九,臺北,臺灣商務印書館,1983年,頁23。

④ 今上海中醫藥大學醫史博物館收藏有此拓本,見《中國醫學通史·文物圖譜卷》,北京,人民衛生出版社,2000年,頁119。

⑤ 《臺州金石録》卷四《宋朝散大夫羅適墓誌銘》,收入《石刻史料新編》第1輯(15),頁2。

⑥ 范家偉《晉隋佛教疾疫觀》,《佛學研究》,1997年;薛克翹《印度佛教與中國古代漢地醫藥學》,《佛學研究》,1997年。

圖 2　換骨丹藥方拓本

（傅維康、李經緯、林昭庚主編《中國醫學通史・文物圖譜卷》，頁 119）

（1）以藥物爲主，並輔以佛菩薩名號者

在至今存留的藥方中，有些藥方係以藥物爲主，但在服用時須念誦佛菩薩名號；最常見者是念"藥王菩薩"名號，這些藥方顯然和僧人有關。明代朱橚（？—1425）撰集的《普濟方》和李時珍（1518—1593）所著的《本草綱目》都録有這類的藥方，如《本草綱目》中記載一個傳係出自《東坡良方》治蟲蛇獸毒及蠱毒的藥方，在服用藥丸時，須念藥王菩薩七遍："生明礬、

明雄黄等分,于端午日研末,黄蠟和丸梧子大。每服七丸,念'藥王菩薩'
七遍,熟水送下。"在《普濟方》中並録有此方。① 又,治五種瘧疾時服用
"家寶通神丸":"用神桃(即桃奴)十四枚,巴豆七粒,黑豆一兩,研勻,以冷
水和,丸梧子大,朱砂爲衣。發日,五更念'藥王菩薩'七遍,井華水下一
丸,立瘥。不過二次,妙不可言。"②在《普濟方》中也録有此方。③ 另外,如
治婦女乳癰方的"菩薩散",在服用之前更須將藥置於佛前焚香祝願,並念
"藥王菩薩"、"藥上菩薩"的名號:

> 霜杜荆子,今作杖子者是,十二月正月二月采之。□酵頭,用作炊餅
> 者,欲炒勿令焦。□右二件,各搗爲細末,以淨盤子擎之,於佛前焚香,誦
> "南無藥王菩薩"、"南無藥上菩薩"聖號,各一百八遍,等分拌勻。至
> 心禱告畢,抄三錢匕,以葱酒調下,食後稍空進之。④

從此方的名稱和服藥前的祝禱、執持菩薩名號,可知此方如果不是流傳於
僧團的藥方,就是經過僧人"加工"過的藥方。

那波利貞發現敦煌文書中有一種唐代流行的《勸善經》(或作《新菩
薩勸善經》、《新菩薩經》),它是對當時流行疾病的厭咒文。⑤ 不過,我
們也可將它視爲一種宗教的醫療書,因爲此經的内容提到的疾病有七到
十種之多,包括:虐病、行病、卒死、腫病、産死、患腹死、血癰病、風黄病、
水痢、患眼,此經假托唐德宗丞相賈耽將此經頒下諸州,如 S.3036《勸善
經一卷》:

---

① 李時珍《本草綱目》卷一一《金石部四·金石之五·礜石·附方》,北京,人民衛生出版社,
　1975 年,頁 677。《普濟方》諸疾卷二五二《諸毒門·蠱毒附論》,頁 4187。
② 《本草綱目》卷二九《果部六類·果部一·桃·桃梟"附方"》,頁 1745—1746。
③ 《普濟方》諸疾卷一九七《諸瘧門》:"神桃二七個桃木上自乾不落者□黑豆一兩□巴豆七粒去
　殼并心膜研細□右爲末。以冷水和丸。梧桐子大。以硃砂爲衣。侵晨面東。念藥王菩薩七
　遍。以井花水吞下。立瘥。"頁 2758。
④ 《普濟方》婦人卷三二五《婦人諸疾門·乳癰附論》,頁 248。
⑤ 那波利貞《唐朝政府の醫療機構と民庶の疾病に對する救濟方法に就きての小攷》,《史窗》
　第 17、18 號。

　　敕左丞相賈耽,頒下諸州,勸請衆生,每日念阿彌陀佛一千口,斷
惡行善……①

又如 S.0407《新菩薩經一卷》云:"敕賈耽,頒下諸州,衆生每夕念阿彌陀佛
一千口,斷惡行善……"②賈耽(729—805)是唐代著名的地理學家,他同時
也留心醫方,著有《備急單方》一卷。③ 從此經在撰述的過程中也考慮到假
托著有方書的丞相賈耽,亦可知它和時疫的關聯。敦煌文書中此經的寫本
達數十種之多,有的附注有年代,或作"貞元九年正月廿三日",或作"貞元
十九年正月廿三日",而以後者的件數較多。然而,賈耽被任命爲丞相是
在貞元九年(793)五月,④故本文認爲它應是造於貞元十九年(803),"貞
元九年正月"當係傳抄之誤。⑤ 其中勸衆生每天念阿彌陀佛一千次,斷惡
修善,以及寫此經流傳"寫此經本,免一門難;寫兩本,免六親。見此不寫
者滅門。門上榜之,得過此難"。如《勸善經》或《新菩薩經》這樣的中國撰
述的經典,最足以顯示庶民的佛教信仰和實踐,⑥而其中也透露出當時人
們爲疾疫所苦和尋求宗教的醫療救助。

　　(2)懺儀

　　佛教的病因論認爲有一類的疾病是由個人先世業障所致,稱做"業障
病",⑦這類的疾病只有透過本人的誠心懺悔業障,纔可以痊癒。因此,僧
人也以懺悔爲人治病,南北朝時期懺悔儀式漸次發展,至宋代而大盛,其中
有些懺悔儀式如"水懺"就是和治病最有直接的關聯。

　　佛教傳來以後,就有僧人以懺除罪業的方式爲人治病。南朝初年,吳

---

① 黄永武編《敦煌寶藏》S.3036《勸善經一卷》,臺北,新文豐出版公司,1981—1986 年,第 126
　册,頁 109。在敦煌文書中有數十本此經寫本。
② 《敦煌寶藏》,第 3 册,頁 368。
③ 《新唐書》卷五九《藝文志三·丙部子録·醫術類》。
④ 《舊唐書》卷一三《德宗下》,貞元九年:"五月……甲辰,以義成軍節度使、檢校右僕射賈耽爲
　左僕射、同中書門下平章事。"
⑤ 劉滌凡《敦煌寫卷中土造經的救贖思想——以〈大正藏〉第 85 册爲例》一文中,認爲有的係造
　於貞元九年,有的造於貞元十九年,見《中華佛學學報》第 14 期,2001 年,頁 250。
⑥ 牧田諦亮《疑經研究》,京都人文科學研究所,1976 年,頁 104。
⑦ 《天台智者大師禪門口訣》(T·1919)卷一:"夫病有多種:一身作病。二鬼作病。三魔作病。
　四不調息成病。五業障病。"《大正新修大藏經》,册四六,頁 582 上。

郡人路安苟的女兒從十幾歲時染病,試過各種藥物都無效,玄臺寺僧人法濟對他説:"恐此疾由業,非藥所消。貧道按佛經云'若履危苦,能歸依三寶懺悔求願者,皆獲甄濟'。君能與女並捐棄邪俗,洗滌塵穢,專心一向,當得痊愈。"安苟就在他的家中設"觀世音齋",他女兒的病就消除了。①陳朝末年來華的新羅僧人圓光,至隋代初年,因爲新羅國王罹病,醫生束手,便請他回國治病,圓光的治療方法是"夜別二時,爲説深法,受戒懺悔"。國王深加信奉,不久就病癒了。② 隋代晉王楊廣(後爲煬帝)的妃子蕭妃爲疾所苦,晉王便寫信給他奉以爲師的天台僧人智顗(538—597),智顗率領衆僧建"金光明懺"七日,蕭妃就痊癒了。③ 唐代澤州(今山西晉城)一度疾疫流行,病死者甚多,當地清化寺僧人玄鑑"爲之懺悔,令斷酒肉,病者痊復"。④ 薛昌序在《重修法門寺塔廟記》中也説"禮懺者沉痼自痊,瞻虔者宿殃皆滅"。⑤ 另外,有些俗家信徒患病時,也以禮懺來治病,如唐代汴州刺史田神功如遇疾病"公輒累月不茹薰,家中禮懺不絶"。⑥

　　在唐末五代時出現的"水懺",⑦強調治療業障病只有懺悔一途。它的來源遠涉及漢代的恩怨,唐代的悟達國師的前世是漢朝的袁盎,因譖殺晁錯,後來晁錯化爲悟達身上一個人面瘡,怎麼也治不好,使他痛苦萬分,藉以報怨。後來悟達國師經由一位異僧指點,行水懺而得以病癒。從五代以來,消除業障的"水懺"十分流行。⑧ 迄今臺灣重病者的家屬,爲之作水懺的情況也很普遍。

　　在作懺治病之時,同時也可以使用咒術、誦經的方法祈求病癒。如宋天台山般若寺師蘊法師行持高深莫測,後"因有疾求僧作懺悔文、誦經及密咒,各論幾百藏爲度,方知其密持之不懈"。⑨

---

① 《比丘尼傳》(T·2063)卷二,《大正新修大藏經》,册五〇,頁 938 上一中。

② 《續高僧傳》卷一三《義解篇九·唐新羅國皇隆寺釋圓光傳》,頁 524 上。

③ 《續高僧傳》卷一七《習禪二·隋國師智者天台山國清寺釋智顗傳》,頁 567 上。

④ 《續高僧傳》卷一五《義解十一·唐澤州清化寺釋玄鑑傳》,頁 542 上一中。

⑤ 《全唐文》卷八二九薛昌序《重修法門寺塔廟記》,頁 8737 上。

⑥ 《全唐文》卷三三八顏真卿《有唐宋州官吏八關齋會報德記》,頁 3425 上。

⑦ 關於水懺出現的時代,見聖凱《知玄與〈三昧水懺〉》,《法音》2001 年第 11 期。

⑧ 《宋高僧傳》(T·2061)卷二八《興福篇》曰:"其有江表行水懺法者,悔其濫費過度之愆。"收入《大正新修大藏經》,册五〇,頁 888 中。

⑨ 《宋高僧傳》卷二三《遺身篇七·宋天台山般若寺師蘊傳》,頁 860 上。

由上可知,僧人的醫療方法是多元的,在僧團之內有方書流傳;另外,在醫藥之外,有時還輔以佛菩薩名號、誦經,以及純宗教性的治療咒術和懺悔儀式。

三、唐代的官醫與僧人醫療

前此研究醫學史的學者多從國家設置醫事制度和醫學教育兩方面著眼,[1]而很少就它們實際上的運作,以及將它置於帝國版圖的大背景來衡量。那波利貞先生《唐朝政府の醫療機構と民庶の疾病に對する救濟方法に就きての小攷》一文,從醫學教育、醫方的頒布、悲田養病坊的設置、國家對藥價的控制等方面討論,對於唐代政府之於庶民醫療照顧有很高的評價。[2] 筆者受益於此文的啓發甚多,然而,其論述多少具有將唐代文化理想化的成分,而較少從實際的層面而論。談中國醫療史的學者對唐代醫療最稱道有兩項,一是醫學教育的設置,一是藥方的頒布。事實上,唐代醫事制度中和庶民較有關的是太醫署,和各都督府、州的醫學博士。[3] 唐代官醫僅到達州的層級,有些僻遠的州可能並未設置醫學教育。太醫署掌療民疾,但它的總部是在京師,因此,唐朝的醫療資源以兩京最多,至於偏遠的州縣醫療資源非常缺乏,百姓不是求助於巫醫,就是轉向僧人、寺院的醫療。如前所述,南北朝以降,僧團掌握了實質的醫藥和宗教醫療資源,即使唐朝政府對於貧民的醫療救濟,也還需仰賴佛教寺院和僧人的醫藥協助,如悲田養病坊就是設在寺院裏的。另外,唐代雖然兩度頒布醫方,但它的效果也十分有限。

(一) 地方官醫

唐代官醫和庶民醫療較有關係的是三府、都督府和各州的醫學博士。

---

[1] 李經緯、林昭庚主編《中國醫學通史·古代卷》,北京,人民衛生出版社,2000 年。
[2] 那波利貞《唐朝政府の醫療機構と民庶の疾病に對する救濟方法に就きての小攷》。
[3] 唐代的醫事制度中,尚藥局是爲皇帝服務的;東宮下的藥藏局是皇太子的醫療機構。見《中國醫學通史·古代卷》,頁 229—230。

唐代的醫事制度有三個系統：爲皇帝服務的尚藥局、爲太子服務的藥藏局、作爲國家的醫療教育和醫療機構的太醫署。① 太醫署的編制下從事醫療的人員近二百人，不過，他們醫治的對象當不是平民，而是某些特定的人。根據《唐六典》的記載，在京城太醫署有太醫令二人、太醫丞二人、醫正八人、醫師二十人、醫工一百人、醫生四十人、典學二人。其中醫師、醫正、醫工的職務是爲人療疾："凡醫師、醫正、醫工療人疾病，以其全多少而書之，以爲考課。"②這三種職官人數加起來有一百六十人，他們治病的對象是官員、宿衞軍士等。他們的另一項工作是修合一些常見疾病的藥品："每歲常合傷寒、時氣、瘧、痢、傷中金瘡之藥，以備人之疾病者。"③以供其診療病時處方，或者是地方發生疾疫時之用。

實際上和庶民醫療較有關聯的是各級行政單位，包括京師、各都督府和各州的醫學博士，他們負責"以百藥救民疾病"。④ 在醫學博士之下設有十到二十個學生，醫學博士的另一個任務是教授醫學生，《唐六典》記載：

> 京兆、河南、太原三府：醫學博士一人；助教一人，開元初置；醫學生二十人，貞觀初置。
>
> 都督府：大、中都督府各置醫學博士一人，助教一人，學生十五人；下都督府則置醫學博士一人，助教一人，學生十二人。
>
> 州：上州——置醫學博士一人，助教一人，學生十五人；
>
> 中州——置醫學博士一人，助教一人，學生十二人；
>
> 下州——置醫學博士一人，助教一人，學生十人。⑤

不過，醫學生的養成需要時日，習業時間從二年到七年不等，當時的醫業分爲五種：體療、瘡腫、少小、耳目口齒、角法，學體療者需要修業七年，少小

---

① 《中國醫學通史·古代卷》，頁 230—231。
② 《唐六典》卷一四，頁 409。
③ 《唐六典》卷一四，頁 409。
④ 《舊唐書》卷四四《職官志三·州縣官員、大都督府》等："醫藥博士以百藥救民疾病。"《新唐書》卷四九下《百官志四下·外官》："醫學博士一人，從九品上。掌療民疾。"
⑤ 《唐六典》卷三○，頁 741—747。

及瘡腫五年,耳目口齒之疾和角法修二年。① 醫學生在未學成之前,當不能爲百姓診療,最多也只能隨醫學博士實習而已。至於醫學生修業期滿之後,本州並沒有提供相關的職位,他們可能散落在民間,爲人治病,也就是所謂的"閭閻醫人"。② 因此,由官方所提供的醫療可以説十分有限,以一個醫學博士要掌療全州之人的疾病,是不可能的事,因此其實際上的功能是在當州發生疾疫流行時,修合藥物,散發給人民。《唐六典》敍述京兆、河南、太原三府和各都督府、各州刺史的職責云:"凡諸州每年任土所出藥物可用者,隨時收采,以給人之疾患。"在此條下注明:"皆預合傷寒、時氣、瘧、痢等藥,部内有疾患者,隨時給之。"③由此可知,醫學博士的掌療民疾主要是對付傳染病的流行,而不是百姓平日身體失調致病的診療。

再則,唐代醫學博士設置的連續性和它在地理上的分布,也是值得仔細檢視的。醫學博士和醫學生的設置時置時省,有些偏遠的州境甚至是"醫學全無"。唐太宗貞觀三年(629),開始在各州置醫藥博士、學生,但此政令似乎並未普及於全國各地。至玄宗開元元年(713),改醫藥博士爲"醫學博士",並且在各州增置助教一人。但不久之後,玄宗却將醫學博士、學生一并廢省了,只有偏遠的州境不廢。開元二十七年(739),也僅僅恢復設置醫學生,以"掌州境巡療"。迄代宗永泰元年(765),纔又復置醫學博士。④ 也就是説,從開元初年廢醫學博士到代宗復置,其間約有五十年的時間,各州是沒有醫學博士的,也就是沒有醫學教育的。在制度的推行上,似乎在一些偏遠的州沒有醫學博士的設置,在今貴州、廣西一帶任官

---

① 《唐六典》卷一四,頁410:"醫博士一人……醫博士掌以醫術教授諸生習《本草》、《甲乙脉經》,分而爲業:一曰體療,二曰瘡腫,三曰少小,四曰耳目口齒,五曰角法。諸醫生既讀諸經,乃分業教習,率二十人,以十一人學體療,三人學瘡腫,三人學少小,二人學耳目口齒,一人學角法。體療者七年成,少小及瘡腫五年,耳目口齒之疾并角法二年成。"
② 《資治通鑑》卷二四九《宣宗下》大中九年,胡三省注:"醫工無職於尚藥局,不待詔於翰林院,但以醫術自售於閭閻之間,故謂之閭閻醫工。"北京,古籍出版社,1956年,頁8057—8058。
③ 《唐六典》卷三〇,頁748。
④ 《新唐書》卷四九下《百官志四下‧外官》:"貞觀三年,置醫學,有醫藥博士及學生,開元元年,改醫藥博士爲醫學博士,諸州置助教,寫本草、百一集驗方藏之。未幾,醫學博士、學生皆省,僻州少醫藥者如故。二十七年,復置醫學生,掌州境巡療。永泰元年,復置醫學博士。三都、都督府、上州、中州各有助教一人;三都學生二十人,都督府、上州二十人,中州、下州十人。"

的人每遇疾疫病,都因當地"絕無醫人",而備極艱辛。德宗貞元九年（793）至黔中任職的張侍郎,兩度因病乞請調回京師,在其上表中敍述當地"絕無醫人,素乏藥物,深山窮谷,無處市求"。① 並且提及在貞元五年（789）和他同到廣西、貴州擔任黔州刺史、黔州觀察史的李速、桂管觀察使裴腆等四人,②都已經因病去世了;如果再不允許他入京,自己恐怕也無法活命了。③ 元稹（779—831）被任爲通州（治所在今四川達縣）刺史時,寫信給好友白居易（772—846）,形容當地"夏多陰霪,秋爲瘴癘。地無醫巫,藥石萬里,病者有百死一生之慮"。④ 李德裕（787—849）被貶爲崖州（今海南）刺史,遠任海隅,也説當地"無醫人"。⑤

三則唐代醫學的設置僅到州的層級,並不及縣的層級;而且各都督府、州也都只有一名醫學博士的編制,駐在州城中,使得唐帝國境內大、小城市和鄉村的醫療資源有很大差距。都城長安與洛陽名醫薈萃,因此在兩京以外官員或其眷屬有疾,多奏請入都就醫,有時皇帝會派遣醫工至外郡藩鎮治病,作爲一種對臣子的慰問和恩典。獨孤將軍因病請求"入都醫療",⑥唐憲宗元和十年（815）靈武節度使李光進（? —815）在治所（今甘肅靈武）得了重病,皇帝遣太醫前往醫治,⑦唐代宗時給事中劉迴因病,因病請告老"就醫於洛陽"。⑧

（二）庶民的醫療救助

唐代的法律中有《醫疾令》,⑨但其內容已經散佚,仁井田陞參酌中日

① 《全唐文》卷四八〇呂頌《爲張侍郎乞入觀表》,頁4909上。
② 《舊唐書》卷一三《德宗紀下》,貞元五年:"（三月）乙卯……以大理卿李速爲黔州刺史、黔州觀察使……六月乙未,以光禄卿裴腆爲桂管觀察使。"
③ 《全唐文》卷四八〇呂頌《再請入觀表》,頁4909下。
④ 《全唐文》卷六五三元稹《敍詩寄樂天書》,頁6635上—下。
⑤ 《全唐文》卷七〇七李德裕《與姚諫議邠書三首》,頁7260下。
⑥ 《全唐文》卷三八五獨孤及《代獨孤將軍讓魏州刺史表》,頁3921下。
⑦ 《全唐文》卷五四三《大唐故朔方靈鹽等軍州節……左僕射李公神道碑銘并序》,頁5510上。
⑧ 《全唐文》卷五二〇梁肅《給事中劉公墓誌銘》,頁5290下。
⑨ 《舊唐書》卷四三《職官志二·尚書都省·刑部尚書》:"凡文法之名有四:一曰律,二曰令,三曰格,四曰式。凡律,十有二章……令二十有七篇,分爲三十卷。第一至第七曰官品職員,八祠……二十三醫疾……"

文獻,復原了其中的十一條。① 從這些條文看來,唐代對於庶民的醫療協助主要在以下三方面: 大規模疾疫的救助、貧人的救濟和戍卒工役的救治。

唐代的官醫主要是在疾疫發生時,由朝廷派遣醫人帶著藥物前往治療,《醫疾令》:"【開元七年】諸太醫署,每歲常合傷寒、時氣、瘧痢、傷中金瘡之藥,以備人之疾病者。"②此藥主要是預備國內有疾疫時之用,如唐初多處發生疾疫,太宗屢次遣醫生前往治療,貞觀十年(636)"關內河東疾病,醫齎藥療之"、十五年(641)三月戊辰"澤州疾疫,遣醫就療"、十六年(642)夏"穀、涇、徐、虢、戴五州疾疫,遣賜醫藥焉"、十七年(643)六月"潭、濠、廬三州疾疫,遣醫療焉"、十八年(644)"自春及夏,廬、濠、巴、普、彬疾疫,遣醫往療"、二十二年(648)九月"邠州大疫,詔醫療之"。③

唐代對於軍隊和築工役之人有比較妥善的醫療照顧,《醫疾令》記載:"行軍及作役之處,五百人以上,太常給醫師一人。"④另外,玄宗天寶三載(744)八月《三衛彍騎疾病給食料敕》,是對於上番宿衛於皇城內、外廊三衛彍騎和都城的兵士患疾者的救助,在其番滿之後,無法立即上路回家,令其留在三衛內調養,給其物和醫藥。⑤ 開元二十四年(736)十月,玄宗從東都洛陽,行至陝州(治所在今河南陝縣),下詔近畿之內州縣長官存問年長者、鰥寡孤獨及家裏有人出征或行役的人家,"如有疾患,量加醫藥"。⑥

從武則天時期開始,以迄於唐末,在京城和各州縣城內都設有收容貧病、乞丐的"悲田養病坊"。⑦ 另外,《醫疾令》:"【開元二十五年】百姓亦准

---

① 仁井田陞原著,粟勁等編譯《唐令拾遺》醫疾令第二十七復原凡十一條,長春出版社,1989 年,頁 650—656。
② 《唐令拾遺》醫疾令第二十七第 4 條,頁 652。
③ 《册府元龜》卷一四七《帝王部·恤下第二》,頁 6。
④ 《唐令拾遺》醫疾令第二十七第 11 條,頁 656。
⑤ 《唐大詔令集》卷一一四,文淵閣四庫全書本,册四二六,頁 6。
⑥ 《册府元龜》卷八五《帝王部·救宥第四》:"(開元二十四年)十月發東都還京甲子至陝州救日……畿內侍老九十已上量賜酒麵,鰥寡惸獨,及征行之家,宜令州縣長官親自存問,如有疾患,量加醫藥,使旬旬之內,咸有賴焉。"
⑦ 有關悲田養病坊的研究很多,如道端良秀《中國佛教社會事業の一問題——養病坊について》,《印度學佛教學研究》第 18 輯第 2 號;善峰憲雄《唐朝時代の悲田養病》,《龍谷大學·論集》第 389—390 號。高瀨奈津子《唐代悲田養病坊の變遷とその成立背景》,《佛教史學研究》第 45 號。

《醫疾令》合和藥物,拯救貧民。"①這可能是針對州縣的貧病救濟而言,開元十三年(725),玄宗命善大夫張景幽往河西道,右諭德李林甫往山南道,主客郎中張烈往江南東道,分別"宣慰百姓,其有窮乏交不存濟,及侍老、行人之家有疾苦者,各令州縣量加醫療及賑恤"。②

五代後唐末帝清泰二年(935),翰林學士和凝上書請依唐朝故事,在諸州置醫學博士,並且令太醫署製傷寒、時氣、瘧痢等藥分發給屯戍各地的兵士,以及修合藥物救濟貧人。此一奏書可以説是對唐代庶民醫療照顧最簡約的描述了:

> 當貞觀之朝,則廣開醫學。及開元之代,則親制方書。爰在明朝,宜遵故事。方今暄煥在近,疫癘是虞,言念軍民,宜加軫閔。其邊遠戍卒及貧下農人,既難息於苦辛,宜偶縈於疾患,地僻既無藥物,家貧難召醫師,遂致疾深,多罹物故。荷戈執末,皆展力於當年;問疾賜醫,宜覃恩於此日。其諸處屯戍兵士,令太醫署修合傷寒、時氣、瘧痢等藥,量事給付大軍主掌,以給有病士卒之家。百姓亦準《醫疾令》,合和藥物,救其貧户,兼請依本朝州置醫博士,令考尋醫方,合和藥物,以濟部人。其御制《廣濟》、《廣利》等方書,亦請翰林醫官重校定,頒行天下。③

唐代對貧人的醫療救助實際上可能僅及於城市,至於偏遠的農村郊野的情形,則如上文所述"地僻既無藥物,家貧難召醫師,遂致疾深,多罹物故"。

(三) 醫方的頒布

唐代兩度頒布皇帝撰集的醫方,顯示出唐帝國對醫療資源分布不均匀的一種補救。在玄宗《頒廣濟方敕》中就明言:"今遠路僻州,醫術全少,下

---

① 《唐令拾遺》醫疾令第二十七第10條,頁655。
② 《册府元龜》卷八五《帝王部‧赦宥第四》,頁13。
③ 《册府元龜》卷五五三《詞臣部》,頁17。

人疾苦,將何恃賴?"①德宗《頒廣利方敕》中也説:"或僻遠之俗,難備於醫方;或貧匱之家,有虧於藥石,失於救療,遂至傷生。"故撰集頒布方書的目的在於"取單方,務於速效,當使疾無不差,藥必易求,不假遠召醫工,可以立救人命"。②

由皇帝頒布醫書,並不始於唐代,唐玄宗、德宗朝兩度頒布醫方於天下,這是師法北魏的舊制。北魏宣武帝永平三年(510)令官員召集醫工,推敲方書中精要可用者,編爲三十卷,頒行天下:"郡縣備寫,布下鄉邑,使知救患之術耳。"③如何布下鄉邑呢? 從漢代以來,官府或將政令直接書寫在官府、鄉亭的牆壁上,或寫在木板上懸掛在牆壁上。④ 宣武帝所頒的藥方應是一方面寫在郡縣府衙的牆壁上,同時也公布在鄉邑的公共場所或交通要道上。

開元十一年(723)九月七日,玄宗將自己撰集的《廣濟方》五卷頒於天下。⑤ 所謂的頒行天下可能是如同先前開元元年(713)之例,下令各州寫《本草》、《百一集驗方》,和經、史書一起收藏在各州的官府之中,⑥並未如北魏宣武帝時公布在郡縣鄉邑的公共場所,以曉示百姓。因此,對百姓並無實質上的幫助,誠如宋蘇頌(1020—1101)在《本草後序》中敍述宋仁宗頒方書委諸郡收掌,以備軍民醫疾訪聞,但實際上"貧下之家,難于檢用,亦不能修合,未副矜存之意"。⑦ 因此,至天寶五載(746)八月,纔下令郡縣長官將《廣濟方》中較重要的藥方榜示在村坊要路,《榜示廣濟方敕》:

　　朕頃者所撰《廣濟方》,救人疾患,愛民育物,惠彼黎元。特念僻遠之家,未能繕寫,閭閻之内,或有不知。儻醫療失時,因至夭横,性命之際,寧忘惻隱? 宜命郡縣長官,就廣濟方中,逐要者於大板上件録,

---

① 《唐大詔令集》卷一一四《諸州置醫學博士敕》,頁4。
② 《唐大詔令集》卷一一四《頒廣利方敕》,頁5。
③ 《魏書》卷八《世宗紀》。
④ 汪桂海《漢代官文書制度》,南寧,廣西教育出版社,1999年,頁153—159。
⑤ 《舊唐書》卷八《玄宗紀》開元十一年。《唐會要》卷八二《醫術》:"開元十一年九月七日,親製廣濟方,頒示天下。"北京,中華書局,1960年,頁1524。《新唐書》卷五九《藝文三·丙部子録·醫術類》:"玄宗開元廣濟方五卷。"
⑥ 《唐大詔令集·諸州置醫學博士敕》:"每州寫《本草》及《百一集驗方》,經史同貯。"
⑦ 蘇頌撰,王同策、管成學、顏中其點校《蘇魏公文集》卷六五,北京,中華書局,1988年,頁995。

當村坊要路榜示。仍委采訪使勾當，無令脱錯。①

高柯立引《唐大詔令集》卷一〇《咸通八年痊復救恤百姓僧尼敕》："此敕到，仰所在州縣寫録敕，榜于州縣并坊市村閭要路。"認爲此敕中的"榜示"當是在大塊的木板上録寫，再將它懸掛在州縣門和坊市村閭的要路。② 玄宗下令將《廣濟方》中重要的藥方榜示在村坊要路，也就是公告在城市和鄉村的公共場所，目的在讓百姓通能知曉此一訊息。

貞元十二年（796）二月十三日，德宗將他親撰的《廣利方》五卷，頒於州府，③《新唐書·藝文志》中録有"德宗貞元集要廣利方五卷"。不過，德宗僅是將它頒下州府收藏，至憲宗（806—821 在位）時纔將此藥方的一分榜示於各地的交通要道："憲宗親爲之制序，散題於天下通衢，其方總六千三種五百八十六首。"④此處云"散題於天下通衢"，指的是"散榜鄉村要路，曉示百姓"之意，⑤也就是在重要的交通路口豎立小型木板的告示牌，有的交通要道處還設有"榜亭"，⑥作爲公告政令的場所。如《咸通七年大赦》云："一一豎項，作小榜於要路，曉諭令百姓知悉。"⑦而在木製的小榜上面書寫著藥方。

至此，我們不禁要問：半個多世紀以前，玄宗將部分《廣濟方》中重要藥方榜示在州縣門和村坊要路，爲何此時仍需再書寫藥方公布在相同的地點？這就牽涉到"板榜"這種公告方式的持久性問題。天寶五年將《廣濟方》"逐要者於大板上件録，當村坊要路榜示"，就是用"板榜"的形式，這是用大型的木板，漆上黑漆，⑧以防其腐朽，以白字在上面書寫著藥方。榜示

---

① 《唐大詔令集》卷一一四《榜示廣濟方敕》，頁 4—5。
② 高柯立《宋代粉壁考述——以官府詔令的傳布爲中心》，《文史》2004 年第 1 期。
③ 《唐會要》卷八二《醫術》，頁 1525。
④ 《册府元龜》卷一四七《帝王部·恤下》，頁 1782 下。
⑤ 《唐大詔令集》卷一三〇大曆五年二月《平党項德音》："仍令京兆府各下諸縣，散榜鄉村要路，曉示百姓，務令知悉。"
⑥ 《夢粱録》卷一三："灞橋榜亭側，朱家饅頭鋪。"
⑦ 《唐大詔令集》卷八六《咸通七年大赦》，頁 12。
⑧ 馬光祖修，周應合纂《景定建康志》卷四一《田賦志二·蠲賦雜録》江寧縣《轉運副使真公德秀板榜》："……今歲以爲常案。造板榜一面，黑漆白字，陷置本司廳壁，庶幾後政永遠遵守，牒本府僉廳照會。"北京，中華書局，1990 年，頁 2000 下—2001 上。

的文字經過長久的日曬雨淋,如果没有經常修補維護,很容易就脱落漶漫。經過了半個世紀以上,玄宗在各地榜示的藥方可能就是這樣而逐漸不可讀了。至憲宗時,纔又下令將德宗所撰的《廣濟方》公告在村坊要路。至五代後梁太祖乾化二年(912)時,也再度下令在發生疾疫之地,地方官要將治療之方,公布在交通要道上。從榜示藥方的不持久性,也可以了解石刻藥方的必要了。從南宋初年《常熟縣題名記》一文,可以更清楚明白板榜不久存的事實,宋神宗元豐初年,常熟縣知縣劉極將宋初以來歷任縣令的姓名四十二人"列之板榜",置於縣署廳壁角。繼任者也都添寫姓名續其後,至南宋紹興二十一年(1151)縣令"慮板榜不足以久傳,於是命工鐫之於石,立於廳之左,闕者補之,庶爲不朽之傳"。①

唐代以降,已經有人將藥方刻在石碑上,以期傳之久遠。那波利貞注意到:在一本公元9—10世紀中成書的阿拉伯著作《回教徒支那印度旅行記》上卷,記載當時阿拉伯人到中國的見聞,其中敍述在廣場上豎立著一個高約5米的石碑,上面鐫刻著疾病名和藥方、藥價,並且説明貧人可以從國庫中領到所需藥物等值的錢,以供他們買藥之用。② 他引西域文書中有官方藥價的紀録,認爲這是受唐玄宗、德宗頒布藥方,並且命令地方列之版榜、公告在交通大道的影響。又,他也以爲雖然唐玄宗的敕令中没有提及在版榜中要記入藥價,但可能當時已經連帶公定藥價,貞元十二年德宗頒布《廣利方》敕令中稱"或貧匱之家,有虧於藥石,失於救療,遂至傷生",可能一并標出公定藥價。由此二敕文,可以證明從唐玄宗以來,國家很重視庶民的疾病,公告公定藥價,而貧困者由國家發給藥費。③ 此一論述似乎推衍太過,且缺乏直接而有力的證據。9世紀阿拉伯商人所見的情形,幾

---

① 《吴都文粹》卷九《常熟縣題名記》,文淵閣四庫全書本,册一三五八,頁42。

② 那波利貞《唐朝政府の醫療機構と民庶の疾病に對する救濟方法に就きての小攷》,頁21—24。《回教徒支那印度旅行記》的英譯本書名爲 Ancient accounts of India and China: by two Mohammedan travellers, who went to those parts in the 9th century (London: Sam. Harding, 1733) (translated by the late learned Eusebius Renaudot; with notes, illustrations and inquiries by the same hand)。其封面上有中文書名"回教徒支那印度旅行記"。此書至1980年代方有中譯本:穆根來、汶江、黄倬漢譯《中國印度見聞録》,北京,中華書局,1983年。此則記載見本書頁19,第46條。此書上卷成書於公元851年,下卷成書於917年。

③ 那波利貞《唐朝政府の醫療機構と民庶の疾病に對する救濟方法に就きての小攷》,頁23—24。

乎是五代後梁太祖乾化二年（912）夏日下詔救助發生疾疫的州縣命令的
寫照：

> 凡有疫之處，委長吏檢尋醫方，於要路曉示。如有家無骨肉兼困
> 窮不濟者，即仰長吏差醫給藥救療之。①

即要州縣長史尋檢治療的藥方，公告在交通要道處所，如有貧窮不堪的人，
就由官派醫生給藥救助。唐代以來醫療救助主要是針對疾疫發生之時或
特定的州縣而設的，此令亦不例外。

（四）僧人醫療

　　如前所述，在官方的醫療無法提供城市居民和郊野農民醫療協助的情
況下，人民能够求醫的對象有三：閭閻醫人、巫醫、僧道醫。在此三者之
中，僧醫和道醫經常成爲人們求助的對象，究其原由，則和閭閻醫工的水準
不齊，難以判定其好壞；加上診療費和藥價的昂貴有關。至於巫醫也是普
遍存在著，而且在某些地區巫風很盛，巫醫盛行，②不過巫醫和醫藥治病的
方法不同，因此，在一個巫風盛行的地區，僧醫、道醫以其醫療知識和資源，
也有足以與巫醫競爭之處。由於道醫不在本文討論之內，以下僅就僧醫
而論。

　　除了閭閻醫工之外，藥肆也是唐人尋求醫療的處所。柳宗元（773—
819）曾爲長安西部賣藥材的人宋清寫了一篇小傳，敍述他熟習醫藥，采藥
的人樂於將藥材提供給他，他通常付人好價錢；長安醫工也喜歡向他購買
藥材。宋清不僅賣藥材，也幫人開藥方、配藥：

> 宋清，長安西部藥市人也。居善藥，有自山澤來者，必歸宋清氏，

---

① 《册府元龜》卷一九五《惠民》，頁 16。
② 關於六朝的巫醫，請見林富士《中國六朝時期的巫覡與醫療》，《歷史語言研究所集刊》第 70
　期第 1 分，1999 年，頁 1—48。收入氏著《中國中古時期的宗教與醫療》，臺北，聯經出版公司，
　2008 年，頁 423—466。

清優主之。長安醫工得清藥輔其方,輒易讎,咸譽清。疾病疕瘍者,亦
皆樂就清求藥,冀速已,清皆樂然響應。雖不持錢者,皆與善藥,積券
如山,未嘗詣取直……①

宋清還做善行,讓貧病的人賒藥。唐人經常爲昂貴藥費和醫療費用所苦,
高宗時盧照鄰(635?—689?)臥病隱居洛陽東郊龍門的寺院中,有好幾位
朝官都寫信慰問,並且致贈金錢,助他醫藥之費,他自述家人爲了治他的病
"破産以供醫藥"。② 後來他得到一個藥方"金花子丹方",要用丹砂兩斤,
上好的丹砂一兩二千文,總共要價六十四千錢,因此他對洛陽名流朝士發
出一封求救函,請求他們或贈丹砂,或各送他一、二兩丹砂等值的錢。③ 不
僅是藥費貴,民間醫人的診療費也不便宜,陸龜蒙(?—881)形容自己生
病時,縱然不是良醫也索價很高,使得他不得不節食縮食纔付得起醫藥費:
"余抱病三年於衡泌之下,醫甚庸而氣益盛,藥非良而價倍高。每一把臂、
一下杵,未嘗不解衣輟食而後致也。"④

在唐帝國的某些地區由於巫風盛行,民俗上巫重於醫,如江西地區巫
俗很盛,百姓罹病多求助於巫醫。"盧江之俗,不好學而酷信淫祀。……
有札瘥夭傷,則損敗生業,捨藥物而乞靈於鬼神",⑤"被病者捨醫事求淫
祀"。⑥ 至中唐羅珦(?—808)出任盧州刺史時,下令禁止巫醫,而以官方
修合的醫藥治療民疾——也就是前述的時藥,致使當地人"令春無瘧寒,
夏無痟首之疾"。⑦ 曾任袁州、台州刺史的李嘉祐(?—779?)《夜聞江南
人家賽神因題即事》詩,有"南方淫祀古風俗,楚嫗唱迎神曲"、"韓康靈藥

① 《全唐文》卷五九二柳宗元《宋清傳》,頁5982下。
② 《全唐文》卷一六六盧照鄰《寄裴舍人遺衣藥直書》:"山僕至自都。太子舍人裴瑾之、太子舍
   人韋方賢、左史范履冰、水部員外郎獨孤思莊、少府丞舍人內供奉閻知微、符璽郎喬偘並有書
   問余疾,兼致束帛之禮,以供東山衣藥之費。……余家咸亨中良賤百口,自丁家難,私門弟妹
   凋喪,七八年間,貲用都盡。余不幸遇斯疾,母兄哀憐,破産以供醫藥。"頁1690下。
③ 《全唐文》卷一六六盧照鄰《與洛陽名流朝士乞藥直書》,頁1689下。
④ 《全唐文》卷八○○陸龜蒙《自憐賦并序》,頁8393上。
⑤ 《全唐文》卷四七八楊憑《唐盧州刺史本州團練使羅珦德政碑》,頁4884下。另,《新唐書》卷
   一九七《循吏·羅珦傳》中也敍及此事。
⑥ 《全唐文》卷五○六《唐故太中大夫守太子賓客上柱國襄陽縣開國男賜紫金魚袋羅公墓誌銘
   并序》,頁5148下。
⑦ 《全唐文》卷四七八楊憑《唐盧州刺史本州團練使羅珦德政碑》,頁4885上。

不復求,扁鵲醫方曾莫覯"之句,①正是對當地巫醫很生動的形容。② 陸龜蒙(? —約876)詩云"江南多事鬼,巫覡連甌粵。可口是妖訛,恣情專賞罰。良醫只備位,藥肆成虛設"。③ 福建地區也是巫醫盛行,一直到宋仁宗慶曆六年(1046),當地仍是以巫多於醫:"閩俗左醫右巫,疾家依巫索祟,而過醫之門十纔二、三,故醫之傳益少。"這也就是爲什麼在士人的著作中多留下了僧醫記載的緣故。當他們出爲外州、外郡,遠離了京城豐富的醫療資源,如果不找當地的巫覡治病,就只能求助於僧醫。不過,在此要特別說明的是: 即使在醫療資源充足的環境下,巫醫也有它的生存空間,由於兩者醫療的方法不同,即所謂的"巫以鬼神占,醫以筋脈體",④不同社會階層的人也有不同的選擇。如劉禹錫(772—842)是洛陽人,他在《答道州薛侍郎論方書書》一文中,自述他幼年有病時保姆帶他去看"巫嫗",及他成長之後,自覺身體不如同年人的壯碩,纔勤讀醫書。⑤

　官醫照顧不足的層面,使得人們轉往求助僧醫或閭閻醫人,而寺院是人們樂於求醫的場所。就醫療費用而言,僧人或是免費以醫療濟人,或是隨病者的能力給錢;加以寺院中或是有藥園,或是有救濟性質的"藥藏",藥品不虞缺乏,而且它的品質大都可以信賴。由於有人向寺院求醫,所以也有重症者在寺院中過世,這就是爲什麼在唐代墓誌銘中常見到卒於寺院的緣故了。文宗大和二年(828)杜牧(803—約852)之弟杜顗因患嚴重眼疾,住在揚州禪智寺。⑥ 柳宗元貶永州,帶著母親盧氏同行,因其地"醫巫藥膳之不具",因此求助於寺院僧人,憲宗元和元年(806)盧氏病逝於永州零陵佛寺。⑦ 由於僧人行醫濟人十分普遍,唐代的詩文中也出現"醫僧"這個名詞。元稹之女病重時,也曾求醫於僧人,故《哭女樊四十韻》云:"乳嫗閑於社,醫僧婉似醒。憫渠身覺瘠,訝佛力難争。"⑧韓偓(844—923)《騰

① 《全唐詩》卷二〇六,北京,中華書局,1960 年,頁 2145。
② 《全唐文》卷六〇四劉禹錫《答道州薛侍郎論方書書》,頁 6099 下。
③ 陸龜蒙《甫里集》卷一《奉酬襲美先輩吳中苦雨一百韻》,文淵閣四庫全書本,册一〇八三。
④ 《全唐文》卷五九八歐陽詹《懷州應宏詞試片言折獄論》,頁 6041 上。
⑤ 《全唐文》卷六〇四劉禹錫《答道州薛侍郎論方書書》,頁 6099 下。
⑥ 《全唐文》卷七五三杜牧《上宰相求湖州第二啓》,頁 7803 下。
⑦ 《全唐文》卷五九〇柳宗元《先太夫人河東縣太君歸祔誌》。
⑧ 《全唐詩》卷四〇四,頁 4514。

騰》詩云：“烏帽素餐兼施藥，前生多恐是醫僧。”①僧醫中還包括了外來的僧人，如李德裕出鎮西蜀時，當地先前被蠻人擄去的居民中包括了一名“醫眼大秦僧”。②

唐代僧人醫療的情形相當普遍，即使皇室、王公貴人有時也請僧醫診視。開元年間，僧人曉微因醫術而被賜紫衣師號，唐德宗時皇宮裏有供奉僧智昌善醫療，③唐玄宗時長安勝業寺僧人通曉醫術，好交遊貴人。④ 至於一般僧人則常行化民間，爲人醫療，如唐初并州義興寺僧人智滿“慈接貧苦，備諸藥療”。⑤ 唐末梓州東山觀音院僧洪照（？—872）“常以真言祛邪逐祟，咒水治病，救人不可勝數”。⑥

唐代由於僧人掌握豐富的醫療資源，以及僧人行醫的情形十分普遍，使得唐朝皇室一方面試圖禁止僧道的醫療行爲，但另一方面唐朝政府在貧民的醫療救濟上却不得不仰賴寺院的運作。唐太宗貞觀九年（635）下詔諸州度僧尼總數以三千爲限，並且精核僧尼戒行，令有醫療行爲取財者，付六律處置：

> 　　其天下諸州有寺之處。宜令度人爲僧尼。總數以三千爲限。……但戒行之本，惟尚無爲，多有僧徒，溺於流俗，或假托神通，妄傳妖怪，或謬稱醫筮，左道求財。……有一於此，大虧聖教，朕情在護持，必無寬貸。自今宜令所司，依附六律。⑦

“假托神通，妄傳妖怪，或謬稱醫筮”都可以歸到僧人醫療之中。唐敬宗寶曆二年（826）十二月，敬宗遇害，文宗入京靖難，事平，文宗即帝位，誅殺及處罰邪佞，以靖京師，其中就有“僧惟真、齊賢、正簡，道士趙歸真，

---

① 《全唐詩》卷六八一，頁7804。
② 《全唐文》卷七〇三李德裕《第二狀奉宣令更商量奏來者》，頁7220下。
③ 《文苑英華》卷五八一權德輿《代盧相公謝賜方藥并陳乞表》（德宗貞元十二年十月一日）。
④ 《太平廣記》卷一〇〇《釋證二·僧齊之》。
⑤ 《續高僧傳》卷一九《習禪四·唐并州義興寺釋智滿傳》，頁583下。
⑥ 《全唐文》卷八〇六侯圭《東山觀音院記》，頁8473下。
⑦ 《佛祖歷代通載》（T·2036）卷一一，收入《大正新修大藏經》，冊四九，頁569下。

並配流嶺南",惟真被流放到羅州,齊賢被流放到雷州,正簡被流放到辨州。在詔書中提到惟真被流放的原因是"妖妄僧惟真、道士趙歸真等,或假於卜筮,或托以醫方,疑衆挾姦,矯誣干禁,並從流竄,以靖京師"。①僧人惟真當時擔任翰林醫官,②至於齊賢和正簡也有可能是以醫術待詔翰林。政府雖然意圖禁止僧人的醫療行爲,但由於佛教僧人的醫學知識和僧團的醫藥資源,政府的貧病救濟收容所"悲田養病坊"就是由官方供給資金,而利用寺院的醫療資源和人力資源,以達到救濟貧病的目的(見下文)。

四、宋代的官醫與僧人醫療

關於宋代的醫事制度,學者已有很多的研究,③其中陳元朋、梁其姿比較從庶民角度和制度落實的層面考察。④ 本節追循著他們的方向,從宋代官醫不足和惠民藥局落實的情況,討論僧人醫療的流行。宋代的醫事制度中和庶民醫療比較有直接關聯的是各州縣的醫生、駐泊醫官,各地的官方平價藥局"惠民藥局"。然而,有些偏僻遠地的州縣醫生制度無法完全落實,使得醫療資源分布不均勻的情況和唐代並沒有很大的差別,梁其姿認爲宋代政府注重地方的醫療,設置地方醫官、提高地方醫療的品質,但由於制度上的不穩定性,以及制度未完全落實,地方的百姓並不因此而得到更好的醫療照顧。⑤ 又,宋代官方醫療最爲人所稱道的是平價藥局的成立,不過,也不是各州都有惠民藥局,有些地方甚至晚至南宋正年纔成立;此外,它在實施中的一些弊病,也使得此制的美意大打折扣。

---

① 《册府元龜》卷一五三《帝王部·明賞罰第二》,頁23。
② 《册府元龜》卷一八〇:"(寶曆)二年十一月己卯,賜翰林僧惟真絹五十疋。惟真以異術出入禁署,故橫及焉。"
③ 宮下三郎《宋元醫療》,收入藪内清編《宋元時代舊科學技術史》,京都大學人文科學研究所,1967年。劉伯驥《宋代政教史》,臺北,中華書局,1971年,頁1465—1471;郭聲波《宋朝官方醫藥衛生機構考述》,《宋代文化研究》第5輯,1995年,頁81—98。
④ 梁其姿《宋元明的地方醫療資源初探》,《中國社會歷史評論》第3卷,2001年;陳元朋《兩宋的醫事制度及其社會功能》,《史原》第20期,1997年。
⑤ 梁其姿《宋元明的地方醫療資源初探》,頁219—222。

（一）地方官醫

宋代中央有太醫局、翰林醫官院,宋代地方的郡縣也有官醫,宋仁宗嘉祐年間,在各郡置醫生,從宋神宗熙寧中,開始在各縣置醫生。[1] 它的名額是京府、節鎮十人,各州七人,縣是人口每一萬户置一人,最多不超過五人。這些醫生學習醫書,若考試合格,可比照舉人免丁税。[2] 不過,由於州的階層繼有醫學博士教學,[3]因此多數地方上醫生的醫學知識並不充足;又,此一制度並未完全貫徹施行,有些大郡也没有良醫,在巫風盛行的地區就更不用説了。哲宗元祐二年(1087)四月右正言虞策的奏書中,就指出了這種缺失:

> 策又言:"……然郡縣奉行未稱詔旨,有醫生之名,無醫生之實,講授無所,傳習未聞。今要藩大郡或罕良醫,偏州下邑,退方遠俗,死生之命委之巫祝。縱有醫者,莫非强名,一切穿鑿,無所師法,夭枉之苦,何可勝言?"[4]

誠如虞策所言,"郡縣奉行未稱詔旨"在偏遠的州縣甚至没有醫事人員,主要的原因可能是被派任到僻遠州縣的醫官大都是"醫官往往兼遥郡之職",[5]並不親身到任。在各地任官的官員常在詩文書信中,敍述他們任職之地醫療資源的貧乏,王禹偁(954—1001)爲王姓的商州刺史致書李宗諤,敍述王刺史父親年老,居在商州(今陝西商縣),他很擔心萬一老父"不

① 李燾《續資治通鑑長編》卷四七二起哲宗元祐七年四月盡其月,北京,中華書局,1992 年,頁 11272。

② 《續資治通鑑長編》卷三三五起神宗元豐六年五月盡是年六月,頁 8084。

③ 《續資治通鑑長編》卷一四七仁宗慶曆四年三月:"參知政事范仲淹言:'……其諸道州府,已有醫學博士,亦令所在教習,選官專管,委監司提點。其生徒精通兩部醫書,與免户下諸色差配;累有功效,保明以聞,與助教安排。所貴天下醫道,各有源流。'詔宣徽院並依奏施行。"頁 3570。

④ 《續資治通鑑長編》卷四七二起哲宗元祐七年四月盡其月,頁 11272。

⑤ 《宋會要輯稿·職官一八·鐘鼓院》,十月十四日:"上因宣諭執政曰:'太史局官名秩太卑微,今醫官往往兼遥郡之職,又似過於優厚。'"

幸疾恙,則地無醫藥,何以慰人子之心乎"?① 仁宗皇祐元年(1049)時,歐
陽修(1007—1072)在潁州(治所在安徽省阜陽市),他敍述"自秋以來,老
母臥病,郡既僻小,絶無醫藥。迨冬至之後,方得漸安"。② 宋徽宗政和三
年(1113),太醫令裴宗元上奏稱"外方難得醫藥,在京醫學等員數甚多"、
"山州僻郡不知藥脉,坐以致斃"。③ 曾任大中大夫充集英殿修撰張景憲
(1004—1180)之死就印證了這個説法,他因舉人失當而被貶至房陵(今湖
北房縣),後來就死在當地没有醫藥的環境下:"及坐失舉,謫守房陵。雖
僻陋無醫藥,怡然順適,家人不見有憂愠之色。疾革,召諸子屬以後事,神
色不亂。"④一直要到宋孝宗淳熙七年(1180),在廣東南部諸州纔設有醫
官。⑤ 又,如夔州(治所在四川奉節)完全没有藥肆、醫人,當地的人完全仰
賴巫醫和土俗療法。⑥ 蘇軾(1037—1101)先後被貶惠州、儋州,他在惠
州(今廣東惠陽)時,給僧人參寥的信中還開玩笑地説:"得其餘瘴癘病
人,北方何嘗不病? 是病皆死得人,何必瘴氣? 但苦無醫藥,京師國醫手
裏死漢尤多,參寥聞此一笑,當不復憂我也。"⑦他在儋州(今海南儋縣)
也形容當地是:"海隅風土甚惡,亦有佳山水,而無佳寺院,無士人,無醫
無藥。"⑧歐陽修(1007—1072)爲尹師魯所撰的墓誌銘中,敍述尹師魯監
均州(今湖北)酒税"得疾無醫藥,舁至南陽求醫"。⑨ 南宋郭應祥在《李
氏集驗方序》中,敍述他攜帶一家老小到泉江任官,詢問當地的醫藥狀
況,讓他十分擔心:

---

① 王禹偁《小畜集》卷一八《與李宗諤書》,文淵閣四庫全書本,册一〇八六,頁8。
② 歐陽修《文忠集》卷一四五《與杜正獻公書》,文淵閣四庫全書本,册一一〇二——一一〇三,
　頁4。
③ 章如愚《群書考索》後集卷三〇《士門醫學》,北京,中華書局,1992年,頁6。
④ 范純仁《范忠宣集》卷一六《大中大夫充集英殿修撰張公行狀》,文淵閣四庫全書本,册一一〇
　四,頁17。
⑤ 《宋史》卷三五《孝宗紀》,淳熙七年"二月癸未朔,初置廣南烟瘴諸州醫官"。
⑥ 李復《潏水集》卷六《夔州藥記》:"夔居重山之間,壅蔽多熱,又地氣噎泄而常雨,土人多病瘴
　瘧,頭痛脾泄,略與嶺南相類,他處藥材皆不至,市無藥肆,亦無學醫者,其俗信巫而不求
　醫……"文淵閣四庫全書本,册一一二一。
⑦ 《東坡全集》卷八四《答參寥三首惠州》。
⑧ 蘇軾《東坡全集》卷七五《與王庠書三首》之三,文淵閣四庫全書本,册一一〇七——一一〇八,
　頁20。
⑨ 《文忠集》卷二八《尹師魯墓銘》,頁11。

始予奉親攜幼來官泉江,未入境,首問邑有良醫師乎? 又問市有佳藥肆乎? 或對以醫固不乏人,而庸庸者實多;藥肆僅一二數,然稍貴細者則缺焉。予謂: 二者老幼所依,以爲命也,今顧若此,其奈之何哉![①]

陳元朋認爲各地的駐泊醫官是宋代醫療中較具有社會功能的兩個項目之一,[②]不過,值得注意的是各州駐泊醫官的人數也很有限。在宋徽宗政和三年(1113)以前,"諸路駐泊員額止百餘",尚書令轉達太醫令裴宗元上奏,將在京城裏的醫官七百餘人分派到各州和軍府駐泊,上州四人,中、下州三人,偏遠之州二人:

政和三年閏四月辛亥,尚書省言: 檢查太醫令裴宗元劄子,乞就太醫局復置醫學,詔依所乞。外方難得醫藥,在京醫學等員數甚多,並令尚書省措置。契勘翰林院見今醫官至祗候七百餘員,端閑並無職事,諸路駐泊員額止百餘,山州僻郡不知藥脉,坐以致斃。今立較試之法,隨所試中、高、下,分遣諸路: 三京七人,帥府六人,大藩五人,上州四人,中州、下州三人,次遠二人。[③]

徽宗接納了他的意見,但經過這樣調度四個月之後,京師裏還是有四百餘位閑置無職的醫官。[④] 似乎有很多的醫官不願意被派往都城以外地方擔任駐泊醫官者,因此,宋徽宗宣和四年(1122)十二月,下令如不願擔任外任駐泊醫官者,就必須去職,放歸田里:

(宣和四年)十二月十一日,詔:"諸州駐泊醫官並依元豐法差注,內無人願就去處許奏辟,又無人奏辟聽闕。其不願就人令致仕,或放

---

① 李迅《集驗背疽方》郭應祥《李氏集驗方序》,文淵閣四庫全書本,冊七四三,頁 1。
② 陳元朋《兩宋的醫事制度及其社會功能》,頁 304—306
③ 章如愚《群書考索》後集卷二〇《士門·醫學》,頁 13—14;《宋會要輯稿·職官二二·太醫院》,頁 38—39。
④ 《群書考索》後集卷三〇《士門·醫學》,頁 13—14。

歸田里。在外醫人不願赴醫官局公參者依此。赴局公參人，方許理磨勘差使。"①

駐泊醫官是兩年一任，也有不等繼任醫官來到就離職的，孝宗乾道元年（1165）也下令此等人不得奏請免再出任駐泊醫官。② 因此，各州實際上駐泊醫官人數並不完全符合前述上州四人、中下州三人之制，如《咸淳毗陵志》記載："州兵官下有駐泊醫官一員。"③有些偏遠之州甚至從未有過駐泊醫官，光宗紹熙三年（1192）二月，權知沅州劉珏上奏："竊見沅州烟瘴之氣，人多疾病，緣無良醫診治，拱手待斃，深可憐憫。乞依靖州例，差明脈醫官一員充駐泊。"④另如，在寧宗嘉定二年（1209）以前，楚州也僅有一名駐泊醫官，至此因經戰火，裁省冗員，就連僅有的一名醫官都省去了。⑤

京師是醫療資源最豐富的地方，但醫官各有職務，難以求醫；而民間醫生水準不齊，加上收費也多不便宜。宋仁宗慶曆初年，周必大（1126—1204）在寫給朋友的一封信中充滿著上述的無奈："蓋京師近上醫官皆有職局，不可請他；兼亦傲然，請他不得。近下者又不知誰可用。"⑥似乎是連住在京師中，要覓得良醫也非易事。高宗紹興二十五年（1155）十月所下的一道詔書裏，指出當時杭州民間有些醫術不好的醫生，或是根本就沒有學過醫的人妄開藥方，這一年的疾疫流行時，有許多人因此而枉送了性命，所以特命臨安府將正確的藥方出榜告知百姓，《戒飭民間醫藥》詔云：

　　訪聞今歲患時氣，人皆緣謬醫，例用發汗性熱等藥，及有素不習醫、不識脈證，但圖目前之利，妄施湯藥，致死者甚衆，深可憫憐。據醫書所論，凡初得病，患頭痛、身熱、惡風、肢節痛者，皆須發汗。緣即今

① 《宋會要輯稿·職官三六·技術官》，頁 116。
② 《宋會要輯稿·職官三六·技術官》："（乾道元年）四月四日，詔：'應諸路州軍駐泊醫官，並以二年一替。其已過滿人不候替人罷任，今後不許陳乞奏辟再任。'"
③ 史能之撰《咸淳毗陵志》卷九《秩官三·州兵官》，北京，中華書局，1990 年，頁 3032 上。
④ 《宋會要輯稿·職官三六·技術官》，頁 124—125。
⑤ 《宋會要輯稿·職官三六·技術官》，頁 125。
⑥ 《文忠集》卷一四九《書簡六》，頁 14；又《與梅聖俞書》（慶曆初）。

地土、氣令不同,宜服疏邪毒,如小柴胡湯等藥,得大便快利,其病立愈,臨安府可出榜曉示百姓通知。①

在首善之區的都城尚有一部分醫人的水準有問題,偏遠外地州郡的情況就更不用說了。《外臺秘要方・劄子》中敍述在宋仁宗皇祐三年(1051)南方各地連年發生疾疫,一州就死了十餘萬人,疫情如此慘重的原因之一是各地的醫工醫術不精,而其根本原因是醫書的缺乏:

> 宋皇祐三年五月二十六日内降劄子,臣寮上言:臣昨南方州軍連年疾疫瘴癘,其尤甚處,一州有死十餘萬人。此雖天令差舛,致此札瘥,亦緣醫工謬妄,就增其疾。臣細曾詢問,諸州皆闕醫書習讀,除素問病源外,餘皆傳習僞書舛本,故所學淺俚,詿誤病者。②

因此罹疫的地方官奏請朝廷,從《太平聖惠方》中選錄合用的藥方,榜示在有疾疫瘴癘的州縣,供人傳抄,“宜令逐路轉運司指揮轄下州府軍監,如有疾疫瘴癘之處,於聖惠方内,寫錄合用藥方,出榜曉示,及遍下諸縣許人抄”。③

(二) 醫書的頒布

唐代玄宗、德宗朝兩度頒布醫方,宋代則太宗、仁宗朝四度頒布醫書。太宗兩次頒發醫書,第一次是在太平興國初,下詔翰林學士賈黄中等人撰集醫方,至雍熙四年(987)完成《神醫普救方》一千卷頒行天下。④ 此書卷帙浩大,應是頒給各州官府收藏之用。在此之後,太宗又命王懷隱與副使王祐、鄭奇,醫官陳昭遇編輯醫方,以《太平聖惠方》爲名,共一百卷,太宗

---

① 潘説友撰《咸淳臨安志》卷四〇《詔令一・戒飭民間醫藥》(紹興二十五年十月),北京,中華書局,1990年,頁3723上。
② 《外臺秘要方・劄子・外臺秘要方劄子》,文淵閣四庫全書本,册七三六。
③ 《外臺秘要方・劄子・外臺秘要方劄子》,文淵閣四庫全書本,册七三六。
④ 《宋史》卷二六五《李昉子宗訥傳》;《續資治通鑑長編》卷二八起太宗雍熙四年正月盡是年十二月,頁640。

親自爲此書寫序,雕版印行,在淳化三年(992)頒行天下。① 事實上,所謂的頒行天下是指賜給諸道、州、府各兩本,每州選一醫術精良的醫者爲"醫博士",專門負責收掌此一醫書,准許吏民抄寫流傳,《行聖惠方詔》云:

> 醫藥之書,人命攸繫……爰下明詔,購求名方,悉令討論,因而綴緝,已成編卷,申命彫鐫。宜推流布之恩,用彰亭毒之意。其聖惠方目錄共一百一卷,應諸道、州、府各賜二本。仍本州選醫術優長、治疾有效者一人,給牒補充醫博士,令專掌之。吏民願傳寫者並聽。先已有醫博士,即掌之,勿更收補。②

由上可知,《太平聖惠方》頒行僅止於州的層級,因此,雖然准許吏民傳寫,不過,都必需到州城來纔看得到此方書,因此,它的流通性應是有限的。除了收貯在州城之外,皇帝有時也頒賜方書給偏遠的鎮戍之所,如仁宗慶曆四年(1044)韓琦上書稱德順軍城初建"極邊之地,人不知醫術",故賜給此書和諸醫書各一部;③太宗時,吳越國王入朝,僧人希辨隨行;端拱二年(989),希辨請求回到吳郡,太宗賜給他御製詩及御書《急就章》、《逍遥咏》,以及《太平聖惠方》,以示榮寵。他回到常熟之後,建了一所寺院延福禪院,在此寺院中就收藏了這部醫書。④

宋仁宗兩度頒行醫書,一是《善救方》,一是《簡要濟衆方》。慶曆八年(1048)二月頒行《慶曆善救方》,⑤此醫方的内容主要以治蠱毒爲主,因福建地方多蠱毒,仁宗詔太醫收集各種能治蠱毒之方,集爲此書,曾鞏(1019—1083)《隆平集》記載:

---

① 《宋史》卷四六一《方技上·王懷隱傳》。《續資治通鑑長編》卷三三起太宗淳化三年正月盡是年十二月,頁736:"上復命醫官集太平聖惠方一百卷,己亥,以印本頒天下,每州擇明醫術者一人補醫博士,令掌之,聽吏民傳寫。"
② 《宋大詔令集》卷二一九《政事七十二·醫方》。
③ 《續資治通鑑長編》卷一四六起仁宗慶曆四年正月盡是年二月,頁3532。
④ 《十國春秋》卷八九《吳越十三·僧希辨傳》,北京,中華書局,1983年,頁1291。
⑤ 《宋史》卷一一《仁宗紀》,慶曆八年:"二月癸酉,頒《慶曆善救方》。"

仁宗以福建奏獄，多蠱毒害人者，福建醫工林士元能以藥下之，詔
錄其方。又命太醫集諸方之善治蠱毒者，爲《慶曆善救方》，命參知政
事丁度序之，以頒天下。①

在此方書頒布之後，知雲安軍王端奏請由官給錢，和此醫書中的藥，賜給
百姓。②

　　《慶曆善救方》主要是治蠱毒，屬於比較特殊的醫方，適用的地區也較
爲有限。四年之後，仁宗則頒布了比較一般性的藥方《簡要濟衆方》。《文
獻通考》記載：仁宗認爲"外無善醫，民有疾疫，或不能救療"，因此命太醫
使周應從《太平聖惠方》中選取較爲重要的醫方編成一書，即《簡要濟衆
方》，計五卷，在皇祐三年（1051）頒行。③ 曾鞏對於此書的内容和印行有更
清楚的敍述，它除了收錄簡單而有效的藥方之外，並且敍述某一疾病的來
源和診斷。此書分上、中、下三册，雕印頒行天下：

　　　　皇祐四年，上以方書雖多，或藥品之衆昧者，用之寡要，貧者困於
　　無資。命太醫集諸家已試之方，刪去浮冗，而標脈證，兼敍病源，名之
　　曰《簡要濟衆方》，且令崇文院分作上、中、下三册，印頒諸色。④

上文云印頒諸色，可能如同以前頒下方書僅及於諸道、府、州；因此，至仁宗
嘉祐二年（1057）時，再度下詔及於郡的層級"委諸郡收掌，以備軍民醫疾
訪聞"。⑤ 也就是說，特別是在疾疫發生時，地方長吏可以有簡要藥方作爲

---

① 曾鞏《隆平集》卷三，文淵閣四庫全書本，册三七一。
② 《宋史》卷一七八《食貨志上・賑恤》："先是，仁宗在位，哀病者乏方藥，爲頒慶曆善救方。知
　　雲安軍王端請官爲給錢，和藥予民，遂行於天下。"《隆平集》卷三："雖有方書，遠方或闕藥材，
　　不能自致，詔許以官錢，治《善救方》諸藥以濟民。"由此可知，官給錢治藥僅限於這種治蠱毒
　　的《善救方》。
③ 馬端臨撰《文獻通考》卷二二三《經籍五十・子醫家・皇祐簡要濟衆方五卷》，臺北，臺灣商務
　　印書館，1935年，頁1797上。
④ 《隆平集》卷三。按《續資治通鑑長編》卷一七〇仁宗皇祐三年正月盡是年七月（頁4092）以
　　及《宋史》卷一二《仁宗紀》皇祐三年，都將此事繫在皇祐三年。
⑤ 《蘇魏公文集》卷六五《本草後序》。

依據實施醫療救濟。①

　　北宋四次頒布方書於天下，它對百姓醫療到底發揮了何等的效用？是值得討論的問題。首先，在仁宗嘉祐二年以前，醫書的頒布僅及於州的層級，至仁宗嘉祐二年纔令各郡收藏。雖然准許吏民傳寫，不過，都必需到州城、郡城來纔看得到方書，因此，它的流通性應是有限的。再則，醫書收藏在官府之中，對百姓並沒有實際上的幫助，地方官對此也做了率直的敍述。慶曆六年（1046）福州知州蔡襄撰《太平聖惠方後序碑》中，敍述太宗頒布《太平聖惠方》的效果並不佳：“詔頒州郡，傳於吏民。然州郡承之，大率嚴管鑰，謹曝涼而已，吏民莫得與其利焉。”②蘇頌（1020—1101）在《本草後序》中，也説貧苦百姓不能由此得到利益。③

　　正是因爲頒下的方書對於平民無法有實質上的助益，所以蔡襄纔請當地善醫的人士何希彭選取《太平聖惠方》中部分實用的藥方，抄録在衙門左右的板榜上：“酌其便於民用者，得方六千九十六，（何）希彭謹慎自守，爲鄉閭所信，因取其本，謄載於版，列牙門之左右，所以導聖主無窮之澤，倫究于下。”④趙尚寬知忠州（今四川忠縣）“揭方書市中，教人服藥”。⑤另外，在較爲偏遠地區的一些官員還將部分的藥方刻在碑板上，如太宗時邕州（治所在今廣西南寧）知州范旻“以方書刻石置廳壁”，同州（今陝西大荔縣）知州王嗣宗“選名方，刻石州門”，仁宗時戎州（今四川南溪）通判周湛“取古方書刻石”。⑥廣西轉運使陳堯叟將《集驗方》刻石，置於桂州驛舍，“舍人頗賴之”。⑦

　　宋仁宗除了頒醫書之外，同時在京師散施醫藥給付不起藥費的貧窮人家，至於其他地方則各賜錢，令地方官責成官醫修合藥方，以備軍民來申請領取，《本草後序》云：

---

① 《宋史》卷一二《仁宗紀》，皇祐三年：“（五月）乙亥，頒《簡要濟衆方》，命州縣長吏按方劑以救民疾。”
② 蔡襄《端明集》卷二九《聖惠方後序》，文淵閣四庫全書本，冊一〇九〇，頁 15。
③ 蘇頌《蘇魏文公文集》卷六五《本草後序》，頁 997。
④ 蔡襄《端明集》卷二九《聖惠方後序》，頁 15。
⑤ 《宋史》卷四二六《循吏·趙尚寬傳》。
⑥ 《宋史》卷二四九《范質附子范旻傳》；卷二八七《王嗣宗傳》；卷三〇〇《周湛傳》。
⑦ 張鎡《仕學規範》卷二九《陰德》，文淵閣四庫全書本，冊八七五，頁 1。

嘉祐二年八月三日詔旨,朝廷頒方書,委諸郡收掌,以備軍民醫疾。訪聞貧下之家難於檢用,亦不能修合,未副矜存之意。今除在京已係逐年散藥外,其三京并諸路,自今每年京府節鎮及益并慶渭四州,各賜錢二百貫,餘州軍監賜錢一百貫,委長吏選差官屬,監勒醫人,體度時令,案方合藥,候有軍民請領,畫時給付。[①]

不過,這種施藥主要是季節性的施藥,特別是夏藥,即上文所謂"體度時令,案方合藥"。另如韓琦(1008—1075)奏稱頒給方書對於貧民沒有幫助,請賜錢給各節鎮、州,令,"選官合藥,以時散給":

樞密院韓琦言:"朝廷雖頒方書以救民疾,而貧民力或不能及,請令諸節鎮及益、并、慶、渭四州,歲賜錢二十萬;餘州、軍、監十萬,委長吏選官合藥,以時給散。"上如琦奏,至今行之。[②]

官方僅施藥救濟季節性疾病,至於平日的疾病則只有由百姓自力救濟了。

除了官方頒布方書之外,哲宗朝曾經兩度雕印小字版的常用醫書,以期能夠普及於民間。鑑於《聖惠方》、《傷寒論》等五部醫書,卷帙繁多,紙墨成本高,民間——特別是閭閻醫人無力購買,元祐三年(1088)下令由國子監雕印小字本,只以官方的紙墨成本出售。[③] 至紹聖元年(1094),再度下令由國子監雕印小字本的五部"日用而不可闕"的醫書,這五部書是:《千金翼方》、《金匱要略方》、《王氏脈經》、《補注本草》、《圖經本草》,以降低書價:

---

① 《蘇魏公文集》卷六五《本草後序》,頁995。
② 曾鞏《隆平集》卷三,頁11。
③ 岡西爲人《宋以前醫籍考・第七類・仲景方論(上)・三・傷寒卒病論》(三)序跋:"國子監。准尚書禮部元祐三年八月八日符。元祐三年八月七日酉時,准都省送下。當月六日,敕中書省勘會下項醫書,冊數重大,紙墨價高,民間難以買置。八月一日,奉聖旨令國子監別作小字雕印,内有浙路小字本書,令所屬官司校對,別無差錯,即摹印雕版,并候了日,廣行印造。只收官紙工墨本價,許民間請買,仍送諸路出賣。……元祐三年九月二十日,准都省送下。當月十七日,敕中書省、尚書省送到國子監狀,准朝旨雕印小字傷寒論等醫書出賣……"頁352—353。

　　　國子監准監關，准尚書禮部符，准紹聖元年六月二十五日敕，中書省尚書省送到禮部狀，據國子監狀，據翰林醫學本監三學看治任仲言狀，伏□本監先准朝旨：刊雕小字《聖惠方》等共五部出賣，敕每節鎮各十部，餘州各五部，本處出賣。今有《千金翼方》、《金匱要略方》、《王氏脈經》、《補注本草》、《圖經本草》，算之皆醫家要用而不可闕。本監雖見出賣，皆是大字官本，貧民難於辦錢請買，兼外州軍尤不可得。欲乞刊作小字，重行校對出賣，及降外州軍施行。本部看詳，欲依國子監申請事理施行。狀候指揮。六月二十三日奉聖旨。依，奉敕如右。牒到奉行。①

在此敕書中提及前此國子監也印有大字本的醫書，但價錢很貴，以至於"貧民難以辦錢請買"，由於《脈經》是醫書，因此購買者當是醫人。② 值得注意的是，在此敕書中提及前此國子監所印的醫書"外州軍尤不可得"，即在京城以外地區不易購得，這也反映出官方醫療的不均衡性。

（三）惠民藥局的普及性及其意義

　　宋代官方醫療最為人所稱道的是官方藥局的設置，不過前此對於官方藥局的運作和普遍性並未做過討論，如果仔細搜檢惠民局的情況，就會發現過去可能高估了惠民藥局所發揮的效果。第一，宋代官方藥局集中在都城汴梁和開封，以及州、軍治所的城市，並不及於縣城。第二，有些地方的藥局甚至晚到南宋或南宋末年纔出現。第三，這種官方提供的醫療資源在空間的分布上極不平均。另外，除了朝廷下令開辦的藥局之外，有些地方官員則自己籌錢在地方上開辦藥局。

1. 惠民藥局設置的時間和普及問題

　　在開始討論之前，有必要對惠民藥局的名稱作一敘述。首先，宋代官

① 王叔和《脈經》（三）《序跋·宋校定脈經進呈劄子》，北京，學苑出版社，1995 年，頁 4。
② 《宋以前醫籍考·醫經·第三類·脈經》（三）序跋，錄文和此略有出入，"貧民"作"醫人"："本監雖見印賣，皆是大字。醫人往往無錢請買，兼外州軍，尤不可得。欲乞開作小字，重行校對出賣。"頁 129。

方對百姓提供的成藥,稱爲"熟藥"(相對於"生藥材"而言),它的名稱先後有一些變化,宋神宗最初設置"熟藥所"、"賣藥所",至宋高宗紹興十八年(1148),改熟藥所爲"太平惠民局",①它是一個官方成藥(熟藥)的發售單位,有時簡稱"惠民局"。至於製造熟藥的單位稱爲"和劑局",也稱爲"惠民和劑局"。如《咸淳臨安志》記"惠民和劑局在太府寺內之右,製藥以給惠民局與暑、臘藥之備宣賜者";另外,有"太平惠民局,局凡五",這纔是發售熟藥的處所。②

　　神宗下令搜集天下名醫有效驗的醫方,由太醫局試驗,再製作成藥,在熙寧九年(1076)設置,出售太醫局所製的成藥。③太醫局的這些藥方並且有印本流傳,稱之爲"太醫局方",④這是最早的官方成藥。《清波雜志》記"神宗朝創置賣藥所,初止一所"。⑤至徽宗崇寧二年(1103),由於吏部尚書何執中奏請將熟藥所推廣至"天下凡有市易務置處",⑥其結果可能是僅將在汴京的賣藥所增加到五局,在都城開封的東、西、南、北城牆附近各增一所,稱"惠民東局"、"惠民西局"、"惠民南局"、"惠民北局",⑦以及在商稅院東也有出售熟藥處,⑧合計五局。由於賣藥所增加了,因此製造成藥的和劑局也增加爲兩所,稱爲"醫藥和劑局",因此合起來共有七局。⑨

　　第二,在宋徽宗以前,僅在都城汴京有"熟藥局所",對百姓發售成藥;

---

① 李心傳《建炎以來繫年要錄》卷一五八紹興十八年閏八月:"戌辰……改行在熟藥所爲太平惠民局。"文淵閣四庫全書本,冊三二五一三二七,頁212上。

② 《咸淳臨安志》卷九《行在所錄九・監當諸局・太平惠民局》,頁3436上。

③ 《宋會要輯稿・職官二七・太府寺》:"元豐元年四月二十四日,三司言:'(大)〔太〕醫局熟藥所熙寧九年六月開局,至十年六月收息錢二萬五千餘緡,計倍息。'"頁12。

④ 《宋會要輯稿・職官二七・太府寺》:"(大觀)三年三月十九日,詔:'諸路會府依舊復置熟藥所,仍差抵當庫監官兼管藥材。有闕,即(開)〔關〕和劑局修合應副。'"頁19—20。

⑤ 周輝撰,劉永翔校注《清波雜志》卷一二《惠民局》,北京,中華書局,1994年,頁525。

⑥ 《宋會要輯稿・職官二七・太府寺》:"(崇寧二年)五月九日,吏部尚書何執中言:'太醫熟藥所,其惠甚本,當(推)〔推〕之天下凡有市易務置處。外局以監官兼領。'從之。"

⑦ 《東京夢華錄注》卷二《朱雀門外街巷》:"太學又有橫街,乃太學南門,街南熟藥惠民南局。"卷三,大內西右掖門外街巷,近北巷口熟藥惠民西局。

⑧ 《宋會要輯稿・職官二七之六九》:"宋政和四年,尚書省言:修合賣藥所本周官醫師救民之意,今只以都城四壁並商稅院東出賣熟藥,非創置惠民之意。"

⑨ 陳師文等編《太平惠民和劑局方》,陳師文《太平惠民和劑局方序跋》:"又設太醫局熟藥所於京師,其恤民瘼,可謂勤矣。主上天縱深仁,孝述前列,爰自崇寧,增置柒局,揭以和劑惠民之名。俾夫修製給賣,各有攸司。"

三十餘年之後,在都城以外一些重要軍事鎮所纔有熟藥所;至南宋時,在各州纔有官方藥局。徽宗大觀三年(1109)纔下令在諸路會府設置"熟藥所",其所販售的熟藥基本上來自都城的和劑局:

> (大觀)三年三月十九日,詔:"諸路會府依舊復置熟藥所,仍差抵當庫監官兼管藥材。有闕,即(開)〔關〕和劑局修合應副。"①

所謂的"諸路會府"當指諸路的節鎮,②這從高宗紹興二十一年(1151)閏四月二日的一道詔書:"諸路常平司行下會府、州、軍,將熟藥所並改作太平惠民局。"也可知此處指的當是節鎮,《景定建康志》中就記載著:建康府就有"安撫司惠民局"、"總領所惠民局"和"都統司惠民局"。③ 另外,如會稽有"提舉司惠民局",④四明有制置司所設的"制置司和劑藥局",製造熟藥出售。⑤

宋室南渡以後,高宗紹興六年(1136)因戶部侍郎王俁奏請,設置和劑局和熟藥所;⑥紹興十八年改稱"太平惠民局",至高宗紹興二十一年二月,纔下令在諸州設惠民局。⑦ 各州設惠民局所出售的熟藥,有些是由都城杭州的和劑局所供應的,《嘉泰吳興志》:"今郡之惠民者有四:……太平惠民局,則轉取行都本局之藥以貨焉。"⑧有些地方的惠民藥局則是在各州城自行設局製造,如上述四明設置和劑局,因此,紹興二十一年十二月,因戶部員外郎李濤上言"近置諸州惠民局,慮四遠藥方差誤,望以監本方書印給"。高宗遂將太平惠民局監本藥方印頒諸路(見圖3)。⑨

---

① 《宋會要輯稿·職官二七·太府寺》,頁19—20。

② 《資治通鑑》卷二七三《後唐紀二·莊宗光聖神閔孝皇帝》同光二年冬十月辛未條,胡三省注:"節鎮爲會府。"

③ 《景定建康志》卷二三《城闕志四·藥局》,頁1698下。

④ 沈作賓修,施宿等纂《嘉泰會稽志》卷四《庫務□局》等,北京,中華書局,1990年,頁6778上。

⑤ 胡榘修,方萬里、羅濬纂《寶慶四明志》卷三《郡志卷第三·敍郡下·制府兩司倉場庫務并局院坊園》等,北京,中華書局,1990年,頁5023上。

⑥ 《建炎以來繫年要錄》卷九七紹興六年正月,頁353上。

⑦ 《宋史》卷三〇《高宗紀》紹興二十一年。

⑧ 《嘉泰吳興志》卷八《公廨》州治,頁4723下。

⑨ 《宋會要輯稿·職官二七·太府寺·惠民和劑局》,頁67。

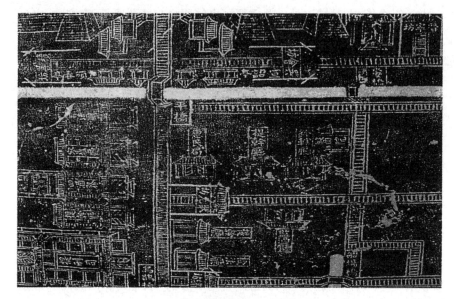

圖3 宋平江圖石刻中的"惠民局"

(《中國醫學通史・文物圖譜卷》,頁107)

　　惠民藥局的分布極不平均,有的城市晚至南宋末年纔設置,有的城市則有數所,甚至十數個出售熟藥的處所。如前述北宋都城有五個發售的惠民藥局,南宋建康府城内就有"安撫司惠民局"、"總領所惠民局"和"都統司惠民局"三個惠民藥局,其下各置數個藥鋪出售熟藥,這個城市總計共有十一鋪發售官方成藥,包括:安撫司惠民局有四鋪、總領所惠民局有五鋪、都統司惠民局有兩鋪,在此一城市的某一地區同時就有兩個官方藥鋪,如天津橋南就有兩鋪(安撫司惠民局一鋪、都統司惠民局一鋪),在太平橋南也有兩鋪(總領所惠民局一鋪、都統司惠民局一鋪),銀行街也有兩鋪(安撫司惠民局一鋪、總領所惠民局一鋪),①由此可見,建康府的醫藥資源是相當豐富的。又,如四明(今浙江寧波)地除了本州的惠民局之外,加上

---

① 《景定建康志》卷二三《城闕志四・藥局》:"【安撫司惠民局】在府治西,淳祐十一年十月,馬公光祖創撥藥本,收藥材,委官提督監視修製。置四鋪發藥,應濟軍民。收本錢,不取息。一在天津橋南,一在銀行街,一在鎮淮橋側,一在靖安鎮。【總領所惠民局】在正廳東廊,置五鋪發賣。一在本所衛門東南,一在太平橋南,一在銀行街,一在鳳臺坊口,一在御衛長樂坊。【都統司惠民局】在都統衙内橋亭東,置二鋪發賣。一在天津橋南,一在太平橋南。"頁1698下。

軍的惠民藥局,發售官製熟藥的地方也有十四鋪。① 從《宋會要》中,可知南宋都城杭州惠民藥局的服務是日夜不休的,紹興六年十月八日詔:"熟藥所、和劑局監專公吏輪留宿直,遇夜,民間緩急贖藥,不即出賣,從杖一百科罪。"②

雖然設置惠民藥局的立意可嘉,不過,並不是每一個州縣城市都有官方的惠民藥局,有些城市的惠民局甚至到南宋末年纔設立。另外,有些地方的惠民局是地方官自己出錢,或者利用官羨以創立藥局的。宋建康府安撫司惠民局是宋理宗淳祐十一年(1251)由安撫使馬光祖創撥藥本,責令提督監修,分置四鋪發售藥品,只收藥材的本錢。③ 又如在今日江西省南城的建昌軍(轄有南城、南豐、新城、廣昌四縣)藥局,係豐有俊領建昌軍時捐錢三百萬創立藥局:"捐錢三百萬,創兩區,萃良藥,惟真是求,不計其直,善士尸之。一遵方書,不參己意,具而後爲闋。一則止愈疾之效立見,人競趨之,而不取贏焉。"④此外,江東提刑司王元敬在任時,當地發生水災,繼之以疾疫,他遂以官羨百萬創藥局,並且自訂規約,由他的幕友主持,高斯得《江東提刑司新創藥局義阡記》:

> 吾友王元敬按刑江東,寔政悉舉,水毀之際,閭里大疫,病無藥以療,死無地以塋。元敬蹙然曰:是非吾職乎! 三代之民,疾病相扶持,死喪相葬,力足相及者,有常産也。今吾民貧到骨,病則斂手待亡,死則蓬顆無托,吾不受以爲責,不負天乎? 不負君乎? 乃捐司存羨錢百萬,創業藥局,製急于民用者,凡五十品。民有疾,咸得赴局就醫,切脉給藥以歸。復益以没官田,歲收其入,增市藥物,定其規約,令幕友三人更主之。⑤

① 吳潛修,梅應發、劉錫纂《開慶四明續志》卷二《惠民樂局》,北京,中華書局,1990 年,頁 5950 上。
② 《宋會要輯稿·職官二七·太府寺·惠民和劑局》,頁 67。
③ 《景定建康志》卷二三《城闕志四·藥局·安撫司惠民局》,頁 1698 下。
④ 袁燮《絜齋集》卷一〇《建昌軍藥局記》,文淵閣四庫全書本,册一一五七,頁 14。
⑤ 高斯得《恥堂存稿》卷四《江東提刑司新創藥局義阡記》,文淵閣四庫全書本,册一一八二,頁 19。

在孝宗以前，嶺南諸州大都沒有惠民局："民病皆飲水而無藥餌。"淳熙二年（1175），知廣州充廣南東路經略安撫使周自強纔請設惠民局："公始乞置惠民局于諸州，而州以常平錢五百緡給之市藥，俾同判或幕職專領，人賴以濟。"①福建地區也大致相同，至寧宗慶元年間（1195—1200）傅伯成出知漳州時，纔"始創惠民局，以革機鬼之俗"。②

2. 惠民藥局的意義

雖然惠民藥局的設置很不均衡，無法提供各地人民同等的福利，但它的出現仍然具有多重的意義。首先，帝王注意到平民醫療的具體困境，因此提供官方藥方、由官方製成藥，以低於市值的價格出售給需要的人，誠然是良法美意。第二，就出售的成藥而言，可以保證藥方的精確和藥材的品質。"劑料必真，修合必精"是官方對於惠民藥局的要求，一直到南宋末年，理宗寶祐五年（1257）年底還下令諸州，要求惠民局藥必精良。③　第三，由於官方不求贏餘，因此它的藥價較市售的藥品便宜。

由以下的對宋代坊間市肆的醫藥情形的描述，更能了解民間藥局的意義。當時的城市或者草市中有許多藥肆，不過，部分藥肆所出售的藥材和熟藥的品質是值得存疑的。黃庭堅（1045—1105）在給族弟的一封信裏，敍述當時藥肆對藥材的選用不精，或多欺騙顧客，常用廉價的藥材替換必需的藥材，因此藥多無效："然市中人治藥，以丁代丙，以乙當甲，甚貴則闕不用，其治病十不能愈三、四。"④文彥博（1006—1097）在《節要本草圖序》中，更敍及當世醫人甚至對於藥材的辨識多不精確，多仰賴采藥人和賣藥材者，因此，即使藥方精良，而用藥不精，其療效也大打折扣：

余嘗以近世醫工雖處方有據，而用藥不精，以至療疾寡效。蓋古

---

① 韓元吉《南澗甲乙稿》卷二二《龍圖閣待制知建寧府周公墓誌銘》，文淵閣四庫全書本，冊一一六五，頁 3。

② 劉克莊《後村集》卷四九《有宋龍圖學士光祿大夫致仕贈開府儀同三司傅公行狀》，文淵閣四庫全書本，冊一一八〇，頁 4；《宋史》卷四一五《傅伯成傳》。

③ 《開慶四明續志》卷二《惠民藥局》："聖天子以天地日生之德，訪民疾苦，寶祐五年冬十一月，御批申飭軍民五事，官藥局其一也。令臺閫嚴督所部，恪共奉行，劑料必真，修合必精，使民被實惠。仍揭黃榜於諸州。"頁 5950 上。

④ 黃庭堅《山谷集》卷二五《書藥說遺族弟友諒》，文淵閣四庫全書本，冊一一一三，頁 11。

醫用藥,率多自采……今則不然,藥肆不能盡識,惟憑采送之人,醫工鮮通本草,莫辨良楛之雜,加之贗僞,遂以合和,以之療疾,宜其寡效。①

《寶慶四明志》敍述"制置司和劑藥局"創設的原因,就是因爲當地百姓在市肆中經常買到僞藥"假僞售真,其害滋甚",故胡榘於理宗寶慶三年(1227)創辦的和劑藥局,務求"劑量精深"。② 由於市肆中多不良的藥品,所以宋人對於不賣劣藥、假藥的藥商每每讚譽有加。北宋李之儀(1038—1117)記載他的朋友成德餘在金陵經營一所名爲"善應軒"的藥肆,以出售良藥聞名。③ 當時不賣假藥也可以是一種美德,宋末元初時人吳澄(1249—1333)稱揚一個叫做張貴可的人,開了藥肆三十餘年,"自前至今如一日,其生藥精,而不倦於治擇;其熟藥真,而不雜以僞贗"。④ 又,他爲人撰述墓誌銘,也特別褒揚墓主太醫助教之子,家世設藥肆"售不以贗"。⑤

關於惠民藥局成藥的品質,《嘉泰吳興志》的敍述最爲中肯:"太平惠民局,則轉取行都本局之藥以貨焉。雖以錢得之,而藥材分劑則可倚仗,今故表而出之。"⑥至於惠民局藥價較爲便宜,據周密(1232—1298)記載,它的藥價大約僅是市價的三分之二。事實上,政府還必需補貼藥價,纔可以用如此低廉的價格出售:"其藥價比之時直損三之一,每歲糜户部緡錢數十萬,朝廷舉以償之。"⑦

3. 惠民藥局的弊病

惠民藥局雖然是美意良法,但在執行之際卻產生不少弊病。惠民局的

① 文彥博撰《潞公文集》卷一一,文淵閣四庫全書本,册一一〇〇,頁6。
② 《寶慶四明志》卷三《郡志卷三·敍郡下·制府兩司倉場庫務并局院坊園》等,制置司和劑藥局,頁5023上。
③ 李之儀撰,吳敏編《姑溪居士前集》前集卷三六《善應軒記》,文淵閣四庫全書本,册一一二〇,頁5:"善應軒,金陵成君德餘之藥肆也。凡新陳枯良,對病而予,而户外之屨常滿,無戚疎、無高下,來者皆以善藥予之,以此名傾東南。"
④ 吳澄《吳文正集》卷六《藥説贈張貴可》,文淵閣四庫全書本,册一一九七,頁1。
⑤ 吳澄《吳文正集》卷七三《故太醫助教程妻駱氏墓誌銘》,頁6—7。
⑥ 《嘉泰吳興志》卷八《公廨·州治》,轉取行都本局熟藥貨賣條下小注,頁4723下。
⑦ 《癸辛雜識·別集上·和劑藥局》,頁225。

官員常被視爲是個閑差事,因此若盡心任職藥局,則獲時人好評。陸游(1125—1210)撰朝奉大夫張琯墓誌稱其:"藥局舊隸太府,積奸弊至衆。公日夜窮極弊原,髮櫛而縷析之,都人無貴賤皆得善藥。"①由此可見,一則被任爲監惠民局的官員的人,多不盡心視事,惠民局在運作的過程中也產生不少的弊病。周密(1232—1298)《癸辛雜識》中對惠民藥局的積弊,有很具體的敘述:

> 然弊出百端,往往爲諸吏藥生盜竊,至以樟腦易片腦,台附易川附,囊橐爲姦,朝廷莫之知,亦不能革也。凡一劑成,則又皆爲朝士及有力者所得,所謂惠民者,元未嘗分毫及民也。……若夫和劑局方,乃當時精集諸家名方,凡經幾名醫之手,至提領以從官內臣參校,可謂精矣。然其間差訛者亦自不少,且以牛黄清心丸一方言之,凡用藥二十九味,其間藥味寒熱訛雜,殊不可曉。②

歸納惠民局諸弊病,根本的問題在於監督不周,產生以下的問題:第一,藥局諸吏盜竊藥材,或者以劣質藥材取代正當的藥材,以取其利。第二,販售的問題,惠民局熟藥往往爲京官和有力人士取得,平民百姓不易購得。第三,是製藥的差訛問題。

南宋俞文豹對於惠民局有很强烈的批評,和周密所指出的問題大同小異,包括惠民局藥材不佳、有的成藥短缺、管理不良、權貴高官易得好藥,而一般平民所得僅是粗劣的藥品。因此,南宋都城杭州人都將"惠民局"稱做"惠官局",將"和劑局"叫做"和吏局":

> 朝廷置惠民局、太醫局,所以達濟利之心,贊仁壽之治也。今惠民局以藥材貴而藥價廉,名雖存而實則泯。職其事者,太府承也,非惟藥材不能通曉,而驟遷倏易,亦不暇究心職業,所謂四局官止於受成坐肆

---

① 陸游《渭南文集》卷三八《朝奉大夫直秘閣張公墓誌銘》,文淵閣四庫全書本,册一一六三,頁6。
② 《癸辛雜識·別集上·和劑藥局》,頁225—226。

而已。惟吏輩寢處其間，出入變化皆在其手，藥材既苦惡，藥料又減
虧，稍貴細藥，則留應權貴之需。四局所賣者，惟泛常麄藥，缺者多而
贖者亦罕。一局輸費，爲數不貲，民拜其名，吏享其實，故都人謂惠民
局爲惠官局，和劑局爲和吏局。①

惠民局遭到時人很多的批評，甚至有人主張廢去惠民局。宋理宗嘉熙年間
（1237—1241）太府丞請罷惠民局，而俞文豹也贊成此説。②

（四）僧人與寺院的醫療

宋代僧人和寺院的醫療十分普遍，有以下四個因素：首先，由於官醫
和官方藥局在地區、城市和鄉村分布的不均衡，而僧人行脚遍及各地，他們
以醫術濟世的普及性是較官方爲廣、爲大。再則，僧人以醫術濟世，或是免
費，或是由病人自行捐獻，不致於讓病家負擔不起。第三，施藥是僧人的修
習之一，所以用藥不致於欺僞。第四，由於僧人的醫療傳統，某些僧人的醫
術精湛，即使是王公貴人有疾，有時也求診於僧醫。

僧團中有自己的醫療傳統，這可能是人們求助於僧人醫療的重要原因
之一。如北宋長沙醫僧洪蘊（936—1004）出家，投當郡開福寺沙門智思門
下，"習方伎之書，後遊京師，以醫術知名"。可見智思當也是長於醫術的，
在其門下學習者亦以此見長，而寺院中仍保有一些醫方，因此宋太宗在太
平興國年間，下詔購求醫方，洪蘊"録古方數十以獻"。真宗尚在藩邸時，
他也曾以方藥謁見；他最擅長的是湯劑，貴戚大臣有病也多請他診視。③
由此可知，僧團中有其醫方的傳習。如張九成（1092—1159）在監官鄉村
中教書，高宗建炎三年（1129）十月得病，醫人束手無策，友人陳彥柔知道
僧正慈懿方公有奇藥，寫信請這位醫僧他治病："乃令作艾，炷狀如芡實，
置五十粒，然灼臍下；又開篋取丹四粒，雜以它藥。"竟然就醫癒了張氏的

① 俞文豹《吹劍録外集》，文淵閣四庫全書本，册八六五，頁 37。
② 俞文豹《吹劍録外集》，頁 38："愚謂惠民局，莫若依嘉熙間太府丞陳請，罷去此局。"
③ 《宋史》卷四六一《方技上·沙門洪蘊》。

疑難之症。① 蘇軾《聖散子後敍》一文中，敍述吳郡秀才陸廣從一位鄉僧禪月大師寶澤處，得到一個藥方"聖散子"，②他就在汴京楞嚴院召募信徒，在此寺中修製這服藥劑散施。這個藥方在杭州發生大疫時，救了不少人：

> 聖散子主疾，功效非一。去年春，杭之民病，得此藥全活者，不可勝數，所用皆中、下品藥，略計每千錢，即得千服，所濟已及千人。……今募信士就楞嚴院修製，自立春後起施，直至來年春夏之交，有入名者，徑以施送。……施無多寡，隨力助緣，疾病必相扶持，功德豈有限量？仁者惻隱，當崇善因。吳郡陸廣秀才施此方并藥，得之於智藏主禪月大師寶澤，乃鄉僧也。其陸廣見在京施方并藥，在麥麴巷居住。③

宋代文人求助於僧人醫療的情形很多，在宋人文獻中出現不少"醫僧"的記載。蘇轍和兩位醫僧鑑清、善正來往，④方岳（1199—1262）和醫僧道森交好，⑤張元幹（1091—1160）有《醫僧真應贊》云："以疾苦度諸衆生，以藥石作大佛事。是爲僧中之扁鵲，故能療人之垂死。"⑥廖剛《清涼院醫僧懃師》詩云："道懃三昧起膏肓，甘露醍醐散滿堂。"⑦李洪曾訪醫僧慧昌的住處："囊中時曬君臣藥，肘後新抄和扁書。"⑧周紫芝（1082—1155）記載他曾爲病所苦"病寒熱凡終歲"，後來醫僧善應用四物湯加柴胡，僅服了三次就痊癒了。⑨

　　醫僧的可貴在於他們的宗教實踐，醫病不論富貴貧賤，用藥不以廉價

① 張九成《橫浦集》卷一六《寄醫僧序》，文淵閣四庫全書本，冊一一三八，頁 2。
② 此一"聖散子"方和蘇軾另文《聖散子敍》中所敍述的藥方，同名而是兩個不同的處方，因在後文中，他自己是從眉山人巢君穀處得到這個方子，後來他出守黄州時，因其地發生瘟疫，他以此方救活了不少人，後來更將此方傳給一位善醫的人蘄水龐君安。
③ 《東坡全集》卷三四，頁 22。
④ 傅璇綜等主編《全宋詩》卷八六一蘇轍《贈醫僧鑑清二絶》、《贈醫僧善正》，北京大學出版社，1991 年，頁 9996—9997。
⑤ 方岳《秋崖集》卷一四《用王侍郎韻寄題醫僧道森藥山閣》，文淵閣四庫全書本，冊一一八二，頁 16。
⑥ 張元幹《蘆川歸來集》卷一〇，文淵閣四庫全書本，冊一一三六，頁 4。
⑦ 廖剛《高峯文集》卷一〇，文淵閣四庫全書本，冊一一四二，頁 14。
⑧ 李洪《芸庵類藁》卷四《醫僧昌小軒》，文淵閣四庫全書本，冊一一五九，頁 4。
⑨ 周紫芝《太倉稊米集》卷四九《病中雜記》，文淵閣四庫全書本，冊一一四一，頁 7。

藥材取代貴重藥材，因此易致效用。南宋劉宰爲一位醫僧所撰寫的塔銘中形容僧人宗可"人以醫招必往，用藥謹審，不以貧富二其心"、"招醫必往吾不忍，治藥必精吾不欺"，[①]正是醫僧最好的寫照了。從南北朝以來，某些寺院中有藥藏，用以施濟，至宋朝禪寺中多有藥局。禪寺中設立藥局是從一辨禪師開始的。青州一辨禪師(1081—1149)初到今江西仰山太平興國寺，聽説當地有位善於醫術的人士新公，就去度他爲僧，目的就是要他來主持寺院的藥局；而在新公之後，又以新公之子能接掌藥局，大概其子也繼承父志出家：

> 少林英禪師爲余言："昔青州辨公，初開堂仰山，自山下十五里負米以給大衆。其後，得知醫者新公，度爲僧，俾主藥局。仍不許出子錢致贏餘，恐以利心而妨道業。新殁，繼以其子能。二十年間，齋廚仰給，而病者亦安之。故百年以來，諸禪刹之有藥局，自青州始。"[②]

由上可知，藥局的經費來自檀施，即"齋廚仰給，而病者亦安之"，而不是由寺院出資經營取利，故稱"仍不許出子錢致贏餘，恐以利心而妨道業"，此藥局不僅是醫治本寺禪僧，也爲寺外俗人服務。至於此藥局如何對外服務，可從元好問《少林藥局記》一文中得知梗概。金宣宗興定(1217—1222，宋寧宗嘉定十年至十五年)末年，東林隆禪師駐在少林寺時，得到信徒一大筆檀施，就仿效青州一辨禪師在寺院中設置藥局，繼其任的住持性英禪師請元好問(1190—1257)爲文記此事。此文敍述此寺藥局的做法是："取世所必用、療疾之功博者百餘方，以爲藥，使病者自擇焉。"[③]也就是在寺院中修製約百餘種常用的藥方，使病患對症選取藥物。

　　一個寺院醫藥的傳統往往綿延數代，如丹陽的普寧寺歷經百餘年一直都有藥院，它後來得以在兵火之後重建，也得力於此寺僧人以醫藥收入作

---

① 劉宰《漫塘集》卷三一《醫僧宗可塔銘》，文淵閣四庫全書本，冊一一七〇，頁33。
② 《元好問全集》卷三五記4《少林藥局記》，太原，山西人民出版社，1990年，頁3。按此文撰於金章宗明昌元年(1190)，見卷五五附錄6《李輯年譜》上金章宗明昌元年庚戌，頁531。
③ 《元好問全集》卷三五記4《少林藥局記》，頁3。

爲營建經費。高宗建炎四年庚戌（1130）此寺毀於兵災，經歷百年，始終不恢復，僅存原來寺院十之一、二的建築，此一廢址大部分爲宋室南渡時北來的人士所占住。藥院原來有兩位主事的僧人慈濟師和神濟師，慈濟師的藥院不知是無傳人或者爲官所侵占，後來成爲主簿廳；而神濟一系的藥院則一直沒有斷絕。神濟傳普清，普清又傳福山，而從其醫療行爲中，藥院也有可觀的收入。宋理宗寶祐四年（1256），寺院收回一些先前被侵占的寺地，神濟系藥院的傳人福山，以十年醫藥收益，用以修葺舊寺，從寶祐五年（丁巳，1257）到景定五年（甲子，1264），從殿堂、門廡、佛像、轉輪藏，都粲然一新。《普寧寺修造記》云：

> 我高宗再造之明年，翠華南渡，道由丹陽，嘗幸普寧寺之醫藥院宿焉。……邑之寺蓋莫大於普寧，而寺又倚藥院爲重久矣。居無何，當建炎庚戌歲，寺俄燬於兵，存者十不能一二。遺基敗屋，往往紛而爲西北流寓子孫之居，逾百年莫之復，亦正以其規模之大，故興復之難也。初，寺之藥院有工主之者，曰慈濟師，曰神濟師。歲月推遷，慈濟者久絕，院今暫爲主簿廳；惟神濟之院在。寶祐四年，釐經界，寺之侵疆，稍歸神濟之法嗣，曰普清。又其傳曰福山，起丁巳訖甲子，經營再世，首尾十年，悉醫藥之贏之藏，盡以葺寺之舊殿堂、門廡、佛像、輪藏，乃皆粲然復新……①

值得注意的是：普寧寺是丹陽最大的寺院，而此寺素來以它的藥院爲重；又，如普寧寺這般有醫藥傳統的寺院都是師徒世代傳授。另外一個僧人醫療傳統的例子是黃震《龍山壽聖寺記》，法海大師、保和得寧、慧觀正果師徒三代以醫藥濟人，再傳至明溥大成以其醫藥之贏餘建龍山壽聖寺。②

相對於世俗醫人的收費，僧人或是不收費；或是不以營利爲目的，因

---

① 黃震《黃氏日抄》卷八六《記‧普寧寺修造記》，文淵閣四庫全書本，冊七〇七—七〇八，頁15—16。
② 《黃氏日抄》卷八六《龍山壽聖寺記》，頁25—26。

此即使收費,也不致於太昂貴。還有一種是僧人不收費,而病家痊癒之後以檀施供養表達其謝意。僧人行醫濟世,雖然不求利,而贏餘反而更多,應該就是後面這種情形了,如師徒四代相傳以醫藥濟世的明溥大成云:"今三世皆益以藥醫濟人,而人信之故,雖不求贏,而贏反多。"①宋代很多寺院的重建都是僧人以其醫藥收入作爲經費,如吳郡長洲縣廣化寺因毀於兵火,夷爲平地,都僧正清正以他行醫濟世所得,重建此寺。② 宋仁宗至和二年乙未(1055),僧判官表師以他行醫所得錢二百萬,再勸募衆信衆捐二百萬,共同營造湖州飛英寺浴院,而在仁宗嘉祐三年(1058)落成。另外,有的僧人則是行脚各地醫療濟世,後來以其醫藥收入建造寺院,並且以此作爲醫療的定點,如明溥大成前三代皆巡遊各地醫療濟人,至明溥大成纔找一個人群往來衝要之地,建龍山壽聖寺,並以此爲基地,繼續行醫濟世。明溥自稱"我固以藥昌",黃震爲文也稱"師之得以成此者,醫也"。③

　　由於寺院的醫藥資源豐富,民間人士如欲以醫藥濟人也有借助寺院的空間和僧人的醫療知識,如北宋宰相文彥博(1006—1097)擬以醫藥濟人,熙寧六年(1073)他先是在洛陽龍門勝善寺下方建立一所藥寮,後來又請朝廷以此寺作爲他家的功德寺"擇僧之知醫者爲寮主以長之"。④

五、結語——僧人與唐、宋官方的醫療救濟

　　如上所述,唐、宋時期官方醫療之中,唐代官醫僅到達州的層級,有些僻遠的州可能並未設置醫學教育。宋代的醫事制度中和庶民醫療比較有直接關聯的是各州縣的醫生、駐泊醫官,各地的官設平價藥局"惠民藥

①　《黃氏日抄》卷八六《龍山壽聖寺記》,頁 25。
②　范成大纂修,汪泰亨等增訂《吳郡志》卷三一《府郭寺》,北京,中華書局,1990 年,頁 930 下。
③　《黃氏日抄》卷八六《龍山壽聖寺記》,頁 26。
④　范祖禹《范太史集》卷三六《龍門山勝善寺藥寮記》,頁 1。

局"。然而,這些制度或者無法完全落實,某些偏遠的州縣甚至沒有醫事人員,使得醫療資源分布不均勻的情況和唐代並沒有很大的差別。另外,宋代各地的駐泊醫官人數也很有限,大州四人、小州纔二人,又由於醫人畏懼到偏遠的地方上任,有的地方駐泊醫官不足其數,有些地方甚至沒有駐泊醫官。宋代官方醫療最爲人所稱道的是惠民藥局的設置,不過,必須注意的是:宋代官方藥局集中在都城開封府、杭州,以及州、軍治所的城市,並不及於縣城。再則,有些地方的藥局晚到南宋或南宋末年纔出現,使得這項官方提供的醫療資源在空間的分布上也是不均衡的。因此,當後人在贊嘆惠民藥局設置之時,應同時考慮到政策的貫徹、惠民藥局的普及性,各地惠民藥局設置的時間,及其分布的地點,纔可能對此一政策所發揮的效果有完整的評估。過去的研究可能高估了惠民藥局所發揮的效果。

在官醫不能充分提供庶民醫療救助的情況下,百姓只好轉而找民間醫人、道醫、巫醫或僧人。由於閭閻醫人收費並不便宜,有時也不能保證藥材品質,或是藥價昂貴,使得人們比較樂於尋求寺院和僧人的醫療。南北朝以降,僧團掌握了實質的醫藥和宗教醫療資源,即使唐朝政府對於貧民的醫療救濟,也還需仰賴佛教寺院和僧人的協助。唐、宋時期都有和醫療有關的貧病救濟機構的設置,它的性質是社會救濟,而不是一般庶民的醫療。值得注意的是,唐、宋國家所設置的貧病醫療救濟機構,它的來源是佛教,從名稱上即可辨識,唐代的"悲田養病坊"、①宋代的"福田院"、"安濟坊"都是佛教的名詞。在這些貧病救濟機構的運作上,也都和僧人有關。唐代悲田養病坊是設在各州、縣的寺院之中,由僧人主持,②官方給予一筆本錢滋息,主要是用來支付藥費的。在敦煌文書中有一件唐玄宗天寶年間《敦煌郡會計牒》,其中就提到"病坊合同前月日見在本利錢,總壹佰參拾貫柒

① 《唐會要》卷四九《病坊》:"會昌五年十一月,李德裕奏云:恤貧寬疾,著于周典,無告常餒,存于王制。國朝立悲田養病,置使專知。開元五年,宋璟奏:'悲田乃關釋教,此是僧尼職掌,不合定使專知。'玄宗不許。"頁863。
② 武宗毀滅佛法時,拆除寺院,敕令僧人還俗,但因考慮到僧人還俗無人主持病坊,因此下令各地由耆老主持,見《舊唐書》卷一八上《武宗紀》,會昌五年:"十一月甲辰,敕:'悲田養病坊,緣僧尼還俗,無人主持,恐疾疾無以取給,兩京量給寺田賑濟。諸州府七頃至十頃,各於本管選者壽一人勾當,以充粥料。'"

拾貳文,壹佰貫文本,叁拾貫柒拾貳文利;合同前月日見在雜藥,總玖佰伍
拾斤貳拾枚"。①

　　入宋以後,僧人在官方的醫療救濟機構(其名稱或作"居養院"、"養濟
院"等)②中的角色産生很大的變化。宋代的貧病救濟機構係由官員主持,
而由僧人輔助,官方派有官醫看病,僧人只能做"煎煮湯藥、照管粥食"這
類照顧病人飲食、給藥的工作。③ 另外,由地方官員所開辦的貧病救濟,也
還是仰賴僧人作爲"看守僧"以照顧病患。如建康有兩所救助旅行中病患
的處所,稱爲"安樂廬"。這兩所都是由沿江制置使、江東安撫、知建康府、
行宮留守馬光祖分別在理宗寶祐四年(1256)和開慶元年(1259)所創設
的。④ 此一醫療救濟機構由官方出資,請官醫診療,但是在病人的照顧方
面,則由僧人負責,包括煎煮藥物,給病人按時服藥,在《創廬規式》中,稱
這類僧人爲"看守僧",其職責是"一病人在廬,仰看守僧加意監督,火頭煎
藥煮粥,粥不許冷,藥不許生"。⑤ 僧人轉成爲官方醫療救濟機構服務、使
役的人。

　　從僧醫和官醫、閭閻醫人、道醫、巫醫並列爲人們尋求醫療的對象之
一,乃至於唐、宋時期國家的貧病醫療救濟機構養病坊、福田院等,都借助
於僧人的資源,可知佛教僧人在此一時期的醫療中扮演著重要的角色。然
而,由唐入宋,僧人在國家醫療救濟機構中從主導的地位,轉爲輔佐的角
色,也可顯示出國家對僧團的宣示主權。道端良秀認爲:悲田養病坊這種
貧民、孤老、病人的救濟設施,到了宋代以後,就有了變化,改由政府自體經
營,全部從佛教的手中移到國家之手來。⑥ 這個變化除了從醫療權爭奪的
角度來看之外,也應配合宋代的佛教政策考慮,宋代對於寺院、僧團的控制
遠較唐代爲甚,如宋代寺院分爲律寺、禪寺、教寺三種類型,寺院如欲更改

①　轉引自譚真《敦煌隋唐時期醫事狀況》,收入段文杰等編《敦煌學國際研討會論文集·石窟考
　　古編》,瀋陽,遼寧美術出版社,1995年,頁406。
②　張文《宋朝社會救濟研究》,重慶,西南師範大學出版社,2001年,頁162—179。
③　黃敏枝《宋代佛教寺院與地方公益事業》,收入釋聖嚴編《佛教的思想與文化:印順導師八秩
　　晉六壽慶論文集》,臺北,法光出版社,1991年,頁283—284。
④　《景定建康志》卷一四《建康表十》,頁1512上—下。
⑤　《景定建康志》卷二三《城闕志四·廬院·安樂廬·創廬規式》,頁1704上。
⑥　道端良秀《中國佛教社會事業の一問題》,頁82—83。

其形式,都必須得到朝廷的許可。① 此和唐、宋政權的性格、國家與佛教關係之轉變都有關聯,也可作爲檢視唐宋變遷的另一個課題。

　　後記:本文承蒙王師德毅逐字批閱,改正錯誤,特此致上誠摯的敬意和謝忱。

　　(本文原刊於李建民主編《從醫療看中國史》,臺北,聯經出版事業公司,2018 年)

---

① 黃敏枝《宋代政府對於寺院的管理政策》,《東方宗教研究》第 1 期,1987 年。

佛教的修習與儀式

中古僧人的"伐魔文書"

一、前　言

　　中國自古以來就有鬼的觀念，但是没有"魔"的概念；在西晉以前的文獻中，没有"魔"這個字，它是佛典傳來之後，爲了翻譯此一本土前所未有、而創造出來的一個新字。① 自漢代佛教傳來，不但給中國的鬼增加了一大批新的生力軍，②鬼的名目、種類大量地增加，更重要的是引進了"魔"這個類别。魔的梵文作 mara，音譯爲"魔"，或譯爲"魔羅"；意譯爲破壞、障礙或亂之意，是指擾亂人身心、破壞好事、阻礙人行善或奪人生命的惡鬼神。在佛教的經典中，對魔有很多的敍述。早期傳譯的經典中，如阿含部的經典，多將魔視爲阻礙人修善成道的鬼神；而如《佛説安宅神咒經》等早期密教的經典，則將它描繪爲對人不利，使人生病或死亡的惡鬼神。魔的觀念傳來以後，不僅佛教徒接受這個概念，道教也很快地吸收它，早期道教的經典如《太上洞淵神咒經》、《元始無量度人上品妙經》也出現"魔王"、"魔公"、"魔子"、"魔邪"的敍述。③

　　由於要達到涅槃成佛境地之前，一定會有魔來撓亂，佛和魔的關係可

①　慧琳《一切經音義》（T・2128）卷一二："魔王（莫何反，字書本無此字，譯者變'摩'作之。……"）收入《大正新修大藏經》，册五四，頁 380 中。神塚淑子在《魔の觀念と消魔の思想》（收入吉川忠夫編《中國古道教史研究》，京都，同朋舍，1992 年）一文中，對"魔"字在佛教譯經和道教經典中的變化，有簡要的討論。

②　李豐楙《〈洞淵神咒經〉的神魔觀及其克治説》，《東方宗教研究》新 2 期，1991 年，頁 141—142。

③　宮川尚志《晉代道教の一考察——太上洞淵神咒經めくりて》，收入《中國宗教史研究》第一，京都，同朋舍，1983 年；神塚淑子的《魔の觀念と消魔の思想》考察了此二經中"魔王"的意涵，頁 99—111。

以説是誓不兩立的。在佛教浩如瀚海的經典中，隨處可見有關魔和降魔的記載，有關修禪的經典中，對於魔，以及如何克制魔，尤有較多的敍述。佛典中魔的隊伍非常龐大，又會變化成千奇百怪的形象和情境來騷擾人們，幸而佛教的修持中也有好多方法去克制它們，如修禪、修觀、誦咒和持戒或持佛名號，道行高的人可以用神通以制魔；另外，也可以用手印或打坐的方法，或用特殊的藥物和法器克魔。

在通往成佛的道路上，降魔成道是必經的過程，故僧人修行的過程中，很容易遭到魔的干擾，因此，和魔的對抗便成爲他們終身的志業之一。在此情況下，中古僧人就陸續對"魔"宣戰，他們仿照軍事文書的形式，撰述伐魔文書。這些伐魔文書主要收錄在梁代僧人僧祐所撰集的《弘明集》和唐代僧人道宣（596—667）所撰集的《廣弘明集》中。在《弘明集》卷一四《統歸篇》中，有署名釋智静《檄魔文》，和釋寶林《破魔露布文》二篇。①《廣弘明集》卷二九中，有北魏僧人僧懿的《伐魔詔并書檄文、并魔答》，其中包括了五篇文章。除了以上二書所收錄諸文之外，梁朝都城建康龍光寺沙門僧會曾撰《伐魔詔》一卷，②唐代蒲州普救寺沙門行友也寫了一篇《奏平心露布》。也就是説，從南北朝至盛唐時期，陸續有僧人撰寫伐魔文書。

本文主要探討中古僧人的伐魔文書，首先討論伐魔文書出現的背景，包括：佛教裏的魔是什麼？佛教中魔的概念、魔和修禪的關聯，佛教中有哪些克制魔的方法？並且從僧傳中所見僧人和魔的記載，藉以了解中古僧人仿軍事性文書對魔口誅筆伐的緣由。第三節就伐魔文書本身而論。由於部分文書的作者身份不明，本文比對不同的文本，參以其他的資料，以釐清這些文書作者究竟是何人。次則討論伐魔文書的内容，再則探討這些文書的性質。它們可以説是僧人所虛擬的一場戰爭，由於他們借用官方軍事文書的形式，因此便將佛菩薩擬爲皇帝與官僚，而其討伐的魔，大多數是個人内在的魔，而經由伐魔的將領——或是佛菩薩或者是正心禪定和德行，

① 另有署名竺道爽《檄太山文》，其内容是討伐太山的魔，《廣弘明集》裏並不將它列在伐魔文書内，本文亦略去不談。
② 《法苑珠林》（T・2122），卷一〇〇傳記篇雜集部，收入《大正新修大藏經》，册五三，頁1021下。

而取得最後的勝利。第四節討論爲何在盛唐以後,就再也没有出現這種文書,它所顯示出佛教史上的一些問題。中古時期出現這種文書,恰是反映了中古流行的經典和僧人的修行方法;盛唐代以後不再出現這類文書,則和僧人修習方式的改變、大量密教經咒的傳譯、禪宗的興起、净土教的流行有關。

二、伐魔文撰述的背景——佛教中的魔

在展開伐魔文書的討論之前,有必要先了解這種文書撰述的背景,包括:佛教中所謂的"魔"是什麽? 佛經中有哪些克治它的方法? 並且從中古僧人在修行的過程中和魔交鋒的記載,藉以了解他們對"魔"的認知。

(一) 何謂"魔"

由於要達到涅槃成佛的境地,一定會有魔撓,因此佛典中隨處皆有關於魔和降魔的記載;而佛教中有末法之説,届時佛法滅盡,而末法初起之時,首先出現的徵兆就是"魔道興盛"。① 佛和魔的關係幾乎可以説是不兩立的,因此在佛教浩如瀚海的經典中,隨處可見有關魔的敍述;有些經典中有某一卷或某一品是和魔或破魔有關的,如《佛所行讚》卷三有《佛所行讚破魔品第十三》;有些經典中則有一部分是專談魔或破魔的,後來就獨立譯出,成爲一部破魔的典。更值得注意的是,有幾部破魔經典是一而再、再而三地被重譯,如《無量門微密持經》,又名《成道降魔得一切智經》,在三國時由月氏國的支謙譯成漢文,其後至唐期間又出現十個譯本,總計有十一個譯本。② 同一部經重複地被翻譯,可以顯示出對此部經典的重視。

在有關修禪的經典中,對於魔有較多的敍述。佛教講求以智慧斷除煩惱(無明),以明白宇宙的根本實相、脱離生死輪迴爲最終目標。在佛教的

---

① 《佛説法滅盡經》(T·396),收入《大正新修大藏經》,册一二,頁 1118 下:"佛告阿難: 吾涅槃後,法欲滅時,五逆濁世,魔道興盛。"
② 《開元釋教録》(T·2154)卷一二,收入《大正新修大藏經》,册五五,頁 600 上,600 中;《貞元新定釋教目録》(T·2157)卷二二,收入《大正新修大藏經》,册五五,頁 931 上。

修行方法戒、定、慧三學中，如欲得到這種智慧，就要修習禪定，在定中修觀，方可以得慧，有了智慧方可除去諸障，到達涅槃證果的境地；所以對於修習佛法者而言，習禪是很重要的功課。①魔則是要來撓亂修行者達到涅槃的境地的，對於道行深厚的人干擾愈烈，因此"道高方知魔盛"，②是以講禪法的經典對於魔尤其有詳細的敍述，姚秦鳩摩羅什譯《佛説首楞嚴三昧經》是大乘佛典中談禪定最重要的經典，③其中對於如何辨識魔敍述得特別詳盡，因此，釋迦牟尼佛在《佛説法滅盡經》中稱：滅法時期最先化滅的經典就是《楞嚴經》。④

有關修禪的經典中，對如何克制魔敍述較爲具體完整的，如 5 世紀中譯出的《治禪病秘要法》等，又如隋代僧人智顗（523—597）有四本著作：《摩訶止觀》、《釋禪波羅蜜次第法門》、《六妙門》（又稱爲《不定止觀》）和《修習止觀坐禪法要》，闡述止觀坐禪的法門，也就是所謂的"止觀四本"。其中，《釋禪波羅蜜次第法門》、《修習止觀坐禪法要》二書中，將魔做了很有系統的分類和敍述。智顗是天台宗實際上的創立者，他在禪法上有新的創獲，以止觀爲具體内容，又依《法華經》以諸法實相（實相是指佛性、佛心）爲對象；爲了弘揚此説，而撰有以上四本書。《修習止觀坐禪法要》又稱《童蒙止觀》或《小止觀》，是《摩訶止觀》的精簡本，其中有一章名爲"覺魔事"，⑤對魔有整體的敍述，並且提及如何對治的方法。

何以在《修習止觀坐禪法要》特別有一章談"覺魔事"？這可能和本書撰述的目的有關，這是智顗爲他俗家的兄長陳針所寫的，以幫助其祛病延年，⑥因此，特別以一章談坐禪入定時出現一些幻境，如何辨別是正定或者是邪禪，以及其對治的方法。其實，本章内容和《釋禪波羅蜜次第法門》卷

---

① 《大般涅槃經》（T・375）卷一〇中甚至説："是大涅槃即是諸佛甚深禪定。"收入《大正新修大藏經》，册一二，頁 672 下。
② 《修習止觀坐禪法要》卷一，收入《大正新修大藏經》，册四六，頁 470 中。
③ 湯用彤《漢魏兩晉南北朝佛教史》，臺北，鼎文出版社，1976 年，頁 769。
④ 《佛説法滅盡經》（T・396），收入《大正新修大藏經》，册一二，頁 1119 中。
⑤ 在大藏經所收録的佛典中，另外僅有《大般若波羅蜜多經》（T・220）卷五五〇有"覺魔事品"這樣比較完整的敍述，收入《大正新修大藏經》，册七。
⑥ 馬瑞莊譯注《前言》，《坐禪法要譯注》，北京，科學技術出版社，1995 年，頁 5。

六中所述,幾乎完全一樣,①可以説是取其精華,蕆其要者,言簡而意賅。

根據智顗的敍述,魔的梵音直譯爲"魔羅",漢語意譯作"殺者",它可以奪走修行人的善行福報,殺害修行者的智慧之命,因此稱之爲"惡魔"。相對於佛以功德智慧幫助衆生度脱生死,達到涅槃的境地;魔則經常破壞衆生善根,以令人墮入生死輪迴爲能事。魔可分爲四種:②

(一) 煩惱魔

(二) 陰入界魔

(三) 死魔

(四) 天子魔(鬼神魔)③

其中,煩惱魔和陰入界魔都是内在的,是人們自心所生的。④ 煩惱魔是指貪、嗔、痴等煩惱,所謂百八煩惱等,分別八萬四千諸煩惱。⑤ 它能破壞人們的善心。陰入界魔,指的是"五蘊"——色、受、想、行、識,這五陰能生出各種苦惱,這些都是魔軍。《大智度論》中有偈云:

欲是汝初軍　　憂愁軍第二

飢渴軍第三　　愛軍爲第四

第五眠睡軍　　怖畏軍第六

疑爲第七軍　　含毒軍第八

第九軍利養　　著虚妄名聞

第十軍自高　　輕慢於他人⑥

關於這兩種魔,只要人們自己正心攝念,就可以遣除這些煩惱。第三種死

---

① 《釋禪波羅蜜次第法門》卷六,收入《大正新修大藏經》,册四六,頁 506 下—507 下。
② 還有二魔、三魔、四魔、八魔、十魔等説法。
③ 《修習止觀坐禪法要》卷一,頁 470 中。又《大智度論》(T·1509)卷五,收入《大正新修大藏經》,册二五,頁 99 中:"(經)過諸魔事。(論)魔有四種。一者煩惱魔。二者陰魔。三者死魔。四者他化自在天子魔。"
④ 内魔係由自身産生的障礙,外魔則係他身而來的障礙。《定善義傳通記》卷三,認爲四魔之中,天魔是外魔,其他三魔是内魔。
⑤ 《大智度論》卷六八,頁 533 下。
⑥ 《大智度論》卷五,頁 99 中。

魔,是來自無常因緣,它可奪去人的生命,①在未能達到涅槃解脱生死之前,人們對它是無可如何的。

相對於内在的煩惱魔和陰入界魔,鬼神魔則是外在的。② 因此,智顗特别教人要會分别第四種"鬼神魔",因爲它是會以千奇百怪的形象出現的。鬼神魔是欲界第六層天主爲魔王,其眷屬爲魔民、魔人,又稱爲"他化自在天子魔"、"自在天魔"、"天子魔"、"天魔",③此魔是魔的本法。可分爲精魅、埠惕鬼和魔惱三種,分述如下:

(一)精魅:它會對應於十二個時辰,變化作種種不同的野獸,或者變作老人、少女,或可怕的身形,以迷惑修行者,或令修行者心生煩惱、感到畏怖。如在寅時出現的是虎,卯時變作兔、鹿,辰時化爲龍、鱉……修行的人只要看所出現的動物是和某一時辰相對應者,便可知道它是哪一種獸精;這個時候,只要説出它的名稱,大聲地斥罵訶責,它就會消失。④

(二)埠惕鬼,這是一種擾亂修行者坐禪的鬼,當它出現的時候,會唱著"埠惕、埠惕",因此稱爲"埠惕鬼"。⑤ 這種鬼會做出種種擾亂人禪定的行爲,如變昆蟲爬在修禪者的頭上或臉上,或者拍打修行者的腋下,或挾持抱住修行者。修行者如果碰見這種鬼,就應該一心不亂,閉上眼睛,暗中罵它"你這個喜歡破壞戒律的壞鬼,我是嚴守戒律的修行者,是不畏懼你的"。接下來,如果是出家人,就讀誦戒律;若是在家人,就念三歸依和五戒,如此一來,埠惕鬼就會匍匐退却逃走。⑥

(三)魔惱:魔化作各種五塵(色、聲、香、味、觸)的情境,以擾亂人心,讓修行者無法修習善法,例如使人心生各種煩惱(如貪欲、憂愁、嗔恚、睡眠等),以障礙修道者,阻止一切衆生修成佛道的,都是這等魔。這種魔以

---

① 《大智度論》卷六八,頁534上。
② 《大智度論》卷六八,頁536下:"復次,内有煩惱魔,外有天子魔。"天子魔就是鬼神魔的别稱。
③ 《大智度論》卷五,頁99中。
④ 《釋禪波羅蜜次第法門》卷六,頁507上:"十二時獸變化,作種種形色。或作少男少女老宿之形,及可畏身相等非一,以惱行人。各當其時而來,善須別識。若多卯時來者,必是狐兔貉等,説其名字精媚即散。餘十一時形相,類此可知。"《修習止觀坐禪法要》卷一,頁470中:"行者若見常用此時來,即知其獸精。説其名字訶責即當謝滅。"
⑤ 《治禪病秘要法》(T·620)卷二,收入《大正新修大藏經》,册一五,頁341中。
⑥ 《治禪病秘要法》卷二,頁341中。《修習止觀坐禪法要》卷一,頁470中。

下列三種情境出現：一、違背了五塵的情境，使人因爲畏懼五塵而起煩惱心，感到不安；二、順應五塵的情境，使修行者因滿足、貪戀這些欲望而迷失了；三、既不違背、也不順應五塵的情境，而以五塵來擾亂修行者，或化作順情境中其父母兄弟，乃至於諸佛的形象，面貌端正動人的男女，令人著迷；或者化作違情境中各種可怕的虎狼野獸羅刹的樣子，來嚇唬修行者；或者化作非違非順情境者，只要五塵仍在，也可以動亂人心，如做出種種好或壞的音聲，做出種種香臭之氣等。①

雖然魔有時候也稱爲"魔鬼"，如《大般涅槃經》卷三四："是經即是大神咒師，能壞一切煩惱魔鬼。"②又如《漸備一切智德經》卷一云："魔鬼在心，遠離佛心。"③不過，魔和鬼是不一樣的類別，如《佛説大白傘蓋總持陀羅尼經》卷一：

> 凡有有情於我起憎嫌心等者，起暴惡心等者，能奪威力等者，又復奪顏容鬼、食産宮鬼等、食血鬼等、血鬼等、食凝脂鬼等、食肉鬼等、食脂鬼等、食髓鬼等……食燒施鬼等，具罪愆心者等、具忌嫌心者等、具暴惡心者等。又復所有天魔等、龍魔等、非天魔等、風神魔等、飛空魔等、尋香魔等、疑神魔等、大腹行魔等、施礙魔等、夜叉魔等、餓鬼魔等……具瓔魔等、拔剌魔等。④

雖然魔、鬼、神是不一樣的類別，但在佛典中的敍述並不一致，只有對魔和外道分辨得很清楚，而對鬼和神的區別就没説清楚。⑤《釋摩訶衍論》裏就説"作障假人，雖有無量，而不出四，云何爲四：一者魔，二者外道，三者鬼，四者神，是名爲四"。⑥ 可知魔、鬼、神各成一類，但因魔可變化成各

---

① 《修習止觀坐禪法要》卷一，頁 470 下。
② 《大正新修大藏經》，册一二，頁 834 上。
③ 《大正新修大藏經》，册一〇，頁 467 上。
④ 《大正新修大藏經》，册一九，頁 405 下—406 上。
⑤ 《釋摩訶衍論》(T・1668)卷九，收入《大正新修大藏經》，册三二："魔及外道名義差別，出現經中分明説故，且略不釋。鬼及神事，出現經中無分明故，便造作釋綱要略説……"頁 658 上。
⑥ 《大正新修大藏經》，册三二，頁 657 下。

種形象,如神、佛、鬼等,因此神、鬼和魔有時就不容易分別,《續高僧傳》記載隋代的一位僧人釋靈達"頭陀林塚"修禪時,遭到鬼打擾,但他"雖逢神鬼,都不怖憚"。①

(二) 治魔的方法

佛教中魔的數量很多,又會變化成千奇百怪的形象和情境來騷擾人們,幸而經典中也敍述了很多方法去克制它們。

佛教中無論是鬼或魔的隊伍都非常龐大,種類也極其繁多。② 以魔來說,除了前述的四魔之外,還有二魔、三魔、四魔、八魔、十魔等説法。③《摩訶衍論》裏説四魔有三萬二千眷屬魔衆。④ 這只是魔的種類,至於其下的魔兵、魔民人數更是驚人,如釋迦牟尼佛過去生中爲菩薩時,在坐禪之際也曾經被魔王與鬼神兵一億八千人變作雜獸畜生的形狀,要來破壞他的修行。⑤

對於種類、數量如此龐大的魔王、魔民、魔子這批"魔軍",該如何去應付他們呢? 綜合各種佛典的記載,有以下八種方法,4、5 世紀譯出的經典中就提到了修禪或觀、誦咒、誦戒律和神通可以治魔,至於降魔印、降魔座、降魔藥和降魔法器等法,則較晚出現——在盛唐以後譯出的密教經典有很多的記敍。

1. 修禪、修觀

如果遇到魔來擾亂,可以息心正念,或者反觀自心,不視魔境,魔自然

---

① 《續高僧傳》(T・2060)卷二六感通《隋京師延興寺釋靈達傳》,收入《大正新修大藏經》,册五〇,頁 672 下—673 上。

② 《釋摩訶衍論》卷九,做障礙假人者有四種:魔、外道、鬼和神。其種類數目極爲龐大,四種大魔三萬二千眷屬魔衆,十種大鬼五萬一千三百二種諸眷屬鬼。《佛説灌頂經》(T・1331)卷八,佛告訴阿難六萬四十九種鬼,收入《大正新修大藏經》,册二一,頁 519 上—520 中。山精魅鬼二十萬億,山精魅鬼十三萬億,頁 522 上。同書卷二,敍述佛在衛國祇樹給孤獨園時,有七比丘尼在山中塚墓間修禪,常爲七千萬鬼神所嬈,頁 499 中。

③ 十魔之説出《大方廣佛華嚴經》(T・278)卷四二,收入《大正新修大藏經》,册九,頁 663 上:"有十種魔。何等爲十? 所謂五陰魔,貪著五陰故。煩惱魔,煩惱染故。業魔,能障礙故。心魔,自憍慢故。死魔,離受生故。天魔,起憍慢放逸故。失善根魔,心不悔故。三昧魔,味著故。善知識魔,於彼生著心故。不知菩提正法魔,不能出生諸大願故。佛子,最爲菩薩摩訶薩十種魔。"

④ 《釋摩訶衍論》卷九,頁 657 下。

⑤ 《經律異相》(T・2121)卷二九,收入《大正新修大藏經》,册五三,頁 157 中。

會消失。

　　行者既覺知魔事,即當却之,却法有二:一者修止却之。凡見一
切外道諸惡魔境,不憂不怖,亦不取不舍,妄計分別,息心寂然,彼自當
滅。二者,修觀却之。若見如上所說種種魔境,用止不去,即當反觀能
見之心,不見虚所,彼何所惱,如是觀時,尋當滅謝。①

2. 誦咒或持佛名號

　　很多經典都教人以誦咒來祛魔,佛經上說連十地菩薩都要靠咒來護
持,何況是凡人呢?《金光明最勝王經》卷四:"此陀羅尼灌頂吉祥句,是過
十恒河沙數諸佛所說,爲護十地菩薩摩訶薩故,若有誦持此陀羅尼咒者,脱
諸怖畏惡獸惡鬼人非人等怨賊災橫,一切毒害,皆悉除滅,解脱五障。"②對
於習禪的人而言,誦咒尤其重要,若遇到魔境經年累月不消,可以誦咒祛
除;而且不止坐禪時要誦咒,就連出禪時也要誦咒。③

　　在佛典中充滿各式各樣的治魔咒(陀羅尼),密教的經典尤多。由於
咒是漢譯經典中的五不翻之一,直接從梵音譯成漢文,因此,學起來就很困
難,又由於咒的特色之一是祕授的傳統,智顗說:"咒法出諸修多羅及禪經
中,術法諸師祕之,多不妄傳。"④不要說是俗人,就連一般僧人也不一定能
學得,所以就有一種變通的辦法,可以將咒書寫在禪堂,或者戴在身上,就
可以不爲一切諸魔所動。⑤

　　在《治禪病秘要法》卷下,有一節是"初學坐者鬼魅所著,種種不安,不
能得定治之法",就敍述禪修者入地三昧時,見到各種鬼怪而發狂,⑥並且
敍述佛陀對於在入定時爲鬼怪所擾時的對策。除了觀想、持誦佛名之外,

---

① 《修習止觀坐禪法要》,頁470下—471上。
② 《大正新修大藏經》,册一六,頁421中。
③ 《釋禪波羅蜜次第法門》卷六,頁507下:"(魔撓)如是或一月二月,乃至經年不去,亦當端心
　　正念堅固莫懷憂懼。當誦大乘方等諸經治魔咒,默念誦之,存心三寶。若出禪定,亦當誦咒自
　　防懺悔慚愧。及誦波羅提木叉戒,邪不干正,久久自滅。"
④ 《釋禪波羅蜜次第法門》卷六,頁506上。
⑤ 《顯密圓通成佛心要集》(T·1955),收入《大正新修大藏經》,册四六,頁1000上。
⑥ 《大正新修大藏經》,册一五,頁339上—下。

並且提供兩種神咒,作爲對治坐禪時的鬼怪之用。

3. 誦戒律

持戒或誦戒律也可以却魔,如前面提到的,遇到埠惕鬼的時候,出家人可讀誦戒律,在家人可念三歸依、五戒,或菩薩戒本,①埠惕鬼就會退却匍匐逃走。持戒的威力很大,即使得罪了魔,魔要報復,也無可如何,在《雜譬喻經》上有一則故事:有一位比丘因爲没有彈指預警要方便,無意中弄髒了一個鬼的臉,魔鬼大怒要殺他,但因爲這位比丘持戒甚謹,魔鬼總是找不到機會報復。②

4. 神通

道行高的僧人若有神通,便可用神通來降魔,《維摩義記》稱:"自降魔多用神通,教他降魔多用神咒。"③

5. 降魔印

在密教的經典中,有很多手印以降服不同的魔,稱之爲"降魔印",如"降服一切諸鬼神天魔印"、"摧碎一切諸天魔及一切惡蠱道精魅惡趣等印"、"降服一切鬼神斬頭印"、"金剛藏王降伏魔印"等。④ 如觀世音菩薩成道時降魔印稱爲"隨心解一切鬼金剛印",它的手印是:

> 以兩手反合,掌背相著,當心瞋怒誦前根本真言二七遍已,急翻兩手正合掌已。又誦七遍,印散開之。作此印法時,能破一切諸法皆悉不成。此印是觀世音成道降魔印,非心行同大善知識,請不流傳;非其人殃其身,又未入灌頂曼荼羅大法者,亦不得傳。⑤

由上可知,手印和密咒一樣,有祕授的傳統。又如"多羅菩薩降魔印"的做

---

① 《起信論疏》(T·1844)卷二,收入《大正新修大藏經》,册四四,頁 223 下。
② 《諸經要集》(T·2123)卷二〇,收入《大正新修大藏經》,册五四,頁 190 上。並見《法苑珠林》卷九四,頁 982 中。
③ 《大正新修大藏經》,册三八,頁 427 下。
④ 《佛説大輪金剛總持陀羅尼經》(T·1230),收入《大正新修大藏經》,册二一,頁 164 下—165 上。
⑤ 《觀自在菩薩怛嚩多唎隨心陀羅尼經》(T·1103)卷一,收入《大正新修大藏經》,册二〇,頁 467 上。

法是:

> 左手當心,把右手腕,右手中指、無名指、小指相並側豎擬前。頭
> 指大拇指向掌緊屈如鉤。此印三昧摧伏一切諸惡藥叉、羅剎、毘那夜
> 迦,悉皆怖走,無敢敵者。如是四印助會成就不空王壇印三昧耶,一切
> 業障,悉皆消滅,一切行願速皆圓滿。①

除了降魔的手印之外,還有"符印"也可以制魔。②

6. 降魔座

結跏趺坐也是一種降魔之法,趺坐有兩種,一種稱爲"吉祥座",一
種稱"降魔座"。先以右足趾置於左股上,再以左足趾置右股,就是降
魔座。③

7. 降魔藥

在密教的經典中,有藥方和真言(咒)配合,以除疾消魔,如《不空羂
索神變真言經》中就有好幾種藥草和香料合起來的藥方,可以使人不受
魔撓:

三昧眼藥小柏煎	欓黃蓽茇白胡椒
乾薑商佉訶黎勒	鞞醯勒果餘甘子
青優鉢羅華雄黃	仙陀婆鹽鬱金香
海末銀礦甘松香	數量等分精合治
加龍腦香麝香等	十六數中齊一分
重復和合精研治	廣大明王央俱捨
真言其藥數千遍	以藥點眼得無畏

---

① 《不空羂索神變真言經》(T·1092)卷二三,收入《大正新修大藏經》,册二〇,頁352中。
② 密教經典中的符印可能受道教影響,參見蕭登福《道教與密宗》第三章《道教符籙咒印對佛教密宗之影響》,臺北,新文豐出版公司,1993年。
③ 《一切經音義》(T·2128)卷二六,收入《大正新修大藏經》,册五四,頁472中:"趺坐,其坐法差別名目頗多,不可繁說,今且略敍二種坐儀:先以右足趺加左髀上,又以左足趺加右髀上,令二足掌仰於二髀之上,此名降魔坐。"

不爲一切鬼神嬈	眼中醫瞙冷熱淚
……	
燒熏衣著所至處	常爲人民愛恭敬
無諸病苦加善相	福德精進自增倍
口舌惡相自消滅	佩此藥者除諸障
不爲鬼神所嬈亂	一切瘡腫疾病者
藥和水研塗得差	腹中一切疾病者
煖水研服令除差	共他談論皆敬愛①

8. 法器

在儀式中所使用的法器也有降魔的作用,金剛神所持的杵頭作四角形的法器,叫金剛杵,又名"降魔杵"。

(三) 僧傳中所見的魔

僧人在修禪時,經常有魔來騷擾,要有所成就,一定要能够袪除"魔業禪鬼"。② 《高僧傳》習禪篇的傳論,就説"依教修心,終獲勝業,故能内逾喜樂,外折妖祥,擯鬼魅于重巖,覿神僧於絶石"。③ 有不少高僧在坐禪中遭到鬼魅的侵擾,《高僧傳》記載東晉時一位僧人釋慧嵬在山谷中修禪時,有一個鬼變作無頭、無腹鬼和各種奇怪的形象來嚇他,但慧嵬都不懼怖,鬼就退走了;另外,還有鬼變作天女來引誘他,也没能成功。④依第一節所述,這些化作不同可怕、可愛形象的魔,即是他化自在天魔(鬼神魔)。

僧傳中對僧人遭受天子魔撓亂最生動的記載,首推智顗的故事,陳宣帝太建七年(575),他在天台山國清寺北華頂峰獨静頭陀時,有數千鬼魅作各種形相來干擾他;又見到亡故的雙親來哀求他,因爲他安於法

---

① 《大正新修大藏經》,册二〇,頁 368 上一中。
② 《續高僧傳》卷一六習禪《後梁荆州支江禪慧寺釋惠成傳》,頁 557 上。
③ 《高僧傳》(T·2059)卷一一《習禪論》,收入《大正新修大藏經》,册五〇,頁 400 中。
④ 《高僧傳》卷一一習禪《釋慧嵬傳》,頁 396 中一下。

忍,使得鬼魅們無論用恫嚇,或以柔性的親情來阻撓他修禪,都沒有成功:

> 顗後於(國清)寺北華頂峰獨靜頭陀,大風拔木,雷霆震吼,魑魅千群,一形百狀,吐火聲叫,駭異難陳,乃抑心安忍,湛然自失。又患身心煩痛,如被火燒。又見亡没二親枕顗膝上,陳苦求哀,顗又依止法忍,不動如山,故使強軟兩緣所感便滅。忽致西域神僧告曰"制敵勝怨,乃可爲勇"。文多不載。①

對於智顗這段坐禪的經歷,宋代僧人撰的《佛祖統紀》也有記載,並且注稱"此皆天子魔所爲之狀,此土諸師修行,少有能降天子魔者"。②

北周末年,隱居在終南山釋靜藹遭到魔侵擾的經歷是比較特殊的,他在石壁上用鮮血寫下一篇勸導僧俗男女在佛法中精進,不要退轉,以及他捨命護法的偈文;但却因魔撓的緣故,鮮血的顏色竟變成白色,於是他只好改用墨書,並且在文後留下了這段"魔業不遂"的故事。③

在修行的過程中,僧人時時遭到魔的干擾,和魔的對抗便成爲他們的終身志業之一。因此,有僧人被冠以"降魔"之號,唐代禪宗神秀門下有一位來自兖州的僧人,就得到"降魔藏"的外號。當他初投神秀門下時,神秀還和他開玩笑說:"汝名降魔,我此無山精木怪,汝翻作魔邪?"④

有趣的是,北魏僧人反抗北魏的統治時,也以"除魔"、"平魔"作爲號召。北魏宣武帝延昌四年(515)六月,冀州沙門法慶和渤海人李歸伯一同起兵反叛,推法慶爲主,他提出的口號是"新佛出世,除去衆魔",自號"大乘",即歷史上所謂的"大乘賊"。法慶任命李歸伯爲十住菩薩、

---

① 《續高僧傳》卷一七習禪《隋國師智者天台山國清寺釋智顗傳》,頁565上。
② 《佛祖統紀》(T·2035)卷六《東土九祖三之一》,收入《大正新修大藏經》,册四九,頁182上。
③ 《續高僧傳》卷二三護法上《周終南山避世峰釋靜藹傳》,頁627中—628上。
④ 《續高僧傳》卷八習禪《唐兖州東嶽降魔藏師傅釋藏師傳》,頁760上。

平魔軍司,定漢王。這一年的七月,朝廷命令右光禄大夫元遥爲使持節、都督北征諸軍事,率領步、騎兵萬人前往討伐;到九月申寅,便大破法慶的軍隊,生擒法慶和他的部將一百餘人,斬首傳送洛陽,平定了大乘賊。①

三、中古僧人的伐魔文書

中古僧人的伐魔文書,都是以軍事文書的形式書寫,或作"檄"、"露布",②其内容則是對魔宣戰,或者招安,到了傳捷報以後,則有赦書。這些伐魔文書究竟是什麼性質的一種文章? 日本學者牧田諦亮在《弘明集譯注》一書中,認爲它既是一種戲作之文,同時也是佛教的宣傳文。③ 不過,本文認爲它可以視爲佛教的宣傳文字,但它絶不是一種戲作之文。又,關於某些伐魔文書作者,學者也認爲是假托的;另外,署名智静《檄魔文》和釋道安的《檄魔文》兩篇文章的内容幾乎雷同,究竟何者是原作者,也值得追究。本節首先確認這些伐魔文書的作者,再討論伐魔文書的内容和性質。

(一) 伐魔文書的作者們

關於中古幾篇伐魔文書,學者認爲其中幾篇是假托的,從清代學者嚴可均到日本學者牧田諦亮都認爲其中有一部分是僞托的,本文則認爲其中僅有署名道安的《檄魔文》是僞托的,其他各文的作者都没有問題。此處先將見諸記載的伐魔文書的作者列表説明如下:

---

① 《魏書》卷一九上京兆王子遥傳。《資治通鑑》卷一四八梁紀四武帝天監十四年。
② 檄是一種軍書文體,古時候用兵,僅是誓師而已,到了周朝以後,纔有文告。檄之,始見於戰國。張儀用檄以告趙相,後人仿之,代有著作。"露布"是要公之於世的文書,相對於緘封的制書,故稱露布,到了漢末,因討曹操用露布以後,就專指軍事用的檄文。至北魏時期,在竿頭上懸掛著戰勝的捷報,其後轉而成爲"捷報"的别稱。
③ 牧田諦亮《弘明集研究·卷下(譯注篇下)》,中世思想史研究班、弘明集研究班研究報告,京都大學人文科學研究所,1975 年,頁 748(注 1),758(注 1)。

表1 《中古伐魔文書》

作　　者	篇　　名	出　　處
釋智静	《檄魔文》	《弘明集》卷一四
劉宋·釋寶林	《破魔露布文》	《弘明集》卷一四
北魏·僧懿	《伐魔詔并序》	《廣弘明集》卷二九
北魏·僧懿	《慰勞魔書》	《廣弘明集》卷二九
東晉·道安	《檄魔文》	《廣弘明集》卷二九
	《魔主報檄》	《廣弘明集》卷二九
	《平魔赦文》	《廣弘明集》卷二九
梁·僧會	《伐魔詔》一卷	《法苑珠林》卷一○○
唐·行友	《奏平心露布》	《廣弘明集》卷二九

以上諸文中,僅有梁代建康龍光寺沙門僧會所撰的《伐魔詔》一卷,是失傳了。①

雖然上述諸文都有作者的姓名,但嚴可均輯《六朝文》時,就認爲署名釋智静的《檄魔文》一文,其作者也是釋寶林;②日本學者牧田諦亮認爲《弘明集》卷一四中,署名竺道爽《檄太山文》、釋智静《檄魔文》、釋寶林《破魔露布文》,三篇文章都是僧祐所撰寫的。③ 他們二人對收録在《弘明集》中伐魔文書的作者都有所懷疑,而看法却不一致。

然而,基於以下三個原因,上述兩位學者的判定也不是正確的:

第一,僧祐在《弘明集》卷一二,稱"予作三檄,亦摧魔之説,故兼載焉"。④ 牧田諦亮據此而認爲《弘明集》卷一四中的三篇文章,都是僧祐所撰寫的。⑤ 不過,他没有注意到和僧祐約略同時人的僧人慧皎(497—554)所撰的《高僧傳》一書中,明白地記載著劉宋時僧人寶林撰《破魔文》。⑥ 清人嚴可均則認爲此卷中的三篇文章:竺道爽《檄太山文》、釋智静《檄魔文》和釋寶林《破魔露布文》的作者都是釋寶林:"據文稱寓言假事,則道爽

---

① 《法苑珠林》卷一○○傳記篇雜集部,頁1021下。
② 《全宋文》,收入嚴可均輯《全上古三代秦漢三國六朝文》卷六四,北京,中華書局,1958年,頁2785。
③ 《弘明集研究·卷下(譯注篇下)》,頁623,748。
④ 《弘明集》(T·2102)卷一二,收入《大正新修大藏經》,册五二,頁76下。
⑤ 《弘明集研究·卷下(譯注篇下)》,頁623,748。
⑥ 《高僧傳》卷七義解《竺道生傳附寶林傳》,頁367上。

及智静皆托名。"①但他僅是推論,並沒有提出任何證據。因此,《破魔露布文》的原作者到底是釋寶林還是釋僧祐? 有待進一步討論。

第二,智静《檄魔文》和釋道安的《檄魔文》,除了少許字句之外,内容幾乎完全一樣;那麽此篇的作者究竟是誰?

第三,如果依照僧祐所稱"予作三檄,亦摧魔之説,故兼載焉",但《廣弘明集》卷二九對破魔文的界定,却未將《弘明集》中竺道爽的《檄太山文》列於其中,②這又該如何解釋呢?

要解答上述的疑問,首先就文字雷同的兩篇文章——釋智静《檄魔文》和道安《檄魔文》,討論到底何人是原創作者。由於智静其人生平無可考,東晉名僧道安(314—385)的生年是否早於智静,時代先後便無從來判定。不過,從道安《檄魔文》的開頭稱"彌天釋道安頓首魔將軍輪下"之句,便可知此文是僞托之文。因爲"彌天釋道安"不是一個自稱之詞,它是一個對句,《高僧傳》卷五《釋道安傳》:

> 時襄陽習鑿齒鋒辯天逸,籠罩當時,其先聞安高名,早己致書通好。……及聞安至止。即往修造,既坐稱言"四海習鑿齒",安曰"彌天釋道安"。時人以爲名答。③

道安以"彌天釋道安"對"四海習鑿齒",究竟是什麽意思呢? 據清人光聰諧的解釋,習鑿齒乃自詡四海之人都已知道自己了;至於道安的對子中,"釋"字可以同聲假借爲"識",故其意爲:普天皆認識我道安這個人。因"習"字本不假借,而"釋"字借爲識,所以是更勝一籌的佳對。④ 因此典故,後世常以"彌天釋道安"來敍述道安,但當道安在撰文時,必不至於以此自稱。因此,本文認爲在《廣弘明集》中署名道安的《檄魔文》當不是原創之作,應是後人抄録《弘明集》中智静之文,再加上一些字句上的更動,

---

① 《全宋文》卷六四,頁 2785。
② 《廣弘明集》卷二九統歸篇,録"梁代弘明集統歸篇録"僅有:釋僧祐《弘明論》、釋智静《檄魔文》、釋寶林《破魔露布文》,頁 335 中。
③ 《高僧傳》卷五義解二《釋道安傳》,頁 352 中—下。
④ 光聰諧《有不爲齋隨筆》卷庚,清光緒十四年(1888)蘇州藩署刊本。

而僞托爲道安之作。

那麼,《檄魔文》的原創者是否爲一位叫做智静的默默無聞的僧人呢? 還是如牧田諦亮所云係僧祐所撰? 在回答這個問題之前,我們至少可以證明牧田所稱也是僧祐假托的《破魔露布文》,其作者確實是釋寶林,而非僧祐,有以下兩點可作爲依據:

第一,此文之後有一個後記云:

> 予以講業之暇,聊復永日,寓言假事,庶明大道,冀好逕之流,不遠而復。經云:涅槃無生而無不生,至智無照而無不照,其唯如來乎。……

"涅槃無生而無不生"出自《大般涅槃經》。[1] 值得注意的是,在《高僧傳》一書中,寶林傳附在《竺道生傳》後,正是因爲竺道生是講《涅槃經》的,而寶林是繼竺道生之後的涅槃學者,講説傳揚竺道生的涅槃經義,《高僧傳·竺道生傳》:

> 後龍光(寺)又有沙門寶林,初經長安受學,後祖述生公諸義,時人號曰"遊玄生"。著《涅槃記》及注《異宗論》、《檄魔文》等。[2]

因此,寶林文的"後記"稱"予以講業之暇……"而其後引述《涅槃經》之語,此"講業"當是講《涅槃經》。反觀僧祐其人講經,講的是《十誦律》。[3] 以此之故,寶林是此篇的作者,應該是没有疑問的;又,《宋高僧傳》中敍述神邕爲文批駁道士吳筠之説時,還參考了"寶琳之破魔文",[4]可見一直到唐代的道宣還認爲寶林(琳)是《破魔文》的作者。

第二,前引《高僧傳》中明白地記載寶林著《檄魔文》,此處《檄魔文》當是《破魔文》之筆誤。僧祐(445—518)和高僧傳的作者釋慧皎(497—

---

① 《大般涅槃經》卷二六,頁777。
② 《高僧傳》卷七《竺道生傳》,頁367上。
③ 《高僧傳》卷一一明律《釋僧祐傳》,頁402下。
④ 《宋高僧傳》(T・2061)卷一七護法《唐越州焦山大曆寺神邕傳》,收入《大正新修大藏經》,册五〇,頁816上。

554）幾乎是同一時代人，《高僧傳》成書於梁天監十八年（519），因此，如果僧祐真是上面三篇的作者，慧皎當不可能作此敍述。

由上可知：雖然牧田諦亮稱《弘明集》卷一四所收録的三文都是僧祐所撰，不過，《破魔露布文》確是寶林所作，故其説是不能成立的。

以下便要問到：《廣弘明集》中所收録的道安《檄魔文》，其原作者當是智静，何以加以改裝，復冠上道安之名呢？這個問題應追溯到北魏僧人釋僧懿，是他將此文和自己所作《伐魔詔》等文編爲一卷，而得以流傳的。僧懿（？—498）出自北魏宗室，他是太武帝的兒子拓跋晃（恭宗景穆皇帝）的孫子，襲父京兆王子推之爵，拜爲長安鎮都大將，因爲貪黷而被削除官爵；不過，後來又起復爲秘書監，恢復官爵，更拜爲統萬鎮將，因而改封“河西王”。統萬鎮後來改爲“夏州”，便以他爲夏州刺史，後除守衛尉卿。像他這樣一位歷任鎮將、刺史、朝官的人，後來因爲患病而出家爲僧。他延請僧人行道祈求病癒，並且將家產全數拿出來布施，稱爲“散生齋”；在此齋後，他遇見一位奇僧，便向佛前祈願，若病可以痊癒，當捨王爵入道。他的病果然好轉，於是履踐祈願，上表乞請出家爲僧，上表十餘次，方纔得到孝文帝的應允，由皇太子親自爲他落髮，施給帛二千四。他出家之後，法名“僧懿”，住在嵩山。①

僧懿的序文中，沒有提到釋寶林的《破魔露布文》，寶林生年略晚於竺道生（？—433），僧懿或者未及見到此文。然而，僧懿先前住在平城時，並不知道有道安的《檄魔文》，及孝文帝遷都洛陽後，他跟著來到洛陽，由於將自己的文章呈給在都城擔任“沙門都統”的法師看過之後，纔得以見到道安之文：

> 得法師學涉内外，甚好文彩，乃更披經卷，賜示魔事；兼得擬符時釋道安檄魔文，共尋翫之。②

---

① 《魏書》卷一九上《景穆十二王傳·京兆王子推子太興傳》。
② 《廣弘明集》卷二九，頁343中。黄惠賢《僧懿及〈伐魔詔〉一書》（《魏晉南北朝隋唐史資料》第3輯，1981年）一文中，認爲此沙門都統指的是僧人應統。

值得注意的是,僧懿也不認爲此文真的是道安所作,故稱"擬符時釋道安檄魔文"。前文已經討論過,《檄魔文》非道安所作,其實,連僧懿亦不確定此爲道安所作,故此文當係智静所撰。

綜上所述,《弘明集》中署名爲智静的《檄魔文》和釋寶林《破魔露布文》,在作者方面並没有問題。至於收在《廣弘明集》中,署名爲道安所撰的《檄魔文》,則係抄襲智静《檄魔文》,並且冠以道安所寫的僞作。

(二) 伐魔文書的内容

伐魔文書是僧人在自身修習的過程中,時時需要和魔對抗的背景下,塑造一場虚擬對魔的戰爭,借用了世俗軍事性文書的形式所寫的文章: 包括從詔討魔類的《伐魔詔》,到聲討的《檄魔文》,對魔類招安的《慰勞魔文》,甚至有魔王回答的文書《魔王報檄》。僧人認爲此一對魔的戰役終將得到最後的勝利,故有《破魔露布》和《平魔露布》;以及寬赦魔類的《平魔赦文》。爲了符合此一特殊的文體,遂將佛帝王化、菩薩官僚化,乃至於抽象的禪、戒、忍等,也都將領化,構成一個帝國的形象。僧人的伐魔文書裏討伐的對象,有的僅限於天魔,有的則是四魔兼討;最後,由於佛菩薩之力和僧人内在的戒、忍、善等德行,終於降伏諸魔,獲得勝利,又仿造世俗赦文,而有《平魔赦文》。

1. 一場虚擬的戰争

伐魔文書可以界定爲: 僧人虚擬一場對魔的戰争。爲何他們認爲魔是需要征討戰鬥的? 這是因爲在修習佛法的道路上,他們的確是時時刻刻和"魔"在交戰中。柯嘉豪(John Kieschnick)發現佛典中常以軍事作爲比擬,《高僧傳》中僧人的論辯中,往往用軍事爲比喻。① 他没有解釋何以有此情況,不過,如前所述,魔是盡一切可能地阻撓人們成佛的,因此,弘揚正法——包括經典的傳布、翻譯,講經和修習戒、定、慧的過程中,都會有魔來撓亂;在此情況下,僧人確是時時要抵擋魔撓,要和魔對抗,所以用軍事作戰比喻是很適切的。如《宋高僧傳》中記載一則故事,可以説明至少中古

① John Kieschnick, *The Eminent Monk: Buddhist Ideals in Medieval Chinese Hagiography*, Honolulu: University of Hawaii Press, 1997, pp.125 - 126.

時期的人相信魔會阻撓經典的流傳：唐代新羅國王因夫人患病，遣使至海外求醫，使者在海上被龍王請入龍宮，龍王請他將《金剛三昧經》傳到新羅，因爲怕"此經渡海中，恐罹魔事"，所以動手術將經本藏匿在使者的腸子裏。① "恐罹魔事"就是怕遭遇到魔的阻撓。在《佛祖統紀》上，也記載了宋太宗太平興國五年（980）六月，太平興國寺的譯經院竣工，詔天竺僧人天息災，漢僧法天、施護在此譯經；在譯經之前，先由天息災講述譯經儀式，作壇、誦咒和供佛，目的是"祈請冥祐，以殄魔障"。②

　　《續高僧傳》也記載著僧人講經有魔來打擾之事，如唐代長安慈悲寺僧人行等參預淨影寺慧遠《涅槃經》的講經會，時常可以預知有魔的阻難，他都教大家念般若咒以袪魔，因此，"所有魔事，無何而退"。③ 又，如唐長安弘福寺僧人玄會講涅槃經，講到諍論時"常有魔事"，而他竟然因此生病而終。④

　　另外，由於在經典的詮釋論說中，常有"離經一字，如同魔說"這樣的論述，⑤僧人在經義的論辯中，也常用軍事作爲比喻，以捍衛正確的經義，不離佛說，仿若與魔作戰一樣。唐人形容長於講經論的華嚴宗僧人宗密

---

① 《宋高僧傳》卷四《唐新羅國黃龍寺元曉傳》，頁730上。
② 《佛祖統紀》卷四三："天息災述譯經儀式：於東堂面西粉布聖壇（作壇以粉飾之事在藏經），開四門，各一梵僧主之。持祕密咒七日夜，又設木壇布聖賢名字輪（壇形正圓，層列佛大士天神名佐，環繞其上如車輪之狀），目曰大法曼拏羅（此云大會），請聖賢阿伽沐浴（阿伽此云器，凡供養之器，皆稱曰阿伽。今言阿伽，乃是沐浴器），設香華燈水殽果之供。禮拜繞旋，祈請冥祐，以殄魔障。"頁398上一中。
③ 《續高僧傳》卷一五義解十一《唐京師慈悲寺釋行等傳》："釋行等。姓吉氏。馮翊人。十二出家。與會公同事總師爲弟子。服章出羣索，立性鏗卓。登聽淨影遠公涅槃，伏讀文義，時以榮之。相從講說百一十遍，中逢阻難，必預先知，或聞異香或感怪夢，幢折蓋翻，以爲標據，即令大衆同念般若。所有魔事，無何而退。"頁543上。
④ 《續高僧傳》卷一五義解十一《唐京師弘福寺釋玄會傳》："寺衆勸住，請講涅槃，至藤蛇喻，忽有異蛇從牀而下，顧視四方，尋即不見。講至諍論，常有魔事，因茲遘疾，還返慈悲，見佛來迎，因而氣盡。"頁542下。
⑤ 《景德傳燈錄》（T‧2076）卷六《洪州百丈山懷海禪師》："師歸院乃喚其僧問：適來見什麼道理便恁麼。對云：適來只聞鼓聲動歸喫飯去來。師乃笑問：'依經解義，三世佛怨，離經一字，如同魔說，如何？'師云：'固守動用，三世佛怨，此外別求，即同魔說。'"收入《大正新修大藏經》，册五一，頁250上。又，《續傳燈錄》（T‧2077）卷九："金山穎禪師法嗣宣州廣教文鑑繼真禪師，初參達觀，遂問曰：'某甲自講說外，究尋諸佛所說廣大，如何得見邊際去？'觀云：'尋常憑何講說？'師曰：'依教解義。'觀云：'依教解義，三世佛冤。'師曰：'離教一字，如同魔說。'"收入《大正新修大藏經》，册五一，頁521上。

（780—841）是"四戰之國"；①吏部尚書裴休對於宗密講經説法的贊譽，也以甲盾劍矛，比喻其攻破内魔外賊：

> 故師之道也，以知見爲妙門，寂净爲正味，慈忍爲甲盾，慧斷爲劍矛，破内魔之高壘，陷外賊之堅陣，鎮撫邪雜，解釋縲籠。……三乘不興，四分不振，吾師恥之……避名滯相，匿我增慢，吾師恥之。故遑遑於濟拔，汲汲於開誘，不以一行自高，不以一德自聳。……②

贊寧在《宋高僧傳・護法篇》的論贊中，也以戰争來形容僧人護法的行爲。③

僧人的論辯，有如衝鋒克敵，如《高僧傳・釋慧嵩傳》記述北魏末年高昌僧人釋慧嵩到長安，從智遊論師聽《毘曇》《成實》，由於他非常傑出，受具足戒之後，"便登元座，開判經誥，雅會機緣，乃使鋒鋭克敵，歸依接足"。④而他們在論辯中，甚至會指稱對方是"魔説"。⑤

佛教僧人本來的身份和角色就是"怖魔"——使魔類心生畏怖之意；⑥爲什麽比丘能令魔王和魔民心生畏怖？因其出家剃頭，穿著緇衣，受戒守净，必入涅槃，魔王因而心生恐怖。⑦由於魔是會阻撓人們修善，乃至修成無上道，因此他們會在僧人修行的過程中，不斷地以各種方式來撓亂僧人

---

① 《宋高僧傳》卷六義解二《唐圭峰草堂寺宗密傳》："中尉魚恒之嘉之，奏釋其罪。……或曰'密師爲禪耶？律耶？經論耶？'則對曰：'夫密者，四戰之國也，人無得而名焉，都可謂大智圓明、自證利他大菩薩也。'"頁742中。

② 《宋高僧傳》卷六義解二《唐圭峰草堂寺宗密傳》，頁742下。

③ 《宋高僧傳》卷一七護法五："論曰：九重所以成深嚴，七禮其能捍憂患；高墉峻壘，加校尉而守之；犀革兕皮，介將軍而戰者。君既安所臣亦建功，猶釋門之外侮忽來，得法將入，外禦其侮，不可暫亡也。……"頁819中。

④ 《續高僧傳》卷七義解三《齊彭城沙門釋慧嵩傳》，頁483上。

⑤ 《宋高僧傳》卷二三《周錢塘報恩寺慧明傳》："釋慧明，俗姓蔣，錢塘人也。研覈三學，漸入精微，後登閩越，殆至臨川，禮文隧天台白沙，立草寮，有雪峰長慶之風，到者皆崩角摧鋒，謂明爲魔説。"頁859中一下。

⑥ 在佛教傳來之前，中國没有出家修道的僧人，這種身份是從印度傳來的，梵文作bhiksu，音譯作比丘、苾芻、備芻；意譯作乞士、除士、薰士，或破煩惱、除饉、怖魔。

⑦ 《大智度論》大智度共摩訶比丘僧釋論第六，頁80上："復次比名能，丘名能，能怖魔王及魔人民。當出家剃頭著染衣受戒，是時魔怖。何以故怖？魔王言是人必得入涅槃。如佛説，有人能剃頭著染衣一心受戒。是人漸漸斷結離苦入涅槃。"

的修行;僧人尤其在修禪時,特別容易遭到魔類的擾亂和侵害。

因此,僧人實際上是經常需要對魔采取一種備戰的態度。根據佛典上的記載,佛教的創始人釋迦牟尼在成道之前,就受到魔王和他的子民擾亂,企圖阻止他成道,由於釋迦不爲所動,而得以成道,這就是佛傳中的"降魔成道"。佛典中也有佛弟子在坐禪時爲鬼所侵擾的敍述,如《增一阿含經》卷三〇,有一段經文敍述舍利弗在坐禪入金剛三昧時,有一個大力的惡鬼經過,就起了一個壞念頭:這個僧人在入定時,我可以任意地打他的頭。後來舍利弗出定了,就覺得頭痛,去見釋迦牟尼佛,佛告訴他:他是被伽羅鬼打了,這個鬼的力量大到可以把須彌山打成兩半,但是由於金剛三昧的力量很大,所以舍利弗只覺得頭疼而已。① 另外,佛弟子阿難在坐禪時,天魔波旬變成雕鷲來嚇唬他,後來釋迦牟尼佛伸手摸阿難的肩膀,阿難的畏怖纔得以消除;在印度耆闍崛山還有一個石窟遺迹,據說就是阿難坐禪處,稱作"雕鷲窟"。② 還有,摩訶迦葉教數千名比丘坐禪時,爲埠惕鬼所糾纏(埠惕鬼就是鬼神魔中的一種)。③ 釋迦牟尼佛也深知僧人在修行的過程中必遭到魔的侵擾,因此他在臨涅槃之際,特別囑咐四天王守護僧人,不使魔去干擾他們,"一王之下有八將軍,四王三十二將,周四天下,往還護助諸出家人"。這三十二將之中,以韋將軍最爲護持比丘的修行:"多有魔子魔女輕弄比丘,道力微者並爲惑亂,將軍栖遑奔至應機除剪。"④

雖然釋迦牟尼囑咐天王護持僧人,但是這僅可以保護他們不受外魔的侵害,至於來自內心的魔則是僧人自行要去面對的,如《治禪病秘要法》中對煩惱魔和死魔就感到非常困擾,而有以下頗爲洩氣的感受:

> 破定因緣衆患甚多,內諸煩惱,外魔魔民,鬼疫行災,世間空荒,惡

---

① 《經律異相》卷一四聲聞無學僧部也抄錄了這一部分,題爲"舍利弗入金剛定爲鬼所打不能毀傷"。《大正新修大藏經》,册五三,頁 70 下,71 上。
② 桑欽撰,酈道元注,楊守敬、熊會貞疏,段熙仲點校,陳橋驛復校《水經注疏》,南京,江蘇古籍出版社,1989 年,頁 21。
③ 《治禪病秘要法》卷下,頁 341 上一下。
④ 《法苑珠林》卷一四,頁 393 下。

對揚謗,諸惱萬端,八苦若輪迴,晝夜無捨。我身可哀,屬當斯禍,於煩惱賊未有所損,於禪定法未有所得。①

因此,在實際的佛法修習中,僧人的確必需時時刻刻警惕,防止内、外魔的侵害,如果更積極一點,那就是主動地對魔宣戰,去討伐他們了。又因爲對付内魔,更需要時時鞭策自己,警惕自己不受諸煩惱和五陰魔所困所惑,中古僧人的伐魔文書假定這是一場難困的戰爭,從最初征討外魔的天魔,進而擴展爲聲討包括内魔的"四魔"。

2. 釋迦牟尼的帝國

軍事性的文書"檄"、"露布"、征討的"詔"都是由帝王或其官屬發布的,伐魔文借用此一文體,遂不得不將形而上的佛國世俗化、帝國化。在此情況下,釋迦牟尼就成爲了帝王,而諸佛菩薩也都官僚化了;不過其所統轄的並不是世間的實土,而是佛國的領域或虛擬的疆界,如閻浮、四天、七天、三界等,其封爵也是忉利公、兜率王、九住王、補處王等。如智静《檄魔文》中征討魔軍的將領陣如下:

> 使持節前鋒大將軍閻浮都督、歸義侯薩陀
> 使持節威遠大將軍四天都督、忉利公導師
> 使持節征魔大將軍六天都督、兜率王解脱月
> 使持節通微大將軍七天都督、四禪王金剛藏
> 使持節鎮域大將軍九天都督、八住王大維摩詰
> 使持節覽後大將軍十三天都督小千諸軍事、九住王大文殊
> 使持節匡教大將軍録魔諸軍事、群邪校尉、中千王觀世音
> 使持節布化大將軍三界都督、補處王大慈氏②

署名道安所作的《檄魔文》因係抄自智静文,故此八個將領也完全相同,僅

---

① 《大正新修大藏經》,册一五,頁238上、中。
② 《弘明集》卷一四智静《檄魔文》,頁92下—93上;《廣弘明集》卷二九道安《檄魔文》,頁344中一下。兩文的將領都是小同,僅有官名小異。

有"使持節威遠大將軍四天都督、忉利公導師",補上"忉利公導師曇無竭";由於其他七位將領都是非世俗人的佛或菩薩,故此曇無竭係指曇無竭菩薩,①而不是指劉宋時幽州僧人曇無竭。②

　　僧懿的《破魔露布文》中,先帝是"釋迦文皇帝",太子是未來佛的彌勒菩薩:"自世宗釋迦文皇帝晏駕固林,儵餘千載,太子慈氏阿逸多有可事兜率,未遑紹襲,法城暫空。"③其管理、都督都是形而上的"克欲界都督",而將領則是内在的修爲,如心、智、施、禪等:

>　廣緣將軍、流蕩校尉、都督六根諸軍事、新除惡建善王臣心
>　賑惠將軍、善散子、都督廣濟諸軍事、監軍臣施
>　繕性將軍、克欲界都督、攝志諸軍事、司馬臣戒
>　勇猛將軍、勤習伯、都督六度諸軍事、行臺臣進
>　安靜將軍、志念都尉、都督觀累諸軍事、攝散侯臣禪
>　博通將軍、周物大夫、都督調達諸軍事、監照王臣智④

另外,他也進一步將四魔官僚化,自在天原有魔王名波旬,而僧懿更將諸魔也任以官位,如"偽結使大將諸煩惱"、"四天大都督五陰魔"、"生死賊王",而其和魔交戰的場所也都是諸魔境:"遂陳兵於愛海,策疑馬於高原,控彎於二見之域,馳騁於無明之境。"⑤

　　出身宗室又歷任顯宦的僧懿深諳於官府的軍事文書,因此,除了他所寫最早一篇《破魔露布文》之外,在他得以見到署名道安的《檄魔文》之後,就陸續寫了《平魔敕》、《伐魔詔》和《慰勞文》,並且將之編成一卷,使這一場虛擬的戰爭,有一套完整的軍事文書,它們的次序是這樣的:

---

① 《大方廣佛華嚴經》卷二九,頁590上。四大海中有菩薩住處,名枳怛。過去諸菩薩常於中住。彼現有菩薩,名曇無竭,有萬二千菩薩眷屬。常爲説法。
② 牧田諦亮注云:道安文"導師下有曇無竭三字,曇無竭本人《高僧傳》卷三有傳(大正藏五十册,頁338)"。《弘明集研究‧譯注篇》,頁759。此説是錯誤的。
③ 《廣弘明集》卷二九,頁346中。
④ 《廣弘明集》卷二九,頁346中。
⑤ 《廣弘明集》卷二九,頁346下。

一、先有《伐魔詔》；二、出兵前招安《慰勞魔書》；三、道安《檄魔文》；四、《魔王報檄》；五、得勝之後的《破魔露布文》；六、《平魔赦文》。

有趣的是，在《平魔赦文》中還因平蕩四魔而大赦改元：

> 可大赦天下，與同更始，改像教之號，爲即真之歲。自二月八日昧爽已前，繫囹見徒，悉皆原放。若爲四魔所悟，浮游三界，犯十惡五逆，毀壞經像，三世所作一切衆罪，能改過自新者，不問往愆。若亡命慝山，挾藏姦器，百劫不自首者，伏罪如初。其殺父害君，傷兄烝母，隨時投竄，以息後犯。其闡提一人，不在赦書。攢罪遥，神速可，意譯遍告十方，主者施行。即真元年二月八日，中書令補處王逸多宣。①

二月八日是釋迦牟尼佛出家成道的日子。②

此外，在伐魔文的官屬中也反映了世俗官制的變化，如唐蒲州普救寺沙門行友《奏平心露布》中，就有北朝末年纔出現的"上柱國"這個官職，如"行軍元帥上柱國、晉國公臣般若"、"使持節兜率大將軍、娑婆道招慰大使、上柱國、翅頭末開國公臣阿逸多"等。③

3. 征討的對象和致勝的原由

在各篇伐魔文書中，當以智静的《檄魔文》最早撰成，其討伐的對象只有天魔，署名道安的《檄魔文》係抄自前文，所撻伐的也是天魔。寶林的《破魔露布文》所討伐的則除了天魔王波旬和其魔將、魔兵之外，還包括四魔之中的煩惱魔和陰入界魔：

> 使前將軍檀那望慳魔以直進……崩癡山之磋峨，竭愛水之洪流，窮僭於諸見之窟，挫高於七慢之櫱。於是魔賊進無抗鱗之用，退無悕

---

① 《廣弘明集》卷二九，頁 348 上。

② 守屋美都雄《中國古歲時記の研究——資料復元き中心として》，東京，帝國書院，1963 年，《荊楚歲時記》："二月八日，釋氏下生之日，迦文成道之時。"頁 340。譚蟬雪《唐宋敦煌歲時佛俗——二月至七月》："敦煌把二月八日視爲釋迦出家成道之日。"《敦煌研究》2001 年第 1 期，頁 93。

③ 《廣弘明集》卷二九，頁 348 下—349 上。

脱之隱，慮盡路窮，迴遑靡據，魔王面縛於麾庭，群將送命於軍門。諸
天電卷以歸化，迷徒風馳於初暉。……①

在佛菩薩的領軍之下，其下的兵將是"前將軍檀那"、"後軍毘耶"，②其
卒是：

> 遣安靜將軍領觀累之卒，據散亂之原；平忿將軍率洪裕之兵，塞怒
> 谷之口；賑惠將軍引廣濟之衆，截慳貪之路；更勒博通將軍整洞達之
> 士，守狂癡之徑。③

所使用的兵器是"禪弓"與"慧劍"，駕御"四禪"，用"六度"之師，④最後終
於殄服群魔。此一場戰爭之所以可得勝，可以用《大智度論》裏的一偈言
來解釋：

> 佛以忍爲鎧，精進爲鋼，
> 持戒爲大馬，禪定爲良弓，
> 智慧爲好箭，外破魔王軍，
> 內滅煩惱賊，是名阿羅呵。⑤

（三）伐魔文書的性質

中古僧人在撰寫討魔的文章時，是懷著一種很嚴肅的心情"寓言假
事，庶明大道"，用以喚起讀者重視，正心修習。因此，它絕不是如牧田諦
亮所言"遊戲之文"，在劉宋僧人寶林的《破魔露布文》一段後記中，清楚地
顯示出這一點：

---

① 《弘明集》卷一四，頁94中—下。
② 《弘明集》卷一四，頁94中。
③ 《廣弘明集》卷二九，頁347上。
④ 《廣弘明集》卷二九，頁348中。
⑤ 《大智度論》卷二，頁71中。

　　余以講業之暇,聊復永日,寓言假事,庶明大道,冀好逞(迷)之流不遠而復。經云:"涅槃無生而無不生,至智無照而無不照。"其唯如來乎?戰勝不以干戈之功,略地不以兵强天下,皇王非處一之尊,霸臣非桓文之貴,丘旦(姬)之教,於斯遠矣。聃周之言,似而非當。故知宗極存乎俗見之表,至尊王於真鑒之裏,中人躊躇於無有之間,下愚驚笑於常迷之境。今庶覽者捨河伯秋水之多,遠遊于海若之淵門,不束情於近教,而駭神于荒唐之説也。①

在這裏明白説如來之教更勝於周孔和老子之説,而期望讀者可以捨棄河伯自詡爲最勝最美(指周、孔、老),而改修淵若大海的佛教。佛教中以佛爲覺者,而未覺者爲迷,從這個角度來看,它顯然是一種佛教的宣傳文,即"寓言假事,庶明大道,冀好逞(迷)之流不遠而復"。

　　由於它的内容是對魔類的宣戰討伐,因此它受到當時佛教徒相當程度的重視,由以下三點可以看出來:第一,伐魔文書曾經被廣爲流傳,並且可能視它如同經典一般,將它和其他佛經一起埋藏在佛塔之中。塔是埋藏佛舍利之處,佛典被視爲"法舍利"而瘞藏在其中。北魏僧人僧懿自稱他早先在都城平城寫《破魔露布》一文,至孝文帝太和十七年(493)遷都洛陽,作爲宗室成員之一的僧懿也移居洛陽,竟然在洛陽的舊塔中得到此一文本。可知此文曾經從平城流傳到洛陽,而且被當作佛經一般地被埋藏在佛塔中。②

　　第二,當時國家的僧官也很重視這種文書。據僧懿自述,他從故塔中得到自己的舊文之後,恰好當時的沙門都統在金剛波若寺講《勝鬘經》,僧懿將此文呈給他看,引起法師的重視,還在佛經中爲他找到一些魔事的記載。另外,也找到署名釋道安所撰的《檄魔文》,和他共同推敲。僧懿得到沙門都統法師的鼓勵,於是修改舊文,並且又寫了一篇《平魔赦》,進呈法師,而得到法師相當程度的贊許和肯定"更無嫌也"。③

　　第三,從南北朝僧人的破魔文給予唐代僧人的啓發上,也可知此種文

---

① 《弘明集》卷一四,頁94下,95上。
② 《廣弘明集》卷二九元魏懿法師《代魔詔并序》,頁343上,中。
③ 《廣弘明集》卷二九元魏懿法師《代魔詔并序》,頁343上,中。

書確實是僧人在面對阻礙時的一種激勵。唐玄宗時,召見道士吳筠,十分
器重他;在玄宗身邊的宦官高力士因篤信佛教,遂和僧人共同向皇帝訴説
吳筠的短處。吳筠知道自身處境不佳,於是請求回山修道,但他心有不甘,
而寫了《明真辨僞論》、《輔正除邪論》以詆毀佛教。當時越州觀察使陳少
游對於吳筠的行徑,很不以爲然,便請諸暨大曆寺著名僧人神邕論佛、道何
者爲高,神邕"乃襲世尊之攝邪見,復寶琳之破魔文",①而寫了《破倒翻迷
論》三卷,②以批駁吳説。《宋高僧傳》將神邕置於護法篇,稱:"吳筠覆
轍⋯⋯東方佛法再與,實邕之力歟?"③寶琳的《破魔露布文》也提供神邕
討伐外道時的靈感。

四、結　語

　　從佛教史的角度來看,中古伐魔文書正是反映其時佛教流行的經典和
僧人的修行方式。從佛教初傳至漢末以降,禪法就甚爲流行,東晉十六國
時期,關中禪學十分興盛;迄永嘉之亂,有很多北方僧人流移南方,促成江
南禪法的流行。④ 雖然湯用彤認爲兩晉南北朝時南方偏尚玄學義理,較少
注重戒定;北方重在宗教修習,特重禪定。⑤ 就南、北佛教的發展而言,的確
有此趨勢,但僅就僧人的修習而言,南、北並無太大的差異。以經典來説,南
北朝最流行的經典是《涅槃經》和《法華經》,這一點南北並無差別;至北朝末
年《華嚴經》轉盛。無論是講《法華經》或《華嚴經》的僧人,都以《涅槃經》爲
其根本,甚至不直呼其名,而稱之爲"大經"。⑥ 以僧人的修習來説,習禪是

---

① 《佛祖歷代通載》(T・2036),收入《大正新修大藏經》,冊四九,頁719中。
② 《宋高僧傳》卷一七《唐越州焦山大曆寺神邕傳》,頁816上。
③ 《宋高僧傳》卷一七《唐越州焦山大曆寺神邕傳》,頁816上。
④ 《漢魏兩晉南北朝佛教史》,頁357。
⑤ 《漢魏兩晉南北朝佛教史》,頁478。
⑥ 如講《法華》的《止觀輔行傳弘決》(T・1912)卷七,收入《大正新修大藏經》,冊四六,頁196
中:"四禪四無色無想五那含,二十五三昧破二十五有,在大經聖行品。"又,卷三六,頁412
上:"次引大經等者。第十一聖行品中,明戒定慧,並是事戒及以事禪。既是菩薩聖人之行,
經文仍云非是聲聞緣覺所知。"如講《華嚴》的《大方廣佛華嚴經隨疏演義鈔》(T・1736)卷
八,收入《大正新修大藏經》,冊三六,頁59中:"後大經既至,聖行品已下果云:一闡提人雖復
斷善,猶有佛性。於是諸公輕舟迎接,請唱斯經。每至闡提有佛性⋯⋯"

南、北普遍都重視的根本方法。梁朝末年浙東的天台山已經是一個著名的習禪場所,①是以後來智顗來此立寺,弘揚《法華經》暨修禪,到隋末時隨他習禪的人"散流江漢,莫知其數"。② 不過,值得注意的是南北朝時禪修的僧人多到林塚荒涼之地,所以遇到外魔的機會多;另外,内心的魔也需要時時防範。因此,南北朝的僧人修禪時實在是處於一種"内憂外患"的情況中,對於無處不在、無時不來襲的四魔,就有著無比的緊張和警惕。在他們成道證果之前,一定會有一場和魔的戰爭,所以他們主動去討伐魔類,藉著佛菩薩的領軍,憑著自己内在的修爲、定力與智慧,來贏得這場戰事的勝利。

何以盛唐以後,就再也没有伐魔文書呢? 這是由於隋末以後僧人修行的風習改變,盛唐以後大量密教經咒的漢譯、禪宗興起和浄土教的流行之緣故。入唐以後,頭陀林塚的僧人少了,中古時期最後的一篇伐魔文書是唐初僧人釋行友所撰的,他之所以寫這篇文章正是回應和他相交甚深的一位僧人釋海順感嘆:"世人强求知解,而不欲修行,每思此言,良用悽咽。吾謂夷煩殄惑,豈直專在説經? 以法度人,何必要登高座? 授非其器,則虚失其功;學不當機,則坐生自惱。"行友也深有同感,於是作了《息心論》。③此篇文字今已失傳,但行友《奏平心露布文》可能和此文有相當的關聯。行友撰《息心論》的背景,也正是隋末唐初有著改革色彩的三階教大力提倡習禪的原因。④

唐代以後,代之而起的是在寺院中修行的僧人,寺院中禪院、禪堂就是僧人習禪的場所。另外,於宋代以後浄土教的流行,念佛可以攝心,也是修定的方法之一,⑤稱爲"無上深妙禪";⑥甚至持名念佛就可以往生浄土,不

---

① 《續高僧傳·隋蔣州履道寺釋慧實傳》,頁 569 上:"釋慧實,俗姓許氏,潁川人。少出家,志敦幽尚,遍履名山。梁末遊步天台綜習禪業,入房閉户,出即蕩門……"

② 《續高僧傳》卷一七習禪《隋國師智者天台山國清寺釋智顗傳》,頁 568 上。

③ 《續高僧傳》卷一三義解《唐蒲州仁壽寺釋海順傳附行友傳》,頁 525 中。

④ 三階教力主頭陀行,同時三階教的僧人皆稱"禪師"。

⑤ 漢晉流行的禪法有四:念安般、不浄觀、念佛和首楞嚴三昧。《漢魏兩晉南北朝佛教史》,頁 767—769,798。

⑥ 法照《浄土五會念佛略法事儀讚》(T·1983):"然念佛三昧是真無上深妙禪門矣。以彌陀法王四十八願名號,爲佛事,願力度衆生。……"收入《大正新修大藏經》,册四七,頁 474 下。唐紫閣山草堂寺沙門飛錫《念佛三昧寶王論》(T·1967)卷上:"客有高信,至吾禪居,前禮致問,辭甚清逸。問辱曰:修心之人成道捷徑,法華三昧不輕之行,念佛三昧般舟之宗。僉爲無上深妙禪門者,願聞其致。"收入《大正新修大藏經》,册四七,頁 134 上。

墮輪迴,在某種程度上也減低了習禪的重要性。

就外在形勢而言,僧人去對付外魔的機會少了;至於對付内在的煩惱魔和五陰魔,則由於盛唐以後大量密教經咒的漢譯、禪宗興起和净土教的流行,也使得僧人有比較多的辦法對付内魔,而減少和魔對峙的張力。前面提過治魔的方法之一是誦大乘般若經或方等咒,①不過,盛唐以降大量密咒的翻譯,其中有許多針對不同魔或鬼的經咒,如"普賢菩薩爲坐禪人却神鬼魔咒"等,②又如"佛頂尊勝陀羅尼"也可以"鎮懾魔魅",③使得僧人可以藉助這些經咒。如此一方面削弱了僧人自身對内魔的警覺,另一方面也使得他們覺得魔没有那麽可怖了。密教經咒在禪修中所扮演的重要角色,可以從禪宗僧人的日常生活中顯示無遺,晚唐五代禪宗成立之後,在其生活和修行的儀規中,隨處皆有密教陀羅尼中的"楞嚴咒"、"往生咒"等,④如在其"日用軌範"規定了"課誦經咒回向"、⑤"看誦經咒",⑥在特定的日子裏如四齋日誦"楞嚴咒",⑦達磨忌誦的是"楞嚴咒"和"大悲咒",⑧僧人的葬儀中送亡時誦的是"往生咒",荼毗時誦"楞嚴咒"和"大悲咒"等。⑨

凡此種種,可能是唐代以後再没有出現伐魔文書的原因。前面提到唐玄宗時代的僧人釋神邕在面對道士吳筠的誹謗佛教時,還師法劉宋時代釋寶林的《破魔露布文》,寫了一篇《破迷倒翻論》來駁斥它。不過,對於神邕而言,他所討伐的是如邪魔般的外道,此"魔"的意義和前此伐魔文書所聲討的"魔"是不一樣的。又,六朝後期道教的一部分内容也受到前述佛教

---

① 《釋禪波羅蜜次第法門》卷六,頁507下:"(魔撓)如是或一月二月,乃至經年不去,亦當端心正念堅固莫懷憂懼。當誦大乘方等諸經治魔則,默念誦之,存心三寶。若出禪定,亦當誦咒自防懺悔慚悚。及誦波羅提木叉戒,邪不干正,久久自滅。事理除魔,其法衆多,非可備説。"《大乘起信論義記》(T·1846)卷五:"治諸魔者,當誦大乘般若及治魔咒默念誦之。"收入《大正新修大藏經》,册四四,頁284中。
② 《陀羅尼集經》(T·901)卷六,收入《大正新修大藏經》,册一八,頁840上。
③ 義林《尊勝陀羅尼幢記》:"瑜珈論有十支。一曰高建法幢,支幢以高……玄契可以震攝魔魅,驚駭神鬼,滅除障累,增益勝福。"《唐文續拾》卷八。
④ 參見木村俊彦、竹中智泰《禪宗の陀羅尼》,東京,大東出版社,1998年。
⑤ 《敕修百丈清規》(T·2025)卷六,收入《大正新修大藏經》,册四八,頁1146上。
⑥ 《敕修百丈清規》卷八,頁1156上。
⑦ 《敕修百丈清規》卷一,頁1114中。
⑧ 《敕修百丈清規》卷二,頁1117下—1118上。
⑨ 《敕修百丈清規》卷二,頁1148中—下。

"魔"的觀念的影響,修道者如欲得道,不僅要面對外在的魔,而且要靠集中精神——即所謂的"守一"所顯現的智慧,以消滅内在的魔,這是最有效的方法。① 有趣的是,後世出現的神魔小説都多和道教有關;②佛教中的魔在盛唐以後的變化和轉換,以及六朝以後道教和魔的關聯這兩個課題,仍有待進一步的討論。

(本文原刊於蒲慕州編《鬼魅神魔——中國通俗文化側寫》,臺北,麥田出版社,2005 年)

---

① 神塚淑子《魔の觀念と消魔の思想》,研究上清經典《洞真太上説智慧消魔真經》中的消魔思想,指出其係受到佛教的影響,頁 129—40。
② 苟波《道教與神魔小説》,成都,巴蜀書社,1999 年。

《禪苑清規》中所見的茶禮與湯禮

　　本文以《禪苑清規》爲主要資料，配合其他相關文獻，探討寺院的茶禮和湯禮，以及這些禮儀與唐、宋社會生活的關聯。清規對於在什麼時間喫茶、什麼時間喫湯，以及其前後的禮請、茶湯會的準備工作、座位的安排、主客的禮儀、燒香的儀式等，都有清楚細密的規定。其中，禮數最爲隆重的當數冬夏兩節（結夏、解夏、冬至、新年）的茶、湯會，以及任免寺務人員的"執事茶湯會"。本文另外一個重點在於探討寺院中茶禮和湯禮與唐、宋社會禮儀的關聯。因寺院生活也是社會生活的一部分，故研究寺院中的茶、湯禮不應忽略世俗社會中的相關禮儀。第四節將寺院茶、湯禮和世俗社會中的禮節做一比對，發現其中部分取材自當時官方的禮節——特別是從朝廷到各州縣衙"食堂"中官員"會食"禮儀，如僧堂茶榜、湯榜、座位的安排、揖禮等——這也可説明宋儒看到寺院的茶湯禮，慨嘆"三代禮樂，盡在於斯"的緣由。

　　唐、宋時期禪寺的茶禮和湯禮，可反映出佛教寺院與世俗社會之間一種微妙的互動關係。

一、前　言

　　茶和禪寺或佛教寺院的關係，很早就爲人所注意，但是有一類養生的湯藥其實也在唐、宋時期寺院的日常生活和宗教儀式中，扮演著重要的角色。禪宗的茶禮向來爲人所知，但一般都沒有注意到：禪宗不僅有"茶禮"，還有"湯禮"。唐、宋時期寺院中的"湯"，是一種以藥材爲原料的養生湯藥，它同時也流行在世俗社會中。寺院中的茶、湯和世俗社會中的茶、湯有相當高的一致性,所不同的是世俗生活的待客禮儀是"茶來湯去",禪宗寺院的茶禮和湯禮則是一整套儀式化的程序,在以聖僧龕爲中心的儀式空間中,依主、客僧人,出家"臘次"(年資)深淺、寺職高低等排定座位,配合問訊、燒香、巡堂、規格化的語言,鋪敍而成的,它們在寺院的重要節日——四節(結夏、解夏、冬至、新年)、佛誕日、佛涅槃日——以及僧人之間往來、問道,都扮演一個重要的角色。

　　本文以北宋徽宗崇寧二年(1103)成書的《禪苑清規》爲主要資料,探討唐、宋時期禪寺中茶禮和湯禮。關於這本書,最早有鏡島元隆、佐藤達玄、小坂機融所著的《譯注禪苑清規》,①其後,有蘇軍的標點校對本。② 此二書各擅勝場,前者校對較精,且在文字上忠於原本;後者中文斷句較爲精準,可惜將原文改爲簡體字,難以呈現此書的原貌。最近,有依法(Yifa)法師《譯注禪苑清規》的英譯本問世,③除了翻譯之外,也加入一些個人的注釋。由於《禪苑清規》一書的敍事十分精簡,本文也參考其他的清規書,包括:(一) 無量壽《入衆日用》,成書於宋寧宗嘉定二年(1209);(二) 佚名《入衆須知》,成書於宋理宗景定四年(1263)迄度宗咸淳十年(1274)之間;④(三) 惟勉《叢林校定清規總要》,度宗咸淳十年完成,習稱《咸淳清規》。⑤ 這些資料可以反映唐、宋時期寺院中的行事,另外並援用其他世俗文獻,以期對此課題有較完整的了解。

　　由於以下兩個原因,寺院中的"湯"向來爲學界所忽視:一是禪寺中的湯會比照茶會,兩者的禮節儀式幾乎完全一樣,如《禪苑清規》等清規中對於湯禮就不再特別敍述,僅在茶禮下附注小字補充。若不特別留意,很容易忽略。二是學者在解讀禪宗文獻時,没有覺察到清規中所謂的"湯"是

① 鏡島元隆、佐藤達玄、小坂機融《譯注禪苑清規》,東京,曹洞宗宗務廳,1992 年。
② 宗賾著,蘇軍點校《禪苑清規》,收入《中國禪宗典籍叢刊》,鄭州,中州古籍出版社,2001 年。
③ Yifa, *The Origins of Buddhist Monastic Codes in China: An Annotated Translation and Study of the Chanyuan qinggui*, Honolulu:University of Hawaii, 2002.
④ 《入衆須知》,收入《卍續藏經菁華選·禪宗集成》,臺北,藝文印書館,1968 年,冊二,頁 1117 下,"念誦"云:"初八、十八、二十八,念白大衆:'如來入般涅槃,至今皇宋景定四年,已得二千二百一十三載隨年增,是日已過,命亦隨減……'"小坂機融《南宋禪林の動向について——"入衆須知"の性格をめぐって》,《印度學佛教學研究》第 18 卷第 2 號,1970 年,頁 337。
⑤ 《叢林校定清規總要》,收入《卍續藏經菁華選·禪宗集成》,冊二。

一種養生的湯藥。因此,本文在展開茶禮和湯禮的討論之前,第二節首先討論禪宗清規中關於"湯"的記載,並且探討寺院中湯藥的内容。再者,茶和湯藥在寺院的日常生活和行事中,可以説無處不在,而以"四節"的茶禮和湯禮最爲隆重,其他各種茶、湯會的禮儀也多以此爲準則,故第三節集中在禪寺中四節的茶、湯禮的探討,分別從茶、湯會的程序、準備工作、儀式空間、禮儀,以及茶、湯會所喫的茶、湯藥和"茶藥丸",一一討論。又,日本江户時代著名禪僧無著道忠(1653—1745)已經注意到叢林茶、湯禮和朝廷的禮節的關聯,①但他並未做更進一步的討論,第四節就唐代官員的會食禮儀、官方的座位圖牌、朝會中的香案與焚香三方面,探討它們和禪寺茶、湯禮的關聯。

二、清規中所見禪寺的湯

清規中敍述的"湯",指的是一種養生的湯藥,它在唐代的世俗文獻中稱爲"藥",和茶合稱"茶藥";五代時期開始稱爲"湯藥",宋代則多單稱"湯",和茶合稱"茶湯"。②《禪苑清規》一書是迄今所存最早的清規,其中有很多關於寺院中茶和湯藥的敍述,只不過關於湯的敍述,常附在茶會記載的小注裏,如不仔細分辨,就不容易覺察出湯藥在寺院中也如同茶一樣重要。以下分別討論清規中的幾個名詞:喫茶、喫湯、煎湯、煎點、煎點茶湯,並且從茶、湯會中使用的茶盞和湯盞,湯藥作爲宗教儀式中的供養品等方面,以資闡明寺院湯藥的存在。

(一) 喫湯、點湯

禪宗清規中,常見到"喫湯"一詞。在《禪苑清規》中,"喫湯"一詞最先出現在《掛搭》一節,敍述僧人到禪寺中掛搭時,寺裏的"維那"(堂司)

①　無著道忠編《禪林象器箋》,收入《中國佛學文獻叢刊》,北京,全國圖書館文獻縮微複製中心,1996年,第十類禮則門,"茶禮",頁390。
②　拙文《"客至則設茶,欲去則設湯"——唐、宋時期世俗社會生活中的茶與湯藥》,《燕京學報》新16期,2004年。

出來接待他,先請他"喫茶"。這位僧人將祠部的度牒交給維那,維那先向他道歉招待不周,"不喫湯",就送他出堂司,請他到僧堂依出家的年資安排床位,並且將隨身的行李安置到某一個僧寮裏。① 喫茶是很容易理解的,毋庸再討論,至於維那會向他道歉招待不周,是因爲"不喫湯"的緣故。待客之禮是必備茶和湯藥的,如宋唐庚《客至説》稱家貧没有酒和食物招待客人,僅有茶和湯而已,茶無好茶,有時也缺乏做湯藥的材料:

> 貧家無酒食,待客獨有茶湯爾。山郡無佳茗,而湯材亦不常有。②

即使在寺院之中,待客也需"一茶一湯"纔是禮數周到(請見下文)。因此,僅請來客喫茶而不喫湯,是不足禮數的。

關於"不喫湯"的"湯",《譯注禪苑清規》未做解釋,依法法師將它譯爲甜湯(sweetened drink);又,其譯本中"湯"都作此譯,③這樣的解釋是值得商榷的。第一,她引義浄《南海寄歸内法傳》中,描述印度有客僧來訪時,會供給酥蜜、沙糖甜湯或者是八種 syrup。④ 不過,義浄原文作:"供給湯飲,酥蜜沙糖,飲噉隨意;或餘八漿,並須羅濾澄清方飲。"⑤酥蜜、沙糖是甜的,而"八漿"指的是蒲萄漿、甘蔗漿、柿漿、梨漿、奈漿、煮麥漿、麯漿(苦酒)、華漿,這些都是濃稠的汁液,依律典要過濾後方可飲用。⑥ 在這八種漿之中,至少煮麥漿、麯漿的口味並不是甜的,因此不宜將"酥蜜沙糖"和八漿全部視爲甜湯。

---

① 《譯注禪苑清規》卷一《掛搭》,頁 28—29。本文以下所徵引《禪苑清規》的卷、頁數均準此書,唯在斷句方面,同時參考蘇軍點校本,也有筆者自己的判斷。

② 唐庚《眉山文集》卷一〇,文淵閣四庫全書本,册一一二四。

③ Yifa, *The Origins of Buddhist Monastic Codes in China*, pp.158,186.

④ 同前書,頁 118,255。

⑤ 《南海寄歸内法傳》(T・2125)卷三"二十六、客舊相遇",見《大正新修大藏經》,册五四,頁 223 上:"然西方軌則,多坐小枮,復皆露足。東夏既無斯事,執足之禮不行。經説:人天來至佛所,頂禮雙足,退坐一面,即其儀矣。然後釋其時候供給湯飲,酥蜜沙糖,飲噉隨意;或餘八漿,並須羅濾澄清方飲。"

⑥ "八漿",依:後秦竺佛念譯《鼻奈耶》(T・1464)卷九,收入《大正新修大藏經》,册二四,頁 891 中:"漿有八種:蒲萄漿、甘蔗漿、柿漿、梨漿、奈漿、煮麥漿、麯漿(苦酒)、華漿。取要言之,其漿似酒,亦如酒味,飲而醉者,世尊曰皆不得飲。其漿似酒亦如酒味,飲而不醉者,世尊曰得飲。其漿不似酒味,不似酒飲而醉者,世尊曰亦不得飲。其漿不似酒,亦不如酒味,飲而不醉者,世尊曰得飲(八漿皆中前飲其中有中後得飲者)。"

　　第二,從佛教文獻看來,唐、宋僧人喫的湯是荷葉湯、薯蕷湯、橘皮湯等,並不全都是甜湯。《宋高僧傳》記載:宋初杭州慈光院僧人晤恩(?—986)規範弟子甚嚴,過午不食,曾有弟子晚間喫薯蕷湯,立即就被他逐出門。① 薯蕷即山藥,山藥湯也是唐宋世俗社會中養生的湯品之一。② 又,唐末陝西僧人釋甯師暴卒,被冥吏追到地府,經查他陽壽未盡,但命中無祿,只有乾荷葉三石;他還陽之後,發現在地府所見之事都應驗了,"自此每斷中,唯荷葉湯而已,其諸食饌逆口不餐"。③ 乾荷葉湯是很好的藥引子,並且也是治瘡、治吐血的良方。④ 至於橘皮湯則是唐宋寺院中最普遍的湯,寺院中"湯榜"所描述的,大都是這種湯,以橘皮加蜂蜜,⑤類似今日的金桔茶。當時橘皮湯被認爲是一種消食的湯藥,⑥杭州明盂禪師則認爲"橘皮湯止渴"。⑦ 宋代僧人釋惠洪(1071—1128)《禪林僧寶傳》記載:九峰鑒韶禪師到餘杭政禪師處做客,有一天晚上,政禪師請他談話,並且叫童子去煮東西,韶禪師以爲要請他喫藥石(僧人的晚餐),哪裏知道端上來的只是一杯橘皮湯!⑧

　　關於唐宋時期世俗社會和寺院的湯藥,筆者另有專文討論,在此僅簡短說明:⑨養生的湯藥是唐、宋時期日常生活的一部分,這種養生的湯藥起源於六朝時期,至唐代就廣爲流行,當唐代飲茶風氣大興時,湯藥也和茶

① 《宋高僧傳》(T・2061)卷七《義解・宋杭州慈光院晤恩傳》,收入《大正新修大藏經》,冊五〇,頁751上:"恩平時謹重一食,不離衣鉢,不畜財貨。臥必右脇,坐必加趺。弟子輩設堂居,亦同今之禪室,立制嚴峻,日別親覘,視相方許淨人施粥。曾有晚飲薯蕷湯者,即時擯出齋堂。"
② 拙文《"客至則設茶,欲去則設湯"——唐、宋時期世俗社會生活中的茶與湯藥》。
③ 《宋高僧傳》卷二一《感通六・唐鳳翔府甯師傳》,頁849上。
④ 朱橚等編《普濟方》卷一八八《諸血門・吐血附論》,北京,人民衛生出版社,1982年,頁2489:"用乾蓮葉,即經霜敗荷葉最佳,燒灰爲末,二錢,飯飲或井花水調下。食後及臨臥服。一方焙乾爲末。"
⑤ 魏齊賢、葉棻同編《五百家播芳大全文粹》卷七九《請然老湯榜》,文淵閣四庫全書本,冊一三五二—一三五三,頁409:"瞿曇說蜜味中邊,誠爲至論;政公將橘皮熟炙,勿訝太清。"
⑥ 見拙文《"客至則設茶,欲去則設湯"——唐、宋時期世俗社會生活中的茶與湯藥》。
⑦ 《續燈正統》(X・1583)卷三九《曹洞宗・杭州府愚菴三宜明盂禪師》,見《卍新纂續藏經》,冊八四,頁631中。
⑧ 《禪林僧寶傳》(X・1560)卷一九《餘杭政禪師》,收入《卍新纂續藏經》,冊七九,頁529中。
　按:依天竺戒律,僧人只許在正午前吃一餐飯,僧人喫第二餐怕世俗非議,托以療飢病,稱晚餐爲"藥石"。
⑨ 拙文《"客至則設茶,欲去則設湯"——唐、宋時期世俗社會生活中的茶與湯藥》及《唐、宋寺院中的茶與湯藥》,《燕京學報》新19期,2005年。

一起流行著,由於對茶和湯藥的重視,上從朝廷、官府,乃至於民間,更發展出一種"先茶後湯"的待客禮節。① 也就是説:客人到訪時,要先以茶招待他;客人要告辭離去之前,因爲談話可能導致口乾舌燥,所以要奉上一碗消除疲勞的湯藥。② 唐宋世俗社會中養生湯藥究竟是什麼樣的内容呢? 唐人常飲用的是茯苓湯、赤箭湯、黄耆湯、雲母湯、人参湯、橘皮湯、甘豆湯。③ 至於宋人所飲用的湯藥,據朱彧《萍洲可談》的敍述,這種湯藥之中一定有甘草的成分:

> 今世俗客至則啜茶,去則啜湯;湯取藥材甘香者屑之,或温或涼,未有不用甘草者。此俗遍天下。④

在宋代官府設立的藥局"太平惠民局"的成藥處方本《太平惠民和濟局方》卷一〇,附有"諸湯"一條,其中列有二十六種湯方:豆蔻湯、木香湯、桂花湯、破氣湯、玉真湯、薄荷湯、紫蘇湯、棗湯、二宜湯、厚朴湯、五味湯、仙朮湯、杏霜湯、生薑湯、益智湯、茴香湯、(又方)茴香湯、檀香湯、縮砂湯、胡椒湯、撾脾湯、小理中湯、白梅湯、三倍湯、鐵刷湯、快湯。⑤ 以上諸湯方的成分中都有甘草,正如朱彧所稱"未有不用甘草者"。從石溪月禪師録賀鎮《湯頭頌》云:

> 甜似黄連微帶澀,苦如甘草略帶辛。一回點過一回別,只恐難瞞

---

① 拙文《"客至則設茶,欲去則設湯"——唐、宋時期世俗社會生活中的茶與湯藥》。

② 田中美佐《宋代の喫茶・喫湯》,《史泉》(關西大學史學、地理學會)第 66 卷,1987 年;《宋代の喫茶と茶藥》,《史窗》(東京女子大學)第 48 卷,1991 年。馬舒《漫話宋代的"客至則設茶,欲去則設湯"》,《文史知識》1991 年第 7 期;伊永文《北宋的煎點湯茶藥》,《農業考古》1991年第 4 期。

③ 見前注。

④ 朱彧《萍洲可談》卷一,文淵閣四庫全書本,冊一〇三八,頁 275。

⑤ 太平惠民和劑局編,劉景源點校《太平惠民和劑局方》,北京,人民衛生出版社,1985 年,頁 393—397。茴香湯的作用是:"療元臟氣虛冷,臍腹脹滿,疙刺疼痛,不思飲食,一切氣冷,並皆治之。"它有兩個方子,一個方子的内容是:"茴香(去土炒六兩)、川楝子(洗炒)、陳皮(各二斤)、甘草(炒七斤)、鹽(炒一斤)。"又方是:"白芷(不見火)、肉桂(不見火,各二兩)、桔梗(焙十三兩)、茴香(炒)、甘草(炒各二兩)。"見頁 397。

無舌人。①

可推知寺院的湯藥，應該也有一些同於世俗"未有不用甘草者"的湯藥。

第三，從禪宗文獻看來，寺院裏的湯和當時世俗社會的湯藥一樣，是依季節不同而有所變化的。② 雲門宗的法秀圓通禪師云：

> 上堂云：山僧不會巧説，大都應箇時節，相唤喫碗茶湯，亦無祖師妙訣，禪人若也未相諳，踏著稱鎚硬似鐵。③

《禪苑清規》中描述堂頭侍者的職務之一是"煎點茶湯，各依時節"。④ "堂頭"是寺院的住持，堂頭侍者分爲内侍者和外侍者，外侍者主掌對外事務，内侍者主掌方丈貼身事務，⑤此處所指的應是外侍者，他的任務之一是接待外來僧俗賓客，使得來訪者都能歡喜。茶的做法冬夏有別，至於養生湯藥也依季節而有變化，宋人吳自牧《夢粱録》中提到南宋都城杭州茶肆不僅賣茶，也賣湯藥：

> 今杭城茶肆亦如之，插四時花，掛名人畫，裝點店面。四時賣奇茶異湯，冬月添賣七寶擂茶、餳子葱茶，或賣鹽豉湯，暑天添賣雪泡梅花酒，或縮脾飲暑藥之屬。⑥

另外，還有"點湯"一詞，和"點茶"意思相近，在此必須先了解唐、宋時期養生湯藥的做法。唐趙璘《因話録》稱陸羽"始創煎茶法"，並且記載兵部員外郎李約對人敘述煎茶法的要訣如下：

---

① 《禪林象器箋》，頁 262。此書將此段文字作爲寺職"湯頭"的注解，並不恰當，因此處的"湯頭"是指"湯的味道"，而非職事的"湯頭"之意，可見到了無著道忠的時代，已經不清楚寺院喫湯的情形了。
② 拙文《"客至則設茶，欲去則設湯"——唐、宋時期世俗社會生活中的茶與湯藥》。
③ 《建中靖國續燈録》(X·1556)，收入《卍新纂續藏經》，册七八，頁 701 上。
④ 《譯注禪苑清規》卷四《堂頭侍者》，頁 162—163。
⑤ 同前注，對内、外侍者職務有更清楚的界定。
⑥ 吳自牧《夢粱録》卷一六《茶肆》，上海，古典文學出版社，1956 年，頁 262。

　　約天性惟嗜茶，能自煎，謂人曰：“茶須緩火炙，活火煎。”活火謂
炭火之焰者也。客至不限甌數，竟日執持茶器。①

李約曾和陸羽、張又新見過面，並且一同討論過水品。② 張又新著有《煎茶
水記》，也是當時對茶有研究的人。由上可知，煎茶法是將茶末放到沸水
中煮，由於唐代的茶係先做成茶餅貯存，“茶須緩火炙，活火煎”指的是要
用文火炙茶餅，去除濕氣，逼出茶的香味，再以有火焰的爐火烹煮。唐德宗
時丞相竇參被貶死，其家財盡没入官，他有一名叫做“上清”的女奴，後來
因爲“善應對，能煎茶”，而得以在皇帝左右服侍。③ 蘇轍《和子瞻煎茶》詩
云：“煎茶舊法出西蜀，水聲火候猶能諳。”④這裏説到“煎茶舊法”，指的
應是唐代將茶末放於茶瓶中烹煮之法，相對於舊法的是宋代比較流行的
點茶法（以茶末放在茶盞中，再以沸水沖飲之法）。不過，唐代晚期應該
就已經出現點茶法了，它是用湯瓶裝著滾燙的沸水，沖到放有茶末的茶
碗裏。傳爲唐德宗女學士、尚宮宋若昭所撰《女論語》，⑤其中第十《待客
章》云：

　　　　大抵人家，皆有賓主，簇滾湯瓶，抹光桌子，準備人來，點湯遞
　　水……有客到門，無人在户，須遣家童，問其來處，客若殷勤，即通名

①　趙璘《因話録》卷上，《稗乘·説家》第4冊，臺北，“中研院”歷史語言研究所傅斯年圖書館藏
　　明萬曆間刊本，葉15。
②　辛文房《唐才子傳》卷六《李約》，《二十五史外人物總傳要籍集成》，濟南，齊魯書社，2000年，
　　第1冊，頁7：“李約字存博，汧公李勉之子也。元和中，仕爲兵部員郎……復嗜茶，與陸羽、張
　　又新論水品特詳。”
③　李昉等編《太平廣記》卷二七五《童僕·奴婢附·上清》，臺北，文史哲出版社，1987年，頁
　　2168—2169：“貞元壬申歲，春三月，丞相竇參居光福里第，月夜，閑步於中庭，有常所寵青衣上
　　清者……流竄于驩州，沒入家資，一簪不遺，身竟未達流所，詔賜自盡。上清果隸名掖庭且久。
　　後數年，以善應對，能煎茶，數得在帝左右……（出《異聞集》）”
④　北京大學古文獻研究所編，傅璇琮等主編《全宋詩》卷八五二《蘇轍四·和子瞻煎茶》，北京大
　　學出版社，1991年，頁9872。
⑤　《舊唐書》卷五二《后妃下·女學士尚宮宋氏》，北京，中華書局，1975年，頁2198。又，《新唐
　　書》卷五八《藝文志二·乙部史録·雜傳記類》，北京，中華書局，1975年，頁1487，有“尚宮宋
　　氏《女論語》十篇”。山崎純一考證此書非宋氏所撰，但仍是唐代的作品；見山崎純一《教育か
　　らみた中國女性史資料の研究：女四書と新婦譜三部書·第二章·傳宋尚宮撰“女論語”
　　（唐）》，東京，明治書院，1986年，頁108—110。

字,却整儀容,出廳延住,點茶遞湯,莫缺禮數。……①

就是因爲要將沸水注入茶盞、湯盞中,所以要預先備好"蔟滚湯瓶",以待客人來時"點茶遞湯"。

雖然宋代社會中以點茶法較普遍,但當時文獻中仍然有很多以"煎茶"作爲備茶和飲茶的代稱,在佛教文獻中,也有不少是用"煎茶"這個名詞,如《佛祖統紀》記載宋仁宗天聖六年(1028),尚賢法師繼法智法師,主持延慶寺,"雪竇顯禪師聞其名,出山來訪,標榜煎茶,以申賀禮。人傳以爲盛事"。② 慈雲重謚禪師的弟子問什麼是他的教誨,他回答説"煎茶煮水"。③《宋高僧傳》稱晚唐時新羅國僧人釋道育到天台山平田寺,他護生心切,"煎茶遇薪木中蠢蠢,乃置之遠地,護生偏切"。④ 這可能不是意味著不同寺院有不同的備茶方法,而是"煎"字就有將水煮熱的意思。⑤ 因此,此處的"煎茶"當是指煎煮熱湯以備點茶之意,意同"點茶"。從禪宗文獻中,可以得知宋代寺院中用的是點茶法,將茶末放在每個人的茶碗裏,所以《慈受禪師示衆箴規》告誡僧人:參加寺院茶會時,不得私藏茶末。⑥

雖然唐、宋文獻多見"煎茶"之詞,但在禪宗的清規裏,多稱"點茶",這是因爲清規的作者要詳細地敍述寺院茶會程序的緣故。宋代寺院的茶會,是以滚水沖泡茶末;湯會中湯藥的做法也和點茶法一樣,是將藥材碾成粉末,稱爲"湯末",飲用時,以滚水加入湯末即可飲用。《太平廣記》録有一則關於孫思邈的傳奇,就將此法敍述得很清楚:他出現在一所僧院裏,從

---

① 收入陶宗儀編撰《説郛》卷七〇下,文淵閣四庫全書本,册八八〇,頁42—43。

② 《佛祖統紀》(T·2035)卷一二《法智法師法嗣》,收入《大正新修大藏經》,册四九,頁213下。

③ 《嘉泰普燈録》(X·1559)卷一,收入《卍新纂續藏經》,册七九,頁292下。

④ 《宋高僧傳》卷二三《遺身篇·晉天台山平田寺道育傳》,頁858中。

⑤ 如張鷟撰《朝野僉載》卷五,北京,中華書局,1997年,頁122,記載一則故事:隋絳州夏縣樹提家新造宅,欲移之。忽有蛇無數,有一位了解符咒鎮邪之術的人,教他用桃枝書符,將群蛇趕往室中心的大孔,"令煎湯一百斛灌之"。此處的煎湯指的是將水煮熱之意。

⑥ 《緇門警訓》(T·2023)卷六《慈受禪師示衆箴規》,收入《大正新修大藏經》,册四八,頁1070上:"煎點茶湯,叢林盛禮。大衆雲集,方可跏趺。盞橐收歸,衆人齊退。私藏茶末,取笑傍觀。"

袖子裏拿出"湯末",要寺院裏的童子"爲我如茶法煎來"。他自己喫了少許,將剩下的湯都給童子,童子覺得湯藥的味道很好,請再給一碗,孫思邈就再給他湯末,教他煎著喫。①

（二）煎點、茶湯和煎點茶湯

清規中的"煎點"一詞,可以指點茶,也可以指點湯;不過,多數的時候係同時指點茶和點湯。前此學者在解釋"煎點"時,都忽略了其中點湯的部分。"茶湯"有時指茶,有時則指茶和湯藥。至於"煎點茶湯",是兼含點茶和點湯。

關於"煎點"一詞,《譯注禪苑清規》先後的解釋略有不同,第一個解釋是"以煎熟的食物作爲點心,或者是點茶,或者是以煎熟的餅食爲茶的點心"。② 事實上,它原來是解釋新到掛搭的僧人"如浴主有煎點,即看浴主"之中的"煎點",此處當指點茶,因寺院中有"浴茶":寺院並不是每天開放洗浴,但是在開浴日必定點茶,寺院中負責僧人澡浴事項的"浴主"在開浴日當天,必須爲僧衆準備茶器。③ 第二個解釋是"點茶儀式的茶禮,不限於茶或湯,多供應餅食點心",④它原是《堂頭煎點》下的注解,原文主要敘述特爲某人點茶的禮儀,其下的小注云:

> 或特爲煎湯,亦於隔夜,或齋前稟覆訖,齋後提舉行者準備盞橐煎
> 點,並同前式。請辭云:今晚放參後,堂頭特爲某人煎湯。⑤

很明顯地,此一煎點是兼指在僧堂點茶和點湯,所以用"煎點"二字,除了前面指出"煎"有煮水令沸的意思之外,也因爲中文的書寫向來避免重複使用相同字眼的緣故。《禪苑清規》中描述堂頭侍者的職務之一是:

---

① 見《仙傳拾遺》及《宣室志》,轉引自《太平廣記》卷二一《神仙二十一·孫思邈》,頁143。
② 《譯注禪苑清規》卷一《掛搭》,注解"煎點"條,頁36。
③ 《譯注禪苑清規》卷四《浴主》,頁139;並見拙文《唐、宋寺院中的茶與湯藥》。
④ 《譯注禪苑清規》卷五《堂頭煎點》,注解"煎點"條,頁178。
⑤ 《譯注禪苑清規》卷五《堂頭煎點》,頁177。

煎點茶湯,各依時節,往來賓客,咸得歡心,由是尊宿安然傳道。①

依法法師將"煎點茶湯"譯作"the formal tea ceremony and the lesser tea ceremony",②即茶會和小型的茶會,也不正確,因爲世俗客禮是"茶來湯去",有茶也有湯,寺院的客禮也是一樣,所以説"禮須一茶一湯":

> 或本州太守、本路監司、本縣知縣⋯⋯諸官入院,茶湯並當一等迎待⋯⋯禮須一茶一湯,若住持人索喚別點茶湯,更不燒香。如檀越入寺,亦一茶一湯,不須燒香。⋯⋯或新到、暫到外寺僧相看,只一次燒香,普同問訊,並合一茶一湯。③

上文一再强調一茶一湯,可見"煎點茶湯"指的是點茶和點湯兩件事。

又,從《僧堂内煎點》裏的敍述,很明顯地可以看出清規多僅敍述茶會的程序禮儀,是因爲茶禮"同湯禮",④因此關於湯禮就無須重複,僅偶爾在小注下説明,如:

> ⋯⋯如庫司或首座煎點茶湯了,先收住持人盞,衆知事或首座於住持人前一展云:"此日龕茶,或云此日龕湯。伏蒙和堂慈悲降重,下情不任感激之至。"⋯⋯⑤

又如《衆中特爲煎點》一節,也是以點茶爲主,而在小注中説明點湯的儀禮也和點茶相同,可知煎點係兼指茶與湯:

---

① 《譯注禪苑清規》卷四《堂頭侍者》,頁162—163。
② Yifa, *The Origins of Buddhist Monastic Codes in China*, p.173.
③ 《譯注禪苑清規》卷五《堂頭煎點》,頁182—183。
④ 《敕修百丈清規》(T・2025)卷二《尊祖章第四・達摩忌》,收入《大正新修大藏經》,册四八,頁1117下;卷七《庫司四節特爲首座大衆茶》,頁1154中:"遇節之次日,粥罷,庫司具茶榜(與湯同)請茶,報衆掛牌。長板鳴,入常請茶,與侍者同。齋退,排照牌、設位,鳴鼓集衆,揖坐、揖香、揖茶,巡堂、問訊,住持前行禮致詞,並同湯禮。"
⑤ 《譯注禪苑清規》卷五《僧堂内煎點》,頁187。

　　……安排坐位、香花、照牌了，當至時門首迎客。……湯瓶出，即
於特爲人處問訊、勸茶，收盞罷，如不收盞，即云："茶罷，恕不換盞。"如點湯
不換盞，即云："湯罷，恕不換盞。"再燒香問訊特爲人。……茶罷，陳謝云：
"此日點茶或云"此日煎湯"。特爲某人某人，茶罷、坐位不便，下情無任
感激之至。"①

　　關於"茶湯會"也多指茶會和湯會，如宋代著名的徑山寺（浙江餘杭）
茶湯會，現代一般人都將它看作是"茶會"，其實它係指茶會和湯會。密菴
和尚曾經應會首請託，作《徑山茶湯會首求二首》，其中就有"一茶一湯功
德香"之句：

　　　　有智大丈夫，發心貴真實。心真萬法空，處處無蹤迹。所謂大空
王，顯不思議力。況復念世間，來者正疲極。一茶一湯功德香，普令信
者從茲入。②

上文稱"一茶一湯"，可知茶湯會是包括點茶和點湯的。

（三）茶盞與湯盞

　　清規中關於湯的敘述，多附在茶會之下的小注，因此其中只提到茶盞，
而沒有湯盞一詞，也使人懷疑到底湯藥是用什麼裝盛著飲用的？幸好無著
道忠《小叢林略清規》中，有一"湯盞圖"，若再和一些出土的圖像相互印
證，可以讓我們更確定唐、宋世俗社會和寺院生活中，同時流行著茶和養生
的湯藥，而喫湯所用的湯盞和茶盞是一樣的。

　　《小叢林略清規》卷中，《湯禮》云"次供頭進湯盞"，其下小字附注云
"盞上橫匙，行盞法如常"，③卷末繪有"湯盞圖"（見圖1），下面是一個托
子，上置一個湯盞，旁邊還放了一個小匙，附注：

①　《譯注禪苑清規》卷五《衆中特爲煎點》，頁194。
②　《密菴和尚語録》（T‧1999），收入《大正新修大藏經》，册四七，頁978下。
③　《小叢林略清規》（T‧2579）卷中《湯禮》，收入《大正新修大藏經》，册八一，頁702下。

> 茶盞同之,但不加水匙耳。湯藥法:胡椒、陳皮、木香、丁子、肉
> 桂,共研抹爲粉。①

此一湯盞圖和白沙宋墓壁畫中的湯盞極爲類似,都是一盞、一托附帶一小
匙。② 至於實物方面,在熱河赤峰發掘的第一號墓(公元 959 年,遼駙馬贈
衛國王墓)中出土的銀盞、銀托子和小銀匙,也可爲此作一佐證(圖 2)。③
又,附注也説明了湯會中喫湯的方法,湯藥就是用好幾種藥材研磨成粉末,
然後再"調湯於盞"。④ 此和前面所敍述的點湯法是一致的,而湯匙的用法
也有一定的儀規(見下文"以湯藥做爲供養品")。

圖 1　湯盞圖

(《小叢林略清規》卷下,頁
721 下)

圖 2　熱河赤峰第一號墓出土的盞、托和匙

(前熱河省博物館籌備組《赤峰縣大營子
遼墓發掘報告》,圖版七)

---

① 《小叢林略清規》卷下,頁 721 下。
② 宿白《白沙宋墓》,北京,文物出版社,1957 年,圖版貳柒,右起第二名婦人手執托盤,上有一湯
　盞,旁有一匙。
③ 前熱河省博物館籌備組《赤峰縣大營子遼墓發掘報告》,《考古學報》1956 年第 3 期,圖版七。
④ 《小叢林略清規》卷中《湯禮》,頁 702 下。

　　出土文物中有寺院專用的茶器和茶具,也可顯示出茶和湯藥在寺院中的重要性,如長安西明寺出土鐫刻著"西明寺石茶碾"、"西明寺石茶臼"的備茶器具(圖3)。① 湖南長沙窯出土的一件茶碗的碗心用褐色寫著"嶽麓寺茶垸"五字,碗底墨書"張惜永充供養"(圖4),②可知這是信徒請窯廠特爲燒製,用以施入嶽麓寺供佛、供僧之物。

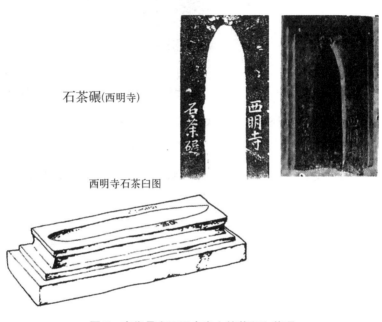

石茶碾(西明寺)

西明寺石茶臼图

圖3　唐代長安西明寺出土的茶臼和茶碾

(馬得志《唐長安城發掘新收獲》,頁 336)

(四) 以湯藥作爲供養品

　　茶和湯藥都是宗教儀式中的供養品,根據《小叢林略清規》記載,在佛涅槃日(二月十五日)儀式中,茶、果、湯藥都是獻佛的供養品,其中還敍述了如何用上述的湯盞和湯匙:

---

① 　馬得志《唐長安城發掘新收獲》,《考古》1987 年第 4 期,頁 334—336。
② 　周世榮《從唐詩中的飲茶用器看長沙窯出土的茶具》,《農業考古》1995 年第 2 期,頁 229;《長沙窯彩瓷》,福州,福建美術出版社,2002 年,頁 63。

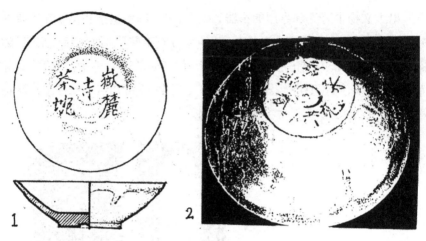

圖4 釉下褐彩青瓷長沙窯嶽麓寺茶碗

（周世榮《從唐詩中的飲茶用器看長沙窯出土的茶具》，頁229）

佛涅槃忌。古規曰：二祖三佛會，先期堂司率財送庫司營供養……湯食果茶及湯瓶，預列像前東邊……侍者取湯器，捧遞住持，住持左手接托，右手逆握匙把，覆手展中指、食指、大指。摸盞唇，令侍香注湯，以匙三攪了，橫匙湯盞上，匙把在西。焚香兩手薰爐上右轉三巡。而獻。侍香遞食，住持雙手接之薰獻，如前。歸三拜……次遞茶器……①

上文詳細地描述如何執盞，以滾熱的水注入置有湯末的湯盞中，再以湯匙攪三下，將湯匙依一定的方位放好。備好湯藥之後，雙手執湯盞在香爐上右轉三巡上供。在獻湯藥後，再供養食品，其後再獻茶。

除此之外，禪寺執事的名稱也可顯示寺院確實有湯藥以及它的重要性。寺職中有專門負責茶或湯藥，以及部分茶會、湯會相關事宜的人員，其中專司湯藥的寺職有"湯頭"（相對於"茶頭"）、"湯藥侍者"。侍候方丈的"堂頭侍者"有内、外之分，内侍者掌理方丈個人的衣鉢、日用品，也包括供給方丈茶湯。關於寺中和茶、湯藥有關的寺職，已在他文詳述，就此略過。②

① 《小叢林略清規》卷上《月分清規第三》，頁696中。
② 拙文《唐、宋寺院中的茶與湯藥》，頁79—80。

三、禪寺“四節”的茶禮和湯禮

茶和湯藥在寺院生活和儀式中，可以説是無處不在，本節主要探討禪寺的“四節”——安居開始（四月十五日）的“結夏”、安居結束（七月十五日）的“解夏”、“冬至”和“新年”——的茶會、湯會，有以下兩個原因：第一，四節茶湯禮是禪寺中最重要的儀式和禮節；第二，四節茶、湯禮同時也是其他茶會、湯會禮儀的準則。此處先就“三日茶湯”——即四節前一日的湯會、正節日和其後二日的茶會——和茶湯會進行的程序做一概括性的敍述。再次就茶、湯會開始之前的準備，僧堂中以聖僧龕爲中心的儀式空間，茶湯會中問訊、巡堂的禮節和燒香的意涵，喫茶、喫湯和服用的“茶藥丸”——它是茶、湯會中在茶、湯藥之外的一個重要的食品——以及格式化的謝詞，一一討論。

（一）茶、湯會的程序

寺院日常生活中就有很多喫茶、喫湯的場合，正式的茶會、湯會有三種，其中以四節的茶會和湯會最爲隆重。這三種茶會是：（一）僧人日常行事中的茶，包括“朔望巡堂茶”（每月初一、十五）、“五參上堂茶”（每月的五、十、二十、二十五日）和“浴茶”；（二）四節的茶會；（三）任免寺院職事的茶會。至於日常生活中的湯會有“放參湯”和“念誦湯”，在特定節日有四節的湯會。①《叢林校定清規總要》云：“叢林冬夏兩節爲重，當留意檢舉。”②冬節指的是冬至和新年，夏節指的是“安居”頭尾的結夏和解夏。③

四節的茶會和湯會包括：節日前一天晚上的湯會，和正節日開始的一連三天的茶會，也就是所謂的“三日茶湯”。在這三天之中，除了本文所討

---

① 參見拙文《唐、宋寺院中的茶與湯藥》。
② 《叢林校定清規總要》卷下，“十九、月分須知”，頁 1221 上。
③ 成河峰雄《禪林における四時と四節——清規に見る》（《印度學佛教學研究》第 36 卷第 2 號）一文認爲：《禪苑清規》中，冬至和新年的行持較結制、解制簡略一些，至《叢林校定清規總要》（1274）時，開始使用“四節”之名，但要到《備用清規》（1311）、《敕修百丈清規》（1338），冬至、新年和結制、解制有同等地位。其實，很難以“四節”這個名詞的出現來斷定此四節有同樣的重要性，又，必須注意各種清規敍事的風格和性質。

論全寺僧人參與的大型茶會和湯會之外，還有一些爲任免寺院職事人員所舉行的小型茶、湯會，則不在本文討論的範圍。

1. 三日茶湯

《禪苑清規》中有關四節茶、湯會的記載，是在卷二的《結夏》、《解夏》，以及《冬年人事》，"冬年"是冬至和新年的簡稱。四節主要茶、湯會（不包括任免職事的茶、湯會）都是在僧堂舉行的，卷五《僧堂内煎點》主要敍述的就是四節茶、湯會的程序和禮儀。這四個節日的茶會和湯會，内容基本上是相同的，這也可以解釋《禪苑清規》以較長的篇幅仔細敍述結夏行事，而解夏部分僅相當於結夏五分之一，至於"冬年人事"則僅有結夏篇幅的十分之一。又，其他各種茶、湯會的行事禮儀基本上和四節相同，如職事茶或爲新來掛搭僧人的茶會，都"並與四節特爲禮同"。①

四節的茶、湯禮主要指在正節日前、後的茶禮和湯禮，包括：節前一日晚上的湯會，正節日當天的"方丈特爲首座大衆茶"，第二天是"庫司四節特爲首座大衆茶"，第三天的"前堂四節特爲後堂大衆茶"，這就是禪寺所謂的"三日茶湯"。

其一，正節日的前一日（四月十四日、七月十四日、冬至前一日及除夕）晚上，禪寺全體僧人須至土地堂念誦，在此之後，有一個湯會。《禪苑清規》中僅敍述此湯會的前後及其儀禮，並未給它一名稱，但從其内容，可知此湯會是庫司特地爲首座和大衆所舉行的湯會：

> 四月十四日齋後，掛"念誦牌"。至晚，知事豫備香花法事，於土地前集衆念誦。詞云⋯⋯知事預令行者祇候，纔聞再聲法事，即使打鼓。堂司預設"戒蠟牌"，香花供養，在僧堂前設之。次第巡堂，就位坐，知事一人行法事。本合監院行事，有故即維那代之。念誦已前，先寫榜呈首座請之。②

上文稱知事以"湯榜"去請首座，當然主客是首座，《叢林校定清規總要》稱

---

① 《敕修百丈清規》卷四《方丈特爲新首座茶》，頁1135下；卷五《方丈特爲新掛搭茶》，頁1142中。
② 《譯注禪苑清規》卷二《結夏》，頁86。

此爲“四節知事特爲首座大衆僧堂湯”,《敕修百丈清規》稱此湯會爲“庫司四節特爲首座大衆湯”的湯會,講“湯禮”。① 兩者名詞略有不同,其實是相同的,説明如下：百丈禪師規劃叢林制度,仿照世俗朝廷文、武兩班之制,將禪寺中負責内、外生活庶務的職事人員分爲“東序”和“西序”,列表説明如下：②

東序 （知事）	都寺	監寺	副寺	維那	副寺	副寺	典座	直歲
西序 （頭首）	前堂 首座	後堂 首座	書記	藏主	藏主	知客	知浴	知殿

“庫司”係指都寺,③據此可以理解：四節前一晚的湯會就是禪寺裏的“東序”職事人員,爲“西序”的職事人員舉辦湯會,請全寺僧人爲陪客。

　　其二,正節當日和其後兩日,分別是“住持特爲首座大衆僧堂茶”、“知事特爲首座大衆僧堂茶”、“前堂特爲後堂大衆僧堂茶”。關於這三個茶會,《禪苑清規》的記敘有些語焉不詳,在《結夏》中,敘述四月十五日當天早上在早粥前、後的行事後,接著敘述茶會：

　　　　堂頭、庫司、首座次第就堂煎點,然後堂頭特爲知事頭首,請首座、大衆相伴。次日,庫司特爲書記頭首已下,請首座、大衆相伴。然後首座就寮特爲知事頭首,請衆相伴。自餘維那已下諸頭首,退院長老、立僧首座,特爲知事頭首就本寮煎點。④

從上文中,可以得知十五日當天是住持爲知事頭首和大衆茶會,次日（十六日）是東序的庫司（都寺）特爲西序的書記、頭首以下的職事人員設茶

① 《叢林校定清規總要》卷上,“四、四節知事特爲首座大衆僧堂茶、湯之圖”,頁1176。因《敕修百丈清規》卷七,有《四節土地堂念誦》以及《庫司四節特爲首座大衆湯》,頁1152下：“念誦罷,就僧堂講禮。”相對於四節前方丈爲寺院職事們所舉行的“小座湯”,此湯會又稱“大座湯”；見《禪林象器箋》第二十五類飲啖門,“大座湯”,頁680。
② 《禪林象器箋》第七類職位門,“東序、西序”,頁220—221。
③ 《禪林象器箋》第七類職位門,“庫司”,頁251。
④ 《譯注禪苑清規》卷二《結夏》,頁90。

會,請頭首和大衆作陪,稱爲"庫司四節特爲首座大衆茶"。然後,西序的首座爲東序的知事設茶,請大衆相伴的"前堂四節特爲後堂大衆茶";但文中並未明説這是在第三日(十七日)舉行的,不過,從《叢林校定清規總要》卷下"月分須知"中,很明白地敍述十五、十六、十七三日的茶會:

> (四月)十五日粥了,上堂,舉法語畢,即説行禮次第云。下座先與西堂人。……下座。少頃,諸寮安排香卓,住持巡寮……齋罷,講特爲茶。……十六日,知事講特爲茶。十七日,首座講特爲茶。光陰迅速,一息不來,便屬他生,住持勉諭兄弟精勤辦道。……①

四節的茶會和湯會,是涵蓋節日前一晚的湯會,以及正節日和以後兩天的茶會,合稱"三日茶湯"。其實,不僅是四節,禪寺中重要的茶、湯禮都是接連著舉行三天,因此,清規告誡新掛搭的僧人"三日内常在寮中及僧堂内,守待請喚茶湯;不得閑遊,免令尋覓"。②

　　2. 茶、湯會的流程

寺院中茶會、湯會是很隆重的禮儀,有一套固定的程序和儀式,筆者依《禪苑清規》卷五《僧堂内煎點》的敍述,將四節茶會和湯會以兩個流程的形式表示,以便於進行以下的討論。

在茶、湯會正式開始之後,它的程序可以分成兩部分:

程　序	流　程
第一部分: 喫茶、喫湯以前的問訊和第一次巡堂之禮	行法事的人到南門,先問訊,再到聖僧前問訊→燒香→到後門特爲處問訊→再轉向南面,到聖僧前問訊(面北)→轉身問訊住持人→第一次巡堂→至前門出堂外→再入堂内,至聖僧前問訊

---

① 《叢林校定清規總要》卷下,"十九、月分須知",頁 1219 下—1220 上。《敕修百丈清規》卷七《庫司四節特爲首座大衆茶》,頁 1154 中云:"遇節之次日,粥罷,庫司具茶榜(與湯同)請茶,報衆掛牌。"又《前堂四節特爲後堂大衆茶》云:"遇節之次日,粥罷,庫司具茶榜(與湯同)請茶,報衆掛牌。長板鳴入常請茶。"
② 《譯注禪苑清規》卷一《掛搭》,頁 35。

續　表

程　　序	流　　程
第二部分： 進行喫茶、喫湯、喫茶藥丸的請禮和謝禮	到北頰特爲人處當面問訊、請喫茶→待湯瓶送至僧堂時，即茶湯都備妥→第一次巡堂、勸茶→（喫茶罷）收特爲人盞→燒香問訊特爲人→聖僧前大展三拜→第二次巡堂一匝→發給"茶藥丸"→當面問訊、請喫藥丸→再一次給茶（行茶澆湯）→問訊請先喫茶→（再出湯瓶）→第三次問訊巡堂勸茶→茶罷→行法事人依位立→謝茶

（二）茶、湯會的準備

在茶會、湯會開始之前的準備工作，包括禮數隆重的邀請儀式、座位的安排和茶、湯器的擺設。

1. 慎重的邀請儀式：茶榜與湯榜

茶、湯會是從事先邀請的儀式展開的，在湯會或茶會之前，要以專人很恭敬地捧著"茶榜"或"茶狀"、"湯榜"或"湯狀"，親自到特爲人（主客）面前去邀請，然後再將這份榜狀貼在僧堂的外面，以告知僧衆：

> 堂內煎點之法，堂頭、庫司用榜，首座用狀，令行者以箱複托之，侍者或監院或首座呈特爲人，禮請訖，帖僧堂門頰。堂頭榜在上間，若知事、首座在下間。[1]

寺院中非常重視臘次、職位的倫理，茶、湯會邀請函榜、狀的區分，以及它們貼上僧堂前布告版上的位置，都有一定的規定。基於"堂頭、庫司用榜，首座用狀"的原則，因此節前一日晚上的湯會是"庫司特爲首座大衆僧堂湯"，係用"湯榜"；正節日當天是堂頭和尚（方丈）特爲首座大衆茶，則用"茶榜"；節日次日是庫司（知事）特爲首座大衆茶，用"茶榜"。節後二日是首座特爲後堂大衆茶，就必須用"茶狀"，而不能用"茶榜"了。

---

[1] 《譯注禪苑清規》卷五《僧堂內煎點》，頁184。

在寺院的執事中，有"書狀"一職，就是負責書寫茶榜、狀的人員。① 禪寺中不同場合的茶、湯會的榜、狀有一定格式範本，内容爲簡單扼要地交代爲什麽有此茶、湯會，時間、地點，請客的對象。如結夏前一日（四月十四日）晚的湯會之湯榜格式如下：

> 榜云：庫司今晚就雲堂煎點，特爲首座、大衆聊表結制之儀，伏冀衆慈，同垂光降，庫司比丘某等敬白。②

其他解夏、冬至、新年的湯榜，格式和此相同，只是解夏湯榜改爲"聊表解制之儀"，冬至的"冬榜"改爲"聊表至節陳賀之儀"，新年的"年榜"改爲"聊表改歲陳賀之儀"。③

茶、湯會至少要在半天以前邀請，同時還要帶著香爐和香盒前去禮請。依據禪寺中邀請茶、湯的規定：

> 早晨茶，隔宿請；齋後茶，早晨請；晚間湯，齋後請。④

因此，四節前一晚的湯會必須在當日午齋以後邀請，而正節日及其後的三日茶會，則是要在前一天晚上前去禮請。如果主人是庫司或都寺，則須親身前往；如果主人是住持，則由堂頭侍者代行，由其行者（方丈行者、庫司行者、都寺寮客頭行者）⑤手捧著茶、湯榜、狀，香爐、香盒，共同前往禮請。奉請之時，還要有一定的説詞。另外，如果主人不是住持，則監院或首座還要另外捧著香到禪寺住持住處的"方丈"，禮請住持參加茶會，説道："今晚就雲堂煎湯，特爲首座、大衆，伏望和尚證明，俯賜降重。"⑥至於其他的僧人，則由"客頭"

---

① 《譯注禪苑清規》卷三《書狀》，頁 127："主執山門書疏……新到茶湯特爲，禮不可缺，院門大榜、齋會疏文，並宜精心製撰，如法書寫。"
② 《譯注禪苑清規》卷二《結夏》，頁 86。
③ 《譯注禪苑清規》卷二《解夏》，頁 91；《冬年人事》，頁 92。
④ 《譯注禪苑清規》卷五《衆中特爲煎點》，頁 193。
⑤ 《禪林象器箋》第七類職位門，"方丈行者"、"庫司行者"、"庫司客頭行者"，頁 300。
⑥ 《譯注禪苑清規》卷五《僧堂内煎點》，頁 184；《叢林校定清規總要》卷上，"二十九、解結冬年特爲煎點茶湯"，頁 1189 下。

前往禮請。首座接過了這份湯榜,就令茶頭行者將它貼在僧堂前面的布告版上,目的是告知全院的僧人(大衆)。除此之外,還要到各寮舍禮請,並且在寮舍掛上"點湯牌"、"點茶牌",以告知僧衆,並含有邀請之意。①

2. 座位圖

在茶、湯會開始之前,須預先安排座位。分爲兩部分:一在僧堂内,預先在各個座位上標明是何人的位置。二則由於茶、湯會開始之前,不得進入僧堂内,因此須在僧堂外面的布告版上,依僧堂内的座位繪製一圖,以小紙片寫上衆位僧人的名位,貼在其座位上。清規中要求僧人在茶、湯會開始之前,要先去查看自己座位所在,《赴茶湯》云:"院門特爲茶湯,禮數慇重,受請之人,不宜慢易。……聞鼓板聲,及時先到,明記坐位照牌,免致倉遑錯亂。"②至於座位照牌到底是什麼樣的形式,今不得而知,《小叢林略清規》中有一張"煎點座位圖",其下對照牌有以下的説明:

> 座牌隨衆多少,室廣隘,案不拘。圖式也,先定衆幾員而排,座牌即依此造。照牌圖,其法畫室圖形,以小牋書衆名,隨位排貼之,一如座牌。③

由上可知,貼在座位上的座牌和貼在僧堂外照牌圖上的座牌是一樣的。

禪寺中各種茶、湯會依主客"特爲人"不同,座位的安排也有差異。《禪苑清規》没有茶、湯會的座位圖,《叢林校定清規總要》卷上則有八種茶、湯會的座位圖,其中就包括了"四節知事特爲首座大衆僧堂茶、湯之圖"、"四節住持特爲首座大衆僧堂茶圖"、"四節前堂特爲後堂大衆僧堂茶圖"(見圖5、圖6、圖7)。④ 這些座位圖,對了解茶、湯會進行的過程有很大的幫助。以上三圖都没有繪出外堂,當巡堂時是要巡至外堂,巡堂圖中就繪有外堂(見圖8)。

---

① 《叢林校定清規總要》卷上,"二十九、解結冬年特爲煎點茶湯",頁1189下:"其餘寮舍,并令客頭請。"《敕修百丈清規》卷七《庫司四節特爲首座大衆湯》,頁1152下:"仍分付客頭。請勤舊蒙堂諸寮,各掛點湯牌,逐一請已。"
② 《譯注禪苑清規》卷一《赴茶湯》,頁59。
③ 《小叢林略清規》卷下,頁721上。
④ 《叢林校定清規總要》卷上,頁1175—1176。

圖 5　四節知事特爲首座大衆僧堂茶、湯之圖
（《叢林校定清規總要》，頁 1176）

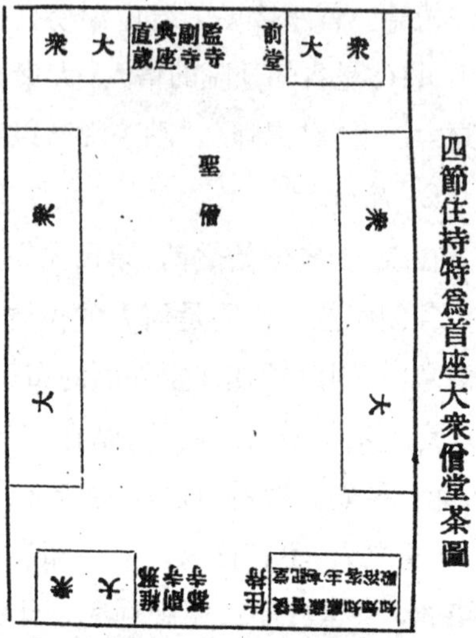

圖 6　四節住持特爲首座大衆僧堂茶圖
（《叢林校定清規總要》，頁 1175）

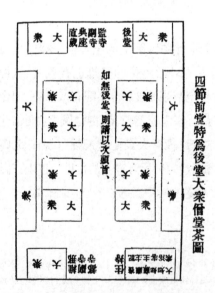

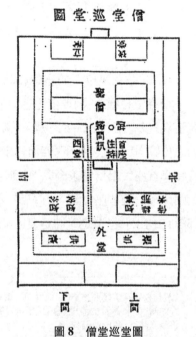

圖 7　四節前堂特爲後堂大衆僧堂茶圖
（《叢林校定清規總要》，頁
1176）

圖 8　僧堂巡堂圖
（《禪林象器箋》，第九類
叢軌門，頁 344 上）

3. 茶、湯具的擺設

在茶會開始之前,除了座位的安排之外,行者還要在各個座位上置放茶盞、湯盞、茶盤,以及茶末、"茶藥丸"(見下文),同時必須事先在湯瓶裏裝上乾淨、滾燙的熱水,《堂頭煎點》對於準備事項有如下的敍述:

> 齋前,提舉行者準備湯瓶、換水燒湯。盞槖、茶盤,打洗光潔。香花、坐位、茶藥、照牌、煞茶,諸事已辦,子細請客。①

其中,"煞茶"當指茶末,如前所述慈受禪師告誡僧人不得"私藏茶末",②而在以上各準備事項中,茶盞、湯瓶都有了,也應備有茶末。③

(三) 以聖僧龕爲中心的儀式空間

如前面的流程所示,茶、湯會巡堂之禮是以僧堂中的"聖僧龕"作爲儀式的中心,什麼是"聖僧龕"呢?"聖僧龕"又稱"聖僧座"或"聖僧厨",宋代僧人多認爲僧堂中所供奉的聖僧是憍陳如尊者,也有人認爲是賓頭盧尊者。④

茶會或湯會係以行法事人(如果主人是住持,則行法事人是堂頭侍者;如是知事[都寺]、頭首[首座],則親自行禮)問訊、巡堂展開的,無論是問訊或巡堂基本上是以僧堂的聖僧龕爲中心,繞行僧堂内、外,並且有一定的路綫。以下便以四節前一日晚上的庫司特爲首座大衆僧堂湯會爲例,作一説明。

---

① 《譯注禪苑清規》卷五《堂頭煎點》,頁 177。
② 《緇門警訓》卷六《慈受禪師示衆箴規》,頁 1070 上。
③ 依法法師將"煞茶"譯作"較差的茶"(the lower grade tea),她的理由是《堂頭煎點》中稱"如點好茶,即不點湯",因此,這是指較差的茶;見 *The Origins of Buddhist Monastic Codes in China*, pp.180,294。不過,此句的上文敍述這是住持臨時請少數僧人,而非全部僧喫茶的情況:"堂頭非泛請僧喫茶,臨時旋請,侍者仍令行者安排坐位、香火、茶藥訖,請之。賓主就坐,侍者正面問訊燒香,退身普同問訊。如點好茶,即不點湯。"見《譯注禪苑清規》卷五《堂頭煎點》,頁 183。茶會是寺院中的盛禮,似乎不至於以較差的茶待客。
④ 道誠《釋氏要覽》(T・2127)卷下《住持・伽藍立廟》:"四分云:伽藍中立神屋。傳云:中國僧寺,立鬼廟(增輝記云。即鬼子母廟也),次立伽藍神廟(護伽藍神有十八,或是今土地廟也),次立賓頭盧廟(即今堂中聖僧也)……今堂中聖僧多云是憍陳如,非也。緣經律不令爲立廟故,不走四天供故。又安法師夢是賓頭盧故。"收入《大正新修大藏經》,册五四。

《僧堂内煎點》敍述茶湯會第一部分的巡堂問訊：

> 齋後堂前鍾鳴，就坐訖，行法事人先於前門南頰，朝聖僧叉手側立，徐問訊，離本位，於聖僧前當面問訊罷，次到爐前問訊，開香合，左手上香罷，略退身問訊訖，次至後門特爲處問訊。面南轉身，却到聖僧前，當面問訊。面北轉身，問訊住持人。以次巡堂，至後門北頰板頭，曲身問訊；至南頰板頭，亦曲身問訊。如堂外，依上、下間問訊，却入堂内，聖僧前問訊，退身依舊位問訊，叉手而立。①

上文中並未交代僧堂内的空間安排，如果僅就文字敍述，很難理解它的動綫，幸而《叢林校定清規總要》對於此會中座位的安排，有簡要的説明：

> 首座與住持對面設位，後堂首座及以次頭首，並於前堂鉢位作一行坐。②

又，同書卷上有“四節知事特爲首座大衆僧堂茶湯之圖”（見圖 5），可以與之相對照，配合《禪林象器箋》中的“僧堂巡堂圖”，可以清楚看出問訊、巡堂都是以聖僧龕做爲中心。

行法事人先到聖僧前問訊、燒香，再到後門特爲處問訊，再回到聖僧前問訊，然後從此處作爲起點，開始巡堂，從聖僧龕的右邊繞至聖僧的後面、左面，到僧堂中央處，再往僧堂外面走，至外堂，繞行一圈，再回到僧堂内聖僧前問訊。起點是聖僧龕，最後回到聖僧前，完成第一部分。

第二部分開始供應茶或湯藥、茶藥丸，有三次巡堂請茶、湯的禮節：

> 茶遍澆湯，却來近前當面問訊，乃請先喫茶也。湯瓶出，次巡堂勸茶，如第一翻問訊、巡堂，但不燒香而已。喫茶罷，特爲人收盞，大衆落盞在床，叉手而坐。依前燒香問訊特爲人罷，却來聖僧前大展三拜，巡

---

① 《譯注禪苑清規》卷五《僧堂内煎點》，頁 184—185。
② 《叢林校定清規總要》卷上，“二十九、解結冬年特爲煎點茶湯”，頁 1189 下。

堂一匝,依位而立。行藥罷,近前當面問訊,仍請喫藥也。次乃行茶澆
湯,又問訊請先喫茶。如煎湯瓶出,依前問訊、巡堂、再勸茶,茶罷,依
位立。①

請喫茶、湯的巡堂路綫,完全如上述第一番巡堂,仍是以聖僧龕爲中心。等
到每位僧人的茶盞或湯盞裏都有茶、湯之後,都寺再問訊請喫茶湯。第一
次巡堂、勸請喫茶,巡堂的路綫仍然和前回一樣是從聖僧龕開始,只是在巡
堂之前不燒香。喫完茶或湯藥時,先收特爲人的茶盞(或湯盞),再一次合
掌低首揖特爲人,再到聖僧面前大展三拜,從此處開始巡堂一匝。這個時
候,每位僧人前面都已經擺好了一份"茶藥丸"(行藥罷),就勸請喫藥。在
此之後,再一次給在座的僧人茶或湯。至此,茶、湯的供給都結束了,以下
就是客人"謝茶"的部分。最後,在茶會結束時,行法事人仍是站在聖僧龕
前,向大衆問訊,然後打鍾散會。

由茶、湯會巡堂之禮是以僧堂的聖僧龕作爲儀式的中心,可知宋代聖
僧信仰的重要性。從東晉釋道安時代,聖僧信仰開展流傳以來,以迄於唐、
宋時期,無論在寺院或世俗社會中,聖僧信仰都占了一個很重要的地位,②
因聖僧信仰不在本文討論的範圍之內,就此略過。

(四) 茶湯會的禮節：問訊、燒香和巡堂

茶、湯會中的禮節主要是問訊、燒香和巡堂。

"問訊"是指雙手合掌,低頭敬揖,相當於俗人的拱手揖禮。根據前引
《禪苑清規》中《僧堂內煎點》的敍述,在開始喫茶、喫湯之前,行法事人須
九次問訊,僧堂內、外巡堂一次。九次問訊分別是對大衆、聖僧、香爐、坐在
前門的住持人、後門的主客(特爲人)作禮。③ 這些問訊中,對衆位僧人的
問訊,有請入座之意,就是所謂的"揖坐問訊"。在香爐前的兩次問訊:"次

---

① 《譯注禪苑清規》卷五《僧堂內煎點》,頁 185。
② 參見本書第十二章《中國的聖僧信仰和儀式(4—13 世紀)》。
③ 《譯注禪苑清規》卷五《僧堂內煎點》,頁 184—185。

到爐前問訊,開香合,左手上香罷,略退身問訊訖。"①就是所謂的"揖香"。清拙正澄(1274—1339)《大鑑禪師小清規》中,對於茶、湯會中問訊禮的涵意,有扼要的敘述:

> 凡茶湯之禮,兩手掌相合掌,此名合掌。合掌低頭揖,此名問訊。……兩班者舊皆至門外立,侍香一問訊,便少退叉手立,不可人人接,此名揖入問訊。一眾入席立定,侍者中立問訊,眾坐,此名揖座問訊。眾坐定,侍者小問訊,進爐前燒香,退中立問訊。此名揖香。眾皆喫茶,湯瓶皆出,侍者進一步問訊。此名揖茶。行者收茶器時,侍者退外側立,禮畢。②

在禪宗的禮儀中,巡堂有好幾種意涵,在茶會或湯會中的巡堂則有禮請和致謝之意。③ 在第一部分的巡堂是禮請之意,在第二部分開始供應茶、湯藥和茶藥丸時,共有三次的巡堂,因此四節茶、湯又稱爲"三巡湯"、④"三巡茶"。⑤ 此三次巡堂代表請喫茶、湯、茶藥丸之意。

每一次巡堂問訊都代表茶、湯會禮節中的一個程序,第一次巡堂勸茶(或湯)、喫茶(或湯),第二次巡堂喫茶藥和再喫茶(或湯),第三次巡堂再一次喫茶(或湯)(見頁372—373"茶、湯會的流程")。在《大鑑清規》中,四節茶、湯會的巡堂和《禪苑清規》略有不同,其"四節日巡堂禮"云:

> 凡茶湯禮,侍者門外立,俟兩班者舊皆集,但一箇問訊,眾入,無人人問訊之理,與眾寮不同。眾依各位立,侍者中立問訊,此名揖座。眾方坐。次問訊進爐前炷香,退身問訊。此名揖香。次行者行茶,瓶出,

① 《譯注禪苑清規》卷五《僧堂內煎點》,頁184—185。
② 《大鑑禪師小清規》(T·2577),又稱《大鑑清規》,收入《大正新修大藏經》,冊八一,頁622下。
③ 《禪林象器箋》第九類叢軌門,"巡堂",頁342:"有數義不同……請謝義茶湯時。"
④ 《禪林象器箋》第二十五類飲啖門,"巡堂",頁681:"舊說:四節湯名'三巡湯',忠曰:四節大小座湯皆有三巡問訊,問揖坐、揖香、揖湯也,故曰'三巡湯'。"又,"大座湯",頁680下:"《東福清規》云:'凡大座湯則有揖坐、揖香、揖湯,三度巡堂。'"
⑤ 李遵昂《天聖廣燈錄》(X·1553)卷一三《新羅國智異山禪師》,收入《卍新纂續藏經》,冊七八,頁479下:"問:'如何是和尚家風?'師云:'瑠璃碗內水,符刀喝起行。'進云:'忽遇客來,將何祇待?'師云:'三巡茶後室中烟。'"

> 侍者略進一步問訊。此名揖茶。凡僧堂三巡之禮,第一巡,揖座。第二
> 巡,揖香。第三巡。揖茶。①

這也顯示出隨著時代的推移,茶、湯禮所發生的變化。

在四節茶、湯會中,共有兩次燒香的儀式,除了表示對特爲人禮敬之
外,也含有禮請十方一切凡聖之意。《禪苑清規》中在大衆茶會或湯會時,
僅燒兩次香,《通衆煎點燒香法》:

> 堂中大座煎點,齋前入堂禮請,唯上香一炷。齋後點茶,或臨晚間
> 湯。第一翻上香兩炷,第二翻上香一炷。堂頭、庫下、諸寮就本處特爲,並
> 準此,唯無請禮。非泛茶湯,唯上香一炷。②

第一次燒香介於對聖僧問訊和對大衆問訊之間,③因此,除了有"揖香問
訊"對特爲人敬禮的作用之外,兼具禮請十方聖衆之意,《禪林象器箋》錄
《法苑珠林》之説,認爲"香爲佛使",有燒香遍請十方凡聖之意。④ 至於第
二次燒香是重複第一次的做法"依前燒香問訊特爲人",它的禮請意涵是
很明顯的。事實上,《禪苑清規》在《堂頭煎點》的小注中就説"……及請香
以表懇重之禮,令香臺邊向住持人問,乃表請香之禮意"。⑤

由於燒香是遍請凡聖,以及對特爲人的禮請之意,因此如何燒香也很
重要,《禪苑清規》小注説明燒香的程序如下:

> 兩手捧香合起,以右手拈合,安左手内;以右手捉香合蓋,放香臺
> 上。右手上香,向特爲人焚之,却右手蓋香合,兩手捧安香臺上;並須
> 款曲低細,勿令敲磕或墜地。⑥

---

① 《大鑑清規》,頁 622 中,下。
② 《譯注禪苑清規》卷六《通衆煎點燒香法》,頁 203。
③ 《譯注禪苑清規》卷五《僧堂内煎點》,頁 184—185。
④ 《禪林象器箋》第九類叢軌門,"行香",頁 322。
⑤ 《譯注禪苑清規》卷五《堂頭煎點》,頁 180。
⑥ 《譯注禪苑清規》卷五《堂頭煎點》,頁 180。

茶、湯會中的燒香儀式和唐、宋時期朝會中的焚香頗有相似之處,將在下一節討論。

（五）喫茶、喫湯與茶藥丸

在茶會中主要喫的是茶,湯會中主要是湯藥,另外,無論是茶會或湯會,都還食用"茶藥丸",在清規中單稱"藥"。從前述引文可知它們食用的次序是:

第一巡茶（或湯藥）→茶藥丸→第二巡茶（或湯藥）→第三巡茶（或湯藥）

在巡堂問訊之後,"茶遍澆湯",就是在各個座位前的茶盞或湯盞裏,置放湯末或茶末,並且澆上滾水。從禪宗文獻中可知,寺院係采點茶法,將茶末先放在每個人的茶盞裏,再以滾水沖泡,茶頭提著裝著滾水的湯瓶進入僧堂,將熱水注入每一個僧人的茶盞裏,稱爲"行茶";及每一位僧人前的茶盞都已有茶湯了,稱做"茶遍",然後纔可以請大家一起喫茶。無著道忠依《朱子家禮》卷一《通禮・祠堂祭禮》云"主婦執茶筅,執事者執湯瓶隨之,點茶如前",認爲:古人飲茶用末,所謂點茶者係先置茶末於器中,然後投以滾湯,點以冷水,而用茶筅調之。他同時認爲"點湯"的做法也是一樣的。[1]

多數湯藥的做法也和點茶一樣,是將藥材碾成粉末,稱爲"湯末",如本文圖 1 旁邊附注的小字云:"湯藥法:胡椒、陳皮、木香、丁子、肉桂,共研抹爲粉。"這僅是許多湯藥中的一個配方而已,不過,由此可以看出湯藥的做法有如點茶法。在湯會中,事先在每個座位前的湯盞中,放置適量的湯末,行者將滾水加入湯末,叫做"行湯";待每位僧人的湯盞裏都有湯藥時,稱爲"湯遍"。[2]

如前所述,在第一次巡堂請茶、喫茶之後,接著是第二次巡堂,繼而將"藥"——茶藥丸——發給所有與會者,稱爲"行藥"。當所有僧衆前面都

---

[1] 《禪林象器箋》第二十五類飲啖門,"點茶",頁 676 下—677 上;"點湯",頁 680 上。

[2] 《敕修百丈清規》卷七《衆寮結解特爲衆湯》,頁 1150 下:"寮主副寮分案行禮,皆巡問訊,入座揖坐、燒香揖香。鳴寮内板二下,行湯遍,揖湯。……"

有茶藥丸時,就叫做"藥遍"。爲什麼知道此"藥"是茶藥丸呢?《堂頭煎點》敍述在茶、湯會之前必須準備的物品如下:

> 齋前,提舉行者準備湯瓶、換水燒湯。盞橐、茶盤、打洗光潔。香花、坐位、茶藥、照牌、煞茶,諸事已辦,子細請客。……齋罷,侍者先上方丈,照管香爐位次。如湯瓶衮盞橐辦,行者齊布茶訖,香臺只安香爐、香合,藥楪、茶盞各安一處。……次藥遍,請喫藥。①

其中就有"茶藥",下面的小注稱"藥楪、茶盞各安一處",此處的"藥楪"當係指置藥丸的容器。即使不是四節的茶、湯會中,也有茶藥,如住持請僧衆的場合,堂頭侍者也要令行者"安排坐位、香火、茶藥訖",然後再請客人就坐。② 另外,在《法眷及入室弟子特爲堂頭煎點》,早齋之後在方丈處爲住持人點茶,也要先到方丈室"照管香火、茶藥、盞橐、湯瓶,慮或失事"。③

這種茶藥是一種丸狀的藥,因爲在《赴茶湯》一節中教僧人吃茶藥的時候,不得"張口擲入",也不可以"咬令作聲":

> 當頭特爲之人,專看主人顧揖,然後揖上、下間。喫茶不得吹茶,不得掉盞。不得呼呻作聲;取放盞橐,不得敲磕。如先放盞者,盤後安之,以次挨排,不得錯亂。右手請茶藥擎之,候行遍、相揖罷方吃。不得張口擲入,亦不得咬令作聲。④

可知在茶、湯會中,喫茶、湯之後,必有茶藥丸。北宋來華的日本僧人成尋(1011—1081)於《參天台五臺山記》中記載,他在熙寧五年(1072,日本後三條天皇延久四年)十月二十九日住在汴京(今開封市)太平興國寺傳法院時,當寺的廣智大師請他喫茶藥丸:

---

① 《譯注禪苑清規》卷五《堂頭煎點》,頁 177—179。
② 《譯注禪苑清規》卷五《堂頭煎點》,頁 183。
③ 《譯注禪苑清規》卷六《法眷及入室弟子特爲堂頭煎點》,頁 200。
④ 《譯注禪苑清規》卷一《赴茶湯》,頁 61。

（延久四年一〇月廿九日），至曉向廣智大師房，有茶藥二丸。①

可知茶藥確是一種丸藥。《譯注禪苑清規》注解此"藥"爲果子，②茶、湯會中供應果子和點心，是元代以後的事，在《叢林校定清規總要》中，請喫點心是有特殊的場合。③ 另如：依法法師將它譯爲點心（confections），這兩種解釋都是不正確的。④

到底茶藥丸指的是什麼樣的藥丸？在以上的資料中都未説明，它很可能和湯藥一樣，是根據季節變換而有所不同，因它常和茶一起服用，故稱"茶藥丸"。宋鄭谷《宗人惠四藥》詩云："宗人忽惠西山藥，四味清新香助茶。爽得心神便騎鶴，何須燒得白朱砂。"⑤可以幫助我們了解它服用的情形。此外，《千金翼方》中的一段話，也可爲此"茶藥丸"提供一些綫索：

> 人非金石，況犯寒熱霧露，既不調理，必生疾癘。常宜服藥辟外氣、和藏府也。平居服五補七宣丸、鍾乳丸，量其性冷熱虛實，自求好方常服。其紅雪三黃丸、青木香丸、理中丸、神明膏、陳元膏、春初水解散、天行茵蔯丸散，皆宜先貯之，以防疾發。忽有卒急，不備難求。臘日合一劑烏膏、楸葉膏，以防癰瘡等。⑥

唐宋時期寺院僧人和當時世俗社會一樣，服用很多的養生食品，包括茶、湯會中的湯藥、丸藥，另外還有乳藥和藥酒。⑦ 到了元代，寺院僧人似乎已經不在茶湯會中服食這種丸藥，《敕修百丈清規》中關於茶湯會的敍述，已經沒有第二次巡茶之後請喫藥的記載了。

---

① 平林文雄《參天台五臺山記：校本並に研究》卷四，東京，風間書房，1978 年，頁 140。
② 《譯注禪苑清規》卷一《赴茶湯》，頁 63；卷五《僧堂内煎點》，頁 186。
③ 宋代禪寺六月坐夏期間，方丈"叫喚衆人點心一次"。見《叢林校定清規總要》卷下，"十九、月分須知"，頁 1220 下。
④ Yifa, *The Origins of Buddhist Monastic Codes in China*, pp.130,183–184,265.
⑤ 《全宋詩》卷六七七，頁 7762。
⑥ 孫思邈撰，朱邦賢、陳文國等校注《千金翼方校注》，上海古籍出版社，1999 年，頁 397。
⑦ 參見拙文《戒律與養生之間——唐宋寺院中的丸藥、乳藥和藥酒》，《"中研院"歷史語言研究所集刊》第 77 本第 3 分，2006 年，頁 357—400。

（六）格式化的語言

　　整個茶會、湯會都在静默中進行，到茶、湯會結束之前，客僧要對主人致謝，有一定的行禮規則，也有固定的謝詞，使得整套茶、湯會"儀式化"的特性非常明顯。

　　茶、湯會的謝詞都有固定的格式，如在節前一日的庫司特爲首座大衆湯會，爲了尊重住持，先收住持的湯盞，其後作爲主人的知事或首座先謝住持的參加，向他行禮，並且有一定的謝詞：

> 　　衆知事或首座於住持人前一展云："此日龕茶，或云此日龕湯。伏蒙和尚慈悲降重，下情不任感激之至。"①

接著還要寒暄，觸禮三拜，再送住持人出堂。

> 　　又一展敘寒暄云："伏惟和尚尊體起居萬福。"乃觸禮三拜，第三拜時，住持人更不答拜，但問訊大衆，以表珍重之禮。作禮竟，送住持人出堂。行法事人再入堂内，聖僧前上、下間問訊，收盞罷，再問訊，打鍾，出堂外。首座亦出堂外，與衆知事觸禮三拜。如首座特爲書記，書記亦先出堂外，與首座觸禮三拜而散。②

如果是節日當天方丈特爲首座大衆茶的情況，則由"堂頭侍者"代住持做全套的儀式，到茶會結束之前，特爲人（首座）先向住持致謝、寒暄、行禮，再送住持出堂。侍者在聖僧龕前向大衆問訊作禮，然後直接打鍾散會：

> 　　如侍者行法事，茶罷先問訊，一時收盞橐出。特爲人先起於住持人前，一展云："此者特蒙和堂煎點，下情無任感激之至。"又一展敘寒

---

① 《譯注禪苑清規》卷五《僧堂内煎點》，頁187。
② 《譯注禪苑清規》卷五《僧堂内煎點》，頁187。

暄云:"伏惟和尚尊體起居萬福。"乃觸禮三拜,送住持人出堂外。侍者於聖僧前上、下間問訊訖,打下堂鍾。[1]

莊嚴隆重的茶、湯會在送住持離去之後,行法事人再回到茶會起點的聖僧龕前,向上、下間僧人問訊行禮,打了下堂鍾,就宣告結束了。

四、禪寺茶、湯禮和世俗禮儀的關聯

茶會和湯會是禪寺中最隆重莊嚴的禮儀,即所謂的"煎點茶湯,叢林盛禮"。無著道忠早已注意茶、湯禮源自朝廷的禮儀,他指出百官在中書省見宰相的"進茶飲漿",[2]就是"客至則設茶,欲去則設湯"的禮節。其實,茶、湯禮還有其他來自世俗社會的禮儀和制度,如唐代各級官員的會食制度、朝廷官員的"班序座位",國子監的"座位圖",朝廷宴會的"筵會座位"等。

(一) 官府的會食禮儀

禪寺茶、湯禮可能和唐、宋官員"會食"制的儀節有關。從唐代初年開始,朝廷和地方官員每日處理公事,有"會食"(共同進餐)之制,會食有特定的場所"食堂",也有既定的禮節。官員將會食的禮儀寫於版榜上,掛在食堂裏;而宋代有些禪寺也將茶、湯禮記在榜上,讓僧人不會忘記這些禮儀,由此可以看出它們之間的相似性。

朝官和各級地方官員在其所屬的單位共同進食,如中書省官員在中書省會食,州縣大小官吏則在官署的"食堂"會食。在官員會食時,它的禮儀——即所謂的"會食之儀"——是很重要的一部分。崔元翰(729—795)在《判曹食堂壁記》一文中,記述浙東觀察使皇甫政重修越州(今浙江紹

---

① 《譯注禪苑清規》卷五《僧堂內煎點》,頁 186。
② 《禪林象器箋》第十類禮則門,"茶禮",頁 390:"禪林茶湯禮,諸清規具在,不用煩記。今錄朝廷所講,使知有所本。"

興）官署判曹食堂,①對會食之制的來源及其意義有清楚敍述:

> 有唐太宗文皇帝克定天下,方勤於治,命庶官日出而視事,日中而退朝,既而晏歸,則宜朝食。於是朝者食之廊廡下,遂命其餘官司,洎諸郡邑,咸因材賦,而興利事,取其奇羡之積,以具庖廚,謂爲本錢,雜有遺法。列曹掾史之於郡上丞諸曹郎,推本其位,又諸侯大夫之比。其有食也,於古義最爲近之。凡聯事者,因於會食,遂以議政,比其同異,齊其疾徐。會斯有堂矣。則堂之作,不專在飲食,亦有政教之大端焉。②

各級食堂的建築、擺設也有一定的規制,如判曹食堂的規模:"縱施五筵,衡容八几,洞以二門,挾以四牕",③也就是縱向擺了五排食桌,每排有八張几子,合起來是四十張食几。唐文宗大和二年(828),劉寬夫作《邠州節度使院新建食堂記》一文,稱誦新建的邠州(治所在今陝西彬縣)節度使院食堂:

> ……大不逾制,崇不近奢,梂桷礎閾,無不中度。翼張四簷,洞開雙扉;冬霜不到,夏日潛却。可以備盤餐之品式,可以敍主客之威儀,可以寄琴樽之笑傲,可以籌政令之得失。④

官員會食不僅是爲了解決官員的飲食問題,也另有意涵,前引崔元翰《判曹食堂壁記》稱"不專在飲食,亦有政教之大端焉",其中的一個重點是講

---

① 董誥等編《全唐文》卷五二三崔元翰《判曹食堂壁記》,北京,中華書局,1983 年,頁 5321:"期年,故太子少師皇甫公來臨是邦,始更而廣之。……後二歲,而御史大夫崔公爲之備食器、增食物,虞人之獻禽者必分焉。"此太子少師皇甫公當是唐德宗貞元元年(785)前後任浙東觀察使的皇甫政;見《新唐書》卷四一《地理志五・江南道・東道采訪使・越州會稽郡條》,頁 1061。御史大夫崔公當係貞元元年任御史大夫的崔縱;見《舊唐書》卷一二《德宗紀上》,貞元元年,頁 351。

② 《全唐文》卷五二三崔元翰《判曹食堂壁記》,頁 5321。

③ 《全唐文》卷五二三崔元翰《判曹食堂壁記》,頁 5321。

④ 《全唐文》卷七四〇劉寬夫《邠州節度使院新建食堂記》,頁 7649 下。

究尊卑秩序的"禮":

> 由飲食以觀禮,由禮以觀禍福;由議事以觀政,由政以觀黜陟,則
> 書其善惡而記其事,宜在此堂。①

柳宗元在德宗貞元十八年(802)所撰寫的《盩厔縣新食堂記》一文中,對於食堂的禮儀,有以下的敍述:

> 升降坐起,以班先後,始正位秩之敍。禮儀笑語,講議往復,始會
> 政事之要。筵席肅莊,籩豆静嘉,燔炮烹飪,益以酒醴,始獲僚友之樂。
> 卒事而退,舉欣欣焉。曰:惟禮食之來古也,今京師百官,咸有
> 斯制。②

從上文中的"升降坐起,以班先後,始正位秩之敍",可知食堂之禮基本上是依官員品秩班位而定的,至於它的詳細內容,則包括某一職級品位從哪一個門進入,站在堂內某一處所,如何行禮等。又,各級單位的會食也有其禮儀的格式。李翱《勸河南尹復故事書》文中,就認爲河南府食堂的儀節不宜依京兆(長安)的禮例來改,而從他的論述中,也可看出其禮節的講究:

> 京兆府司録上堂,自東門北入,故東西廊相見,得所宜也。河南司
> 録上堂,於側門東入,直抵食堂西門,故舊禮於堂上位立,得所宜矣。
> 若却折向南,是司録之欲自崇,而卑衆官,非所宜也。此事同而宜異者
> 耳,假令司録上堂,由南門北入,河南府二百年舊禮,自可守行,亦不當
> 引京兆府之儀而改之也。③

---

① 《全唐文》卷五二三崔元翰《判曹食堂壁記》,頁5321。
② 《全唐文》卷五八〇柳宗元十二《盩厔縣新食堂記》,頁5857下。
③ 《全唐文》卷六三六李翱《勸河南尹復故事書》,頁6421上。

特別值得注意的是：河南府將食堂禮儀規章以黃紙書寫，掛在食堂的北梁上，每年更新，稱爲"黃卷"，以作爲行禮的準則：

> 河南府版榜縣於食堂北梁，每年寫黃紙，號曰"黃卷"。其一條曰：司録入院，諸官於堂上序立，司録揖高，然後坐。河南大府，入聖唐來二百年，前人制條，相傳歲久，苟無甚弊，則輕改之，不如守故事之爲當也。八、九年來，司録使判司立東廊下，司録於西廊下得揖，然後就食，而板條黃卷則如故文焉。大凡庸人居上者，以有權令陵下；處下者以姑息取容，勢使然也。前年翱爲户曹，恐不知故事，舉手觸罰，因取黃卷詳之，乃相見之儀，與故事都異。①

而從"（李）翱爲户曹，恐不知故事，舉手觸罰，因取黃卷詳之"，可知若有違犯者，是要受到處罰的。

禪林中也有將茶、湯禮貼在壁上者，《大鑑清規》在"四節堂茶禮"條下云：

> 此榜永貼侍者寮、客殿壁上，代代侍者并衆兄弟觀之，庶幾爲知禮君子。向後自當職時，現成不須問人也。師子捉象全其力，捉兔亦全其力，凡禮不可輕欺，須習之。②

上文稱：將茶、湯禮榜書貼在侍者寮和客殿上，目的是讓僧人可以成爲"知禮君子"。僧人也常將清規和禮經相提並論，甚至認爲其中包含了三代禮樂的精華。

惟勉在《叢林校訂清規總要》的序文稱："吾氏之有清規，猶儒家之有禮經。"③不僅僧人是這樣看待清規，宋代的儒家文士也贊嘆禪寺清規得到儒家禮節的真髓，以爲其中顯示出儒家最高標準的"三代禮樂"：

---

① 《全唐文》卷六三六李翱《勸河南尹復故事書》，頁 6420 下。
② 《大鑑清規》，頁 623 上。
③ 《叢林校定清規總要》惟勉《序》，頁 1173 上。

（仁宗皇祐五年）司馬光嘗讀文中子……暇日遊洛陽諸寺，廊廡寂寂。忽聲鐘伐鼓，至齋堂，見沙門端坐默默，方進七箸。光欣然謂左右曰："不謂三代禮樂在緇衣中。"①

（程顥）一日過定林寺，偶見眾僧入堂周旋，步武威儀，濟濟一坐，一起並準清規，乃嘆曰："三代禮樂盡在是矣！"②

上述二則都是出自佛教的文獻，又有些僧人頗以禪宗清規的禮儀自豪，如臨濟宗的清珙禪師敘述禪寺除夕夜小參的禮儀時，認爲它是包括了"三代禮樂"：

及庵忌，師拈香曰："没興相逢處，西峯與建陽。不平多少事，盡在一爐香。除夜小參，北禪分歲，三代禮樂全該。"③

由此不難看出清規和儒家禮儀的關聯。

（二）"座位照牌"和"坐圖混榜"

禪宗寺院借用世俗生活之物不止一端，如無著道忠指出：禪林兩序即仿照朝廷兩班之制，禪林的"座位照牌"也和朝廷的"坐圖混榜"相似。④前面提到：僧人赴茶會或湯會，必須提早一些時候到，同時要"明記坐位照牌，免致倉遑錯亂"，這個照牌的來源應是官府排定的官員班次座位圖，宋代朝廷官員有"班序座位"，國子監排有"座位圖"，朝廷宴會也有"筵會座位"，這都可能是禪寺座位圖牌所取法的對象。《禪林象器箋》依《事物紀原》中的記載，認爲："禪林照牌，似朝廷混榜。"⑤《事物紀原》卷三，"混榜"條：

① 《佛祖統紀》卷四五，頁 412 下。
② 《居士分燈錄》（X·1607）卷下《程顥》，收入《卍新纂續藏經》，册八六，頁 600 中。
③ 通容編著《五燈嚴統》（X·1568）卷二一《臨濟宗·南嶽下二十二世·道場信禪師法嗣·嘉興府福源寺石屋清珙禪師》，收入《卍新纂續藏經》，册八〇。
④ 《禪林象器箋》第二十四類圖牌門，"照牌"，頁 657。
⑤ 《禪林象器箋》第二十四類圖牌門，"照牌"，頁 657。

　　宋朝《會要》曰:大中祥符四年五月,晁迥等奏:引試進士,預令於貢院納案子,試前一日,貢院出榜,曉示逐人排坐位處所,則引試之。有坐位榜,自此爲始,今亦爲之"混榜"。①

據《宋會要》,"混榜"指的是科舉考試中殿試結果,由貢院出榜標明及第者的名字和等第,依次唱名,由皇帝賜給等第,此榜就稱爲"混榜"。②《夷堅志》中有一則記載,將"混榜"敍述得更具體一些,原來這個混榜是個座位圖的形式。宋高宗紹興四年(1134),有一個名爲絢紡的人和他的學生一起赴考,第二年送禮部,因看到"坐圖混榜",而知自己及第中試:

　　絢紡,字公素……屏居道州,富家翁召教其子。及紹興甲寅科詔下,紡四十五歲矣,以爲必無成,不肯往,主人強之曰:"所以延君者,正欲挾小兒俱入舉場,君必行!"陰令其子自爲下家狀求試,紡不得已,從之,遂與富子俱薦送。明年,繳公據納禮部……漫啓視則所具年甲誤以爲四十七,是年正四十八也,默喜以爲神助,獨未曉逢州便得之語。及坐圖混榜出,紡名之左一人姓馮,右一人姓周,是歲遂登第。首尾十二年,凡三見夢方驗,曲折明白如此。③

其實,禪寺中使用圖牌之處很多,不僅茶、湯會的座位圖牌而已,《禪林象器箋》一書就以專章《圖牌門》敍述禪寺中所用的各種圖牌。

(三) 茶、湯會中的香爐與朝會中的香案

　　在茶會、湯會中,行法事人要到聖僧龕前的香爐燒香,而在聖僧龕之北是特爲人的座位,這是最尊榮的位置;如果將它和朝廷朝見的禮儀相比,便

① 高承撰,李果訂《事物紀原》卷三,文淵閣四庫全書本,册九二〇,頁91。
② 《宋會要輯稿·選舉三》"科舉制"條:"二月五日,知制誥富弼言:'國家緣隋唐之制,設進士之科……臣欲乞自今歲以後,只令南宮放榜,必恐恩歸有司,則請如天聖二年,令南宮考定高下,以混榜引於殿庭,依次唱名賜第,則與殿試同矣。'"見徐松輯《宋會要輯稿》,北京,中華書局,1957年,頁22—23。
③ 洪邁《夷堅志·夷堅甲志》卷九《絢紡三夢》,王雲五主編《叢書集成初編》,上海,商務印書館,1937年,頁66—67。

可知兩者有一些相通之處。唐、宋時期,百官朝見皇帝時,在朝殿上有薰爐和香案,百官分別站在香案的兩邊,皇帝上殿時,也有焚香之禮,《新唐書·儀衛志上》:

> 朝日,殿上設黼扆、躡席、薰爐、香案。御史大夫領屬官至殿西廡,從官朱衣傳呼,促百官就班,文武列於兩觀。監察御史二人立於東西朝堂甎道以涖之。①

《宋史·禮志·入閤儀》:

> 皇帝服袍乘輦,至長春殿駐輦,樞密使以下奏謁,前導至文德殿。殿上承旨索扇,捲簾。皇帝升位,扇却,儀鸞使焚香;次文武官等拜;次司天唱;次閤門勘契;次閤門使承旨呼四色官喚仗,南班有辭謝者再拜先退,中書、門下班對揖,序立正衙門外屏北階上;次……中書、門下詣香案前奏曰:……②

由上文可知:百官奏事時是站在香案前,從唐代以來就是如此。③ 不僅朝會的禮儀有香案、香爐,必須焚香;禮部貢院考試時,在貢院裏也設有香案,焚香,主考官和舉人對拜,並且有茶湯飲漿,《夢溪筆談》卷一:

> 禮部貢院試進士日,設香案於階前,主司與舉人對拜,此唐故事也。所坐設位供張甚盛,有司具茶湯飲漿。至試經生,則悉徹帳幕氈席之類,亦無茶湯,渴則飲硯水,人人皆黔其吻。非故欲困之,乃防氈幕及供應人私傳所試經義,蓋嘗有敗者,故事爲之防。歐文忠有詩:"焚香禮進士,徹幕待經生。"以爲禮數重輕如此,其實自有謂也。④

---

① 《新唐書》卷二三上《儀衛志上·衛》,頁488。
② 《宋史》卷一一七《禮志二十·入閤儀》,北京,中華書局,1977年,頁2766。
③ 《舊唐書》卷一七六《楊嗣復傳》記載他"當香案前奏曰:……"
④ 沈括著,胡道靜校注《夢溪筆談校證》卷一"故事一",北京,中華書局,1962年,頁78—79。

從"焚香禮進士"之句,可知焚香有禮敬之意。

五、結　語

《禪苑清規》或其他的清規書中所提到的"茶湯",①不是指"茶水的湯",而是指唐、宋時期社會上流行的茶和養生的湯藥;"茶藥"不是指茶和藥物,而是指茶和湯藥,或是指茶葉和煎點湯藥的藥材,或是"茶藥丸"的簡稱。唐、宋時期社會上普遍流行著養生的湯藥和藥物,這種養生文化也影響及當時寺院的生活,在禪寺中的茶、湯會中,茶藥丸也是重要的項目。

禪寺中四節(結夏、解夏、冬至和新年)主要的茶、湯會包括:節前一日晚上的湯會、正節日當天及其後兩天的茶會,合稱"三日茶湯"。在舉行茶會時,有茶禮;舉行湯會時,則有湯禮,同時湯禮是比照茶禮,二者禮節儀式幾乎完全一樣。在僧堂中舉行四節的茶、湯會的禮儀,從問訊到巡堂的動綫都是以聖僧龕爲中心點展開。因此,聖僧的地位很值得注意,禪寺中有一個寺職就是"聖僧侍者",而寺院行嚫時也有一份"聖僧錢"。由此可見,從東晉時開始發展的聖僧信仰實值得做進一步的研究。

如將《禪苑清規》中的茶禮和湯禮,和世俗社會中的禮節做一比對,則它和朝廷至州縣官署"會食"的禮儀、座位圖榜及燒香等禮節,頗有相近之處。

由上觀之,禪寺的茶會、湯會係以佛教爲主體,此外也包含六朝以降的道家養生成分、儒家禮樂設教的成分。宗教是社會的一部分,寺院的生活也是社會生活一環;就此而言,唐、宋時期禪寺的茶禮和湯禮實可以反映出佛教與世俗社會之間一種微妙的互動關係。

(本文原刊於《"中研院"歷史語言研究所集刊》第 78 本第 4 分,2007 年)

唐、宋時期的功德寺

——以懺悔儀式爲中心的討論

　　前此學者已做過不少有關功德寺的研究，主要就其出現的時間、原因——尤其著重功德寺的經濟利益方面的討論。本文則從宗教、政治、社會層面，探討功德寺的作用，以及其對中國祖先崇拜和佛教界産生的影響。就宗教層面來説，功德寺的功能是寺僧爲功德寺主的亡親長年禮懺超度，主要的佛事是懺悔儀式，關涉南北朝以降懺悔儀式的出現、懺儀内容的變化與薦亡的關係。雖然懺儀是造成功德寺出現的根本原因之一，但敕賜功德寺的出現却也影響了宋代佛教界的一些層面，最明顯就是宋代佛教界興起改律寺爲禪寺的風潮。

　　就政治層面而言，"敕賜功德寺"可以説是在唐代以降"禁創寺觀"政令和控制僧人數目的背景下，皇帝賜予大臣權貴的恩典。在社會層面上，中古時期寺院原係一公共的空間，既是士子習業的處所，也是官員、商旅寄宿的地方，兼是流寓者殯葬或權葬之地。官員的功德寺則是一個私人的空間，亦即將公衆性的寺院空間私有化。

　　就思想史的意義而言，敕賜功德寺中也有儒家榮顯祖先成分，宋代皇帝准許某些品官擁有功德寺以追薦祖先，亦即政府承認功德寺的作用，佛教薦亡儀式遂正式成爲中國祖先崇拜中的重要成分。

一、前　言

　　關於功德寺（或稱爲墳寺、功德墳寺、功德院、守墳院、香火院、香燈院），①前此學者已做過不少研究，主要集中討論功德寺出現的時間、原因（尤其著重在功德寺的經濟利益方面）。② 關於功德寺出現的時間，學者有不同的意見，黄敏枝認爲係在盛唐，竺沙雅章認爲始於北宋；其實此一問題涉及"功德寺"的定義。③ "墳寺"一詞從宋代纔開始出現，有時也稱"功德院"。佛教文獻《佛祖統紀》中有關唐代功德寺的記載，④都稱"功德院"，而不稱"墳寺"或"功德墳寺"，這牽涉到僧人對於功德寺的看法。⑤ 小川貫弌條理出宋代有資格建功德寺者如下：宰相、尚書右僕射、參知政事、門下侍郎、中書侍郎、尚書左右丞、知樞密院、大小師保傅、内侍等，皇后、貴妃、淑妃、夫人，及諸長公主等皇族貴戚。⑥ 他們可由皇帝賜給寺額，准許度僧若干人，以及免税的特權，稱爲"敕賜功德寺"。功德寺不一定是建在墳墓之旁，有時因寺院位在墳墓近傍，則稱爲"墳寺"、"墓寺"、"功德墳寺"；若寺院不在墳側，則稱爲"功德寺"、"功德院"。根據黄敏枝的研究，一個人可以同時建有功德寺和墳寺，也就因此，有些宋代大臣甚至有好幾

---

① 關於"守墳院"之稱，皆出自宋代方志，而細檢其所指，則皆指合法的功德寺，如《嘉定鎮江志》卷八《院·福因智果院》："福因智果院，在登雲門外，元符末，文肅曾布初入相請建守墳院，賜今額。"《宋元方志叢刊》，北京，中華書局，1990 年。黄㽦、齊碩修，陳耆卿纂《嘉定赤城志》（收入《宋元方志叢刊》）中對功德寺皆稱"香燈院"，如頁 7481 上，臨海"惠因寺"："紹興三十二年，錢太師忱家乞爲香燈院，加崇親；其後，孫丞相象祖還諸朝，復今額。"又例，頁 7482 上，顯恩褒親院："舊名'顯恩'，淳熙三年，曹開府勛家乞爲香燈院，遂改今額。""香燈院"也是功德寺的別稱，如胡榘修，方萬里、羅濬纂《寶慶四明志》（收入《宋元方志叢刊》）卷一五，頁 5195，顯親崇福院："慶光元啓三年置……其後魏丞相請爲香火院。"潛説友《咸淳臨安志》（收入《宋元方志叢刊》）卷七七，頁 4052 上，永慶寺："在貌門，充楊節使香火院。"兹不贅引。
② 小川貫弌《宋代の功德墳寺に就いて》，《龍谷史壇》第 21 卷，1938 年；竺沙雅章《宋代墳寺考》，《東洋學報》第 61 卷第 1—2 號，1979 年，補正後收入氏著《中國佛教社會史研究》，京都，同朋舍，1982 年；黄敏枝《宋代的功德墳寺》，氏著《宋代佛教社會經濟史論集》，臺北，臺灣學生書局，1989 年；白文固《宋代的功德寺和墳寺》，《青海社會科學》2000 年第 5 期；汪聖鐸《宋代的功德寺觀淺論》，《許昌師專學報（社會科學版）》1992 年第 3 期。相關的研究還有：竺沙雅章《宋元仏教における庵堂》，《東洋史研究》第 46 卷第 1 號，1987 年；宫本則之《宋元時代における墳庵と祖先祭祀》，《佛教史學研究》第 35 卷第 2 號，1992 年。
③ 關於功德寺的定義、出現時間等問題，筆者另文討論。
④ 《佛祖統紀》記載睿宗景雲二年敕貴妃公主家始建功德院，代宗大曆二年（767）詔輔相大臣始建功德院；見《佛祖統紀》（T・2035）卷四〇《法運通塞志第十七之七》，收入《大正新修大藏經》，册四九，頁 373 上；卷四一《法運通塞志第十七之八》，頁 378 上。不過，此二説和本文的例子時間並不相符。
⑤ 參見本章"附論"部分。
⑥ 小川貫弌《宋代の功德墳寺に就いて》。

所功德寺或墳寺。[1] 它的作用是看守、灑掃墳域，或是祭祀先人，更重要的是寺院中進行的佛事可以追薦祖先亡靈。

　　除了以上諸先進學者討論的課題之外，筆者認爲此一課題還可以從宗教、政治、社會層面考慮。就宗教層面來説，功德寺主要作用是追薦亡故的親人，因此宜從中古時期佛教對於死亡信仰的影響而論。前此的研究僅略提及功德寺中有追薦佛事，[2]而沒有更進一步探究它的内容。本文發現功德寺中的佛事主要是懺悔儀式，寺僧爲功德寺主人的亡親祖先長年禮懺超渡，這涉及到南北朝以降懺悔儀式（懺儀）的出現、懺儀的内容與薦亡的關係。佛教的懺儀是造成功德寺出現的根本原因之一，然而，敕賜功德寺卻也影響了宋代佛教界的一些層面，最明顯就是宋代興起改律寺爲禪寺（"革律爲禪"或"改律爲禪"）的風潮。

　　本文主要從佛教對中古死亡文化的影響，探討佛教的薦亡儀式進入祖先祭祀，以及佛教的孝從追薦先前輪迴世代的"七世父母"，逐漸轉變爲一家一族的"七代先亡"（或"七祖亡靈"），而成爲功德寺產生的重要因素之一。由此方可理解下列的變化：南北朝時期很少有佛教徒建造寺院爲亡者祈求冥福；到了唐代漸有人建造寺院以追薦亡者，至唐代後期，更發展出建造寺院、延僧長期禮懺，以爲先人祈福追薦。次則就南北朝以降懺儀的漸次流行，其後更發展成爲薦亡儀式的主要成分而論，再探討懺儀内容的變化和功德寺建造的關係，並且討論其影響及宋代佛教界"改律爲禪"的風潮。

二、中古佛教與祖先祭祀

　　從南北朝開始，佛教對於中國死亡信仰的影響日益普遍和深化，佛教與死亡有關的一些信仰和相關的儀式，如盂蘭盆會、[3]十殿閻王信仰，以及

---

[1]　黄敏枝《宋代的功德墳寺》，頁 250。

[2]　小川貫弌《宋代の功德墳寺に就いて》；竺沙雅章《宋代墳寺考》；黄敏枝《宋代的功德墳寺》。

[3]　Stephen F. Teiser, *The Ghost Festival in Medieval China*, Princeton, NJ: Princeton University Press, 1988; *The Scripture on the Ten Kings and the Making of Purgatory in Medieval Chinese Buddhism*, Honolulu: University of Hawaii Press, 1994.

埋葬方法如露屍葬（林葬、石室瘞窟）和塔葬等,也影響及中國社會。[①] 從唐代開始由於地獄思想的流布,強調破地獄的"佛頂尊勝陀羅尼經幢"的建造和流行,更進一步在墓側樹立經幢——即"墓幢"。[②] 由於儒家對於亡故先人的祭祀是抱著誠敬的態度,即所謂的"慎終追遠",然而其中並没有宗教上超薦的功能,佛教的傳來,恰好填補了這塊空白。

（一）中古佛教的薦亡儀式

從南北朝開始,佛教的薦亡儀式除了盂蘭盆會之外,還有在佛教的六齋日（每個月的初八、十四、十五、二十三、二十九、三十日）舉辦齋會和上供,以及和亡者有直接關聯的"七七齋"、"百日齋"。唐代以後更加上忌日齋、三年齋與逆修齋（即人在未死之前,先做七七齋,又稱爲"生七齋"、"預修齋"）。中古時期佛教對於國家和社會都有相當的影響,隋、唐時期,國家的行事中就包含一些佛教成分,如"年三月十"的斷屠就是最顯著的一個例子,[③]另外,由於薦亡儀式的流行,隋、唐初年皇帝下令在戰場爲陣亡將士建寺超度、七月十五日由宮中送盂蘭盆供到京城大寺的"官盆"、在先朝帝后忌日（國忌日）的寺觀行香等,都顯示出帝王對於佛教薦亡儀式的重視。

1. 南北朝佛教的薦亡儀式

南北朝時期對亡者的追薦形式大致上可分爲兩種,一是從西晉以來,就有佛教徒以造像、建寺的功德爲亡者祈求冥福,希望亡故的親人可以因此不墮惡道、神生净土;另一種追薦儀式係在特定的日子裏舉行,包括: 在佛教的六齋日裏設齋、七七齋、百日齋、忌日齋,以及七月十五日的盂蘭

---

① 拙文《林葬——中古佛教露屍葬研究之一（一）、（二）、（三）》,《大陸雜誌》第 96 卷第 1 期,1998 年,頁 22—31;第 96 卷第 2 期,頁 25—43;第 96 卷第 3 期,頁 20—40;《石室瘞窟——中古佛教露屍葬研究之一（一）、（二）、（三）》,《大陸雜誌》第 98 卷第 2 期,1999 年,頁 1—21;第 98 卷第 3 期,頁 1—17;第 98 卷第 4 期,頁 1—8;《唐代俗人的塔葬》,《燕京學報》新 7 期,1999 年,頁 79—105。

② 拙文《墓幢研究——經幢研究之三》,《"中研院"歷史語言研究所集刊》第 74 本第 4 分,2003 年,頁 673—763。

③ 拙文《年三月十——中古後期的斷屠與齋戒（上）、（下）》,《大陸雜誌》第 104 卷第 1 期,2002 年,頁 15—33;第 104 卷第 2 期,頁 16—30。

盆會。

關於七月十五日盂蘭盆會,學者已有很多的研究,南齊王琰《冥祥記》中,有兩則關於七月十五日爲先人作福會的故事,陳洪據此推定漢地至少早在 4 世紀末已流行臘佛或盂蘭盆儀式。① 章巽認爲:法顯《佛國記》記載東晉義熙八年(412)青州長廣郡在七月十五日舉行“臘佛”儀式,就是所謂的“盂蘭盆”。②

另外,從北齊顏之推(531—?)《顏氏家訓‧終制篇》中,也可顯示佛教的死亡信仰對中國社會的浸透。他很明白地告誡他的後人,儒家的四時以牲祭祀亡故親人僅是孝的表現,若以佛教的觀點看來,這是無益的,並且期望子孫在他去世後:“有時齋供,及七月半盂蘭盆,望於汝也。”③按:有時齋供當是指六齋日時的素食供養,如陳朝尚書姚察遺命囑咐家人在他死後“每日設清水,六齋日設齋食果菜,任家有無,不須別經營也”。④

此外,對於亡故親人的追薦儀式還有七七齋和百日齋,“七七齋”是指亡者去世後每隔七日,辦一個齋會,請僧行道轉經,以追薦亡靈。北魏皇興五年(471),獻文帝駕崩時,司州恒農北陝人王玄威非常悲戚,出資在獻文的百日設四百人齋會,轉經行道;又在其周年忌日設百僧供。⑤ 又,孝明帝神龜元年(518),胡太后之父胡國珍(439—518)去世,從“始薨至七七,皆爲設千僧齋,令七人出家;百日設萬人齋,二七人出家”。⑥

從北魏開始,帝陵之側即建有寺院,如北魏馮太后墓永固陵域有思遠浮圖,⑦唐代昭陵(太宗)、建陵(肅宗)也建有寺院。⑧ 總章年間(668—670),高宗在趙州象城縣先祖的建初陵(李淵的高祖李熙“宣皇帝”的陵墓)、啓運陵(李淵的曾祖李天錫“光皇帝”的陵墓,一度改稱“延光陵”)的

---

① 陳洪《盂蘭盆會起源及有關問題新探》,《佛學研究》第 8 卷,1999 年,頁 243。
② 章巽《法顯傳校注》,上海古籍出版社,1985 年,頁 178。
③ 顏之推撰,王利器集解《顏氏家訓集解》卷七《終制篇》,上海古籍出版社,1980 年,頁 536。
④ 《陳書》卷二七《姚察傳》,北京,中華書局,1972 年,頁 357。
⑤ 《魏書》卷八七《節義‧王玄威傳》,北京,中華書局,1974 年,頁 1891。
⑥ 《魏書》卷八三下《外戚下‧胡國珍傳》,頁 1834—1835。
⑦ 宿白《盛樂、平城一帶的拓拔鮮卑——北魏遺迹》,《文物》1977 年第 11 期,頁 42—43。
⑧ 山西夏縣司馬光墓文物管理所《山西省夏縣司馬光墓餘慶禪院的建築》,《文物》2004 年第 6 期,頁 60。

塋域建造"光業寺",①楊晉所撰《光業寺碑》云:"光業寺者,蓋開元八代祖宣皇帝、七代祖光皇帝陵園之福田也。總章之年,奉敕置是,額曰'光業'焉。……然寺有阿育王素像一鋪,景皇帝玉石真容一鋪,銘勒如在,故總章敕云'爲像爲陵置寺焉'。"②由此可知,寺中還有李淵的祖父李虎(武德中,追謚"景皇帝")的玉石雕像,高宗建寺敕令中也説明它是陵寺,也就是唐代帝室的功德寺了。

2. 隋唐國家的佛教成分和薦亡儀式

隋、唐時期,國家的行事和薦亡有直接關聯者包括:建寺超度陣亡將士、七月十五日由宮中送盂蘭盆至寺院供養、國忌日百官至寺觀行香。

(1) 隋、唐初年建寺超度戰亡將士

隋文帝開皇二年(582)八月,下詔爲北周末年在鄴城戰役陣亡的敵我雙方將士建造一所寺院,度僧爲之超薦。③唐貞觀三年(629)五月,太宗在建國戰爭中的七個主要戰場,各建一所寺院,即汾州弘濟寺、呂州普濟寺、幽州昭仁寺、晉州慈雲寺、邙山昭覺寺、鄭州等慈寺、洺州昭福寺,"七寺並由官造,又給家人、車牛、田莊",招請戒行清嚴的僧人長年做法事,以超薦戰死的亡魂。④先前僅在某些特定日子(七七齋、百日齋、忌日齋、七月十五日)做法事爲亡者追福,隋唐帝室建寺追薦戰爭亡靈的做法,係長年爲亡者追福的濫觴,這也影響及人們建寺以資長年做法事利益祖先亡親。

(2) 七月十五日的"官盆"

南北朝以來,不唯民間在七月十五日造盂蘭盆超度七世父母,皇帝在

---

① 此二陵共塋,見《新唐書》卷三九《地理志三·河北道》,北京,中華書局,1975 年,頁 1017。《唐會要》卷一《帝號上》,臺北,世界書局,1974 年,頁 1:"咸亨五年八月十五日,追尊光皇帝,廟號懿祖,葬啓運陵。"注云:"在趙州昭慶縣界,儀鳳二年三月一日,封爲延光陵;開元二十八年七月十八日,改爲啓運陵。"

② 陳尚君輯校《全唐文補編》卷三〇,北京,中華書局,2005 年,上册,頁 357—358。此則資料承楊俊峰先生賜知,謹此致謝。

③ 《佛祖統紀》卷三九《法運通塞志第十七之六》,頁 359 中:"開皇元年……詔於相州戰地爲軍士死事者建寺薦福。"

④ 《舊唐書》卷二《太宗紀》,北京,中華書局,1975 年,頁 37:"(貞觀三年)癸丑,詔建義以來交兵之處,爲義士勇夫殞身戎陣者各立一寺,命虞世南、李伯藥、褚亮、顏師古、岑文本、許敬宗、朱子奢等爲之碑銘,以紀功業。"

此日也向寺院供獻盂蘭盆,稱爲"官盆"。早在南朝時期官方就參與盂蘭盆會,南齊高帝(479—482 年在位)在七月十五日送盂蘭盆到各個寺院,①梁武帝也曾到同泰寺設盂蘭盆齋會。②唐朝皇帝也在這一天頒給長安諸寺盂蘭盆,甚至在皇宮裏的内道場建齋設會。如意元年(692)七月十五日,武則天在洛陽,下令從皇宮内分送盂蘭盆到各大寺院,她還和百官登上洛南門去觀看這個盛大的場面,楊炯爲此寫了一篇《盂蘭盆賦》。③另外,唐代宗也從宮中送盂蘭盆給章敬寺;④除此之外,他又在宮中的内道場建盂蘭盆會,從太廟迎高祖、太宗以下七廟神位到内道場"具幡華鼓吹,迎行衢道,百僚迎拜,歲以爲常"。⑤貞元十五年(799)七月,唐德宗率領宰相大臣到安國寺設盂蘭盆供。⑥雖然史書上對於皇帝送盂蘭盆供到京城大寺之事没有很多的叙述,但《唐六典》關於少府軍器監中"中尚署令"職務叙述中,就包括了"(七月)十五日進盂蘭盆",⑦可知從宮中送供盆到京城大寺中應是定制。唐道世在《法苑珠林》(T·2122)一書中即以"官盆"來稱呼它。⑧

(3) 國忌日的寺觀行香

關於"國忌行香",也就是在先朝帝后的忌辰到寺院或道觀行香。學者先前的討論都僅注意到唐代的國忌行香,⑨其實國忌日在寺觀設齋轉經,或舉行八關齋會起源甚早,南朝劉宋孝建元年(454),孝武帝在文帝忌日時,率領群臣到建康的中興寺舉行八關齋會;⑩至隋代,國忌日在寺院中舉行法會成爲定制。開皇二年(582)七月,隋文帝下詔"每年至國忌日,廢

---

① 法琳《辯正論》(T·2110)卷三《十代奉佛上篇》,收入《大正新修大藏經》,册五二,頁 503 上,齊太祖高皇帝"七月十五日普寺送盆,供養三百名僧"。
② 《佛祖統紀》卷三七《法運通塞志第十七之四》,頁 351 上,記梁武帝大同四年(538)"帝幸同泰寺設盂蘭盆齋"。《全唐文》卷四〇八任昇之《遺鄭補闕書》,北京,中華書局,1983 年,頁4177 下,記叙其五代祖仕梁,官太常,在梁武帝大同四年盂蘭盆會時,從駕同泰寺。
③ 《舊唐書》卷一九〇上《文苑傳·楊炯》,頁 5003。
④ 《資治通鑑》卷二二四《唐紀四十·代宗大曆三年》,北京,中華書局,1956 年,頁 7201。
⑤ 《佛祖統紀》卷四一《法運通塞志第十七之八》,頁 378 下。
⑥ 《佛祖統紀》卷五一《歷代會要志第十九之一》,頁 380 上。
⑦ 李林甫撰,陳仲夫點校《唐六典》卷二二《少府監·中尚署》,北京,中華書局,1992 年,頁 573。
⑧ 《法苑珠林》卷六二《祭祠部·獻佛部》,收入《大正新修大藏經》,册五三,頁 750 上—中。
⑨ 章群《唐史札記·國忌與行香》,臺北,學海出版社,1998 年,第 2 册,頁 19—25。
⑩ 《南史》卷二六《袁湛傳附袁顗從弟粲傳》,北京,中華書局,1975 年,頁 702。

務設齋、造像、行道、八關懺悔,奉資神靈"。① 根據唐玄宗開元年間所撰的
《唐六典》記載,凡是先朝帝后的忌日要在京城選定兩所寺院和道觀,舉行
齋會,文武官員都要到此行香;至於京城以外的各州也都要選定一所佛寺、
一所道觀散齋,州縣官都要齊集於此行香:

> 凡國忌日,兩京定大觀、寺各二散齋,諸道士、女道士及僧、尼,皆
> 集於齋所,京文武五品以上與清官七品已上皆集,行香以退。若外州,
> 亦各定一觀、一寺以散齋,州、縣官行香。應設齋者,蓋八十有一
> 州焉。②

隋文帝虔信佛教,國忌日僅在佛寺設齋行道;至唐代因皇室遠攀老子
爲先祖,即唐玄宗在一封詔書中所稱"國家系本仙宗",因此追奉先朝帝后
時,則同時在佛寺和道觀中舉行齋會。③ 齋會所需的物品如香油炭料,由
官方給三十五段,如道觀或佛寺寫經,各施錢十二文。④ 唐朝國忌日在佛
寺設齋行香之事,還可以從今日河北省正定縣花塔寺一個石佛座上的題
記,得到更進一步的證實,其上諸帝后的忌日和《唐六典》所記幾乎完全相
同。⑤ 國忌行香由禮部的祠部郎中、員外郎負責,至國忌日這一天,監察御
史和殿中侍御史分別到各寺、觀視察。⑥ 至於請僧設齋的人數頗多,文宗
太和八年(834)五月五日(甲寅)下詔增加先朝忌辰設齋人數,在五月六

---

① 《歷代三寶紀》(T・2034)卷一二《衆經法式十卷》,收入《大正新修大藏經》,册四九,頁107下。
② 《唐六典》卷四《禮部尚書・祠部郎中・員外郎》,頁127。
③ 《册府元龜》卷三〇《帝王部・奉先第三》,文淵閣四庫全書本,册九〇二—九一九,頁13—
　14:"(天寶)八載閏六月……丁卯詔曰:'祫禘之禮,以存序位,質文之變,蓋取隨時。國家系
　本仙宗……又奉先追遠,禮惟昭德,崇福展敬,義在因心。自今已後,獻祖宣皇帝、宣莊皇后、
　懿祖光皇帝、光懿皇后忌日,宜令京城寺、觀一日設齋。太祖景皇帝、烈皇后、代祖元皇帝、元
　貞皇后忌日,京城三日行道。'"
④ 《唐六典》卷四《禮部尚書・祠部郎中・員外郎》,頁127。
⑤ 僅有太穆皇后和昭成皇后有出入,沈濤已做過考訂;見《常山貞石志》卷八,《石刻史料新編》
　第一輯(18),臺北,新文豐出版公司,1977年,頁25。因和本文的討論無關,此處從略。
⑥ 《舊唐書》卷四三《職官二・禮部尚書》,頁1830—1831:"祠部郎中一員,從五品上。龍朔爲
　司禋大夫,咸亨復。員外郎一員,從六品上。主事二人,從九品上。……郎中、員外郎之職,掌
　祠祀、享祭、天文、漏刻、國忌……"《新唐書》卷四八《百官志三・御史臺》,頁1240:"國忌齋,
　則與殿中侍御史分察寺觀。"

日、二十六日這兩個忌日,都增加至二千人,至於太穆文德皇后忌日設齋人數還要加倍。十二月八日忌,則在五所寺觀總共設四千人齋。①

3. 七七齋、百日齋、忌日齋、三年齋與逆修齋

入唐之後,流行在民間的薦亡儀式除了前述七七齋、百日齋之外,還增加了"逆修齋",以及在墳墓旁側建造可以免除惡道地獄之苦的佛頂尊勝陀羅尼經幢。同時,也發展出建造寺院、請僧人長年禮懺追薦亡故的家親眷屬。從唐玄宗以後,寺院成爲人們追薦亡者主要的場所,②柳宗元(779—819)敍述他的妻子楊氏之母的忌日"飯僧於仁祠",③即在佛寺中設齋會追薦。

由上可知,中古時期佛教薦亡儀式盛行於朝野,這正是功德寺出現的背景。再則,官員傾向於建功德寺雖然有經濟、守墳等方面的因素,④但就其功能方面而言,相對於儒家的家廟並沒有任何宗教的作用,功德寺卻可以長年纍月請僧人在其中禮懺以超薦先人。又,敕賜功德寺是皇帝敕許,因此,它在追嚴之外也可以達到儒家"孝"的最高標準——顯親的作用。有一些功德寺的名稱就以"顯親"爲名,如:顯親崇報禪院(太傅咸安王韓公)、⑤顯親崇福院(丞相魏杞)、⑥積慶顯親院(齊王府)、⑦顯親勝果寺(高宗謝皇后)、⑧華藏褒忠顯親禪寺(循王張俊)、⑨顯親追孝禪院(知樞密院事蔣之奇)、⑩顯親慶遠院(內侍甘氏)、顯親多福院、顯親慈孝院(內侍羅

---

① 《册府元龜》卷三〇《帝王部·奉先第三》,頁25:"忌辰修齋,雖出近制,斟酌損益,貴於得中。況在不遷之宗,允資異數之禮。五月六日、二十六日兩忌設齋人數,宜各加至二千人。太穆文德皇后忌日,亦宜各加倍數。其寺觀仍舊。十二月八日忌,宜於五所寺觀共設四千人。宜令所司準式。"
② 前此薦亡的場所可以在家中,也可以在寺院,此和唐玄宗的宗教政策有關;參見本書第四章《中古佛教政策與社邑的轉型》。
③ 《全唐文》卷五九一柳宗元《亡妻宏農楊氏誌》,頁5972下:"亡妻宏農楊氏,諱某。⋯⋯五歲,屬先妣之忌,飯僧於仁祠。"
④ 小川貫弌《宋代の功德墳寺に就いて》;竺沙雅章《宋代墳寺考》;黃敏枝《宋代的功德墳寺》。
⑤ 范成大撰,汪泰亨等增訂《吳郡志》(收入《宋元方志叢刊》)卷三一《郭外寺》,頁939上。
⑥ 《寶慶四明志》卷一五《奉化縣志卷二·禪院》,頁5195上。
⑦ 《寶慶四明志》卷一三《鄞縣志卷二·寺院·禪院》,頁5169下。
⑧ 脫因修,俞希魯纂《至順鎮江志》(收入《宋元方志叢刊》)卷九《僧寺·丹徒縣》,頁2743上。
⑨ 史能之纂《咸淳毗陵志》(收入《宋元方志叢刊》)卷二五《寺院·無錫》,頁3185上。
⑩ 《咸淳毗陵志》卷二五《寺院·宜興》,頁3186上。

舜）、崇恩顯親院、①顯親隆報禪院（中書侍郎林攄）等。② 另就佛教追薦以資冥福的作用而言，有一些功德寺也以"薦福"爲名，如：衍慶薦福院、③旌忠薦福寺（信安郡王孟忠厚）、④時思薦福寺（宋高宗吳皇后家）、⑤承慶薦福禪院（宰相徐處仁）、⑥崇因薦福禪院（尚書右僕射朱勝非）等，⑦又如：榮先資福院（節使鄭邦美）、崇親資福院（張淑妃）、⑧報慈資福禪院（參政范純禮）、資福妙静禪院（衛茂實）、報恩資福禪院（參政施鉅）、⑨移忠資福寺（參政張府）等。⑩

宋李綱（1085—1140）在《鄧氏新墳菴堂名序》一文中，對於這一點有很精闢的分析：

> 今子建堂奉祭祀之事以追遠，盍亦致其所謂思者乎！此名堂以"思遠"之義也。人子之致其孝也，始于不敢毀傷其體膚，終于立身揚名以顯之，而孝道畢矣。後世金仙氏之教興，其説以謂凡欲追報其親者，必修吾法以資冥福。于是人子無以致其罔極之思，則必築室墓次，使其徒居之，梵唄鐘磬之音朝夕不絶，庶幾獲其報焉。雖然金仙氏之教，報之于幽者也；立身揚名以顯之，報之于顯者也。今子結菴修香火之緣以報親，盍亦圖其所謂顯者乎！此名菴以"顯親"之義也。⑪

由上可知，功德寺將報親之幽、顯合而爲一，這應是唐、宋時人亟於建造功德寺的原因之一。因此，不僅官員熱衷於爲祖先建造功德寺，不具有資格得到"敕賜功德寺"的官員和平民，也都流行建造寺院以追薦祖先。

---

① 《咸淳臨安志》卷七七，頁 4054 上；卷八〇《寺觀》，頁 4097 上，4098 下，4100 下。
② 談鑰《嘉泰吳興志》（收入《宋元方志叢刊》）卷一三《寺院·烏程縣》，頁 4751 上。
③ 謝公應修，邊實纂《咸淳玉峰續志》（收入《宋元方志叢刊》）《寺觀》，頁 1108 上。
④ 佚名纂《無錫志》（收入《宋元方志叢刊》）卷三下《事物第三·祠宇》，頁 2251 上。
⑤ 《咸淳臨安志》卷七九《寺觀五·寺院》，頁 4084 上。
⑥ 《嘉泰吳興志》卷一三《寺院·烏程縣》，頁 4751 上。
⑦ 《嘉泰吳興志》卷一三《寺院·烏程縣》，頁 4751 上。
⑧ 《咸淳臨安志》卷七九《寺觀五·寺院》，頁 4082 上，4083 下。
⑨ 《嘉泰吳興志》卷一三《寺院·烏程縣》，頁 4751 上；《寺院·武康縣》，頁 4757 上。
⑩ 《寶慶四明志》卷一三《鄞縣志卷二·寺院·禪院》，頁 5169 下。
⑪ 李綱《梁谿集》卷一三五《鄧氏新墳菴堂名序》，文淵閣四庫全書本，册一一二六。

宋李洪在《隆恩庵記》中就指出這一點：“矧今墳庵之設，自公侯達于庶人，咸遵西方之教，實資梵福。”[1]

佛教和死亡信仰有關的儀式，大都因爲和中國儒家的孝道結合在一起，而得以深入中國社會。[2] 筆者先前發現促成墓幢的流行的原因之一，也是因其和孝道的結合，在遼天祚帝乾統五年（1105）白懷友爲其亡考妣建造之墓幢題記，敍述當時人認爲孝親者——無論其經濟狀況如何，都應爲父母造墓幢。[3] 其後甚至有人認爲不能爲親人建墓幢者，是不孝的表現，遼代張世俊等人爲其親人建的墓幢上，由進士張定撰寫的造幢記就有這樣的陳述：“苟未能爲幢於墳，則是爲不孝也。”[4]北宋時人鄭獬（1022—1072）云“今之舉天下凡爲喪葬，一歸之浮屠氏”。[5] 宋俞文豹描述當時人如以儒家禮儀爲父母送終，則“人不謂我以禮送終，而謂我薄於其親也。溫公至不信佛，而有十月齋僧誦經追薦祖考之訓”。[6] 司馬溫公（光）曾在治平元年（1064）諫英宗在仁宗永昭陵側建造寺院，然而，他自己不僅在家訓中要求子孫在十月齋僧誦經追薦祖先，甚至還陳乞皇帝在其先塋建功德寺“餘慶禪院”。[7]

（二）從“七世父母”到“七代先亡”——佛教“孝”的觀念及其變化

中古時期，佛教徒從爲佛典所述前世輪迴中“七世父母”祈福，轉爲追薦同一家族祖先的“七代先亡”，和功德寺的建立也有密切的關聯。從造像記所見，北朝造像記的祈願對象多同時爲“七世父母”和“所生父母”祈福，從北朝末年開始，逐漸轉變爲同一家族的“七代先亡”。在儒家的禮制中，只有皇帝纔能祀奉七世，佛教的追薦七世，給皇權帶來很大的挑戰，但

---

① 李洪《芸庵類藁》卷六，文淵閣四庫全書本，冊一一五九，頁 16。
② Teiser, *The Scripture on the Ten Kings*; *The Ghost Festival in Medieval China*.
③ 向南編《遼代石刻文編·天祚編·白懷友爲亡考妣造陀羅尼經幢記》，石家莊，河北教育出版社，1995 年，頁 549：“……而後我東來流，濛被幽顯，則建幢樹刹興焉。其有孝子順孫，信而樂福者，雖貧賤殫財募工市石，刻厥密言，表之於祖考之墳壠，冀其塵影之需庇者，然後追悼之情塞矣，則白公亦其人也。”
④ 《遼代石刻文編·補編·張世俊造幢記》，頁 699。
⑤ 鄭獬《鄖溪集》卷一六，文淵閣四庫全書本，冊一〇九七，頁 8。
⑥ 俞文豹《吹劍錄外集》，文淵閣四庫全書本，冊八六五，頁 59。
⑦ 山西夏縣司馬光墓文物管理所《山西省夏縣司馬光墓餘慶禪院的建築》，頁 60。

社會上的風氣和信仰如此，唐玄宗只好增加自己祭祀的世代，以顯出皇帝的尊貴，故下令將原先的"七廟"改爲"九廟"，以超越佛教的七代。

　　佛經中所說的"七世父母"係指生靈在業海輪迴之中前七世的父母，如《出曜經》（T·212）中提到"七世父母"的種族、姓號、壽命長短、翼從多少、神足智慧、遺腹兒息。① 又如《摩訶般若波羅蜜經》（T·223）中，敍述魔阻礙菩薩成佛的方法之一是：告訴菩薩"汝七世父母名字如是，汝在某方某國某城某聚落中生"，以取信於他，並藉機擾亂他的修行。② 佛教中所謂的孝，不單單是此生中的父母，同時也包括了過去七世父母，乃至於累劫師僧父母。從 6 世紀以後，對於祭祀先亡有重大影響的一部經典《盂蘭盆經》中，敍述佛弟子應當在七月十五日僧自恣日（結夏的最後一日）這一天，以食物和各種器物供養僧衆，③以解救過去世中的"七世父母"和"現在父母"的困厄——包括如墮落在三惡道（餓鬼、地獄、畜牲）中的過去七世父母，以及現在父母的疾病困頓。④ 唐代宗密（780—841）著名的《佛説盂蘭盆經疏》（T·1792）中，就清楚地敍述佛教的孝有別於儒家上代祖先的孝：

　　　　二發勝意，當爲七世父母及現在父母厄難中者。當爲者，能救之心，七世下所救之境，約境明心，故云勝也。七世者、所生父母，不同儒教取上代祖宗。厄難中者，通於存歿；歿則地獄鬼畜，存則病痛枷禁，皆名厄難。七世父母雖似轉疏，皆是生我修道之器，既蒙鞠育，豈負深

---

① 《出曜經》卷一四《道品之二》，收入《大正新修大藏經》，册四，頁 683 下："是道無有餘者，長阿鋡（含）契經説，七佛如來等正覺。亦説七世父母種族、姓號、壽命長短、翼從多少、神足智慧、遺腹兒息……"
② 鳩摩羅什譯《摩訶般若波羅蜜經》卷一八《夢誓品第六十一》，收入《大正新修大藏經》，册八，頁 352 中一下："須菩提，惡魔變化作種種身，語菩薩言：'汝於諸佛所得受阿耨多羅三藐三菩提記，汝字某汝父字某，汝母字某，汝兄弟姊妹字某，汝七世父母名字如是，汝在某方某國某城某聚落中生。'"
③ 按，盂蘭盆是一個梵語和漢語的複合名詞，"盂蘭"是梵語 Ullambana，意爲救倒懸；盆係漢語，指一種器具，盂蘭盆是指裝盛著供養僧人之物的盆器。
④ 《佛説盂蘭盆經》（T·685），收入《大正新修大藏經》，册一六，頁 779 中："佛告目蓮：'十方衆僧於七月十五日僧自恣時，當爲七世父母及現在父母厄難中者，具飯、百味、五果、汲灌盆器、香油錠燭、床敷臥具，盡世甘美，以著盆中，供養十方大德衆僧。'"

恩。故三藏云：天地覆載，既無憚於劬勞；幽顯沈淪，理合答於
罔極。①

雖然七世父母似乎和我們的關係很疏遠，但先世"既蒙鞠育，豈負深恩"，
人們不僅應報答此生父母的鞠養之恩，也要報答前世父母的辛勞；因此，宗
密認爲"是佛弟子修孝順者，應念念中常憶父母，乃至七世父母。年年七
月十五日，常以孝慈憶所生父母，爲作盂蘭盆，施佛及僧，以報父母長養慈
愛之恩"。②

　　敦煌文書有《盂蘭盆經讚述》(T・2781)，對於佛教的報親恩有更具體
的敍述，它將親恩分爲三種，包括了今生的父母、過去生中的七世父母，以
及今生中的六親眷屬："恩有三品：一上恩，即現在父母親生育故。二中恩
者，七世父母枝引不絕遠資潤故。三下恩，六親眷屬，謂親戚兄弟助力成
故。"③宋代僧人道誠在《釋氏要覽》(T・2127)一書中，提出佛教報恩行孝
超出世俗僅孝敬今生父母，纔是孝的極致："世人行孝，只於一身；釋氏行
孝，兼爲七世父母，可謂孝矣！"④

　　北朝時人造像多同時爲個人輪迴業海中的"七世父母"和今生的父母
祈願；至南北朝後期，逐漸轉向爲一家一族的"七代先亡"(七祖亡靈)祝
禱。到了唐代的造像記中幾乎都是爲"七代先亡"或是"七祖亡靈"祈福。
清代金石學家陸增祥(1816—1882)注意到從北朝到唐代這兩個名詞的變
化，將它歸因於避唐太宗李世民名諱的緣故："唐以前稱'七世'，唐人避
諱，改用'七代'。"⑤其實，唐人不僅僅是爲避諱而改用"代"，基本上這兩
個名詞的含意有很大的差距，"七世父母"是指個人生死輪迴中前七世的
父母，因此，在祈願文中有"七世父母"之句時，其後常接著爲"所生父母"

① 《佛説盂蘭盆經疏》卷下，收入《大正新修大藏經》，册三九，頁 510 下。
② 《大正新修大藏經》，册三九，頁 512 上。
③ 《盂蘭盆經讚述》，收入《大正新修大藏經》，册八五，頁 543 上。
④ 《釋氏要覽》卷中〈恩孝〉，收入《大正新修大藏經》，册五四，頁 290 中："盂蘭盆經云：佛令比
　丘爲七世父母設盆，供養佛及自恣僧。(世人行孝只於一身，釋氏行孝兼爲七世父母，可謂
　孝矣。)"
⑤ 《八瓊室金石補正》卷三三《杜法力題字》，收入《石刻史料新編》第一輯(6)，頁 11。

祈福,所以可以很清楚地判別其意涵。以下僅舉數例,如北魏宣武帝延昌元年(512)清信士劉洛真兄弟造彌勒像記,先提到亡故的今生父母,接著提到七世父母:

> 延昌元年歲次壬辰十一月丁亥朔四日,清信士弟子劉洛真兄弟爲亡父母敬造彌勒像二區,使亡父母托生紫微安樂之處;還願七世父母、師僧眷屬、見在居門,老者延年,少者益算。使法界有生,一時成佛,咸願如是。①

又,北魏孝莊帝永安元年(528)馮翊王國典祠令李和之造像記中,係爲己身和七世父母造像,"仰爲七世父母及自己身敬造像四軀,願生生世世恒與善會",②最能顯示出"七世父母"輪迴上的意涵。另外,東魏孝靜帝天平三年(536)《王方略造須彌塔記》:

> 大魏天平三年歲次丙辰正月癸卯朔,合邑等敬造須彌塔一堀,仰爲皇帝陛下,師僧、七世父母、所生父母,因緣眷屬,後爲邊地衆生,常與善居。彌勒三會,唱在初首,下生人間,侯王長者。合邑諸人,所願如是。③

另,西魏文帝大統十六年(550)《岐法起造像記》中,將"七世父母"、"所生父母"和自己一家大小並列:"大統十六年九月一日,佛弟子岐法起造白石像一區,爲七世父母、所生父母、家口大小,無病蓂年,常與善俱,一時成佛。"④

宗懍(500? —563)所撰的《荊楚歲時記》中引述《盂蘭盆經》應當在七月十五日濟度先世的父母,《盂蘭盆經》中所用的名詞是"七世父母",而

---

① 《金石萃編》卷二七《劉洛真造像記》,收入《石刻史料新編》第一輯(1—4),頁 38。
② 《金石萃編》卷二九《李和之造像記》,頁 24;《全後魏文》卷五四李和之《造像記》,《全上古三代秦漢三國六朝文》,北京,中華書局,1991 年,第 4 册,頁 3784 下。
③ 《金石萃編》卷三〇《王方略造須彌塔記》,頁 14。
④ 《金石萃編》卷三二《岐法起造像記》,頁 17;《全後魏文》卷五五《岐法起造像記》,頁 3790 上。

《荆楚歲時記》的敍述則作"七代父母"。① 不過,其涵意仍然是輪迴中的
七世父母,而非家族世代的父母。

從北朝末年開始,出現了"七代先亡"、"七祖先靈",爲一家一族祖先
祈福的文句。一般提到"七代先亡"、"七祖先靈"時,通常是和居家見存眷
屬連稱。如北齊武成帝河清二年(563)王氏道俗百人造白玉像,祈願"上
爲七祖先靈永別苦因,超昇净土,合邑……(缺約十三字)官□寵,現在常
安……"②又,北齊後主武平五年(574)《張思伯造浮圖記》中,稱"願七祖先
靈,俱登兜率;現前眷屬,共同妙果"。③ 開皇二年(582)在山東的一個造像記
的祈願文,提到"國王帝主,下及法界□□,七代先亡,現存眷屬……"④另,
隋文帝開皇二年,在今江西吉水有都督墅(殿)忠將軍董□□三十人等造
彌勒像的題記云:"上爲國王帝主,州郡令長,師僧父母,七祖先零,所生父
母,見前眷屬,法界衆生,咸同思福。"⑤山東鄒村居民造一所五級石塔和彌
勒像一鋪,其上的題記稱:"上爲膺天皇帝陛下,庶及七祖先亡之助,見存
眷属,起請未來塔。……"⑥

唐高宗顯慶三年(658)楊真藏在洛陽龍門敬善之西造阿彌陀像一鋪,
以此功德祈求"七祖先靈,並願上品往生諸佛國土,聞經悟道;末□□□爰
諸眷屬,普蒙安樂"。⑦ 唐高宗麟德元年(664)孫文才合村造石碑像銘:
"上爲皇帝,下及有情,七代先靈,存亡眷屬,莫不俱會勝因,咸登覺路。"⑧
唐高宗儀鳳三年(678)河北清化鎮李万通合家造彌勒像一軀,祈願"上爲
天皇天后,又爲亡父、見存母賈,及七祖先靈,存亡眷屬,法界蒼生,俱登正
覺"。⑨ 武周長安三年(703),前揚州大都督府揚子縣令蘭陵蕭元眘造彌勒

① 《荆楚歲時記·寶顏堂秘笈本校注》,收入守屋美都雄《中國古歲時記の研究》,東京,帝國書
　院,1963年,頁360。
② 《八瓊室金石補正》卷二一《王氏道俗百人造像記》,頁27。
③ 《陶齋藏石記》卷一三《張思伯造浮圖記》,收入《石刻史料新編》第一輯(11),頁9。
④ 《歷城金石續考》卷三《隋開皇殘造象》,收入《石刻史料新編》第三輯(25),臺北,新文豐出
　版公司,1986年。
⑤ 《山右石刻叢編》卷三《董將軍三十人等造像記》,收入《石刻史料新編》第一輯(20),頁4。
⑥ 《益都金石記》卷一《唐鄒村老幼造石塔記》,收入《石刻史料新編》第一輯(20),頁35。
⑦ 《八瓊室金石補正》卷三一《楊真藏題記》,頁20。
⑧ 《金石續編》卷五《孫文才石碑像銘》,收入《石刻史料新編》第一輯(4—5),頁27。
⑨ 《金石萃編》卷五九《李万通造像記》,頁34。

像一鋪,係“奉爲七代先靈,爰及四生庶類,敬造彌勒像一鋪并二菩薩”。①

唐玄宗天寶十一載(752),河北正定董信古等人造一所石浮圖“上爲皇帝,中報四恩、七代先亡,見存眷属,出生死海,入功德林,澤及無邊,一時成佛”。② 唐玄宗天寶十二載(753),河南登封永泰寺建東、西兩所佛頂尊勝陀羅尼經幢,其西幢記云:“諸施主等七代先亡及見存眷屬,唯願除昏雲如霧卷,得智惠日(下缺)。”③唐文宗大和七年(833),在涇陽縣由僧法惠及一些俗家弟子所建的一所佛頂尊勝陀羅尼經幢,上云“伏願國泰人安,干戈休息,七代先亡,咸蒙吉慶,乘兹功德,永離輪迴,般若舟中,常遊法海。□□之者,同霑斯福”。④ 唐懿宗咸通五年(864)在長安縣畢原所建的一所佛塔,上面祈願云:

> 意望將此勝因資及七代先靈,并亡兄姊妹等,願神識不昧,得觀真容,彌勒佛前親承聖旨,現存孫息眷屬等福樂無窮,壽等青山,福同滄海,願法界衆生,普霑此福。⑤

唐昭宗光化三年(900)《招提净院施田記》云:“爲皇帝陛下、州縣官衆及亡□(過)七祖見存普同共(養)。”⑥唐代後期出現的一本中國撰述經典《壽生經》云“救度三世父母,七代先亡,九族冤魂,皆得生天”,⑦則是將個人先世由七世改爲三世,並且將它和個人七代祖先、九族冤魂並列,顯示出家族的比重超過原先佛教中個人七世輪迴的父母。

儒家的祖先崇拜中,在禮制上有階級區分:天子七廟、諸侯五廟、士大夫三廟、士一廟,而庶人僅能祭於寢。所謂七廟是天子可以追祀七代先祖,而大夫三廟,僅能奉祀父、祖和始祖。然而,由於南北朝以來,佛教徒從追

---

① 《金石萃編》卷六五《蕭元眘造像讚》,頁20。
② 《八瓊室金石補正》卷五八《董信古等造石浮圖記》,頁9。
③ 《八瓊室金石補正》卷四七《永泰寺西幢記》,頁5。
④ 《金石萃編》卷六六《僧法惠經幢》,頁44。
⑤ 《金石萃編》卷一一七《龍華寺窣堵波塔銘》,頁8—9。
⑥ 《八瓊室金石補正》卷七七《招提净院施田記》,頁30。
⑦ 《壽生經》(X·24),收入《卍新纂續藏經》,冊一,頁415上。

薦前七世輪迴中的父母,至北朝末年逐漸轉向追薦一家一族的七代祖禰,這種情形到唐代幾乎定型了,這就威脅到漢代以來皇帝依儒家禮制祭祀七代的"七廟"之制。因此,唐玄宗時就將皇帝的祭祀祖先改爲九廟。

東晉以降,南朝各代多立七廟,[1]唐初立四廟"至貞觀九年,命有司詳議廟制,遂立七廟,至開元十一年後,創立九廟"。[2] 唐敬宗寶曆二年(826)八月十五日,李德裕在茅山崇元觀南敬造老君殿院,並建老子、孔子和尹真人像,他在造像記中稱此係"上爲九廟聖主,次爲七代先靈,下爲一切含識"而造,[3]九廟聖主指的是唐朝皇帝的祖先,而七代先靈指的是他自己的七代祖先,由此即可顯示出玄宗改祀"九廟"的效果。宋朝以迄明、清,大皆繼承了唐代的九廟之制。[4]

至宋代,一般人祭祀祖先不超過四代;司馬光認爲應祭祀曾祖、祖、父三世,朱熹則以爲應祭祀高祖、曾祖、祖、父四世。[5] 至於祭祀的時間,除了每月初一、十五的參拜之外,在節日如清明、寒食、端午、中元、重陽也要祭祀。佛教的孝更進一步提出:父母愛惜子女念念在心,因此爲人子女者報親恩也須年年不斷。[6] 這種看法也影響及功德寺的建立,有一些功德寺就以"報恩"爲名,如:報恩感慈禪院(胡宿)、[7]報恩廣福寺(陳淑妃)、報恩資福禪院(鄧從義)、報恩光孝禪院(孝宗皇帝)。至於報恩最好的方法就是爲過往先人作懺追薦,牟巘(1227—1311)爲松江郊外"時思報德懺院"作記,有很具體的敍述,《報德院記》云:

---

① 《全唐文》卷八五三劉昫《議册四廟狀》,頁8953下:"又按周捨論云:自江左以來,晉宋齊梁相承,多立七廟矣。"

② 《舊五代史》卷一四二《禮志上・晉天福二年》,北京,中華書局,1976年,頁1897。

③ 《全唐文》卷七〇八李德裕《三聖記》,頁7266上。

④ 《宋史》卷一〇六《禮志九・吉禮九・宗廟之制》,北京,中華書局,1977年,頁2566。關於唐宋時期廟數的變遷,另可參見:朱溢《唐宋時期太廟廟數的變遷》,《中國文史論叢》2010年第2期,頁123—160。

⑤ 吾妻重二《宋代の家廟と祖先祭祀》,小南一郎編《中國の禮制と禮學》,京都,朋友書店,2001年,頁530。

⑥ 《佛説盂蘭盆經疏》卷下,頁512上:"孝即任不設盆供也,念念常憶者無終始也。長養是事,慈愛是心,故前起行及發心願以報之也。餘文可解。三藏云:父母結愛,既念念不去心;孝子報恩,須年年不絶供,四勸受持。"

⑦ 《咸淳毗陵志》卷二五《觀寺・州》,頁3182上。

距松江五十四里而近,曰下橫涇,"時思報德懺院"在焉。蓋佛氏有大報恩七篇,柳子厚以爲此七篇皆由孝而極其業,以儆夫世之蕩誕慢弛、好違其書者。夫報恩即報德也,報其父母生成之德也,而其報德又莫若懺罪報德者。方昊天罔極而致其時思也,懺罪者改過遷善而致其愧悔也,豈不五體投地,千聲齊唱而求其罪消滅哉!

"大報恩七篇"指的是《大方便佛報恩經》七卷。[1]

由上可知,儒家的祭祀和佛教的祖先崇祀最大的不同是:佛教强調追薦儀式的利益亡親和先祖,使他們得以超昇淨土;此外,佛教的追薦儀式不限時日,甚至可以長年做佛事追薦,這也就是爲什麼要有私家功德寺的原因之一。

三、功德寺中的薦亡儀式

在功德寺中的佛事主要是懺悔儀式,懺悔儀式在梁代有一個轉折,從個人懺悔滅罪轉變成可以爲亡者懺罪,藉由設齋行懺的活動和儀式爲亡人懺罪,祈求他們得以超生淨土,也就是所謂的"生則自列,死屬後人,掃清積瑕,不留宿蒂,絕輪回根,涸生死流"。[2] 佛教懺悔儀式和薦亡儀式掛鈎,對於唐、宋的佛教界和社會都有相當的影響,包括寺院空間、齋會的形式和寺院制度等方面。因此,如果不了解佛教懺悔儀式在超薦亡靈上所扮演的角色,就無法理解唐、宋時期的功德寺爲何多係禪寺的原由了。

(一) 唐代以後懺悔儀式的流行

在佛教修行中,懺悔以消除個人的業障罪過是不可缺少的成分,它也是構成佛教儀式最重要成分之一。南北朝後期逐漸發展出一定形式和內

---

① 牟巘《陵陽集》卷一一,文淵閣四庫全書本,冊一一八八,頁4;《大方便佛報恩經》(T・156),收入《大正新修大藏經》,冊三。

② 釋居簡《北磵集》卷四《證覺懺院記》,文淵閣四庫全書本,冊一一八三,頁27。

容的懺悔儀式。① 入唐以後,懺悔儀式是追薦亡者最重要的方法。

　　梁、陳以後的懺儀逐漸流行,盛唐以後各種懺法十分流行,包括慈悲懺、佛名懺和水懺。到了唐代後期,懺儀逐漸進入興盛時期,反映在以下的事實:根據汪娟研究敦煌禮懺文,發現迄今有年代題記的禮懺文,最早的是大統十七年(551),最晚的是太平興國七年(982)。足見從西魏文帝時敦煌就已有禮懺文的流傳。又,除了上博本3318以外,都是唐以後的寫本,尤其以10世紀的寫本爲最多,反映出禮懺文在晚唐五代的普遍流行。②

　　《慈悲道場懺法》(T·1909)可能是最早和薦亡有關的懺儀,相傳此係梁武帝郗皇后因嫉妒後宮,死後轉爲蟒蛇身,武帝爲救度她,便集諸經作懺儀,郗后因此得以轉生爲天人。③ 此一懺法也稱爲"梁皇懺"。至於佛名懺,根據近代日本學者塩入良道的研究指出:佛名經典和懺法有密切的關係,④故佛名經典的流行也反映出懺法的盛行。即如《慈悲道場懺法》中也包含很多佛名,梁武帝"搜索佛經,録其名號,兼親抒睿思、灑聖翰,撰悔文共成十卷"。⑤ 由於梁朝的疆域僅限於南方,所以此一懺法特別流行在淮水以南地區:"自淮以南,民間唯禮'梁武懺'以爲佛事,或數僧唄嘔歌讚相高,謂之'禳懺法'也。"⑥湖州大雲寺子瑀(?—752)"常禮一萬五千佛名,兼慈悲懺"。⑦ 唐鄭州智欽禪師"專習禪業,又禮一萬五千佛名一百遍"。⑧ 唐懿宗時僧人玄暢"乃奏修加懺悔一萬五千佛名經",並請將它入藏。⑨ 因此,贊寧(919—1001)所述"是以兩京禮經,則口唱低頭,椎磬一聲,謂之小

① 塩入良道《懺悔のない經典に依拠した懺法》,牧尾良海博士頌壽記念論集刊行會編《中國の宗教·思想と科学:牧尾良海博士頌寿記念論集》,東京,國書刊行會,1984年,頁189。
② 汪娟《敦煌禮懺文研究》,臺北,法鼓文化事業股份有限公司,1998年。
③ 《慈悲道場懺法》,收入《大正新修大藏經》,册四五,頁922中一下。
④ 塩入良道《中国仏教に於ける礼懺と仏名経典》,結城教授記念論文集刊行会編《佛教思想史論集:結城教授頌寿記念》,東京,大藏出版社,1964年。
⑤ 《慈悲道場懺法》,頁922下。
⑥ 《宋高僧傳》(T·2061)卷二八《興福篇第九之三》,收入《大正新修大藏經》,册五〇,頁888中。
⑦ 《宋高僧傳》卷二六《興福篇第九之一·唐湖州大雲寺子瑀傳》,頁876下。
⑧ 《佛祖統紀》卷二七《浄土立教志第十二之二·往生高僧傳·唐鄭州智欽禪師》,頁276中。
⑨ 《宋高僧傳》卷一七《護法篇第五·唐京兆福壽寺玄暢傳》,頁818中。

禮",①殆指禮佛名經典。

此外,江南也流行"水懺",即《慈悲道場水懺》(T·1910,又稱《慈悲三昧水懺》、《慈悲水懺法》、《三昧水懺》),《慈悲道場水懺序》敍述此懺法係名僧"悟達國師"知玄(810—882)因前世的冤仇而致病,後來得到迦諾迦尊者的指點,以三昧法水洗去冤業。② 由於水懺花費太高,贊寧對它提出嚴厲的批評,指出此一懺法是僞造的:"其有江表行水懺法者,悔其濫費過度之愆,此人僞造,非真法也。"③塩入良道則指出水懺和《佛名經》及其懺文有密切的關係,④其後,聖凱法師透過其內容和結構的比對,認爲它係抄自《佛名經》懺悔文,⑤約在唐末五代時期形成,而假托知玄所作。⑥ 不過,由於《水懺序》所述名僧知玄生動故事,而使得"水懺"廣爲流行,一直到今天臺灣還流行著以水懺治病、消災或用以薦亡。

由於懺儀的流行,唐代寺院的空間及其名稱也產生變化。唐代後期,以"懺"爲名的寺院和殿堂逐漸增加,有一些寺院就直稱做"懺院",此外,很多寺院中有"懺堂"和"懺殿",如:唐代宗大曆年間(766—780),大光和尚在吳興郡烏程縣惠覺寺建"觀音懺院"。⑦ 唐昭宗乾寧二年(895)在鄞縣建有"金文懺院",⑧後周世宗顯德二年(955),錢承裔在會稽城內建"法華懺院"。⑨ 又,吳興州城內原有一所"彌陀懺院",在宋英宗治平二年(1065)改稱"空相教院",此寺每年都舉行期懺會。⑩ 宋代以"懺"爲名的寺院和殿堂更多,僅舉數例如下:北宋臨海縣城有一所"清心院",它原來

① 《宋高僧傳》卷二八《興福篇第九之三·論曰》,頁888中。
② 《慈悲水懺法》,收入《大正新修大藏經》,册四五,頁968中—下。
③ 《宋高僧傳》卷二八《興福篇第九之三·論曰》,頁888中。
④ 塩入良道《中國仏教に於ける礼懺と仏名経典》,頁588,注17。
⑤ 聖凱法師《中國佛教懺法研究·知玄與三昧水懺》,北京,宗教文化出版社,2004年,頁223—231。
⑥ 同前書,頁243—244。另外,白金銑發現水懺的主體內容已見於6世紀敦煌本二十卷的《佛名經》中,見白金銑《水懺與水懺序之關係三論》,《正觀》第45卷,2008年,頁187—235。
⑦ 《嘉泰吳興志》卷一三《寺院·烏程縣·觀音禪院》,頁4749下—4750上。
⑧ 《寶慶四明志》卷一三《鄞縣志卷第二·敍祠·寺院·禪院二十二·金文惠照院》,頁5169上。
⑨ 沈作賓修,施宿等纂《嘉泰會稽志》(收入《宋元方志叢刊》)卷七《寺院·府城·會稽》,頁6823下—6824上:"旌教院,在府東南四里一百九十四步。周顯德二年,錢承裔建,號'法華懺院'。開寶三年,改憲臺永壽院。大中祥符元年,改今額。院舊植杏甚茂,至今謂杏花寺。"
⑩ 《嘉泰吳興志》卷一三《寺院·州治》,頁4748下。

是稱做"法華懺院"的。① 此外，有很多寺院内建有"懺堂"、"懺院"，如宋代臨海縣城東南的大中祥符寺内即有懺院；②天竺靈教寺有"光明懺堂"，每日六時行道禮懺。③ 宋光宗紹熙四年（1193）十一月，慶元府（今浙江寧波）小溪法慈院新造懺殿完工，陸游撰《法慈懺殿記》稱"雖慶元多名山巨刹，然懺堂之盛，未有加法慈者"。④ 由此敍述，亦可推知各大寺院中大都是有懺堂的。

由於懺法的流行，寺院中也經常或定期舉行"懺會"，修習某一種懺法。如吳興城内空教院原來稱爲"彌陀懺院"，此寺每年都定期舉行懺會。⑤ 參加懺會的人稱爲"懺衆"。北宋時松江普照寺内有很多的堂殿僧院，較大者是釋迦殿、千佛水陸院、千僧海會堂、梵修院、觀堂、懺院等，每年地方官在以下七天：首春、仲春、仲夏、四立日裏設懺祈福，《松江普照寺記》："每歲官僚于此建道場申祝讚，益廣善緣，爲民祈福。遇首春、仲春、仲夏、四立日，皆修期觀、誦經典，率以爲常。"⑥所謂的"期觀"就是"期懺"，由於懺悔儀式有一定的修懺期限，所以稱爲"期懺"；又因從隋代以後懺悔和禪觀的結合（詳下文），"期懺"也稱爲"期觀"。

修懺的時間長短不一，依據其所修習懺儀而定。如法華懺三七（二十一）日，金光明懺七日，彌陀懺七日，請觀音懺七七（四十九）日，大悲懺三七（二十一）日。⑦ 不過，因爲所依據的懺儀不同，法華懺也有做四七（二十八）日者，這是依據《法華經》二十八品所作的懺儀，北宋時净梵法師爲姑蘇大慈寺主時，率領二十七人修法華懺，以二十八日爲期。⑧ 元世祖至

---

① 《嘉定赤城志》卷二七《寺觀門一·寺院一·臨海·甲乙院五十有五·清心院》，頁 7489 上。
② 《嘉定赤城志》卷二七《寺觀門一·寺院一·臨海·教院三十有一·大中祥符寺》，頁 7483 上。
③ 《咸淳臨安志》卷八〇《寺觀六·下天竺靈教寺條·胡文恭公宿撰寺記》，頁 4088 下，4089 上云："乃作法堂，以演暢佛旨，懺堂以六時行道。"
④ 陸游《渭南文集》卷二一《法慈懺殿記》，文淵閣四庫全書本，册一一六三，頁 5。
⑤ 《嘉泰吳興志》卷一三《寺院·州治》，頁 4748 下："空相教院在州城西北隅，舊名'彌陀懺院'，不詳元置事。因治平二年改今額，大觀二年，有僧請爲十方教院，歲有期懺會。"
⑥ 《陵陽集》卷九《松江普照寺記》。
⑦ 《佛祖統紀》卷八《興道下·十七祖四明法智尊者大法師》，頁 193 下："修法華懺三七期五遍，光明懺七日期二十遍，彌陀懺七日期五十遍，請觀音懺七七期八遍，大悲三七期十遍；結十僧修法華長期三年，十僧修大悲懺三年。"
⑧ 《佛祖統紀》卷一四《神悟謙法師法嗣·北禪净梵法師》，頁 221 上。

元末年,僧人永清"建四七晝夜法華期懺"。① 此外,長年修某一懺法者,則稱爲"長懺",以一年、二年或三年爲期。② 由於欲長年爲亡親修懺,所以有自家擁有功德寺的必要,這是促使功德寺出現的重要原因之一。

(二) 懺儀、薦亡與功德院

修懺是走向覺悟、免於生死輪迴之苦的修行方法,即"懺淨心垢,悔滌熱惱,穢濁盡除,入清淨覺",人們可以現世修懺,亦可爲亡者做懺,即前引"生則自列,死屬後人,掃清積瑕,不留宿蒂,絶輪回根,涸生死流"。因此,懺儀就成爲薦亡佛事中最主要的部分(薦亡還可以寫經、造像、建寺、誦經等方式)。

從南北朝末年以來,懺儀的流行和薦亡就有密切的關係,如前所述,隋、唐二代參與創業的皇帝曾經分別在戰場建立寺院,長年在這些寺院中舉行的佛事就是懺悔儀式"建齋行道,竭誠禮懺"。③ 宋太祖建隆元年(960)也將廣陵行宮改爲建隆寺,到王禹偁(954—1001)撰《揚州建隆寺碑》時,此寺建置已有四十多年,在此期間有六十多位僧人長年累月在此做佛事追薦戰亡將士,其銘稱"遊魂精氣或感通,拔爾出離冥塗中",在此碑文中明白指出此係宋代承襲唐代在戰陣處建寺超薦戰死之士的理念:

> 唐貞觀中,制以天下戰陣處爲寺,且命虞世南、李百藥、岑文本之徒刊勒碑銘,紀述功業,傳諸簡冊,燦然可觀。蓋聖人不欲無罪而殺一夫,無名而荒寸土,及乎諸侯阻兵,百姓徯后,驅人以戰,事不獲已……漢明之後,釋教誕興,謂冥漠之中有輪迴之數,能使精魄復生人天,其道如何,事佛誦經而已。繇是交兵之地捨爲梵宮,田不耕而有名也;死事之人盡離鬼趣,士捐生而無恨也。帝王所尚,今古攸同,雖有服儒冠

① 《續佛祖統紀》(X・1515)卷一《桐洲坦法師法嗣・法師永清》,收入《卍新纂續藏經》,册七五,頁 741 下。
② 例《佛祖統紀》卷二七《淨土立教志第十二之二・往生高僧傳・宋神照本如法師》,頁 277 中:"住東山承天三十年,講經之餘,集百人修法華懺一年。"
③ 《廣弘明集》(T・2103)卷二八《啓福篇・唐太宗爲戰亡人設齋行道詔》,收入《大正新修大藏經》,册五二,頁 329 上。

而執名教者,又安知其果不然耶? ……自國初至今凡四十載,日供僧不減六十人,像設莊嚴,經教具備……①

前述牟巘爲"時思報德懺院"作記時,認爲佛教報父母之恩最好的方法,就是爲其作懺悔儀式。釋居簡(1164—1246)《跋證覺長懺觀堂舍田檀越名氏碑》中,稱述懺儀和祖宗冥福的關係,云"輟遺子孫之田,作長懺觀堂,菩薩行人加行之資粮,培植祖宗冥福於既往,與買書教子、掃榻延師同出一轍"。② 高宗紹興十五年(1145),樓鐙夫人蔣氏施錢四十萬給明州延慶寺十六觀堂的長懺僧人,並且爲其先翁樓璹立祠堂於此寺。③ 很明顯地,是要十六觀堂僧人長期爲其先翁禮懺,祈求冥福。紹興十七年(1147),太師、循王張俊在臨安興福院建"圓通懺堂",安奉香火。④

又,松江時思報德懺院原來只是一個小庵,住持僧人友懽能夠背誦《法華經》、修長期觀,他在晚年之時,自覺來日不多,便要求他的弟子普潤等人爲他建立九品觀堂:"懽間語吉與潤曰:'吾年七十,行且去矣。盍爲我罄衣盂,建九品觀,植浄土緣,且市田爲供給,刻之石以示久遠。'……"⑤一方面是在他有生之年作懺以求生浄土,另一方面則是在他死後可以長期追薦,和"逆修齋"頗有類似之處。

(三) 懺悔儀式和禪觀的結合

南北朝後期懺法盛行,對懺法有重大影響的是智顗(538—597)所作的懺儀,他將懺悔和禪觀結合;到唐代宗密(780—841)繼承此種思想,更作進一步的闡揚。由於功德寺中主要的宗教儀式是以懺儀追薦亡親,因懺

---

① 王禹偁《小畜集》卷一七《揚州建隆寺碑》,文淵閣四庫全書本,册一〇八六,頁 1—3。
② 《北磵集》卷四《跋證覺長懺觀堂舍田檀越名氏碑》,頁 34。
③ 樓鑰《攻媿集》卷一〇五《太孺人蔣氏墓誌銘》,文淵閣四庫全書本,册一一五三,頁 14—16:"若從嫂太孺人蔣氏……既歸于我實伯父揚州諱璹之仲子也,諱鐙,字仲宏。……紹興十五年,延慶寺有十六觀堂,禮長懺僧未免乞食,揚州欲賣田贍之,始捐百斛,孺人復用四十萬錢以酬先志,且爲揚州立祠。"
④ 《兩浙金石記》卷一〇《宋興福院碑》,收入《石刻史料新編》第一輯(14):"紹興丁卯夏六月,太師循王俊撰工掄材,爲建圓通懺堂,安奉香火。"
⑤ 《陵陽集》卷一一《報德院記》,頁 4。

悔和禪觀的關聯,宋人傾向以禪寺作爲功德寺。

6 世紀以後出現的懺文相當多,如《摩訶波若懺文》、《金剛波若懺文》,梁簡文帝的《涅槃懺啓》、《六根懺文》,陳宣帝《勝天王般若懺文》、陳文帝《妙法蓮華經懺文》、《金光明懺文》、《大通方廣懺文》、《虛空藏菩薩懺文》,都是依據經典的懺悔。① 梁武帝在普通元年(520)制定的《慈悲道場懺法》是最早有完整形式的懺儀,②至南北朝末年懺法逐漸發展出一定的形式,對於後世有最大影響是智顗的《法華三昧懺儀》。此懺儀的特點是除去前此懺法著重祈願除災的特性,采取明確坐禪正觀之法,使它成爲一種宗教儀禮。③ 智顗爲南岳慧思(515—577)的弟子,而禪法是慧思修習中很重要的一部分,④智顗從他學習法華三昧,三昧是梵語,意即正定或專思寂想,⑤也就是禪定之意。《法華三昧懺儀》特別強調禪觀的重要性,第四修行方法中第十項是坐禪實相正觀:"於三七日中,修於九法,行一一法時,皆修此觀。"⑥不過,本書僅是敍述懺儀,未能清楚說明懺悔和禪觀的關聯,至宗密撰《圓覺經道場修證儀》(X·1475)十八卷(成書在文宗大和二年[828]以後),則從懺悔的本質和內容說明此二者關係,懺有二種,一是事懺,一是理懺,事懺是對佛披陳、懺悔無始以來所造的罪業,理懺則是端

① 《廣弘明集》卷二八《悔罪篇第九》,此篇還有一些齋會中的懺文如:陳文帝《方等陀羅尼齋懺文》、《藥師齋懺文》、《沙羅齋懺文》、《無礙捨身會懺文》,和一般性的懺文如:梁簡文帝《六根懺文》、《悔高慢文》、梁沈約《懺悔文》、陳江總《懺悔文》。
② 椎名宏雄《唐代禪宗の礼懺について》,《印度學佛教學研究》第 20 卷第 2 號,1972 年,頁 269。
③ 塩入良道《懺法の成立と智顗の立場》,《印度學佛教學研究》第 7 卷第 2 號,1959 年。
④ 關於慧思的禪觀,向來是學者關注的課題,迄今有不少的論著,如橫超慧日《南岳慧思の法華三昧(第四部)》,花山信勝等編《印度學佛教學論集:宮本正尊教授還曆記念論文集》,東京,三省堂,1954 年;采睪晃《慧思の禅定思想の背景》,《印度學佛教學研究》第 46 卷第 1 號,1997 年;鶴田大吾《慧思の法華三昧前方便の考察》,《印度學佛教學研究》第 54 卷第 1 號,2005 年;武藤明範《"唐高僧伝"にみられる南岳慧思門下の禅観実修の動向》,《印度學佛教學研究》第 54 卷第 1 號,2005 年;幣道紀《南岳慧思の禅観》,《印度學佛教學研究》第 18 卷第 1 號,1969 年;仙石景章《南岳慧思の禅観》,《印度學佛教學研究》第 31 卷第 1 號,1982 年;福島光哉《南岳慧思の禅観》,《印度學佛教學研究》第 14 卷第 1 號,1965 年。
⑤ 《廣弘明集》卷三〇《統歸篇》廬山釋慧遠《念佛三昧詩集序》,頁 351 中:"序曰:夫稱三昧者何? 專思寂想之謂也。思專則志一不分,想寂則氣虛神朗,氣虛則智恬其照,神朗則無幽不徹,斯二乃是自然之玄符,會一而致用也。是故靖恭閑守,而感物通靈。御心惟正,動必入微,此假修以凝神,積功以移性,猶或若尸居坐忘,冥懷至極,智落宇宙而闇蹈大方者哉?"
⑥ 塩入良道《懺法の成立と智顗の立場》,頁 52;《法華三昧懺儀》(T·1941)《第十明坐禪實相正觀方法》,收入《大正新修大藏經》,冊四六,頁 954 中。

坐念實相"觀空入覺城",①透過禪觀之法從根本上消除罪業的根源：

> 夫懺悔者有二種，一則如事懺，二者如理懺。事懺之時，必須懇
> 倒，禮敬十方諸佛，嚴持道場，對三寶前，披陳罪相，責心愧切。一則以
> 佛功德，能令罪滅，永斷相續，更不敢犯。如理懺者，但發菩提心，自然
> 摧懷恒沙煩惱，知罪虛妄，觀罪相空。故《普賢觀經》云：若欲懺悔者，
> 端坐念實相。《凈名》云：不在内外中間，如是理懺之時，最須觀行明
> 白。若人曾入道場，經是二種懺悔，當知罪垢必滅，要在至心。②

宋代僧人凈源（1011—1088）作《圓覺經道場略本修證儀》（X·
1476），在卷首即明白地指出宗密係繼承智者大師的規式，發展出其禮懺
禪觀："天台智者撰法華懺法，光明百錄，具彰逆順十心，規式頗詳，而盛行
乎江左矣。有唐中祖圭峰禪師追彌天之餘烈，貫智者之遺韻，備述圓覺禮
懺禪觀，凡一十八卷。"③宗密《圓覺經道場修證儀》中包括道場法事七門、
禮懺法事八門、坐禪法八門，椎名宏雄將前兩項和智顗的《法華三昧懺儀》
列表比較，找出二者在内容上對應之處，發現除了《圓覺經道場修證儀》中
没有讀誦《法華經》這個項目之外，兩者在内容文句上大致相同，僅在次序
安排上有一些差異。④ 值得注意的是，在《圓覺經道場修證儀》中，禮懺法
事占了全書六分之五的篇幅，可知禮懺是本書主要的構成部分。⑤ 據關口
真大研究，《圓覺經道場修證儀》中坐禪法八門，完全是智顗《天台小止觀》
的内容，⑥顯示出宗密在懺儀上承繼智顗的禪懺合一，並且做更進一步的
發揮。⑦

---

① 《圓覺經道場修證儀》卷一五，收入《卍新纂續藏經》，册七四，頁 471 上。
② 《圓覺經道場修證儀》卷三，頁 392 上，中。
③ 《圓覺經道場略本修證儀》，收入《卍新纂續藏經》，册七四，頁 512 下。
④ 椎名宏雄《唐代禪宗の礼懺について》，頁 271—272。
⑤ 池田魯參《宗密"円覚経道場修証儀"の礼懺法（覚書）》，《印度學佛教學研究》第 35 卷第 1
　 號，1986 年，頁 119。
⑥ 關口真大《天台小止觀の研究：初學座禪止觀要文》，東京，山喜房書林，1961 年，此書筆者未
　 見，轉引自池田魯參《宗密"円覚経道場修証儀"の礼懺法（覚書）》，頁 119。
⑦ 聖凱法師《中國佛教懺法研究》。

　　宋人對於懺儀中禪、懺的關係,有相當程度的理解,鄧文原(1258—1328)在《松江府華亭華藏懺院記》一文中,對懺悔和修觀的關聯,以及它是得到正覺的關鍵,有以下的敍述:

　　　　余聞佛以妙圓清浄,具大總持,視山河大地普同法界,無量恒河沙衆悉歸悔海。師作如是觀,則一念不異,華藏即不異。昔天台挈止觀之義爲世津筏,而學者知寂静可以證解脱,慧照可以通般若。乃若懺悔則又息妄之真機,歸真之要路也。①

　　又,宋理宗紹定四年(1231),僧人道元之姊臨終之際,以其積蓄托付他在超果寺建懺院,《超果寺懺院記》對禪、懺之關聯也作了以下的注脚:“高廣雄壯,輪奐鮮麗,懺室嚴密,禪觀靚邃,飯食經行,解衣礧礴,各得其所。”又,此時並且購置田産,以其生産獲利,作爲此院作懺會的經費之用:“然後檀施市田,各爲行人了一日入期費,綿綿瓜瓞,與此懺利它自利相終始。”②

　　修懺和禪觀的關係,也可以從趙孟頫(1254—1322)致中峰(明本)和尚(1263—1323)的書信中,得到更具體的了解。他在亡妻忌日時請千江菴住持做了一日一夜的普度法事,修法華懺;由於禪觀是法華懺中很重要的一部分,因此趙氏另外寫信給中峰和尚,請他在山中修禪觀想,爲其亡妻超度:

　　　　孟頫和南上覆中峰和上老師侍者,孟頫紛紛塵事中,不得以時上狀……五月十日老妻忌辰,一如前議,命千江菴主主持了普度一事,只作一晝夜,日誦法華,夜施十燈十斛,兼三時宣禮法華懺法。區區不敢祇屈尊重,敢乞慈悲就山中默加觀想,庶使無情、有情及亡者,俱獲超度。孟頫拜。③

---

① 鄧文原《巴西集》卷下《松江府華亭華藏懺院記》,文淵閣四庫全書本,册一一九八,頁12。
② 《北磵集》卷三《超果寺懺院記》,頁21。
③ 卞永譽《式古堂書畫彙考》卷一六《中峰和上老師侍者弟子趙孟頫和南謹封》,文淵閣四庫全書本,册八二七—八二九,頁102。今此書信原件收藏在臺北的故宫博物院,歸入《三希堂法帖》第10號。

由於懺悔儀式和禪觀的結合，使得寺院中不僅有"懺堂"、"懺院"，也有"觀堂"。宋代華亭縣(今松江縣)證覺懺院內有"長懺觀堂"，①宋理宗時，松江普照寺僧人悟悅在寺中建"九品懺院"，其目的是"以處佛徒之寅夕禮誦修觀行者"，②可知禮懺和修觀之密不可分。崑山南翔寺九品觀堂，其中有"禮長懺僧"，③釋居簡在《證覺懺院記(華亭)》中對於懺悔和禪觀的關聯，也有以下的敍述：

> 於是有菩薩僧作長生懺摩，愍此淪没，晝夜六時，誓于生生。此錢公某、許公某長生觀堂所由倡，普照寺紹隆比丘所由和。④

即爲了作長生懺摩，所以建長生觀堂。平江縣(今蘇州)南翔寺中有懺院，也有九品觀堂，⑤《平江南翔懺院記》中提到禪、懺的關係：

> 南翔懺院成……落成於某年月日，高廣宏敞，極一時壯麗，正修之地，幻普賢懺悔主，如雜花法華所説；燕寂之所，則闢禪觀攝散亂，如留香枯木之制……⑥

寺院中的"觀堂"，也有直稱"期懺觀堂"者，如宋孝宗淳熙九年(1182)僧人可觀去世，就塔於浙江平湖德藏寺期懺觀堂。⑦

在佛教文獻中，頗有一些僧人在修懺禪觀之際得到感通的記載，由此也可反映懺儀中禪觀的重要性。如北禪寺淨梵法師和衆人同修懺時："與衆同修，感格屢見。禪觀之處，衆見金甲神王跪於座前。後於一處期懺，見

---

① 《北磵集》卷四《證覺懺院記(華亭)》，頁27—28；卷七《跋證覺長懺觀堂舍田檀越名氏碑》，頁34。

② 衛宗武《秋聲集》卷五《慧辯圓明悟悅大師塔銘》，文淵閣四庫全書本，册一一八七，頁40。

③ 樓鑰《太孺人蔣氏墓誌銘》："延慶寺有十六觀堂，禮長懺僧未免乞食，揚州欲賣田贍之，始捐百斛，孺人復用四十萬錢以酬先志，且爲揚州立祠。……"見《攻愧集》卷一〇五，頁16。

④ 《北磵集》卷四《證覺懺院記(華亭)》，頁27。

⑤ 《北磵集》卷二《南翔寺九品觀堂記》，頁22—24。

⑥ 《北磵集》卷二《平江南翔懺院記》，頁20。

⑦ 《釋門正統》(X·1513)，收入《卍新纂續藏經》，册七五，頁341中。

韋天按行懺室。"①又例，元代錢唐普濟寺弘濟法師在修懺中的禪觀，得到智者大師授以如意："嘗修法華、金光明、净土期懺，在觀定中都智者國師授以犀角如意，自是講貫了無留碍。"②由此可見禪觀在修懺儀式中的重要性。

正是因爲懺悔儀式和修禪的結合，從唐代開始建造佛寺用以追薦祖先，所建的就是禪寺。國忌日行香、追薦，也是選定在禪寺中舉行，歐陽修曾上書請國家廢除國忌日賜給各州佛寺的齋錢，"令禪刹自備齋食"，以節省國家的費用。③ 可知宋代國忌日也選擇在禪寺中行香設齋。宋知省董公敕賜功德寺爲"净嚴禪院"，請僧了居做住持。④

小川貫式、黄敏枝都注意到功德寺大多爲禪寺，⑤但未解釋其原由。筆者認爲：若不從功德寺中的宗教儀式，和隋代以後懺儀和禪觀結合這個變化入手，便難以理解這個現象。

（四）功德寺與宋代"改律爲禪"風潮

宋代寺院因修習方式不同而分爲禪寺、律寺、教寺三種，禪寺以修禪爲主，教寺以講經爲主，律寺以傳戒習律爲主。⑥ 如要改變寺院的性質，不論是"革律爲禪"（律寺改爲禪寺）、"革禪爲律"（禪寺改爲律寺）、"改教爲律"（教寺改爲律寺）或"改禪爲教"（禪寺改爲教寺），都須向官方申請、得到認可。⑦ 宋代大臣奏請以某寺爲功德寺時，大都屬意禪寺；如此寺原非禪寺，大都並請改爲禪寺。他們傾向以禪寺爲功德寺，除了上述功德寺中

---

① 《佛祖統紀》卷一四，頁 221 中。
② 《續佛祖統紀》卷一，頁 744 中。
③ 歐陽澈《歐陽修撰集》卷三歐陽澈《上皇帝第三書》，文淵閣四庫全書本，册一一三六，頁 32。
④ 曹勛《松隱集》卷三一《净嚴度僧記》，文淵閣四庫全書本，册一一二九，頁 12。
⑤ 小川貫式《宋代の功德墳寺に就いて》；黄敏枝《宋代的功德墳寺》，頁 250。二文都注意到功德寺以禪寺居多，但未作進一步的討論。
⑥ 方回《桐江續集》卷三六《建德府兜率寺興復記》，文淵閣四庫全書本，册一一九三，頁 3："佛法入中國以來，僧吾齊民，寺吾勝壤，日以益夥，吾未易數計，然其法不過析而爲三，有禪僧、有律僧、有講僧，故其寺亦三：曰禪寺、曰律寺、曰教寺。"宋代明州太守在判決明州慈溪縣定香律院請改爲教院的紛爭中，說："佛之學，則亦教、律分立，與禪爲三。"見孫應時《燭湖集》卷九《慈溪定香復教院記》，文淵閣四庫全書本，册一一六六，頁 15。
⑦ 黄敏枝《宋代政府對於寺院的管理政策》，《東方宗教研究》第 1 期，1987 年，頁 109—141。

懺儀和修禪的關聯之外,禪寺規制的事權統一也是他們傾向禪寺的原因之一。

佛教寺院是僧人居住修習之所,自佛教傳入以來修習不同法門的僧人都同住一寺;①唐代不同派別僧人同居在一個寺院,如有某一派別的高僧駐在某寺,吸引了好學的僧人前來習法,此寺就成爲此一宗派重要的寺院,但仍有其他派別僧居住。② 在寺院之中分門別院,各院獨立爲政,其中修習同一法門的僧人大都同住一院;如三階教的僧人所居之處稱"三階院"。③ 修禪的僧人也住在律寺中,④至唐德宗貞元中,百丈懷海禪師(720—814)別立禪居,訂立新的規制,習稱"百丈清規"。原來僧人僅有吃飯時在僧堂共同進食,至於寢息則星散各院,懷海禪師制定的清規之中,則打破各院的樊籬,僧人統一住在僧堂裏,一起進食和修習法事,都秉持一定的作息和儀規,禪寺自此有獨立的運作規則,《宋高僧傳·唐新吳百丈山懷海傳》有簡要的敍述:

> ……乃創意不循律制,別立禪居。初自達磨傳法至六祖已來,得道眼者號長老,同西域道高臘長者呼須菩提也;然多居律寺中,唯別院異耳。又令不論高下盡入僧堂,堂中設長連床,施椸架挂搭道具,臥必斜枕床唇,謂之"帶刀睡",爲其坐禪既久,略偃亞而已。朝參夕聚,飲食隨宜,示節儉也。行普請法,示上下均力也。長老居方丈,同維摩之一室也。不立佛殿,唯樹法堂,表法超言象也。其諸制度與毗尼師一倍相翻,天下禪宗如風偃草,禪門獨行由海之始也。⑤

自此之後,禪寺獨立出來,它的規制行法獨樹一格,有異於其他寺院"分門

---

① 《宋高僧傳》卷一〇《習禪第三·唐新吳百丈山懷海傳》,頁771上:"系曰:自漢傳法,居處不分禪律,是以通禪達法者皆居一寺中,院有別耳。"
② 周一良著,錢文忠譯《唐代密宗》附錄二十,上海遠東出版社,1996年,頁119。
③ 《開元釋教錄》(T·2154)卷一八《別錄中疑惑再詳錄第六》,收入《大正新修大藏經》,册五五,頁679上:"開元十三年乙丑歲六月三日敕:諸寺三階院並令除去隔障,使與大院相通,衆僧錯居,不得別住。所行集錄悉禁斷除毀。"
④ 椎名宏雄《初唐禪者律院居住》,《印度學佛教學研究》第17卷第2號,1969年。
⑤ 《宋高僧傳》卷一〇《習禪第三·唐新吳百丈山懷海傳》,頁770下—771上。

別院"的星居錯落。

從百丈禪師制定禪林規式,禪寺中僅設僧堂、法堂、方丈室,僧人都統一住在僧堂裏;同時,僧人化緣、嚫施皆歸於常住,僧人不得別有積蓄。禪寺在管理上——無論是經濟上、寺院的修習都是事權統一,方便管理。反觀律寺、教寺仍維持院、堂各自爲政,在經濟上也是各自獨立的,僧人化緣或齋嚫所得歸於各院。如唐肅宗至德初年,律大德熙怡(?—799)到盧山東林寺,住在耶舍塔院,信徒奉獻很多,他先是私蓄收藏在塔院中,其後則繳交寺方:"既而悉歸精舍,頒于衆僧,大師率同門人,布衣糲食而已。"①關於禪寺和教寺、律寺的差別,釋大訢(1284—1344)在《楊雲巖居士作蔣山僧堂偈序》一文中有很精簡的描述:

> 寺古制皆有僧堂,然惟會食而已,至於寢處,則有別室,如今教、律院猶然也。獨禪林自唐開元中百丈海禪師作清規,設長連牀于堂,少長盡入居之,牀端爲木函盈赤,以貯三衣一鉢,外無餘畜也。坐卧起居有時,凡晨昏、午夜以及旦,長老、首座加巡警焉。惰者罰,不率教而擯之。至於禪寂屹若枯枝,湛然止水,衆千百肅如也。②

從宋代的一些碑記中,可知律寺在管理上比較容易産生弊病。如筠州上高縣(今江西宜春市)净衆寺原來是一所甲乙徒弟院的律寺,僧人無規律:"世以父子繼主院事,其徒雖被褐右袒,而行如駔儈,飽食煖衣,懷晏安之耽,而不虞牛後之禍。"後來地方人士向官府陳情,將犯法僧人治罪,同時向朝廷申請改爲禪院。③ 又,江蘇常熟(別稱"琴川")勝法寺本來是律寺,仁宗至和年間(1054—1056),因有寺僧殺人之事,縣宰桑公鑒於此寺諸多積習深重之事,於是請改爲十方禪寺。④ 又如李新《九華禪寺記》一

① 《佛祖歷代通載》(T·2036)卷一四許堯佐《東林熙怡律師碑》,收入《大正新修大藏經》,册四九,頁610中。
② 釋大訢《蒲室集》卷七《楊雲巖居士作蔣山僧堂偈序》,文淵閣四庫全書本,册一二○四,頁9。
③ 謝逸《溪堂集》卷七《上高净衆禪院記》,文淵閣四庫全書本,册一一二二,頁13—14。
④ 孫應時纂,鮑廉增補,盧鎮續修《琴川志》(收入《宋元方志叢刊》)卷一三《釋·勝法禪寺新十方記》,頁1282上,下。

文,敍述九華寺原係律寺,因寺院管理上有諸多弊病,因此哲宗元祐年間,太守楊慶基請革此寺爲禪寺:

> 其徒以律爲家,私鬻户牖,若蟻穴螺贏。然婦蠱息敗,行券責償無一法,叛俗夙儈,姦人屢名牾迹,以爲狡穴疾藪。元祐丁丑,太守楊公慶基上章叩禮部,請革爲禪,邦人講詞,願得文禪師主法席。使者五返,然後自錦官載師以歸。……①

紹興初年,曹勛(1098—1174)因官客居台州期間,他的弟弟、妻子、母親先後亡故,暫時埋葬在臨海縣真隱山。至宋孝宗隆興元年(1163),他的官位到達了建功德寺的標準,②在墳側找到一所寺院"顯明寺",奏請作爲其亡親追薦冥福的功德寺。此寺原係律寺,曹勛就自己出俸錢,將它改建爲禪院,請禪僧住持,他自撰的《顯恩寺記》中有詳細的敍述:

> 隆興初,余承國恩叨居掌武,以故事得於墳側建寺度僧,以昭恩紀,以薦冥福。遂就墳東南故顯明寺岡阜拱揖,松竹茂密,相傳梁天監中馮氏所捨,具名請額於朝,蒙恩以"顯恩褒親禪院"爲名。時隆興元年也。寺本律刹,僧皆星居,爲出俸餘,建方丈、寢堂、僧堂、後架、看經衆寮,及澗軒、浴堂、鐘樓、三門善神等,皆創爲之。并增米田,助供齋粥。革其舊俗,悉就清規,請禪學僧住持。自本韶至師玉,凡三易始得師玉,能以身律衆,結善知識緣。……③

前此學者研究功德寺,都提及大臣建功德寺的經濟利益,④就此而言,功德寺的主人毋寧更願意以禪寺作爲功德寺。當大臣爲親人亡祖奏請功

---

① 李新《跨鼇集》卷一七《九華禪寺記》,文淵閣四庫全書本,册一一二四,頁 8。
② 《宋史》卷三七九《曹勛傳》,頁 11701:"孝宗朝加太尉、提舉皇城司、開府儀同三司。"
③ 《松隱集》卷三一《顯恩寺記》,頁 1—2。
④ 見小川貫弌《宋代の功德墳寺に就いて》;竺沙雅章《宋代墳寺考》;黃敏枝《宋代的功德墳寺》;白文固《宋代的功德寺和墳寺》;汪聖鐸《宋代的功德寺觀淺論》;竺沙雅章《宋元仏教における庵堂》;宮本則之《宋元時代における墳庵と祖先祭祀》。

德寺時,主要是希望寺院僧人可以長期專意爲先人做追薦法事"其徒粥飯之餘,惟香爐經卷,依儀行道,第知追嚴資薦"。① 在此情況下,除了考慮到薦亡儀式中禪、懺的結合這個因素之外,也顧及禪寺有一定的制度,在管理上(包括經濟方面)事權合一是比較方便的,這也就是爲什麼功德寺以禪寺爲多的原因。因此功德寺的設置,實係宋神宗以後佛教界興起一股"革律爲禪"風潮的重要原因之一。②

(五) 功德寺的空間規劃

如前所述,依據禪寺規制,所有的僧人必須住在一個大僧堂裏,而不能分別住在幾個院落中,因此革律爲禪的寺院首先面臨的是寺院空間的重新規劃與改建:首先要打破原來律寺個別的院落,新建一個大的僧堂,以及住持居住的"方丈";另外,功德寺除了以佛事追薦大臣的祖先亡親,寺中通常也另置有"祠堂";又,如此功德寺係在先人的墳塋近側,有時也另置有守墳人的居處。

五代時期,萍鄉縣(今江西萍鄉)寶積寺原來是一所律寺"星居六室",至北宋哲宗元符二年(1099)改爲禪寺,黃庭堅(1045—1105)《萍鄉縣寶積禪寺記》中稱"破六律院爲一叢林",③當是將原來六個院落打通,改爲大僧堂之制。宋高宗紹興九年(1139),海鹽縣(今浙江海鹽)法喜寺由律寺改爲禪寺,李正民《法喜寺改十方記》中對此寺在空間上的改變有清楚的敘述:

> 紹興九年春,秀州海鹽縣始以法喜舊寺革爲禪林,掃螻蟻之封疆,蕩狐兔之窟穴,剗剔藩籬,徹除蔀屋,開戶牖、正堂奧,變昏暗以爲虛明,廓狹隘以爲廣大,三門洞啓於前,正殿磅礴其後。凡僧堂、丈室、鐘樓、經藏、庫廚、舍寮,爲屋一百五十楹。④

① 《松隱集》卷三〇《崇先顯孝禪院記》,頁16。
② 承蒙黃敏枝教授賜告:宋代改律爲禪的運動中,也涉及佛教宗派的消長,宋代禪宗的一枝獨秀也是造成此一風潮的原因。惟本文非純粹討論此一問題,僅就功德寺的角度來談。
③ 黃庭堅《山谷集》別集卷四,文淵閣四庫全書本,冊一一二九,頁5。
④ 單慶修,徐碩纂《至元嘉禾志》(收入《宋元方志叢刊》)卷二三《碑碣八·海鹽縣·法喜寺改十方記》,頁4589下。

由上可知,改爲禪寺後的法喜寺在空間上作了重新的規劃,不再是個別院落的組合,而是打破個別院落的樊籬,"廓狹隘以爲廣大",建立足以容納衆僧的"僧堂",另有住持居住的"方丈"等。

在功德寺中大都另建有功德寺主的家族祠堂,也就是所謂的"今即仙佛之廬,列置室奉先追遠"。[①] 吳興武康縣的"顯忠資福禪院",係南宋初年太傅寧遠軍節度使楊存中的功德寺,在法堂、方丈之間,便建有其家族的祠堂,孫覿(1081—1169)撰《顯忠資福禪院興造記》記載其中的配置:

> ……又置祠屋于法堂、方丈之間,自一世祖至楊國夫人,同堂異廟,血食其中。塑佛菩薩像數十軀,金碧相輝,食衆日千餘指,命住長蘆正祖師法永主其院,更號"妙覺圓照"。爲屋總三百二十區,始事于紹興二十一年七月日,而成于二十九年閏六月。宏麗雄深,爲一方壯觀。[②]

即在法堂和住持居所"方丈"之間,設立祠堂,也就是在建築配置上以祠堂居中間的主位。同樣的配置也出現在非"敕賜功德寺"的墳庵,林希逸《莆田方氏靈隱本庵記》一文,記敍莆田方氏的墳庵"於墳側爲室三間,中則祠堂飲胙之廳,西居庵僧,東住墳客"。[③] 墳客即守墳之人。周必大(1126—1204)記敍他在宋乾道三年(1167)七月和邵方遠一同出遊,路經孫覿(字仲益)家的墳庵,有以下的描述:

> 遂過湖洑西行三里,至孫仲益墳庵,修竹流水,門徑幽深,自其胸次丘壑也。黿潭形如黿,闊不盈丈,有亭曰"酌潦",而菴名"千息",對祠堂創一龕,華甚。設四几案,爲其二室,一且留自待。[④]

---

① 孫覿《鴻慶居士集》卷二三《顯忠資福禪院興造記》,文淵閣四庫全書本,册一一三五,頁 23。
② 《鴻慶居士集》卷二三《顯忠資福禪院興造記》,頁 21。本段文字標點幸承王師德毅教正,"食衆日千餘指"乃指百人。特此致謝。
③ 林希逸《竹溪鬳齋十一藁續集》卷一一《莆田方氏靈隱本庵記》,文淵閣四庫全書本,册一一八五,頁 4。
④ 周必大《文忠集》卷一六八,文淵閣四庫全書本,册一一四八,頁 9。

此例則是寺院和祠堂面對而立。

　　祠堂中通常有先人的塑像或畫像，[1]哲宗元祐三年（1088）武衛上將軍郭逵卒，他生前獲神宗賜建"資忠報本禪院"於祖先墳壠，至紹聖三年（1096），其子忠孝等人在此寺建祠堂，"繪公像以祠之"。[2]　南宋初年，資政殿大學士張公奏請的功德寺，賜額"顯慈永慶禪院"（毗陵）中，就建有"祠堂一區，繪張氏三世之像以祠。旁置水陸院，以薦冥福"。[3]　陸游（1125—1210）《法雲寺觀音殿記》記載法雲寺係尚書左丞楚公的功德院，其中有楚公及其先人的肖像。[4]

　　功德寺中有祠堂之事，也反映在禪宗清規中，它清楚地要求功德寺的新住持上任的當天、次日，以及寒食節，皆須到寺内功德寺主人的祠堂拈香、誦經。成書於宋度宗咸淳十年（1274）的《叢林校定清規總要》（X·1249，習稱《咸淳清規》）《新住持入院》條云："如功德寺，次日粥罷，當爲功德主升座祝香，下座集衆，詣祠堂諷經。或入院日，一併拈香，次日，用香花供養之儀。集衆諷經。今凡見入院日，詣祠堂拈香，日仍特爲升座諷經。"[5]元代所修的禪寺清規中，也都提及功德寺中的祠堂，《禪林備用清規》（X·1250）稱："三月分，寒食。屆期祖堂、祠堂鋪陳供養，照例諷經，掃灑祖塔。"[6]祖堂係指寺院前代僧人的祭祀空間。《幻住庵清規》（X·1248）中也提到清明節在功德寺主的祠堂迴向，以及十月朝祠堂誦經迴向。[7]

　　由於功德寺中另有祠堂，因此，功德寺域内並非完全不沾葷腥的。祠堂的祭祀是以牲祭拜的，如前述楊存中家的顯忠資福禪院的祠堂："自一

---

① 宋代祠堂中通常有塑像和畫像，請參閱：蔣義斌《朱熹對宗教禮俗的探討》，收入《第二屆宋史學術研討會論文集》，臺北，中國文化大學史學研究所、史學系，1996 年，頁 147—164。
② 李鷹《濟南集》卷七《郭宣徽祠堂記》，文淵閣四庫全書本，册一一一五，頁 19。
③ 《鴻慶居士集》卷二二《常州永慶禪院興造記》，頁 18。
④ 《渭南文集》卷一九《法雲寺觀音殿記》，頁 15："初先楚公爲尚書左丞，請於朝以證慈及法雲爲功德院，歲度僧一人。三年間，證慈得其二，法雲得其一，故太傅與楚公祠堂肖像具存。"
⑤ 惟勉編《叢林校定清規總要》卷上《二十六新住持入院》，收入《卍續藏經菁華選·禪宗集成》，臺北，藝文印書館，1968 年，册二，頁 1184 下。
⑥ 《禪林備用清規》卷一〇，收入《卍新纂續藏經》，册六三，頁 663 下。
⑦ 《卍新纂續藏經》，册六三，頁 578 下—579 上。

世祖至楊國夫人,同堂異廟,血食其中。"①另外,守墳的"墳客"也不一定
是喫素。功德寺的僧人對這樣的情況可能有點不以爲然,如宰相章惇
(1029—1103)請吳山净端禪師做他家功德寺"靈山寺"的住持,净端經常
拿此事和章惇開玩笑,他在給章惇的一封信裏説:

> 章敦(惇)章敦(惇),請我看墳。我却喫素,你却喫葷。②

又,有一次章惇請净端禪師吃飯,剩下一些餛飩,禪師便説"腥餛飩、素餛飩,
滿碗盛來渾嵓吞。垃圾打從灘上過,龍宮海藏自分明"。③ 他用"垃圾"來比
喻腥餛飩,以"龍宮海藏"形容僧人清修自性不受近旁葷腥的影響。

四、結　語

　　功德寺中主要的宗教儀式是懺儀,懺悔儀式在梁代有一個轉折,從個
人懺悔滅罪轉變成可爲亡者懺罪,藉由設齋行懺的活動和儀式爲亡人懺
罪,祈求他們得以超生净土。隋代智顗所作的懺儀將懺悔和禪觀結合,到
唐代宗密繼承此種思想,更作進一步的闡揚。因懺悔和禪觀的關聯,使得
人們建功德寺時都傾向以禪寺爲主。此外,從百丈制訂禪門規式之後,禪
寺的行法管理事權統一,也使得大臣在奏建功德寺時,通常找的是禪寺,或
是奏請將律寺、教寺改爲禪寺,是以功德寺多爲禪寺。功德寺數量的增加,
也是造成宋代佛教界"改律爲禪"、"改教爲禪"風潮的重要因素之一。

　　家廟和功德寺都是經由皇帝許可方能建立,家廟到了五代已經衰退,
宋初人們已不清楚它的建置制度了;功德寺則在宋代大盛,黃敏枝認爲它
和家廟制度的衰微應該有密切的關係,④常建華認爲功德寺係祖先崇拜和
佛教的結合。⑤ 家廟和功德寺分屬儒、佛二個系統,在功能上是不一樣的,

---

① 《鴻慶居士集》卷二三《顯忠資福禪院興造記》,頁 21。
② 師皎重編《吳山净端禪師語録》(X・1449),收入《卍新纂續藏經》,册七三,頁 73 下。
③ 《教外别傳》(X・1580)卷九《西余净端禪師》,收入《卍新纂續藏經》,册八四,頁 265 下。
④ 黃敏枝《宋代的功德墳寺》,頁 244。
⑤ 常建華《宗族志》,收入《中華文化通志・制度文化典》,上海人民出版社,1998 年,頁 139—141。

家廟是依禮制建立,以外在形式榮顯先人,而功德寺則透過宗教上救贖的薦亡儀式,以超度薦拔先人。不過,家廟是品官纔有的,而敕賜功德寺也是朝廷敕許,又可藉以追薦先人;因此,筆者認爲它同時包含了儒家禮制家廟的榮顯祖先成分,以及宗教上的薦亡作用,將報親之幽、顯合而爲一。在思想史上的意義是:到了宋代皇帝下令准許某些品官可擁有功德寺追薦祖先,也就是政府承認功德寺的作用,至此佛教薦亡儀式遂正式成爲中國祖先崇拜中的重要成分。

附圖　山西夏縣司馬光家的功德寺"餘慶禪院"中的祠堂

(楊明珠編《司馬光塋祠碑誌》,北京,文物出版社,2004 年)

附論:功德寺的政治和社會意涵

前文主要以佛教懺悔儀式作爲切入點,探討功德寺出現的宗教因素。除此之外,促成功德寺產生的政治和社會性的背景,尚須做進一步的討論,纔能對功德寺有更完整的理解。此處擬從唐宋國家的佛教政策和中古時期寺院的社會功能兩方面,論述功德寺的出現及其意涵。

“敕賜功德寺”可以説是在唐代以降“禁創寺觀”的政令，和對僧人數目的控制這個背景下，皇帝賜予大臣權貴的恩典。對於寺院和僧人數量的控制是唐朝佛教政策的基調，[①]它也成爲功德寺出現的背景：一則由於僅有由皇帝賜額的“額寺”是合法寺院，不允許私人自創寺院。這也就是爲什麽要爲亡者建寺追福，須得到皇帝准許的緣故。二則國家爲了嚴格控制僧尼數目、禁止私度，並且采行僧人“隸籍屬寺”的措施，因此大臣在請建功德寺時，同時也須向皇帝要求准許度僧若干人。另外，就社會性的因素而言，中古時期寺院原係一公共的空間，它既是士子習業的處所，[②]也是官員、商旅行人寄宿的地方，[③]兼是流寓者殯葬或權葬之地。官員的功德寺則是一個私人的空間，特別是入宋以後官員奏請以現有寺院爲功德寺時，得到了皇帝不許他人殯葬寺地、不借外客寄宿的權利，亦即將公衆性的寺院空間私有化。

（一）唐代對寺院和僧人數目的控制

相對於唐代嚴格控制僧尼和寺院數量，北魏迄隋代在這方面的規定和實施則較爲鬆散，對於寺院的數目似乎没有定額和嚴格的控制，[④]唐代則以“額寺”爲合法寺院，原則上禁止私創寺院。

1. 唐代的“額寺”

漢代以後，隨著佛教的流布和發展，寺院以不同的形式在各地興建。中古寺院有不同的形式和名稱——包括規模較大的寺院、村落的佛堂、山林裏的蘭若、禪院、庵室。兩晉南北朝時期，大都稱爲“精舍”或“寺”；隋代一度改稱“道場”。南北朝時期，國家對於寺院的管理基本上僅限於較大的寺院，至唐朝僅有“額寺”是合法的寺院。

由皇帝賜額的“額寺”始於隋朝，北周武帝毀廢佛法，寺院掃地而盡，給予隋文帝興復佛教之後一個重整寺院的契機。開皇七年（587），文帝迎請在徐州僧人曇遷（541—607）至大興城，受到他的感召影響，發布了幾項

---

① 參見本書第四章《中古佛教政策與社邑的轉型》，頁 150—153。
② 嚴耕望《唐人讀書山林寺院之風尚》，《“中研院”歷史語言研究所集刊》第 30 本下册，1959 年，頁 689—728。
③ 道端良秀《宿坊としての唐代寺院》，《支那佛教史學》第 2 卷第 1 號，1938 年。
④ 本書第四章《中古佛教政策與社邑的轉型》，頁 139—140。

有關佛教的重要敕令,包括以下兩項關於度僧和寺院賜額的政策。一、開皇十年(590),文帝行幸晉陽時,有私度的僧人請求勒籍入貫,文帝采納曇遷的建言,下令:"自十年四月已前,諸有僧尼私度者,並聽出家,故率土蒙度數十萬人。"二、開皇十四年(594),曇遷又奏稱"諸廢山寺并無貫逃僧,請並安堵"。請將廢棄的山寺和無籍的僧人合法化,文帝不僅同意他的請求,更進一步下令"但有山寺一僧已上,皆聽給額",將有僧人居住的寺院都變成"額寺"——即合法的寺院。《續高僧傳》的作者道宣盛稱此皆是"(曇)遷之力矣"。① 隋末動亂,復予唐室一個整頓佛寺數量的機會,以寺額控制寺院的數量,如隋末杭州華嚴寺經亂殘破,唐初信徒重建此寺,至武后文明元年(684),敕許還其舊額。由此可知,唐初破廢寺院可能被注銷名額,如華嚴寺還須經過重新的認定。②

　　唐朝僅有"額寺"纔是合法的寺院,張弓認爲唐代敕賜額寺有控制寺院數目的含意。③ 正是由於唐朝政府對於額寺的控制很嚴,因此有額寺院始終維持在五千所左右,④《舊唐書·職官志》記載:"凡天下寺有定數,每寺立三綱,以行業高者充。"其下注稱:"諸州寺總五千三百五十八所,三千二百三十五所僧,二千一百二十二所尼。每寺上座一人,寺主一人,都維那一人。"⑤唐武宗毁廢佛教時,拆撤寺院蘭若共四萬六千六百餘所,⑥牟瓛《修方山證明功德記》記載會昌毁佛的內容包括:"額寺五千餘所,蘭若三萬餘所。"⑦

　　在合法的額寺之外,還有以下列各種形式的道場存在者,如山房、蘭若、普通、佛堂、義井、村邑、齋堂、庵等。⑧ 雖然它們皆非額寺,但從初唐開

① 《續高僧傳》(T·2060)卷一八《習禪三·隋西京禪定道場釋曇遷傳》,收入《大正新修大藏經》,册五〇,頁 573 上—中。
② 《宋高僧傳》卷二六《唐杭州華嚴寺玄覽傳》,頁 875 上。
③ 張弓《漢唐佛寺文化史》,北京,中國社會科學出版社,1997 年,上册,頁 232—233。
④ 根據《佛祖統紀》卷一一,頁 816 上,可知貞觀二十二年時,天下寺三千七百餘所。
⑤ 《舊唐書》卷四三《職官二·尚書都省·禮部尚書》,頁 1831。
⑥ 《會昌一品集》卷二〇《賀廢毁諸寺德音表》,文淵閣四庫全書本,册一〇七九,頁 3:"臣某等伏奉今日制拆寺蘭若共四萬六千六百餘所,還俗僧尼并奴婢爲兩税户共約四十一萬餘人。"
⑦ 《全唐文》卷七九一牟瓛《修方山證明功德記》,頁 8291。
⑧ 小野勝年《入唐求法巡禮行記の研究》(1964)卷四,東京,法藏館,1989 年,頁 178,記載武宗廢佛,首先廢除以下諸種非額寺的道場:"又敕下令毁拆天下山房、蘭若、普通、佛堂、義井、村邑、齋堂等,未滿二百間,不入寺額者。其僧尼等盡勒還俗,充入色役。具令分析聞奏。"

始也將之列入管理。唐中宗即位赦文中特別提及:"村落佛堂,並令開門灑掃,不得因兹聚斂,創加修葺。"①敕令佛堂開門灑掃的用意是欲其公開化,防止聚衆和各種秘密行事。文宗大和四年(830)祠部奏"其天下州府村坊佛堂、普通、私設蘭若、義井等,並請割屬當州府寺收管"。②

由於唐室不承認額寺以外諸種道場爲合法寺院,因此這些寺院經常面臨被拆毁的窘境,現存文獻中即可見官方數度拆毁無額寺院的紀録。玄宗開元十五年(727)曾全面地拆除各地規模較小的村落佛堂,甚至連大型的佛堂也被破壞,《佛祖統紀》卷五四:"開元十五年,敕天下村坊佛堂小者,並拆除之,功德移入近寺。公私望風,凡大屋大像亦被殘毁。"《太平廣記》中還收録了一則和此有關的故事:豫州新息令李虚因醉酒而下令不執行拆佛堂之令,由於他無意中保全佛堂的功德,死後竟得還陽,多活了三十年。③ 因蘭若非合法寺院,大曆末,劍南東川觀察使李叔明曾經上奏"請蘭若、道場無名者皆廢",後因朝議反對,而未付諸實行。德宗貞元六年(790),丞相韓滉之爲浙西觀察使"廢毁山房",杭州刺史王顏恐怕在徑山修禪的僧人法欽無處可居,特別請他出山,安置在杭州龍興寺。④ 此山房當指山林蘭若。⑤ 貞元十三年(797)春,觀察使兼御史中丞博陵崔公行府幕郎官判官李公臻巡户口"兼封閉諸山蘭若",此事不見於史傳,因當時在銅山有位信行禪師在此建蘭若修禪,至元和四年(809)當地信徒請縣令姚公等人建碑記事,纔留下此一紀録。⑥ 穆宗長慶三年(822),浙西觀察使李德裕奏請除去境内淫祠一千零一十五所,⑦又罷"私設山房"一千四百六十。⑧

① 《唐大詔令集》卷二《中宗即位赦》,臺北,鼎文出版社,1986年,頁6。
② 《册府元龜》卷四七四,頁18—19。
③ 李昉等編《太平廣記》卷一〇四《報應三·金剛經·李虚》,北京,中華書局,1986年,頁703—704。
④ 《宋高僧傳》卷九《習禪第三之二·唐杭州徑山法欽傳》,頁471中。
⑤ 《續高僧傳》卷一二《義解第八·隋終南山悟真寺釋浄業傳》,頁517中:"開皇中年,高步於藍田之覆車山,班荆采薇,有終焉之志。諸清信士敬摂戒舟,爲築山房,竭誠奉養。架險乘懸,製通山美,今之悟真寺是也。"
⑥ 《全唐文》卷八三九孫元《大唐銅山禪師信行和尚蘭若記》,頁8831下。
⑦ 《舊唐書》卷一六《穆宗紀·長慶三年》,頁503。
⑧ 《舊唐書》卷一七四《李德裕傳》,頁4511:"除淫祠一千一十所。又罷私邑山房一千四百六十。"《册府元龜》卷六八九,頁31:"李德裕爲浙西觀察使……按方志前代名臣賢后則祠之,四郡之内,除淫祀一千一十所,又罷私設山房一千四百六十,以清寇盗,人樂其政,優詔嘉之。"

唐文宗開成年間,忠武節度使王彥威"毁山房三千餘所,盜無所容"。① 唐武宗滅法毁寺時,首先拆毁的也是山野招提、蘭若。②

額寺以外的山房蘭若係私人建立的道場,即赦文中所稱"私設蘭若",但有道場就有僧人在其中修行或提供宗教服務,這就牽涉到隋唐僧人"隸籍屬寺"的問題,故要州縣官詳列其名,以及其中所居僧人數,上報祠部。由於唐朝政府對於非額寺的蘭若等道場的數量、住在其中的僧尼有很好的掌握,因此,《續高僧傳》即有貫籍於蘭若的僧人,如《隋滄州蘭若沙門釋道正傳》;③《宋高僧傳》中有《唐宣州靈湯泉蘭若志滿傳》、《唐南嶽西園蘭若曇藏傳》、《唐資州山北蘭若處寂傳》、《唐南嶽蘭若行明傳》、《唐成都府靈池縣蘭若洪正傳》。④

2. 僧人的"隸籍屬寺"

唐代對於僧尼管理的重點在於: 一、僧尼人數的控制;二、僧尼籍須隸屬寺院。

從北魏以來,即由僧官管理僧籍,唐初以來也設立僧籍,孟憲實認爲唐代對於佛教的管理是以僧籍爲中心,僧籍三年一造。⑤ 同時,唐室也密切注意私度和不合格的僧尼,對於私度的管制相當嚴格,如貞觀初年私度者處以死刑。⑥ 睿宗景雲二年(711)四月壬寅大赦天下,但私度者不赦,"天下濫度僧尼、道士、女冠並依舊"。⑦ 憲宗即位以後,更密切關注私度,"元和(806—821)已來,累敕天下州府,不得私度僧尼"。⑧ 此外,對於僧尼品

---

① 《新唐書》卷一六四《王彥威傳》,頁 5058;《舊唐書》卷一七下《文宗紀下·開成三年》,頁 574:"秋七月丙辰朔。壬戌,陳許節度使裴侑卒。甲子,以尉卿王彥威檢校禮部尚書,充忠武軍節度使。"

② 杜牧撰,陳允吉點校《杜牧全集》卷一〇《杭州新造南亭子記》:"武宗皇帝始即位,獨奮怒曰:'窮吾天下,佛也。'始去其山臺野邑四萬所,冠其徒幾至十萬人。"上海古籍出版社,1997 年。《資治通鑑》卷二四八《唐紀六十四·武宗·會昌五年》,頁 8015。

③ 《續高僧傳》卷一六,頁 550 上。

④ 《宋高僧傳》卷一〇,頁 766 下;卷一一,頁 774 上;卷二〇,頁 836 中;卷二三,頁 857 中;卷二四,頁 864 上。

⑤ 孟憲實《論唐朝的佛教管理——以僧籍的編造爲中心》,《北京大學學報(哲社版)》2009 年第 3 期,頁 136—138,143。

⑥ 《續高僧傳》卷二五《感通上·釋法沖傳》,頁 666 上:"貞觀初年,下敕有私度者處以極刑。"

⑦ 《舊唐書》卷七《睿宗紀·景雲二年》,頁 157。

⑧ 《舊唐書》卷一七四《李德裕傳》,頁 4514。

質也有某種程度的控管,玄宗開元二年(714),因姚崇上言,沙汰天下一萬二千餘偽妄僧尼還俗,①文宗大和九年(835)七月丁巳,因李訓奏稱僧尼猥多,詔所在試僧尼誦經不中格者,皆勒歸俗。② 從宣宗大中六年(852)中書門下的奏文,可知唐代透過度牒制度控制僧尼數目的增長,如合法的僧尼去世,纔可再補。③

唐代對僧人的管理除了編列僧尼籍之外,其名籍必須隸屬於某所寺院之下,即"隸籍屬寺"。周奇首先注意到唐代僧尼出家,取得僧籍之後,須配名至某寺,纔使僧籍落實,完成最後一道手續。④ 按,相較於"配名"一詞,僧傳用得比較多的是"隸籍"一詞,⑤即"隸名籍"的簡稱。如僧人智通"隋大業中出家受具,後隸名總持寺",⑥其"隸名總持寺"當係入唐之後的事。大和元年(827)鄂州刺史牛僧孺(779—847)往訪在武昌郡黃鵠山結茅庵修行的僧人無等(748—830),因其所居蘭若非合法寺院,"牛公慮其蘭若不隸名籍,特爲奏題曰'大寂'也"。⑦ 因隸名籍於某寺,同時也意味著要固定居住在此寺,因此有"配住"之稱。"配名"應是"隸名籍配住"之意。唐代僧人的"隸籍屬寺"已是一種制度,如僧人玄素"以如意年中始奉制度,隸名于江寧長壽寺"。⑧ 天寶八載(749),齊翰出家"奉制度配名永定寺"。⑨ 僧人自某寺移籍至他寺,須通過申請,或者係皇帝的恩賜。不惟僧尼隸名籍於某寺,道士女冠亦復相同,如唐初道士元覽"時遇恩度爲道

---

① 《資治通鑑》卷二一一《唐紀二十七·玄宗·開元二年》,頁6695。

② 《資治通鑑》卷二四五《唐紀六十一·文宗·太和九年》,頁7906;《舊唐書》卷一七下《文宗下·大和九年》,頁559。《通鑑》:"十二月,中書門下奏:'度僧不精,則戒法墮壞;造寺無節,則損費過多。請自今諸州準元敕許置寺外,有勝地靈迹許修復,繁會之縣許置一院。嚴禁私度僧、尼;若官僧尼、尼有闕,則擇人補之,仍申祠部給牒。'"

③ 《唐會要》卷四八《議釋教下》,頁834:"大中六年十二月,祠部奏:其僧尼逾濫之源,皆緣私度,本教遮止,條律極嚴,不得輒有起建,如可容姦,必在禁絕。犯者准元敕科斷訖,仍具鄉貫姓號申祠部,上文牒。其官僧尼,數內有闕,即仰本州,集律僧同議,揀擇聰明有道性,已經修鍊,可以傳習參學者度之,貴在教法得人,不以年齒爲限;若惟求長老,即難奉律儀。剃度訖,仍具鄉貫姓號申祠部請告牒。"

④ 周奇《唐代宗教管理研究》第三章《出家制度》第五節"配名與移錄",復旦大學歷史系博士論文,2005年,頁102—105。

⑤ 《續高僧傳》、《宋高僧傳》中各有一次"配名";《宋高僧傳》中"隸名"有十八次之多。

⑥ 《宋高僧傳》卷三《譯經篇第一之三·唐京師總持寺智通傳》,頁719下。

⑦ 《宋高僧傳》卷一一《習禪篇第三之四·唐鄂州大寂院無等傳》,頁774中。

⑧ 《宋高僧傳》卷九《習禪篇第三之二·唐潤州幽棲寺玄素傳》,頁761下。

⑨ 《宋高僧傳》卷一五《明律篇第四之二·唐吳郡東虎丘寺齊翰傳》,頁799下。

士,隸籍於至真觀"。①

　　梁朝慧皎撰《高僧傳》時,因其時僧人並不須隸籍屬寺,所以各傳均未繫寺名,至唐代因僧尼剃度之後,名籍須隸屬於某寺,因此《續高僧傳》、《宋高僧傳》各傳僧人名字之前都注明其所貫籍的寺院。五代後周世宗顯德五年(958),下詔廢除佛寺、僧人還俗,相州節度掌書記馬去非與大坯山寺僧衆上奏請保留此寺,世宗應其所請,敕准保留,次年刻石記事,《大坯山寺准敕不停廢記》:"乃頒行天命,條貫僧居,有敕額者存,無敕額者廢。非輕釋氏,用誡游民。"②即點出了控制寺院數量最重要的目的是控制編户和僧尼數目。

3. 禁造寺觀詔

　　唐代從官員到平民已有自行修建寺院的例子,其中有一部分係爲追薦亡親而造的;這些寺院大都經由不同的方式先後奏請皇帝許可,但也有私自建造者,因此唐代皇帝屢有禁止創造寺觀的敕令,開元二年(714)二月十九日,敕令"天下寺觀,屋宇先成,自今已後,更不得創造。若有破壞,事須條理,仍經所司陳牒檢驗……"③憲宗即位之初,即重申不許創造寺觀、妄度僧尼之制,元和二年(807)南郊赦文:"天下百姓不得冒爲僧尼道士,以避徭役。其創造寺觀廣興土木者,舉前敕處分之。"④文宗大和四年(831)祠部的奏書中,顯示唐代一再下令禁止創造寺觀和度僧尼道士,可說是唐代佛教政策的一個縮影:"應諸州府度僧尼道士及創造寺觀,累有禁令,尚或因循,自今已後非別敕處分,妄有奏請者,委憲司彈奏,量加貶責。於百姓中,苟避徭役冒爲僧道,所在長吏,重爲科禁者。"⑤文宗回應祠部奏的《條流僧尼敕》:"天下更不得創造寺院、普通、蘭若等,如因破壞,即任修葺。"⑥又,從此敕亦可得知州縣官府對於其轄區之內有若干所寺院、每一所寺院僧尼的人數,都有嚴密的監控,對於私自建造寺院僧舍的情形,

①　《全唐文》卷九二三王太霄《元珠録序》,頁9624上。
②　《金石萃編》卷一二一《大坯山寺准敕不停廢記》,頁28。
③　《唐會要》卷四九《雜録》,頁860。
④　《唐大詔令集》卷七〇,頁391—392。
⑤　《册府元龜》卷四七四《臺省部奏議第五》,頁17。
⑥　《唐大詔令集》卷一一三《政事道釋》,頁591。

更要嚴格地禁止。① 宣宗大中六年（852）十二月從中書門下奏，復禁止造寺及度人爲僧尼。②

　　五代仍然沿襲著唐代的政策，以額寺爲合法寺院，並且禁止私創寺院。後唐明宗天成二年（927）六月的敕令，承認敕額寺院："敕應天下大寺及敕賜名額院宇兼有功德堂殿樓閣已成就者，各勒住持。"但對於已建有屋舍、未建佛像的非敕額寺院，則令其出售，其中僧人配住於大寺（當是指合法的額寺）；至於偏遠地區的非法寺院無法出售者，則予以拆毀。在此令到達當地十日之内必須執行。不准任何人——包括官員——爲上述非法寺院奏請寺額："若有形勢借庇，當移不移，誑惑官中，更求院額，既達聽聞所之人，不係官位高低，並行朝典。"③也就是舉國除并無名額寺院。④ 後晉高祖天福四年（939）十二月也下令無論在城在鄉皆不許新造寺院："今後諸道州府城郭村坊，不得創造寺宇，所有自前蓋者，聽依舊住持。"⑤

　　後周世宗顯德二年五月六日《條流僧尼敕》對於廢除無敕額寺院和禁造寺院有更仔細明確的規定，包括以下五項：一是廢除天下所有無敕額的寺院。二是若縣城郭、軍鎮及偏鎮坊郭户及二百户以上者，境内無敕額寺院，則在停廢寺院中各留僧寺和尼寺各一所。三是邊遠州郡若無敕額寺院者，則在停廢寺院中各留僧、尼寺兩所。四是"今後不限城郭村坊、山林勝境、古迹之地，並不得創造寺院、蘭若"。五是禁止王公大臣奏請創造寺院，並且訂立違犯上述規定者包括僧尼、王公貴臣、地方各級官僚職員的罰則：

　　　　周顯德二年五月六日敕：條流僧尼畫一如後：……如有僧尼俗
　　　　士輒違敕命者，其主首及同勾當人並徒三年，仍配役，其僧尼勒還族；

---

① 《册府元龜》卷四七四《臺省部奏議第五》，頁18，文宗大和四年祠部上言："每州縣管寺幾所，每寺管僧尼幾人，並請具寺額、僧尼名中省。如有創造寺舍，委本管長吏，切加禁斷。"
② 《資治通鑑》卷二四九《唐紀六十五·宣宗大中六年》，頁8052。
③ 王溥《五代會要》卷一二《寺》，臺北，世界書局，1979年，頁149："（天成）二年六月七日敕：……其餘小小占射，或捨施及置買目下，屋宇雖多，未有佛像者，並須量事估價，一時任公私收買；其住持僧便委功德使及隨處長吏均配於大寺安止。如院在僻静之處，舍宇無多，不堪人承買者，便仰毀拆，其材木給付本僧，田地任人請射。仍限敕到後十日内，並須通勘騰併了絶，如敢遷延，及有故違其所犯，僧徒二年，尼杖七十，並勒還俗。"
④ 《舊五代史》卷三八《唐書十四·明宗本紀·天成二年》，頁524。
⑤ 《五代會要》卷一二《寺》。

本州府録事參軍、本判官、本縣令佐並除名，配流地分；廂鎮職員所由
當並嚴斷，長吏奏請進止。一王公戚里諸道節刺已上，今後不得奏請
創造寺院，及請開置戒壇。如違，仰御史臺彈奏。①

《佛祖歷代通載》記載，此次共計廢無敕額寺院三萬三百三十六所，僅存留
額寺二千七百所，可見其執行之徹底。②

　　至宋代，仍沿襲唐五代之舊，僅有"額寺"纔是合法的："宋法：非敕額
不敢造寺。"③因此，也數度下令毀廢無額寺院，如仁宗景祐元年（1034）六
月，毀天下無額寺院。④ 又屢次申明禁造寺觀，天聖七年（1029），仁宗下令
"禁京城創造寺觀"。⑤ 對於私建寺院道觀者，也有所懲治，宋張舜民《上
哲宗乞罷中懲造寺》奏稱："累朝創造寺觀者徒二年。"⑥不過，寺院數
目——特別是非額寺的大小型道場仍在增加之中，陸游（1125—1210）敍
述"予遊四方，凡通都大邑，以至遐陬夷裔，十家之聚，必有佛刹，往往歷數
百千歲，雖或盛或衰，要皆不廢"。⑦ 另一方面，基於寬容和便於管理的雙
重因素，宋朝皇帝也會在適當時機賜額給部分無額寺院，使其成爲合法的
寺院，如在乾元節（仁宗生日）賜寺額給有五十間屋宇以上的寺院。⑧

（二）功德寺——"禁造寺觀"政策下自建寺院的合法化

　　在唐代以"額寺"爲合法寺院、並以此控制寺院數目的情況下，由皇帝
恩准官員建造寺院以追薦親人的功德寺，就是在"禁造寺觀"政策下自建
寺院的合法化。有些唐代官員自行建造寺院以追薦親人，再奏請皇帝賜
額，並准許度僧。宋代官員的功德寺則多指射無額寺院以爲功德寺，自行

---

① 《五代會要》卷一二《寺》，頁 150。
② 《佛祖歷代通載》卷一七，頁 655 上。
③ 鄭元祐《僑吳集》卷九《無錫泗州寺記》，文淵閣四庫全書本，冊一二一六，頁 27。
④ 《宋史》卷一〇《仁宗紀·景祐元年》，頁 198；李燾《續資治通鑑長編》卷一一四《仁宗·景祐
　　元年》，文淵閣四庫全書本，冊三一四—三二二，頁 2682。
⑤ 《宋史》卷九《仁宗紀·天聖七年》，頁 186。
⑥ 趙汝愚編《宋名臣奏議》卷一二八張舜民《上哲宗乞罷中懲造寺》，文淵閣四庫全書本，冊四三
　　一一—四三二，頁 18。
⑦ 《渭南文集》卷一九《法雲寺觀音殿記》，頁 16。
⑧ 黃敏枝《宋代的功德墳寺》，頁 248。

出資籌建的例子甚少。

1. 請額與度僧——建造寺院的合法化

在談到官員功德寺之前,須先説明在禁止私創寺院政策之下,如何建造一所合法的寺院,以及唐代各類型非敕額寺院也可以通過官員以不同理由,奏請祠部或皇帝賜額,而成爲合法的寺院。敕賜功德寺其實也就是走同一個路綫。

從皇甫湜(787—約 830)《廬陵香城寺碣》的頌詞,①可知唐代建造一所寺院的合法過程。有一個名爲翟宣的平民,捨地建造寺院和庭園,他先是上奏皇帝准許造寺暨度僧,又經地方官吏助修殿堂,再奏請移他處舊有寺額至此,使之成爲一所合法的寺院:

> 州城南偏,寺曰香城。基於乾夫,姓翟名宣。棄地爲園,開池引泉。日以昌大,登聞於天。再敕寺人,豐護羣蠢。長史承緝,締構綿連。殿堂峙起,裴高實然。洪收路分,平起之年。奏移古額,始爲寺焉。②

另例,唐宣宗時,有一位官員和平民共同出資在蘇州華亭縣城内顧亭林市西北隅買地建寺,他們先是請堅修、上士這兩名僧人到京城申請院額,獲得院名爲"法雲禪院"。大中十三年(859)纔開始動工興建寺院,次年(大中十四年)落成;後來更得到祠部牒,改院爲寺。③

在額寺之外,還有山房、蘭若、普通、佛堂、義井、村邑、齋堂等非額寺的佛教道場,"院"或"蘭若"等較大型的道場可經由奏請賜寺額的方式,改爲合法的寺院。如在巴州(今四川巴中)城南二里處原有一古佛龕,巴州刺史嚴武(726—765)在此建寺、造鍾,"建造屋宇叁拾餘間,并移洪鍾壹口,莊嚴福地,增益勝緣,焚香無時",及其回朝時,便奏請寺額及准許度僧,肅

---

① 關於皇甫湜的生年,見吴在慶、李芊《皇甫湜、李賀生平二題》,《河南科技大學學報(社會科學版)》2009 年第 6 期,頁 39—41。
② 《全唐文》卷六八七皇甫湜《廬陵香城寺碣》,頁 7036 下。
③ 《全唐文》卷七九二沈璟《大唐蘇州華亭縣顧亭林市新創法雲禪寺記》,頁 8306 下。

宗乾元三年（760）四月，敕旨“其寺宜以‘光福’爲名”，並許度僧，①成爲一
所合法的額寺。代宗大曆七年（772），不空以奏請賜寺額的方式，將汾州
西河縣西苑房的一所佛堂改爲合法的額寺。此佛堂原來是至德年間
（756—758）由西河縣的一個佛教社邑自行出資建造的，大曆五年（770），
不空奉旨前往五臺山修建金閣寺，路過此佛堂院，或可能受此佛堂僧人或
社人的請托，他回朝以後便爲其奏請賜寺額，代宗允其所請，賜額“法律之
寺”。② 另例，代、德宗時僧人石藏到定州中山大像山的石室中修禪，吸引
了同好加入，“蔚成叢衆”，州帥李公卓親自入山拜訪他，“款密交談，深開
昏昧”，受益頗多，因此奏請賜其禪院額爲“定真”。③ 又，僧人神邕鑒於諸
暨到衢、婺之間百餘里之間没有佛寺，發願在焦山建造一所道場，得到當地
信徒陳紹欽等人鳩集資金贊助，歷時十年纔完工；大曆八年（773），吏部侍
郎徐浩被貶爲明州別駕，④請明州廉使皇甫温爲此寺奏請賜額，名爲“大
曆”。⑤ 另，唐僧人光瑶（715—807）到沂水蒙山結草庵修禪院，鄶、費縣受
他教化的人很多，爲他建立禪院，兗州節度使王僚奏請爲“寶真院”。⑥ 憲
宗元和末年，僧人靈祐（794—853）至大潙山荒無人烟處修禪，以橡栗爲
食，有山間居民爲他建寺，襄陽連帥李景讓奏請寺額爲“同慶寺”。⑦ 大中
八年（854），白居易的從弟白敏中（792—861）任西川節度使時，⑧眉郡僧
人永安到成都拜訪他，顯示神通，請奏寺額，遂其所願。⑨ 直至五代，此一
情況依舊，公元922年，⑩澤郡沁水縣（今山西沁水縣）沁水鄉的車輞山附

---

① 《八瓊室金石補正》卷五九《巴州光福寺額敕》，頁6—7。
② 《代宗朝贈司空大辨正廣智三藏和上表制集》（T・2120）卷三，收入《大正新修大藏經》，册五
　二，頁840下。
③ 《宋高僧傳》卷一〇《習禪第三之三・唐定州大像山定真院石藏傳》，頁771下。
④ 《舊唐書》卷一一《代宗紀》，頁302。
⑤ 《宋高僧傳》卷一七《護法篇第五・唐越州焦山大曆寺神邕傳》，頁815下—816上。
⑥ 《宋高僧傳》卷一〇《習禪第三・唐沂州寶真院光瑶傳》，頁767上。
⑦ 《宋高僧傳》卷一一《習禪第三之四・唐大潙山靈祐傳》，頁777下。
⑧ 《舊唐書》卷一六六，頁4358。
⑨ 《宋高僧傳》卷二一《感通篇第六之四・唐成都府永安傳》，頁845下。
⑩ 《全唐文》卷八五六徐綸《元化長壽禪院記》，頁8978下云“後唐天祐十九年”，按天祐爲唐哀
　帝年號，天祐僅有三年（904—906），唐朝覆亡，此處稱天祐十九年，殆係不承認後梁政權，仍
　沿用唐天祐年號。唐天祐十九年相當於公元922年，後唐始於公元923年，此記有後唐長興
　年號，述僧人詮公於長興三年（932）遷化。

近居民建立一所蘭若,稱做"車輞院",請一名僧人詮公住持;至後漢乾祐三年(950)春,攝當縣長内黄扈公纔通過太守彭城公,向朝廷申請院額,名爲"元化長壽禪院"。①

基於僧人隸籍屬寺的制度,奏請賜額之時,同時也須奏請度僧或敕令合法僧人住在此寺。唐明州慈溪縣(今浙江慈溪東南)僧人惟實(724—786)在香山修禪,以神力驅走海賊,大曆八年(773),郡民爲他建立精舍,明州太守裴儆"奏請署'香山'題額焉,詔度僧七人隸名矣",②爲此精舍争取到合法的地位。又如,僧人圓紹(810—895)到倉垣夷門(今河南陳留縣境)水南寺掛錫,大中十年(856),魏州刺史裴休(791—864)命他居住在東上方院,圓紹更開拓西上方院,地方官奏請僖宗賜額度僧:"賜院額曰'雙林',師號曰'法濟',别敕令度侍者七人。"③唐末,僧人釋有緣(834—907)至武夷山,廉使李誨替他在山上建禪室,迄僖宗乾符三年(876)時,有緣復到縉雲(今浙江)龍泉大賽山,建立禪院,奏請祠部給額,稱"龍安院",並敕度七名僧人。④

此外,另有一種情況是官員奏請將舊有合法寺院的"寺額"移至新置寺院,使之成爲合法寺院。代宗至德年間,新羅王裔的僧人地藏到池州(今安徽貴池)九華山石室修禪,簡樸苦行,感動村民爲他建立禪院;建中初年,刺史張巖景仰他的德風修行,因此"因移舊額,奏置寺焉"。⑤唐代僧人圓脩(734—833)曾至杭州秦望山松嶺結巢而居,達四十年之久,人稱"鳥窠禪師";元和初年,杭州刺史裴常棣爲他造寺,移廢額曰"招賢寺"。⑥

2. 唐代官員的功德寺

關於功德寺出現的時間,學者有不同的意見,⑦本文贊同黄敏枝教授

① 《全唐文》卷八五六,頁8978下—8979上。
② 《宋高僧傳》卷二六《興福篇第九之一·唐明州慈溪香山寺惟實傳》,頁877上。
③ 《宋高僧傳》卷一三《習禪篇第三之六·唐東京封禪寺圓紹傳》,頁784中,傳云"遇元帥相國王晉公鐸,以紹道行通感,神祇效靈,降甘露於玄穹,泫嘉瑞於青檜,奏僖宗賜院額曰'雙林'"。按"元帥相國王晉公鐸"不知指何人。
④ 《宋高僧傳》卷一二《習禪篇第三之五·唐縉雲連雲院有緣傳》,頁781下。
⑤ 《宋高僧傳》卷二〇《感通篇第六之三·唐池州九華山化城寺地藏傳》,頁838下。
⑥ 《宋高僧傳》卷一一《習禪篇第三之四·唐杭州秦望山圓脩傳》,頁774下。
⑦ 小川貫弌《宋代の功德墳寺に就いて》;竺沙雅章《宋代墳寺考》;白文固《宋代的功德寺和墳寺》;汪聖鐸《宋代的功德寺觀淺論》。

的盛唐時期之説。如王維(701—761)之母崔氏師事普寂(651—739,諡"大照禪師"),他爲了孝敬母親,特別在藍田縣輞川山谷的莊園(別業)中建立一所精舍。崔氏去世之後,他便上疏乞請以此莊爲寺,並請撥諸寺名僧七人在此禪誦。①此即"清源寺"。② 王維之母是否埋葬在那裏,不得而知;不過,後來王維確實是葬在清源寺之旁。③ 因此,此寺最初是王維爲母追福之用,度僧禪誦以祈冥福,其後王維墓也在近旁,這可以説是王維家的"功德墳寺"了。又,宰相王縉(700—781)因妻子李氏故去,捐捨長安道政里的宅第爲佛寺,並奏請皇帝賜額爲"寶應寺",度僧三十人住在其中"爲之追福"。④ 就以上二例而言,雖無功德寺之名,但奏請皇帝允許度僧住寺,以追薦先人、亡妻,在實質上也就是"敕賜功德寺"了。此外,唐代從官員到平民,已有自行修建寺院,以追薦亡親,見諸記載的大都奏請皇帝許可而設,但也有一些是私自建造的非法佛寺。長慶元年(821),幽州節度使劉總以私第爲佛寺,穆宗遣使賜寺額"報恩",後來他更遺世遁去,落髮爲僧。⑤ 唐丞相裴休(791—864)在筠州(治今江西省高安縣)的黃蘗山,有一所功德院,迄宋猶存。⑥

平民的懿行佳範有時也得到地方官的稱賞,爲其申請寺額。如唐穆宗時,錢唐有一名孝女在其母去世之後,結廬墓傍守墳,並且捨宅爲寺,以爲其母追福,長慶三年(823),錢唐太守將她的孝行上奏朝廷,皇帝賜給寺額

---

① 《全唐文》卷三二四王維《請施莊爲寺表》,頁3290下:"伏乞施此莊爲一小寺,兼望抽諸寺名行僧七人,精勤禪誦,齋戒住持,上報聖恩,下酬慈愛,無任懇款之至。"
② 宋敏求《長安志》(收入《宋元方志叢刊》)卷一六《縣六·藍田縣》,頁169上:"清源寺,在縣南輞谷内,唐王維母奉佛,山居營草堂精舍,維表乞施爲寺焉。"
③ 《新唐書》卷二〇二《文藝中·王維傳》,頁5765:"兄弟皆篤志奉佛,食不葷,衣不文綵。別墅在輞川,地奇勝,有華子岡、欹湖、竹里館、柳浪、茱萸沜、辛夷塢,與裴迪游其中,賦詩相酬爲樂。喪妻不娶,孤居三十年。母亡,表輞川第爲寺,終葬其西。"
④ 《舊唐書》卷一一八《王縉傳》,頁3417。
⑤ 《舊唐書》卷一六《穆宗紀》,頁488:"甲子,劉總請以私第爲佛寺,乃遣中使賜寺額曰'報恩'。幽州奏劉總堅請爲僧,又賜以僧衣,賜號'大覺',總是夜遁去,幽州人不知所之。"
⑥ 余靖《武溪集》卷九《筠州洞山普利禪院傳法記》,文淵閣四庫全書本,册一〇八九,頁18:"同郡有黃蘗山某院唐裴丞相休之功德院也,歲入豐而主者侵牟之,衆食不足,思有德者爲之長。景祐四年,自太守而下列名請其(普利禪院僧人自寶)行,又俾其自擇人而付之。……"

"報恩寺"。① 這也是一種"敕賜功德寺"。

3. 從家庵到功德寺

黄敏枝認爲一般士庶也可以自由設置功德寺,但只能稱庵、院,而不稱寺,以示區別;②這個看法基本上是對的,③從唐代以降國家以"額寺"控制寺院數量的政策來看,就更清楚了。雖然係私建寺院,但由皇帝敕賜寺額的功德寺就成爲合法的寺院,至於一般士庶追薦先人私建的道場,因非合法的"額寺",也只能以庵、院爲名。如穆宗時丞相鄒平公段文昌以其父在益州的舊宅置寺,請名僧七人駐錫,名爲"資福院",從名稱即可知此爲親人追福的寺院。李德裕《丞相鄒平公新置資福院記》一文有更清楚的敍述:"……乃購之於官,以爲精舍。又以桑門之上首者七人居之,所以證迷途而資夙植也。……公之孝思,永代作則。"④可知此寺係段文昌爲其父追福所置的寺院,似乎未有院額。

上述士庶私建的庵、院,在子孫仕宦顯要之後,可請寺額而躍升爲功德寺。如宋舒岳祥對於一所家庵的建造到成爲功德寺,有如下簡要的敍述:

> 古不墓祭,故庵廬之制未之聞也。後世以廬墓爲孝,於隧外作饗亭,爲歲時拜掃一席地。其後有力者又爲庵於饗亭之左邊,使僧徒守之,以供焚修灑掃之役。又其後仕宦至將相勳閥在宗社者,得請賜寺院爲燈香之奉,其事侈矣。⑤

即先在墓側修建祭祀空間,後來子孫有能力,又在此饗亭之旁建造一所佛庵,請僧人做法事追薦,兼灑掃墳墓。其後子孫官至可以有功德寺的

---

① 《咸淳臨安志》卷六八《人物志九·列女·馮孝女》,頁 3976 下:"唐穆宗時人,居錢唐。少孤,無兄弟,母子相依,及長,不嫁以養母。多病,益篤思肉食,因刲股爲糜以進。後母死,號慟嘔血,哀毀骨立。既葬,募人結草廬墓下,日焚香、蔬食、刺臂血書佛經,仍捨宅爲寺以薦母。長慶三年,守以事聞,詔咸束帛,仍賜寺額曰'報恩'。"
② 黄敏枝《宋代的功德墳寺》,頁 243。
③ 也有少數仍稱"墳院",或將功德寺稱爲"墳院"者,如衛宗武稱其家功德寺爲"宣妙墳院"、"宣妙院";見《秋聲集》卷二《宣妙墳院古柏》,頁 13。另如蘇轍撰文記其家功德寺之文《墳院記》;見《欒城集》第三集卷二,文淵閣四庫全書本,册一一一二,頁 5。
④ 《全唐文》卷七〇八李德裕《丞相鄒平公新置資福院記》,頁 7265 下。
⑤ 舒岳祥《閬風集》卷一一《廣孝庵記》,文淵閣四庫全書本,册一一八七,頁 8。

位階時,復奏請寺額,成爲合法的寺院。另如衛宗武先世冢墓在松江,原建有家庵,由於後世仕宦顯達,在治平元年奏請賜院額"宣妙",亦得增廣寺域。①

(三) 中古寺院的社會功能與功德寺

就社會史意涵而言,敕賜功德寺是將寺院的公共空間私有化。宋代基本上是讓宰官權要以無額的小寺充當功德寺,然而後來很多大臣却是以大寺——甚至是以額寺充當功德院。中古以降,佛教寺院除了作爲僧人修習、俗人禮拜、齋懺法會的處所之外,另有以下三種社會功能:一是作爲官員、商旅行人寄宿之所。二是士人讀書習業之所。三是作爲客死他鄉者暫時——甚至是永久——的葬地,以及時人卜葬未得吉時的權葬之所。當官員向皇帝奏請以某寺作爲私家功德寺時,因功德寺之內有私人祠堂,使得此所道場不再提供前述服務,亦即將此一公共空間私有化,最具體的顯現是有時此寺也有似功德寺主人的別莊,成爲其家人休憩的場所。

1. 中古寺院的社會功能

佛教的教示中,提供行旅住宿是一種福田,如《佛説諸德福田經》(T·683)敍述在道旁作小精舍,備妥卧具與糧食,供給衆僧,兼提供行旅之人止歇,也是福田的一個項目。② 從南北朝以來,寺院就對行旅提供住宿服務,道端良秀有專文討論唐代寺院作爲借宿處所這個課題。③ 唐朝佛教政策的出發點是防止藉由佛教寺院僧人產生動亂,不希望商旅、官員、軍人客宿寺院,④因此皇帝屢次下令禁止俗人借住寺觀,如代宗曾下詔禁斷

---

① 《秋聲集》卷五《修建宣妙院記》:"松江本華亭故邑,今爲郡……惟佘山宏峩旋折,爲諸山甲,而西南一峯尤雄偉豐博,予六世祖宣義公亮藏焉。……宣義仲弟泗郡博士附宅右隴,形勢概相若。高祖仲達仕崇寧迄禮部正卿,泗季嗣膚敏建炎終禮部卿貳,詎非其驗歟? 冢故有庵,治平改元,請院額爲'宣妙',循是土宇增拓……"
② 《佛説諸德福田經》,收入《大正新脩大藏經》,册一六,頁777中。並見本書第六章《北齊標異鄉義慈惠石柱——中古佛教社會救濟的個案研究》。
③ 道端良秀《宿坊としての唐代寺院》。
④ 《全唐文》卷四一〇常袞《禁天下寺觀停客制》,頁4204下:"如聞天下寺觀,多被軍士及官吏諸客居止,狎而黷之,曾不畏忌。緇黃屛竄,堂居毀撤,寢處於衆設之門,庖厨於廊廡之下。緬然遐想,慨歎良深。自今已後,切宜禁斷。"

此事:"如聞州縣公私,多借寺觀居止,因兹褻黷,切宜禁斷,務令清肅。"①
唐德宗貞元五年(789)三月詔:"釋道二教,福利羣生,館宇經行,必資嚴
潔。自今州府寺觀,不得宿客居住,屋宇破壞,各隨事修葺。"②

然而,基於實際上的需求,官商行旅寄住都市以外寺觀的情事是無法
完全禁斷。及至宋朝,寺院仍然提供此項服務,如慶元三年(1197)馬正卿
建華嚴院的目的之一是"凡僧若士民之道出於此者,皆得就憩"。③ 寺院除
了提供遊客商旅住宿之外,有時也兼供應官客餐食、馬廄、秣飼等。④ 在交
通要道的寺院供食俗人的數目甚至相當大,如江西開先禪院供食遊客"嘗
居飯僧之半"。⑤ 除了商客行旅投宿寺院之外,嚴耕望先生有專文討論僻
靜的寺院也是士人讀書的佳處。⑥ 除此之外,寺院的領地有時也作爲行旅
或貧人殯葬之地。唐代的墓誌銘即可見一些因官他處、命終旅次的人權葬
在寺域的記載;有的後來遷回家鄉祖塋安葬,有的則長眠於寺域。如唐武
周天授二年(690),陳子昂的堂弟陳孜故去,因"卜兆不吉,權殯於真諦寺
之北園",⑦代宗大曆十一年(776),衢州司士參軍李君夫人河南獨孤氏在常
州去世,"遂權窆於建安精舍之側"。⑧ 宋代的例子更多,僅舉數例:宋太祖
乾德三年(965)陳留主簿李廣途夫人王氏去世,六年(968)李主簿亦逝,兩人
"俱權殯於縣之乾明寺",至雍熙年間(984—988)方合葬次開封郊外。⑨ 仁
宗景祐元年(1034),忠州刺史周承鑒的次子周克威夭折,"權殯于佛祠"。⑩
仁宗嘉祐四年(1059)十二月,深州團練使趙承訓之妻張氏卒,次年"權殯法

---

① 《唐大詔令集》卷一一三《條貫僧尼敕》,頁590。
② 《册府元龜》卷五二《帝王部·崇釋氏二》。
③ 《渭南文集》卷一九《會稽縣新建華嚴院記》,頁17。
④ 《金石萃編》卷一三七《京兆府□□善感禪院新井記》:"……有香城院,直府庭之東南隅千步,
而近院處諸梵宇之甲者,僧徒、童行、官客、僕從日不減其數百人,舊井一十一,空水之所供,浴
室、廚爨、澣濯、馬廄、秣飼之事,崇朝及暮,用汲無窮,厥味甚不甜美,久厭其食……"
⑤ 謝旻等修,陶成等纂《江西通志·南康軍開先禪院修造記》,收入《中國方志叢書·華中地
方》,臺北,成文出版社,1989年,第6册,頁9。
⑥ 嚴耕望《唐人讀書山林寺院之風尚》。
⑦ 陳子昂著,徐鵬校《陳子昂集》卷六《堂弟孜墓誌銘并序》,北京,中華書局,1960年,頁131。
⑧ 《全唐文》卷五二一梁肅《衢州司士參軍李君夫人河南獨孤氏墓誌銘》,頁599下。
⑨ 徐鉉《騎省集》卷二九《大宋故陳留縣主簿贈太子中允李府君墓誌銘并序》,文淵閣四庫全書
本,册一〇八五,頁15。
⑩ 宋庠《元憲集》卷三四《宗室内園使忠州刺史殤子故右班殿直墓記》,文淵閣四庫全書本,册一
〇八七,頁20。

濟僧舍,十月葬汝州梁縣"。① 神宗熙寧四年(1071)大名府朝城縣主簿陳肱去世,"貧未克舉葬,權窆浮屠舍,後四年長子碩扶其柩歸"。② 南宋時人沈與求之妻范氏卒,因"顧瞻山林,卜云未安,今舉君柩,槀葬祇園"。③

如上所述,中古寺院作爲僧人修習傳道之地,對俗人提供宗教禮拜法會儀式的場所,並且兼具官商行旅寄宿、士人讀書、喪葬等社會功能,具有公共空間的性質。

2. 寺院的私有化

功德寺係將寺院這個公共的領域私有化,使之不能提供上述的社會功能,更有甚者,有的尚且成爲功德寺主人的私有莊園,或其家族的休憩場所。

小川貫弌認爲:墳寺本來是墳園的寺院,是本家以私財買地創建佛寺、置田産,墳寺也是本家專有物,因此墳寺是有權禁止他人殯葬的性質。宋代承認功德寺主的獨占權,因此賦予本家子孫專有權,或居住寺內,或侵奪寺院長住三寶財物。④ 此說或可再做進一步的闡述,本家私財自置的庵院具有私有權是毫無疑問的,不過,宋代很多功德寺都是踏戡現有寺院,甚至以有額寺院,奏請爲功德寺,實將原係公共的空間,變成私有化的空間。如楊存中毀掉寶成寺梁代婁約法師講經臺等遺迹,改築其家的墳寺,賜額爲"隆報"。⑤ 另外,李綱以常州普利及邵武興聖二寺爲功德寺,而此二寺都是額寺。⑥ 因此,北宋以來皇帝再三申令功德寺應由本家自造,不許占有額寺院爲功德寺。徽宗大觀三年下令不許指占額寺爲功德寺,高宗紹興七年(1137)應左司諫陳公輔之奏請,令占額寺爲功德寺者,以無額小院改充。淳祐十年(1250),理宗應大臣所請,再度下令追正以額寺爲功德寺者。⑦

下面一個例子可以顯示功德寺係將寺院私有化,宋孝宗隆興元年(1163),資政殿大學士、左通議大夫賀允中因被授以"參知政事"之職,符合擁有功德寺

① 劉敞《公是集》卷五二,文淵閣四庫全書本,冊一〇九五,頁 12。
② 強至《祠部集》卷三五《權大名府朝城縣主簿陳君墓誌銘》,文淵閣四庫全書本,冊一〇九一,頁 17。
③ 沈與求《龜谿集》卷一二《權殯告淑人范氏文》,文淵閣四庫全書本,冊一一三三,頁 16。
④ 小川貫弌《宋代の功德墳寺に就いて》,頁 53。
⑤ 《文忠集》卷一六八《泛舟遊山錄二·乾道丁亥七月》,頁 27。
⑥ 《佛祖統紀》卷四七,頁 425 中。
⑦ 《佛祖統紀》卷四六,頁 419 下;卷四七,頁 425 中;卷四八,頁 431 中—下。

的標準,因此他物色台州天台縣興化院,奏請撥爲其家的功德寺,敕額爲"資福寺",並且依例奏請"仍乞改賜寺内不許人權殯安葬,及不許官員諸色人作名目影占安下,仍依例免州縣非時諸般科率差使"。① 以上所述三項内容中,後者係功德寺的經濟利益,至於"寺内不許人權殯安葬,及不許官員諸色人作名目影占安下",就是針對上述寺院提供俗人住宿和殯葬的功能而言。

隆興元年(1163),曹勳(1098—1174)奏請將臨海縣其母、妻、弟葬地附近的"顯明寺"作爲其家功德寺,賜額"顯恩褒親禪院"。此寺原爲律寺,他自己出資建造方丈、僧堂等,將此寺改爲禪寺;同時也在寺旁建屋,作爲省墳家人居住之所。在他致仕之後,經常帶著兒孫至此住居,留連旬日方歸,此功德寺遂成爲其家族休憩的别墅。

> 余又闢寺西隙地,爲屋二十餘楹,井竈什物牀榻皆備,以待省墳子孫歇泊之所,率不干寺門……余以經憂患最多,瀕於九死,未應引年而致政,與兒輩卜居丹丘,間來墳山,樂其地,必留連旬日方歸也。②

葉夢得《避暑録話》中,記述殿中侍御史趙抃(1008—1084,諡"清獻公")家的功德寺賜額"餘慶",請高僧法泉做住持,他晚年的生活起居,都由功德寺僧人照顧。趙抃告老還鄉之後,不和家人同住,獨自住在衢州"高齋"的别館,他修佛吃早齋,齋食是由功德寺派一名"浄人"(寺院内使役之人,如守園人、種菜者)爲他做的,③同時有一名浄人終日侍候他以及照管佛室香火。又,每天功德寺派一名僧人陪他吃飯。該寺寺主法泉雖然在佛教界享有博學盛名,有"萬卷"之號,也要每三、五日就來陪侍他。在這個例子裏,僧人的角色有似家僕。

> 趙清獻公自錢塘告老……既治第衢州,臨大溪,其旁不遠數步亦

---

① 《兩浙金石志》卷九《宋蒼山資福寺敕牒碑》,頁 30—31。
② 《松隱集》卷三一《顯恩寺記》,頁 1—2;卷三三《跋功德寺賜額石刻》,頁 6—7。
③ 《釋氏要覽》卷下《住持》,頁 303 中:"浄人,《毘奈耶》云:'由作浄業故,名浄人。若防護住處,名守園民。或云使人。'今京寺呼家人。"

有山麓屹然而起,即作別館其上,亦名"高齋"。既歸,唯居此館,不復
與家人相接,但子弟晨昏時至,以二淨人一老兵爲役,早不茹葷,以一
淨人治膳于外功德院號餘慶,時以佛慧師法泉主之,泉聰明高勝,禪林
言泉萬卷者是也,日輪一僧伴食,泉三、五日一過之。晚略取及鮮脯于
家,蓋不能終日食素。老兵供埽除之役事已即去,唯一淨人執事其旁,
暮以一風爐置大鐵湯瓶,可貯斗水及列盥漱之具,亦去,公燕坐至初夜
就寢。雞鳴,淨人治佛室香火,三擊磬,公乃起,自以瓶水頮面,趨佛
室。暮冬尚能日禮百拜,誦經至辰時。①

由此可見,功德寺僧人的處境也有爲難之處,一如章惇的功德寺"靈山寺"
住持淨端禪師,對於功德寺域内無法完全斷絶葷腥的無可奈何。

如上所述,功德寺僧人也幾乎成爲這些官員的侍從僕人,這點似乎也
可以爲唐宋墓出土的僧俑,做一注脚。河南安陽隋代張盛墓出土兩件僧
俑,是迄今所見年代最早的僧俑,其性質當係南北朝時期貴族高官的家僧、
門僧。② 四川蒲江縣宋墓出土三件僧俑,姿態各異,高 30.4 至 33.7 釐米。③
又,最值得注意的是 1984 年江西南豐縣桑田發掘的宋墓,墓室的三壁有壁
龕,龕内放置成組的瓷俑,其中共有兩件僧俑。有一件僧俑即置於中束面
編號 K10 的壁龕,此龕共有四個瓷俑:婦女俑、侍女俑、老年俑和青年僧人
俑,④僧人俑和僕從並置,可以看出此僧俑的屬性有似墓主家人或僕人。

在佛教的文獻中,不用"墳寺"、"墳院"之詞,反映出佛教界對於敕賜
功德寺的反感。淳祐年間,天台沙門思廉寫信給右丞相杜範(諡"清獻"),
請追回大臣侵占有額寺院作爲功德寺者,在信中從國家制度、禮法和佛教
的角度,強烈抨擊貴戚大臣以額寺爲功德寺的行爲:

---

① 《避暑録話》卷上,文淵閣四庫全書本,册八六三,頁 61—62。
② 劉銘恕《隋唐時代的僧俑和佛教的門僧制》,《中原文物》1985 年第 1 期。
③ 陳顯雙、廖啓清《四川蒲江縣五星鎮宋墓清理記》,《考古與文物》1986 年第 3 期;冉萬里《宋
代喪葬習俗中佛教因素的考古學觀察》,《考古與文物》2009 年第 4 期,頁 77。
④ 江西省文物工作隊、南豐縣博物館《江西南豐縣桑田宋墓》,《考古》1988 年第 4 期,頁 319,
323,327,圖版貳之 6。

　　天台沙門思廉致書於杜清獻公曰：佛囑國君大臣護持佛法，而反破壞佛法者，有一事最爲要。朝廷立法，許大臣爲祖父以家財造寺乞額，所以薦福爲先亡也。今昧者爲之則不然，以祖父玉體之重，不能捐財買山，既已奪取僧藍之地以爲墳，而又欲影占數寺稱爲功德。舉寺中所有諸物而有之，今日發米，明日發茶筍，又明日發柴炭，又明日發竹木，甚至於月奉水陸之珍。一有亡僧，則必掩取其物，歸之私帑。嘗聞時貴之言曰："請過功德一針一草，皆我家之物。"哀哉！彼誠不知常住物業、亡僧財物皆屬三寶，侵奪之者若主、若僕，必招苦報。其於安厝祖父之體魄，寧不貽三塗之惡報乎？吁！占奪伽藍，欺君也；葬父僧地，陷父也；自爲不法，賊己也；以不法教子弟，累人也。欺君者不忠，陷父者不孝，賊己者不智，累人者不仁。如此以爲人，是誠何人哉！①

佛教僧人對於以寺院作爲個人家族的墳域，和此寺僧人長年爲其亡祖親人追薦之事是很不以爲然的，故僧人思廉認爲這是"奪取僧藍之地以爲墳，而又欲影占數寺稱爲功德"。他更以佛教中凡侵奪三寶（佛、法、僧）之物必獲重大惡報的道理，批評將父祖葬在寺院之地，會得到惡道三途（地獄、餓鬼、畜牲）的果報，是不孝的行爲，更痛批取額寺爲功德寺是欺君——不忠的行爲——對自己的德行和子弟教育都有損害，也是不智、不仁的行爲。《佛祖統紀》記載：淳祐十年（1183），大臣上奏請追回指占額寺的功德寺之事，②或許和思廉致書杜範有關。

（四）結語

　　前此有關功德寺的研究，多著重功德寺出現的時間、原因，以及從經濟利益的角度討論，本文則先從宗教層面——包括佛教對中古死亡信仰的影響，佛教從追薦業海輪迴先世的"七世"，轉變爲一家先祖"七代"祈求冥福，爲功德寺出現提供必要的條件，並且進一步探討功德寺的佛事主要是懺悔儀式，由於懺儀中禪、懺的結合，使得功德寺絕大多數都是禪寺，並且

① 《佛祖統紀》卷四八《法運通塞志第十七之十五·寧宗》，頁431下—432上。
② 《佛祖統紀》卷四八《法運通塞志第十七之十五·寧宗》，頁433上。

影響及宋代改律寺或教寺爲禪寺的風潮。至於《附論》主要從國家佛教政策中對於僧人和寺院的規定，探討功德寺的意涵，並且從社會史的角度，認爲宋代官員的功德寺係將寺院的公共空間私有化。此外，功德寺的出現對於佛教教團和規制的影響，以及對於傳統祖先祭祀的衝擊等問題，猶有待將來作進一步的討論。

　　附記：本文蒙黃敏枝教授惠賜寶貴意見，其後更獲王德毅老師賜正，特此致上誠摯謝意。

　　（本文原刊於《“中研院”歷史語言研究所集刊》第 82 本第 2 分，2011 年）

咒石與經幢

——9世紀碑刻所見佛教僧俗持念的陀羅尼

9世紀佛教的特色之一，是陀羅尼信仰的流行。本文主要討論兩件9世紀的陀羅尼石刻，一是9世紀上半葉僧人靈璨墓塔的咒石，一是9世紀下半葉進士趙匡符所建造的經幢，發現二者所刻的諸陀羅尼是他們平日持誦的文本，反映其時僧俗佛教徒顯密兼習，偏重陀羅尼的修持面向。由於密教陀羅尼的流行，從9世紀上半葉開始，密教的結壇、清净道場等行法已影響及顯教經典的誦習，如在《金剛般若波羅蜜經》的卷首，加上具有清净、結壇、護法之意的"净口業真言"、"啓請八大金剛"，構成"前儀"；以及在卷尾增加"大身真言"、"隨心真言"、"心中心真言"、"般若真言"，形成"後儀"。晚唐密教陀羅尼的流行使它滲入各個宗派，入宋之後更成爲諸宗共享的修習内容，以迄於今。

一、前　言

唐代出現一種八面體的新石刻形式"經幢"，上面絶大多數刻的是《佛頂尊勝陀羅尼經》（其中包括尊勝陀羅尼咒）；其後漸次少刻經，僅刻尊勝陀羅尼，或兼刻他咒，有的咒甚至多達十數種。① 此外，盛唐以後另有"咒石"，單面鎸刻密教陀羅尼（咒）。晚唐時期，由於密教陀羅尼的流行，石刻（經幢、石幢、塔、墓石）同時鎸刻一種以上的陀羅尼的情形相當普遍，本文稱

---

① 拙著《滅罪與度亡：佛頂尊勝陀羅尼經幢之研究》第二章經幢性質、形制和來源（三）經幢上鎸刻的文字，上海古籍出版社，2008年，頁66—77。

之爲"多種陀羅尼石刻"。由於金石著録多僅記《造幢記》、《造塔記》之文，甚少鈔録佛經和陀羅尼的内容，因此研究陀羅尼石刻僅能依據實物或拓本。

本文主要討論兩件9世紀建造的陀羅尼石刻，一是9世紀上半葉僧人靈璨墓塔的咒石，一是9世紀下半葉進士趙匡符所建造的經幢，發現二者所刻的陀羅尼是他們修持佛法持誦的文本，可反映9世紀時僧俗佛教徒具體信仰和修習的層面。筆者亦參酌晚唐時期敦煌的印本陀羅尼以及佛經附加的真言，以期更全面理解此一時期佛教信仰的内容及其變化。

此處必得先説明：本文所稱的陀羅尼、咒和真言，基本上是同等互用的。密教認爲身、口、意三密兼修，可以疾速成佛；口密即是指陀羅尼、咒和真言，早先此三者的起源並不相同，亦各有其含意，至印度密教發展的中期和後期，則是將陀羅尼、咒、真言三者等同視之。[1] 中國密教受印度的影響，唐代陀羅尼和咒已混合爲一，顯現在石刻上尤爲顯著。

二、咒石與經幢上的陀羅尼

一般多以爲，至盛唐時密教方大爲開展，實則從唐朝初年密教陀羅尼即漸次受到重視和受持。盛唐以後，密教大興，各種陀羅尼更爲流行，出現在不同性質的石刻如山崖、墓誌、墓塔上，以及"佛頂尊勝陀羅尼經幢"。

從唐太宗時代，頗有嫻習壇印的天竺僧人來華，漢僧如慧琳、智通等人從他們習法，[2]太宗、武后也弘贊他們譯經，密教陀羅尼就漸次受到重視。如貞觀年間太宗徵選長安大總持寺僧人智通至弘福寺翻經館，和北天竺僧人伽梵達摩共同譯出其所攜帶的梵本《千眼千臂觀世音菩薩陀羅尼神咒經》(T·1057)。當時，玄奘主持弘福寺譯場，智通也從玄奘學習密法印契。[3] 很少有人注意到玄奘和密教的關聯，玄奘所譯的經典中即包含了九部陀羅尼。[4] 高宗永徽五年(654)，天竺三藏阿地瞿多譯出《陀羅尼集經》

① 松長有慶《密教經典成立史論》，京都，法藏館，1981年，頁83—92。
② 《千眼千臂觀世音菩薩陀羅尼神咒經》(T·1057)，《大正新修大藏經》，册二〇，頁83中一下。
③ 《大正新修大藏經》，册二〇，頁83中；《宋高僧傳》卷三《唐京師總持寺智通傳》，頁719下—720上。《千眼千臂觀世音菩薩陀羅尼神咒經》，頁83中；《開元釋教録》卷八，頁562中一下。
④ 拙文《唐代玄奘的聖化》，《中華文史論叢》2017年第1期，頁28—29。

（T·901），武后對此亦所有關注，如洛陽佛授記寺天竺烏伐那國婆羅門僧達摩戰陀"善明悉陀羅尼咒句"，他在妙氈上畫一千臂菩薩像并經咒，武后下令宮女將它做成繡本，更命繪師將它描繪流布天下。① 由上可見，唐初以後，密教陀羅尼逐漸形成爲佛教信仰中的一股潛流。"開元三大士"善無畏（637—735）、金剛智（669—741）、不空（705—774）來華之後，更掀起密教流行的風潮，不僅民間持誦陀羅尼咒，唐朝皇帝亦熱衷於此，大曆十一年（776）代宗下令天下僧尼每天須念誦二十一遍"尊勝陀羅尼"，②刻有此陀羅尼的經幢更遍立於帝國各個地區。

陀羅尼的流行也反映在石刻上，除了各地多建造專刻《佛頂尊勝陀羅尼經》的經幢之外，另有鐫刻他種陀羅尼的咒石，如玄宗開元二十年（732），前歷城縣令皇甫詮在靈巖山鐫刻的《一字王咒》（一字佛頂輪王咒），並書"此咒受持憶念，無不□"；③建於玄宗天寶二載（743）的長安萬善寺比丘尼堅固墓道的咒石，上刻"佛頂尊勝陀羅尼神咒"。④ 代宗大曆十三年（778）長安明覺寺尼堅固的墓記上，所鐫刻的《明覺寺尼心印記》，首刻真言，接着刻其墓記（圖1）。⑤ 其上真言作：

　　一切如來心真言
　　唵薩嚩怛他　薩多慕㗌帝　鉢囉嚩囉尾蘗多婆曳　舍磨也娑嚩
銘　婆誐嚩底　薩嚩播閈毗喻藥　娑嚩悉底婆嚩覩　母顗母顗　尾母
顗　左隸　左攞寧　婆也尾藥帝　婆也賀囉抳　冒地冒地　冒馱耶　冒
馱耶　沒地里　沒地　里　薩嚩怛他蘗多紇哩乃耶　乳瑟致曳　娑嚩賀

① 《大正新修大藏經》，册二〇，頁83 中；《宋高僧傳》卷三《唐京師總持寺智通傳》，頁719 下—720 上。《千眼千臂觀世音菩薩陀羅尼神咒經》，頁83 中；《開元釋教録》卷八，頁562 中—下。
② 《代宗朝贈司空大辨正廣智三藏和上表制集》（T·2120）卷五《敕天下僧尼誦尊勝真言制》，《大正新修大藏經》，册五二，頁852 下。
③ 北京圖書館金石組《北京圖書館藏中國歷代石刻拓本匯編》，册二三，鄭州，中州古籍出版社，1989 年，頁90。
④ 董國柱編《高陵碑石》，西安，三秦出版社，1993 年，頁8，"京萬善寺故大德比丘尼堅固勝神道咒石"；録文，頁116。
⑤ 汪鋆編《十二硯齋金石過眼録》卷一二，《石刻石料新編》第一輯（10），臺北，新文豐出版公司，1978 年，頁11；《八瓊室金石補編》卷六四，《石刻石料新編》第一輯（7），頁25。拓本見《北京圖書館藏中國歷代石刻拓本匯編》，册二七，頁158。

圖 1　《北京圖書館藏中國歷代石刻拓本匯編》,冊二七,頁 158

　　此真言出自寶思惟譯《佛說隨求即得大自在陀羅尼神咒經》(T·1154),①但此石上的陀羅尼則更接近《釋教最上乘秘密藏陀羅尼集》一書中所錄者,有同音異字,僅在第十六句前多一"曳"字。② 此書係昭宗乾寧五年(898),大安國寺傳密教超悟大師行琳所編,歷代藏經未收,僅見於房山刻經。從晚唐以迄宋代,此陀羅尼流通甚廣,9世紀訪華的日僧"入唐八家"之一的圓仁(794—864),即帶回"一切如來心真言一本",③宗叡

① 《大正新修大藏經》,冊二〇,頁 639 下。
② 林光明編《房山明咒集·釋教最上乘秘密藏陀羅尼集》卷八,臺北,嘉豐出版社,2008 年,冊一,圖版頁 355,359;釋文頁 354—355。
③ 《入唐新求聖教目錄》(T·2167),《大正新修大藏經》,冊五五,頁 1081 下。

（809—884）也曾經從法全學習此真言的手印。① 北宋僧人祖照集《楞嚴解冤釋結道場儀》中也包含此一真言。② 此石上墓記稱《明覺寺持律比丘尼心印記》，簡述其出家修行遷化的行迹，所以稱"心印記"，係因"學道事畢，傳佛心印"，③和文末"大曆十三年歲次戊午正月戊申二十七日甲戌於上都西長安承平鄉，瞻仰至尊，俯臨佛位"，相互呼應。

由於各種陀羅尼的流行，它們也漸次攻占了"佛頂尊勝陀羅尼經幢"的版面。經幢絶大多數是八角形的，幢頂上部都刻有佛像或佛龕，故俗稱"八佛頭"，其上原係專刻《佛頂尊勝陀羅尼經》者。然而，由於陀羅尼的流行，有以陀羅尼之一字取代佛像者，如文宗開成四年（839）韓宥等造陀羅尼經幢，八面上部各刻"寶樓閣隨心陀羅尼"、"唵摩尼達哩吽呬吒"之一字（圖2）。④ 必須説明，圖2北京圖書館的拓本係將八面連裱成一幅，不過，從右往左的第6幅、第7幅倒置了。另，大中四年（850）東都聖善寺僧懷則在龍門造尊勝幢塔，幢上除了"尊勝陀羅尼"外，並刻"廣大寶樓閣善住秘密陀羅尼"，以及其"隨心真言"、"心中心真言"。⑤ 京都大學人文科學研究所收藏的一方咒石，係大中五年（851）長安千福寺大德惠應和尚及其弟子所造，其上鐫刻上述的"寶樓閣隨心陀羅尼"，並刻"寶樓閣心陀羅尼唵摩你跋社黎吽"（圖3），⑥惠應是惠果（743—805）的弟子，亦即不空的再傳弟子，可知此係當世密教僧人傳習的重要密咒之一。從宋代僧人的偈誦和禪僧的話機中，屢見"寶樓閣隨心咒"之迹，可知此係晚唐迄於宋代僧人信衆經常誦持的咒語，如宋代師範禪師《佛殿偈》："天上無彌勒，人間無釋迦。

① 《宗叡僧正於唐國師所口受》（T・1156），《大正新修大藏經》，册二〇，頁650下。
② 釋祖照集，趙文焕、侯沖整理《楞嚴解冤釋結道場儀》，《藏外佛教文獻》第6輯，北京，宗教文化出版社，1998年，頁202。
③ 傳燈《天台傳佛心印記注》（X・969）卷上："此則學道事畢，此傳佛心印記之所以作也。"《卍新纂續藏經》，册五七，頁352上。
④ 《北京圖書館藏中國歷代石刻拓本匯編》，册三一，頁49—50。圖2係筆者將上述兩頁的本連接在一起，然而，此拓片順序有問題，圖1中左2和3的次序顛倒。"呬"字讀pō，或作"鏺"、"癹"、"發"。《廣大寶樓閣善住秘密陀羅尼經》（T・1006）卷上《心隨心咒品三》："爾時世尊復説隨心咒曰：唵 摩儞 達哩吽 鏺吒。"《大正新修大藏經》，册一九，頁641。
⑤ 王振國《洛陽經幢研究》，氏著《龍門石窟與洛陽佛教文化》，鄭州，中州古籍出版社，2006年，頁126。
⑥ 寶樓閣隨心陀羅尼，京都大學人文科學研究所藏拓本，見：http://kanji.zinbun.kyoto-u.ac.jp/db-machine/imgsrv/takuhon/type_a/html/tou1598x.html。

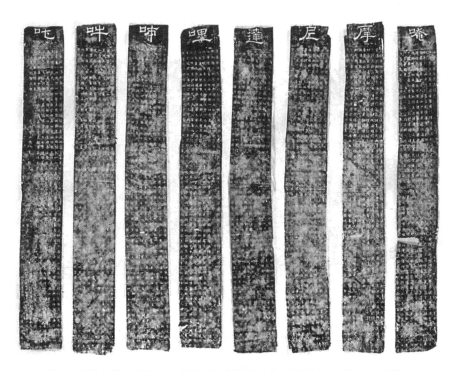

圖 2 "韓宥等造陀羅尼經幢",《北京圖書館藏中國歷代石刻拓本匯編》,
册三一,頁 49—50

圖 3 "千福寺寶樓閣隨心陀羅尼",京都大學人文科學研究所

燒香禮拜誰,遂燒香云'唵摩尼達哩吽癹咤'。"①又,臨安靈隱松源崇嶽禪師的話機中,也以此陀羅尼回應:"靈隱嶽於正好供養處云'望梅止渴'。正好修行處,云'金不博金'。拂袖便行處,云'祇得一橛'。獨超物外處,云'唵摩呢達尼吽癹吒'。"②

三、靈璨窣堵波塔之咒石

9世紀鐫刻多種陀羅尼的石刻,反映其時陀羅尼信仰的流行,而真言咒語也加入顯教經典如《金剛經》持誦科儀之中,則與唐代佛教顯密兼修的風習有關,③此處以9世紀上半葉一方咒石爲例。唐代僧人有生前爲自己預修墓幢,上面刻"佛頂尊勝陀羅尼經"或咒,也有並刻其他真言者。④文宗大和二年(828),觀音寺沙門靈璨在世之時,爲自己預修墓塔,有一方鐫刻陀羅尼十二首的咒石;此石似未見於金石著録,北京圖書館藏有其拓本(圖4)。

在展開陀羅尼石刻的討論之前,必須先做以下的説明:不同譯本的陀羅尼在文字、注音、句讀方面或有所差異,係因根據不同的梵本漢譯、譯者對梵音的解讀,以及用漢字表達梵音的差異的緣故。各個石刻所鐫刻的陀羅尼在字詞、讀音、斷句上,和佛經也多少有些差異,這是因爲石刻本或根據不同的譯本,以及僧人傳習時各地方音不同之故。在一個陀羅尼信仰流行的時代,這種情形益顯得嚴重。9世紀初,武徹《靈驗佛頂尊勝陀羅尼記》(T‧974)特別強調陀羅尼的譯音、脱字,導致誦持陀羅尼不靈驗的結果。⑤至9世末,這種陀羅尼譯音用詞的差異,使得部分僧人如行琳者感到十分憂慮,成爲他編集正確讀音陀羅尼集《釋教最上乘秘密藏陀羅尼

---

① 《無準師範禪師語録》(X‧1382)卷九,《卍新纂續藏經》,册七〇,頁235上。
② 迦陵性音編《宗鑒法林》(X‧1297)卷九,《卍新纂續藏經》,册六六,頁336中。
③ 拙文《九世紀的中國密教——入唐八家及其他》,待刊稿。
④ 《滅罪與度亡:佛頂尊勝陀羅尼經幢之研究》第三章墓幢(四)僧人墓幢,頁137—138。
⑤ 《大正新修大藏經》,册一九,敍述東都洛陽張繹長史入山持誦尊勝陀羅尼,希望得見其亡父母,六年不獲所願,因而懷疑此咒不靈驗,遇見一老翁告知:"非是咒無靈驗,亦非君不盡心,斯乃去聖時遥,翻譯多誤,咒詞脱略,遂失其徵。"頁386下—387上。

圖4　觀音寺僧沙門靈璨預修窣堵波塔拓片

(《北京圖書館藏中國歷代石刻拓本匯編》,冊三〇,頁 80)

集》的動力之一。① 然而,真言咒語譯音用詞相異,以及不同譯本的差異問題始終存在,活躍於遼道宗朝的僧人道殿撰述《顯密圓通成佛心要集》(T·1955)倡導顯密兼習,偏重陀羅尼,他對不同的譯本是持尊重的態度,並不堅持特定的版本,并且認爲指斥異本的不當是不敬而有罪過的:"上來諸咒藏中,各有數本不同,皆是前後三藏西天諸國語音有異。但依一本誦

---

① 《房山明咒集》卷一《行琳〈釋教最上乘秘密藏陀羅尼集序〉》:"……乃詢諸舊譯,搜驗衆經,言多質略,不契梵音。今則揩切新文,貴全印語,希揔持之不墜,誓密炬以長輝。然彼方此方字別,而唐音梵音聲同,必使華竺韻齊,遐邇言類,通學者之修徑,達聖旨之幽踪,意盡明門。"冊一,頁 7。

持,無得揀擇。寡學之者,多分受一,非餘呵斥聖賢,寄語後人,勿霑斯咎。"①

　　靈璨先修墓塔咒石上的文字共計23行,前22行是十二首咒語:"一切佛心"、"灌頂咒"、"灌頂印咒"、"結界咒"、"佛心咒"、"一切佛心咒"、"心中心"、"大佛頂心"、"心中心"、"金剛身"、"金剛心"、"金剛心中心"。末署"渤海郡封仕清書"。最後一行署"大和二年戊申觀音寺僧沙門靈璨預修窣堵波塔四月丙辰朔廿日乙酉建"。②

　　此咒石所刻陀羅尼的内容,並不是一般墓幢上所刻具有滅罪免除惡道之苦的"佛頂尊勝陀羅尼"和"破地獄真言"等咒,而是比較偏向個人生平修習的真言咒語。第1—15行,包含七首咒("一切佛心"、"灌頂咒"、"灌頂印咒"、"結界咒"、"佛心咒"、"一切佛心咒"、"心中心咒"),係寶思惟譯《佛説隨求即得大自在陀羅尼神咒經》中的七個真言,惟石刻上的漢字音譯和《大正藏》不完全相同。第1—2行依拓本録文如下:

　　　　一切佛心　　唵　筏折囉筏底　　筏折囉鉢囉底瑟耻□輸提　　怛他揭多姥陀囉地瑟吒那地瑟耻位莎呵

上文稱此是"一切佛心(咒)",但它其實是"一切佛心印咒";③此石第9—13行之咒纔是"一切佛心"咒,録文如下:

　　　　佛心咒　　唵　費廢路　　闍耶嚩底　　阿蜜㗚帝　　唅唅唅唅　　發吒發吒發吒發吒　　莎呵④

即此二咒名稱和内容互換,此一情況在此石上出現兩次,此石上第2—6行是"灌頂咒"、"灌頂印咒":

---

① 《顯密圓通成佛心要集》卷下附"供佛利生儀",《大正新修大藏經》,册四六,頁1006上。
② 《北京圖書館藏中國歷代石刻拓本匯編》,册三〇,頁80。
③ 《佛説隨求即得大自在陀羅尼神咒經》:"一切佛心印咒:唵(一)跋折囉(二合)跋底(丁儞反二)跋折囉(二合)鉢囉(二合)底(丁儞反)瑟耻(二合)多輸(去)提(三)怛他揭多姥陀囉(二合四)地瑟吒那地瑟耻(二合)底莎呵(五)。"見《大正新修大藏經》,册二〇,頁640上。
④ 《佛説隨求即得大自在陀羅尼神咒經》:"佛心咒:唵(一)毗摩隸(二)闍唧筏底(丁儞反三)阿蜜㗚帝(四)斜斜斜斜(五)泮咤泮咤泮咤泮咤(六)莎呵(七)。"見《大正新修大藏經》,册二〇,頁640上。

　　　灌頂咒　唵　阿蜜㗚多嚩嘌　嚩囉嚩囉　鉢囉嚩囉費秋提　唅
唅登□　泮咃泮咃　莎呵

　　　灌頂印咒　唵　母你母你母你嚩嘌　阿毗詵占覩　薩嚩怛他揭
多麼咔薩嚩苾地也毗曬雞　摩呵跋折囉迦嚩者姥陀囉姥地哩□　怛
他揭多迄哩柂耶地瑟耻多跋折嘌莎呵

將此二咒和佛典比對，則咒名和內容互置，[1]恐是刻工之誤。第 7—8 行是
"結界咒"：[2]

　　　結界咒　唵　阿蜜㗚多賈鏴迦　揭婆鏴又扼　阿迦□莎扼唅
唅　發吒發吒　莎呵

第 8—14 行是"一切佛心"咒和"心中心"咒：[3]

　　　一切佛心　唵　薩嚩怛他揭哆慕㗚位　鉢囉嚩囉揭多婆曳　奢
摩演覩麼麼□嚩跋閉□　莎悉底囉婆筏覩　母扼母扼　費母□　遮
唎遮羅挈□帝　婆耶呵

　　　囉挈　步地步地　步陀耶步陀耶　勃地唎勃地唎　囉嚩□□揭
多迄㗚陀耶樹瑟斅　莎呵

　　　心中心　唵　皤囉皤囉　□皤囉　印地哩耶　費輸達你　唅唅
謹嚕謹嚕者梨□者梨　莎（呵）

以上七首咒語包括了結界、灌頂、印契密教儀軌。根據《佛說隨求即得大

---

[1]　《佛說隨求即得大自在陀羅尼神咒經》："灌頂咒：唵（一）牟儞牟儞牟儞筏嘌（二）阿毗（重）
詵者都咩（三）囉婆怛他揭多摩（引吽某甲）寫（四）囉婆苾他㖿（二合）毗曬闍（平五）摩訶跋
折囉（二合）筏遮姥陀囉（二合）姥地唎（二合）底（丁儞反六）怛他揭多頡㗚（二合）馱（上）㖿
（七）地瑟耻（二合）多跋折囉（二合）莎呵（八）。灌頂印咒：唵（一）阿蜜㗚（二合二）多筏嘌
（二合二）嚕囉嚩囉（三）鉢囉（二合）嚩囉毗輪（去）提（四）斜斜（五）泮咃泮咃（六）莎呵
（七）。"見《大正新修大藏經》，冊二〇，頁 640 上。
[2]　《大正新修大藏經》，冊二〇，頁 640 上。
[3]　《大正新修大藏經》，冊二〇，頁 644 上、640 上。

自在陀羅尼神咒經》,此咒是佛應大梵天王所請而説的,若持此咒幾乎囊括了所有的護佑:不爲一切夜叉、羅刹、諸鬼神等所惱害,不爲寒熱等病所侵擾,不爲敵人厭蠱咒詛所害,刀不能傷、水不能溺,不爲各種天災如雷電、惡風、暴雨所禍及。又可消除先世罪業,若能書寫戴在頸或臂者,可得諸佛菩薩、諸天龍王護佑。此經也提到女子受持此神咒者,可以安産或得生男兒。總之,受持此神咒"一切樂欲,所求皆得"①。密教大師大都重視持誦此咒,金剛智特別補"隨求咒"之闕文,②不空以此咒平息海上風暴,《宋高僧傳》記載,開元二十九年(741)十二月,不空搭乘南海商人的船舶,行至訶陵國界的海上,遭遇大暴風,衆人皆怖畏恐懼,幸賴不空持"隨求咒",風浪乃得以平息:"右手執五股菩提心杵,左手持般若佛母經夾,作法誦《大隨求》一遍,實時風偃海澄。"③不空亦譯出《普遍光明清净熾盛如意寶印心無能勝大明王大隨求陀羅尼經》(T·1153),但其中並無靈璨咒石上的七首真言。此外,南嶽彌陀寺承遠和尚特別弘揚此咒"施隨求之印,以廣銷業累"。④ 盛唐以後,此經咒廣爲普及流行,它也被鑴刻在經幢上。

迄今研究唐代的大隨求信仰,主要從墓葬出土的印本和手寫絹本入手,由於它們出現在墓葬中,以致學者認定其和喪葬文化有緊密的結合,⑤至於當時人們平日如何修持此經咒,則無由得知。從靈璨塔上的大隨求諸咒,可以推知此經咒是他生前長期持念的。

除了上述《佛説隨求即得大自在陀羅尼神咒經》之外,第15—17行係"大佛頂心咒":

阿那地嘍　毗舍提　鞞囉　跋折囉　阿唎畔陀　毘陀儞　跋折囉波尼泮　呼吽　咄嚕吽　莎皤訶　唵吽　毘嚕提　莎皤訶

---

① 《大正新修大藏經》,册二〇,頁637中—638上。
② 《宋高僧傳》卷一《唐洛陽廣福寺金剛智傳》:"復觀舊隨求本中有闕章句,加之滿足。"頁712上。
③ 《宋高僧傳》卷一《唐京兆大興善寺不空傳》,頁712中。
④ 董誥等編《全唐文》卷六三〇《吕温〈南岳彌陀寺承遠和尚碑〉》,北京,中華書局,1987年,頁6355。
⑤ 黄陽興《略論唐宋時代的"隨求"信仰(上)》,《普門學報》第34期,2006年,頁12—15。

本咒係出自唐天竺沙門般剌蜜帝譯《大佛頂如來密因修證了義諸菩薩萬行首楞嚴經》(T・945)卷七之“大佛頂如來放光悉怛多鉢怛囉菩薩萬行品,灌頂部錄出,一名中印度那蘭陀曼茶羅灌頂金剛大道場神咒”。此咒共有 439 句,此處僅刻第 427 句“唵”字以下的 12 句,①係此咒的心咒。此經盛行於晚唐,如浙江湖州天寧寺唐大中十一年(857)四月廿七日王讜所建的經幢上,也鐫刻此經,題云:“大佛頂如來密因修證了義諸菩薩萬行首楞嚴經卷七(空六字)一名中印度那蘭陀大道場經(空五字)灌頂部錄出別行。”②據傅斯年圖書館藏此幢拓本,其上所刻的是此卷全部經文。③

　　最值得注意的是:第 19—22 行爲“金剛身”、“金剛心”、“金剛心中心”真言,錄文如下:

　　　　金剛身　曩謨薄餓嚩底　鉢唎壤　鉢囉蜜多曳　怛他室　哩蜜
侶致　三　蜜哩致　佛逝也　莎婆訶
　　　　金剛心　那謨薄誐嚩帝　般喇壤　蜜多曳　唵　哩曳稅　路多
衝　達你莎嚩
　　　　金剛心中心　唵　鳴論泥莎　嚩訶

這是迄今所見真言和《金剛般若波羅蜜經》(T・235,以下簡稱《金剛經》)連結最早的例子。其中,“金剛身”、“金剛心”真言和其他文本譯語用字略有差異,不詳所出。然而,由此可知 10 世紀以後的《金剛經》——包括敦煌文書中和《金剛經》相關文本:《梁朝傅大士頌金剛經附序》,以及印本《金剛經》,卷末的“大身真言”、“隨心真言”、“心中心真言”,應可溯至 9 世紀上半葉。此處可與另外一個例子互證,長安青龍寺遺址出土一所文宗大和五年(831)殘石燈幢,上鐫刻“佛頂尊勝陀羅尼”,以及北齊天竺僧人所譯的《佛説施燈功德經》(T・702)。然而,在此經之末,加上“然燈陀羅

---

① 《大正新修大藏經》,册一九,頁 134 上—136 下。咒心部分見頁 136 下。
② 《八瓊室金石補正》卷四八《王讜楞嚴幢題名》,《石刻史料新編》第一輯(7),頁 7;《兩浙金石志》卷三《唐天寧寺經幢》,《石刻史料新編》第一輯(14),頁 20—21。
③ 傅斯年圖書館藏拓本 07503 號《唐天寧寺尊勝陀羅尼經幢》。

尼　唵　蘇底惹紇哩”。[①] 按此陀羅尼係出自密教供養儀軌經典，包括金剛智譯《金剛頂瑜伽修習毗盧遮那三摩地法》（T・876）、不空譯的《金剛頂瑜伽他化自在天理趣會普賢修行念誦儀軌》（T・1122），[②]亦可證9世紀密教陀羅尼即已漸次加入顯教經典中。

由於密教的流行，[③]其儀軌真言漸次加入顯教經典的念誦儀，如最早的咸通九年（868）《金剛經》印本，卷首有“凡欲讀經先念浄口業真言，修唎修唎　摩訶修唎　修修唎　娑婆訶”，緊接着是《奉請八金剛》（附圖1），卷尾有“真言　那謨薄伽　跋帝　鉢羅若　鉢羅蜜多曳　唵　伊哩帝　伊失哩　式盧馱　毗舍耶　毗舍耶　娑婆訶”（此即“大身真言”，見附圖2）。[④] 在卷首加上了“浄口業真言”和請八金剛作爲護法，頗有浄業、結界護壇的意味。其後的《金剛經》寫本在卷尾又加入兩個真言，S.5534《金剛般若波羅蜜經》的寫本（附圖3），卷尾有“大身真言”、“隨心真言”、“心中心真言”：

大身真言

那謨婆伽跋帝　鉢喇壤　波羅□多曳　唵　伊利底　伊室利　輸盧馱　毗舍耶　毗舍耶　莎娑呵

隨心真言

那謨薄伽伐帝　鉢喇壤　波羅蜜多曳　怛侄他　唵吽　跋折羅　轒囉　娑婆訶

心中心真言

唵　嗚倫泥沙　娑婆訶

---

① 中國社會科學院考古研究所編《青龍寺與西明寺》，北京，文物出版社，2015年，頁95—97。

② 金剛智《金剛頂瑜伽修習毗盧遮那三摩地法》：“真言曰：唵（一）蘇底惹仡哩（二合）。”《大正新修大藏經》，册一八，頁330下；不空《金剛頂瑜伽他化自在天理趣會普賢修行念誦儀軌》：“以禪智竪相逼金剛縛，名燈菩薩曰：‘唵蘇底惹仡哩（二合），由是得智光，普照佛界而爲供養，獲如來五眼。’”《大正新修大藏經》，册二〇，頁527下。

③ 關於密教持念的儀軌，參考李小榮《密教中的觀音信仰》，收入氏著《敦煌密教文獻論稿》，北京，人民出版社，2003年，頁93—94。

④ 羅樹寶《中國古代圖書印刷史》，長沙，嶽麓書社，2008年，頁54。

附圖 1　咸通九年(868)《金剛經》印本卷首

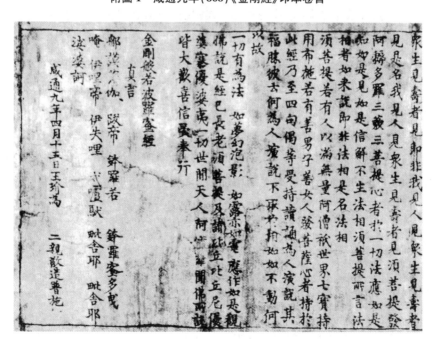

附圖 2　咸通九年(868)《金剛經》印本卷尾

附圖 3 S.5534《金剛般若波羅蜜經》

其後注記："時天復五年歲次乙丑三月一日寫竟,信心受持老人八十有
二。"①唐昭宗天復四年(904),朱全忠(朱温)殺昭宗,改立哀帝,但唐土仍
有些地方繼續沿用天復年號。天復五年即公元 905 年。敦煌寫本 P.2094
《持誦金剛經靈驗功德記》除了《持誦金剛經靈驗功德記》外,並刻《金剛般
若波羅蜜經》全文,經文前有《奉請八大金剛文》和"大身真言"、"隨心真
言"、"心中心真言"、"金剛兒咒"、"文殊菩薩心中真言",以及《金剛般若
波羅蜜經》全文。有題記稱"於天復八載歲在戊辰四月九日布衣翟奉達寫
此經、贊驗功德記,添之流布……"(附圖 4)②經尾又注記:"布衣弟子依西
川印本内抄得分數及真言,於此經内添之,兼遺漏分也。"③天復八年即公
元 908 年,可知此經的真言係翟奉達根據西川印本補抄的。④ 西川印本是
唐末五代時期最具標準典範的本子,⑤而西川本中録有此三真言,亦可推
知附有上述真言的《金剛經本》應有相當程度的流布。

　由上可知,9 世紀上半葉,密教的結壇、清净道場等行法已影響及顯教
經典的誦習的"前儀",後來逐漸增加了卷尾的真言,形成"後儀"。⑥ 啓請

---

① 黃永武編《敦煌寶藏》,冊四三,臺北,新文豐出版公司,1981—1986 年,頁 272。
② 《敦煌寶藏》,冊一一四,頁 126 下。鄭阿財《敦煌靈應小説的佛教史學價值——以〈持誦金剛
經靈驗功德記〉爲例》,《唐研究》第四卷,北京大學出版社,1998 年,頁 33。
③ 《敦煌寶藏》,冊一一四,頁 133 下。
④ 鄭阿財《敦煌靈應小説的佛教史學價值——以〈持誦金剛經靈驗功德記〉爲例》,頁 33。
⑤ 楊寶玉《P.2094〈持誦金剛經靈驗功德記〉題記與文化史、佛教史及敦煌地區史研究》,收入氏
著《敦煌本佛教靈驗記校注并研究》,蘭州,甘肅人民出版社,2009 年,頁 65。
⑥ 《金剛經批注》(X‧758)卷一,《卍新纂續藏經》,冊二四,將"净口業真言"、"安土地真言"、
"奉請八金剛"都列入"道場前儀";卷四將"般若無盡藏真言"、"金剛心真言"以及後來加入
真言列爲"道場後儀"。頁 758 下—759 中,818 中。

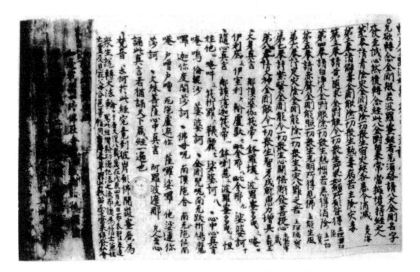

附圖 4　P.2094《持誦金剛經靈驗功德記》

八大金剛即是祈請護法之意。P.2094《持誦金剛經靈驗功德記》卷首有
《奉請八金剛文》：

> 凡欲轉念《金剛般若波羅蜜經》者，先須啓請八大金剛名字，發至誠
> 心，然後轉念此經。此八金剛自來常當擁護持經之人。
> 第一奉請青除災金剛，能除一切眾生宿災殃咎，悉令消滅。主大海。
> 第二奉請辟毒金剛，能除一切眾生熱毒病苦。主除災毒。
> 第三奉請黃隨求金剛，能令一切眾生所求如願，所願皆得。主□□
> 功德。
> 第四奉請白淨水金剛，能除一切眾生熱□苦恙得消除。主一切寶。
> 第五奉請赤聲火金剛，能照一切眾生光明，所得見佛。主能生風。
> 第六奉請定災除金剛，能除一切眾生三災八難之苦。主瑠璃寶。
> 第七奉請紫賢金剛，能令一切眾生心開悟，解發菩提心。主堅牢藏。
> 第八奉請大神金剛，能令一切眾生智牙成就，惠力增具。主龍王。①

---

① 《敦煌寶藏》，冊一一四，頁 126 下。

　　由上可知,啓請八大金剛文即是祈請護法福祐之意。法藏敦煌文獻 P.4516 和 P.4515,都是歸義軍節度使曹元忠雕印《金剛經》的殘本。 P.4516 共有四葉,自右向左,是"淨口真言"、"安土地真言",卷名《金剛 般若波羅蜜經》,下接經文《法會因由分第一品》等,"安土地真言"頗有 結界之意。P.4515 現存六葉和一小半葉,每葉七行,卷尾有"大身真言" 三行,"隨心真言"四行,"心中心真言"兩行,末有"曹元忠普施受持"、 "天福十五年"題記。[①] 由於陀羅尼信仰的流行,故發展出上述三真言和 《金剛經》的結合,而包含真言的《金剛經》經本可能是流傳在信衆之間 的持誦本。

　　靈璨先修塔上金剛經三真言和其他陀羅尼並刻,顯示僧俗信衆持誦多 種陀羅尼的組合,是其時陀羅尼信仰的實踐方式之一,而非供僧衆講説 《金剛經》時所用的道場科儀本。[②] 又,由此亦顯示靈璨修習的内容多和密 教有關,如《佛説隨求即得大自在陀羅尼神咒經》和《大佛頂如來密因修證 了義諸菩薩萬行首楞嚴經》。又,靈璨同時也修習誦持《金剛經》,顯密兼 修,在此石刻上所見三個真言已和《金剛經》做了連接,同時此處也以此三 真言作爲此經的表徵。9 世紀的石刻以真言陀羅尼代替經文,此並非孤 例,下節討論趙匡符天寧寺經幢亦復如此。

四、天寧寺趙匡符經幢

　　唐懿宗咸通十一年(870)十二月十八日,趙匡符在浙江湖州市天寧寺 所建立的經幢,在八面體的經幢上刻有諸多陀羅尼,同時記載了造幢主趙 匡符念誦經咒的次數,是研究晚唐陀羅尼信仰最好的例子。然而,迄今未 有人仔細核對此幢上所刻的經咒和其所誦經内容的關聯,今以傅斯年圖書 館所藏拓本——比對,發現其上所刻的經咒,完全符合趙氏持誦内容。此

---

① 　《敦煌寶藏》,册一三三,頁 306 上。
② 　張勇《敦煌寫本〈梁朝傅大士頌《金剛經》〉中的密教因素》,認爲和《金剛經》有關諸種文本 (包括《梁朝傅大士頌〈金剛經〉》、《金剛經贊》、《持誦金剛靈驗功德記》),認爲:《梁朝傅 大士頌〈金剛經〉》中的諸種密教因素(指真言),從整體上講爲《金剛經》道場科儀,供僧衆講 説《金剛經》時所用。見 http://zikai99.blog.163.com/blog/static/44426415201287023122 98/。

外,此幢也以前述《金剛經》的真言、《般若波羅蜜多心經》(T·251,以下簡稱《心經》)的咒語代替此二經。

此幢位於天寧寺之東、鐘樓後,下截幢體第一至六面刻《佛頂尊勝陀羅尼經》,第七、八面刻諸陀羅尼,《兩浙金石志》僅録四種陀羅尼之名,《八瓊室金石補正》記載十三種陀羅尼之名,皆不録其文。① 今以傅斯年圖書館所藏拓本比對,發現還漏列一個真言,共有十四種陀羅尼。

傅圖拓本 08838"唐天寧寺佛頂尊勝陀羅尼幢",第一至六面是佛陀波利譯的《佛頂尊勝陀羅尼經》(T·967),但"尊勝陀羅尼"則注明其所刻係依金剛智所帶來梵本譯出的"加句靈驗本",今《大正藏》本僅標注五十四句,拓本則在五十四句之後,加斷五十五句。② 按武徹《加句靈驗佛頂尊勝陀羅尼記》(T·974)一書,包含不同時期的文本混合,稱:"僧惠琳因修大藏目録,收未入藏經六百餘卷,並遂略武徹所敍陀羅尼感應神驗,親自勘同,序之卷末。時元和十四年己丑歲。"③惠琳應指《一切經音義》的作者慧琳(737—820),上文注記時爲元和十四年(819),故可以推測此靈驗記及加句本"尊勝陀羅尼"應在 9 世初開始流傳。迄今所見 9 世紀下半葉以後經幢上始見鐫刻加句本者,如浙江鄞縣咸通十年(869)僧景讓造幢、後晉天福二年(937)建的高明寺經幢,其上所刻的皆是"加句靈驗佛頂尊勝陀羅尼真言"。④

此幢上截佛像旁另有小楷四方,記幢主趙匡符所誦經咒之數:

> 念《金剛經》八千遍,念《般若心經》三萬遍,念"火輪金剛真言"一萬五千遍,念"佛頂尊勝陀羅尼"一萬六千遍,念"大悲心陀羅尼神咒"一萬三千遍,念"觀音□□陀羅尼"二萬遍,念"大悲經心真言"三萬遍,念"摩王波□□□□□"萬遍。念"七佛俱胝佛母心陀羅尼"十

---

① 《兩浙金石志》卷三《唐天寧寺經幢》,頁 41—42;《八瓊室金石補正》卷四八《唐天寧寺經幢》,頁 17—18。
② 《加句靈驗佛頂尊勝陀羅尼記》(T·974),《大正新修大藏經》,册一九,頁 387 中—下。
③ 《大正新修大藏經》,册一九,頁 386 下。
④ 《八瓊室金石補正》卷四八《僧景讓等尊勝幢題名》,頁 14—15;《兩浙金石志》卷四《後晉高明寺經幢》,頁 9。

萬遍,念"龍樹菩薩化身一切法陀羅尼"五萬遍,念"天王心真言"十萬遍,念"歡喜咒"十萬遍,念"天厨陀羅尼"三萬遍,念"净口咒"二萬遍,念"净身咒"二萬遍,念"净房室咒"二萬遍。右匡符所念前件經咒,及捨錢建立此幢,上答四重恩,下爲三屠苦,願與此福力,普救於衆生,用兹迴向心,各證菩提果。①

傅圖拓本 08838－1 係此幢的第七、八面(圖5),所刻即係上述趙匡符平常修習誦持經咒。據《八瓊室金石補正》著録,此幢刻真言十三種:"大輪金剛真言"、"千手千眼觀世音菩薩廣大圓滿無礙大悲心陀羅尼神咒"、"金剛真言:一名般若無盡藏陀羅尼"、"觀音文持"、"大悲心經真言"、"七佛俱胝佛母心陀羅尼"、"歡喜真言"、"龍樹菩薩化身一切法陀羅尼"、"天王心中真言"、"天厨陀羅尼"、"净口咒"、"净身真言"、"净房室真言",②共計十三種陀羅尼。然而,仔細閱讀傅圖拓本,則另有"般若波羅蜜多心經真言",因此總計有十四種陀羅尼。又,上文"火輪金剛真言"當作"大輪金剛真言","摩王波□□□□"當作"摩王波巡陀羅尼□"。依趙匡符自述持誦經咒的内容,在上述十四種陀羅尼外,另有《金剛經》和《般若波羅蜜多心經》。

傅圖拓本 08838－1 係兩幅裱成一幀,長寬分別是 155 釐米×23 釐米、156.5 釐米×23 釐米,次序左、右倒置,故應從左幅(第七面)開始閱讀,再接序至右幅(第八面)。其上所刻的真言不僅是趙匡符所誦持修習的内容,也包括修行次第。左幅第一行是"大輪金剛真言",此真言是建立壇場或持誦陀羅尼之前,必先誦持的真言。長安大興善寺慧琳所集《建立曼荼羅及揀擇地法》(T·911)稱:欲持誦真言成就,須先建立曼荼羅(壇場),灑净之後,須念誦"無能勝明王真言"或"大輪金剛真言"一百零八遍加持。③此外,地婆訶羅譯《咒三首經》(T·1338)稱:若未入壇場受灌頂,不

① 《兩浙金石志》卷三《唐天寧寺經幢》,頁 41—42。傅圖拓本不包括這一部分。
② 《八瓊室金石補正》卷四八《唐天寧寺經幢》,頁 17—18。
③ 《建立曼荼羅及揀擇地法》:"當曼荼羅主位下塈平乾已,又土砂塗如前,遍塗極令細滑。待乾即以香水調瞿摩夷,瀘灑令净,加持諸香末,以無能勝明王真言,或以大輪金剛真言加持一百八遍。"《大正新修大藏經》,册一八,頁 928 下。

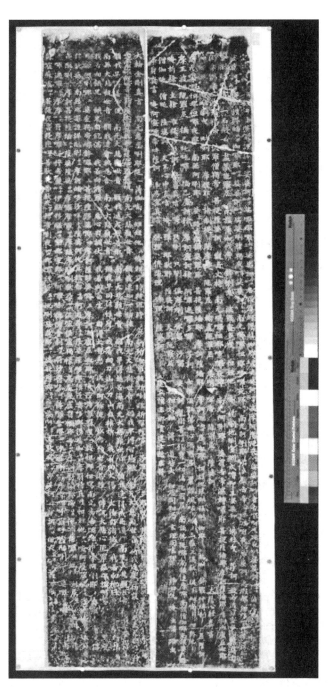

圖 5　唐懿宗咸通十一年（870）天寧寺趙匡符經幢第七、八面（傅圖拓本 08838‑1）

得以持誦真言作手印身印,否則即是盜法,若持此咒二十一遍,即不算盜法。① 又,若持誦結束之時,念誦此真言二十一遍,可以免除違犯軌則之過,得保持念功德。② 由上可知,"大輪金剛真言"有淨壇、結界、補闕等功能,如文宗開成元年(836)東都敬愛寺上座惠滿經幢,其上刻有此真言,作"大輪金剛總持開發結界補闕大陀羅尼神妙章句"。③ 因此,此真言普爲持誦陀羅尼者所信受奉持,也常出現在石刻上,如龍門大中四年(850)東都聖善寺僧懷則經幢、關林會昌元年(841)同德寺僧寶信經幢。④

　　第2至10行是"千手千眼觀世音菩薩廣大圓滿無礙大悲心陀羅尼神咒",未完,連接至第右幅第八面第1—2行。第七面第2—5行是此神咒的"發願文",由此可知此應是趙匡符平日持誦的文本之一。又從此發願文和伽梵達摩譯《千手千眼觀世音菩薩廣大圓滿無礙大悲心陀羅尼經》(T・1060)完全相同:

> 南無大悲觀世音! 願我速知一切法。
>
> 南無大悲觀世音! 願我早得智慧眼。
>
> 南無大悲觀世音! 願我速度一切衆。
>
> 南無大悲觀世音! 願我早得善方便。
>
> 南無大悲觀世音! 願我速乘般若船。
>
> 南無大悲觀世音! 願我早得越苦海。
>
> 南無大悲觀世音! 願我速得戒定道。
>
> 南無大悲觀世音! 願我早登涅槃山。
>
> 南無大悲觀世音! 願我速會無爲舍。
>
> 南無大悲觀世音! 願我早同法性身。

① 《咒三首經》:"大輪金剛陀羅尼——誦此陀羅尼三七遍,即當入一切漫荼羅,(壇也。)所作皆成。(誦咒,有身印手印,作印誦咒法即易成。若未入壇,不得輒作。今令誦此咒,即當入壇作印行不成盜法也。)"《大正新修大藏經》,册二一,頁640上。
② 《播般曩結使波金剛念誦儀》(T・1232):"次誦大輪金剛真言二十一遍真言,(此略不寫抄如餘本所謂一種取用。)由誦此真言故,所有違犯軌則之愆,悉滅無餘功不虛棄。"《大正新修大藏經》,册二一,頁170下。
③ 王振國《洛陽經幢研究》,頁125。
④ 王振國《洛陽經幢研究》,頁126,128。

我若向刀山，刀山自摧折。

我若向火湯，火湯自消滅。

我若向地獄，地獄自枯竭。

我若向餓鬼，餓鬼自飽滿。

我若向修羅，惡心自調伏。

我若向畜生，自得大智慧。①

此經另有不空譯本《千手千眼觀世音菩薩大悲心陀羅尼》（T·1064），其中也有相同的發願文，但較此文略長，即在上面引文之前還有一段願文。不空本在此發願文之後，稱"發是願已，至心稱念我之名字；亦應專念我本師阿彌陀如來，然後即當誦此陀羅尼神咒。一宿誦滿五遍，除滅身中百千萬億劫生死重罪。南無阿彌陀如來　南無觀世音菩薩摩訶薩"。② 此處則簡化爲"次念阿彌陀，次念觀世音"（第5行），第6—10行接着刻"佛説大悲心陀羅尼"，實則在經典上此陀羅尼是觀世音菩薩所説。此陀羅尼標有句號，此發願文和咒文的結合，或可視爲趙匡符修法的簡軌。泰州市檔案館新近徵集唐代有崔魯題記的殘經幢，據可辨識的文字可知此幢刻上述發願文和"大悲心陀羅尼"，以及"大輪金剛真言"，③和趙匡符所述的次序相同，由此似可推知：唐代持念誦持此陀羅尼時可能已發展出一定的次第，依序爲："大輪金剛真言"→發願文→大悲心陀羅尼。

　　第八面1—2行仍是"在大悲心陀羅尼"，第3—4行是"金剛經真言"、"般若波羅蜜多心經真言"。此幢上截題記稱趙匡符"念《金剛經》八千遍，念《般若心經》三萬遍"，不過此處並未刻此二經，而僅刻其真言：

金剛經真言　一名般若無盡藏陀羅尼　南謨薄伽伐帝　鉢唎

若　波羅蜜多曳　怛侄他　唵　紇唎地唎室唎　式嚕知　三蜜栗

---

① 《大正新修大藏經》，册二〇，頁106下—107上。

② 《大正新修大藏經》，册二〇，頁107上。

③ 李文才《泰州市新發現唐殘經幢考釋》，《唐史論叢》第22輯，西安，陝西人民出版社，2016年，頁183—187。

　　知　　佛社曳　莎訶

　　　　般若波羅蜜多心經真言　揭帝　　揭帝　　揭帝　　波羅僧揭帝　菩提薩婆訶

此處的"金剛經真言"係"般若無盡藏陀羅尼",此陀羅尼出自《陀羅尼集經》卷三"般若波羅蜜多大心經(印有十三,咒有九)"的九首咒之一,"般若無盡藏印咒第十二(一名般若眼,又名金剛般若心,又名般若根本)"。① 此石上未刻《金剛經》和《般若心經》,而僅刻其真言,似以真言代替經本。今藏於京都清凉寺宋雍熙二年(985)印本《金剛般若波羅蜜經》卷末也有此真言,作"般若真言"(附圖6)。② 又,趙匡符所列誦經咒數中,除了《金剛經》、《般若波羅蜜多心經》之外,其他都是陀羅尼。這也顯示出趙氏佛教行持中的偏重陀羅尼。

　　第4行《心經》真言之後,第4—5行爲"觀音文持",應即是趙匡符在造幢記所云"觀音□□陀羅尼",當作"觀音菩薩陀羅尼",不詳所出。第5—6行爲"大悲心真言",第7行爲"魔王波巡陀羅尼":

　　　　摘己　　吒吒囉摘己　　摩訶隸　　摩訶盧訶隸　　阿囉　　遮囉　　多囉　　莎訶

　　此陀羅尼出自《大般涅槃經》,魔王波旬因愛樂擁護大乘佛法,也被視爲護法的天人之一。③ 在此經諸譯本中,此陀羅尼的譯音文字小有差異,此幢所刻者和曇無讖譯《大般涅槃經》(T‧374)最爲接近:"啤抳　吒吒羅啤抳　盧呵隸　摩訶盧訶隸　阿羅　遮羅　多羅　莎呵。"④元代如瑛編《高峰龍泉院因師集賢語録》(X‧1277)稱此爲"離怖畏陀羅尼",用於《放

---

① 《大正新修大藏經》,册一八,頁806中—下。
② 奈良國立博物館編《請來美術》,東京,大塚巧藝社,1967年,頁103,圖版178"版本《金剛般若經》卷末"。小野勝年解説,頁66。
③ 《供諸天科儀》(X‧1493)卷末附"諸天行儀",就中即包含"波旬魔王天",《卍新纂續藏經》,册七四,頁641。
④ 《大正新修大藏經》,册一二,頁370上一中。此外,此陀羅尼亦見於慧嚴《大般涅槃經》(T‧375),同前書,頁609下。《佛説大般泥洹經》(T‧376),頁856中。

生文》之中。① 披讀傅斯年圖書館拓本，發現傅圖拓本 08784"唐陀羅尼殘幢"上有諸多陀羅尼，其中即有"離畏如來陀羅尼"，可見晚唐此陀羅尼有一定程度的普及性。

第 7 行下段至第 8 行作：

七佛俱胝佛母心陀羅尼　曩謨颯哆引□　三藐三没馱引　俱引知喃引怛弥他引唵　折隸　主隸　準提莎婆訶

此即所謂的"準提咒"。② 遼代道㲄《顯密圓通成佛心要集》最爲推崇此咒，③從此幢可知 9 世紀時準提信仰即已流行。

第 8—9 行爲"歡喜真言"、"龍樹菩薩化身一切法陀羅尼"、"天王心中真言"、"天厨陀羅尼"。其中，"天厨陀羅尼"作："一氣和太和，得一道皆太，和乃元一和，玄理同玄際。"係出自中國撰述經典（疑僞經典）的《佛説三厨經》（T·2894）中的"長生木偈"。④ 關於富有道教色彩的《三厨經》，歷來學者對此經興味濃厚，已有一些研究；⑤不過，文獻中却少見關於此經信仰的記載。值得玩味的是，智昇在《開元釋教録》（T·2154）將它列入"疑惑再詳録"，云："新舊諸録並未曾載，然尋文理，亦涉人謀。依而行之，獲驗非一。復須詳審，且附疑科。"⑥由此可見，時人頗有信奉此經者；可能因爲這個緣故，故他編集《集諸經禮懺儀》（T·1982）時，也收録此經。⑦ 從趙匡符誦"天厨陀羅尼三萬遍"，可知他確實信奉受持此經，此外，

① 《卍新纂續藏經》，册六五，頁 35 下—36 上。
② 金剛智譯《佛説七俱胝佛母準提大明陀羅尼經》（T·1075），《大正新修大藏經》，册二〇，頁 173 上。
③ 《顯密圓通成佛心要集》卷上，頁 994 下—995 中。
④ 《敦煌寶藏》，册一二六，頁 98—99，P.3032《佛説三厨經》；《大正新修大藏經》，册八五，頁 1413 中。
⑤ 牧田諦亮《三厨経と五厨経——仏教と道経の混淆について》，《聖德太子研究》第 2 輯，頁 47—62。池平紀子《長生法と悟り——〈佛説三厨經〉と"老子説五厨經注"》，《東方宗教》第 100 輯，頁 5—26。曹凌《三厨經》，《藏外佛教文獻》第 14 輯，北京，中國人民大學出版社，2010 年；曹凌《〈三厨經〉研究——以佛道交涉爲中心》，《文史》2011 年第 1 期；李小榮《敦煌僞經〈佛説三厨經〉研究》，《戒幢佛學》第 3 卷。
⑥ 《大正新修大藏經》，册五五，頁 672 上。
⑦ 《大正新修大藏經》，册四七，頁 465 下。

9世紀訪華的惠運（798—869）也帶此書回日本,①亦可反映此經有一定的流通。

第9行"天厨陀羅尼"下有"净口咒",第10行有"净身真言"、"净房室真言"。第七面"大悲心陀羅尼"之前,有"發願文",應是此陀羅尼的行法,據宋四明知禮（960—1028）始集《千手千眼大悲心咒行法》（X·1480）,其次第是"一嚴道場,二净三業,三結界,四修諸供養,五請三寶諸天,六讚嘆申誠,七作禮,八發願持咒"。② 此幢上的"净口咒"、"净身真言"和"净房室真言"可能是嚴飾道場、净三業時所持的真言。

從趙匡符的課誦看來,他偏重《金剛經》和觀音經咒的持誦,這和敦煌文書所顯示的信仰情況頗爲相符。鄭阿財指出:敦煌文書的寫本數量,《金剛經》僅次於《妙法蓮華經》和《大般若經》。又,根據《高僧傳》中《誦經篇》、《續高僧傳》和《宋高僧傳》的《讀誦篇》統計,《金剛經》流行於唐高宗至宋真宗時期（665—988）。③ 根據王重民研究,唐代末年,《妙法蓮華經》的第二十五品《觀世音菩薩普門品》和《佛説無量壽宗要經》（亦名《大乘無量壽經》）在敦煌特別流行。④ 此外,趙匡符持誦除怖畏的"魔王波巡陀羅尼",以及求長生的"天厨陀羅尼"各數萬遍,雖然後者陀羅尼有似偈言,和其他陀羅尼有些格格不入,却反映出趙匡符等佛教徒最基本的祈願。

五、餘言——石刻陀羅尼和印本陀羅尼

從以上多種陀羅尼石刻内容的重疊性,可知觀音信仰、大隨求信仰、《金剛經》、《大佛頂如來密因修證了義諸菩薩萬行首楞嚴經》和相關的陀羅尼,以及《寶樓閣陀羅尼》等經咒,是9世紀信仰主要内容的一部分。如《明覺寺尼心印記》,上面刻有《一切如來心真言》,靈璨先修塔所刻的

① 《惠運律師書目録》（T·2168）,《大正新修大藏經》,册五五,頁1090上。
② 《大正新修大藏經》,册四六,頁973上—976上。
③ 鄭阿財《敦煌靈應小説的佛教史學價值——以〈持誦金剛經靈驗功德記〉爲例》,頁36。
④ 王重民《記敦煌寫本的佛經》,收入《敦煌遺書論文集》,臺北,明文書局,1985年,頁293—294。

七個咒："一切佛心"、"灌頂咒"、"灌頂印咒"、"結界咒"、"佛心咒"、"一切佛心咒"、"心中心咒"，都是大隨求(《佛説隨求即得大自在陀羅尼神咒經》)信仰的陀羅尼。趙匡符經幢上"千手千眼觀世音菩薩廣大圓滿無礙大悲心陀羅尼神咒"、"觀音文持"(觀音菩薩陀羅尼)皆是密教觀音陀羅尼。

從公元 828 年靈璨先修塔上所刻的"金剛身"、"金剛心"、"金剛心中心"真言，以及公元 870 年天寧寺趙匡符所建經幢上的《金剛經》真言，可知 9 世紀上半葉密教陀羅尼業已滲入《金剛經》的誦持中，比敦煌印本早了七十年，可知不同性質文本互證的重要性。二則加入真言的《金剛經》成爲僧俗修習的内容，反映晚唐社會上普遍流行的陀羅尼，以及其時佛教顯密兼習之面向。

晚唐也以印本傳播陀羅尼，部分敦煌印本中的陀羅尼也出現在石刻中，以印本"文殊五髻真言：阿那跋左曩"爲例，它亦見於多陀羅尼石刻中。憲宗元和十三年(818)長安龍花寺尼韋契義尊勝幢上，不僅刻"佛頂尊勝陀羅尼"，另有"□(滅)□(趣)真言"、"文殊(六)字(真)言"、"文殊八字真言"、"五種虛空藏菩薩真言"、"文殊五字真言"、"廣大寶樓閣善住秘□陀羅尼"，也包含了可能是《金剛經》的"心真言"、"心中心真言"。① 唐僖宗乾符六年(879)二月所建的"牛頭寺陀羅尼經幢"，上刻"佛頂尊勝陀羅尼"、"聖千手千眼觀世音菩薩自在摩訶薩廣大圓滿無障礙大悲心陀羅尼"、"阿閦如來根本滅惡趣陀羅尼"、"净口業真言"、"普賢菩薩滅罪真言"、"文殊五髻真言"。② 在 P.2094《持誦金剛經靈驗功德記》，此寫卷中亦有"文殊菩薩心中真言　阿羅波遮那"。又，敦煌文書中也頗有此一真言的印本圖文的單紙陀羅尼。

陀羅尼簡短容易誦持，以及誇稱某一陀羅尼的功德，可能是造成這些陀羅尼流行的重要原因。P.2094《持誦金剛經靈驗功德記》也有此一真言：

---

① 《八瓊室金石補正》卷四七《龍花寺尼韋契義尊勝幢記》，頁 11—12。
② 傅斯年圖書館拓本 07863"唐牛頭寺陀羅尼經幢"。

附圖 5　P.4077"文殊五髻真言"

文殊菩薩心中真言

阿羅波遮那

　凡人至心誦此真言者,猶誦天下藏經一遍也。①

在敦煌遺書 P.4077"文殊五髻真言"印本,也有相同的敍述:(附圖5)②

　有文殊心真言,乃秘密之宗,若誦一遍,如誦天下大藏經一遍。普勸諷誦,同登覺道。

阿　若誦一遍能除行人一切苦

羅　若誦二遍除滅窮劫生死

波　若誦三遍三昧現前

遮　若誦四遍總持不忘

那　若誦五遍速成無上菩提

稱"阿羅波遮那"有上述驚人功德者,係出自《佛頂尊勝心破地獄轉業障出三界秘密三身佛果三種悉地真言儀軌》(T·906):"文殊真言下品悉地,阿羅波遮那……誦一遍如轉藏經一百遍……"③《三種悉地破地獄轉業障出三界秘密陀羅尼法》(T·905):"下品悉地阿羅波左那,是名出悉地。能生根莖,遍滿四方。誦一遍,如轉藏經一百遍,(若誦一遍如誦八萬四千十二圍陀藏經除行人一切苦難。)即入如來一切法平等,一切文字亦皆平等,速得成就摩訶般若。誦兩遍,除滅億劫生死重罪,文殊普賢隨逐,四衆圍繞如備,是慈無畏護法善神在其人前。若誦三遍,三昧現前。若誦四遍,總持不

① 《大正新修大藏經》,册八五,頁 160 上。
② 《敦煌寶藏》,册一三三,頁 63。
③ 《大正新修大藏經》,册一八,頁 913 下。

忘。若誦五遍，速成無上菩提也。”①持誦此五字真言有如此巨大功德，因此受到高度信崇，僧人甚至將它書寫於寺門，入唐僧圓珍（814—891）在洛陽見到諸寺院門題榜上有“阿羅波左那”的題榜。②

另如前述雍熙二年印本《金剛經》卷末，也有稱揚持誦“般若真言”者，在此真言下有小字：“亦名‘無盡藏真言’，亦名‘般若心’，亦名‘般若眼’。若誦一遍，如誦十二部一千遍。”（附圖 6）③前述“般若無盡藏陀羅尼”又名“般若心”、“般若眼”，典出《陀羅尼集經》，但經文中僅稱如在高座上安置經藏，誦此咒時，專心係念，則“一切經藏皆從印出，悉入心中”。④ 不空譯《修習般若波羅蜜菩薩觀行念誦儀軌》（T・1151）“般若波羅蜜多根本真言”下，敘述誦持此咒印能出生無數修多羅藏。⑤ 此二經文或稱誦此咒，或

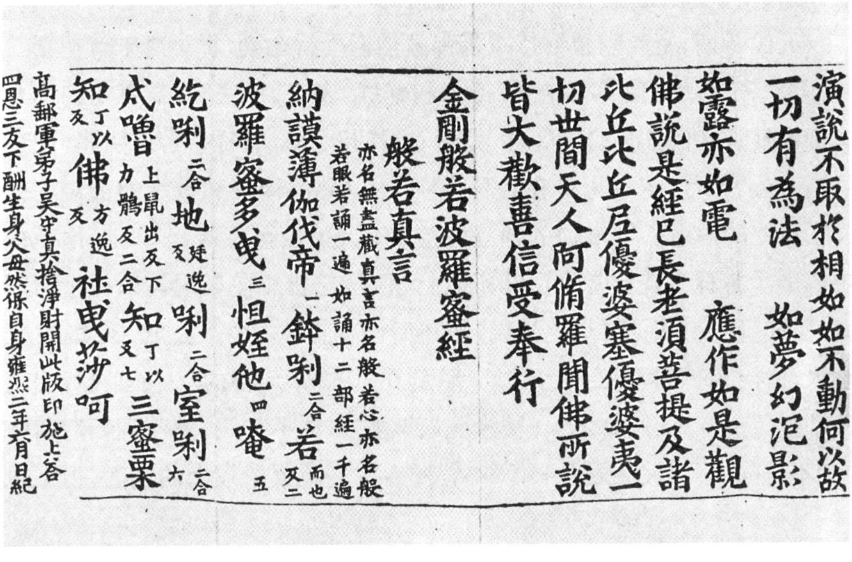
演說不取於相如如不動何以故
一切有為法　如夢幻泡影
如露亦如電　應作如是觀
佛說是經已長老須菩提及諸
比丘比丘尼優婆塞優婆夷一
切世間天人阿脩羅聞佛所說
皆大歡喜信受奉行
金剛般若波羅蜜經
般若真言
亦名無盡藏真言亦名般若心亦名般若眼若誦一遍如誦十二部經一千遍
納謨薄伽伐帝一鉢唎二合若而也反二
波羅蜜多曳三怛姪他四唵五
紇唎二合地姪逸反唎二合室唎二合六
戍嚕上鼠出反下力鶻反二合知丁以反七三蜜栗
知丁以反佛方逸反社曳莎呵
高郵軍弟子吳守真捨淨財開此版印施上答
四恩三友下酬生身父母然保自身雍熙二年五月日紀

附圖 6　雍熙二年（985）印本《金剛般若波羅蜜經》卷末

① 《大正新修大藏經》，册一八，頁 911 上。

② 《大日本佛教全書》，册二七，頁 1039 下：“‘阿鍐藍含缺，上品；阿尾羅吽缺，中；阿羅波左那，爲下悉地。’此出何文？曾見洛陽諸寺多題門榜，其大趣何？”由此可知，洛陽諸寺門榜上是有“阿羅波左那”真言。參見陳金華《傳善無畏所譯三部密教儀軌出處及年代考》，《藏外佛教文獻》第 4 輯，頁 394—428。圓珍訪華期間爲唐宣宗大中七年至大中十二年（853—858）。

③ 宿白《唐宋時期的雕版印刷》，北京，文物出版社，1999 年，頁 137，圖 22B。

④ 《大正新修大藏經》，册一八，頁 806 中。

⑤ 《大正新修大藏經》，册二〇，頁 613 下。

是一切經藏皆入心中，或是由心中生出無量經藏，此印本則改爲"如誦大藏經一遍"簡易明了的陳述。又，上述二經在提到持誦此咒時，都是"印"和"咒"兼修，在此一文本中，就看不見手印部分了。

前述多種陀羅尼石刻之例，皆係口誦，未提及其和手印的關聯，這可能是晚唐的一個趨勢。① 密教身口意三業相應，即口誦咒語、觀想、手印，行琳《釋教最上乘秘密藏陀羅尼集》一書收錄七百二十四首咒語，並無其他相關儀軌、手印的敍述，似也反映 9 世紀以後密教偏重陀羅尼持誦的發展。此外，另以《宋高僧傳》的一則記事爲例：唐代僧人清虛到少林寺山頂佛室坐夏，據說此室向來有鬼神居住，清虛夜裏聽到佛堂東邊有異聲，就念"十一面觀音咒"，因未奏效，"還持本經一契，帖然相次，影響皆絶"。② 本經應係指《十一面觀世音神咒經》，一契當此經之一手印。③

五代時期，密教陀羅尼持續爲佛教僧俗受持念誦，從後唐末帝清泰二年（935）三月功德使奏書中看，持念和講經、表白、禪法、聲贊科並列作爲皇帝生日時度僧考試的項目之一，④持念指持念教法，係指持念明咒（陀羅尼）。迄於宋代，陀羅尼更在各種寺院——禪寺、律寺和教寺的儀規中扮演了重要的角色。從宋代的禪寺清規和教寺《教苑事規》、律寺《律苑事規》，顯示各種寺院日常生活和宗教行事，隨處皆有陀羅尼。以禪宗清規爲例，成書於 1103 年《禪苑清規》敍述飯後要將鉢中的水丢棄，要念誦"棄鉢水真言：唵摩休羅細莎訶"。⑤ 又，約在 1263 年成書的《入衆須知》提及日常生活中有"入厠真言"、"洗净"、"净身"、"洗手"、"去穢"等各種真言："如不洗净，不得披袈裟看經。"⑥又，禪寺中避免誤殺蚊蟲的咒語，後來也

① 關於這一部分，筆者有另文討論。
② 《宋高僧傳》卷二五《唐梓州慧義寺清虛傳》，頁 867 上—中。"一句一契一真言"。
③ 大唐天竺三藏阿地瞿多譯《十一面觀世音神咒經》，見於《陀羅尼集經》（T・901）卷四，觀世音卷上："注是人意麁，是經本此卷總有五十二印，五十是主，二印是客。"《大正新修大藏經》，册一八，頁 812 中。
④ 《舊五代史・唐書》卷四七《末帝本紀中》，清泰二年："三月……辛亥，功德使奏：'每年誕節，諸州府奏薦僧道，其僧陀欲立講論科、講經科、表白科、文章應制科、持念科、禪科、聲贊科，道士欲立經法科、講論科、文章應制科、表白科、聲贊科、焚修科，以試其能否。'從之。"
⑤ 宗頤著，蘇軍點校《禪苑清規》，收入《中國禪宗典籍叢刊》，鄭州，中州古籍出版社，2001 年，頁 11。
⑥ 《入衆須知》（X・1247），《卍新纂續藏經》，册六三，頁 560 中。

爲醫方所借用,作爲避蟲法之一。① 在各種寺院的生活和修行的儀規中,隨處皆有密教陀羅尼中的"楞嚴咒"、"往生咒"等,②在禪寺法會的儀軌中,最常念誦的是"楞嚴咒"和"大悲咒",而不是經文。如皇帝生日的聖節、亡僧祭奠和荼毗、③達摩忌中念誦的也是"楞嚴咒"。④ 總而言之,晚唐以後密教陀羅尼的流行使它跨越宗派,入宋之後更成爲諸宗共享的修習内容,以迄於今。⑤

（本文原刊於《石經研究》第 1 輯,北京燕山出版社,2016 年）

---

① 《醫方類聚》卷一六六辟蟲門辟諸蟲法:"又法:唵地哩穴哩娑婆訶。此咒,若人家每夜點燈了,面北立,志心念誦三七遍,將剔燈杖子焰上度過,攪油七遍,能免一切蛾蠓投焰之苦。"頁48。按此咒原係禪門下床怕誤踏蚊蟲所念的咒語"早辰下床念偈咒":"從朝寅旦及至暮,一切衆生自回互,若於脚下喪身形,願汝實時生净土:唵地哩穴哩莎訶。"《禪門諸祖師偈頌》(X‧1298),《卍新纂續藏經》,册六六,頁 751。
② 木村俊彦、竹中智泰《禪宗の陀羅尼》(東京,大東出版社,1998 年),一書討論禪寺所持誦的一些陀羅尼。
③ 《叢林校定清規總要》(X‧1249,成書於度宗咸淳十年,1274)卷下,《卍新纂續藏經》,册六三,頁 609 下,612 中—下,615 上。
④ 《敕修百丈清規》(T‧2025)卷二達磨忌,收入《大正新修大藏經》,册四八,頁 1117 下—1118 上。
⑤ 關於這一部分,筆者有另文討論,拙文《九世紀的中國密教——入唐八家及其他》,待刊稿。

聖僧與羅漢

中國的聖僧信仰和儀式
（4—13 世紀）

一、前　言

　　提及佛教史上的"聖僧"，人們直接聯想到的是賓頭盧尊者、劉薩訶、寶誌和尚、僧伽和尚（泗州大聖）等個別聖僧。事實上，佛典中的"聖僧"所指的是修行達到某些位階的聖衆，數目非常龐大，絕大多數也不知其名；上述的聖僧和人們熟知的十六、十八羅漢和五百羅漢，都是其中的一分子。至今有關聖僧的研究，都集中在唐代以後的羅漢——十六羅漢、十八羅漢，[①]以及個別的聖僧如劉薩訶、僧伽和尚、[②]誌公和尚、聖僧萬迴、賓頭盧等的討論，[③]而未將它放在佛教"聖僧"信仰這個大背景中來看，其實無法顯示它們在中國佛教史上的意義，不無可惜。

①　道端良秀《羅漢信仰史》第八卷，收入氏著《中國佛教史全集》，東京，書苑株式會社，1975 年；李玉珉《住世護法羅漢——羅漢畫特展介紹》（之一）、（之二），《故宮文物月刊》第 8 卷第 7—8 期，1990 年；陳清香《羅漢圖像研究》，臺北，文津出版社，1995 年等。

②　關於僧伽和尚、劉薩訶的研究，王惠民有《僧伽研究論著目録》、《劉薩訶研究論著目録》（2009），公布於敦煌研究院網站的"論著目録"項下（http://www.dha.ac.cn/0205/section.htm）。今至少可補下列諸文：齊藤圓真《成尋の見た中國の庶民信仰—泗州大師僧伽信仰》，《天台學報》第 47 卷，2004 年；蔡相煇《以李邕（673—742）〈泗州臨淮縣普光王寺碑〉爲核心的僧伽（628—709）信仰》，《空大人文學報》第 14 卷，2005 年；劉苑如《重繪生命地圖——聖僧劉薩訶形象的多重書寫》，《中國文化研究集刊》第 34 卷，2009 年等。

③　王惠民《古代印度賓頭盧信仰的产生及其束傳》，《敦煌學輯刊》1995 年第 1 期；楊寶玉《〈請賓頭盧波羅墮和尚疏〉拼合與校議》，宋家鈺、劉忠編《英國收藏敦煌漢藏文獻研究：紀念敦煌文獻發現一百周年》，北京，中國社會科學出版社，2000 年；金文京《敦煌出土文書から見た唐宋代の賓頭盧信仰》，收入吉川忠夫編《唐代宗教》（京都大學人文科學研究所研究報告），京都，朋友書店，2000 年；党燕妮《賓頭盧信仰及其在敦煌的流傳》，《敦煌學輯刊》2005 年第 1 期；党燕妮《晚唐五代敦煌地區的賓頭盧信仰》，《敦煌歸義軍專題研究三編》，蘭州，甘肅文化出版社，2005 年；王惠民《敦煌寫本〈請賓頭盧疏〉考察》，《敦煌學輯刊》2006 年第 2 期。

迄今學界尚未注意到：聖僧信仰係中國佛教史上重要的課題之一。從東晉道安開始供養聖僧，乃至於趙宋，在寺院的食堂（或僧堂）設有聖僧座，寺院或民家的齋會也必迎請聖僧，期待非特定的聖僧臨齋應供。在佛典中也有關於聖僧的經典，從東漢即有聖僧經典的漢譯，至梁武帝時更編集供聖僧的儀軌；隨著此一信仰的流行，供養聖僧的內涵和儀軌也有所變化。中古時期寺院和齋會中設有聖僧座，除了施給凡僧的嚫施之外，另有一份"聖僧錢"是供養聖僧的。迄於宋代，禪寺還出現"聖僧侍者"的寺職，專門負責供養聖僧事宜；僧眾平日沐浴之前，也要先請浴聖僧。這種聖僧信仰和個別聖僧、特定的一些聖僧如羅漢信仰（換句話説，就是聖僧總類和特定聖僧的信仰）是並存於寺院之中的，個別聖僧和羅漢通常在寺院中別建一堂供奉，如唐宣宗大中年間重建的白鶴寺，除佛殿之外，另有僧伽殿、羅漢堂等。[1] 宋代禪寺僧堂中有"聖僧座"，寺中另有"羅漢堂"；寺職中既有"聖僧侍者"，也有"羅漢堂主"。又，雖然個別聖僧和羅漢係歸屬於聖僧這個類別，但其供養儀軌則有所差異，在此僅討論聖僧信仰。

筆者認爲：只有從佛教聖僧信仰這個觀點，纔能理解唐代以後流行的十六、十八羅漢、五百羅漢信仰，以及個別聖僧信仰的屬性。從聖僧信仰及其相關儀軌的研究，方能確切解讀敦煌遺書中的《賓頭盧疏》的文本，以及了解宋代羅漢畫的宗教意涵。本文主要釐清"聖僧"的概念和內涵，次及有關聖僧的經典和儀軌、中古社會流行的"聖僧"信仰，最後討論宋代聖僧信仰的變化。

二、聖僧的經典和儀軌

因佛陀涅槃之後，囑咐聖僧護持佛法，所以聖僧在佛教中占有重要地位。佛教傳來之初，就譯出與聖僧相關的經典；迄梁武帝時，敕命僧人寶唱搜羅各種聖僧經典，匯成五卷。迄今所存的聖僧經典都很簡短，較詳細的

---

[1] 《全唐文》卷九一三《白鶴寺記》："彼二上德振錫南歸，宣宗大中之載，化緣造大佛殿，并三龕功德、彌陀殿、深涉堂，相繼成功。廊廡旋臻，豐廚亦備，緣歸十信，門引四方。有僧伽殿、羅漢堂"。北京，中華書局，1983 年，頁 9510 下。

供養聖僧儀軌僅見於唐代僧人道宣（596—667）和道世（？—682）的著作中。

（一）何謂"聖僧"

"三寶"佛、法、僧之中的"僧"，擔負著傳法的任務，包括"凡僧"和"聖僧"兩種，凡僧係指世間出家修道傳法之人，聖僧則係修行證果的高僧。在大乘和小乘佛教中，聖僧有不同的意涵，在大乘（菩薩乘）中，聖僧係指初地以上的菩薩，小乘（聲聞）則指達到初果以上的出家人。[1] 此外，緣覺乘係依十二因緣法修行，頓斷見思二惑，證辟支佛果，就不再分果位。因此三乘（菩薩、緣覺、聲聞）的聖僧可分別稱爲菩薩僧、辟支佛僧、聲聞僧。[2] 隋灌頂（561—632）纂敬禮法中即稱"敬禮三乘得道一切賢聖僧"。[3]

小乘修行者證入聖果分爲四級：初果（須陀洹）、二果（斯陀含）、三果（阿那含）、四果（阿羅漢）。羅漢是小乘最高的果位，因它係在聖僧的隊伍之中，佛典有時將這兩個名詞連稱，作"羅漢聖僧"或"聖僧羅漢"。以賓頭盧爲例，賓頭盧的果位是阿羅漢，在經典中有時作"聖僧賓頭盧"、有時則稱"賓頭盧羅漢"。至於稱"賓頭盧比丘"者，則因聲聞僧都是出家人，故皆作僧形。[4]

大乘（菩薩乘）修行次第包含五十二位階，係指從凡夫發心修行到成佛過程中，依其功德所獲致的位階。菩薩的位階以"心"或"住"名之，五十二位即包括："十信"（十信心、十信位）、"十住"（十住心、十住位）、"十行"（十行心、十行位）、"十迴向"（十迴向心、十迴向位）、"十地"（十地心、十

---

① 船山徹《聖者觀の二系統—六朝隋唐佛教史鳥瞰の一試論》，收入麥谷邦夫編《三教交涉論叢》，京都大學人文科學研究所，2005 年，頁 377—379。三乘，即菩薩乘（大乘）、緣覺乘（中乘）、聲聞乘（小乘）。大乘佛教每將聲聞、緣覺稱作"二乘"，或稱之爲"小乘"。拙文受此文甚大的啓發。

② 《大智度論》（T·1509）卷二二序品："行者應念如佛所讚僧：若聲聞僧，若辟支佛僧，若菩薩僧功德。是聖僧五衆具足，如上說。"《大正新修大藏經》，册二五，頁 223 中。

③ 《國清百録》（T·1934）卷一敬禮法第二，《大正新修大藏經》，册四六，頁 794 中。

④ 《維摩經疏卷第三·第六》（T·2772）卷六，《大正新修大藏經》，册八五，頁 411 下—412 上："以大乘教成菩薩僧者，依大乘教而起修行成菩薩僧也。菩薩僧有二種：一在家唯有理和，二出家具理事二和，此二種皆是菩薩僧攝也。聲聞要須出家，具理事二和，方名爲僧，在家非僧也。"

地位)、等覺、妙覺。① "等覺"即係將達到佛境地者,妙覺即佛。中古時期部分佛教徒在僧人的布教下,對於上述修行的次第位階也可有相當程度的認識,如北齊河清二年(563)陽阿故縣村的佛教信仰團體"義邑"的成員依從三位比丘尼僧雲、像藏、惠好的指導,建造一所石佛像碑,碑上建造代表五十二位階菩薩像,由此可以推知其係依《菩薩瓔珞本願經》修習佛法。②對於大乘的聖者,另有"三賢十聖"之説,由於十信是初發心,十住以上者方超凡入聖,故以十住、十行、十迴向爲"三賢",十地爲"十聖",另外加上等覺、妙覺,合稱"四十二賢聖"。③ 如唐代長安資聖寺觀音院兩廊有韓幹所繪畫的四十二賢聖,④並且有相關的供養儀軌。從李華《大唐東都大聖善寺故中天竺國善無畏三藏和尚碑銘并序》中,可見大、小乘的聖者之分,善無畏從天竺東來途中:"有羅漢降曰:'我小乘之聖,大德是登地菩薩。'乃讓席推尊。和上贈以名衣,遂昇空而去。"⑤羅漢是小乘的聖者,指稱善無畏是大乘的菩薩僧。

道宣敍述經典上所見修行證果的聖僧,知其名者如下:(1)釋迦弟子迦葉、阿難傳法相續,至師子比丘,共二十五人,都是得阿羅漢果的聖者,具有六通(神足通、天眼通、天耳通、他心通、宿命通、漏盡通)的神

① 十地:歡喜地、離垢地、發光地、燄慧地、難勝地、現前地、遠行地、不動地、善慧地、法雲地。十迴向:救護一切衆生離衆生相迴向、不壞迴向、至一切處迴向、無盡功德藏迴向、隨順平等善根迴向、隨順等觀一切衆生迴向、隨順等觀一切衆生迴向、如相迴向、無縛無著解脱迴向、法界無量迴向。十行:歡喜行、饒益行、無瞋恨行、無盡行、離癡亂行、善現行、無著行、尊重行、善法行、真實行。十住:初發心住、治地住、修行住、生貴住、方便具足住、正心住、不退住、童真住、法王子住、灌頂住。十信:信心、念心、精進心、定心、慧心、戒心、迴向心、護法心、捨心、願心。

② 胡聘之撰《山右石刻叢編》卷二記此碑在鳳臺,清代鳳臺即今山西晉城,收入《石刻史料新編》第一輯(20),臺北,新文豐出版社,1977年。侯旭東《北魏村落考》(收入《慶祝何茲全先生九十歲論文集》,北京師範大學出版社,2001年),認爲此碑係在山西沁水,恐係筆誤。倉本尚德《北朝期における"菩薩瓔珞本願經"實踐の一事例—陽阿故縣村造像記について》,《東アジア佛教研究》第8卷,2010年,頁3—24。

③ 菩薩位階是中國佛教獨創的,出現在5世紀以後中國撰述的經典《仁王般若經》、《梵網經》、《菩薩瓔珞本業經》之中,是指從凡夫發心修行到成佛過程中,依其功德所獲致的位階。經《瓔珞經》整理之後,以《華嚴經》的用語代替,標出"四十二位賢聖",又另舉出在四十二位之前準備階段的"十信位",加起來共計五十二位。參水野莊平《五十二位の菩薩階位説の成立について》,《印度學佛教學研究》第57卷第2號,2009年,頁775。

④ 《太平廣記》卷二一二資聖寺,北京,中華書局,1986年,頁1627。

⑤ 《玄宗朝翻經三藏善無畏贈鴻臚卿行狀》(T·2055),《大正新修大藏經》,册五〇,頁290中。

力。(2)在于闐國南的沮渠國,有證四果的阿羅漢。(3)據《入大乘論》等佛經律典的記載,佛令賓頭盧等十六阿羅漢,和九十九億羅漢住世傳法。他們住在天上、四大部洲(東勝神洲,南瞻部洲,西牛賀洲,北俱盧洲)的神山聖寺之勝地。①

聖僧的數量:聖僧的數量很多,有九十九億、八十億、七十億、十二億之說。佛經中的數字有很多並非實數,而是比喻之語,但由此也可知其數量之多。另外,有些經典上的聖僧數量則有具體的數字,如十六、十八等,如《大阿羅漢難提蜜多羅所説法住記》(T·2030)所稱具數的羅漢。

姚秦鳩摩羅什譯《維摩詰所説經》(T·475)中稱藥王如來世界名大莊嚴"其聲聞僧三十六億那由他,菩薩僧有十二億"。② 又,佛臨涅槃時,留菩薩僧八十億人,不取涅槃,護持佛法。③ 小乘聲聞僧最高果位的阿羅漢數量也很龐大,如功德生如來有七十億聲聞弟子,皆悉證於阿羅漢果。④《阿育王傳》(T·2042)敍述阿育王希望得見曾經遇逢佛陀的聖僧,合掌瞻仰:"見賓頭盧猶如半月,亦如鵝王,與數千萬阿羅漢等,從空中來,下坐上座頭。"⑤北涼三藏法師道泰等譯《入大乘論》(T·1634)中,提及十六羅漢,另有九十九億大阿羅漢:

> 又尊者賓頭盧、尊者羅睺羅如是等十六人諸大聲聞,散在諸渚。於餘經中亦説有九十九億大阿羅漢,皆於佛前取籌護法,住壽於世界,東方弗婆提渚、麥渚、粟渚、師子渚、閻浮渚、大閻浮渚、跋提梨伽處、罽賓,乃至阿耨大池,諸賢聖等皆住,守護佛法。⑥

唯上述九十九億並非實際上的數字,佛經上經常以此比喻其數量之多。

---

① 《集神州三寶感通録》(T·2106)卷下神僧感通録,《大正新修大藏經》,冊五二,頁430下—431上。
② 《大正新修大藏經》,冊一四,卷下法供養品,頁556中。
③ 《法苑珠林》(T·2122)卷八法滅篇,佛鉢部第五,《大正新修大藏經》,冊五三,頁1008中。
④ 《佛本行集經》(T·190)卷一發心供養品,《大正新修大藏經》,冊三,頁657下。
⑤ 《阿育王傳》卷二本緣之餘,《大正新修大藏經》,冊五〇,頁105中。
⑥ 道泰等譯《入大乘論》(T·1634)卷上,《大正新修大藏經》,冊三二,頁39中。

　　由於聖僧的隊伍很龐大，是哪一位或哪些聖僧到人間應供或應化，其實難以捉摸，因此齋會中供養聖僧並沒有特定的對象。唐代以後興起的羅漢信仰（十六羅漢、十八羅漢、五百羅漢等）實是聖僧信仰的一環，前引《入大乘論》提及賓頭盧等十六羅漢，至唐玄奘譯《大阿羅漢難提蜜多羅所説法住記》（T·2030，以下簡稱《法住記》），纔具體列出十六羅漢之名，並且記載其各有眷屬數目（“眷屬”係指相贊輔助其行化的其他聖僧），總計有一萬七千名之多。① 至於五百羅漢，則北魏神龜二年（519）十二月，西行取經的僧人惠生和宋雲到了烏場國，巡禮佛陀遺迹，在王城西南五百里的善持山見到“山中有昔五百羅漢牀，南北兩行，其次第相對”。② 不過，要到了五代五百羅漢纔有各自的名號。

　　除了上述經典所見菩薩僧、緣覺僧和包括羅漢在内的聲聞僧這個數目龐大的聖僧隊伍之外，還有世間由凡入聖的個別聖僧，如劉薩訶、寶誌、傅大士、寒山、拾得、萬迴等。③ 此外，僧傳中有所謂的“散聖”，係指未證果的異僧，他們大都見於諸高僧傳中，如唐朝真定府僧人普化預言屢中：“禪宗有著述者，以其發言先覺，排普化爲散聖科目中，言非正員也矣。”④也就是指其非證果的聖僧。

　　上述的諸多聖僧、羅漢及個別聖僧（意即總數和個別聖僧信仰）是同時存在的，有時同供奉於一所寺院之中。此三者的供養儀軌也有所區別，本文主要討論的是衆聖僧的信仰和儀軌。

---

① 《大正新修大藏經》，册四九，頁13上一中：“第一尊者與自眷屬千阿羅漢……第二尊者與自眷屬五百阿羅漢……第三尊者與自眷屬六百阿羅漢……第四尊者與自眷屬七百阿羅漢……第五尊者與自眷屬八百阿羅漢……第六尊者與自眷屬九百阿羅漢……第七尊者與自眷屬千阿羅漢……第八尊者與自眷屬千一百阿羅漢……第九尊者與自眷屬九百阿羅漢……第十尊者與自眷屬千三百阿羅漢……第十一尊者與自眷屬千一百阿羅漢……第十二尊者與自眷屬千二百阿羅漢……第十三尊者與自眷屬千三百阿羅漢……第十四尊者與自眷屬千四百阿羅漢……第十五尊者與自眷屬千五百阿羅漢……第十六尊者與自眷屬千六百阿羅漢……”

② 楊衒之撰，范祥雍校注《洛陽伽藍記校注》卷五城北聞義里宋雲家紀，上海古籍出版社，1978年，頁300。

③ 靈巖妙空和尚《證道歌注》（X·1241）卷六：“或人云：無修無證者，乃諸散聖助佛揚化。已於往昔證道，不復更證，譬如出礦黄金，無復爲礦，即寶公、萬回、寒山、拾得、嵩頭陀、傅大士等是也”。《卍新纂續藏經》，册六三，頁260下。

④ 《宋高僧傳》（T·2061）卷二〇唐真定府普化傳，《大正新修大藏經》，册五〇，頁837。

（二）聖僧的經典

有關聖僧的經典，主要有《請賓頭盧法》、《入大乘論》、《請聖僧浴文》、《衆經飯供聖僧法》、《大阿羅漢難提蜜多羅所説法住記》。①

東漢安世高最先譯出《請賓頭盧法》，隋法經《衆經目録》（T·2146）稱它係譯自西域的小乘經典，②此經在唐代以前就失傳了。至劉宋時僧人慧簡在秣陵（今江蘇南京）鹿野寺譯出《請賓頭盧法》（T·1689），今存。此外，還有一本以賓頭盧爲名的《賓頭盧突羅闍爲優陀延王説法經》（T·1690）（又作《賓頭盧爲王説法經》），則與聖僧信仰比較没有直接的關係，在此從略。

《請賓頭盧法》的内容，首先説明此供養法的來由，因賓頭盧爲樹提長者展現神通，所以爲佛所擯斥，不許他涅槃，敕命他在末法時期受四部衆（比丘、比丘尼、優婆塞、優婆夷）供養，使他們因敬重僧寶而得到福報。次則敍述供養賓頭盧的方法，再次描述一位長者因設齋請賓頭盧不如法的事（見下文），説明供養僧人不應該有分别心。最後，敍述賓頭盧應供的迹相。③ 此外，以聖僧爲名的經典有《請聖僧浴文》一卷，係劉宋元嘉年間（424—454）印度僧人僧伽跋摩在建康長干寺譯出，今不存，④此經可能在隋代以前就佚失了，梁僧祐（445—518）《出三藏記集》（T·2145）中著録此書，但隋費長房《歷代三寶紀》注云："請聖僧浴文一卷（見僧祐録及高僧傳）"，《開元釋教録》也有同樣的記載。⑤ 最值得注意的一部聖僧經典，係梁武帝天監十五年（516）特别敕命僧人寶唱撰集的《衆經飯供聖僧法》五卷，又名《飯聖僧法》，它應是前此有關聖僧經典和儀軌的總集。道宣的著作曾提及此書，但盛唐以後可能由於未入藏之故而失傳了。智昇《開元釋教録》敍述寶唱的著作僅列《經律異相》、《比丘尼傳》兩種："唱又别撰尼

① 散見於諸經的敍述者，不計其中。
② 《大正新修大藏經》，册五五，卷六，頁 144 中—下。
③ 《大正新修大藏經》，册三二，頁 784 中—下。
④ 《歷代三寶記》（T·2034）卷一〇，《大正新修大藏經》，册四九，頁 91 上。《高僧傳》（T·2059）卷三譯經下僧伽跋摩傳，《大正新修大藏經》，册五〇，頁 342 下。
⑤ 《開元釋教録》（T·2154）卷五，《大正新修大藏經》，册五五，頁 527 下。

傳四卷,房録之中復有《名僧傳》等七部,非入藏,故闕不論。餘並備在續高僧傳。"①可知此書僅能見於《續高僧傳》。宋代僧人的著作雖稱一些供養聖僧儀軌出自《飯聖僧法》,但注明此書業已亡佚。②

如前所述,羅漢係屬聖僧之列,從唐代興起十六羅漢、十八羅漢、五百羅漢的信仰,北涼道泰所譯的《入大乘論》首先提及"十六羅漢"之稱,至玄奘譯出的《法住記》,透過大阿羅漢慶友的敍述,佛臨涅槃時,將佛法付囑十六大阿羅漢并眷屬,令其護持,使佛法不滅;同時佛也敕命羅漢臨齋受人供養,使施主得福田"現種種形,蔽隱聖儀,同常凡衆,密受供具,令諸施主,得勝果報"。此經中並且具體敍述十六羅漢的名號、眷屬的人數和其住處。此經和彌勒信仰有關,供養羅漢(僧寶)的人在將來彌勒降臨的三次法會中可以得度。彌勒成佛以後,將爲聲聞衆三次説法"令出生死,得證涅槃。第一會度九十六俱胝聲聞衆,第二會度九十四俱胝聲聞衆,第三會度九十二俱胝聲聞衆"。此三會是依供養佛、法、僧的次序而決定其得度的次序,故供養僧(凡、聖僧)寶者得以在第三會得度。③

除了上述供養聖僧的經典儀軌之外,還有供養聖僧的科儀本,如《請聖僧浴文》應是一種疏文,惜已失傳。至於敦煌遺書中《請賓頭盧疏》,係在齋會中所用的疏文,今尚可見。9世紀來華的日本僧人曾經請去兩本供養聖僧的科儀本。最澄(762—822)訪得天台國清寺湛然(711—782)所述《請四十二賢聖儀》一卷,④圓仁(794—864)在五臺山大華嚴寺坐夏時,抄寫了《請賢聖儀文并諸雜讚一卷》。⑤ 此外,禪寺中供養聖僧羅漢也有《供羅漢科儀本》,⑥今亦不復得見。

---

① 《開元釋教録》卷六總括群經上之六,頁538上。
② 《四分律行事鈔資持記》(T·1805)卷下釋計請篇:"第三安聖位……初引所據梁武所出,其文已亡。賓頭盧經藏中見有,具明請法"。《大正新修大藏經》,册四〇,頁401上。
③ 《大正新修大藏經》,册四九,頁12下—14下。
④ 《傳教大師將來台州録》(T·2159),作"《聖四十二賢聖儀》一卷(荊溪和尚撰)(三紙)",《大正新修大藏經》,册五五,頁1056上。《天台宗章疏》(T·2178)作"請四十二賢聖儀一卷(湛然述)",《大正新修大藏經》,册五五,頁1137上。
⑤ 《入唐新求聖教目録》(T·2167),《大正新修大藏經》,册五五,頁1085上—中。
⑥ 懷海集編,儀潤證義、妙永校閲《百丈清規證義記》(X·1244)供羅漢,《卍新纂續藏經》,册六三,頁426上。

（三）供養聖僧的儀軌

劉宋慧簡譯出的《請賓頭盧經》，對供養聖僧之法僅有簡短的敍述，迄於唐代則有更詳細的儀軌。這應是聖僧信仰初發端於東晉，經歷南朝有更進一步的發展之故，梁武帝則在其間扮演了一個重要的角色，他敕命釋寶唱撰集《飯聖僧法》，達五卷之多，成爲唐代供養聖僧儀軌的重要來源。

道世撰集的《法苑珠林》（T·2122）、《諸經要集》（T·2123），以及道宣《四分律刪繁補闕行事鈔》（T·1804）三書中，有很多關於聖僧和供養聖僧儀軌的記載。《法苑珠林》、《諸經要集》二書的內容幾乎一樣，本文在正文中僅引前者，另在注解中標記後者。《法苑珠林》有住持篇《羅漢部》和受請篇《聖僧部》，前者說明聖僧住世弘法，後者的內容是供養儀軌，至於《諸經要集》則有《聖僧緣》。今綜合以上聖僧的經典和唐代的著述，將聖僧供養儀軌分述如下：

1. 供聖僧的場合和儀軌

《請賓頭盧法》稱聖僧賓頭盧受佛敕命，應世人禮請，受人供養，使人得到供養僧寶的福報。人們在以下的場合可以禮請他來應供：

（1）僧人日常會食之時。

（2）寺院或民家舉行的齋會。

（3）寺院僧眾或民家俗人皆可請聖僧澡浴。

（4）新作屋舍或床鋪時，可先迎請聖僧入住。

寺院在早、午齋時，都必須供養聖僧，至於後三者則是不定期的供養。

關於請浴和新作屋舍時的聖僧供，則在天未明之前，準備澡浴的水和用具、新的床被褥，開門啓請聖僧光臨，然後關閉門户，等一段時間（約一般人澡浴的時間），再開門讓一般僧眾入浴：

> 請時於靜處燒香禮拜，向天竺摩梨山至心稱名言："大德賓頭盧頗羅墮誓，受佛教敕，爲末法人作福田，願受我請，於此處食。"若新作屋舍，亦應請之言，願受我請，於此舍床敷止宿。若普請眾僧澡浴時，亦應請之言，願受我請，於此洗浴。及未明前，具香湯淨水、澡豆、楊

枝,香油調和冷暖,如人浴法。開戶請入,然後閉戶,如人浴訖頃,衆僧乃入。①

最後一段是敍述賓頭盧親臨應供的迹象,床褥上有人卧過的痕迹,浴室也有人使用湯水的樣子:

> 凡會食、澡浴,要須一切請僧,至心求解脱,不疑不昧,信心清浄,然後可屈。若新立房舍、床榻,欲請賓頭盧時,皆當香湯灑地,燃香油燈。新床、新褥奮綿敷之,以白練覆綿上。初夜如法請之,還閉房戶,慎勿輕慢闚看,皆各至心,信其必來。精誠感徹,無不至也。

此外,有時賓頭盧或其他聖僧會化作一般僧人的形象,前來參與齋會。凡夫肉眼,無法辨識,只有等聖僧離開之後,其坐過之處的香花不會凋萎,纔知聖僧曾經親臨:"受大會請時,或在上坐,或在中坐,或在下坐,現作隨處僧形。人求其異,終不可得,去後見坐處華不萎,乃知之矣。"②

迄於唐代,供養聖僧的儀軌有更多的發展,不僅日間供養齋食,更在夜間燃燈:"若至午前并獻飲食,夜中然燈、燒香,隨心量力,如法供養。"此外,也隨四季氣候變化,更換供養的内容。夏天暑熱,以供聖浴爲主;冬天則要供以厚被、毛氈、炭火:"隨四時冬夏,安物供養。若在夏内,堂内日別敷好浄席、襯身、單敷、銅盆、銅瓶、澡豆、浄巾。……若至冬寒。安被厚帔、氈褥、炭火、湯水、燈明,隨時供養。"③

道世還認爲如果財力許可的話,應該采取印度寺院供聖僧的形式,在寺院或民家的空地另外建造一所供養聖僧的房子:"若多得錢,即如西國寺法及俗人舍空静上處,爲聖僧造房堂。"④按義净(635—713)《南海寄歸

---

① 《大正新修大藏經》,册三二,頁784中一下。相同的文字亦見於《諸經要集》卷五受請部第七聖僧緣第四,在《大正新修大藏經》,册五四,頁42下。
② 《大正新修大藏經》,册三二,頁784下。
③ 《法苑珠林》卷四二受請篇聖僧部,頁610下—611上;《諸經要集》卷五受請部聖僧緣,《大正新修大藏經》,册五四,頁43中。
④ 《法苑珠林》卷四二聖僧部,頁610下—611上;《諸經要集》卷五聖僧緣,頁43中。

内法傳》（T・2125）中，記録了 7 世紀下半葉印度的聖僧信仰，包括在齋會中必得先供養聖僧：“施主乃净洗手足，先於大衆前，初置聖僧供，次乃行食以奉僧衆。”①道世稱應如西國法建造供養聖僧房，由此看來，唐代供養聖僧之法也受到同一時期印度的影響。

2. 聖僧座

現存的聖僧經典《賓頭盧經》没有提及聖僧座，但梁慧皎《高僧傳》記載東晉慧遠設座供養賓頭盧（詳下文）。至唐代寺院中則有固定的聖僧座，至於民家則是遇有齋會纔臨時設置，道宣《四分律删繁補闕行事鈔》稱“今世臨時虚設，並無法式。既知不易，門師比丘依經豫示”。②

《法苑珠林》和《諸經要集》二書中，對於聖僧座有很具體的描述，内容幾乎完全相同：

> 述曰：今見齋家多不依法，但逐人情安置，凡人全不憂佛及聖僧。既如前經所説，施主先須預掃灑佛堂及安置聖僧坐處……僧未坐前，先上好處安置佛座，掃灑如法。其次好處，安聖僧座，敷設軟物新白净者，布綿在上。……其座不得彩畫，錦綺綾羅，金銀雜飾及散華置上，雖是羅漢，然共凡僧同受二百五十别解脱戒，所以不受雜綵金銀等物。……安聖僧座及以獻食，亦不得越過尺六高處安置，尺六已下如法僧座則得。③

由上可知，聖僧座的安排有幾個重點：

1. 聖僧座的位置僅次於佛座。

2. 在聖僧座上要鋪設新白潔净的布棉坐墊，不可用彩畫金銀和絲織品的錦綺綾羅裝飾，也不可散花於座上。

3. 聖僧座的高度不可超過尺六，僅可用尺六以下的僧座。

因爲聖僧座是僅次於佛座的尊位，所以齋會中的席次中，面對聖僧的座位

---

① 《南海寄歸内法傳》（T・2125）卷上九受齋軌則，《大正新修大藏經》，册五四，頁 209 中。
② 《四分律删繁補闕行事鈔》（T・1804）卷下計請設則篇第二十三，《大正新修大藏經》，册四〇，頁 135 下。
③ 《法苑珠林》卷四二聖僧部，頁 610 中—下；《諸經要集》卷五聖僧緣，頁 43 上—下。

是尊位。唐武宗時洛陽廣愛寺僧從諫爲時人所敬重,他每次參與齋會,都被安排坐在面對聖僧的尊位:"洛中有請諫設食,必排位對賓頭盧尊者,其爲人之欽奉,皆此類矣。"①《南海寄歸内法傳》中,也有關於印度齋會中聖僧座的描述,在經師讀佛經偈誦之後:"經師方下,上座先起,禮師子座,修敬既訖。次禮聖僧座,還居本處。"②唐五代的文獻亦有寺院、人家設聖僧座的記載,如唐初四川僧人釋惠寬(584—653)屢有神異奇迹,去世後全身不壞,受到當地信衆的禮敬,凡是民間設齋會時除了設聖僧座之外,還另設一個座位供養惠寬:"爾後至今凡設會家,皆設兩座,一擬聖僧,一擬寬也。"③李小榮研究藥師信仰,提及北京大學藏敦煌遺書 D.180《藥師道場壇法》,其壇中置藥師像,並置有五個"聖僧座"。④

3. 聖僧像

唐初道世和道宣的著述中,不僅有聖僧座的規制,也一再叮囑聖僧座上不可置像。何以聖僧座上不能安置聖僧像?此關涉到聖僧信仰的本質,有以下三個原因。

一是聖衆數目非常龐大,應四天下之人的供養,齋家必須虔心祈請,否則聖僧不會前來應供。二則如齋家誠意殷勤,有聖僧來應供,但不知哪一位聖僧來臨齋?即聖僧不一定來應供,來者是何人也未可知。關於這一點,唐代杭州華嚴寺僧大覺在《四分律行事鈔批》(Ⅹ·736)中説得最清楚,他論及施主給聖僧的齋嚫云:

> 賓云:對此因明此方施聖僧物……本施聖僧,非專上座;又施雖捨,聖未必來。……又彼總相但施聖僧,聖僧誰當,即來專攝,今詳此物,猶無定主。若當盜者,並得吉羅。若有主想,即得蘭罪。然此蘭吉業皆深重,由於聖境,起偷心故。又此施物,施心無當,又未

---

① 《宋高僧傳》卷一二唐洛京廣愛寺從諫傳,頁 779 中。
② 《南海歸内法傳》卷四《三十二讚咏之禮》,頁 227 上。
③ 《續高僧傳》(T·2060)卷二〇習禪六益州浄惠寺釋惠寬傳,《大正新修大藏經》,册五〇,頁 601 中。
④ 李小榮《論隋唐五代至宋初的藥師信仰——以敦煌文獻爲中心》,收入氏著《敦煌密教文獻論稿》,北京,人民文學出版社,2003 年,頁 192—193。

定屬一个聖僧,可買供養聖僧,或復起立聖僧塔廟,於聖僧境,福田皆通……①

即齋主迎請聖僧,聖僧未必來;即使聖僧來了,也不知是哪一位前來應供,所以説施聖僧物"猶無定主";或者數位聖僧同時應供,故云"又未定屬一個聖僧"。

三則聖僧可能以報身或化身形式應供,佛教有"三身"説,即法身、報身、化身,佛性是法身,佛性所顯現的是報身(應身),化衆生的是化身。②聖僧應供有時候是報身來,報身是不現形的(事後只在座位上留下有人坐過的痕迹),若聖僧座上有像,聖僧的報身就無處可坐了。有時則是化身來,即以僧人的形像混在凡僧中,也就是道宣所稱"至時來赴,凡聖難知",和聖僧座上有無像設自然無關。

聖僧以何身應供,取決於施主的誠敬程度,如果施主道心可感,則或是報身,或是化身臨齋;如果誠意不足,則聖僧根本不來應供:

> 若施主心重有感,食訖,候看似人坐處,即知報身來赴。若無相現,但化身來。若全輕慢,報、化俱不至。③

至於前來應供的聖僧,有可能是賓頭盧,也有可能是其他的聖僧。道宣《法苑珠林》中認爲如在聖僧座上置像,若報身來應供,豈不是要將像移去方能入座:"亦不得作塑形聖僧,在座安置,儻報身自來,豈可推却塑像而坐?"④他在《四分比丘尼鈔》(X·724)也説如果賓頭盧的報身來應供,若有像設,就無處可坐:"亦不得造聖僧形像,置上座食堂頭,儻賓頭盧報身自來訃供,豈得推却素形而坐?"⑤道宣纂《毗尼討要》(X·743)也有同樣

---

① 《卍新纂續藏經》,册四二,頁828中一下。
② 《法華玄論》(T·1720)卷九寶塔品密開本迹義,《大正新修大藏經》,册三四,頁437上一中。
③ 《法苑珠林》卷四二聖僧部,頁610中,下;《諸經要集》卷五聖僧緣,頁43上。
④ 《法苑珠林》卷四二聖僧部,頁610下;《諸經要集》卷五聖僧緣,頁43中。
⑤ 《卍新纂續藏經》,册四〇,卷下之上訃請篇第二十五,頁759上。

的敍述。① 宋僧元照(1048—1116)《四分律行事鈔資持記》(T・1805)中更明白地説聖僧座是虛位,"又但設虛座,不得上安形像等(云云)"。②

雖然道宣等人認爲聖僧座上不應該設像,但當時人們因想迎請賓頭盧來應供,故造賓頭盧像,置於一静室中,專意迎請他來應供。《律相感通傳》(T・1898,完成於 667 年)云:

> 人有供設,必須預請。七日已前,在静室内安置軟座,燒香列疏,閉户祈求,無不感應。至時來赴,凡聖難知。若不爾者,緣請者多,希來至飯。今時有作賓頭盧聖僧像,立房供養,亦是一途。然須別施空座,前置碗鉢,至僧食時,令大僧爲受,不得以僧家盤盂設之。以凡聖雖殊,俱不觸僧食器。若是俗家則隨俗所設,若不置前静室等者,止可諸餘聖衆或可降臨,以三天下同一供養,隨緣別訃故,此賓頭盧難一遭遇。③

由於賓頭盧受佛敕,不入涅槃,赴各處佛徒供養,予人作福田。須彌山四方有四大洲:東弗于逮,南閻浮提,西瞿耶尼,北鬱單越,其中北方一洲少有佛法,④故道宣此處説"三天下同一供養",一般皆稱其應供四天下。⑤ 因請者衆多,如果不能別房別供養賓頭盧,就只能請來其他聖衆臨齋。上文

---

① 《卍新纂續藏經》,册四四,卷下之上訃請篇第二十五,頁 736 上。
② 《大正新修大藏經》,册四〇,卷下釋訃請篇,頁 401 上。
③ 《大正新修大藏經》,册四五,初問佛事,頁 876 中一下。在道宣另外一本性質類似的著作《道宣律師感通録》(T・2107,完成於 664 年)也有相同的記載,但此本未入藏,見本經卷末跋語:"此一卷書,藏所無。然而可洪音疏云:出貞元目録勘經。惠澄上座傳來寄帙,故在此函。"《大正新修大藏經》,册五二,頁 442 中。
④ 關於四天下之名,新舊譯名不同,見《大唐西域記》(T・2087)卷一:"東毘提訶洲(舊曰弗婆提,又曰弗于逮,訛也),南贍部洲(舊曰閻浮提洲,又曰剡浮洲,訛也),西瞿陀尼洲(舊曰瞿耶尼,又曰伽尼,訛也),北拘盧洲(舊曰鬱單越,又曰鳩樓,訛也)。"《大正新修大藏經》,册五一,頁 869 上一中。《道宣律師感通録》:"四天下中,北天一州少有佛法,餘三天下佛法大弘。"頁 435 下。
⑤ 宋代僧人多稱賓頭盧應供四天下,今僅舉二例:"僧問雙峰竟欽禪師(?—977):'賓頭盧應供四天下,還得徧也無?'師曰:'如月入水。'"《五燈會元》(X・1565)卷一五青原下七世雲門偃禪師法嗣韶州雙峰竟欽禪師,《卍新纂續藏經》,册八〇,頁 311 下。南宋曹洞宗僧天童如净(1163—1228)《波斯匿王問賓頭盧尊者。承聞。尊者親見佛來。是也不。尊者以手策起眉毛示之》詩:"策起眉毛答問端,親曾見佛不相瞞。至今應供四天下,春在梅梢帶雪寒"《如净和尚語録》(T・2002)卷下,《大正新修大藏經》,册四八,頁 130 下。

云"今時有作賓頭盧聖僧像，立房供養，亦是一途"，可知唐初已有人造賓頭盧像供養，最晚至盛唐時期，寺院中食堂設置賓頭盧像，可能也是基於此之故。唐代宗大曆四年（769），不空上奏請"伏望自今已後，令天下食堂中於賓頭盧上，特置文殊師利形像，以爲上座"。① 由此可知，當時各地寺院食堂中大都置有賓頭盧像。在一則唐代傳奇小説中，敍述佛堂中有賓頭盧像。唐穆宗長慶（821—825）中，有一位處士馬拯至湖南衡山祝融峰的佛室，其僕人爲老虎所害，他和報此凶訊者兩人在驚駭之餘，向佛堂内泥塑的聖僧賓頭盧像祝禱："二子懼而焚香，虔誠叩首於堂内土偶賓頭盧者。良久，聞土偶吟詩曰……"佛堂裏有賓頭盧的泥像，故稱土偶，二人後來依土偶聖僧吟詩的内容而得救。② 降及宋代，禪寺僧堂中也有聖僧座（龕），上面安置聖僧像。

4. 聖僧錢和供養具

凡在齋會中，施主必須供養每一位僧人一份金錢或物品，稱之爲"嚫"（或作"襯"、"儭"）。③ 除了施嚫給與會的凡僧之外，另外還要給可能臨齋的聖僧準備一份齋嚫，稱爲"聖僧錢"。由於聖僧實際上不可能支用這份錢物，因此它是給負責此齋會的寺院購買食堂中聖僧供養具之用。

關於齋會中的嚫施的發放和分配，開成四年（839）十一月二十四日，圓仁參與開元寺齋會的記錄如下：

> 廿四日，堂頭設齋，衆僧六十有餘。……唐國之風，每設齋時，飯食之外，別留料錢。當齋將竟，隨錢多少，僧衆僧數，等分與僧。但作齋文人，別增錢數。若於衆僧，各與卅文；作齋文者，與四百文，並呼道儭錢，計與本國道布施一般。④

---

① 《代宗朝贈司空大辨正廣智三藏和上表制集》（T·2120）卷二，"天下寺食堂中置文殊上座制一首"，《大正新修大藏經》，册五二，頁 837 中。
② 《太平廣記》卷四三〇《虎五·馬拯》，頁 3492—3494。
③ 查 CBETA 電子佛典，以"嚫"字用得最爲廣泛，"襯"字半之，"儭"字最少。
④ 小野勝年《入唐求法巡禮行記的研究》卷一，東京，法藏館，1989 年，頁 282—283；圓仁撰，顧承甫、何達泉校點《入唐求法巡禮行記》卷一，北京，中華書局，1986 年，頁 20—21。

齋會中須用齋文，說明施主的身份和設齋的目的（祈願），因爲設齋供僧必請聖僧臨齋，也有請聖僧的疏文，如《請賓頭盧疏》、《供羅漢疏》，這種齋文通常是要焚化的。因此，施主除了將齋嚫平均分配給僧人之外，還要給撰寫“齋文”的文人潤筆費。從圓仁所述，作齋文人所得爲僧人齋嚫的十餘倍之多。此外，也要給聖僧一份齋嚫。

寺院齋會中的聖僧錢不可并入常住之用，而必須用以添購供養聖僧的器皿和其他用具。《法苑珠林》中將聖僧錢的用途做了很詳細的敍述：

> 若有聖僧錢，還入聖僧用。將置鉢盂、匙、箸、銅碗、手巾，及將買上好盤器皿，背上朱書題字記之，餘人不敢雜用，日別隨家常食。每旦及午盛食，常獻佛及僧，豈非好事？更有餘錢，買取一胡床及一油單，食訖，澡豆净洗，置胡床上，以油帊覆之。日別如是，表供養三寶，心常不絕，大得功德。若多得錢，即如西國寺法，及俗人舍空静上處，爲聖僧造房堂。隨四時冬夏，安物供養……①

聖僧錢僅能用在和供養聖僧有關的器用上，包括放在聖僧座前盛食物的器皿（盂、匙、箸、銅碗），爲了避免聖僧供具和凡人混用，在器皿底座須用朱筆做記號。此外，供養聖僧除了飯食供養之外，也必須請聖僧洗浴，因此聖僧錢也用以購買浴聖僧的澡豆，以及供聖僧澡浴用的胡床和油布。胡床即椅子，由此方可以理解五代後唐《礠州武安縣定晉山重修古定晉禪院千佛邑碑》中“聖僧一坐，倚子一隻”的含意：

> 有坐禪棚一所，出於峻壁之中，下去地一十五丈。於同光三年九月十日，特然修換，材木皆新。棚上有阿彌陀佛一尊，聖僧一坐，倚子一隻，蓋一頂。②

---

① 《法苑珠林》卷四二聖僧部第三，頁 610 下—611 上；《諸經要集》卷五聖僧緣第四，頁 43 中。
② 《金石萃編》卷一一九《定晉禪院碑》，《石刻史料新編》第一輯（3），臺北，新文豐出版社，1982年，頁 38。

後唐莊宗同光三年（926）道清重修定晉禪院坐禪棚，建造佛像和聖僧座，另外還製作了聖僧的供養具——椅子。此外，聖僧錢也可購買供養聖僧的香、燈，《禪苑清規》稱"聖僧錢只宜買置香、燈、供具，不得別處使用"。① 前面已提及，聖僧錢若有盈餘，可如印度的做法，寺院或人家都可另外建聖僧堂，早午獻食和每日請浴，晚上燃燈供養。② 在戒律中，盜用聖僧錢是很嚴重的事，"如人盜聖僧錢，必得重罪"。③ 因爲如賓頭盧等聖僧還未入涅槃，仍在世間應化，"既不得聖僧囑授進止，豈得互用，浪將別入？若已用者，並須倍還，不還得罪"。④

供養聖僧的儀軌也傳到了日本，從遺留至今的一些寺院資財帳中，有聖僧像、聖僧座和供養器的記載，《大安寺資財帳》記"聖僧一軀"，養老六年（722）十二月七日，元正天皇納賜"鉢多羅"（即鉢）、⑤"鋺"、"匙"、"箸"作爲供養器；《法隆寺資財帳》中雖然沒有聖僧像，但記錄養老六年十二月四日元正天皇納賜"鉢多羅"、"鋺"、"鉗"、"匙"；《阿彌陀悔過資財帳》記載天平十三年（741）東大寺阿彌陀"聖僧榻一前"造畢，《觀世音寺資財帳》記天平十七、十八年時觀音寺講堂供養"聖僧壹宇"，"刺床壹脚聖僧座"。《多度神宮寺資財帳》記奈良時代（710—794）末期多度神宮有"聖僧御座短茵壹枚"。⑥ 平安時代（794—1185）編纂的《延喜式》中，記錄醍醐天皇延長五年（927），圖書寮正月最勝王經齋會堂、春秋二季御讀經、御佛名會場所的布置，在盧舍那佛并脇侍菩薩壇像龕外，有佛經、聖僧座一具（包括座褥和供案、食器等），其中對於聖僧座和供養器有更具體而細緻的描述：

---

① 鏡島元隆、佐藤達玄、小坂機融《譯注禪苑清規》卷三維那，東京，曹洞宗宗務廳，1992年，頁112。蘇軍《禪苑清規》卷三維那，鄭州，中州古籍出版社，2001年，頁34。
② 《法苑珠林》卷四二聖僧部，頁611中；《諸經要集》卷五聖僧緣，頁43中。
③ 《四分律開宗記》（X·735）卷二，《卍新纂續藏經》，冊四二，頁373上。
④ 《法苑珠林》卷四二聖僧部，頁611上；《諸經要集》卷五聖僧緣，頁43中。
⑤ 《釋氏要覽》（T·2127）卷中道具鉢："梵云'鉢多羅'，此云'應器'，今略云'鉢'也，又呼'鉢盂'，即華梵兼名也。"《大正新修大藏經》，冊五四，頁279上。
⑥ 以上資料見伊東史朗《聖僧像に関する考察—観心寺像を中心に》，《國華》第1018號，1978年，頁9。

圖書寮：

正月最勝王經齋會堂裝束：

盧舍那佛并脇侍菩薩壇像一龕,【佛座暈繝錦褥一條。】金字最勝王經一部⋯⋯

聖僧座一具,【塗丹榻一脚,短帖一枚,白褥一條,漆案一脚,杷一條,帶二條,金銅鉢一口,盤四枚,鐃四口,箸一具。】①

由上可知,所謂的"聖僧座"包括聖僧的床座(椅子),此處是塗丹榻——上了紅漆的床座,前面可能放置一個桌子(漆案),鋪設床座所用的坐墊(白褥),在桌子上放著請聖僧的文疏(短帖),以及餐具——一個銅鉢、四個盤子、一雙筷子(箸)、一條餐巾(杷),以及法器"鐃"四口。鐃是銅質圓形的打擊樂器,若和其他的樂器並用,可作伎樂音聲供養;②此處僅有鐃四口,當和供養的儀軌有關,參酌宋代禪宗清規,四月八日佛誕日在佛殿舉行浴佛儀式,以茶上供,首先打鐃鈸,由僧人送上茶盞湯瓶,住持點茶湯、上食、燒香。③ 聖僧座包括鐃四口,其作用應和此相類,可能是打鐃、上食供養。

三、中古的聖僧信仰

中國聖僧信仰始於東晉時期,南北朝又有聖僧經典的新譯和編集,復增添不少聖僧感通的事迹,使得此一信仰更爲流行。中古時期人們對聖僧的認知包括住在聖寺的神僧,以及聖僧的化身;此外,聖僧的信仰也產生新的内容和變化。唐代以前,聖僧信仰係指衆多的聖僧,其中僅知賓頭盧尊

---

① 《延喜式》中篇卷一三圖書寮,東京,吉川弘文館,1987 年,頁 384。

② 《妙法蓮華經》(T·262)卷一方便品："若使人作樂,擊鼓吹角貝,簫笛琴箜篌,琵琶鐃銅鈸,如是衆妙音,盡持以供養。或以歡喜心,歌唄頌佛德,乃至一小音,皆已成佛道。"《大正新修大藏經》,册九,頁 9 上。

③ 《叢林校定清規總要》(X·1249)卷下十九月分須知："四月分⋯⋯初八,如來降誕,預率錢,備供養。⋯⋯是日粥罷,住持升堂。⋯⋯次說法竟云。(下座,各具威儀,大佛寶殿,浴佛諷經,謹白)⋯⋯僧堂前打鐘,即鳴大鐘,仍令供頭鋪拜席,打鐃鈸,供頭出湯瓶盞托。方丈茶頭備茶湯瓶,詣佛殿,祇候住持點茶湯。住持至,燒香一炷,點湯上食,下嚫,點茶畢。"《卍新纂續藏經》,册六三,頁 615 中一下。

者之名;唐代新譯的經典中有十六羅漢、十八羅漢之名,也出現了五百羅漢的信仰。另有個別聖僧寶誌、萬迴、僧伽等信仰,值得注意的是: 以上這些不知名或知名的聖僧信仰都是同時並存的。

(一) 中國聖僧信仰的濫觴

見諸記載的中國聖僧信仰,始於東晉道安(314—385),他所供養的聖僧包括賓頭盧和不知名以報身臨浴的多位聖僧;迄南北朝時期,人們普遍供養一般的聖衆,並沒有特別尊崇供奉賓頭盧。

據《高僧傳》的記載,中國聖僧的信仰始於道安,他惟恐自己注解經典不合理如法,因而祈請瑞應,夢見一位自稱住在西域、不能入涅槃的長眉白髮胡僧,聲稱將幫助他弘通佛法,並告知可經常設食供養:

> 安常注諸經,恐不合理,乃誓曰: 若所説不堪遠理,願見瑞相。乃夢見胡道人頭白眉毛長,語安云:"君所注經,殊合道理。我不得入泥洹,住在西域,當相助弘通,可時時設食。"後《十誦律》至,遠公乃知和上所夢賓頭盧也,於是立座飯之,處處成則①。

胡僧告訴道安"可時時設食",道安所制定僧尼法成爲此後寺院的軌則,不知其是否將供養聖僧飯食列入其中? 其内容共有三項,"安既德爲物宗,學兼三藏,所制僧尼軌範佛法憲章,條爲三例:一曰行香定座上經上講之法,二曰常日六時行道、飲食唱時法,三曰布薩差使悔過等法。天下寺舍遂則而從之"。② 如果他將僧衆會食之前須先供奉聖僧列入僧尼軌範,那麼中國寺院食堂供聖僧則源於此。然而,當時道安並不知此胡僧的身份,這個故事傳到了南方,後來慧遠(334—416)從《十誦律》(T·1435)的敍述,③始推定此胡僧是賓頭盧尊者,並且設立"聖僧座",

---

① 《高僧傳》卷五義解二釋道安傳,頁 353 中—下。
② 《高僧傳》卷五義解二釋道安傳,頁 353 中。
③ 《大正新修大藏經》,册二三,卷三七雜誦中調達事之二,僅有關於因賓頭盧在未受戒人之前顯神通,故佛將他擯斥至閻浮提以外之事,頁 268 下—269 上。

以飯食供養。此聖僧座是否專供賓頭盧？ 或者有沒有特定對象？ 亦無由得之。

此外，道安在臨終前，亦經聖僧指示浴聖僧法：

> 安每與弟子法遇等，於彌勒前立誓願生兜率。後至秦建元二十一年正月二十七日，忽有異僧形甚庸陋，來寺寄宿。寺房既迮，處之講堂，時維那直殿，夜見此僧從窗隙出入，遽以白安。安驚起，禮訊問其來意，答云：“相爲而來。”安曰：“自惟罪深，詎可度脱？”彼答云：“甚可度耳，然須更浴聖僧，情願必果。”具示浴法。安請問來生所往處，彼乃以手虛撥天之西北，即見雲開，備覩兜率妙勝之報。爾夕，大衆數十人悉皆同見。安後營浴具，見有非常小兒伴侶數十來，入寺戲，須臾就浴。果是聖應也。①

由上可知，前來臨浴的是數名化爲小兒的聖者，可知浴聖係供養一群聖衆，據傳洛陽福先寺彌勒院是道安請浴聖僧之地。② 佛典中屢稱供浴或浴僧的功德，如《佛説温室洗浴衆僧經》（T・701）、《佛説諸德福田經》（T・683）、《浴僧功德經》等。③ 此一異僧指示道安浴聖僧可度脱罪業，並預示他可生兜率淨域。

然而，上文並未描述浴聖僧之法。至劉宋時期，則有相關經典的譯出，使得聖僧信仰儀軌有進一步的推展。宋文帝時天竺僧人僧伽跋摩譯出《請聖僧浴文》、慧簡譯出《請賓頭盧法》，這兩部經典對於設食、請浴聖僧當有相當的推廣作用。劉宋末年，建康正勝寺釋法願（414—500）及其徒正喜寺釋法鏡（437—500）兩人，畫聖僧像供養，④但未知其所畫的聖僧是

---

① 《高僧傳》卷五義解二釋道安傳，頁 353 中一下。
② 《宋高僧傳》卷一七周洛京福先寺道丕傳：“至二十七歲，遇曜州牧婁繼英，招丕住洛陽福先彌勒院。即晉道安翻經剏浴之地也。”頁 819 上。
③ 《浴僧功德經》早已亡佚，見《出三藏記集》（T・2145）卷四新集續撰失譯雜經録第一，《大正新修大藏經》，册五五，頁 35 下。
④ 《法苑珠林》卷四二聖僧部，頁 609 下：“宋泰始之末，正勝寺釋法願、正喜寺釋法鏡等，始圖畫聖僧，列坐標擬。”《諸經要集》卷五聖僧緣，頁 42 上一中。周叔迦、蘇晉仁校注《法苑珠林校注》，北京，中華書局，2003 年，頁 1299。

否爲賓頭盧。①

沈約《齊禪林寺尼浄秀行狀》中，對寺院中聖僧供有詳細的敍述，包括以齋食供養聖僧、請聖僧浴兩種儀式：

> 每至奉請聖僧，果食之上必有異迹。又於一時，虔請聖衆，七日供養。禮懺始訖，攝心運想，即見兩外國道人舉手共語。一云呿羅，一言毘呿羅，所著袈裟色如桑葚之熟。因即取泥以壞衣色，如所（仿）見，於是遠近尼僧並相仿斅，改服間色，故得絶於五大之過，道俗有分者也。此後又請阿耨達池五百羅漢，日日凡聖無遮大會，已近二旬，供設既豐。復更請罽賓國五百羅漢，足上爲千。及請凡僧還如前法。②

浄秀數次供養的聖僧包括：不知名的聖僧衆、阿耨達池國和罽賓國羅漢各五百位，反映南北朝時人所供養的聖僧，是一大群聖衆；其中供養阿耨達池（在中天竺之北）五百羅漢，和罽賓國五百羅漢，③加起共一千羅漢。浄秀也曾經做請聖僧浴的儀式：

> 又嘗請聖僧浴，器盛香湯，及以雜物。因而禮拜，内外寂默，即聞器樋杓作聲，如用水法。意謂或是有人出，便共往看，但見水杓自然摇動，故知神異。④

後唐洛陽僧人智暉建浴院供僧俗洗浴，提供遠近僧衆洗浴，每隔五日開浴，一年計有七十餘次。他另外又建造了一所"應真浴室"："復構應真

---

① 《高僧傳》卷一三唱導十《釋法願傳》、《釋法鏡傳》，此二人的傳記中並未提到此事，頁416下—417下。
② 《廣弘明集》(T・2103)卷二三僧行篇第五之一諸僧誄行狀沈約《南齊禪林寺尼浄秀行狀》，《大正新修大藏經》，册五二，頁270中—271中。
③ 《佛五百弟子自説本起經》(T・199)，《大正新修大藏經》，册四，頁190上，阿耨達龍王曾邀請佛和迦葉以下五百弟子（五百羅漢），齋食後講經。《高僧傳》卷三譯經下釋智猛傳敍述智猛西行："至罽賓國，國有五百羅漢，常往返阿耨達池。"頁343中。
④ 《廣弘明集》卷二三僧行篇第五之一諸僧誄行狀沈約《南齊禪林寺尼浄秀行狀》，頁271中。

浴室,西廡中十六形像,并觀自在堂,彌年完備"。① "應真"即羅漢,西廡中
有十六羅漢的形像,可知其和供聖僧浴的儀式有關。北宋仁宗嘉祐初年,漳
州崇福禪院千佛閣之南,建有"大阿羅漢浴室",契嵩禪師(1007—1072)在嘉
祐四年(1059)所撰的《漳州崇福禪院千佛閣記》中敍述:"嘉祐初,而龍巖人
曰楊飾者,益于其閣之南,爲大阿羅漢浴室,廊廡環之,備法事也。"②稱此大
阿羅漢浴室是"備法事也",可知此浴室應有請浴聖僧的儀式。

(二) 聖寺神僧的傳聞

　　玄奘所譯《法住記》中敍述了十六羅漢的住處,但《入大乘論》中稱佛
所付囑住世護法的九十九億聖者住在哪裏呢? 根據中古時期傳說,他們住
在凡人無法辨識路途的山中寺院,稱之爲"聖寺"。道宣《集神州三寶感通
錄》(T·2106)卷下:"又《入大乘論》云:賓頭盧羅睺羅等十六無學,及九十
九億羅漢,皆於佛前受籌住法。又依別傳,住在四大洲及小洲并天上……斯
諸聖人冥爲利益。故今山内聖寺神僧,鍾聲香氣,往往值遇,皆不虛也。"③
他並且著錄了十二所聖寺,道世《法苑珠林》則敍述了十九所聖寺,④其記
事有簡有繁,其中最具有代表性的是北朝末年兩位僧人分別走訪鼓山竹林
寺的敍事。

　　北朝末年,鄴城大莊嚴寺僧人圓通往訪竹林寺的故事,充分反映了中
古時期神山聖寺的傳說和聖僧信仰。傳聞鼓山(即響堂山,在今河北邯鄲
峰峰礦區之北)竹林寺有五百羅漢住在此寺,另外有二千聖僧繞寺左側。⑤
北齊後主武平四年(573),僧人圓通因善待一位投宿大莊嚴寺的病僧,病
僧痊瘉之後即行辭去,臨走之前,邀請他往訪自己所居的鼓山竹林寺。隔
年,圓通擬往造訪,雖然當時有鼓山竹林寺的傳說,但同寺僧人並不相信有
此寺的存在:"衆皆大笑,誠通勿傳此妖言,竹林竟無適莫,乃流俗之恒傳
耳。"圓通告以先前和病僧的約定,同寺十餘名僧人遂隨同前往。一行人

---

① 《宋高僧傳》卷二八興福篇第九之三後唐洛陽中灘浴院智暉傳,頁 884 上。
② 釋契嵩《鐔津文集》(T·2115)卷一二,《大正新修大藏經》,册五二,頁 711 下—712 上。
③ 《大正新修大藏經》,册五二,卷下,頁 431 上。
④ 《集神州三寶感通錄》卷下聖寺,頁 423 上—中;《法苑珠林》卷三九感應緣,頁 594 上—中。
⑤ 道宣《律相感通傳》(T·1898),《大正新修大藏經》,册四五,頁 879 中—下。

到了鼓山，遇到一位老者，持杖將同行的十餘名僧人趕走，只容許圓通一人通行。圓通入山之後，即見到先前病僧前來接待，引導他到一所莊嚴無比的寺院，"雙闕高門，長廊複院，修竹干雲，青松蔽日"。病僧得到了寺中"年可九十許，眉面峯秀，狀類梵僧"的大和尚允許之後，纔讓圓通進入寺院，並帶領他參觀寺院、招持飲食。圓通見到此一勝地，希望可以留下來修行，但爲大和尚所拒。及他離開此寺數里之後，回頭只見莽榛一片，再循原路去找，竟無綫索可尋："西行百步，迴望猶見門闕儼然；步步返望，更行數里許，欻見峯崿巉巖，非復寺宇。悵望尋路，行達開荒之地，了無蹤緒，但有榛木耳。"當時人們認爲圓通所見到的大和尚，就是賓頭盧尊者，道宣徵引了《入大乘論》來證明此説：

> 識者評云：前者舉鑷驅僧，假爲神怪，令通獨進，示現有緣耳。言大和上者，將不是賓頭盧耶？《入大乘論》：尊者賓頭盧、羅睺羅等十六諸大聲聞散在諸山渚中。又於餘經亦説：九十九億大阿羅漢，皆於佛前取籌住壽於世，並在三方諸山海中，守護正法。今石窟寺僧每聞異鍾唄響，洞發山林，故知神宮仙寺不無其實。①

這些數量龐大的羅漢散處於各地守護佛法，他們常居住在僻遠的神山聖寺，即前述道宣所稱"斯諸聖人冥爲利益，故今山內聖寺神僧，鍾聲香氣，往往值遇，皆不虛也"。道宣對鼓山竹林寺係聖僧居地之説深信不疑，並且親自走訪此地，尋找聖迹，可惜並無所獲；因此，他提出一個解釋：東魏遷都鄴城之後，鼓山建了許多寺院，聖賢受到干擾，故捨此他遷："故近代登臨，罕逢靈迹，而傳説竹林往往殊異。良由業有精浮，故感見多矣。"②上述故事成爲聖寺神僧的一個原型，在《法苑珠林》和《集神州三寶感通錄》中，也分別記載北齊初年僧人亡名到鼓山竹林寺之事，其經歷和圓通幾乎完全相同。③

---

① 《續高僧傳》卷二五感通上齊鄴下大莊嚴寺釋圓通傳，頁 647 下—648 下。
② 《續高僧傳》卷二五感通上齊鄴下大莊嚴寺釋圓通傳，頁 648 下。
③ 《法苑珠林》卷三九感應緣相州石鼓山竹林聖寺，頁 595 中—下；《集神州三寶感通錄》卷下相州石鼓山竹林聖寺，頁 424 上—中。

贊寧(919—1001)《宋高僧傳》中,也有一則五代僧人亡名至鼓山竹林寺的記事,和前述北齊鄴都大莊嚴寺僧圓通的經歷十分類似;值得注意的是:此一僧人也叫做"亡名"。後晉高祖天福(936—942)中,僧人亡名在襄州禪院掛單期間,和一名叫"法本"的僧人共渡夏安居(四月十五日至七月十五日),相處甚爲和諧,臨分手時,法本自稱他在鄴都西山竹林寺出家修習,請他有空過訪。其後,亡名依約往訪,在山下蘭若落脚,詢問竹林寺路徑,寺僧遙指山峰之側稱:"古老相傳,昔聖賢所居之地,今但有名存耳,故無精廬淨舍、立佛安僧之所也。"亡名半信半疑,在竹叢中找到法本所描述寺前石柱的標記,叩柱之後,刹時風雲瀰漫,待雲散風定,發現已置身於竹林寺的三門之下。法本出來相迎,帶領他參見寺中尊宿,尊宿不允許他久留:"可飯後請出,在此無座。"也就是説此處無凡僧的位次。① 贊寧對此事的評論是:

> 系曰:入竹林僧,何人也? 通曰:遇仙之士,亦仙之士。聖寺之遊,豈容凡穢? 一則顯聖寺之在人間,一則知聖僧之參緇伍,無輕僧寶,凡聖混然。此傳新述於數人,振古已聞於幾處。且如北齊武平中,釋圓通曾瞻講下僧病,其僧夏滿病差,約來鄴中鼓山竹林寺,事迹略同。此蓋前後到聖寺也。②

此一故事和《集神州三寶感通録》中北齊僧人亡名至鼓山竹林寺相較,比較合理的是:聖寺尊宿明白地説此處没有亡名的位次,也就是説必須是聖者方能居此,而北齊亡名所遇到的和上稱"然出家人不可兩處安名,本寺受供,可得乖否? 必欲永住,可除彼名。好去",③則是從唐朝僧人隸籍屬寺的制度而言,④而不是從凡僧不得住聖寺而論,似是入唐之後的傳聞。

---

① 《宋高僧傳》卷二二感通第六之五晉襄州亡名傳,頁 850 下—851 上。
② 《宋高僧傳》卷二二感通第六之五晉襄州亡名傳,頁 850 下—851 上。陳垣認爲贊寧將傳末對於傳主事迹的評論稱用"系"表達,再"通"來解釋。見氏著《中國佛教史籍概論》,臺北,新文豐出版社,1983 年,頁 39。
③ 《集神州三寶感通録》卷下聖寺,頁 423 上一中。
④ 參見本書第四章《中古佛教政策與社邑的轉型》。

在聖寺神僧的諸多例子中，寄宿於俗世寺院的陌生僧人——特別是生病的僧人，常係來自聖寺的聖僧，幾乎成爲聖寺神僧故事的原型。如開元末年福州鐘山僧人如一，因留置一名衣服襤褸、遍身瘡疥的僧人在寺中結夏安居，病僧辭去之前，請他過訪住居的庵舍。如一依約前往，發現其所居的精舍"樓閣森聳，殿堂交錯，且非人間景物"，待離開之後，一回頭只見巖石錯落，纔知道那是聖寺。[①] 又例，約在唐末五代成形的《慈悲道場水懺》（T・1910，又稱《慈悲三昧水懺》、《慈悲水懺法》、《三昧水懺》），係名僧"悟達國師"知玄（810—882）尚未知名時，在長安某寺善待一位病僧，後因前世的冤仇而致病，故前往病僧預示的西蜀彭州茶隴山求助，得到病僧——即迦諾迦尊者的指點，以三昧法水洗去冤業。[②]

聖僧信仰的基本精神是崇敬僧寶，除了賓頭盧之外，還有數量龐大的聖衆，因此不宜單單恭敬供養賓頭盧；又因凡僧、聖僧都是僧寶，也不能因尊崇聖僧而輕視凡僧。在《請賓頭盧法》這一部簡短的經典中，敍述一位長者以貌取人、輕視凡僧，錯失了供養賓頭盧化身爲穿著破衣老僧的機會：

> 近世有一長者，聞説賓頭盧阿羅漢受佛教敕爲末法人作福田，即如法施設大會，至心請賓頭盧。氍毹下遍布華，欲以驗之。大衆食訖，發氍毹華皆萎，懊惱自責，不知過所從來。更復精竭，審問經師，重設大會，如前華亦復皆萎。復更傾竭盡家財産，復作大會，猶亦如前，懊惱自責。更請百餘法師，求請所失，懺謝罪過。如向上座一人年老，四布悔其愆咎，上座告之："汝三會請我，我皆受請。汝自使奴門中見遮，以我年老衣服弊壞，謂是被攓賴提沙門，不肯見前。我以汝請欲强入，汝奴以杖打我，頭破額右角瘡。是第二會亦來，復不見前，我又欲

① 《宋高僧傳》卷一九感通第六之二唐福州鐘山如一傳，頁 830 中。
② 《慈悲水懺法》，收入《大正新修大藏經》，册四五，頁 968 中—下。關於水懺形成的時間，學界已有不少研究，如塩入良道《中國仏教に於ける礼懺と仏名經典》，結城教授頌壽記念論文集刊行會編《佛教思想史論集：結城教授頌壽記念》，東京，大藏出版社，1964 年；聖凱《中國佛教懺法研究・知玄與三昧水懺》，北京，宗教文化出版社，2004 年，頁 223—231、243—244；白金銑《水懺與水懺序之關係三論》，《正觀》第 45 卷，2008 年，頁 187—235；本書第十章《唐、宋時期的功德寺——以懺悔儀式爲中心的討論》。

强入,復打我頭額中瘡。是第三會亦來,如前被打,頭額左角瘡。是皆
汝自爲之,何所懊悩。"言已不現。長者乃知是賓頭盧。自爾以來,諸
人設福皆不敢復遮門。①

像上述當面錯失聖者的故事,一再地出現。《續高僧傳·釋圓通傳》後附
記郭彌輕慢僧人之事,也有類似的情節。北周武帝毀廢佛法,悉命僧尼還
俗,在鄴都東夏坊住著一位退休官員郭彌,就收留了很多還俗的年老僧人。
有一天,一位自稱住在鼓山竹林寺(傳説中的聖寺)的沙門登門化緣,郭彌
在門內隨口答:"僧人只要説是乞食就好了,何必假稱聖人?"一開門卻不
見人,纔知道這位僧人"非常人","悔以輕肆其口,故致聖者潛焉"。② 此
傳之所以附記在入鼓山竹林寺僧釋圓通傳,顯然是用來警戒俗人勿對凡僧
不恭敬。凡僧也是僧寶,經典中還指出"別請五百羅漢,不如一凡僧",③聖
僧以凡僧的姿態出現,混迹凡僧之列,用以測試人們對僧寶的誠敬,贊寧在
《晉襄州亡名傳》就特別引述兩個啓示:"一則顯聖寺之在人間,一則知聖
僧之參緇伍,無輕僧寶,凡聖混然。"④

　　唐代也有一則和上述相似的傳聞,有一位僧人到五臺山大華嚴寺設大
齋供養僧眾,却來了一些俗家男女、乞丐和窮人,齋主因此感到不悦。當時
有一位懷孕的女乞丐更以腹中的胎兒爲由,再三要求多給一份食物,齋主
不肯。女乞丐遂起身走出食堂,現出文殊師利菩薩相,遂從此發願"從今
已後,送供設齋,不論僧俗、男女、大小、尊卑、貧富,皆須平等供養"。⑤ 文
殊菩薩也是菩薩僧,《大乘本生心地觀經》(T·159)卷二《報恩品》:"善男
子! 世出世間有三種僧:一菩薩僧,二聲聞僧,三凡夫僧。文殊師利及彌
勒等,是菩薩僧。如舍利弗目犍連等,是聲聞僧。"⑥

① 《大正新修大藏經》,册三二,頁 784 中—下。
② 《續高僧傳》卷二五感通上齊鄴下大莊嚴寺釋圓通傳,頁 648 下—649 上。
③ 《四分律删繁補闕行事鈔》卷中:"增一云師子長者别請五百羅漢。佛言:不如僧次一人,福
　　不可量。"《大正新修大藏經》,册四〇,頁 1804 上;《梵網經》(T·1484)卷下,《大正新修大藏
　　經》,册二四,頁 1007 上。
④ 《宋高僧傳》卷二二晉襄州亡名傳,頁 850 下—851 上。
⑤ 《入唐求法巡禮行記の研究》第三卷,頁 96—97。
⑥ 《大正新修大藏經》,册三,頁 299 下—300 上。

（三）南北朝的聖僧供

　　文獻上所見，南朝時供養的聖僧大都是不知名的聖僧。劉宋大明四年（460），孝武帝在建康中興寺設齋會，有一位陌生的僧人臨齋，自稱是天安寺明慧，倏然消失蹤影，查天下並無天安寺，孝武帝因此改此寺爲天安寺。這則記載最先出現在《宋書》：

> 世祖大明四年，於中興寺設齋。有一異僧，衆莫之識，問其名，答言名明慧，從天安寺來，忽然不見。天下無此寺名，乃改"中興"曰"天安寺"。①

　　在這則記事中，聖僧是以化身混在衆凡僧之列。值得注意的是，北朝人也重視此一事件，《魏書·島夷傳》係以有限篇幅敍述劉宋史事，却不忘將此事列入其中；另外，在《魏書·釋老志》又重覆記載此事。② 其後，唐李延壽《南史·天竺傳》，亦收錄此一記事。③ 由此可見中古時期聖僧信仰的流行，以及人們對和聖僧相關事迹的重視。

　　南齊武帝、梁武帝對於聖僧信仰的發展，都有推波助瀾之功。梁僧祐《出三藏記集》有"齊武皇帝供聖僧靈瑞記"之目，④雖然其文不存，但《法苑珠林·聖僧部》有關於齊武帝供聖僧的敍述，可能是據此而錄的。永明八年（490），齊武帝因病"乃潔心發誓，歸命聖僧"，在延昌殿内設齋七日，供養諸佛和衆聖僧，有聖僧臨齋的種種迹象，高帝也病癒康復。其後，在宮中齋會見到異象的徐光顯和道俗數人，也設齋奉請聖僧，都有徵應：

> 自大覺泥洹，法歸衆聖。開士應真，導揚末教，並飛化衆刹，隨緣攝誘。……到永明八年，帝躬弗愈，雖和鵲膺術，而茵褥猶滯。乃潔心發誓，歸命聖僧。敕於延昌殿内，七日祈請，供飯諸佛及衆聖賢。齋室

---

① 《宋書》卷九七《夷蠻傳·西南夷·天竺》。
② 《魏書》卷九七《夷蠻傳·島夷、劉劭弟駿》；同書，卷一一四《釋老志》。
③ 《南史》卷七八《夷貊上·西南夷·天竺》。
④ 《出三藏記集》卷一二，頁 92 下。

嚴峻,輕塵不動,七日將滿,方感靈應。乃有天香妙氣,洞鼻徹心,映蔽
燻鑪,無復芳勢。又足影屢迹,布滿堂中,振錫清越,響發牆外。視蹤
聞香,皆肅然魂聳。時有徐光顯等十有餘人,咸同見聞,登共奏啓。於
是齋坐既畢,而御膳康復。所以遍朝歸依,明驗神應。其後徐光顯等
道俗數人,設齋奉請,並有徵瑞。聖人通感,不可備載。①

由於齊武帝祈請聖僧有應,於是"遍朝歸依,明驗神應"。蕭齊皇室供
聖僧之風也很興盛,文惠太子蕭長懋(458—493)、竟陵王子良(460—494)
和僧人來往密切,前述在寺院中供養聖僧、浴聖僧的禪林寺尼净秀,就是其
敬事的僧尼之一,"厚相禮待,供施無廢"。② 此外,還有其他寺院也做聖僧
供,如建康建福寺尼智勝(425—492)"永明中,作聖僧齋,攝心祈想。忽聞
空中彈指,合掌側聽"。③

前面提及《請賓頭盧法》中長者攔阻穿著破衣的老僧臨齋,錯過了聖
僧化身,"自爾以來,諸人設福皆不敢復遮門",這種齋會便稱爲"無遮大
會",如梁禪林寺尼净秀供養五百羅漢時,"日日凡聖無遮大會"。梁武帝
也經常舉辦大型的齋會,中大通元年(529)、大同元年(535)、太清元年
(547)四度設"無遮大會",中大通元年十月的齋會共有道、俗五萬餘人參
加。④ 中大通二年(530)設"平等大齋",不分僧俗、老少一概供養,意同無
遮大會。⑤ 梁武帝更命釋寶唱撰集《衆經飯供聖僧法》五卷,可知其對聖僧
信仰的重視。此外,梁朝皇室也多設聖僧供,如梁鄱陽王蕭恢(476—526)
之母費太妃有眼疾,久不能視物,蕭恢請僧人慧龍爲母醫治,空中忽然有聖
僧出現,慧龍下針治療,其母竟然立即恢復視力。⑥ 又,從劉孝威《謝東宮

---

① 《法苑珠林》卷四二聖僧部,頁609下;《諸經要集》卷五聖僧緣,頁42上一中。《法苑珠林校
註》,頁1299。
② 《比丘尼傳》(T·2063)卷四禪林寺净秀尼傳,《大正新修大藏經》,册五〇,頁945中。
③ 《比丘尼傳》卷三建福寺智勝尼六,頁943上。
④ 《梁書》卷三《武帝紀》;《南史》卷七《梁本紀·武帝》。
⑤ 《佛祖統紀》(T·2035)卷三三《法運通塞志第十七之四·梁武帝》,《大正新修大藏經》,册四
九,頁350中。
⑥ 《梁書》卷二二《太祖五王·鄱陽王恢傳》;《南史》卷五二《梁宗室下·鄱陽忠烈王恢傳》。

賜聖僧餘饌啓》,可知太子蕭綱(503—551)曾在宮中設齋供養聖僧。① 梁元帝曾畫聖僧像,梁武帝親自爲之作畫贊。②

除了皇室之外,民間的聖僧信仰也相當普遍。唐法琳《辯正論》(T·2110)有"何瑚感聖,母疾乃除"一則記事,敍述梁朝北征諮議何瑚孝敬母親,感得聖僧前來爲其母治病:

> 何氏傳曰:瑚字重寶,梁爲北征諮議,博聞强學,初有令名,治《左氏春秋》,略通大義。孝性淳深,事親恭謹,母病求醫,不乘車馬。忽感聖僧,體質殊異,手執香鑪來求齋食,而至無早晚,故疑其非常。如此十餘日,母病有瘳,僧便辭去,留素書《般若經》一卷,因執手曰:"貧道是二十七賢聖不退相人,感檀越至心,故來看病。今病者已差,貧道宜還。"言訖前行,忽然不見,而鑪烟香氣一旬方歇。精誠所感,朝野嗟歎。因捨別宅,爲月愛寺也。③

這位受到何瑚孝行感動而來爲其母治病的聖僧,自稱是"二十七賢不退相人",也就是小乘聖人中最低階者,根據唐智儼《賢聖善知識章》云:

> 賢聖者,順理名賢,得理是聖。在物先知,亦爲衆情所識,故名知識。賢聖之義,教有三位:一、二十七賢聖,謂初隨信行,二隨法行,三無相行,四須陀洹,五行斯陀含,六斯陀含,七行阿那含,八中陰滅那含,九生滅那含,十不行滅,十一行滅,十二樂慧上行,十三樂定上行,十四轉世,十五現滅,十六信解脱,十七見得,十八身證,十九退相羅漢,二十守相,二十一死相,二十二可進相,二十三住相,二十四不壞相,二十五慧解脱相,二十六俱解脱相,二十七不退相。初有十八人,是學人;次有九人,是無學人。……此是小乘,亦同於初教。④

① 《全梁文》卷六一劉孝威《謝東宮賜聖僧餘饌啓》,《全上古三代秦漢三國六朝文》,北京,中華書局,1958 年,頁 3318 下。
② 《太平廣記》卷二一一《畫二·梁元帝》,頁 1914。
③ 《辯正論》(T·2110)卷七信毀交報篇第八,《大正新修大藏經》,册五二,頁 538 上。
④ 《華嚴經内章門等雜孔目章》(T·1870)卷四,《大正新修大藏經》,册四五,頁 584 上一中。

上述來爲何母治病的聖僧,係以向人化齋的形態出現,這和供養聖僧的
"飯聖僧"是符合的;只是他來的時候不是一般用餐時間,所以何氏纔覺得
奇怪,"疑其非常"。

又,梁朝富陽縣(今浙江富陽)居民因受到泉林寺僧人道琳(447—
519)作聖僧齋感應的影響,家家户户都設聖僧座供養:

> 釋道琳,本會稽山陰人。⋯⋯後居富陽縣泉林寺,寺常有鬼怪,自
> 琳居之則消。琳弟子慧韶爲屋所押,頭陷入肩,琳爲祈請,韶夜見兩梵
> 道人拔出其頭。旦起,遂平復。琳於是設聖僧齋,鋪新帛於床上。齋
> 畢,見帛上有人迹,皆長三尺餘。衆咸服其徵感,富陽人始家家立聖僧
> 坐以飯之。①

道琳的弟子慧韶因屋子倒塌受傷,頭陷入肩,道琳爲其弟子祈請,感得兩位
胡僧來爲慧韶拔頭出肩,因而康復。道琳因此設聖僧齋,他在聖僧的床座
上鋪了新的絲墊,齋後上面有人停留的痕迹。此事傳開後,當地居民都在
家裏供養聖僧。

(四) 唐代的聖僧信仰

入唐之後,聖僧信仰除了供養無數不知名的聖僧之外,另外出現具數
(十六羅漢、十八羅漢、五百羅漢)和個別聖僧(僧伽、萬迴)的信仰。值得
注意的是,有些寺院中食堂的聖僧和羅漢堂是並存的,一般寺院中本來就
有聖僧座,有時另供十六羅漢、五百羅漢。此處僅討論前者。

正因爲聖僧的隊伍很龐大,前述南北朝供養聖僧並沒有特定的對象。
不過,盛唐以後有了變化,寺院中供養的聖僧是賓頭盧。無論寺院或民家
舉行齋會,也必設聖僧座。唐初僧人玄璧每講《法華經》時,都有一隻鶴飛
來,"徑詣佛邊聖僧座上,一立不動,直至講了,然始飛去。如此經年,後乃
恒住"。② 此處聖僧座上並沒有像,故那隻靈鶴就停在聖僧座上;另外,也

---

① 《高僧傳》卷一二誦經第七釋道琳傳,頁409上。
② 《弘贊法華傳》(T·2067)卷三唐蘇州流水寺釋玄璧,《大正新修大藏經》,册五一,頁20中。

沒有明確地説聖僧是何人。大曆四年(769),不空奏請唐代宗"伏望自今已後,令天下食堂中於賓頭盧上,特置文殊師利形像,以爲上座"。[1] 可知其時寺院中食堂供奉的聖僧是賓頭盧。不過,《太平廣記》中有《長樂村聖僧》,敍述開元年間民家齋會中所設聖僧座,則沒有特定的對象:

> 開元二十二年,京城東長樂村有人家,素敬佛教,常給僧食。忽於途中得一僧座具,既無所歸,至家則寶之。後因設齋,以爲聖僧座。齋畢衆散,忽有一僧扣門請飡。主人曰:"師何由知弟子造齋而來此也?"僧曰:"適到滻水,見一老師坐水濱,洗一座具,口仍怒曰:'請我過齋,施錢半於衆僧。污我座具,苦老身自浣之。'吾前禮謁,老僧不止。因問之曰:'老闍梨何處齋來,何爲自澣?'僧具言其由,兼示其家所在,故吾此來。"主人大驚,延僧進户。先是聖僧座,座上有羹汁翻污處,主人乃告僧曰:"吾家貧,卒辦此齋,施錢少,故衆僧皆三十,佛與聖僧各半之。不意聖僧親臨,而又污其座具。愚戇盲冥,心既差別,又不謹慎於進退,皆是吾之過也。"(出《紀聞》)[2]

此處顯示齋會設有"聖僧座",寺院中聖僧座是常設的,但民家未必常設聖僧座,上述長樂村民設齋的聖僧座就是在路邊揀來的。齋會中要給凡僧齋噄,也要供養聖僧一份齋噄。長樂村民因經費不足,給參與齋會的僧衆噄施三十錢,施給聖僧錢只有一半十五錢。由於一般民家大都不設聖僧座,因此齋會中的聖僧錢要交付其所延請僧尼的寺院,提供該寺供養聖僧之用。《四分律行事鈔資持記》卷下:"或有噄施,還入聖僧用。"其下小字注云:"準俗舍無用,應付所請僧寺聖僧用之。"[3]

前面提到梁朝何瑚孝心誠悼,感得小乘二十七賢聖中的不退相聖僧爲其母治病,唐代寺院中則有大乘四十二賢聖的信仰。長安資聖寺觀音院兩

---

① 《代宗朝贈司空大辨正廣智三藏和上表制集》,頁 837 中。

② 《太平廣記》卷一〇〇《釋證二・長樂村聖僧》,頁 667。

③ 《大正新修大藏經》,册四〇,頁 401 上。

廊有韓幹畫的"四十二賢聖"壁畫,①寺院中也有供養的儀式。日僧圓仁在開成四年(839)正月十七日觀看開元寺的"四十二賢聖供":

> 齋後,當寺堂前,敷珍奇,安置四十二賢聖素影,異種珍綵,不可記得。賢聖容貌,或閉目觀念,或仰面遠視,或向傍似有語話,或伏面瞻地;四十二像皆有四十二種容貌。宴座之別,或結跏趺座,或半跏座,坐法不同。四十二賢聖外,別置普賢、文殊像,并共命鳥、伽陵頻伽鳥像。暮際,點燈供養諸聖影。入夜,唱禮禮佛,并作梵讚歎。作梵法師一來入,或擎金蓮玉幡,列座聖前,同聲梵讚,通夜無休。每一聖前,點塊燈。②

小野勝年認爲此供養儀式和"羅漢供"相近,其實,它和羅漢供是有所差別的。"羅漢供"的儀式包括食器的安排、茶和食物的供養,還要呈疏《供羅漢疏》,③——迎請、念誦十六、五百羅漢之名,最後還要焚燒文疏。④"四十二賢聖供"則是臨時掛上四十二賢聖的繪像(儀式繪畫),黃昏時開始點燈供養,並沒有飲食的供養。入夜之後,每一聖者前點一盞燈,開始禮佛作梵;作梵法師有時以金蓮玉幡置於聖像前供養,和僧衆同聲梵讚,整個儀式是徹夜進行的。

聖僧的供養和個別聖僧如寶誌、僧伽等供養並行的情形,可以四川僧人惠寬(586—655)爲例,四川僧人惠寬行化蜀地,屢有異事奇應,爲鄉人所敬事,臨終有徵應,遺體不敗壞,人們將他視爲聖僧,凡是設齋會時,除了設一個聖僧座之外,另外也設一個座位專供惠寬:

> 爾後至今凡設會家,皆設兩座,一擬聖僧,一擬寬也,今猶獲供送本寺。靈相在山,瑞坐如在,自初至今,竟無蟲血污穢朽腐之相。斯則

---

① 《太平廣記》卷二一二《畫三·資聖寺》,頁1627。
② 《入唐求法巡禮行記之研究》卷一,頁354。
③ 如李去病《觀音道場設羅漢齋疏》,收入魏齊賢《五百家播芳大全文粹》卷八〇,文淵閣四庫全書本,冊一三五三,頁17—18。
④ 《百丈清規證義記》(X·1244)卷五供羅漢,《卍新纂續藏經》,冊六三,頁426上—429上。

豈非不退菩薩，身無萬户蟲耶？不然何以若此。①

“今猶獲供送本寺”指的是供給惠寬的齋嚫——亦即聖僧錢，送到其原來駐錫的浄惠寺。

　　此外，在齋會中供聖僧還必須讀誦文疏，今敦煌遺書中的《請賓頭盧疏》即是聖僧信仰最具體的例證之一。據王惠民研究，今所知敦煌遺書的《請賓頭盧疏》至少有十一件，時代是 9 世紀末至 10 世紀末，最早一件是光啓三年（887）請賓頭盧疏（北圖 7133 - 1），最晚一件是淳化三年（992）S.5696，齋會的地點有在家中，有在寺院。他認爲應將《請賓頭盧疏》和《設供疏》結合起來考察，②這樣的看法是正確的。因爲齋會的含意是同時供養凡僧和聖僧，故在一個齋會中同時用請凡僧的《設供疏》和請聖僧的《請賓頭盧疏》。這些《請賓頭盧疏》中都有“誓受佛敕，不舍蒼生，興運慈悲，依時降駕”之語，③應係據同一範本，所指的即是佛敕賓頭盧不許入涅槃，應供四天下，與衆生作福。他的臨齋應供，並不是貪執衆生的供養，④而是由於他的應供，能使衆生得到供養聖僧之福報，因此稱“不舍蒼生，興運慈悲，依時降駕”。由於《請賓頭盧疏》的遺存僅見於晚唐五代宋初的敦煌地區，故學者認爲是此一地區流行的信仰，⑤但它實際上是聖僧信仰之一環，凡有齋會必請聖僧，這種請聖僧的疏文應是要焚化的，因此少有遺存。賓頭盧的信仰也流行於其他地區，如唐僖宗中和年間（881—885），畫師張南本在四川聖壽寺中門畫“賓頭盧變相”，⑥可作爲旁證。

---

① 《續高僧傳》卷二〇《習禪六·益州浄惠寺釋惠寬傳》，頁 601 中。
② 王惠民《敦煌寫本〈請賓頭盧疏〉考察》，《敦煌學輯刊》2006 年第 2 期，頁 21—28。
③ 或有少許差異，但皆有“佛付敕，不舍蒼生，興運慈悲”之句。如北圖 7133 - 1 作：“受佛付敕，不舍蒼生，興運慈悲，于時降駕。”P.3645 作：“誓受佛敕，不舍蒼生，興運慈悲，依時早赴。”P.3107 背、P.3645 - 2、S.2947、S.4632、S.6424v - B、S.5696，皆作：“誓受佛敕，不舍蒼生，興運慈悲，依時降駕。”見王惠民《敦煌寫本〈請賓頭盧疏〉考察》，頁 22—26。
④ 王惠民《古代印度賓頭盧信仰的産生及其東傳》認爲要“立座飯之”係和賓頭盧貪食有關等（《敦煌學輯刊》1995 年第 1 期，頁 75—77），值得再商榷。
⑤ 党燕妮《賓頭盧信仰及其在敦煌的流傳》，《敦煌學輯刊》2005 年第 1 期，頁 70；楊寶玉《〈請賓頭盧波羅墮和尚疏〉拼合與校議》，《英國收藏敦煌漢藏文獻研究：紀念敦煌文獻發現一百周年》，頁 178。
⑥ 黄休復撰，秦嶺雲點校《益州名畫録》卷上，北京，人民美術出版社，1964 年，頁 13。

四、宋代的聖僧信仰

宋代的聖僧信仰顯示在僧堂中的"聖僧座"（"聖僧龕"），它成爲寺院某些儀式的中心，①寺職中還有"聖僧侍者"，專門負責供養聖僧之事。此外，寺院日常生活中，每飯都須供養聖僧，僧衆洗浴之前也要先做請浴聖僧的儀式。

（一）聖僧座和聖僧像

宋代寺院分教寺、律寺和禪寺，今日禪宗所留文獻較多，但從律寺和教寺的規制中，可知三種寺院的僧堂中都設有聖僧座（龕），它還是儀式空間的中心。禪寺僧堂中央都設有聖僧座，其上有聖僧像，雖然唐代寺院中的聖僧是賓頭盧，但宋代禪寺僧堂的聖僧則是憍陳如尊者。

唐代寺院的聖僧座設在食堂，宋代禪寺則設在僧堂。唐代寺院僧衆係在食堂用餐，至唐德宗貞元中，百丈懷海禪師（720—814）別立禪居，訂立新的規制，習稱"百丈清規"。原來僧人在食堂共同進食，至於寢息則星散各院，懷海打破各院的樊籬，僧人統一住在僧堂裏，一起進食和修習法事，秉持一定的作息和儀規。因此，原來在食堂中的聖僧就移到僧堂安座。②禪寺中的聖僧座又稱"聖僧龕"，如《禪苑清規》云"卧袈裟不得推搭版頭及聖僧龕所"。③ 由於僧堂中設長連床，僧人修禪吃飯喝茶都在此地，供養聖僧必須有一神聖空間，聖僧座就在僧堂中央居北的位置，因它是獨立的，通常作龕形（圖1、圖2、圖3）。僧人在僧堂中的各種行事，都須先向聖僧敬禮致意，如新來寺院掛搭的僧人到了僧堂，首先要向聖僧敬禮："新到於僧堂前門南頰而入聖僧前（參頭在北邊）立定，大展三拜。收坐具，從首座位巡堂一匝，却到聖僧前問訊畢。"④僧人必須時時對聖僧表示尊敬，禪寺清規中規定不可背向聖僧，"不得背聖僧上床"、"欲上長連榻，常應面聖僧"。⑤

---

① 參見本書第九章《〈禪苑清規〉所見的茶禮與湯禮》。
② 《宋高僧傳》卷一〇《習禪三·唐新吳百丈山懷海傳》，頁770下。
③ 《譯注禪苑清規》卷一〇百丈規繩頌，頁363；《禪苑清規》，頁128。
④ 《譯注禪苑清規》卷一掛搭，頁29；《禪苑清規》，頁6。
⑤ 《譯注禪苑清規》卷九訓童行陪衆第二；卷一〇百丈規繩頌，頁362。《禪苑清規》，頁117,128。

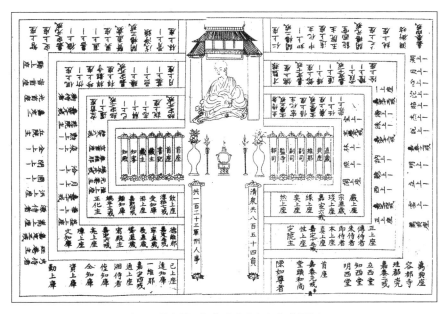

圖 1　僧堂圖(龍華院本《大宋名藍圖》)

(無著道忠《大宋五山圖説》,收入《〈敕修百丈清規〉左觽·庸峭餘録》附録
(一),京都,株式會社中文出版社,1977 年,頁 1281)

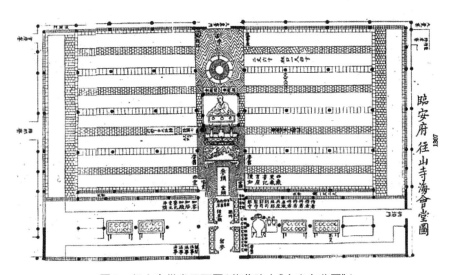

圖 2　徑山寺僧堂平面圖(龍華院本《大宋名藍圖》)

(《大宋五山圖説》,頁 1307)

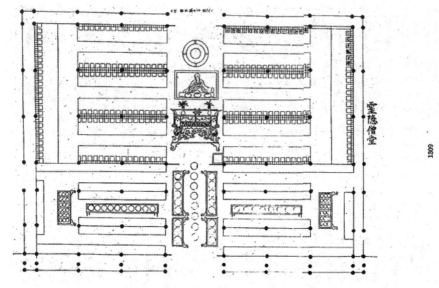

圖3　靈隱寺僧堂平面圖(龍華院本《大宋名藍圖》)

(《大宋五山圖説》,頁1309)

　　宋代的聖僧座上通常是有像的,如無著道忠校寫的《大宋名藍圖》中徑山寺、靈隱寺的僧堂都有聖僧龕(圖4),[1]龕中都有聖僧像。禪宗的話頭也常以僧堂中的聖僧像作爲引子,從禪宗典籍看來,當時聖僧都係泥塑的像,大慧宗杲(1089—1163,謚"普覺禪師")"照起二大師請普説"云:

　　　　如有問甚麽處來,曰僧堂中來。又問:還見聖僧麽?曰見。又問:聖僧向你道甚麽?曰聖僧不説話。又問:聖僧還有口麽?曰有。又問:你還有口麽?曰有。又問:你有口會説話,聖僧亦有口,因甚麽不説話?曰聖僧是泥做,只管平實祇對。[2]

佛眼禪師(1067—1120)和尚小參時曾藉著堂中聖僧像説:

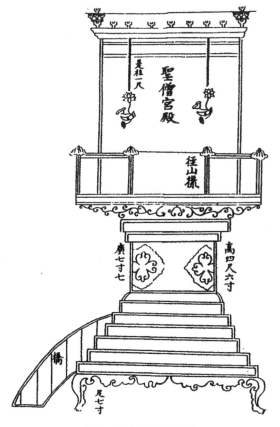

圖4　徑山聖僧宮殿圖

(《大宋五山圖説》,頁 1293)

　　師云：……你若要商量,舉古舉今,却請別處去。我者裏祇是一味禪,所以喚作千聖骨髓。我且問你：適來因什麽問訊聖僧？且問訊時還印證你麽？還肯諾你麽？若道印證你,他是土聖僧,豈解印證。你若道肯諾你,豈解肯諾你？既不解肯諾,印證,又問訊作麽？①

　　宋代寺院的聖僧是憍陳如尊者,寺院中的聖僧從唐代的賓頭盧改成憍陳如,其轉折點在五代。憍陳如是釋迦牟尼成道之後,首先度化的第一個

---

① 《古尊宿語録》(X·1315)卷三一舒州龍門佛眼和尚小參語録,《卍新纂續藏經》,册六八,頁205 中。

比丘,五代出現了以憍陳如爲"僧寳之首"的説法,吳越國杭州律僧景霄(諡"清涼大師")《四分律行事鈔簡正記》(X・737)卷一:"第六菩提樹下修無漏觀斷惑者。……上來菩提樹下,成等正覺,是佛寳之初。鹿苑輪四諦,是法寳之首。度五比丘,僧寳之始。"①北宋真浄克文(1025—1102)禪師住筠州聖壽寺時,開堂時有以下的話語:

> 昔日大覺世尊起道樹,詣鹿苑爲五比丘轉四諦法輪,唯憍陳如最初悟道。貧道今日向新豐洞裏,只轉箇拄杖子。②

供養聖僧即是尊崇僧寳,因五比丘之中最先得度者是憍陳如尊者,就漸漸取代了賓頭盧,五代僧堂中即出現了憍陳如泥塑像。③ 宋代禪宗語録中也多見僧堂中"憍陳如上座"之語。④ 一直到明代,皆以憍陳如爲僧寳之始,如元賢禪師(1577—1657)《諸祖道影贊》即以憍陳如尊者爲"僧寳之始",描述他"居僧上座"。⑤ 明代高僧紫柏真可(1543—1603)《憍陳如比丘贊》甚至稱他爲"比丘之祖"、"僧中之王"。⑥

北宋道誠《釋氏要覽》(T・2127,成書於1019年)卷下《住持・伽藍立廟》條,賓頭盧廟之下的注記云:

> 即今堂中聖僧也。始因道安法師夢一胡僧,頭白眉長,悟安云:可時設食。後十誦律至,惠遠方知和尚所夢即賓頭盧也,於是立座飯之,寺寺成則。法苑云:聖僧元無形像,至宋泰初末,正勝寺僧法

---

① 《卍新纂續藏經》,册四三,頁8上。
② 《古尊宿語録》卷四二,頁273中。
③ 《四分律行事鈔簡正記》(X・737)卷八次約法辨事説戒篇,《卍新纂續藏經》,册四三,頁187下:"復有處行籌,兼著憍陳如上座手中;乃至香湯浄水,亦洗泥上座手中,此是無知,不可言怪也。"
④ 如《景德傳燈録》(T・2076)卷二六前金陵報慈行言導師法嗣:"洪州雲居山義能禪師(第九世住)師上堂曰:'不用上來,堂中憍陳如上座爲諸上座轉第一義法輪。還得麼? 若自信得,各自歸堂取取。'"《大正新修大藏經》,册五一,頁428中。
⑤ 《永覺元賢禪師廣録》(X・1437)卷二〇,《卍新纂續藏經》,册七二,頁496中。
⑥ 《紫柏尊者全集》(X・1452)卷一八《憍陳如比丘贊》,《卍新纂續藏經》,册七三,頁300下—301上。

願、正喜寺僧法鏡等始圖形像矣。今堂中聖僧，多云是憍陳如，非
也。緣經律不令爲立廟故，不走四天供故。又，安法師夢是賓頭
盧故。①

道誠認爲當時多以爲堂中聖僧是憍陳如，這是錯誤的，他回溯其自東
晉道安時代，認爲應是賓頭盧。然而，他引劉宋僧人法願、法鏡圖畫聖僧供
養，並未注意到此二僧人所繪的聖僧並不確定是賓頭盧。贊寧在《宋高僧
傳·不空傳》中稱：

> （大曆）四年冬，空奏天下食堂中置文殊菩薩爲上座，制許之。此
> 蓋慊憍陳如是小乘教中始度故也。②

贊寧顯然是將宋代寺院聖僧憍陳如冠於唐代的文書上，實則不空的奏文中
已明白稱“令天下食堂中，於賓頭盧上特置文殊師利形像，以爲上座”，按
《梵網經菩薩戒本疏》（T·1813）卷一：“又聞西國諸小乘寺以賓頭盧爲上
座，諸大乘寺以文殊師利爲上座。”③贊寧雖然將宋代寺院中以憍陳如爲上
座誤植到唐代，但他說“此蓋慊憍陳如是小乘教中始度故也”，倒是點出宋
代寺院以憍陳如爲堂中聖僧的事實。

道誠和贊寧的記載都顯示“宋代寺院中的聖僧是憍陳如”這個事實，
宋代禪師的語録中在在也都有他的名字。平江府妙湛寺尼文照上堂普説
云：“僧堂裏憍陳如上座爲你諸人舉覺底，還記得麽？”④南康軍雲居義能禪
師上堂云：“不用上來，堂中憍陳如上座爲諸上座轉第一義法輪，還得麽？
若信得及，各自歸堂參取。”⑤元温州仙巖仲謀猷禪師：“開爐上堂，向無烟
火，説無生話。不分賓，不分主，可謂得大自在。憍陳如尊者聞鐘鼓聲，喫

① 《大正新修大藏經》，册五四，頁303中。
② 《宋高僧傳》卷一《譯經·唐京兆大興善寺不空傳》，頁713上。
③ 《大正新修大藏經》，册四〇，頁605中。
④ 《嘉泰普燈録》（X·1559）卷八青原第十三世甘露傳祖仲宣禪師法嗣平江府妙湛尼慈鑑大師，《卍新纂續藏經》，册七九，頁341上。
⑤ 《五燈會元》（X·1565）卷一〇法眼宗青原下八世報慈言導師法嗣南康軍雲居義能禪師，《卍新纂續藏經》，册八〇，頁217中—下。

粥了,跳入汝諸人眼睛裏打坐。因什麽不覺,喝一喝。"①寺院僧人每飯供養僧堂中的聖僧,禪寺的僧衆就是睡在僧堂裏,因此聖僧憍陳如可以説和他們的生活密不可分,從禪僧的話語中經常流露出這種相依親近之感,宋佛眼和尚解夏上堂云:"尊者憍陳如,九旬最親切。老少幸相依,上下皆歡悦。"②梵琦禪師(1296—1370)住海鹽州天寧永祚禪寺時結夏上堂云:"今日結也,憍陳如尊者,領衆歸堂。鉢盂口向天,露柱脚踏地。"③

(二)聖僧侍者

僧堂中的聖僧座是禪寺儀式空間的中心,舉凡巡堂、茶湯會的儀式都是以聖僧龕爲中心而展開的。筆者已有專文討論,在此不贅。④ 正因聖僧在寺院儀式中的重要性,寺職中還有"聖僧侍者",負責供養聖僧的事務,《禪苑清規》記載其職責主要爲:

> 聖僧侍者:供過齋粥、茶、湯、香火燈燭,及與堂司行者灑掃堂中,拂拭函櫃打疊几案,列正供具。齋時供養罷。收聖僧襯錢入筒。(筒安首座版頭柱上,以襯錢略呈首座入之。)二時打下堂槌。(候住持人複鉢,方可進槌,即退身於聖僧帳後立,以避住持人問訊大衆。)⑤

也就是説,聖僧侍者要和堂司行者一起清掃僧堂,安排供具,負責早、午齋供給聖僧的粥飯茶湯,以及安排聖僧座前的香火燈燭。齋後,則要將"聖僧錢"收到專置聖僧錢的竹筒裏。從本文附圖(圖1、圖2、圖3),可以清楚見到宋代聖僧座前有香爐、花瓶,以及供食的碗。此外,另有其他工作包括僧堂内的被位點交,半夜要剔燈,以及部分財務方面的事務如收取亡僧的

---

① 《五燈全書》(X·1571)卷五二臨濟宗南嶽下二十二世温州仙巖仲謀猷禪師,《卍新纂續藏經》,册八二,頁177下。
② 《古尊宿語録》卷二八舒州龍門佛眼和尚語録,頁186上。
③ 《楚石梵琦禪師語録》(X·1420)卷二住海鹽州天寧永祚禪寺語録上,《卍新纂續藏經》,册七一,頁555中。
④ 參見本書第九章《〈禪苑清規〉中所見的茶禮與湯禮》"三、禪寺四時的茶禮和湯禮(三)以聖僧龕爲中心的儀式空間",頁377—379。
⑤ 《譯注禪苑清規》卷四聖僧侍者,頁155。《禪苑清規》,頁51。

錢，或住持遷化時要負責把守帳帷等：

> 聖僧侍者（不立班在衆後行道堂外粥飯）
>
> 貴有道心，齋粥二時上供，鳴下堂椎。朝夕交點被位，中夜剔燈。同維那交收亡僧唱衣錢，住持遷化把帳。頭首秉拂，則爲燒香，或代鳴椎。①

前面提及唐代的戒律是聖僧錢僅可供聖僧用，作爲購買供養聖僧的供養器具，或者爲聖僧另外造屋舍之用。及至北宋，則有所改變，宗賾《禪苑清規》記載聖僧侍者可得到部分的聖僧嚫施：

> 如聖僧所得衣物施利，除袈裟、襯錢同維那收掌支破外，自餘巾帕、針綫、茶藥、看經錢結緣等物，並係聖僧侍者所得。②

聖僧錢支用的改變，和聖僧侍者寺職出現有關，聖僧侍者除了負責侍奉聖僧香火、供養器具等事之外，也和寺主經常親近，同時又和維那一同收取亡僧的錢，③成爲寺院中重要人物。宋代聖僧侍者可以擁有施主齋嚫的"聖僧錢"中的物品——包括巾帕、針綫、茶藥和看經錢。

除了聖僧侍者之外，"浴主"也和供養聖僧有關。宋代禪寺中，請聖僧浴是例行的儀式。每逢開浴日（寒月五日一浴，暑熱每日淋汗），④在衆僧入浴之前，必須先請浴聖僧，浴主事先要準備請聖僧的浴位和浴具，以及香、花、燈燭等物，《禪苑清規》有簡要的記載：

> 設浴前一日，刷浴、燒湯。至日，齋前掛開浴或淋汗或淨髮牌。鋪

---

① 《敕修百丈清規》（T・2025）卷四聖僧侍者，《大正新修大藏經》，冊四八，頁1132上。
② 《譯注禪苑清規》卷四聖僧侍者，頁155—156；《禪苑清規》卷四聖僧侍者，頁51。
③ 《禪林備用清規》（X・1250）卷七商侍者："聖僧侍者，貴在道心。二時下供，打下堂槌，朝夕交點被鉢位，中夜剔燈。同維那交收亡僧錢，住持遷化，係把帳。"《卍新纂續藏經》，冊六三，頁648上。
④ 《禪林備用清規》卷七周知浴，頁647中。

設諸聖浴位,及净巾、香、花、燈燭等,並衆僧風藥、茶器。齋後打版,同施主入堂内燒香禮拜,請聖入浴。良久,打疊鳴鼓,請衆前兩會衆僧入浴,後一會行者入浴,末後住持、知事人入浴。①

　　上文稱浴主必須在浴室内鋪設"諸聖浴位",可知所請的不限於僧堂中的聖僧,而是證入聖位的衆聖。至於爲聖僧準備的浴具,除了前述的净巾之外,還有"浴聖桶",事先倒入沐浴用水。弌咸《禪林備用清規》(成書於 1311 年)記載:"半晚,浴頭覆首座、方丈、維那,鳴鼓三下,浴聖桶内皆著湯。"②由"浴聖桶内皆著湯"之句,可知所準備的浴聖桶不只一個。《敕修百丈清規》(成書於 1338 年)、《增修教苑清規》(成書於 1347 年)除了提及浴聖桶之外,更敍述迎請聖僧浴的儀式:"鳴鼓三下,浴聖桶内皆著少湯,燒香禮拜,想請聖浴。"③僧衆燒香禮請聖僧之際,還有觀想的部分"想請聖浴"。約莫經過常人沐浴的時間,則再度鳴鼓,請寺僧依序入浴。京都大德寺收藏南宋的"五百羅漢圖"中有一幅"浴室",畫面上有一童子擊鼓,鼓上烟雲靄靄,暗示著聖僧臨浴,有五名僧人,另有兩名非漢人的侍者,非漢人的侍者經常出現在羅漢圖中,可知此幅上的僧人是羅漢聖僧應供臨浴(圖 5)。俄藏敦煌文書中有入浴之前讀誦的文疏《温室啓請文》(Дх. 02479),奉請諸佛菩薩、賓頭盧等諸大阿羅漢、梵釋天王、龍天八部等,和道俗四衆入浴。④

　　從禪寺早、午二齋都要供養聖僧,沐浴之前須先做請浴聖僧的儀式,寺職中還有專人負責此事,可知供養聖僧在禪寺中占有重要的分量。此和禪寺以修禪爲主要修習有關,禪修最怕魔來侵撓,聖僧的形像可以防魔。1782 年(天明四年)刊刻的《修禪要訣》(X・1222),稱此書係儀鳳二年長安禪林寺明恂向佛陀波利請教的問答録,其中有一段敍及聖僧圖像可防魔事:

①　《譯注禪苑清規》卷四聖僧侍者,頁 139;《禪苑清規》卷四聖僧侍者,頁 46。
②　《禪林備用清規》卷七周知浴,頁 647 中。
③　《敕修百丈清規》卷四兩序章西序頭首知浴,頁 1311 中;《增修教苑清規》(X・968)卷上兩序門第五列職知浴,《卍新纂續藏經》,册五七,頁 316 上。
④　党燕妮《晚唐五代宋初敦煌民間佛教信仰研究》第七章《賓頭盧信仰》,第二節"二、温室祈請賓頭盧",蘭州大學歷史文獻學博士論文,2009 年,頁 164。

圖 5 南宋"五百羅漢圖"48 浴室(京都大德寺藏)

(奈良國立博物館編集《聖地寧波：日本仏教 1300 年の源流》,奈良國立博物館,2009 年,頁 137)

問：坐禪有預防魔事法不？

答：凡欲學禪，先起悲願："我今修定，必取菩提，廣利群物。唯願三寶諸天神等，宜衛其身，使無災障。"每斯誓已，然後習禪。然於禪堂內四壁邊上，多畫聖僧形像，並作結跏坐禪定狀。其聖僧像稍宜大作，仍以花香供養。近下復畫諸凡僧像，稍宜小作，大小如人，亦作禪狀。然後於中學禪，可得預防魔事。①

上文稱聖僧可以護禪，或許可爲禪寺重視僧堂中的聖僧，作一注脚。

雖然宋代禪寺僧堂的聖僧是憍陳如尊者，但他僅作爲僧寶的代表，事實上禪寺請浴聖僧時是擺設"諸聖"浴位。

五、結　語

本文主要的陳述是：聖僧是指修行證果的一大群聖衆，包括大乘菩薩僧如四十二賢聖，小乘初果以上的修行者如二十七賢聖者，係指到達某一果位的聖者。久遠以來，聖僧的數目是很龐大的，但經典上多未見其名。迄今學界討論的羅漢信仰、賓頭盧信仰，都是"聖僧"信仰的一部分。

從東晉道安展開聖僧信仰之初，就未限定聖僧僅有賓頭盧一人而已，他臨終之前請浴聖僧，前來應供的小兒（聖僧）就有數人。其後，慧遠認爲道安最先以飯食供養的胡僧就是賓頭盧。然而，南北朝時期寺院或人家供養的聖僧都是一群沒有具體名字的聖衆。又，當時人們相信有很多聖僧是住在偏遠的神山聖寺，若無機緣則難以到達，因此出現一些僧俗往訪聖寺（如鼓山竹林寺等）的傳聞。無論在寺院或人家都信奉聖僧，也有一定的儀軌；在寺院中，僧人會食之前必先供養聖僧，寺院或民家的齋會中，也必設"聖僧座"——這些聖僧大都是非特定的對象，也沒有具體的名號。唐代開始纔出現有名號的十六羅漢、十八羅漢、五百羅漢，同時也流行個別聖僧如萬迴、僧伽等信仰。唐代寺院食堂的聖僧是賓頭盧，以其作爲僧寶的

① 《卍新纂續藏經》，冊六三，頁 14 下。

代表;同時,寺院民家也信奉或供養其他不知名的聖衆,或是個別聖僧如寶誌、萬迴、僧伽等,以及十六羅漢、五百羅漢,這些信仰是並存的。

宋代禪寺中,同時有聖僧和羅漢的信仰,僧堂中固定設有"聖僧座"("聖僧龕"或"聖僧厨"),寺職中還有專門負責供養聖僧事宜的"聖僧侍者"。唐代僧堂中的聖僧是賓頭盧,宋代僧堂的聖僧則是憍陳如尊者。此外,寺院僧人沐浴之前,也必先恭請聖僧臨浴,有一定的儀軌。寺院也多有"羅漢堂",供奉十六羅漢或五百羅漢,另有供養羅漢的儀軌。

聖僧的信仰一直至南宋都很流行,入元以後,聖僧信仰急遽地衰微,原因不明。可能和元代佛教和佛寺内部的變化有關,如僧堂内像設的改變,以及"僧堂"改稱"禪堂",聖僧的信仰和儀軌就逐漸消失了。唐、宋兩代寺院食堂或僧堂中皆供有聖僧座(龕),降及明、清時期,聖僧座幾乎不見了。清代杭州真寂寺僧儀潤在《百丈清規證義記》(X·1244)中提出以下的解釋:"聖僧,即禪堂中所供之神僧像也。禪堂古名僧堂,因衆僧共居一堂故。……邇來禪堂中多供佛,則聖僧之像,寂無供者。又改僧堂之名爲禪堂,而聖僧二字之義,無著落矣。"[1]由此可見,歷史上佛教的面貌是多樣性的,某些信仰的内容和儀軌在不同時期也有所變化。

(本文原刊於康豹、劉淑芬主編《第四屆國際漢學會議論文集:信仰、實踐與文化調適》,臺北,"中研院",2013 年)

---

① 《卍新纂續藏經》,册六三,頁 446 中。

宋代的羅漢信仰及其儀式

——從大德寺宋本"五百羅漢圖"説起

本文主要探討宋代的羅漢信仰及其儀式，首先敍述羅漢信仰的性質和内涵，特別著重天台山羅漢傳説發展的討論，並且追究羅漢信仰流行的原因。唐、宋時期羅漢信仰和天台山有密切的關聯，天台山是羅漢住處之説，係從東晉僧人竺曇猷渡過天台石橋、見到聖寺神僧的故事發展而來。此一傳奇經歷南朝、隋、唐以迄於宋代，"竺曇猷"之名漸次轉化成"白道猷"，有兩個關鍵：一是隋代有關智顗天台山傳奇記載的誤植，二是唐代白居易《沃洲山禪院記》一文，受晉、宋以來浙東文化圈氛圍的影響，誤以爲竺曇猷是寫出絕佳詩篇的帛道猷，其後的記載多沿襲此文。次則敍述竺曇猷傳奇和羅漢信仰的連結，以及其内容的增廣。又，羅漢信仰流行和靈應故事有關，透過士人名宦撰寫贊頌、碑記的傳布，是促進此信仰蓬勃興盛的重要原因。此外，宋代商業發達，商人在羅漢信仰發展中也扮演了重要的角色。本文後半段則根據各種文獻，並且輔以京都"大德寺宋本五百羅漢圖"，探討"羅漢供"的儀式。迄今學者大都認爲此圖和水陸法會有關，實則此係"羅漢供"這個宗教活動中所使用的儀式繪畫，一如"水陸畫"之於水陸法會。此外，宋人以茶結乳花爲羅漢應供的徵應，文末特別討論此一儀式中的"茶供"。

一、前　言

近年來，在兩個博物館的大型展覽中，展出京都大德寺宋代絹本"五百羅漢圖”，①迄今仍續有相關研究論著發表，頗受到學術界的矚目。此圖係宋淳熙五年（1178）至十五年，明州（今浙江寧波）惠安院的信衆捐資，由僧人義紹主其事，請畫家林庭珪、周季常製作的百幅羅漢畫，施給此寺供養。每一幅畫上繪有五位羅漢，總計五百羅漢。此圖從中國轉入日本的因緣，可能和宋理宗淳祐六年（1246）宋僧蘭溪道隆（1213—1278）及其弟子，應邀赴日傳法有關。鎌倉時代它係壽福寺收藏的寶物，16世紀轉由大德寺收藏時，佚失其中六幅；寬永十五年（1638）由繪師木村德應（1593—？）補繪缺幅，今稱此六幅爲“寬永本”。明治二十七年（1894），美國波士頓美術館展出大德寺本中的四十四幅，其間該館購得其中十幅；此外，弗利爾美術館收納二幅。② 今藏於大德寺猶有八十二幅。

　　今此圖分藏三地，2009年奈良國立博物館“聖地寧波：日本佛教1300年の源流——すべてはここからやって来た”展，首次將大德寺宋本五百羅漢圖全部公之於世，並且出版圖錄。其後，該館和東京文化財研究所透過最新光學輔助，判讀出其中四十八幅的銘文，出版《大德寺傳來五百羅漢圖銘文調查報告書》。③ 谷口耕生、井手誠之輔等學者還做了相關的研究，提供吾人了解南宋宗教社會史一個新的視角。嗣後該研究團隊又在前書的基礎上繼續深耕，2014年出版《大德寺傳來五百羅漢圖》。④迄今學者解讀此圖都認爲和水陸法會有關，⑤尚未觸及羅漢信仰本身的討

---

① 此二展覽爲：“聖地寧波：日本佛教1300年の源流——すべてはここからやって来た”（2009年7月18日至8月30日，日本奈良國立博物館），展出全部大德寺五百羅漢圖；“翰墨薈萃：美國收藏中國五代宋元書畫珍品展”（2012年11月3日至2013年1月3日，上海博物館），展出波士頓美術館藏本五幅。

② 井手誠之輔《大德寺傳來五百羅漢圖的成立背景（承前）》，奈良國立博物館、東京文化財研究所編集《大德寺傳來五百羅漢圖》，京都，思文閣，2014年，頁268；谷口耕生《木村德應筆五百羅漢圖——失われた大德寺本六幅をめぐって》，《大德寺傳來五百羅漢圖》，頁290—291；奈良國立博物館《聖地寧波：日本佛教1300年の源流——すべてはここからやって来た》，奈良國立博物館，2009年，作品解説“102五百羅漢圖”、“106五百羅漢圖（寬永本）”（谷口耕生），頁308。以下簡稱《聖地寧波》。

③ 奈良國立博物館、東京文化財研究所企畫情報部編集《大德寺傳來五百羅漢圖銘文調查報告書》，奈良國立博物館，2011年。

④ 《聖地寧波》、《大德寺傳來五百羅漢圖》。

⑤ 方聞是最早研究大德寺宋本五百羅漢圖的學者，五十年前其博士論文即以此爲主題：*Five Hundred Lohans at the Temple of Daitokuji*（Princeton, NJ：Princeton University Press，1956）。他在後來的研究中認爲“寺院每逢宗教節日，或者爲富有施主做水陸道場時，就會展示‘五百羅漢圖’”。見 Wen Fong, *Beyond Representation: Chinese Painting and Calligraphy*,（轉下頁）

論。筆者認爲：此圖係"供羅漢"這個活動所使用的儀式繪畫，①一如"水
陸畫"之於水陸大會。從大德寺本一幅"羅漢會"的圖像（圖1），即可證
明這一點。此圖中央右方有四名僕役正在擺設供品，供桌右側的壁面掛
著兩幅羅漢畫的掛軸（圖1A），可資證明羅漢圖係"羅漢供"所用的儀式
繪畫。

羅漢信仰係佛教"聖僧"信仰的一部分，筆者先前發表《中國的聖僧信
仰和儀式（4—13世紀）》一文，②探討聖僧的經典、儀軌及其信仰的變化；
今乃不揣淺陋，繼而試探宋代的羅漢信仰及其儀式。本文前半段討論羅漢
信仰，③包括羅漢信仰基本的討論——包括羅漢信仰的性質，十六、十八羅
漢和五百羅漢的相關問題——重點置於天台山羅漢傳説的發展，以及羅漢
信仰流行的原因。後半段根據文獻，並且輔以大德寺五百羅漢圖，討論羅
漢信仰的儀式，特別著重在供養羅漢中"茶供"的討論。日人稱此圖爲"大
德寺傳來五百羅漢圖"，本文以爲似宜稱"大德寺宋本五百羅漢圖"，以下
簡稱"大德寺五百羅漢圖"。

二、宋代羅漢信仰的内涵

羅漢係小乘佛教修行證果的果位之一，屬於"聖僧"這個總類。佛教
所謂的"三寶"——佛、法、僧——之中，"僧"擔負著傳法的任務，包括"凡

（接上頁）*8th – 14th Century*（New York：Metropolitan Museum of Art；New Haven：Yale
University Press，1992）；中譯本見李維琨譯《超越再現：8世紀至14世紀中國書畫》，杭州，浙
江大學出版社，2011年，頁280—281；井手誠之輔《大德寺傳來五百羅漢圖の成立背景（承
前）》，奈良國立博物館、東京文化財研究所《大德寺傳來五百羅漢圖》，頁269—272。

① 爲供養羅漢而舉行齋會，稱爲"羅漢供"、"羅漢供會"、"羅漢齋"，本文根據宋人和《佛祖統
紀》，稱之爲"羅漢供"。Ryan Bongseok Joo 采用"羅漢請"一詞，Ryan Bongseok Joo，"The
Ritual of Arhat Invitation during the Song Dynasty：Why did Mahāyānists Venerate the Arhat？"
Journal of the International Association of Buddhist Studies 30.1/2（2007），p.82。然而，遍尋釋、俗
文獻皆無此詞。在"供羅漢"的流程中，有一段是迎請羅漢降臨法會。

② 參見本章第十二章《中國的聖僧信仰和儀式（4—13世紀）》。

③ 關於羅漢信仰研究的專著，有道端良秀《羅漢信仰史》，京都，大東出版社，1983年；另有美國
普林斯頓大學博士論文，Bong Seok Joo，"The Arhat Cultin China from the Seventh through
Thirteenth Centuries：Narrative，Art，Space and Ritual"（PhD diss.，Princeton University，2007）。

圖 1　"1 羅漢會"

(《大德寺傳來五百羅漢圖》,頁 10)

圖 1A　"羅漢供"細部

圖 1B　"羅漢供"細部

僧"和"聖僧",凡僧係指世間出家修道傳法之人,聖僧則係修行證果、住世行化的聖者。佛陀涅槃之後,囑咐聖僧護持佛法,所以聖僧在世人信仰中占有重要地位。從東晉開始展開的聖僧信仰,迄於宋代仍然普遍存在。①作爲聖僧的一個類別的羅漢信仰興起較晚,唐代晚期是羅漢信仰萌芽的階段,五代則是其發展的一個重要時期,迄宋而大盛。羅漢信仰主要是供養十六羅漢、十八羅漢和五百羅漢,而以天台山爲羅漢住所聖山的傳説,則經歷了從東晉迄於宋代漫長而曲折的發展過程。

(一) 羅漢信仰的性質和内涵

由於羅漢是聖僧信仰的一部分,兩者有共同的性質,都以臨齋應供方式爲世人增添福田。雖然羅漢數目龐大,但絶大多數不知其名,佛典中僅

---

① 　見本書第十二章《中國的聖僧信仰和儀式(4—13 世紀)》。

有十六羅漢的名號,至晚唐時更出現十八羅漢和五百羅漢之名。

1. 羅漢信仰的性質

羅漢係小乘佛教修行證果的聖僧。佛教有三種教法,可以度脱不同根機的衆生悟道,以超越生死到達涅槃彼岸。此三種教法是聲聞乘(小乘)、緣覺乘(辟支佛乘)、菩薩乘(大乘),各有其修行的次第和果位,其聖僧分別稱爲聲聞僧、辟支佛僧、菩薩僧,皆屬聖僧信仰的一環。小乘聲聞僧是指聽聞佛法而悟道者,其證入聖果分爲四級:初果(須陀洹)、二果(斯陀含)、三果(阿那含)、四果(阿羅漢)。羅漢是小乘最高的果位,故佛典稱之爲"聲聞羅漢";①因係屬聖僧,也稱爲"羅漢聖僧"或"聖僧羅漢"。② 緣覺乘和大乘亦各有修行次第果位,緣覺乘係依十二因緣法修行,頓斷見思二惑,證辟支佛果。大乘則是發願度一切衆生,以修行六度(六波羅蜜:布施、持戒、忍辱、精進、禪定、般若),而得無上菩提。大乘修行次第包含五十二位階:"十信"、"十住"、"十行"、"十迴向"、"十地"、等覺、妙覺。從"十地"以上纔是"聖者",妙覺即佛,等覺係即將達到佛境地者,如彌勒、文殊、觀世音、普賢、虚空藏菩薩都屬於這個位階,③也稱爲"彌勒菩薩僧"、"文殊師利菩薩僧"、"觀世音菩薩僧"等。④

羅漢是聖僧信仰的一部分,亦可從"大德寺五百羅漢圖"畫面上有"聖者",和銘文上"聖幀"之詞,獲得證明。"4 向冥界行道"一圖中,冥界之王的侍者手持"慧安打供聖者"之幡。⑤ 打供是捧著供養之意,指冥界的人向

---

① 《大方廣十輪經》(T·410)卷四《刹利旃陀羅現智相品 6》,收入《大正新修大藏經》,册一三,頁 700 中;《入楞伽經》(T·671)卷四《集一切佛法品 3》,收入《大正新修大藏經》,册一六,頁 537 中。

② 《蘇悉地羯羅經》(T·893)卷二《供養次第法品 18》,收入《大正新修大藏經》,册一八,頁 617 中;《續高僧傳》(T·2060)卷二九《周鄜州大像寺釋僧明傳》,收入《大正新修大藏經》,册五〇,頁 692 上。

③ 船山徹《聖者觀の二系統——六朝隋唐佛教史鳥瞰の一試論》,麥谷邦夫編《三教交涉論叢》,京都大學人文科學研究所,2005 年,頁 377—379。三乘,即菩薩乘(大乘)、緣覺乘(中乘)、聲聞乘(小乘)。大乘佛教每將聲聞、緣覺稱作"二乘",或稱之爲"小乘"。拙文受此文啓發甚大。

④ 《大智度論》(T·2772)卷二二《1 序品》"行者應念如佛所讚僧:若聲聞僧,若辟支佛僧,若菩薩僧功德。是聖僧五衆具足,如上説",收入《大正新修大藏經》,册二五,頁 223 中;《廣弘明集》(T·2103)卷二七《浄住子浄行法·奉養僧田門第二十七》,收入《大正新修大藏經》,册五二,頁 319 中—下。

⑤ 《大德寺傳來五百羅漢圖》解説(井手誠之輔),頁 13。

惠安院所供養的羅漢表示恭敬之意。另外，有兩幅的銘文稱羅漢畫爲“聖幀”，“75 嬰兒供養”一圖右上角的題記云：

> □居平江□林氏□（樂）安下鄉居住弟子承……爲花女高壽娘，行年一歲，三月初三日生，近因〔染〕〔患〕於今年〔一〕月十三日□□□（施）净財彩畫羅漢尊者聖幀一軸，恭住明州惠安院常住……①

又，“B3 施財貧者”一圖左上方有銘文：“通州静海縣寄居平江府吳縣鳳凰鄉艇舡橋居住弟子高之問捨財置此聖幀入明州惠安院常住供養……”②此外，五百羅漢圖中包括數幅聖僧的圖像，如“75 嬰兒供養（僧伽和尚）”，右下方的羅漢即是僧伽和尚；“B7 應身觀音（寶誌和尚）”圖有寶誌和尚化身的十一面觀音，③凡此都可以顯示羅漢係聖僧信仰之一環。

　　有關聖僧的重要經典如下：北涼三藏法師道泰等譯《入大乘論》（T·1634）、劉宋慧簡譯《請賓頭盧法》（T·1689）、《請聖僧浴文》、《衆經飯供聖僧法》、唐玄奘譯《大阿羅漢難提蜜多羅所説法住記》（T·2030，以下簡稱《法住記》）。今僅有《請賓頭盧法》和《法住記》尚存。④《請賓頭盧法》主要敍述聖僧賓頭盧住世的緣由和供養的方法，賓頭盧因爲樹提長者展現神通，所以爲佛所擯斥，不許他涅槃，救命他在末法時期受四部衆（比丘、比丘尼、優婆塞、優婆夷）供養，使他們因敬重僧寶而得到福報。此經點出聖僧信仰的精神是崇敬僧寶，使供養凡、聖僧的人們得到福德善報。

　　2. 十六羅漢、十八羅漢

　　聖僧的數量甚爲龐大，有九十九億、八十億、七十億、十二億之説；佛經中的數字有很多並非實數，而是比喻其數量之多。《維摩詰所説經》（T·475）稱藥王如來世界名大莊嚴，有衆多聖僧居住：“其聲聞僧三十六億那由他，菩薩僧有十二億。”⑤又，佛臨涅槃時，留菩薩僧八十億人，不取

① 《大德寺傳來五百羅漢圖》銘文 36，頁 209。
② 《大德寺傳來五百羅漢圖》銘文 37，頁 210。
③ 《大德寺傳來五百羅漢圖》解説（井手誠之輔），頁 84,98。
④ 參見本書第十二章《中國的聖僧信仰和儀式（4—13 世紀）》，頁 489—490。
⑤ 《大正新修大藏經》卷下《13 法供養品》，册一四，頁 556 中。

涅槃,護持佛法。① 小乘最高果位的阿羅漢數量也很龐大,如功德生如來有七十億聲聞弟子,皆悉證於阿羅漢果。② 另如《入大乘論》,則提及九十九億大阿羅漢。③

雖然羅漢數量很多,但絕大多數不知其名,佛典上知其名號者僅有四大羅漢和十六羅漢。四大羅漢有二說,一說是指迦葉比丘、屠鉢歎比丘、賓頭盧比丘、羅云比丘,另說則是目捷連、迦葉、阿那律、賓頭盧,④《入大乘論》中雖然提到"賓頭盧、尊者羅睺羅如是等十六人諸大聲聞",但未具列其名號;⑤至唐代譯出的《法住記》中,纔出現十六羅漢之名:

> 第一尊者名賓度羅跋囉惰闍,第二尊者名迦諾迦伐蹉,第三尊者名迦諾迦跋釐墮闍,第四尊者名蘇頻陀,第五尊者名諾距羅,第六尊者名跋陀羅,第七尊者名迦理迦,第八尊者名伐闍羅弗多羅,第九尊者名戍博迦,第十尊者名半托迦,第十一尊者名囉怙羅,第十二尊者名那伽犀那,第十三尊者名因揭陀,第十四尊者名伐那婆斯,第十五尊者名阿氏多,第十六尊者名注荼半托迦。⑥

中國從東晉道安開始供養聖僧,展開聖僧的信仰,南北朝時人所供養的是不知名的眾多聖僧,僅知其中一位名爲賓頭盧。⑦《法住記》譯出之後,使人得知具數化、並且有名號的十六羅漢,使得聖僧信仰有具體的崇拜禮敬對象,應是促使羅漢信仰流行的重要原因之一。

---

① 《法苑珠林》(T·2122)卷九八《法滅篇·佛鉢部第五》,收入《大正新修大藏經》,册五三,頁1008中。
② 《佛本行集經》(T·190)卷一《1 發心供養品》,收入《大正新修大藏經》,册三,頁657下。
③ 堅意菩薩造,北涼道泰法師等譯《入大乘論》(T·1634)卷上《1 義品》,收入《大正新修大藏經》,册三二,頁39中。
④ 《佛說彌勒下生經》(T·453)稱佛臨涅槃前,付囑四大聲聞:迦葉比丘、屠鉢歎比丘、賓頭盧比丘、羅云比丘,遊化傳法。收入《大正新修大藏經》,册一四,頁422中。《增壹阿含經》(T·125)稱四大聲聞是目捷連、迦葉、阿那律、賓頭盧,收入《大正新修大藏經》,册二,頁647上。
⑤ 《大正新修大藏經》卷上《1 義品》,册三二,頁39中。
⑥ 《大正新修大藏經》,册四九,頁13上。
⑦ 參見本書第十二章《中國的聖僧信仰和儀式(4—13世紀)》,頁501。

　　至 8 世紀中,更出現"十八羅漢"的信仰。李華《杭州餘姚縣龍泉寺故大律師碑》稱:道一律師臨終前"具見五天大德、十八羅漢幡蓋迎引,請與俱西",①李華係玄宗開元二十三年(735)進士,殁於代宗大曆(766—779)初年。十八羅漢之名字並無經典可據,它是由十六羅漢發展出來的。② 宋代以降,對第十七、十八尊的名號就有不同的看法;③從多篇宋人《十八羅漢贊》,可知多數人都認爲第十七位是慶友尊者,第十八位是賓頭盧尊者。如釋覺範(亦名德洪覺範、惠洪覺範,1071—1128)《繡釋迦像并十八羅漢贊并序》、蘇軾(1037—1101)《自海南歸過清遠峽寶林寺敬贊禪月所畫十八大阿羅漢》、吳則禮(?—1121)《南嶽十八羅漢頌并序》,皆列出十八羅漢之名,各爲之頌,其中第十七、十八羅漢都是慶友和賓頭盧。④

　　僅有南宋志磐《佛祖統紀》(T·2035)認爲:十八羅漢不宜加上慶友和賓頭盧這兩位尊者,而應是迦葉和軍徒:

　　　　然賓頭盧、羅云已在十六之數,今有言十八者,即加迦葉、軍徒。
　　妙樂:賓頭盧此云不動,有於十六加賓頭盧者,即是賓度羅。加慶友者,自是佛滅百年造法住記者,述十六羅漢受囑住世,則知慶友不在住世之列。今欲論十八住者,當以妙樂爲證,淨覺撰禮讚文,亦撮妙樂。⑤

志磐的理由是:賓頭盧已經是十六羅漢之一,而慶友是釋迦牟尼滅度後纔成羅漢者。近人宮崎法子從京都清涼寺藏"十六羅漢圖"之中,有一幅上有"大迦葉"的題名,推斷此圖可能是十八羅漢圖,佚失其中兩幅;依此推

---

① 李華《杭州餘姚縣龍泉寺故大律師碑》,董誥等編《全唐文》卷三一九,北京,中華書局,1983年,頁 3234。
② 李玉珉《住世護法羅漢——羅漢畫特展介紹之一》,《故宮文物月刊》第 8 卷第 7 期,1990 年。
③ 關於十八羅漢的討論,詳見常青《十八羅漢與五百羅漢:羅漢造像的中國化》,徐苹芳先生紀念文集編輯委員會編《徐苹芳先生紀念文集》,上海古籍出版社,2012 年,頁 361—366。以下僅就和本文論述有關者討論。
④ 釋惠洪著,釋廓門貫徹注,張伯偉等點校《注石門文字禪》卷一八《繡釋迦像并十八羅漢贊并序》,北京,中華書局,2012 年,頁 1141—1144;傅成、穆儔標點《蘇軾全集》文集卷二二《贊》,上海古籍出版社,2000 年,中冊,頁 1066—1068;吳則禮《北湖集》卷五《南嶽十八羅漢頌并序》,文淵閣四庫全書本,冊一一二二,頁 11—16。
⑤ 《大正新修大藏經》卷三三《供羅漢》,冊四九,頁 319 中。

斷原有的十八羅漢圖中,第十七、十八位應是大迦葉、軍徒鉢歎。①

如上所述,宋人多以慶友和賓頭盧爲第十七、十八羅漢,志磐以迦葉、軍徒列入十八羅漢的看法似是獨樹一格。志磐係天台系僧人,但南宋天台僧人曇照在《智者大師別傳注》中,稱智者大師曾在天台見到一位奇異的老僧,注云:"老僧多是賓頭盧、慶友之儔。引進者,往往延入石梁方廣寺中也。"②應係認同賓頭盧、慶友是十八羅漢的成員。從宋至明末,僧團皆持此看法,如高僧紫柏真可(1543—1603)《毗盧佛及文殊普賢二菩薩十八應真贊》、③雪竇石奇禪師(1594—1663)《十八大阿羅漢》贊,④第十七、第十八尊者都是慶友和賓頭盧。

筆者以爲在十六羅漢之外,增加慶友和賓頭盧成爲十八羅漢,應是可以理解的。就慶友尊者而言,《法住記》稱:在釋迦牟尼佛涅槃之後八百年,在師子國勝軍王都有一位阿羅漢,名叫難提蜜多羅,漢譯爲"慶友",他爲人述説佛陀滅度時十六羅漢住世的名號和行化之地。⑤一則因爲十六羅漢的名號是透過慶友傳述,使得世人得以知曉;二則此經中稱慶友已是阿羅漢,故在禮敬供養十六羅漢之餘,再加上慶友,似亦合宜。將慶友加入十六羅漢之列,也可顯示《法住記》這部經典在羅漢信仰中扮演了極爲重要的角色。至於第十八位羅漢賓頭盧,志磐認爲他和第一位羅漢"賓度羅跋囉墮闍"重複,然而依《請賓頭盧法》(T・1689):"賓頭盧頗羅墮誓阿羅漢,賓頭盧者,字也;頗羅墮誓者,姓也。"⑥很清楚地説明"賓頭盧"是名,但《法住記》中所列"第一尊者名賓度羅跋囉惰闍",加上梵音漢譯用字上的差異,可能使得人們認爲十六羅漢中"第一尊者名賓度羅跋囉惰闍"有別於"賓頭盧尊者"。此外,僧人也有十八羅漢贊文者,⑦宋代以迄明代僧

---

① 宮崎法子《傳奇然將來十六羅漢圖考》,《鈴木敬先生還曆記念:中國繪畫史論集》,東京,吉川弘文館,1981年;井手誠之輔《大迦葉圖》,《國華》第1329號,2006年,頁37—39,亦同意此説。

② 《智者大師別傳注》(X・1535),收入《卍新纂續藏經》,册七七,頁665中。

③ 《紫柏尊者全集》(X・1452)卷一七,收入《卍新纂續藏經》,册七三,頁290上—291上。

④ 《雪竇石奇禪師語録》(J・B183)卷一四,收入《嘉興大藏經》,册二六,頁534下。

⑤ 《大正新修大藏經》,册四九,頁12下。

⑥ 《大正新修大藏經》,册三二,頁784中。

⑦ 如前述釋覺範《繡釋迦像并十八羅漢贊并序》,釋惠洪《注石門文字禪》卷一八,頁1141—1144。

俗,大皆以爲第十七、十八位羅漢爲慶友和賓頭盧。吾人探討宋至明代羅漢信仰,似應從其時人們實際上所崇信的内容來看,而非從經典上討論孰是孰非。

迄於清代,乾隆皇帝將第十七、十八尊者改爲"伏虎"和"降龍"。① 實則宋代十六羅漢的圖像中,有的羅漢即以伏虎和降龍的姿態表現,如李流謙(1123—1176)《性空寺畫阿羅漢記》中敍述:漢州什邡(今四川什邡市)性空寺大殿有名家李逸所畫的十六羅漢像,其中之一就是作降龍相,稱"降龍尊者",另一作伏虎狀:

> 漢州什邡之外戍曰吉陽,寺曰性空,僧曰了悟,嘗合衆施,即寺之大殿,命武信李逸爲十六羅漢像。逸真畫史也,有名字於蜀,筆墨絶不凡。……又任師古大疫,醫巫束手謝不能,夜夢老僧入寺,啜茶於堂上,且以心經授之。覺而大汗,病旋脱去。明日,至寺謝焉,見降龍尊者,蓋夢中人也。……因其求記筆以遺之。
>
> 贊:……一尊者前有龍,一鬼波間捧書……一尊者前有一虎……②

依上所述,降龍、伏虎似是羅漢的形象,未必是名號。因此,如果論及宋迄元代的十八羅漢,則應以其時人所認定的慶友和賓頭盧爲準。

3. 五百羅漢

佛典上有很多關於"五百羅漢"的記載,其所指非一,各住在不同的地方,也未知其成員的名號。印度的烏場國、摩揭陀國、羯濕彌羅國都有佛經所云五百羅漢的遺址。③ 南齊建康禪林寺比丘尼淨秀曾供養不知名的聖

① 梁章鉅著,陳鐵民點校《浪迹叢談・續談・三談》續談卷七"十六羅漢",北京,中華書局,1981年,頁371;李玉珉《住世護法羅漢》。

② 李流謙《澹齋集》卷一六《十六羅漢畫像贊》,文淵閣四庫全書本,册一一三三,頁7—10。

③ 楊衒之著,范祥雍校注《洛陽伽藍記校注》卷五《城北・聞義里・宋雲家紀》,稱:北魏神龜二年(519)十二月北魏西行取經的僧人惠生和宋雲到了烏場國,巡禮佛陀遺迹,在王城西南五百里的善持山"山中有昔五百羅漢牀,南北兩行,其次第相對"。上海古籍出版社,1978年,頁300。《大唐西域記》(T・2087)卷九:"雞足山東北行百餘里,至佛陀伐那山。……五百羅漢潛靈於此,諸有感遇,或得覩見,時作沙彌之形,入里乞食,隱顯奇之迹,羌難以述。"收入《大正新修大藏經》,册五一。《大唐西域求法高僧傳》(T・2066)卷上:"從北印度 (轉下頁)

僧,以及阿耨達池五百羅漢、罽賓國五百羅漢,這是迄今所知中國最早供養
五百羅漢者。①

　　唐、宋時期,信衆所供養的都是居住中國境内的五百羅漢,關於五百羅
漢名號,有學者認爲《寶刻叢編》中有五代楊吳大和癸巳(933)《吳新興寺
崇福院五百羅漢碑》之目,是迄今所知五百羅漢尊號的最早紀録;②不過,
此目未注記有尊號之名,也没有碑文内容,因此很難斷定其上有五百羅漢
的尊號。《容縣金石志》録有南漢乾和四年(946)陳億所撰《漢容州都嶠山
中峯石室五百羅漢記并序》,未知其是否有名號。③ 1988 年,廣西宜州市
會仙山白龍洞的摩崖石刻,發現五百羅漢聖號碑,額題"供養釋迦如來住
世十八尊者五百大阿羅漢聖號",碑題"宜州會仙山保民寺羅漢峒新建五
百大阿羅漢碑"。有紀年云"宋元符初戊寅歲中元日",正文有十八羅漢和
五百羅漢計五百一十八位的尊號,元符戊寅年係哲宗元符元年(1098),這
應是迄今最早出現五百羅漢名號者。④ 由於它係晚近發現者,地處僻遠,
較少受到重視,迄今未見五百羅漢名字的著録。⑤ 值得注意的是此碑中有
"天台山南嶽車轍靈須方廣寺内五百大阿羅漢"。⑥ 韓國高麗時代紀年公
元 1235、1236 年(宋理宗端平二、三年)的"五百羅漢圖",各幅上面都有羅
漢的名字。⑦ 筆者查圖録上所見的羅漢尊號,如第四百十三聖住尊者、第

---

① 沈約《南齊禪林寺尼浄秀行狀》,《廣弘明集》卷二三《僧行篇第五之一・諸僧誄行狀》,頁 270
　　中—271 中;並見本書第十二章《中國的聖僧信仰和儀式(4—13 世紀)》,頁 502—503。
② 陳思纂輯《寶刻叢編》卷一五,收入《石刻史料新編》第一輯(24),臺北,新文豐出版公司,
　　1977 年,頁 38;夏金華《關於三通五百羅漢尊號碑文的研究(上)》,《海潮音》第 91 卷第 5 期,
　　2010 年,頁 15。
③ 封祝唐纂《容縣金石志》卷上,收入《石刻史料新編》第三輯(22),臺北,新文豐出版公司,
　　1986 年,頁 21—23。
④ 李楚榮、譚耀東《宜山發現宋刻羅漢名號碑》,《中國文物報》1988 年第 35 期;蔣廷瑜《廣西唐
　　宋時期佛教遺迹述略》"三、摩崖佛像及有關石刻",廣西壯族自治區博物館網站(http: //
　　www.gxmuseum.com/a/science/31/2012/2390.html)。
⑤ 夏金華《關於三通五百羅漢尊號碑文的研究(下)》,《海潮音》第 91 卷第 6 期,2010 年,頁 11。
⑥ 夏金華《關於三通五百羅漢尊號碑文的研究(上)》,頁 17。
⑦ 松本榮一《高麗時代の五百羅漢圖》,《美術研究》(京都)第 175 卷,1954 年,頁 40—41;菊竹
　　淳一、鄭于澤責任編集《高麗時代の仏画》,ソウル市時空社,2000 年,頁 264—273,圖版
　　123—130;鄭 于 澤 解 説, 頁 469—472; 국립중앙박물관편저 《 고려불화대전: 700
　　년만의해후 高麗佛畫大展 Masterpieces of Goryeo Buddhist Painting: a Long Lost Look after 700
　　Years》, 국립중앙박물관,2010 年,頁 469—472,圖版 123—130,解説。

三百七十五圓上尊、第二百三十四上音手尊者、第一百七十慧軍尊者、第二
十三天聖尊者，皆未見於佛典——包括宋高宗紹興二十一年（1151）"常不
輕居士"羅濬集《菩薩名經》卷八、九《阿羅漢品》所記諸多羅漢名，①以及
《南宋江陰軍乾明院羅漢尊號碑》五百十八羅漢名號。由此觀之，東亞五
百羅漢的名號似乎不只一個系統。

　　至於學界常提及明末高道素所得《南宋江陰軍乾明院羅漢尊號碑》，
在年代上晚於宜州白龍峒的磨崖石刻五百羅漢碑；又，此一碑本頗有可疑
之處。據高承埏《恭題先大夫手録乾明院羅漢尊號碑》一文稱：明神宗萬
曆四十六年（1618），其祖父高道素（原名斗光）遊逛市場，從木里浦真如庵
僧人手中購得此碑本，其上有五百羅漢和十八羅漢的名號，以及宋人葉清
臣（1000—1049）的讚詞：

　　　　……諦視之乃南宋江陰軍乾明院羅漢尊號碑也，住世十八尊者，
　　石橋五百尊者，名號咸備。有紹興間葉内翰清臣讚曰："覺雄示入滅，
　　尊者俱受記。現彼聲聞身，護兹濁惡世。他方自感通，此地真靈秘。
　　一路指橋西，誰明導師意。"②

此碑本有以下的疑點：其上"有紹興間葉内翰清臣讚"，葉清臣係北宋時
人，南宋高宗紹興之年（1131—1163）距其在世已近百年之遙，此係一誤。
又，上述葉清臣讚詞，見於宋林表民編集的《天台續集·別編》，詩名《題石
橋》。③　因此，究竟碑本上是否署有"紹興間葉内翰清臣讚"，或者是高道
素誤判葉清臣爲南宋人，今不可知。再則，高道素買得此碑本的二十五年
之後——明崇禎十六年（癸未，1643）——其子高承埏因訪客建議將羅漢
尊號公之於世，故校此録文，並且將它刻諸石碑，欲"廣置名山，得盡識尊
者名號，生歡喜心，而先大夫夙因，或亦不致泯没"。實際上，他僅將羅漢

① 　《菩薩名經》（C·1665），收入《中華大藏經》，册七一，頁148上—157上。
② 　高道素録，高承埏校，高佑釲重訂《南宋江陰軍乾明院羅漢尊號碑》，收入《嘉興大藏經》，册二
　　〇，頁529。
③ 　林表民《天台續集·別編》卷二，文淵閣四庫全書本，册一三五六，頁28。

名號刻石置於涇縣署中,流傳未廣。至高承埏之子高佑釲,纔將此本付梓刻印,希望廣爲流通。《嘉興大藏經》、《乾隆大藏經》中所收録的即是此本。傅斯年圖書館收藏民國九年江陰繆氏刊本的《南宋江陰軍乾明院羅漢尊號碑》一卷,五百羅漢名號下附有高承埏的校注,所引的書有佛典和《净慈寺志》。① 筆者將此書和明釋大壑撰《南屏净慈寺志》卷五所録《續紀五百羅漢名》比對,發現二書羅漢編號和名稱並非完全一致。此外,《南屏净慈寺志》著録了五百零一位羅漢。② 如此看來,至明末時,天台五百羅漢的名號似猶未統一,以及普遍爲人知曉。

宋代僧俗有信奉十六羅漢,也有供養十八羅漢者。有一些寺院在十六或十八羅漢之外,同時供奉五百羅漢,故有建五百一十六尊羅漢者,也有造五百一十八尊羅漢者。一般而言,俗家以供奉十六羅漢或十八羅漢爲主。如宋仁宗皇祐二年(1050)慈溪縣令林侯捐俸禄在明州慈溪縣普濟寺造四尊羅漢像,又勸化當地人士造像,總計"爲像五百一十有六"。③ 漳州崇福禪院千佛閣中有五百羅漢和十六羅漢,契嵩(1007—1072)《漳州崇福禪院千佛閣記》云:"閣之下亦以釋迦、文殊、普賢衆聖之像,而位乎其中,五百應真與十六大聲聞,則列其四向。"④ 至於宋人如何看待上述十六、十八和五百羅漢,從李綱(1083—1140)《邵武軍泰寧縣羅漢嚴設供疏》中,可見其端倪:

> 右伏以因心授法,一燈傳於千燈;會法歸心,千月攝於一月,所以五百大士咸悟客塵,十八尊者爲之領袖。結集者闍窟,飛錫天台山,凡山林幽邃之區,多仙聖棲隱之地。⑤

---

① 高道素録《南宋江陰軍乾明院羅漢尊號碑》,收入繆荃孫輯《烟畫東堂小品》,民國九年江陰繆氏刊本,第 5 册。
② 釋大壑《南屏净慈寺志》,收入《四庫全書存目叢書》,臺南,莊嚴出版社,1996 年,史部册二四三,據重慶圖書館華東師範大學圖書館藏明萬曆四十四年(1616)吳敬等刻清康熙增修本影印,頁 293—301。
③ 河間俞伸《明州慈溪縣普濟寺羅漢殿記》,楊泰亨纂《慈谿金石志》卷上,收入《石刻史料新編》第三輯(8),頁 19。
④ 《鐔津文集》(T·2115)卷一二,收入《大正新修大藏經》,册五二,頁 711 下。
⑤ 李綱《梁谿集》卷一六五《邵武軍泰寧縣羅漢嚴設供疏》,文淵閣四庫全書本,册一一二六,頁 16—17。

由上可知,時人認爲十六或十八羅漢應是五百羅漢的領袖。今藏於日本京都知恩院的一幅高麗時代(918—1392)彩色絹本的"五百羅漢圖"(圖2),①在五百羅漢環繞畫面的中央,有釋迦三尊像(左普賢菩薩,右文殊菩薩),兩旁各有一名神將,在前方左、右各有八名羅漢,這十六名羅漢的尺寸較其周遭的五百羅漢爲大,其中有五名作戴著耳環的梵僧像。此圖似能爲十六、十八羅漢應爲五百羅漢的領袖作一注腳。

由南宋志磐《法界聖凡水陸勝會修齋儀軌》(Ⅹ·1497)所迎請的羅漢,可以顯示宋人對於羅漢的認知:

> 一心奉請:盡虚空徧法界十方常住諸聲聞僧,并諸眷屬。
>
> 鹿苑先度五比丘,最後須跋陀羅諸阿羅漢。
>
> 世尊高弟,大迦葉、阿難陀等十大弟子。
>
> 靈山聞法,大比丘衆萬二千大阿羅漢。
>
> 靈山得記,學地、無學地諸大聲聞衆。
>
> 五時聞法,學地、無學地諸大聲聞衆。
>
> 世尊滅後,結集三藏,阿難陀等諸阿羅漢。
>
> 住世十六大阿羅漢,萬六千九百弟子衆。
>
> 天台山方廣聖寺,住世五百大阿羅漢。
>
> 慧俱無礙三解脱,信行法行六種阿羅漢。
>
> 通教體法已辦,藏教學無學内外七賢衆。
>
> 惟願不違本誓,哀憫有情,是日今時,降臨法會。法師想十方聲聞,嚴肅威儀,從空而至。②

上述水陸法會所迎請的是數目龐大的羅漢衆,包括"十六羅漢及其一萬六千九百弟子衆"和"天台山方廣聖寺住世五百大阿羅漢"。雖然宋人認爲以上爲數衆多的羅漢都是崇拜的對象,但宋人在寺院或民家的"供羅漢"

---

① 菊竹淳一、鄭于澤《高麗時代の仏画》,頁278,圖版133;鄭于澤解説認爲在釋迦三尊前的係十大弟子和聲聞,頁473。

② 《卍新纂續藏經》,册七四,頁790下—791上。

圖 2 "五百羅漢圖"(日本知恩院)

(《高麗時代の仏画》,頁 279)

中所迎請的主要是十六羅漢或十八羅漢，以及五百羅漢。①

（二）天台山的羅漢信仰

根據中古時期的傳説，聖僧居住在凡人無法辨識路途的山中寺院，道宣（596—667）將之稱爲“聖寺神僧”。北朝時期最有名的聖僧傳説都和鼓山（即響堂山，在今河北邯鄲峰峰礦區之北）竹林寺有關，②唐、宋時期羅漢信仰則和天台山（在今浙江省台州市天台縣）有密切的關聯。天台山是羅漢住處之説，係從東晉僧人竺曇猷渡過天台石橋、見到聖寺神僧的故事發展而來。竺曇猷的傳奇經歷南朝、隋、唐以迄於宋代，“竺曇猷”之名漸次轉化成“白道猷”，有兩個關鍵：一是隋代以降有關智顗（538—597）天台山傳奇的記載，一是唐代白居易（772—846）《沃洲山禪院記》一文的影響。至於天台山羅漢居住在方廣寺的説法，則較爲晚出。

1. 東晉“竺曇猷”傳奇及其轉爲“白道猷”的演化

竺曇猷在天台山習禪，渡過了石橋，見到了聖寺神僧，是天台山羅漢信仰的初始。同一時期，在此山區修禪的帛僧光（曇光）、帛道猷，則在此傳説衍化過程中扮演了重要角色。至南朝末年，竺曇猷傳奇持續流傳，但他的名字却被錯冠以“白道猷”之名，至 9 世紀白居易文章流傳而益形强化。

（1）竺曇猷、帛僧光、帛道猷

竺曇猷係敦煌人，其師爲天竺人。《高僧傳》（T・2059）云：“竺曇猷，或云法猷，燉煌人。少苦行，習禪定。後遊江左，止剡之石城山，乞食坐禪。”③來自天竺或中亞的僧人多以其國爲姓，如竺、支、康、安等，在東晉道安（312—385）以前，沙門出家之後，即依師爲姓，④竺曇猷應是從俗依其師爲姓。竺曇猷先是至剡縣（今浙江省嵊縣西南）石城山習禪，其後遷移到

---

① 《百丈清規證義記》（X・1244）卷五《供羅漢》，收入《卍新纂續藏經》，册六三，頁 426 中—下。
② 參見本書第十二章《中國的聖僧信仰和儀式（4—13 世紀）》，頁 504—508。
③ 《高僧傳》（T・2059）卷一一《習禪・晉始豐赤城山竺曇猷傳》，收入《大正新修大藏經》，册五〇，頁 395 下。
④ 梁啓超《佛教與西域》，《梁啓超佛學文選》，武漢大學出版社，2011 年，頁 56—59；妙智《漢傳佛教僧人姓氏略考》，《法源》（中國佛學院學報）第 23 卷，2005 年。

始豐(今浙江省台州市天台縣)赤城山石室坐禪,其後更渡過石橋,見到傳說中神僧居住的精舍:

　　赤城巖與天台瀑布、靈溪四明,並相連屬,而天台懸崖峻峙,峯嶺切天。古老相傳云:上有佳精舍,得道者居之。雖有石橋跨澗,而橫石斷人,且莓苔青滑,自終古以來,無得至者。猷行至橋所,聞空中聲曰:"知君誠篤,今未得度,却後十年,自當來也。"猷心悵然,夕留中宿,聞行道唱薩之聲。……猷每恨不得度石橋,後潔齋累日,復欲更往,見橫石洞開。度橋少許,覩精舍神僧,果如前所說。因共燒香中食,食畢,神僧謂猷曰:"却後十年,自當來此,今未得住。"於是而返,顧看橫石,還合如初。①

傳說中天台山的聖寺神僧,位於橫跨深谷山澗"石橋"的另一端,但在石橋前有一巨石阻斷行路,而且苔滑險峻,因此不曾有人渡過此橋。曇猷初次到達石橋時,聽見空中有聲音,告以十年之後再來。當晚,曇猷留宿其地,聽到行道和讚嘆佛菩薩之聲。② 其後,他再度竭誠潔齋前往,橫在石橋前的巨石,竟出現一個洞口,使他得以渡橋。渡過石橋,便見到傳說中的精舍神僧,神僧和他共進午餐,並且告以十年後再來此居住。一如中古時期其他神僧聖寺的傳奇一樣,③曇猷離開聖寺之後,回頭一望,巨石的洞口又回復如初。

　　竺曇猷在天台山習禪時,另一位僧人帛僧光也在此修禪,由於兩人習禪有相似的奇異經歷,後世經常將他們同提並舉。《高僧傳·帛僧光傳》云:"帛僧光,或云曇光,未詳何許人。"④龜兹白姓(亦作"帛")和佛教東傳

---

① 《高僧傳》卷一一《習禪·晉始豐赤城山竺曇猷傳》,頁396上—中;釋慧皎著,湯用彤校注《高僧傳》,北京,中華書局,1992年,頁404。

② 關於"行道唱薩",參見釋慧皎著,吉川忠夫、船山徹譯《高僧傳(四)》,東京,岩波書店,2010年,頁40,注4。

③ 參見本書第十二章《中國的聖僧信仰和儀式(4—13世紀)》,頁504—508。

④ 《高僧傳》卷一一《習禪·帛僧光傳》,頁395下。南朝劉宋建康靈味寺另有一長於唱導懺文的僧人釋曇光,見《高僧傳》卷一三《唱導·釋曇光傳》,頁416中。

頗有關聯,龜茲王室爲白姓,從龜茲到中國的僧人也往往以白、帛爲姓。①
從帛僧光之姓氏,可知他自身,或者其師爲龜茲人。帛僧光和曇猷幾乎是
同時在天台山附近不同山區習禪,僧光係在號稱"天台山北門"剡縣的石
城山,曇猷在有"天台山南門"之稱的始豐縣赤城山石室,各自修習(附圖
1)。② 二人都在孝武帝太元(376—397)末年圓寂於其禪修之所。《高僧
傳》記敍兩人修禪過程中有以下相同的神異經歷:

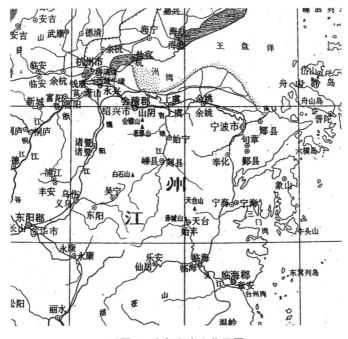

附圖1　南朝浙東文化區圖

(譚其驤《中國歷史地圖集》,北京,中國地圖出版社,
1982—1987年,頁27—28)

---

① 陳世良《龜茲白姓和佛教東傳》,氏著《西域佛教研究》,烏魯木齊,新疆美術攝影出版社,2008
年,頁144—158;王士禎著,靳斯仁點校《池北偶談》卷二五《談異六·帛白》:"帛、白姓同。
按帛道猷,西天竺人,居剡之沃洲。然《白氏長慶集·沃洲山禪院記》但作白。"北京,中華書
局,1982年,頁607。
② 黃齮、齊碩修,陳耆卿纂《嘉定赤城志》,收入《宋元方志叢刊》卷二一《山水門三·山三·天
台》:"赤城山在縣北六里,一名燒山,又名消山,石皆霞色,望之如雉堞,因以爲名。孫綽賦所
謂赤城霞起以建標是也。……支遁《天台山銘序》云:往天台山當由赤城爲道,而神邑山圖亦
以此爲台山南門,石城山爲西門。徐靈府小録又以剡縣金庭觀爲北門云。"北京,中華書
局,1990年,頁7440上。

一、在竺曇猷、帛僧光修禪過程中,皆有山神變化爲猛虎蟒蛇,前來嚇唬或試探他們,但二人都不爲所動。他們的定功同樣感得山神讓出石室,作爲其修禪之所,自己則遠走他處。《帛僧光傳》記述他修禪"經三日,乃夢見山神,或作虎形,或作蛇身,競來怖光,光一皆不恐。經三日,又夢見山神,自言移往章安縣寒石山住,推室以相奉。"①至於《竺曇猷傳》對他在赤城山石室坐禪的經歷,則有更詳細的描述:

> 有猛虎數十,蹲在猷前,猷誦經如故。一虎獨睡,猷以如意扣虎頭,問何不聽經,俄而群虎皆去。有頃,壯蛇競出,大十餘圍,循環往復,舉頭向猷,經半日復去。後一日神現形,詣猷曰:"法師威德既重,來止此山,弟子輒推室以相奉。"猷曰:"貧道尋山,願得相值,何不共住?"神曰:"弟子無爲不爾,但部屬未洽法化,卒難制語。遠人來往,或相侵觸。人神道異,是以去耳。"猷曰:"本是何神,居之久近,欲移何處去耶?"神曰:"弟子夏帝之子,居此山二千餘年。寒石山是家舅所治,當往彼住。"②

曇猷在赤城山石室坐禪時,當地的山神首先以猛虎、巨蟒試煉他,曇猷皆無所畏懼,不爲所動。中村興二認爲山神係以猛虎、巨蟒試煉曇猷的神通力。③ 筆者以爲山神當是考驗曇猷的定功,這也是其傳編入《習禪篇》的原因。繼而,曇猷至石橋旁,聽見空中有聲音告訴他十年之後方能渡石橋,接著是山神現白髮白鬚長者身,告知他是凡人"生死身"不得渡石橋。曇猷於是折返,路經一石室休息,"雲霧晦合,室中盡鳴,猷神色無擾";次日,山神現身以石室相奉。值得注意的是,二人修禪石城山、赤城山的山神後來都移往寒石山。

二、兩人都在修禪的石室中遷化,遺體歷經數十年都未腐朽,蔚爲傳奇。《高僧傳》敍述帛僧光安然遷謝,全身不壞:"晉太元之末,以衣蒙頭,

---

① 《高僧傳》卷一一《習禪·晉剡隱岳山帛僧光傳》,頁395下。
② 《高僧傳》卷一一《習禪·晉始豐赤城山竺曇猷傳》,頁395下。
③ 中村興二《羅漢圖と高僧傳》,《南都佛教》第51號,1983年,頁81—82。

安坐而卒。眾僧咸謂依常入定,過七日後,怪其不起,乃共看之,顏色如常,唯鼻中無氣。神遷雖久,而形骸不朽。"①竺曇猷也在孝武帝太元末年圓寂,則更富傳奇色彩,他坐化於石室"屍猶平坐,而舉體綠色"。二十餘年後,義熙(405—419)末年,隱士神世標入山,見到曇猷屍身猶未敗壞:

> 猷以太元之末,卒於山室。屍猶平坐,而舉體綠色。晉義熙末,隱士神世標入山登巖,故見猷屍不朽。其後欲往觀者,輒雲霧所惑,無得窺也。②

由於他的遺體全身呈現綠色,經歷長時間亦不腐敗,後世遂稱之爲"綠色道猷"或"綠身師"。五代羅漢畫的名家貫休(832—912)在《送友人及第後歸台州》詩中,提及和友人相約到天台山禮拜"淥身師":"島側花藏虎,湖心浪撼棋。終期華頂下,共禮淥身師。"自注云:"天台石橋有白道猷坐化,身淥也。"③按:陳朝末年以後,"竺曇猷"的事迹被誤冠以"白道猷"之名(見下文討論)。《宋高僧傳》記載:唐文宗大和(827—836)年間,僧人普岸(769—843)遊訪天台山,至平田:"觀其山,四舍鬱翠。東西山石門,而有三井龍潭。東入石橋聖寺,乃是綠身道猷尊者結茅居此。"④因竺曇猷之名被訛稱爲"白道猷",故稱"綠身道猷尊者"。

三、由於兩人肉身不壞,在他們習禪的石室都有其圖像,以示尊崇和紀念。宋孝武帝孝建二年(455),剡縣令郭鴻入石城山禮拜僧光,見其形體依然完好;便試著以如意撥觸其胸,不料竦然起風,僧光的衣服立即銷散,僅存白骨。郭鴻既畏懼,又感愧疚,遂將其遺骨收於石室,並且用堛障蔽出口,以泥塗飾,繪畫其形像。至梁慧皎(497—554)撰寫《高僧傳》時,此像猶存。⑤ 其後,齊高帝建元(479—783)中,僧人慧明和同伴到赤城山

---

① 《高僧傳》卷一一《習禪·晉剡隱岳山帛僧光傳》,頁395下。
② 《高僧傳》卷一一《習禪·晉始豐赤城山竺曇猷傳》,頁396中。
③ 《全唐詩》卷八三一,北京,中華書局,1979年,頁9377。
④ 《宋高僧傳》(T·2061)卷二七《唐天台山福田寺普岸傳》,收入《大正新修大藏經》,冊五〇,頁880中。
⑤ 《高僧傳》卷一一《習禪·晉剡隱岳山帛僧光傳》,頁395下。

曇猷石室,見到曇猷遺體不朽。然而,禪室却甚爲破敗荒蕪,於是請人剪除雜草,更修建石室,並且建造臥佛(即釋迦涅槃像)和曇猷像,自己也留在此地坐禪誦經:"見猷公屍骸不朽,而禪室荒蕪,高蹤不繼。乃雇人開剪,更立堂室,造臥佛并猷公像。於是栖心禪誦,畢命枯槁。……"①唐文宗大和年間(827—836),僧人寂然在沃洲山建造的禪院,就有"道猷影堂";北宋時吳處厚遊訪此寺時還特往參謁。②

由上可知,僧光、曇猷在禪修歷程及其成就上多有相似;僧人修禪時,或是虎蛇不侵,或是感動山神奉獻,都是禪僧修定的典型敍述。慧皎在《習禪篇》並舉二人的成就:"自遺教東移,禪道亦授。先是世高、法護譯出禪經。僧光、曇猷等,並依教修心,終成勝業。故能内逾喜樂,外折妖祥。擯鬼魅於重巖,覿神僧於絶石。"③

另一位和天台山傳奇有關的僧人是帛道猷,南朝末年以後,人們誤將他的名字取代竺曇猷。《高僧傳·竺道壹傳》云:"帛道猷者,本姓馮。山陰人,少以篇牘著稱。"④他原姓馮,因從師姓,所以冠以帛姓,可知其師當係龜兹人。竺曇猷禪修的地點在剡縣,而帛道猷活動的地區在會稽郡山陰(今浙江紹興市)東南的若耶山,並不在天台山區。山陰是晉宋浙東地區的文化中心,爲名士高僧聚集之所,而帛道猷因其詩普傳於後世(見下文),較爲人所知,南朝末年人們竟將在赤城山習禪的竺曇猷之名誤植爲"道猷"。帛、白字同,"竺曇猷"之名遂被誤作"白道猷"。

(2)智顗的天台山傳奇

東晉以後,天台石橋聖寺神僧的傳聞沉寂了兩百年。至陳朝末年,智顗因仰慕竺曇猷在天台禪修及見到神僧的前例,選擇至此避静,又展開一段新的傳奇。

---

① 《高僧傳》卷一一《習禪·釋慧明傳》,頁400中。
② 吳處厚《遊沃洲山真封院并序》,孔延之著,鄒志方點校《〈會稽掇英總集〉點校》卷四,北京,人民出版社,2006年,頁59。
③ 《高僧傳》卷一一《習禪·論曰》,頁400中。
④ 《高僧傳》卷五《義解二·竺道壹傳附帛道猷傳》,頁357中。在《高僧傳》中,有兩位以"道猷"爲名的僧人:一是東晉會稽若耶山的帛道猷,一是劉宋建康新安寺的道猷。《高僧傳》卷五《晉吳虎丘東寺竺道壹傳附帛道猷》,頁357上一中;卷七《宋京師新安寺釋道猷》,頁374下。

陳宣帝太建七年(575)，智顗到天台避喧習禪，並且有奇異的際遇，此地的神僧聖寺又再度受人重視。他的門人灌頂(561—632)《隋天台智者大師別傳》記述其事：

> 吾欲從吾志，蔣山過近，非避喧之處。聞天台地記稱有仙宮，白道猷所見者，信矣。……即陳太建七年秋九月……初入天台……歷游山水……弔道林之栱木……慶曇光之石龕。……數度石梁，屢降南門，荏苒淹流，未議卜居。常宿於石橋，見有三人，皂幘絳衣，有一老僧引之而進曰："禪師若欲造寺，山下有皇太子寺基，捨以仰給。"因而問曰："止如今日，草舍尚難，當於何時，能辦此寺。"老僧答云："今非其時，三國成一，有大勢力人，能起此寺。寺若成，國則清，當呼爲國清寺。"①

上文稱智顗聽說天台有神仙住所，白道猷渡過石橋見到了聖寺神僧，因此選擇前往天台避静修行。智顗在石橋之地過夜，見到一位老僧告知：擬以山下之地獻爲建寺之地，並且預言將來有皇太子爲之建寺，當時天下清平，當以"國清寺"爲名。後來老僧的預言果然成真，晉王楊廣(569—618，604年即帝位，是爲隋煬帝)以智顗爲師，賜號"智者"，並且爲之建寺，②大業元年(605)，賜名"國清寺"，成爲江南大寺。在此傳的記載中，"竺曇猷"之名已經變成了"白道猷"。按：帛(白)道猷的事迹附於《高僧傳·竺道壹傳》中，其中僅記錄他在山陰若耶山活動，以及他和道壹交遊之事，完全沒有他在天台山居住和見到聖寺神僧的記載。此處則稱白道猷見到了天台山仙宮，顯然是誤將"帛(白)道猷"之名冠在"竺曇猷"的傳奇上。再則，前述慧皎在《高僧傳·習禪》論中，將帛僧光(曇光)和竺曇猷並列齊讚，此處也先後提到白道猷和曇光。

---

① 《隋天台智者大師別傳》(T·2050)，收入《大正新修大藏經》，冊五〇，頁193上。
② 《續高僧傳》卷一七《習禪·隋國師智者天台山國清寺釋智顗傳》："初帝於蕃日，遣信入山迎之，因散什物，標域寺院、殿堂厨宇，以爲圖樣，告弟子曰：'此非小緣所能締構，當有皇太子，爲吾造寺，可依此作，汝等見之。'後果如言。"(頁567下)

《續高僧傳·智顗傳》中有關智顗和天台梵僧的靈應敍事,對於天台山係羅漢居處的傳說,也有推波助瀾的作用,包含以下兩件事:(一)智顗未到天台時,夢見自己置身於重巖山崖之間,底下是無邊無際的大海,有一位僧人對他招手,伸手拉他上山。其後他到了天台,遇見了早先到此的青州人定光,定光對他說:"大善知識,憶吾早年山上搖手相喚不乎?"①(二)陳宣帝之世,天台縣令袁子雄信奉佛法,每年夏天常請智顗講《淨名經》,而有奇應:"忽見三道寶階從空而降,有數十梵僧乘階而下,入堂禮拜,手擎香爐,繞顗三匝。久之乃滅,雄及大衆同見驚歎山喧,其行達靈感皆如此也。"②夢中僧人的現身以及梵僧從天降臨智者講經之所,都是羅漢聖僧的顯應。

由於智者大師的德行修爲普爲世人所崇仰,益使天台山成爲一個佛教聖地。如隋文帝仁壽元年(601),晉王楊廣《皇太子敬靈龕文》中更稱天台山是智顗證道之地:

> 瞻望天台,有如地踊。僧使續來,龕瑞重疊。……自曇光坐滅之後,道猷身證已來,興公飛錫所不能稱,靈運山居未有斯事。盛矣哉,是我大師證道之基趾也。③

此文仍將曇光和道猷並提。上述兩種隋代文獻都係將東晉的"竺曇猷"改爲"白道猷"。又,隋柳顧言撰《天台國清寺智者禪師碑文》亦然:"竊以四明天台,剡東玉岫。……華果競發,常迷四時。藥草森羅,孰分億品。道猷往而證果,興公賦不能申。"④由此可知,陳末隋初時,人們已經將在天台山習禪的竺曇猷,誤以爲是帛道猷了。

唐代道宣、道世(?—683)都沿襲著隋代的敍述,將"竺曇猷"改稱"白道猷"。道宣《續高僧傳·智顗傳》敍述智顗在前往天台山之前,曾夢見神

---

① 《續高僧傳》卷一七《習禪·隋國師智者天台山國清寺釋智顗傳》,頁 565 上。
② 《續高僧傳》卷一七《習禪·隋國師智者天台山國清寺釋智顗傳》,頁 565 中。
③ 灌頂纂《國清百錄》(T·1934)卷三《皇太子敬靈龕文》,收入《大正新修大藏經》,册四六,頁813 中。
④ 灌頂《國清百錄》卷四《敕造國清寺碑文第九十三》,頁 817 下—818 上。

山聖境,並且告訴門人:

> 顗以夢中所見,通告門人,咸曰:"此乃會稽之天台山也,聖賢之所托矣。昔僧光、道猷、法蘭、曇密,晉宋英達,無不栖焉。"因與慧辯等二十餘人,挾道南征,隱淪斯岳。①

此處稱"道猷",而不是"曇猷"。然而,道宣《集神州三寶感通録》(T·2106)、道世《法苑珠林》(T·2122)二書"臨海天台山石梁聖寺"條中,對"道猷"之名似乎也有些困惑,皆稱:"東晉初天台山寺者,昔有沙門帛道猷,或云竺姓者。銳涉山水,窮括奇異,承天台石梁終古無度者……"②前面提及《高僧傳》上説得很清楚,帛道猷原姓馮,因從師姓,故改爲帛。此處稱帛道猷"或云竺姓",可能係對"竺曇猷"變成"白道猷"感到困惑之故。

天台山是佛、道教的聖地,從隋代末年到唐朝末年各有發展。根據薄井俊二的研究,從"天台山南門"的赤城山(位於今天台縣城之北)向北而行,直抵華頂山的石橋飛瀑一綫,東側多佛寺,西側多道觀。隋末唐初是天台山佛教發展的初期,智顗建造的國清寺即位於赤城山之東。至武則天時期,因司馬承禎入天台,睿宗命重修桐柏觀(位於此區的西側),道教勢力趨强;至玄宗開元年間,司馬承禎離開天台,其勢轉弱。9世紀時徐靈府從南嶽至天台,道教勢力又有相當程度的回復。③ 8世紀末年以後,天台山佛教有明顯的拓展,湛然(711—782)晚年居於國清寺,至9世紀上半葉,又有寂然、普岸在此建寺,蔚然形成一大佛教聖地。

(3) 白居易和天台山傳奇

及至唐代,天台石橋的傳奇大爲發酵,使它成爲唐人遊訪的名勝。9世紀上半葉,有兩名僧人白寂然、普岸受到東晉竺曇猷在赤城山修禪的啓

① 《續高僧傳》卷一七《隋國師智者天台山國清寺釋智顗傳》,頁564下。
② 《大正新修大藏經》,册五二,頁423中;《大正新修大藏經》,册五三,頁594下。
③ 薄井俊二《天台山記の研究》第六章《唐代中期天台山の宗教地理——"天台山記"をてがりに》,福岡,中國書店,2011年,頁150,169—171。

發,至此區修禪、建寺,益使此一山區發展爲佛教的重要道場。白居易《沃洲山禪院記》一文,提供了竺曇猷被誤作白道猷的重要綫索,由於白居易文名滿天下,加以此文被刻諸於寺碑,更强化了這個錯誤。

《沃洲山禪院記》敍述唐文宗之世,僧人白寂然在剡縣沃洲山(今嵊州市新昌縣)習禪、建寺之事,文云:

> 大和二年春,有頭陀僧白寂然來游兹山。見道猷、支、竺遺迹,泉石盡在,依依然如歸故鄉,戀不能去。時浙東廉使元相國聞之,始爲卜築;次廉使陸中丞知之,助其繕完。三年而禪院成,五年而佛事立。正殿若干間,齋堂若干間,僧舍若干間,夏臘之僧,歲不下八九十。安居遊觀之外,日與寂然討論心要,振起禪風。白黑之徒,附而化者甚衆。①

大和二年(828),頭陀僧寂然到剡縣一帶,見到東晉竺曇猷、支遁(314—366)、竺法潛(286—374)在此間活動的遺迹,景仰之餘,遂居此習禪。先後得到浙東廉使元稹(779—831)及越州刺史陸亘(764—834)的贊助,②建立一所大禪院。每逢夏安居時,在此坐夏的僧人達八九十人之多。在這段文字之前,白居易也指出剡縣是東晉、劉宋的文化精華區,爲名士、高僧會集之所,人傑山靈,亦多佳詩篇:

> 晉、宋以來,因山洞開,厥初有羅漢僧西天竺人白道猷居焉,次有高僧竺法潛、支道林居焉。次又有乾、興、淵、支、遁、開、威、蘊、崇、實、光、識、裴、藏、濟、度、逞、印,凡十八僧居焉。高士名人有戴逵、王洽、劉恢、許元度、殷融、郄超、孫綽、桓彦表、王敬仁、何次道、王文度、謝長霞、袁彦伯、王蒙、衛玠、謝萬石、蔡叔子、王羲之凡十八人,或游焉,或止焉。故道猷詩云:"連峯數千里,脩林帶平津。茅茨隱不見,雞鳴知有人。"謝靈運詩云:"暝投剡中宿,明登天姥岑。高高入雲霓,還期安

---

① 朱金城《白居易集箋校》,上海古籍出版社,1988 年,第 6 册,頁 3685。關於寂然之事,亦見於《宋高僧傳》卷二七《唐剡沃洲山禪院寂然傳》,頁 880 上。
② 陸亘爲南泉普願禪師的弟子。

可尋。"蓋人與山相得於一時也。……昔道猷肇開兹山,後寂然嗣興兹山。今日樂天又垂文兹山,沃洲山與白氏其世有緣乎!①

浙東文化區係從會稽郡山陰縣、向南經始寧、剡縣、始豐諸縣,到臨海郡一帶,係名士高族棲居隱逸之地,也是道士名僧修習之所。上文云"晉、宋以來,因山洞開",所指的應係此文之始所敍述沃洲山周圍相關的諸山,包括天姥山、華頂峰、赤城山、天台山、四明山、金庭山、石鼓山,即在剡縣、始豐一帶的山區。② 前文云白寂然"見道猷、支、竺遺迹,泉石盡在",支遁、竺法潛都係在剡縣的沃洲山、仰山活動;③又,竺曇猷最初抵達浙東時,係先到剡縣的石城山,故此三人係同在剡縣的山區修習。前面已提及帛道猷係在會稽郡山陰(今浙江紹興市)東南的若耶山修習,距此有二百里之遥,顯見此處"道猷"當爲"曇猷"之誤。

　白居易之所以將竺曇猷誤認爲白(帛)道猷,除了沿襲前述陳末隋初記載之外,亦受晉、宋以來浙東文化圈的氛圍影響,而爲帛道猷著名的詩作所誤導。上文歷數晉宋浙東地區十八高僧、十八名士,但僅録白道猷和謝靈運二人的詩作。帛道猷曾經在講經會中和道壹會面,他隱居於若耶山時致書道壹,稱自己遨遊山林,甚爲愜意,可惜不能與道壹同行,故寫詩贈之,原詩共有十句:"連峰數千里,修林帶平津。雲過遠山翳,風至梗荒榛。茅茨隱不見,雞鳴知有人。閑步踐其逕,處處見遺薪。始知百代下,故有上皇民。"④此詩意境幽遠,先由慧皎録入《竺道壹傳附帛道猷傳》中,後來再經

① 《白居易集箋校》,第6冊,頁3684—3685。
② 《沃洲山禪院記》:"沃洲山在剡縣南三十里,禪院在沃洲山之陽,天姥岑之陰。南對天台,而華頂、赤城列焉。北對四明,而金庭、石鼓介焉。西北有支遁嶺,而養馬坡、放鶴峰次焉。東南有石橋溪,溪出天台石橋,因名焉。其餘卑巖小泉,如子孫之從父祖者,不可勝數。東南山水越爲首,剡爲面,沃洲、天姥爲眉目。夫有非常之境。然後有非常之人棲焉。"以上見《白居易集箋校》,第6冊,頁3686—3687。據《元和郡縣志》卷二六,天姥山在剡縣南八里,天台山在唐興(始豐)縣北十里,華頂峰是天台山第八重最高處,赤城山在始豐縣北六里,四明山在餘姚縣南一百十里。據沈作賓修,施宿等纂《嘉泰會稽志》(北京,中華書局,1990年),金庭山在嵊縣南,爲天台、華頂之東門。石鼓山在嵊縣東五十里。支遁嶺在剡縣東仰山,離會稽二百里。據《世説新語》卷上《言語第二》劉孝標注,支公書曰:"山去會稽二百里。"見劉義慶著,劉孝標注,余嘉錫箋疏,周祖謨、余淑宜整理《世説新語箋疏》,臺北,華正書局,1984年,頁136。
③ 《高僧傳》卷四《義解·晉剡東仰山竺法潛傳》,頁348上。
④ 《高僧傳》卷五《晉吳虎丘東寺竺道壹傳附帛道猷傳》,頁357中。

白居易寫入《沃洲山禪院記》。不過,此記却僅存其精華四句,若和原詩相比,更顯精練出塵。至宋代秦觀(1049—1100)等人模擬其意,更爲新詩,迄於明代楊慎仍讚頌此詩。① 白居易從晉、宋時期浙東文化圈的角度,誤以爲和支遁、竺法潛在剡縣山區活動的僧人,是寫出佳詩篇的帛道猷。事實上,帛道猷並不曾在剡縣一帶活動。

白居易文名滿天下,故建造沃洲禪院的僧人白寂然特別命其門人常贊——即白居易的從侄——從浙東剡縣遠赴洛陽,請他撰寫記文,並且刻之於碑。② 白居易作記時,此寺未有名稱,不知從何時開始,此寺名爲"真封寺";至北宋英宗治平三年(1066),賜名"真覺院"。③ 宋高宗建炎(1127—1131)中,因盜賊據寺,毀壞"沃洲山禪院碑";後數十年,有人復將此文書寫於佛殿。至宋理宗嘉熙四年(1240)住持文聳再將白居易《沃洲山禪院記》刻石立碑,當地人士王夢龍作跋,朱杲作記。④ 此文流傳甚廣,《宋高僧傳》也多沿用其文,故白文將"竺曇猷"誤植爲"帛(白)道猷"之事,以訛傳訛,更是深植人心。

在沃洲山建禪寺的五年後,僧人普岸因景仰東晉竺曇猷的傳説,也到天台山平田營建寺,《宋高僧傳·普岸傳》云:"東入石橋聖寺,乃是緑身道猷尊者結茅居此"、"此山是神仙窟宅,羅漢隱居",而決定在此習禪。大和七年(833),他僅帶了一名侍者在此營建小室,至大和八年已聚集了很多追隨他習禪的僧人,共同建立"平田寺"(其後改稱"福田寺")。至開成年間(836—841),此地已發展成一個大道場。⑤

雖然白居易沿襲前人的記載,將"竺曇猷"誤稱爲"白道猷",但在白居

---

① 陳巖肖指出秦觀、僧人道潛皆有仿造猷詩意之作,"而更加鍛鍊,亦可謂善奪胎者也"。見《庚溪詩話》,收入《百部叢書集成·第二輯》,《百川學海》第一函,卷下,臺北,藝文印書館,1965年,頁4—1。楊慎(1488—1559)《帛道猷詩》則以爲後人仿作皆不如也,見氏著《升菴集》卷五五,文淵閣四庫全書本,册一二七〇,頁20—21。
② 《沃洲山禪院記》:"(大和)六年夏,寂然遣門徒僧常贊自剡抵洛,持書與圖,詣從叔樂天乞爲禪院記云。"見《白居易集箋校》,頁3685。
③ 沈作賓《嘉泰會稽志》卷八《寺院·新昌縣·沃洲真覺院》:"沃洲真覺院,在縣東四十里……舊名真封寺,不知其始。治平三年,賜今額。"(頁6854上)
④ 杜春生編《越中金石記》卷五《沃洲山記》(朱杲記),收入《石刻史料新編》第二輯(10),臺北,新文豐出版公司,1979年,頁28—29。
⑤ 《宋高僧傳》卷二七《唐天台山福田寺普岸傳》,頁880中。

易去世後纔出生的新羅人崔致遠（857—951）則没有弄錯，他所撰寫的《真監禪師碑銘并序》中，稱禪師至康州智異山修習，降服猛獸老虎，有如善無畏和竺曇猷："則與善無畏三藏結夏於靈山，猛獸前路，涉入山穴，見牟尼立像，完同事迹。涉彼竺曇猷之扣睡虎頭令聽經，亦未專媺於僧史也。"①然而，透過白居易《沃洲山禪院記》的傳播，再度深化了東晉竺曇猷誤作"白道猷"這個錯誤。如北宋時，新昌縣尉吳處厚曾讀白居易禪院記，因官至此，遂親訪白寂然所建禪院——真封寺——並作《遊沃洲山真封院并序》，敍述他遊訪的經歷和感懷："平明過真封院，先至養馬陂，陟鼻峯，入門謁道猷影堂，訪支遁庵基，觀錫杖泉，眺放鶴峯，徘徊而還。"②又，宋吳芾（1104—1183）《和遠老韻二首》之二："欲訪天台帛道猷，夢魂先到石橋頭。"③都係將竺曇猷誤稱爲帛道猷。

北宋宣和年間（1119—1126），僧人曇照注意到智者傳記將東晉的竺曇猷誤植爲白道猷之事，在《智者大師別傳注》（X·1535）中，試圖對此作合理的解釋，於"聞天台地記稱有仙宫，白道猷所見者，信矣"之句，注云：

> 天台山，近有西蜀樊建撰《天台行》，記僧道寺觀、山川地里。歷觀往代紀錄，唯此委曲，見行於世。梁傳第十一云：白道猷，正云竺曇猷，亦云法猷。因師白法祖，故是號焉。燉煌人也，傳文事迹甚廣，天台羅漢記具録流行，今不委書。④

曇照以爲：白道猷正確的名字是竺曇猷，後來因爲師事白法祖，而得到"白道猷"之稱。此説似無根據，一則《高僧傳·竺曇猷傳》未提及他和白法祖的關聯。二則以白法祖和竺曇猷的生卒年推斷，此説似難成立。竺曇猷終於東晉太元（376—397）末年，不詳年歲。⑤　白法祖即帛遠，字法祖，《高僧

---

① 崔致遠《孤雲先生文集》卷二，收入《域外漢籍珍本文庫》第二輯（集部第6册），西南師範大學出版社、人民出版社，2011年，頁22。
② 《〈會稽掇英總集〉點校》卷四，頁59。
③ 吳芾《湖山集》卷一〇，收入《叢書集成續編》（128），臺北，新文豐出版公司，1989年，頁70。
④ 《卍新纂續藏經》，册七七，頁664下。
⑤ 《高僧傳》卷一一《習禪·晉始豐赤城山竺曇猷傳》，頁396中。

傳・譯經篇》有其傳。晉惠帝永興二年（305），帛遠爲秦州刺史張輔所殺。① 依此推之，帛遠遭難之時，竺曇猷可能尚未出生，或者猶年幼，應不及師事帛遠。因此，曇照之説應是在難以理解何以竺曇猷訛化爲白道猷的情況下，所産生的一種解釋，但未顧及此二人生年的差距。此説未見於前此文獻，此後也没有人再提起。

陳末隋初以降，大都將東晉“竺曇猷”誤作“白道猷”，但也有少數文獻仍作“竺曇猷”；也有因混淆不清而在同一著作中，同時出現這兩個名字，如《法苑珠林》、唐釋神清（？—820）《北山録》（T・2113）、宋代方志《剡録》。② 從南北朝以迄於宋代各種文獻有關竺曇猷、白道猷的記載，請見後文“附録：南朝迄宋代竺曇猷、白道猷記載的變化表”。至元覺岸《釋氏稽古略》（T・2037），更直接説此二人實係同一人：“沙門竺道猷，即帛道猷也。初止剡之石城山，是年又移台州始豐赤城山（今台州天台山）坐禪石室。……猷於東晉武帝太元八年入寂（本傳）。”③竺曇猷不僅變成竺道猷，更直接稱即是帛道猷，這個錯誤就更深了。

（4）竺曇猷傳奇内容的增廣

在陳末以前，竺曇猷係師事天竺僧的敦煌僧人；至隋代，他的名字被改爲“白道猷”；至中唐以後，他被轉化爲來自天竺的僧人；至宋代，他更被聖化爲羅漢，也增加了一些神異傳説。

約在9世紀上半葉，竺曇猷除了名字被轉化爲“白道猷”之外，他的出身也從敦煌僧人變成從西域來的高僧，乃至進一步成爲羅漢。道士徐靈府撰《天台山記》（T・2096），提及天竺僧人白道猷在赤城山建立中巖寺：“其中山趾有寺，曰‘中巖寺’，即是西國高僧白道猷所立也。”④徐靈府係活躍於元和、會昌年間的道士，號“默希子”，原居於南嶽衡山；憲宗元和十年

---

① 《高僧傳》卷一《譯經・晉長安帛遠傳》，頁 327 上一中。按晉惠帝永興二年，張輔爲秦州刺史，見司馬光《資治通鑑》卷八六《晉紀八・孝惠皇帝下・永興二年》，北京，古籍出版社，1956年，頁 2707—2708。

② 《法苑珠林》卷一九，頁 429 中；卷八三，頁 900 上；卷三九，頁 594 下；《北山録》卷六，收入《大正新修大藏經》，册五二，頁 611 上；卷八，頁 624 下；史安之修，高似孫纂《剡録》卷三，北京，中華書局，1990年，頁 7219 中。

③ 《大正新修大藏經》，册四九，頁 782 上。

④ 《大正新修大藏經》，册五一，頁 1055 下。

(815)移居天台山,他所撰述的《天台山記》約成稿於寶曆元年(825)。①
竺曇猷從敦煌的僧人轉化爲西國僧人,可能有以下兩個原因:一則他的名
字訛化爲白道猷,因"白"姓而被認爲是來自龜兹的僧人;二則與唐代胡僧
經常被描述爲具有神力的象徵有關。② 略晚於《天台山記》數年,白居易
《沃洲山禪院記》一文中,白道猷更進一步被聖化爲來自西天竺的羅漢僧:
"晉宋以來,因山洞開,厥初有羅漢僧西天竺人白道猷居焉。"③及至宋代,
白道猷不僅是來自天竺的聖僧,而且係來自中天竺國地位最高的大那爛陀
寺。日僧成尋(1011—1081)在《參天台五臺山記》一書中,記載宋神宗熙
寧五年(1072)五月十八日,他巡禮天台石橋畔的寺院,見到當寺有等身的
白道猷像:

> 　　至于石橋,有廣大道場。先拜白道猷尊者影像,等身金色,堂三面
> 懸十羅漢畫像,燒香禮拜。道猷尊者第三果人。曩時,晉初中天竺國
> 大那爛陀寺沙門白道猷,遠涉流沙,禮五臺山,至天台赤城山……④

上文可以反映北宋時人對於白道猷的認知。唐初玄奘西行,至那爛陀寺從
戒賢論師學習瑜伽論,在《大唐大慈恩寺三藏法師傳》中屢提及此寺;又,
北宋著名的印度譯經僧法天(? —1001)也來自此寺。上文稱白道猷超凡
入聖,得到聲聞第三果(阿那含),也就是僅次於羅漢的小乘聖僧。在天台
山石橋除了供奉白道猷的金銅像外,也增添了和他有關的遺迹,有三棵高
大的娑羅樹,據傳是白道猷從天竺帶來種植的:"長廊之內,有娑羅樹三
本,高壹丈許,是道猷尊者從西天種將來殖,葉似石南華。"⑤在"大德寺五
百羅漢圖"中,也將他描繪爲羅漢,收藏於波士頓美術館"F2 天台石橋"

①　薄井俊二《天台山記の研究》第二章《天台山記の概要》三、"撰者徐靈府について",
頁48—52。
②　蔣逸征《超能與無能——從〈太平廣記〉中的胡僧形象看唐代的宗教文化風土》,《圖書館雜
誌》2004年第2期,頁75—78;拙文《高僧形像的傳播與回流——從"玄奘負笈圖"談起》,徐
苹芳先生紀念文集編輯委員會編《徐苹芳先生紀念文集》,頁350—351。
③　《沃洲山禪院記》,《白居易集箋校》,第6冊,頁3684。
④　平林文雄《參天台五臺山記校本并に研究》,東京,風間書房,1978年,頁29—30。
⑤　平林文雄《參天台五臺山記校本并に研究》,頁30。

中,其中一位羅漢就是在石橋上的竺曇猷(白道猷)(見下文)。

唐、宋時期,東晉竺曇猷傳説的内容繼有增加,唐懷信《釋門自鏡録》(T·2083)有一則記事,題爲《晉天台山竺曇猷在胎經涉辛地被聖驅事》,前半段係抄録《高僧傳》敍述曇猷渡過石橋見到精舍神僧之事,後半段則加上神僧嫌棄曇猷身上有來自母胎的葱韭之氣,不宜住在聖寺:

> 潔齋累日,因復更往,見横石洞開。度橋少許,覩精舍神僧,果如所説。因燒香中食,食畢,神僧告曰:"君有葱韭之氣,未應住此,却後十年當來耳。"猷曰:"自生已來,不識辛穢,何况口噉,而言氣乎?"神僧曰:"汝在胎時,汝母經歷葱韭之地。"猷慚而退,顧看横石,還合如初。①

這應是出自僧團强調不食葷腥的傳説,《佛祖統紀》也引述了這段文字。②其後,更出現和此傳説相關場所的記載,成書於嘉定十六年(1223)《嘉定赤城志》,記載兩處曇猷爲滌除穢氣的"洗腸井":一在赤城山,一在寧海縣壽寧寺,後者甚至有曇猷乘船由海路至海寧建立白水庵(爲壽寧寺之前身)之説。③由此可知,宋代竺曇猷(白道猷)的傳説仍在增加中,明屠隆(1541—1605)《天台山方外志序》中有曇猷"洗腸井"、"洗腸澗"的記載:"又五百應真行化此山,方廣寺在有無飄渺間,土人時聞鐘磬梵唄聲,隱隱從地中出。高僧曇公曾一至其處,聖賢嫌其腸穢,不得留,出而洗腸于澗。"④洗腸井更有新的描述:"在赤城山,曇猷洗腸處,今井邊猶生青韭,即其驗也。"⑤此外,另有竺曇猷展現神通的故事,他爲救援被山神投至深淵的老嫗,將手中錫杖擲入水中,溪流立即乾涸,故名爲"乾溪"。⑥

---

① 《釋門自鏡録》(T·2083)卷下,收入《大正新修大藏經》,册五一,頁814下。
② 《佛祖統紀》卷三三,頁323中,引《僧鏡録》云:"竺曇猷禮天台,石梁遇聖僧謂曰:汝母懷妊時行經葱園,胎氣犯穢,不可住寺。"
③ 黄𤧬、齊碩《嘉定赤城志》卷二一《山水門三·山三·天台·赤城山》,頁7440上;卷二九《寺觀門三·寺院三·寧海·禪院》,頁7507上。
④ 釋傳燈《天台山方外志·序》,臺北,新文豐出版公司,1987年,頁10。
⑤ 釋傳燈《天台山方外志》卷三《井》,頁38。
⑥ 黄𤧬、齊碩《嘉定赤城志》卷二四《山水門六·水二·天台》,頁7464中;卷三五《人物門四·釋·東晉》,頁7551中。

　　宋代有關竺曇猷的修禪定功也發展出新的故事,並且被繪入"大德寺五百羅漢圖"。《高僧傳》記載他在赤城山石室坐禪時,山神先後以猛虎和巨蟒來測試其定功,有大十餘圍的巨蛇出現,他都不爲所動:"有頃,壯蛇競出,大十餘圍。循環往復,舉頭向猷,經半日復去。"①及至宋代,上述敍事更演變爲:巨蛇舉頭相向,曇猷用手中的錫杖拄在蛇口,自己安坐其間修禪。宋趙抃(1008—1084)《天台蛇洞》詩云:

　　　　道猷宴坐卓一錫,蕭然屏去羣魔迹。大蛇開口合不得,始知三昧通神力。②

吴萊(1297—1340)《題方景賢護法寺壁枯木竹石山》文字中,也引白道猷以杖拄蛇口的典故:

　　　　山人前身本在南嶽祝融峰下住,踏上天台石橋看瀑布。東峰月上學寫影,山精野魅哀號涕泣。愛惜枯樹白道猷,拄杖拄開蛇口。起不得蛟子龍孫,盤旋糾結塞滿行路。硯泓一滴淡墨水,漲作玄雲黑雨歸無處……③

及至明代,曇猷在蛇口中坐禪之説,更演變成他感化白蟒精的傳奇,《天台山方外志》卷一二,記載赤城山玉京觀每年有"昇仙會",選一名道士在日暮時送至山頂,等候天使來迎,只見黑暗中有兩盞燈,道士即不見蹤迹,衆人以爲是升仙去了,其實是爲"白蟒怪"所唉食。至竺曇猷來此山坐禪,以其定功神力降服白蟒怪:

　　　　……真以爲仙去,不知爲白蟒怪也。曇猷累止中巖宴坐,神化爲猛虎數十,咆哮向師,既不能害,又不見白蟒真形,呀然開口將噬師。

---

① 《高僧傳》卷一一《晉始豐赤城山竺曇猷傳》,頁396上。
② 趙抃《清獻集》卷五,文淵閣四庫全書本,册一〇九四,頁48—49。
③ 吴萊《淵穎集》卷三,文淵閣四庫全書本,册一二〇九,頁32—33。

師即以錫飛蟒口,柱其齦齶不得合,曰:"且借老僧坐地三年。"神始知
懼,皆來降伏悔罪,願徙他處。自此昇仙之會息矣,後人於穴中見白骨
成堆,蓋即白蟒所啖昇仙骨也。①

"大德寺五百羅漢圖"中有"白蟒的調伏",描繪的就是此一場景;不過,原
本缺佚,今本是寬永十五年(1638)木村德應補繪的(圖3)。此圖下方有
四名羅漢聚談,在上方的巖石有一白色巨蟒,蟒口爲一錫杖所撐開,其中有
一羅漢安住坐禪。此外,另外兩幅羅漢圖也有相同的畫面,一是鐮倉円覺
寺傳張思恭本,一是京都東福寺明兆本。②

　　2. 竺曇猷傳説和羅漢信仰的連結

　　東晉孫綽(314—371)《遊天台山賦》稱天台山是山嶽之神秀,爲佛道
聖者居住之所:"皆玄聖之所遊化,靈仙之所窟宅。……王喬控鶴以沖天,
應真飛錫以躡虛。"東晉末年,竺曇猷至此見到聖寺神僧的傳聞,經歷南朝
迄隋代的累積,至唐代初年,天台山已經成爲最著名的聖寺。道宣《集神
州三寶感通録》(成書於公元664年)著録了十二所聖寺,首列"臨海天台
山石梁聖寺"。及至宋代,天台山聖寺傳説又發展出新的內容,包含以下
三項:(一)曇猷渡過石橋所見到的精舍,稱爲"方廣寺";(二)天台山爲
五百羅漢居住之地,和五臺山爲一萬菩薩居住之處,齊名並稱;(三)供養
羅漢的茶水呈現乳花,爲羅漢降臨應供的徵應。

　　《高僧傳》敍述竺曇猷渡過石橋,見到傳説中的神僧聖寺,天台石橋因
此成爲佛教的聖地,也是唐人往遊天台山必參訪之地。《天台山記》記載
此山有石橋五所,有四所可通往仙境聖寺;③至於傳説中羅漢居住的石橋,

① 釋傳燈《天台山方外志》卷一二《靈異考・道・玉京觀》,頁135。
② 《大德寺傳來五百羅漢圖》解説(井手誠之輔),頁107。
③ 《天台山記》:"按《長康啟蒙記》云:'天台山在會稽郡五縣界中……猶溪在唐興縣東二十里發
源……其水深嶺,前有石橋……度者見天台山……'按此記説,則神異之所,非造次可覲焉。今
遊人衆所見者,蓋非此橋,且猶溪高處不見有橋。今衆人所見者,乃在歆亭西二十里。……"
(頁1052中)另,《天台山記》:"又按仙經云:此山有石橋,一所現,二所不知其處。又云:多
散仙人遇橋即與相見。以此言之,即靈仙之橋也,非今常人見者。自非精誠玄達,阻絕相
偶,真仙亦不可得見,橋亦安可覲之。"(頁1055中)

圖 3 "寬 4 白蟒的調伏"

(《大德寺傳來五百羅漢圖》,頁 107)

係歇亭以西十五里處之橋：

> 自國清寺東北一十五里，有禪林寺。寺本智顗禪師修禪於此也……
> 禪林寺西北上二十五里，乃至歇亭。……自歇亭西行，沿澗一十五
> 里，至石橋頭，有小亭子。石橋色皆清，長七丈，南頭闊七尺，北頭闊
> 二尺。龍形龜背，架萬仞之壑。上有兩澗合流，從橋下過，泄爲瀑
> 布。西流出剡縣界，從下仰視，若晴虹之飲澗，橋勢嶮峭，水聲崩落。
> 時有過者，目眩心悸。今遊人所見者，正是此橋也。是羅漢所居之
> 所也。①

唐人詩中經常提及天台石橋，如宋之問（656—712）《靈隱寺》詩：「待入天
台路，看余度石橋。」②孟浩然（689—740）《舟中曉望》：「問我今何去，天台
訪石橋。坐看霞色曉，疑是赤城標。」③劉禹錫（772—842）《送霄韻上人遊
天台》：「曲江僧向松江見，又到天台看石橋。鶴戀故巢雲戀岫，比君猶自
不逍遥。」④施肩吾（780—861）《送端上人遊天台》：「師今欲向天台去，來
説天台意最真。溪過石橋爲險處，路逢毛褐是真人。」⑤

《高僧傳·竺曇猷傳》並未提及他渡過石橋，見到神僧的數目；及到宋
代，則出現了他親見五百羅漢之説：

> 曩時，晉初中天竺國大那爛陀寺沙門白道猷，遠涉流沙，禮五臺
> 山。至天台赤城山，降山神之後，尋來過石橋，親見五百大阿羅漢，禮
> 拜供養，所以奉安置尊者形像。⑥

天台山被形塑成五百羅漢居住之地，可能也有和五臺山相抗衡的意味。五

---

① 《大正新修大藏經》，册五一，頁 1054 中—1055 上。
② 《全唐詩》卷五三，第 2 册，頁 654。
③ 《全唐詩》卷一六〇，第 5 册，頁 1652。
④ 《全唐詩》卷三六五，第 11 册，頁 4115。
⑤ 《全唐詩》卷四九四，第 15 册，頁 5587。
⑥ 平林文雄《參天台五臺山記校本并に研究》，頁 29—30。

臺山係文殊菩薩領一萬菩薩棲居之地,①唐元和年間,日僧靈仙曾至五臺
山禮一萬菩薩。② 宋代天台山五百羅漢、五臺山一萬菩薩,並舉爲兩大靈
迹聖山,此説也傳到了日本。宋神宗熙寧五年(1072),日僧成尋渡海入
宋,三月二十一日,他所乘的船舶遇到風雨,船上騷動,欲卜平安,成尋"念
五臺山文殊并一萬菩薩、天台石橋五百羅漢,念誦數萬遍。戌時,始念不動
尊咒一萬遍",而得到吉夢。③ 他抵達中國之後,上表請求至五臺山巡禮,
就提及前人至天台石橋禮五百羅漢以及五臺一萬菩薩的對比:"就中天竺
道猷登石橋,而禮五百羅漢;日域靈仙入五臺,而見一萬菩薩。某性雖頑
愚,見賢欲齊,先巡禮聖迹,次還天台。"④

　　由於渡過石橋的那一方就是羅漢居住的聖寺,因此石橋就成爲禮拜羅
漢最重要的地點;無論是官方派人供養羅漢,或是僧侶信衆巡禮,都要至此
參禮。成尋有如下的記敍:

> 　　次參石橋,路阪造廊廿餘間,過廊至石橋頭亭子,五間大屋也,
> 公家每年供養五百羅漢舍也。先向山禮拜燒香,供養五百羅漢。次
> 至橋頭燒香禮拜,橋色皆青白,長七丈許,東頭闊二尺,西頭闊七尺,
> 龍形龜背,似亘虹梁;兩澗合流,從橋下過,泄爲瀑布,西流出剡縣
> 界。從下仰觀,若晴虹之澗,橋勢嶮崟,瀧聲如雷。橋西頭二丈許,
> 巖高一丈,自非得通人,敢不可過。近代之人至橋中半,稱"渡石
> 橋",最奇怪也。……橋上有二三重小瀧。申時,還庵,齋備珍膳。人
> 人重參石橋,予留宿所,此寺名"石梁寺"……⑤

---

① 五臺山爲文殊菩薩和一萬菩薩居常住説法之地,本於《大方廣佛華嚴經》(T·278)卷二九
　《菩薩住處品27》:"東北方有菩薩住處,名清涼山,過去諸菩薩常於中住;彼現有菩薩,名文殊
　師利,有一萬菩薩眷屬,常爲説法。"收入《大正新修大藏經》,册九,頁590上。清涼山後附會
　爲五臺山。
② 小野勝年《入唐求法巡禮行記の研究》卷三"開成五年五月十七日",東京,法藏館,1989年,
　第3册,頁4。
③ 平林文雄《參天台五臺山記校本并に研究》卷一"延久四年三月二十一日",頁5。
④ 平林文雄《參天台五臺山記校本并に研究》,頁38。
⑤ 平林文雄《參天台五臺山記校本并に研究》,頁30。

依上所述,參禮五百羅漢者除了在石橋頭燒香參拜之外,還走到石橋中央。在成尋眼中,覺得這是很奇怪的事。不過,如以儀式的觀點來看,就可理解。因此石橋長七丈,橋面寬度不一,橋傍石巖高峻,一般人不敢渡橋,因此走到一半,作爲渡過石橋、抵達聖寺的象徵,故稱“渡石橋”。因有此一象徵性儀式的緣故,所以“人人重參石橋”。時人至石橋參禮羅漢,住宿的寺院就稱爲“石梁寺”。

　　從東晉以來,傳聞天台石橋彼端有神僧聖寺,但未知其名,至宋代它則有一個名稱“方廣寺”。北宋末迄南宋初年,“天台山圖”上就標注了方廣寺,時人的著作中也出現了這個名詞,如李綱《陳國佐左司寄示天台山圖以絶句兩章報之》之二,云:“應真飛錫游行處,峭壁危峯跨石橋。便欲遠尋方廣寺,却疑圖上有嘉招。”[1]洪适(1117—1184)《天台山石橋詩集序》對方廣寺的傳奇有很傳神的敍述:

> 　　天台標登陸之勝,而石橋又八百里中佳處,世傳薦茗有肖花之應,異爵振其羽,寶炬舒其光。或遥望樓觀,夜出林杪,隱然猶飛錫來往,而聞鐘磬聲者,浮圖氏目之曰“方廣寺”。流俗洋詡,以是爲兹山之靈。[2]

又,韓元吉(1118—1187)在《建安白雲山崇梵禪寺羅漢堂記》一文中,敍述自己往昔參訪天台山石橋時,就企盼見到傳說五百羅漢居住的方廣寺:

> 　　然予嘗遊天台,至石橋,愛其山林之幽深,泉石之峻潔,以求望見所謂“方廣寺”者,而神光鐘磬之異,好事者往往能道之。則五百大士之神,其庇廕於世,有不可誣。[3]

《嘉定赤城志》稱石橋附近傳聞有五百羅漢居住的“方廣寺”:“石橋,在縣

①　李綱《梁谿集》卷三一,頁15。
②　洪适《盤洲文集》卷三四《天台山石橋詩集序》,文淵閣四庫全書本,册一一五八,頁1。
③　韓元吉《南澗甲乙稿》卷一五,文淵閣四庫全書本,册一一六五,頁4—5。

北五十里,即五百應真之境,相傳爲方廣寺。"①然而,此一方廣寺並非有實體建築的寺院,而是凡人眼目無法見到的靈境。不過,人們却往往見到奇異神光,或耳聞寺院的鐘磬之聲。林季仲《答寶林長老書》云:"今人遊石橋,謂真有方廣寺者何限,説便饒舌,紙盡且休。"②

　　天台山方廣寺之稱可能源自南嶽衡山,在南朝梁代時南嶽即建有一所名"方廣寺"的寺院。南嶽衡山原來是道教的聖山,從南朝末年以後也漸次發展爲佛教的聖地,③此寺的建立也和神僧聖寺有關。據宋陳田夫《南嶽總勝集》(T·2097,成書於宋孝宗隆興二年[1164])的記載,梁武帝天監年間(502—520),僧人希遁在天台山坐夏,遇到一位惠海尊者,恭敬服侍。希遁離開時,惠海與之約於南嶽方廣寺相見。其後,希遁果至南嶽,纔知道"山中諸寺無有名方廣者",但他並未放棄,仍在山谷間努力找尋此一道場。一日,忽然在七十二峰間見到一所"方廣寺",並且見到惠海,告以"此五百尊者道場,未當居此,汝當居在西北峯頂"。留他一宿,希遁辭去,頓時"人屋并寺,了無所有",此地後即稱爲"潛聖峯"。希遁於是遵行惠海的指示,至西北峰頂結庵修行;至中大通六年(534),更在庵所建寺,名爲"方廣寺"。唐李白有《咏方廣寺》詩;其後,皇帝賜額"崇壽寺",宋代稱"聖壽寺"。④ 因其時南嶽也有羅漢的傳聞,天台山方廣寺之名可能受其影響。

　　南宋的羅漢圖中,也將方廣寺入畫。今收藏於弗利爾美術館"大德寺五百羅漢圖"之中的"F2 天台石橋"(圖4),係描繪天台山聖寺和竺曇猷傳説。⑤ 此圖中央即天台石橋,在橋上的竺曇猷正朝向右上方雲霧飄渺之中的聖寺前進,寺前有一名羅漢和一名侍者。橋的右方是神寺聖境,右下方有三名羅漢,迴首望著橋上的曇猷。寺院重簷頂下有一個藍色的寺榜,未能清楚顯示其上是否有字。不過,在一幅繪於南宋至元的羅漢圖中,則

---

① 黄脅、齊碩《嘉定赤城志》卷二一《山水門三·山三·天台》,頁7445中。
② 林季仲《竹軒雜著》卷五,收入《叢書集成續編》(128),頁417。
③ James Robson, *Power of Place: The Religious Landscape of the Southern Sacred Peak* (*Nanyue* 南嶽) *in Medieval China* (Cambridge, MA: Harvard University Press, 2009), pp.226-272.
④ 《南嶽總勝集》(T·2097)卷上《敍歷代帝王真仙受道》,收入《大正新修大藏經》,册五一,頁1067下;其中稱希遁"至大通六年,即其菴建方廣寺"。按大通紀元僅二年,當是"中大通"之誤,今改。《南嶽總勝集》卷中《方廣崇壽禪寺》、《建方廣寺》,頁1077上一中。
⑤ 《大德寺傳來五百羅漢圖》解説(北澤菜月),頁103。

圖 4　"F2 天台石橋"

（《大德寺傳來五百羅漢圖》，頁 103）

有"方廣寺"的題榜（圖 5）。此圖的上方中央有一石橋，石橋之左有一小
亭，亭左有一牌樓上書"方廣寺"（圖 5A），左方有一建物，其中有一位羅
漢。另外，在石橋的下方繪有三十餘位形形色色的羅漢。①

———————————————————————

① 《聖地寧波》，頁 158，圖 108"羅漢圖"（個人藏）；解説（谷口耕生），頁 309。

圖 5　"羅漢圖"（宋—元, 13 世紀）

（《聖地寧波》, 頁 158）

圖 5A　"羅漢圖"細部

　　宋代傳聞羅漢居住的聖山,除了天台山外,還包括前述的南嶽衡山、峨眉、五臺和廬山。① 南嶽除了建有方廣寺之外,北宋時此地也有羅漢堂,供奉十六羅漢像。② 汝州葉縣廣教院歸省禪師曾帶著施主至南嶽供養羅漢,《共施主送羅漢供到南岳有頌》云:"夙生慶幸,共結良緣。羅漢遺蹤,日月青天。"③至於在今浙江温州境的雁蕩山,宋代傳説是十六羅漢之一的"諾矩羅尊者"居住之地。④ 南宋《淳熙三山志》(淳熙九年[1182]成書)記載:

---

① 《蘇軾全集·中·文集》卷二〇《頌·十八大阿羅漢頌跋尾》"峨眉、五臺、廬山、天台",頁1043—1044。
② 釋惠洪《注石門文字禪》卷一八《衡山南臺寺飛來羅漢贊(并序)》,頁1152—1153。
③ 磧藏編集,蕭萐父、吕有祥點校《古尊宿語録》卷二三《廣教勘辯語并行録偈頌·共施主送羅漢供到南岳有頌》,北京,中華書局,1994年,頁445。
④ 《佛祖統紀》卷四四,景德四年"雁蕩山,自古圖諜未嘗言,山頂有大池,相傳爲雁蕩,下二潭爲龍湫。……案西竺書,諾矩羅尊者居震旦東南大海際,山以鳥名,村以華名。唐貫休有讚云:'雁蕩經行雲漠漠,龍湫宴坐雨濛濛。'祥符中伐木者始見之。自是著名。(山在温州樂清。諾矩羅十六住世羅漢之一。梵語震旦,此云東方君子之國。)"(頁403下)

懷安大中寺有八百羅漢像,題稱"天台雁蕩",此八百羅漢係天台的五百羅漢和雁蕩山的三百羅漢:"佛書云諸矩那與其徒八百居震旦國,今五百居天台,三百居雁蕩。是堂像八百,顏題云'天台雁蕩'以此。"①雖然以上諸山都有五百羅漢居住的傳聞,但仍以天台山的五百羅漢最爲著稱。

三、羅漢信仰的興起與流行

目前各種文本顯示:晚唐出現羅漢信仰,五代是羅漢信仰發展的一個重要時期。它的流行乃至蔚爲大觀,和帝王崇仰的推波助瀾、各種靈應故事的傳布、文人著述的宣揚有關。此外,本作爲聖僧信仰一環的羅漢信仰,從原來供養聖僧可得福德,更增廣其信仰的層面,擴及上至天象、下及個人各種福祉的祈求。又,它的流行也反映在各種作爲儀式繪畫"羅漢畫"的製作上。

(一) 羅漢信仰的出現和流行

唐代後期,開始興起羅漢信仰,至 9 世紀下半葉以後纔大爲流行。作爲佛教聖寺神山的天台山應是僧人巡禮致敬之所,然而文獻上卻僅有宣宗大中七年(853),吳郡僧人元慧"往天台山度石橋"一例。② 9 世紀訪華日僧"入唐八家"(最澄、空海、圓行、常曉、圓仁、慧運、圓珍、宗叡)的記述,或帶回的經軌文物中,未見和羅漢相關之物。③ 圓仁(794—864)《入唐求法巡禮行記》一書,係記載唐文宗開成三年(838)至宣宗大中元年(847)訪華期間的見聞,並無羅漢造像、信奉和供養的記載。日本僧人前往天台山都

---

① 梁克家纂修《淳熙三山志》卷三三《寺觀類一·僧寺一·山附·在城》,北京,中華書局,1990年,頁 8148 上。
② 《宋高僧傳》卷二三《唐吳郡嘉興法空王寺元慧傳》,頁 857 上。至於唐初在天台山國清寺活動的豐干、寒山(約 691—793)、拾得三位僧人的傳奇,似和天台山羅漢信仰沒有關涉。有關此三人傳記,見《宋高僧傳》卷一九《唐天台山封干師傳(木灛師、寒山子、拾得)》,頁 831 中—832 中。
③ 八家之中最晚來訪者是宗叡(809—884),停留的期間是唐懿宗咸通三年(862)至六年。圓仁帶回《梵漢兩字法華二十八品題目兼諸羅漢名一卷》,是唯一和羅漢有關的經典。《日本國承和五年入唐求法目録》(T·2165),《大正新修大藏經》,冊五五,頁 1075 上。

是爲了學習天台教法,而不是至石橋供養羅漢。不過,成尋記述 9 世紀入唐僧圓珍(814—891)來華的動機之一,是要瞻禮天台山的石橋:

> 智證大師云:"每披天台山圖,恒瞻花頂、石橋之形勝,未遇良緣,久以存思,遂以渡海。"今小僧追大師前踪,遂宿念拜石橋,感淚無極。①

圓珍因觀看天台山圖,想到石橋的聖地傳説,促使他渡海訪華,但其中並未提及羅漢信仰。因此,似可推斷:可能 9 世紀上半葉羅漢信仰還未盛行,在 9 世紀下半葉羅漢信仰纔大爲流行開展。

至於天台羅漢信仰的興盛,和 9 世紀上半葉兩位僧人寂然、普岸有關,他們至天台山習禪建寺,對於此地羅漢信仰的發展有很大影響,尤以普岸爲甚。普岸在天台山平田營建"平田寺"(其後改稱"福田寺"),至開成年間(836—841),此地已發展成一個大道場。② 五代是羅漢信仰發展的重要時期,和吳越國王錢氏尤有關聯,嗣後宋初皇帝的崇禮亦有其效應。李玉珉指出:五代和宋朝初年帝王崇奉天台羅漢,是羅漢信仰趨於大盛的一個關鍵。吳越國王錢氏連年供養天台山福田寺羅漢,並在天台山方廣寺造五百銅羅漢。宋太宗雍熙元年(984)敕造羅漢像五百十六身,奉置於天台山壽昌寺。③ 五代福田寺建有五百羅漢殿,每回供養羅漢時,必至石橋迎請羅漢,曾有諸多瑞應。因此,吳越國王錢俶連年施供養,也有一些祥應。其後宋太宗也聞知此事,派人擴建此寺:

> 漢南國王錢氏頻年施供養,祥瑞極繁。今上太平興國三年,於滋福殿宣問兩浙都僧正贊寧石橋長廣量度,一皆實奏。帝歎嗟久之。至八年,因福田寺道者自詢誓斷腕然鍊,乞重造此寺。乃宣内殿頭高品衛紹欽、張承貴革故規制,若化出天宫焉。今岸師影堂在寺之右。④

---

① 平林文雄《參天台五臺山記校本并に研究》卷一"延久四年(1072)五月十八日",頁 30。
② 《宋高僧傳》卷二七《唐天台山福田寺普岸傳》,頁 880 中。
③ 李玉珉《住世護法羅漢》。
④ 《宋高僧傳》卷二七《唐天台山福田寺普岸傳》,頁 880 中—下。

福田寺和石橋聖地的關聯,以及此寺的右側有普岸的影堂,都爲天台山羅漢傳奇的增廣做了注腳。入宋以後,羅漢信仰即已十分流行,成尋《參天台五臺山記》一書中隨處可見羅漢造像、建築物和供養事迹。

佛寺中的殿堂閣院名稱,可以反映佛教信仰的變化,如唐代後期迄宋代因懺悔儀式的流行,佛寺中有"懺院"、"懺堂"場所;①由於僧伽大師信仰的盛行,北宋各地建有僧伽塔、寺、堂、像等。② 羅漢信仰亦不例外,從有"羅漢堂"、"羅漢院"、"羅漢殿"、"羅漢閣"、"羅漢寺"等以羅漢命名的堂殿閣院的出現,也可檢視此一信仰發展的軌迹。有很多的禪寺都建有羅漢堂,唐僖宗光啓四年(888),嘉興就有羅漢院;唐光啓中,僧人道聰在吳興烏程縣建護國羅漢院。③ 唐昭宗天復中(901—903),安王在丹徒縣建羅漢院,④唐末桂琛禪師(867—928)住在漳州羅漢院,⑤唐昭宗天祐二年(905)在玉峯縣東南建羅漢院。⑥

由於羅漢信仰的流行,除了民家供養羅漢之外,寺院也經常舉行羅漢供會,乃至於有"羅漢邑"的組織。又,宋代嘉州(今四川樂山)有位僧人因好勸人設羅漢齋會,而得到"常羅漢"的稱號。⑦ 永嘉一地,受到當地扶宗繼忠法師(1012—1082)的影響,經常舉行羅漢供會:"永嘉俗尚佛事,多爲'千佛羅漢供會',整肅嚴辦,若官府然。皆曰:此忠法師所化也。"⑧至於杭州名寺徑山寺的羅漢會尤其著稱:"寺舊有春供羅漢一會,最爲勝緣。"⑨由於羅漢信仰普及之故,出現了爲供養羅漢而結合的佛教信仰組織,稱"羅漢邑"、"羅漢社"。後周太祖廣順三年(953),河南修武縣某寺院的信

① 參見本書第十章《唐、宋時期的功德寺——以懺悔儀式爲中心的討論》。
② 黃啓江《泗州大聖僧伽傳奇新論——宋代佛教居士與僧伽崇拜》,氏著《泗州大聖與松雪道人:宋元社會菁英的佛教信仰與佛教文化》,臺北,學生書局,2009 年,頁 31—35。
③ 單慶修,徐碩纂《至元嘉禾志》卷一〇《寺院·錄事司》,北京,中華書局,1990 年,頁 4475 上;談鑰纂修《嘉泰吳興志》卷一三《寺院·烏程縣》,北京,中華書局,1990 年,頁 4750 上。
④ 項公澤修,凌萬頃、邊實纂《淳祐玉峯志》卷下《寺觀》,北京,中華書局,1990 年,頁 1087 上;史彌堅修,盧憲纂《嘉定鎮江志》卷八《僧寺·院·丹徒縣》,北京,中華書局,1990 年,頁 2381 中。
⑤ 《全唐文》卷九二一《桂琛》,頁 9599 上。
⑥ 項公澤《淳祐玉峯志》卷下《寺觀》,頁 1087 上。
⑦ 《神僧傳》(T·2064)卷九《常羅漢》,收入《大正新修大藏經》,册五〇,頁 1014 下—1015 上。
⑧ 《釋門正統》(X·1531)卷六《中興第二世十傳·繼忠》,收入《卍新纂續藏經》,册七五,頁 31 中。
⑨ 曹勛《松隱集》卷三〇《徑山羅漢記》,文淵閣四庫全書本,册一一二九,頁 10。

徒田景儒等十六人組成"羅漢邑",並且建立了一所陀羅尼經幢:"遂見當院精藍寶地,是皈依作福之田,結□善緣,乃爲衆會,名'羅漢邑'。"①可知供養羅漢當是其主要的宗教活動。宋徽宗崇寧四年(1105),慈谿(今浙江慈溪市)普濟寺信衆組成"供養五百羅漢社"。② 今日尚有北宋羅漢齋牒的遺存,即宋神宗熙寧四年(1071)至元豐六年(1083)間,福建建陽縣景福院的兩件羅漢會齋牒,一是《景福院結五百聖衆會齋牒》,一是《景福院結羅漢會齋牒》。③ 無論是"羅漢會"或"五百聖衆會",都顯示其時羅漢信仰的流行及其宗教活動。

(二) 羅漢靈應故事的流布

　　晚唐以後,隨著羅漢信仰的流行,出現一些靈應故事,這些事迹透過文士名宦著作的宣揚,使得上從帝王、下及庶民更加虔誠敬事供養。宋代文士官僚的著述對於聖僧(包括個別聖僧和羅漢)信仰的播揚流傳,發揮關鍵性的作用。黄啓江研究李綱、李祥、蔣之奇(1031—1104)諸人的著作,發現他們公開認可與宣揚僧伽大師(泗州大聖,617—710),使得其信仰在短期内迅速流行。④ 近年來,Ryan Bongseok Joo 也指出文人在羅漢信仰的發展中扮演重要的角色。⑤

　　吴越國王錢氏常派遣使者至天台供養羅漢,據傳有各種瑞應,這些靈應事迹的傳布,對於羅漢信仰的流行有推波助瀾之效。武肅王錢鏐(852—932)曾下令在天台石橋設齋會,有僧人賦詩六首以記其事,其中就提到數種靈應事相,包括"羅漢攀枝呈梵相,巖僧倚樹現真形"、"空中長似聞天樂,巖畔常疑有地仙"等。⑥ 錢俶(929—988)和地方官員在天台山福

① 王昶編《金石萃編》卷一二一《羅漢邑陀羅尼幢》,收入《石刻史料新編》第一輯(3),頁4—5。
② 楊泰亨《慈谿金石志》卷上《羅漢殿佛座題記》:"結供養五百羅漢社都會首弟子顏知退并小會首弟子……今將社內五年所收淨襯,造此佛座,永充供養,用此福利,爲在會男女弟子報答四恩三有,法界含靈,俱霑利樂。時乙酉崇寧四年閏二月十二日,顏知退謹刊石題記。"(頁20—21)
③ 王富成《北宋孤本〈羅漢大會齋牒〉》,《收藏家》2011年第5期,頁144。
④ 黄啓江《泗州大聖僧伽傳奇新論》,頁20—54。
⑤ Ryan Bongseok Joo, "The Ritual of Arhat Invitation during the Song Dynasty," pp.81–116, esp. pp.113–114.
⑥ 吴越僧《武肅王有旨石橋設齋會進一詩》(共六首),《全唐詩》卷八五一,第24冊,頁9631。

田寺供養羅漢,往往有種種靈應:

> 前此寺置五百羅漢殿,永嘉全億長史畫半千形像。每一迎請,必
> 於石橋宿夜,焚香具幢蓋,螺鈸引導入于殿。香風送至,幡幢之勢前
> 靡,而入門即止。其石梁聖寺在石橋之裏,梵唄方作,香靄始飄。先有
> 金色鳥飛翔,後林樹石畔見梵僧,或行或坐,或招手之狀,或臥空之形。
> 晌息之間,千變萬化。漢南國王錢氏頻年施供養,祥瑞極繁。①

雍熙元年(984)徙封漢南國王的錢俶連年供養天台羅漢,也有很多祥瑞事
迹,惜未見詳細的記載。

宋太祖趙匡胤之母杜氏篤信佛教,②太祖和繼其位的同母弟太宗趙光
義也都敬事佛教,先後有興復佛教的舉措。又,由於宋太祖在建國戰爭中
曾有異僧現形,故敬信羅漢。《佛祖統紀》云:

> (建隆元年)十月,親征揚州李重進,十二月城陷。上以其固拒,
> 欲盡坑之。俄有異僧詣行宮門,自稱龍興寺清範,表乞恩宥。上許之。
> 翌日,駕幸尋問,見殿上一羅漢手擎草表。上大寤,敕建別殿安其像。
> (廣陵志)③

此外,其他和皇帝相關的羅漢靈應事迹,也促成了此一信仰的流行。天禧
九年(1017)九月大旱,真宗詔請泗州龜山沙門智悟入京,在開寶寺祈雨。
智悟發願如七日內祈請得雨,將斷臂供養;到了第五日就下了大雨,智悟便
斷一臂供養,奇異的是截臂處沒有出血。當時泗州太守與郡人都夢見僧伽
大師告知:智悟係來救世的五百羅漢之一。④ 至熙寧十年(1077)夏,京畿

---

① 《宋高僧傳》卷二七《唐天台山福田寺普岸傳》,頁880中—下。
② 《佛祖統紀》卷四三《法運通塞志第十七之十》,宋太祖“建隆元年(庚申)正月甲辰,周恭帝遜
　　於位。初,上受詔北征宿陳橋驛,將士推戴擁入京師,時太夫人杜氏(太祖母昭憲皇后)同王
　　夫人(太祖后孝明皇后),方設齋於定力寺爲祈福。”(頁394上)
③ 《大正新修大藏經》,册四九,卷四三,頁394下。
④ 《佛祖統紀》卷四四,頁405下。

大旱,神宗在禁中齋禱祈雨,夢見一位神僧吐雲霧致雨,翌日即降下大雨。
神宗感其襄助,下令訪求夢中神僧,竟是汴京相國寺的第十三尊羅漢,於是
將之迎入宮內供養。丞相王珪(1019—1085)還爲此作《賀雨詩》:"良弼爲
霖孤宿望,神僧作霧應精求。"①宋孝宗爲皇子時,曾派遣內侍供養五百羅
漢。② 上行下效,宋代皇室對羅漢的崇奉,也推展了此一信仰的發展。

　　宋代羅漢信仰的盛行流傳,和范仲淹(989—1052)、蘇軾、秦觀、岳珂
(1183—1243)等人的撰文贊頌羅漢,也有很大的關係。其中,以蘇軾《十
八大阿羅漢頌》記載其家族信奉羅漢及靈應故事,最具神異性。蘇軾之外
祖父程文應在旅途中,曾遇到亂事,生活無以爲繼,又無盤纏回家,困居旅
舍。幸而有十六名僧人至其所寄居的旅店,各借他二百錢,使他得以歸鄉。
程公認爲十六僧即是十六羅漢,因此每年之中必設四個大型的羅漢供會;
他享壽九十,終其一生,共設了二百餘羅漢大供。蘇軾先前即受家族信仰
的影響,及他被貶謫海南島"困厄九死之餘,鳥言卉服之間",歸鄉路遥,③
仿佛其外祖父昔日情境再現,在困境中信仰彌堅。他在前往貶所的途中,
路過廣陵隆慶禪寺,見到當地富商孟華所建造的五百羅漢堂,停佇禮拜,並
爲之題榜。由於蘇軾文名滿天下,經他題字的五百羅漢堂,也招致十方道
俗前來瞻仰參禮:"榜而揭之,於是此堂亦爲十方道俗動心駭目之觀,而與
山中穹堂奧殿爭光輝矣。"④此外,蘇軾先後撰寫四篇羅漢的贊頌,包括:
《羅漢贊十六首》、《羅漢贊》、《自海南歸過清遠峽寶林寺敬贊禪月所畫十
八大阿羅漢》、《十八大阿羅漢頌》,⑤都係就十六、或十八羅漢各題頌詞。
又如晁公遡作《梓州洞門五百大阿羅漢靈異之迹甚多因來敬禮而說偈言》

---

① 魏泰著,李裕民點校《東軒筆錄》卷四,《唐宋史料筆記叢刊》,北京,中華書局,1983年,頁45;
　《佛祖統紀》卷五二《祈禱災異》,稱係第十三尊羅漢:"神宗。夏旱,上於禁中齋禱。夢神僧空
　中吐霧,覺而大雨。敕求其像,得之相國寺閣第十三尊羅漢。"(頁456上)
② 《列祖提綱錄》(X·1260)卷二,收入《卍新纂續藏經》,冊六四,頁16上。
③ 《蘇軾全集·中·文集》卷二〇《頌·十八大阿羅漢頌》:"軾外祖程公,少時游京師還,遇蜀
　亂,絕糧不能歸,困卧旅舍。有僧十六人往見之,曰:'我公之邑人也。'各以錢二百貸之,公以是
　得歸,竟不知僧所在。公曰'此阿羅漢也',歲設大供四,公年九十,凡設二百餘供。"(頁1041)
④ 王庭珪《盧溪文集》卷三四《隆慶禪寺五百羅漢堂記》,文淵閣四庫全書本,冊一一三四,頁
　11。
⑤ 《蘇軾全集·中·文集》卷二二《贊》,頁1064—1068;卷二〇《頌》,頁1041—1044。

一文，①以上諸贊頌普遍流傳，强調羅漢的靈異性，亦有助於羅漢信仰的流行。

范仲淹則爲一部未入藏的經典《十六大阿羅漢因果識見頌》（X·207）作序，敍述他發現此經的奇遇，對羅漢信仰的弘揚也有所助益。范仲淹原係虔誠的佛教徒，仁宗慶曆四年（1044）六月，他出任陝西、河東宣撫使，在赴任途中，寄宿保德（今山西保德縣）水谷傳舍，在此舍的堂檐間隙發現此一經典。此經未收錄入藏，其内容係敍述十六阿羅漢爲比丘僧摩拏羅多等一百五十人，述説佛所宣講的因果識見、悟本成佛大法，每一尊羅漢各有七頌，總計一百一十二頌。他極爲推崇其中傳達的佛法：“皆直指死生之源，深陳心性之法，開定慧真明之宗，除煩惱障毒之苦。濟生戒殺，誘善祛邪。正漸法，序四等功德；説頓教，陳不二法門。分頓漸雖殊，合利鈍無異。使羣魔三惡，不起於心；萬法諸緣，同皈於善。”慶曆八年，范仲淹復知鄧州時，有一位江陵僧人慧喆來訪；范氏提起此經，慧喆告以武陵僧普焕藏有一本，三十餘年未見別本。范仲淹因向普焕處求取副本，加以校訂，並爲之作序，欲廣流傳。② 此經强調悟解成佛，有異於羅漢信仰中所見祈求福應和現世利益者，它和《僧伽和尚欲入涅槃説六度集經》性質相近，③都係中國撰述有關聖僧信仰的經典。無論是當世或後世似乎都未重視《十六大阿羅漢因果識見頌》，它是透過范仲淹的序而得以聞名於世。

另如抗金名將岳飛的家族皆信奉釋教，既崇奉僧伽大士，也敬事羅漢。其孫岳珂官至户部侍郎，他曾參訪泗州僧伽塔，見塔院後巖穴供奉了五百羅漢，念及亡母的信仰，因此迎請一尊回家供養。④

上述名宦文士有關羅漢的贊頌，以及自述家族的羅漢信仰、乃至於靈

① 晁公遡《嵩山集》卷五一《梓州洞門五百大阿羅漢靈異之迹甚多因來敬禮而説偈言》，文淵閣四庫全書本，册一一三九，頁4—5。
② 《十六大阿羅漢因果識見頌》（X·207），收入《卍新纂續藏經》，册二，頁891上一中；毛麗婭《范仲淹與〈十六羅漢因果識見頌〉》，張希清、范國强編《范仲淹研究文集》第5集，北京大學出版社，2009年，頁234—236。
③ 羅世平《敦煌泗州僧伽經像與泗洲和尚信仰》，《美術研究》（北京）1993年第1期，頁64—68；孫曉崗《僧伽和尚像及遺書〈僧伽欲入涅槃説六度經〉有關問題考》，《西北民族研究》1998年第2期，頁261—269。
④ 岳珂著，吳企明點校《桯史》卷一四《泗州塔院》，北京，中華書局，1981年，頁164。

應事迹,對於當世羅漢信仰的弘揚應發揮相當的影響。

(三)羅漢信仰的衍化

羅漢在釋迦涅槃後,受佛付囑,住世應供,與人作福田。佛典未細述供養羅漢可獲得何種福報,但從宋人的記載中,可知信衆向羅漢的祈願包含很廣,大至天象的祈晴、祈雨,小及個人追薦亡者、祈求現世的平安康健、長壽、登科及第,乃至於諸種福祐。

依據"大德寺五百羅漢圖"可辨識的題記,可知捐資者的祈願包括以下語詞:保身安位、保家安眷、福德智慧、隨心圓滿、薦亡、除病,[1]較爲偏重現世的利益,以及解決人生的各種困境。南宋詩僧釋居簡(1164—1246)晚年駐錫天台山,他在朝廷遣使供羅漢法會結束時的説法云:

> 朝廷供羅漢,禱雨禳火祈江。結座:華封祝帝美如何,壽富如天聖嗣多。海不揚波長熨帖,雨當指日肆滂沱。火無就燥宜潛德,虜嗜殘生必倒戈。草木昆虫均化育,九州四海聽謳歌。[2]

可知其祈求的内容包羅甚廣,包括國家外患平息、天下太平、風調雨順、皇帝長壽暨後嗣綿延。

從五代開始,羅漢和天台山附近龍潭信仰結合,也成爲祈晴、祈雨、祈請雪霽的對象。[3] 宋代官府在氣候不調、或旱或潦的情況下,常向包括佛、道教和地方民間信仰的神祇祈請,羅漢也是祈請的對象。宋太祖建隆二年(961)七月,吳越國王錢俶命人在天台山擇地祈雨:"是月,王命取龍湫於天台山以祈雨。"[4]龍湫係指飛瀑下的深潭,民間以爲是龍王住處,天台山這樣的地形不少,如石橋惠澤潭。又,朝廷和地方官府經常遣使前往天台山或杭州的徑山寺供養羅漢。密菴和尚(釋咸傑,1118—1186)在徑山興

---

① 《聖地寧波》,"五百羅漢圖(大德寺所藏)全九十四幅一覽表"銘文,頁228—232。
② 《北澗居簡禪師語録》(X·1365),收入《卍新纂續藏經》,册六九,頁672上。
③ 許尚樞《天台山與"五百羅漢"》,《東南文化》1994年第2期,頁278—279。
④ 錢儼《吳越備史》(明萬曆二十六年王遵序,二十七年錢岱序,臺北,"中研院"歷史語言研究所傅斯年圖書館藏)卷四,頁21。

聖萬壽禪寺的"羅漢會"上説法，就提及祈願之首是風候調和："千巖釀秀，萬木回春。羅漢會興，貫通今古。一願龍王福護，瑞雪快晴。二願施主歸崇，駢臻輻輳。三願大衆同心同德，扶掖叢林，滴水冰生，始終一致。"①神宗元豐六年（1083），吳郡因久雨致災，太守章岵迎請貫休所繪的羅漢像到郡廳供養，"俄遂晴霽"。② 又，北宋郭若虛《圖畫見聞誌》記載：傳聞五代貫休依其入定時所見而繪的羅漢畫，至宋代被用作郡將向羅漢祈雨的儀式掛幀。③ 另，淮南刺史因州境天候失調，冬無雪、春無雨，導致饑荒，下令各郡供羅漢，而得到靈應，"相山居士"王之道（1093—1169）有詩咏此事云："欣聞萬事一言了，使者勤民坐待曉。指麾郡將率官僚，出郭共迎羅漢禱。由來天意每因人，況自至誠宜感神。明朝披霧走烏巒，晴光杲杲清無塵。"④宋人對於羅漢信仰的虔誠，即使祈禱未獲所求，也將各種天災歸諸於天數。紹興九年（1139）六月洪州天旱，州民迎請西山十六羅漢至府衙正堂供養半月，復遷於總持寺供養。此次祈雨，雖僅在初迎羅漢及送羅漢之日，下了些微的雨，但時人並不以爲供羅漢不靈，而認爲天旱是定數，少許的雨係羅漢回應州民虔誠之應。⑤

至於民間信奉羅漢，既爲追薦亡者，也爲生人祈福。北宋寶峰克文禪師（1025—1102，號雲庵，宋神宗賜號"真浄大師"）對於供養羅漢有以下的話語："山門今日供養羅漢，爲十方檀越酬還心願，亡者生天，現存獲福。"⑥李綱在泰寧縣羅漢巖供養五百十八尊羅漢，祈求個人和家族平安健康："綱誤蒙國恩，歸自海島，病牛卧壥，嗟微力之已疲；脱兔投林，冀餘生之或保。虔修珍供，以結勝因，祝一人萬壽無疆之休篤，四海群黎咸寧之慶蕃，

① 《密菴和尚語録》（T·1999），收入《大正新修大藏經》，册四七，頁 967 中。
② 朱長文著，胡珽校證，董金鑑續校《吳郡圖經續記》卷中，收入《宋元方志叢刊》，頁 657 上。
③ 郭若虛《圖畫見聞誌》卷二："其真本在豫章西山雲堂院供養，于今郡將迎請祈雨，無不應驗。"收入《四部叢刊·廣編》，臺北，臺灣商務印書館，1981 年，第 27 册，頁 12。
④ 王之道著，沈懷玉、凌波點校《相山集點校》卷五《冬不雪春苦雨外臺爲民心惻橡郡請禱於法輪應感尊者悉獲靈眖曾不終日教授有詩以發揚盛美郡人相山居士聞而悦之勉次其韻》，北京圖書館出版社，2006 年，頁 63。
⑤ 張守《毘陵集》卷一〇《跋洪州西山十六大士》，文淵閣四庫全書本，册一一二七，頁 18。
⑥ 《古尊宿語録》（X·1315）卷四三《寶峰雲庵真浄禪師住廬山歸宗語録》，收入《卍新纂續藏經》，册六八，頁 284 下。

然族屬亦獲康安。"①靖康年間,宋金交戰,徽、欽二帝爲金人擄至北方,政局動盪不安。韓駒(1080—1135)《設羅漢供祈安疏》中,祈請國家安定和個人諸種福祉:

> 菩薩應緣之號,有長壽王,聲聞利物之深,唯阿羅漢。肅依禪衆,仰即脩真,伏願眷屬康寧,子孫昌盛,清净少惱,常居福德之鄉,安樂延年,重覩昇平之世。②

他除了祈求家人平安康健、生活安定、益壽延年,家族延續"子孫昌盛"之外,亦禱祝時局安定,再現太平。又,《夷堅志》記載鄉民董氏爲了祈求子嗣,到廬山以茶供養羅漢。③

此外,李石(1108—1181)《十六羅漢贊》中,敍述他在科舉考試中得到羅漢的護祐之事。他未參加科舉考試之前,夢見一位羅漢求他作贊文;高宗紹興二十年(1150)他在僧寺準備科舉考試時,寺中佛殿有十六羅漢,其中一尊標注"應夢羅漢",其面貌和昔日夢中所見羅漢相同。這一年,他即通過考試,次年進士及第,得以入仕。④ 史天秩《謝登第設羅漢齋疏》顯示羅漢的福祐也包括科舉登第、仕途順遂:

> 伏念某蹇淺孤生,棲遲晚景。此緣鄉舉,例試省闈,愁入危腸,懼脱奏名之籍;夢還私空,忽瞻生世之顏。致令失旦之窮,獲預圖南之舉。尋思榮倖出自冥扶,方仲春驚蟄之辰,值真宰降生之日,勉陳清供,遠迓仙風,伏冀大士監觀,列真垂睗,埽一生滯迹,闢萬里前程。仕路亨通,壽年綿遠。⑤

---

① 李綱《梁谿集》卷一六五《邵武軍泰寧縣羅漢巖設供疏》,頁 16—17。
② 韓駒《設羅漢供祈安疏》,魏齊賢、葉棻編《五百家播芳大全文粹》卷八一,文淵閣四庫全書本,册一三五三,頁 17。
③ 洪邁著,何卓點校《夷堅志》夷堅甲志卷一四《十八事·董氏禱羅漢》,上海商務印書館,1937年,頁 121。
④ 李石《方舟集》卷一四,文淵閣四庫全書本,册一一四九,頁 14。
⑤ 魏齊賢、葉棻《五百家播芳大全文粹》卷八一,頁 18。

他不僅祈求科舉及第、官路亨通，同時也禱祝長年延壽。

　　世人向羅漢祈請長壽延年，係因羅漢已經了脫生死，證入涅槃，不復受生，所以稱爲"不生"或"無生"。由於羅漢無生、也無死，因此宋人常在生日做"羅漢供"，或者製作羅漢像，以祈求年壽延長。蘇軾曾將他在海南蒐得的十八羅漢像，送給其弟蘇轍（1039—1112），作爲平日供養以及生日時修"羅漢供"的掛軸：

> 　　今於海南得此十八羅漢像，以授子由弟，使以時修敬。遇夫婦生日，輒設供以祈年集福，并以前所作頌寄之。①

　　又，韓駒在其妻壽誕之日，特別請人畫羅漢像，並且作羅漢供，祈禱她壽命無疆，《令人生日以畫十六大阿羅漢爲壽仍作三頌以祝長年》詩云：

> 　　悟得玄機已數年，曾蒙老宿印明禪，定知凡物難爲壽，故仗高人結勝緣。數枝西國芬陀利，一瓣南天波律香，持作誕辰羅漢供，願如羅漢壽無央。生朝欲作祈年供，長壽玉圭天上來，定是從今有家慶，世人傳作畫圖開。②

　　上文稱"生朝欲作祈年供"，又説"持作誕辰羅漢供，願如羅漢壽無央"，將在宋人生日時作羅漢供的習俗，描繪得淋漓盡致。香、花都是"羅漢供"必備之物，從"數枝西國芬陀利，一瓣南天波律香"之句，可知韓氏係以珍貴的印度白蓮花和高尚的進口龍腦香作爲供品。

　　供養羅漢不僅可爲生者祈求長壽，亦可超薦亡者，宋人在爲祖先長年追薦的功德寺中，③也常供奉羅漢像。供羅漢的福德可使亡者得生天福報，④

---

① 《蘇軾全集・中・文集》卷二〇《頌・十八大阿羅漢頌跋尾》，頁1043—1044。
② 牟巘《陵陽集》卷四《令人生日以畫十六大阿羅漢爲壽仍作三頌以祝長年》，文淵閣四庫全書本，册一一八八，頁20。
③ 關於功德寺，參見本書第十章《唐、宋時期的功德寺》。
④ 《雲門匡真禪師廣録》（T・1988）卷下："因歲日在堂中點茶，師問僧：設羅漢齋得生天福，爾得飯喫。無對。……"收入《大正新修大藏經》，册四七，頁571下。

李去病《薦母設羅漢齋疏》云："不忘付囑,有大因緣。廓六通之神,悉知悉見。出三昧之定,來赴來臨。爲我母之導師,登諸佛之補處;下覃眷屬,咸契願心。"①神宗元豐四年(1081),蘇軾在前往岐亭廟途中,見到一尊面目有破損的羅漢像,於是將之帶回黃州修復,設龕供奉於安國寺;其年四月八月爲蘇母忌日,遂於寺中設齋供養羅漢。② 左朝散郎集賢校理歐陽棐(1047—1113)爲其亡女(蘇軾之媳)追福,捐資給太平興國寺浴室院法真大師慧汶,以重新裝裱其所藏貫休"十六羅漢圖",並且作羅漢供。③ 徽宗宣和元年(1119),太學錄邊知白(字公式,1085—1149)得到十六尊羅漢像,即派遣家僮送到位於平江蒸山的邊氏墳庵,④以資超薦先祖之用。宋孝宗隆興元年(1163)九月,陸游(1125—1210)參訪青州郊外的一所墳庵,庵主王君在先人墳左建立佛庵,花費千金建造"羅漢堂",並委托僧人弈公主持追薦之事。⑤

(四) 羅漢像的製作

由上可知,供養羅漢可獲得諸種福祐,祈求現世安穩、科舉及第、仕途順遂、家口平安、延年益壽,亦可爲亡故的親人追福,因此成爲社會上普遍的信仰;不僅寺院裏有以羅漢爲名的特定供養空間,民家亦有供奉者。寺院和民家經常舉行"羅漢供",因此羅漢像的需求量很大,出現各種質材和形式的造像。關於羅漢的圖像,學者已做了不少專門的研究,⑥此處僅就寺院和民家爲了供養而製作的羅漢像而言。民家多以畫像或繡像爲主,寺院則多以木像、塑像、銅像爲主,依寺院規模大小,有供奉十六或十八羅漢堂,甚至五百羅漢堂(殿)。依質材而分,羅漢像有以下幾種:畫像、銅像、

---

① 魏齊賢、葉棻《五百家播芳大全文粹》卷八二,頁9。
② 《蘇軾全集·中·文集》卷一二《記·應夢羅漢記》,頁905。
③ 《蘇軾全集·中·文集》卷二一《贊·觀音贊》:"興國浴室院法真大師慧汶,傳寶禪月大師貫休所畫十六大阿羅漢,左朝散郎集賢校理歐陽棐爲其女爲軾子婦者,捨所服用裝新之,軾亦家藏慶州小孟畫觀世音,捨爲中尊,各作贊一首,爲亡者追福滅罪。"(頁1061)
④ 洪邁《夷堅志》夷堅乙志卷一七《蒸山羅漢》,頁133。
⑤ 陸游著,涂小馬校注《渭南文集校注》卷一七《青州羅漢堂記》,收入錢仲聯、馬亞中主編《陸游全集校注》,杭州,浙江教育出版社,2011年,第9—10册,頁431。
⑥ 關於各種羅漢像,參見陳清香《羅漢圖像研究》,《華岡佛學學報》第4期,1980年;《五百羅漢圖像研究》,《華岡佛學學報》第5期,1981年。李玉珉《住世護法羅漢》;《神通妙變羅漢畫——羅漢畫特展介紹之二》,《故宮文物月刊》第8卷第8期,1990年。

鐵像、夾紵、塑像、繡像、木像、印本和拓本。

1. 畫像

經五代的漸次發展，兩宋時代是羅漢畫創作的鼎盛時期，這些畫像有紙畫，也有絹畫。從著錄中可知孫知微、王齊翰、武洞清、李時澤、成宗道、趙長元、劉松年（約 1155—1218）等人均擅長羅漢畫。①　不過，仍以禪月大師貫休的作品最受人重視，或被摹寫，或以不同的形式複製。如陸游收藏一軸貫休的十六羅漢像，②又捐資將此畫複製於會稽法雲寺觀音殿的兩壁上：“予又施以禪月所畫十六大阿羅漢像，龕於兩壁，觀者起敬，施者踵至。”③另外，在一枚北宋哲宗元祐八年（1093）所做銅鏡背面的銘文云：“宋元祐癸酉孟秋既望，鮑公浩莊嚴敬造大阿羅漢一十八身”，和“依禪月畫像，以七寶”，④即是將貫休的羅漢畫複製在銅鏡背面。北宋末年，葛勝仲（1072—1144）請人摹寫貫休的十八羅漢圖，則是絹畫（見下文）。今日尚有一些宋本羅漢畫的遺存，至於完整的五百羅漢圖則僅有大德寺本。

2. 木像

從文獻記載，可知宋代頗有木製羅漢像，迄今也有實物的遺存。如天台山國清寺的羅漢院中，供奉“十六羅漢等身木像、五百羅漢三尺像”。⑤神宗熙寧五年（1072，延久四年）五月七日，成尋路過杭州附近的“敕護聖禪院”，此寺“十六羅漢院”的主尊是觀音菩薩、木製羅漢爲其脇侍：“至敕護聖禪院，先拜十六羅漢院木像、等身中尊千手觀音。次禮金堂阿彌陀丈六像，有脇侍四菩薩，有小十六羅漢像。”⑥在羅漢堂中，其主尊通常是觀音；又，十六或十八羅漢也經常作爲佛菩薩的脇侍。又如紹興二十三年（癸酉，1153），邵陽郡新化縣（今湖南新化縣）承熙禪寺比丘智京，勸募信衆建造羅

---

① 陳清香《東渡日本的宋代羅漢畫》，《華岡佛學學報》第 7 期，1984 年，頁 237—239。
② 曾幾《茶山集》卷八《書陸務觀所藏阿羅漢像一軸》：“大阿羅漢十有六，一一騰空見人足。手持貝葉坐禪林，稱不動尊惟我獨。”文淵閣四庫全書本，册一一三六，頁 17。
③ 陸游《渭南文集校注》卷一九《法雲寺觀音殿記》，頁 485。
④ 姜清池《宋元祐羅漢鏡考釋》，《學術交流》1987 年第 4 期，頁 111。此文錄銅鏡的銘文作“依禪、月盡、像以、七寶”，係係“依禪月畫像以七寶”，疑係“盡”當作“畫”，即依貫休的十八羅漢造像，並且飾以七寶。
⑤ 平林文雄《參天台五臺山記校本并に研究》卷一“延久四年五月十三日”，頁 23。
⑥ 平林文雄《參天台五臺山記校本并に研究》卷一，頁 20。

漢閣和五百羅漢像,胡寅(1098—1156)描述其多元的法相:"彼五百像,雖則
木偶,如喜如怒,如美如醜,如恭如肆,如悲如智,如入三昧……"①因所造係
木像,所以費用僅三萬餘錢。宋代韶州(今廣東韶關)南華寺有木製五百
羅漢像,至今仍有三百六十尊遺存,其中一百五十四尊的像座上有銘文。
由此銘文可知:此五百羅漢像係在仁宗慶曆三至八年(1043—1048)間,由
會首弟子楊仁禧等人募化當地僧人、商人、手工業者、平民建造:"捨入韶
州南華禪院羅漢閣永奉供養。"其上還有匠師的題名。②

3. 繡像

繡像的羅漢圖是莊嚴的儀式掛幀,熙寧五年十月三十日,成尋參加汴
京太平興國寺傳法院的"羅漢供",講堂懸掛的是十六羅漢的繡像:"午時,
羅漢供,講堂莊嚴,張帳幕,懸縫物十六羅漢、泗州大師一鋪,各廣二尺、高
四尺。"③前面提及釋覺範爲羅彥勝夫人鄒氏所繡的十八羅漢作贊,《繡釋迦
像并十八羅漢贊并序》敍述早先鄒氏罹患重病,因夢見沙門(羅漢皆作沙門
形)而病況好轉,故發願繡像。其夫羅彥勝爲她找來名家武洞清所繪羅漢圖
摹本,作爲底圖,前後費了五年的功夫,完成羅漢像十八軸和釋迦像一軸。④

4. 銅、鐵和夾紵像

另有銅、鐵、夾紵像,是造價比較昂貴者。如宋徽宗大觀三年(1109),
汝州香山天寧觀音禪院住持法成造"夾紵縷金大阿羅漢十有六,從侍十有
四,龕帳供器皆備,費凡三百萬"。⑤銅像、鐵像的造價也比較高,如宋徽宗
崇寧元年(1102)河南嵩嶽寺僧人崇政勸募信衆,建造五百羅漢鐵像。⑥

5. 拓本和印本

由於名家所繪的羅漢圖價格昂貴、且不易獲致,因此有拓本的出現。

---

① 胡寅著,容肇祖點校《斐然集》卷二一《羅漢閣記》,北京,中華書局,1993 年,下册,頁 455。
② 廣東省博物館《南華寺‧北宋木雕五百羅漢造像發現記》,北京,文物出版社,1990 年,頁
117,119—120。
③ 平林文雄《參天台五臺山記校本并に研究》卷四,頁 140。
④ 釋惠洪《注石門文字禪》卷一八《繡釋迦像并十八羅漢并序》,頁 1144。
⑤ 慕容彦逢《摛文堂集》卷一二《香山天寧觀音禪院新塑大阿羅漢記》,文淵閣四庫全書本,册一
一二三,頁 7—8。
⑥ 陸增祥《八瓊室金石補正》卷一〇八《五百大阿羅漢洞記》,收入《石刻史料新編》第一輯(8),
頁 27。

北宋武洞清善畫道、釋神像,亦擅長羅漢畫,有人將其畫刻石氈拓販售。《宣和畫譜》稱其畫:"布置落墨,廣狹大小,橫斜曲直,莫不合度;而坐作進退、向背俛仰,皆有思致,尤得人物名分尊嚴之體,獲譽於一。至有市鄽人以刊石,著洞清姓名,而求售者。"①前面提及太學錄邊知白將其所得的羅漢像送到其祖的墳庵供養,此像即是"武洞清石本羅漢十六紙"。② 成尋曾從太平興國寺傳法院倉借出五百羅漢模印,並且將它做成摺本:"從當院倉借出五百羅漢模印,七人各一兩本摺取。"③

上述的各種羅漢圖係作供養之用,岳霖(1130—1192)曾在四川得到李公麟(1049—1106,龍眠居士)所繪的五百羅漢圖,其妻常將它裝匣放置佛堂中。④ 張太保曾因"私家畜畫像,乏香燈供養,可擇名藍高僧施之",故將其收藏的貫休"羅漢圖"十六軸交付蘇軾,其後,蘇軾更將此圖軸贈送給開元寺座主明師。⑤

由於羅漢信仰的流行,幾乎每個寺院都有其造像,謝圖南(1192—1273)《重脩資福寺羅漢閣記》云:"聖僧妙果,殊絕人世,以故海内精藍,莫不有羅漢像。"⑥寺院中羅漢數量不一,少則十六、十八,多則五百尊,也有造五百十六尊或五百十八尊者。因此寺院建築中出現了專供奉羅漢的空間,稱爲"羅漢堂"、"羅漢院"、"羅漢殿"、"羅漢閣",甚至有寺院改稱"羅漢寺"。很多禪寺都建有羅漢堂,寺職中也出現了"羅漢堂主"。⑦ 一般而言,寺院中的十六、十八羅漢多作等身像,五百羅漢則多作三尺像。又因要容納五百羅漢需有較大的空間,故常建數層的高閣,道月禪師住持無爲山

① 撰人不詳,俞劍華標點注譯《宣和畫譜》卷四,北京,人民美術出版社,1964 年,頁 87。
② 洪邁《夷堅志》夷堅乙志卷一七《蒸山羅漢》,"石木羅漢象"當作"石本羅漢象"(頁 133)。吳寬著,王鏊修《姑蘇志》卷五九紀異:"邊知白,字公式,祖塋在平江之蒸山。宣和中,爲太學學錄,得武洞清石本羅漢十六紙,遣家僮致之墳庵前。"收入《天一閣藏明代方志選刊續編》,上海書店,1990 年,第 14 册,頁 17。
③ 平林文雄《參天台五臺山記校本并に研究》卷六"延久五年一月二十五日",頁 201。
④ 岳珂《桯史》卷六《記龍眠海會圖》:"李龍眠既棄畫馬之嗜,宣作補陁大士相,以施緇徒。垂老,得疋楮,戲筆五百應真像,幾年迺平生繪寫,具大三昧,僅此軸耳。先君在蜀得之,母氏雅敬浮屠,常櫝致香火室中。"(頁 72)
⑤ 《蘇軾全集・下・文集》卷六一《尺牘・答開元明座主九首之七》、《尺牘・與開元明師五首之五》,頁 1985。
⑥ 陳伯陶《東莞金石略》卷二《重脩資福寺羅漢閣記》,收入《石刻史料新編》第三輯(21),頁 3。
⑦ 鏡島元隆、佐藤達玄、小坂機融《譯注禪苑清規》卷四《殿主鐘頭》:"殿主、閣主、塔主、羅漢堂主、水陸堂主、真堂主、鐘頭,拂拭塵埃列正供具。"東京,曹洞宗宗務廳,1992 年,頁 154。

無爲禪院七年,飾修寺院,尤其以阿羅漢閣最爲宏偉奇瑰:"其最巨麗瓌壯,若客閣、阿羅漢閣尤雄一山。"①另如東莞(今廣東東莞)資福禪寺五百羅漢閣,費時十年方告功成,"寶閣涌地,千柱浮空",壯麗非常。②

四、供羅漢的儀軌

宋代寺院或人家經常供養羅漢,一般稱爲"供羅漢"、"羅漢供"或"羅漢齋";其中供養五百羅漢者,稱"五百羅漢會"。③ 在供羅漢的儀式中,茶是最重要的供養品,不僅寺院中以茶供養羅漢,民間亦然。宋代更出現點茶供羅漢時,"呈現乳花"是羅漢應供瑞應之説。

雖然宋人盛行供養羅漢,但今日並無完整儀軌的遺存。不過,由於羅漢信仰及其圖像儀軌也隨著入宋僧、赴日傳法的宋僧帶到日本,平安時代末期兵部卿平信範(1112—1187)日記有"供羅漢"描述。此外,瑩山紹瑾禪師(1268—1325)所撰《瑩山清規》(T・2589,成書於公元1324年)中,有"羅漢供養式"。中國禪宗語録中屢屢提及供養羅漢,清規中却未有相關儀式的記載。由儀潤證義、妙永校閲的《百丈清規證義記》(成書於1823年),有"供羅漢"一節,因其所迎請羅漢部分,和宋志磐《法界聖凡水陸勝會修齋儀軌》所迎請的羅漢完全相同,它可能參考了宋、元時期散佚的佛教科儀本,提供我們了解宋代供養羅漢的間接材料。本節以上述三種資料,並參酌其他宋人的相關記載,嘗試探討宋代供養羅漢的儀式。由於平安時代佛教密教化,筆者在兩相對照之餘,亦審慎區分中、日供羅漢的異同。

關於中國供養羅漢的儀軌,小野勝年認爲:開成四年(839)正月十七日,圓仁在開元寺所見的"四十二賢聖供",和"羅漢供"相近,④拙文《中國

① 李流謙《澹齋集》卷一六《無爲長老月公塔銘》,頁13。
② 《蘇軾全集・中・文集》卷一二《記・廣州東莞縣資福禪寺羅漢閣記》,頁907;《朱行中舍人四首之三》云:"少事不當上煩,東莞資福長老祖堂者,建五百羅漢閣極宏麗,營之十年,今成矣。某近爲作記,公必見之。"
③ 《超宗慧方禪師語録(黃龍四家録第四)》(X・1345):"五百羅漢會,堂晚上堂云……"收入《卍新纂續藏經》,册六九,頁234下。
④ 小野勝年《入唐求法巡禮行記の研究》卷一,頁354。

的聖僧信仰和儀式——4—13 世紀》已指出它和羅漢供是有所差別的,①今不贅述。宋代"羅漢供"的儀式包括:設像、陳列供物(包括食物和茶)、迎請羅漢、讀誦疏文或讚文,念誦十六、五百羅漢之名,一一迎請,最後還要焚燒文疏。②

(一) 設像

供羅漢首先要布置道場,有些寺院,特別是民家並未有羅漢像者,因此必先設像,即懸掛羅漢像——畫像、繡像、印本、拓本皆可。

南唐後主李煜(937—978)在生辰之日做"羅漢供",以釋道鬼神繪畫名家陶守立所繪的羅漢畫一堂,以資供養。③ 前述成尋參加太平興國寺傳法院的羅漢供,道場中即懸掛著十六羅漢的繡像。俗人也常以家中所藏羅漢畫,作爲羅漢供之用,葛勝仲《十八羅漢贊并序》詳述羅漢畫在"羅漢供"中的作用,以及其家供羅漢的狀況:

> 予頃官黔川,以絹命水西老人陳慶拓禪月畫大阿羅漢十八軀,其題識每軸三十餘字,亦效禪月筆迹。慶束髮工畫,至是畫羅漢已六十餘年,能於闇中用筆,蓋佳本也。每歲考妣忌、與生予之日、與初得建茶、與僧自恣日,輒設供。至建炎戊申,值兵亂,併與家藏書畫,散失於毘陵東門第中。自是借本以供。紹興丁巳,寓寶溪。有鬻羅漢像一堂者,筆法奇古,疑蜀孫知微筆;雖絹素已碎,而裝幖尚新。意忻然欲之,以錢七萬售焉。因續歲供不輟。④

葛氏爲了供羅漢之故,特地請有六十餘年畫羅漢資歷的畫家陳慶,摹寫貫休的十八羅漢絹畫,作爲他供羅漢的掛幀。每逢特定的日子(包括父母忌日、個人生日、初得好茶時、七月十五日)必做羅漢供。如前所述,宋人供

① 參見本書第十二章,頁 513—514。
② 《百丈清規證義記》卷五《供羅漢》,頁 426 上—429 下。
③ 劉道醇《五代名畫補遺》,文淵閣四庫全書本,冊八一二,頁 6。
④ 葛勝仲《丹陽集》卷九《十八羅漢贊并序》,文淵閣四庫全書本,冊一一二七,頁 7—8。

羅漢以祈求長壽、或以薦亡,故葛勝仲於父母忌日和個人生日時都做羅漢供。又因茶是"羅漢供"中的重要供品之一,葛氏每年初得好茶時,必以此設供。七月十五日僧自恣日,原係佛教的供佛和齋僧日,以救度先亡的家親眷屬;羅漢是聖僧,故於此日供羅漢。高宗建炎二年(1128,戊申),葛氏在兵亂中佚失此羅漢畫;自此之後,每逢供羅漢之時,他只能向人借畫作爲儀式掛幀。紹興七年(1137,丁巳),他購得可能是蜀地名家孫知微所繪"羅漢像一堂"舊本,方得以此作爲掛幀,持續他例行的羅漢供。

　　曹勛(1098—1174)所撰兩篇關於浙江徑山寺羅漢畫的記文,清楚地敍述"五百羅漢圖"的宗教功能。紹興三十年(1160),曹氏首撰《徑山羅漢記》,描述徑山寺每年的盛事"春供羅漢會"中,即是以"五百羅漢圖"爲掛幀。由於此會行之有年,此圖一用再用,以致破損減色。當時住持佛日宗杲禪師(1089—1163)意欲重新繪製,吏部尚書兼翰林學士吳表臣(號"湛然居士",1084—1150)遂請其擅長丹青的女婿趙伯駒(字千里,1120—1162)執筆,並且增廣尺寸,意欲使信衆在法會中於瞻禮之際,頓生敬信:

　　　　寺舊有春供羅漢一會,最爲勝緣,而繪像經久,絹素段裂,丹艧渝變,不可以傳遠。佛日以爲言,有湛然居士密已領解,獨運誠意,欲別爲繪事,增大圖軸,俾瞻之仰之,悚然信禮。思得鴻筆,用稱志願。湛然有壻監榷貨務趙伯駒,稟天潢之秀,擅丹青之譽;規摹人物,效法顧、陸,或得其游戲於一水一石,必珍藏緹襲。士大夫每以其難致爲恨,倦於落筆,厥聞四馳,趙遽受湛然托……軸寫五身,百軸而足莊嚴,采翠微妙,清净行道,入定起坐,顧瞻笑顔,愕睨却立,反觀騎跨,儀形升降神變,道韻清穆,凝表睟濋,高出塵外,意蹈大方,肅容諦視,無不周盡體制。香雲縈拂,便如會方廣中,誠曠代之神品,極當時之能事。①

由上可知,趙伯駒所繪的五百羅漢圖共有一百幅,裱成掛軸;每幅各畫五位羅漢"軸寫五身,百軸而足莊嚴",和大德寺宋本五百羅漢圖相似。此圖中

---

① 曹勛《松隱集》卷三〇《徑山羅漢記》,頁10—11。

的五百羅漢各以不同的形貌、姿態,展現其神變應化,百幅並陳於一堂,莊嚴壯闊,使得信眾心儀瞻仰,因此來做羅漢供會者相繼於途,無日無之:

> 僕獲與今浙西路馬步軍摠趙公希遠,及其兄千里交游甚久……向者千里嘗爲徑山杲禪師畫五百大士百軸,舉世以爲榮觀,備佛事伊蒲之供者,寺無虛日,蓋人得爭先覩之爲快。①

其後,徑山寺失火,趙伯駒所繪的"五百羅漢圖"亦遭波及受損,百幅僅餘三十軸。當時趙伯駒業已謝世多年,於是徑山寺住持聞公禪師乃請求趙伯駒之弟——也是名畫家趙伯驌(字希遠,1124—1182)——補畫其不足之數。宋孝宗乾道九年(1173),曹勛作《徑山續畫羅漢記》云:

> 偶不謹回禄,皆失於煨燼中,所存僅三十軸……時千里已下世數年,今住持聞公禪師……公又懇希遠公,求補大士之闕,而希遠向知被焚,固密伸此願,就其兄之勝緣,足大士之聖位。亟具繪素,靡間寒暑,不數月,妙相梵容,金碧璀璨,磊落在列,如聞音吐,靈山一會,便若儼然未散……故寺之遠近檀那,歡喜修供,併日窆月,略無間斷。②

趙伯驌亦有意續補其兄之作,及其完成之後,遠近信徒接連至此寺修羅漢供,日以繼月,幾乎不曾間斷。

由上可知,羅漢畫是羅漢供會中不可或缺的儀式繪畫,趙氏兄弟精妙莊嚴的羅漢掛幀,也影響信眾到徑山寺修羅漢供會的意願。"大德寺五百羅漢圖"係明州一帶信眾捐貲製作、施入惠安院,作爲儀式掛幀之用。其中,"羅漢會"(圖1)係描繪一位官員在家中供羅漢的場景包括掛幀、設供、迎請和羅漢應供的流程,圖的右方供桌背面的牆上,即懸掛著"羅漢圖"的掛軸(圖1A)。

① 曹勛《松隱集》卷三〇《徑山續畫羅漢記》,頁12。
② 曹勛《松隱集》卷三〇《徑山續畫羅漢記》,頁12—14。

（二）陳設供品

在布置好羅漢掛幀之後，即要陳設各種供養食物，係以蔬果爲主。①除此之外，茶是不可或缺的供品。茶很早就成爲佛教的供養品，②如唐代宗經常以茶供養五臺山聖衆，五代閩國忠懿王王審知（862—925）、吳越王錢鏐也都曾遣使送茶至五臺山供養文殊菩薩。③ 及至宋代，茶成爲"羅漢供"中最重要的供品。

在供桌上除了食物之外，還有供花和其他的擺設，如熙寧五年（1072）十月三十日，成尋在汴京太平興國寺傳法院所見羅漢供："前居金銀作雙供花等，次前立金色伎樂菩薩廿體，高二尺。次前供百味膳，即燒香供養。"④稍晚於此，日本平安時代末期的兵部卿平信範的日記中，記載仁平二年（1152）十月十二日、⑤仁平三年九月二十六日，⑥在皇宮高陽院供養羅漢時的供物陳設：

> 十二日癸酉，高陽院被行羅漢供，宸殿母屋中央立佛臺三脚，奉懸釋迦三尊、同東西棟文戶并障子面等、奉懸羅漢各八鋪，立幔代木，橫渡懸之。又北母屋際戶中間柱面又懸二鋪，合十八鋪，前立置花機，三尊前同立花機三前、當中尊前、立前機禮盤等如常。禮盤東南方敷半帖一枚，爲祭文師座；南庇佛面東西間，敷高麗端敦半帖六枚，爲僧座。其前立經機五前，導師座前、不立之。置安法華經六部。南簀子敷、佛面東西間，立黑漆棚各一脚，備居饌物各九前，飯汁、小豆、茶煎、果子二種、菜四種、窪坏物二種。箸匕臺并箸等前別如此，朱器見于前等□記錄。前一兩日，調進人請取之調進之。其棚下階居茶瓶各一口，手巾置折敷。各一帖，手洗樏各一具等。當佛面立花機三前，居三尊佛供三前并香花燈明等押

① 《宋高僧傳》卷一六《後唐天台山福田寺從禮傳》："時夏亢陽，主事僧來告'將營羅漢齋，奈何園蔬枯悴，請闍黎爲祈禱'。"（頁 809 下）
② 梁貴林《茶——佛教的供養品》，《文博》1993 年第 4 期。
③ 《宋高僧傳》卷二八《晉五臺山真容院光嗣傳》，頁 884 上中。
④ 平林文雄《參天台五臺山記校本并に研究》卷四"延久四年十月三十日"，頁 140。
⑤ 鎌田茂雄《中國の佛教儀禮》，東京，大藏出版社，1986 年，頁 399—400。
⑥ 天納久和《羅漢供式について》，《天台學報》第 36 卷，1994 年，頁 80。

虵舌、有浮燈心。……

　　午刻,僧侶參会,先羅漢十八鋪,供浴事,御堂御所西庇居床子桶等,儲御湯,釣棹懸帷十八領,敷半帖一枚爲僧座。法橋源慶奉仕供浴役,豫居灑水。次奉懸羅漢,次申事由,次出御,二位中將左大辨著座,次僧侶列立,唱讚傳供。次三尊佛供香花,次饌物,次著座。有觀僧都爲導師,御經供養,御誦經、次式講。申刻事訖,布施各被物一重,但導師二重,布施一裹、袈裟衣各一具。次僧退出,分送饌物,預以下供料米五石分給之。①

從其所懸掛的"羅漢十八鋪",可知其供養的是十八羅漢,供養物品則包括食品和浴事。宋代寺院的聖僧供養也包括浴事供養,②但宋代的羅漢供則無。

上文所述係 12 世紀中葉日本供養十八羅漢的儀軌,至於在中國供養五百羅漢、五百一十六或五百一十八羅漢的儀式,《百丈清規證義記》中有"供羅漢"一節。在羅漢齋會的前一日,寺院就要先指定五名僧人做"香燈師",十名僧人負責候上供。下列是供羅漢必先備好香爐、食器和食品的清單:

　　庫房預備燭臺二百五十對,香爐二百五十箇,小碗一千五百箇,竹箸五百雙。茶鍾五百隻,飯菜水果齊備。至正日清晨,厨房人齊相幫,燒菜一大鍋,可盛小碗五百。煮飯一大鍋,可盛小碗五百。天明時,香燈五人先往庫房,取水果、取碗,取短燭五百枝。即四兩頭。燭臺二百五十對,香爐二百五十箇。每人管一百位羅漢。每位前一茶、一雙箸、一果、一菜、一枝燭,香爐兩位合一箇,茶、箸、果俱供周已,方點香燭,次茶,次飯。③

①　平信範著,增補史料大成刊行会編《兵範記》,收入《增補史料大系》,京都,臨川書店,1975年,第 18 册,頁 153。
②　參見本書第十二章《中國的聖僧信仰和儀式(4—13 世紀)》,頁 523—524。
③　《百丈清規證義記》卷五,頁 426 上。

每一位羅漢前要擺三個碗(飯、菜、果之用)、一雙筷子,五百羅漢共計需用一千五百個小碗、五百個茶鍾。至於燭臺和香爐,則是兩位羅漢共用一份,因此需準備二百五十個香爐和二百五十對燭臺。熙寧五年五月十三日,成尋在天台山國清寺的羅漢院見到茶供養,在五百羅漢和十六羅漢前,各置放茶器:"先人敕羅漢院,十六羅漢等身木像,五百羅漢三尺像,每前有茶器。以寺主爲引導,人一一燒香禮拜,感淚無極。"①洪邁(1123—1202)《夷堅志》中,記載董燁和其妻至廬山圓通寺,向五百羅漢祈求賜予子嗣,也在每尊羅漢像前各置茶盞:"以茶拱(供)羅漢,且許施羅帽五百頂以求嗣。董躬攜瓶瀹茶,至第一百二十四尊者,茶方點罷,盞已空。"②由於供羅漢所需的供具數量很大,故有施主發心捐獻,前面提及紹興三十年湛然居士請其婿趙伯駒畫五百羅漢圖,施與徑山寺做羅漢供之用,他同時也捐施整套供羅漢的器物,從掛幀乃至於供桌和炊具:

> 畫畫既成,湛然又各製髹塗蓋鉢,匕箸瓶爐,周以食案,佐以桶灑并茶具,鍋釜之屬,悉備于用,俾涉彌久,亦供聖位。……計彼五百大士於香火沖漠之際,視湛然猶此畫此器之不泯,其於動静安樂之適,當無得失去來之累,獲淨信驗可謂甚深。③

至於十六羅漢的供養方式,則在五百羅漢堂的正中置兩張大方桌,上面供十六羅漢的牌位,每個牌位之前有一茶一飯和一雙筷子,共用十菜:

> 又堂之正中面前,置大方桌,兩張橫榻,可供十六大羅漢等牌位。設香花燈塗果,并用十菜。每一牌位,一茶、一雙箸、一飯。又面前離三尺許,用長桌三張並擺,上供疏牌十三位,見下上供中,亦置香燭。及《供羅漢科儀》十部,每部用經蓋覆之。手爐十把,俱齊備已。④

---

① 平林文雄《參天台五臺山記校本并に研究》卷一,頁23。
② 洪邁《夷堅志》夷堅甲志卷一四《董氏禱羅漢》,頁121。
③ 曹勛《松隱集》卷三〇《徑山羅漢記》,頁11。
④ 《百丈清規證義記》卷五《供羅漢》,頁426上。

值得注意的是：在十六羅漢的供桌上，還放了十部《供羅漢科儀》，以資十位上供師使用，由此可知供羅漢確實有固定的儀軌。

其後，當所有的供具香燭都備齊之後，纔點香燭，最先呈上的供品是茶，再次方爲飯，"方點香燭，次茶，次飯"，可證茶在羅漢供中是最重要的供品。

（三）儀式的流程

《百丈清規證義記》在某種程度上保留了宋代"羅漢供"的内容，以下略述其流程。寺院的維那和十位上供師係負責此一儀式的僧人，首先，十上供師進入羅漢堂，請齋主拈香，衆人唱"香讚"，迎請諸佛及天台山羅漢來此接受供養：

> 香纔爇，雲騰寶鼎中。旃檀沉乳真堪供，香雲繚繞蓮花動，十方諸佛下天宫。天台山羅漢，來受人間供。①

其後，維那奉請十方常住諸佛、法、僧，迎請的羅漢聖僧包括盡虛空、遍法界十方常住諸聲聞僧及其眷屬，以及"住世十六大阿羅漢，萬六千九百弟子衆，某州某縣（即本處地名）某寺（即本寺名）住世五百大阿羅漢"，②其所奉請的諸尊和前述志磐《法界聖凡水陸勝會修齋儀軌》所迎請的羅漢是一樣的。奉請衆聖之後，即唱"讚偈"：

> 初度五人僧寶始，世尊高弟飲光倫。靈山一會實多徒，萬二千人無學侶。
>
> 須跋陀羅居最後，五時聞法數難知。涅槃已過衆聲聞，三藏遺言俱結集。
>
> 十六真人親受囑，未來爲世福田師。十方常住聖賢僧，於此一時俱奉供。③

---

① 《百丈清規證義記》卷五，頁 426 上一中。
② 《百丈清規證義記》卷五，頁 426 中一下。
③ 《百丈清規證義記》卷五，頁 426 下。

在此讚偈之後,接著是一段鼓鈸,"讚畢,煞下鼓鈸一陣"。在供羅漢的儀式中,讚偈所占的分量雖然不多,但其中的音聲供養是很重要的。如成尋敍述太平興國寺傳法院的"羅漢供":"打鈸四口、小鼓一口、鐃一口、法蠡一口,贊聲滿院内。"①法蠡即法螺,係古時軍隊或僧道用海螺殼做成的一種樂器。②鈸在羅漢供中是主要的音聲法器,《瑩山清規》的"羅漢供養式"之末,有"羅漢供養堂莊嚴座位"圖(附圖2),顯著地標出執鈸子僧人的位置。③在此儀式中的鈸、鼓、鐃和法螺,配合著讚偈唱讚,嘹亮莊嚴,充滿道場。在激昂的樂聲讚頌之後,維那緩緩念"南無本師釋迦牟尼佛",配合著木魚穩定的節奏,眾人也跟著緩緩念誦。此時眾位僧人和齋主右繞經行羅漢像一匝。繼而施主在每位羅漢的香爐前上香一炷,上香結束後,齋主歸位,即停止佛號,"煞下鼓鈸一陣";齋主再上香致拜,眾人隨著磬聲,

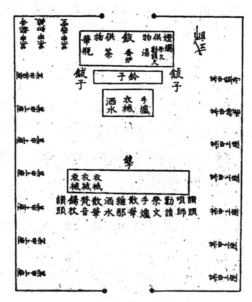

附圖2　羅漢供養堂莊嚴座位

(《瑩山清規》卷下,頁436下)

---

①　平林文雄《參天台五臺山記校本并に研究》卷四"延久四年十月三十日",頁140。
②　〔日〕成尋著,王麗萍校點《新校參天台五臺山記》,上海古籍出版社,2009年,頁356,校勘〔五〕。
③　《瑩山清規》(T·2589),收入《大正新修大藏經》,册八二,頁436中一下。

一字一字地念著前述迎請聖衆的名號三遍。隨後，念二十一遍的"變食咒"、七遍"甘露咒"和七遍"普供養咒"。接著維那宣讀疏文，讀畢，再念"回向讚"："福田應供，行德汪洋。內秘外現永流芳，代佛廣宣揚。受敕難忘，住世作舟航。"衆人念三遍"南無諸大阿羅漢尊者"三拜，第一段供羅漢的儀式就結束了。

　　在上述儀式之後，香燈師即收撤供養的食品，送至香積厨準備午齋。知客即領著齋主到客堂喝茶。略事休息之後，十位上供師開始進行第二段供羅漢的儀式。他們前往羅漢堂，逐一禮拜十六羅漢、五百羅漢，由於羅漢人數很多，每一時禮拜一百位羅漢，其間稍事休息。[1] 待上供師禮羅漢畢，做了迴向，再請齋主前來拈香，唱"香讚"、"釋迦讚"，維那再度宣讀疏文，然後焚化疏文；念"福田應供"迴向讚、"羅漢讚"，維那念"修齋功德殊勝行"迴向偈、"三皈依"畢，[2]整個供羅漢的儀式就宣告圓滿完成。

　　以上是寺院中供五百羅漢和十六羅漢的儀軌，至於民家大都供十六羅漢或十八羅漢，必須請僧人至家修供。文士常自撰迎請羅漢疏或讚文，從其內容可略見在家供羅漢的儀軌，亦是一尊一尊奉請羅漢，如黃裳（1044—1130）《請羅漢讚文》，[3]係個人爲供養十六羅漢所寫讚文和疏文：

　　　　故如來之付囑，惟羅漢之慈悲，留不壞之形，住無窮之世，護持正法，饒益有情。……安得弗致至誠，遂陳妙供。南贍部州大宋摩訶支那國某州某坊弟子某，登籍塵寰，服勞火宅，非解脫之力，不能援我於苦海；非方便之仁，不能攜我於迷塗。今則盛展法筵……想垂哀愍，望賜光臨。大衆同聲恭行禮請：
　　　　一心奉請第一西瞿耶尼洲賓度羅墮闍尊者，大阿羅漢與自眷屬千

----

[1]　《百丈清規證義記》卷五："小食後，上供十人，往羅漢堂中禮羅漢。每時一百，第一時，先總禮共十二位，見前上供巾。次禮十六住世羅漢。"（頁427上）
[2]　《百丈清規證義記》卷五，頁428下—429上。
[3]　關於此文，有學者做過專門討論，見 Joo, "The Ritual of Arhat Invitation during the Song Dynasty," pp.81‑116, esp. pp.113‑114.本文則認爲此文是爲供養所寫的"個人化"的羅漢讚和疏文。

阿羅漢等……一心奉請第二迦毗羅國迦諾迦伐蹉尊者,大阿羅漢與自
眷屬千阿羅漢等……(以下十六尊一尊一尊請)

　　況今日設莊嚴之會,發恭謹之誠,器幣爭華,香花鬪馥。伏願尊
者,上同一切諸佛,諸大菩薩摩訶薩等……六鐶鳴杖,違山海之樓臺;
一息興雲,捨巖都之洞府。應接無類,哀愍有情。來赴道場,受兹
供養。①

從一一迎請十六羅漢,加以讚頌,可知這是在"供羅漢"法會中的疏文。上
文云"器幣爭華,香花鬪馥",係指供器的精美和"供養錢"相互爭輝,供養
的鮮花香郁。由此可知,北宋時期供養錢已用於羅漢供會,可能也用於其
他的法會。近代在朝陽北塔地宮發現遼代寺院鑄造的供養錢,另外也有其
他遼代、元代供養錢的遺存。②

　　此外,洪适《南華齋羅漢疏并序》一文,敍述他作此"羅漢齋"的緣
由。③　劉克莊(1187—1269)《代追薦魏國迎羅漢疏》、蘇軾《迎羅漢疏》也
都是自己或代人撰寫的"羅漢供"疏文。④

　　道端良秀認爲:宋代以後羅漢信仰的流行,有所謂的"羅漢講",即
"羅漢供",也就是供養羅漢的法會。⑤　事實上,中國並未有"羅漢講"一
詞。日本瑩山紹瑾《瑩山清規》的"羅漢供養式",前半段是供養儀式,後
半段是"講式",最後是諷經。講式又稱爲"羅漢講式",内容分爲五部
分:第一明(羅漢)住處名號,第二明興隆利益,第三明福田利益,第四明
除災利益,第五明供世尊舍利者、讚嘆羅漢的功德。⑥　此一供養式已受
平安時代以後佛教密教化的影響,如此供養式開始時,先舉"四智讚",

---

① 黄裳《演山集》卷三六《請羅漢讚文》,文淵閣四庫全書本,册一一二〇,頁1—8。
② 郎成剛《遼寧朝陽北塔出土遼代供養錢》,《中國錢幣》1998年第4期;于穎輝《試論遼供養
錢》,《中國錢幣》2001年第4期;李學勤《記元代供養錢》,《内蒙古金融研究》2003年第2期;
張立英《介紹幾枚香花供養錢》,《西安金融》2001年第10期。
③ 洪适《盤洲文集》卷七〇,頁4—5。
④ 辛更儒校注《劉克莊集箋校》卷一七一,北京,中華書局,2011年,第14册,頁6616;魏齊賢、葉
棻《五百家播芳大全文粹》卷八一,頁11—12。
⑤ 道端良秀《羅漢信仰史》,頁153—163。
⑥ 《大正新修大藏經》,册八二,"羅漢供養式",頁433中—436下。

此讚出自密教經典,①這一部分並未見於中國的羅漢供。日僧高辨(1173—1232)撰有《四座講式》(T·2731),其一即《十六羅漢講式》,《大正新修大藏經》將它歸於續諸宗部之悉曇部。②"四智讚"和"羅漢講"(或羅漢講式)都未見於宋代和羅漢供相關的記載,應係羅漢信仰傳到日本後新發展出來的儀軌。

五、茶與羅漢供

佛典中提及聖僧應供有時會留下迹象,《請賓頭盧法》敍述羅漢親臨應供的迹象,包括床褥有人臥過的痕迹,浴室有湯水迹痕,僧人坐處花不萎凋等異相。③ 宋代更發展出新的羅漢應供迹象,即供茶上呈現白色的花紋,稱之爲"乳花"。因此之故,茶在"羅漢供"中益形重要,甚至有人僅以茶供養羅漢,如天台石橋的茶供。由於茶在羅漢供中占有重要的地位,它也成爲羅漢畫中的元素之一。

(一) 羅漢茶與天台茶供

大約至 11 世紀時,纔出現供茶乳花係羅漢應供徵應的説法;在天台山石橋以茶供羅漢而有此迹象,稱之爲"天台乳花"。這種乳花的産生,和宋代點茶法有關,學界已有論文發表,④在此略過這一部分的討論。

1."羅漢供"中的茶

唐、宋時期的點茶法中,茶水中偶而會出現泡沫花形,稱爲"乳花"。從唐代文士的茶詩中已見此詞,大約 11 世紀時,方出現供羅漢有乳花是靈

---

① 指對於阿閦佛之大圓鏡智、寶生佛之平等性智、阿彌陀佛之妙觀察智、不空成就佛之成所作智等四智之贊咏,又作金剛歌咏偈。有梵語、漢語二種,梵語讚見於《攝大儀軌》(T·850)卷一:"嚩日囉薩怛嚩僧誐囉賀　嚩日囉囉怛曩摩弩怛爛曬嚩日囉達麽誐野奈　嚩日囉羯麽迦嚕婆嚩。"收入《大正新修大藏經》,冊一八,頁 68 上—中。漢語讚見於《金剛頂瑜伽中略出念誦經》卷四:"金剛薩埵攝受故,得爲無上金剛實。金剛言詞歌咏故,願成金剛勝事業。"收入《大正新修大藏經》,冊一八,頁 248 上。見《佛光大辭典》,高雄,佛光出版社,1988 年,頁 1771。
② 《大正新修大藏經》,冊八四,頁 900 下—906 下。
③ 參見本書第十二章《中國的聖僧信仰和儀式(4—13 世紀)》,頁 491—493。
④ 關於天台茶供靈瑞圖案的現代解讀,參見竺秉君、竺濟法《"天台乳花"世難見,茶碗"仙葩"迷待解——初識宋代天台壯觀的羅漢供茶靈瑞圖案奇迹》,《茶史鈎沉》2012 年第 9 期,頁 69—72。

應徵兆的説法。晚唐李德裕(787—850)《故人寄茶》詩云:"碧流霞脚碎,香泛乳花輕。六腑睡神去,數朝詩思清。"①五代僧人、也是羅漢畫名家貫休的品茶詩中也提到乳花,《書倪氏屋壁三首》:"茶烹緑乳花映簾,撑沙苦筍銀纖纖。"②以上皆無關供羅漢的徵應,而和點茶的技藝有關。北宋時期,方出現羅漢供茶結乳花是靈應徵兆的説法,以及在天台山供茶有乳花徵應"天台乳花"的記述。哲宗元祐七年(1092),俞伸《明州慈溪縣普濟寺羅漢殿記》云:"天台赤城,大阿羅漢所家也。石橋危磴之怪險,金雀茶花之顯應,著爲異事。"③提及天台茶供呈現花紋是一種靈應。晁補之(1053—1110)《龍泉寺修五百阿羅漢洞募緣疏》云:"近者淮泗塔中,袖藏遠施;天台橋上,茗結餘花。不違本心,示常住世;覿面不識,有緣則逢。"④稱天台石橋供茶出現的乳花,是羅漢住世應供的顯現。又,蘇軾家族虔信羅漢,他自述家裏有十六羅漢像,每次以茶供養,都有乳花的異相:

> 軾家藏十六羅漢像,每設茶供,則化爲白乳,或凝爲雪花,桃李芳藥僅可指名。或云羅漢慈悲深重,急於接物,故多現神變,儻其然乎?⑤

蘇軾認爲上述供茶應是羅漢顯應的神變。此外,他的詩中也引用"天台乳花"一詞。⑥

劉克莊爲其外姑魏國夫人祈求冥福的羅漢供所作的疏文中,也敍及羅漢茶供:"善女人過去生中,尤精勤於釋典,阿羅漢大神通力,或游戲於塵寰,爰集緇流,敬修著事。……"⑦又,在供羅漢的儀式中,有時於供茶時另

---

① 《全唐詩》卷四七五,第14册,頁5394。此詩作者或作曹鄴。
② 陸永峰《禪月集校注》卷四《書倪氏屋壁三首》,成都,巴蜀書社,2006年,頁88。
③ 俞伸《明州慈溪縣普濟寺羅漢殿記》,楊泰亨《慈谿金石志》卷上,頁20—21。
④ 晁補之《雞肋集》卷七〇《龍泉寺修五百阿羅漢洞募緣疏》,文淵閣四庫全書本,册一一一八,頁4。
⑤ 《蘇軾全集·中·文集》卷二〇《頌·十八大阿羅漢頌跋尾》,頁1043—1044。
⑥ 《蘇軾全集·上·詩集》卷三一《古今體詩四十四首·南屏謙師妙於茶事,自云得之於心,應之於手,非可以言傳學到者,十月二十七日聞軾遊壽星寺,遠來設茶,作此詩贈之》:"道人曉出南屏山,來試點茶三昧手。忽驚午盞兔毫斑,打作春甕鵝兒酒。天台乳花世不見,玉川風腋今安有。東坡有意續茶經,會使老謙名不朽。"(頁382)
⑦ 《劉克莊集箋校》卷一七一《代追薦魏國迎羅漢疏》,第14册,頁6616。

有疏文,劉克莊有《接茶疏》云:

　　薤歌悽咽,浮生如露之晞;茗事莊嚴,散聖乘雲而至。憑茲妙果,
拔彼沈魂,共攜曹溪鉢,來喫取趙州茶去。一旗試水,豈獨中濡之泉
甘? 六碗通靈,未覺五臺之路遠。①

從供茶時特別讀誦此疏文,可知茶供在羅漢供中居於最重要的地位,故有
"茗事莊嚴,散聖乘雲而至"之句。

　2. 天台茶供

　　北宋初年,天台山五百羅漢已經成爲一個特定的信仰,和五臺山文殊
菩薩帶領的一萬菩薩並稱。如前述成尋在遇到危難時,同時向五臺山的一
萬名菩薩和天台山五百羅漢祈禱。因此,天台石橋也成爲信奉羅漢者前往
瞻禮、供養的聖地,參禮者至此主要是以茶供養羅漢。

　　宋代文獻中有不少至天台朝禮羅漢的記載,都敍及供茶結異花的徵
應。成尋自稱他到天台山的目的,就是要參禮國清寺燒香和供養羅漢:
"昨今出杭州巡禮,欲往台州天台山燒香,供養羅漢一回。"②熙寧五年五月
十九日,成尋至天台石橋供養羅漢,他用五百一十六杯茶,分別供養五百羅
漢和十六羅漢;同時,自己手持鈴杵,口誦真言,以資供養:

　　十九日戊戌　辰時,參石橋,以茶供養羅漢五百十六杯,以鈴杵真
言供養,知事僧驚來告:"茶八葉蓮花文,五百餘杯有花文。"知事僧合
掌禮拜,小僧寔知,羅漢出現,受大師茶供,現靈瑞也者。即自見如知
事告,隨喜之淚,與合掌俱下。③

在成尋供養的茶水中出現八葉蓮花紋,即得到羅漢應供的靈應。葛閎
(1003—1072)《羅漢閣煎茶應供》一詩,描述他至天台山羅漢閣禮拜,供茶

① 《劉克莊集箋校》卷一七一《代追薦魏國迎羅漢疏》,第 14 册,頁 6617。
② 平林文雄《參天台五臺山記校本并に研究》卷二"延久四年六月五日",頁 41。
③ 平林文雄《參天台五臺山記校本并に研究》卷一,頁 32。

杯中出現乳花的情狀：

> 山泉飛出白雲寒，來獻靈芽秉燭看。俄頃有花過數百，三甌如吸玉腴乾。閣上四座盡陰深邃處，即持火炬照之，是時有茶花數百甌，或六出或五出，而金絲徘徊覆面，及蘇盤金富無礙，三尊盡乾，皆有飲痕。①

他特別持火炬查看乳花，稱“是時有茶花數百甌”，可見他係供養羅漢閣中的五百羅漢，各供一盞茶，其中數百盞中都有乳花。更神奇的是：其中有三個茶盞的茶水已乾竭，上面有飲茶的痕迹。

從北宋以來，天台茶供結乳花的徵應奇事綿延不絕。前文提及葛勝仲請人畫十八羅漢像，以作爲羅漢供的儀式之用。紹興九年（己未，1139），他更走訪天台山，在石橋前的寺院以茶和海南香作羅漢供，而得到靈應：

> 己未，遊天台山，辛未，次石橋前，七日齋宿，以四明茶及海南香作供，且飯寺衆，虔祈靈應。俄頃，於西南峯現白黑衣尊者，合三軀，經行林間，乍行乍駐，乍俯乍仰，道俗若從行兵隸，皆瞻覩驚異，既夕，施倖錢命僧諷經歌唄於曇花亭，俄相續現聖燈數十，輝爍袤丈，不類凡火，亦衆共見。壬申，復設茶供五百盞，皆結異花，退伏念此山神秀，上應台宿……予以流落困厄之餘，乃獲親覩光相，豈於五百賢聖夙有緣契也歟。②

葛氏所設的五百盞茶供，“皆結異花”，並且有其他異相，回應了他的虔敬。李呂（1122—1198）《天台石橋設茶供》詩云：“聞説天台鬢未鬒，中年方遂此煎茶。不行四十九盤嶺，那見二千餘盞花。”③宋孝宗乾道四年（1168，日本仁安三年）五月二十四日，入宋僧榮西（1141—1215）抵達天台山萬年寺；次日，以茶供養羅漢，所供茶水乳花竟然呈現羅漢像：“二十五日供茶

羅漢,甌中現應真全身。遂渡石橋,忽見青龍二頭,於是有所感悟,自知前
身梵僧而在萬年。"①

(二) 羅漢畫中的茶

　　茶在宋代世俗生活中扮演重要的角色,宋、遼、金壁畫墓中出現很多和
點茶有關的圖像。② 同時,茶也在寺院生活和儀規中扮演著重要的角
色。③ 又由於"茶結乳花"係羅漢應供的徵應,因此,茶更成爲羅漢畫中不
可缺少的元素。無論是十六、十八羅漢,抑或是五百羅漢畫中,都有喫茶或
備茶的圖像,宋人撰述的羅漢畫贊也傳達了此一訊息。秦觀爲傳爲吳僧法
能所繪"五百羅漢圖"作記,其中有:"焚香而茗飲者六人,臨流而滌鉢者三
人,滌已而持歸者一人。"④從表面上看來,羅漢圖多表現生活——特別是
寺院生活中的各種情境樣貌——⑤實則從羅漢贊頌中,可知它還包含佛經
的典故和義理,意境深邃,仍有待仔細探討。

1. 羅漢畫的贊頌

　　羅漢畫中的茶不僅是生活情境的顯現,也藉著備茶和喫茶的形像,傳
達淨除煩惱等修習佛法的意涵。

　　蘇軾虔信羅漢,並且撰述一些有關羅漢的文章。《十八大阿羅漢頌》
一文係他在貶居荒僻的海南時,竟然蒐得唐末羅漢畫名家張玄所繪的十八
羅漢圖,他加以重新裝裱,以資供養。此文逐一敍述羅漢的樣貌並作贊頌,
其中第九位尊者有童子備茶的場景:

　　　第九尊者,食已襆鉢,持數珠誦咒而坐,下有童子構火具茶,又有
　　埋筒注水蓮池中者。頌曰:

① ［日］榮西《興禪護國論》(T·2543)《興禪護國論序》,收入《大正新修大藏經》,册八〇,頁1上。
② 如李清泉《宣化遼墓:墓葬藝術與遼代社會》第四章第一節,北京,文物出版社,2008年,頁177—
　　186;姚敏蘇《北京石景山金墓新出土點茶圖壁畫解析》,《農業考古》2002年第2期,頁146—149。
③ 拙文《唐、宋寺院中的茶與湯藥》,《燕京學報》第19期,2006年,頁67—97;見本書第九章
　　《〈禪苑清規〉中所見的茶禮與湯禮》,頁354—393。
④ 秦觀著,徐培均箋注《淮海集箋注》卷三八《五百羅漢圖記》,上海古籍出版社,1994年,第2
　　册,頁1216。
⑤ 井手誠之輔《大德寺傳來五百羅漢圖試論》,《聖地寧波》,頁255—256。

> 飯食已畢,襆鉢而坐,童子茗供,吹籥發火,我作佛事,淵乎妙哉,空山無人,水流花開。①

東坡居士描述羅漢用過飯食後,童子準備"飯後茶",以此詮釋羅漢應供之後,施予人福田,用"空山無人,水流花開"形容羅漢境界。此一空靈禪意,頗讓當代文人傾倒叫絕。

另如李綱《龍眠居士畫十六大阿羅漢贊》,敍述第十三尊羅漢的背景有童子備茶的場景:

> 第十三尊者正坐曲身,就第十二尊者語,以手按板,作屈指狀,挂杖倚禪牀。側後有侍者,及二童子碾茶,治具于竹林間。
>
> 俯身說法,未能忘言,無量妙義,見于指端。童子茗供,竹間治具,滌煩消渴,惟此之故。②

此處詮釋尊者手作屈指狀,係"無量妙義,見於指端";其後童子碾茶,備茶器係爲人"滌煩消渴",都是表述佛法妙義。李流謙撰《十六羅漢畫像贊》敍其中一尊的形像:

> 一尊者左手執經卷,右手爬癢,小童碾茶,一僧拂茶具。
>
> 兩臂不用,一機自奔爬者,非癢執者,非經童。僧薦茗器,潔泉清借甘露爽,濯海鮑腥。③

以僧人拂拭茶具,比喻其用甘露水洗净人間有如鮑魚般腥臭的煩惱。馬廷鸞(1222—1289)《東平精舍十八阿羅漢尊者真贊》,敍述第三尊者觀看夷奴點茶的場景:

---

① 《蘇軾全集·中·文集》卷二〇《頌·十八大阿羅漢頌》,頁1041—1042。
② 李綱《梁谿集》卷一四一《龍眠居士畫十六大阿羅漢贊》,頁6,16。
③ 李流謙《澹齋集》卷一六《十六羅漢畫像贊》,頁8—9。

　　一尊者顧奴子點茶,把盞注湯,茗熟氣新。大士啜之,醒心清神。
欲知花藥乳清冷味,須是眠雲跂石上人。①

上文稱由於羅漢應供啜茶,使得供茶結花藥。此一畫境和羅彥勝之妻鄒氏
以武洞清的摹本爲底圖的羅漢繡像中的第十八賓頭盧很相近,覺範禪師
爲此繡像作贊云:"夷奴碾茶,愚中有慧。走鹿卧地,動中有止。而師持
塵,閑坐俯視。曾見佛來,法法如是。"②由上可知,羅漢圖藉著各種備茶、
飲茶、滌器等圖像,以傳達佛法深遠的寓意。

　　2. "大德寺五百羅漢圖"中的茶

　　入宋僧陸續將他們所蒐集的佛經、世俗文獻和文物送回日本,其中也
包括佛菩薩和羅漢的圖像。熙寧六年(1073,日本延久五年)一月二十三
日,成尋將一位船頭贈送的泗州大聖像和梵才三藏送的"五百羅漢圖",交
給日僧惟觀和心賢帶回日本:

　　　　廿三日　丁卯　天晴。齋時……日本消息預惟觀、心賢。泗州大
　　師影一鋪,一船頭曾聚所與,送日本。五百羅漢像一鋪,梵才三藏所
　　與,同送日本。杭州能大師畫此羅漢像了,虛空應現五百羅漢,已亡無
　　多年云云。三藏被捨施,感淚難抑。③

兩天後(一月二十五日),成尋又托梵才三藏的行者購買佛像和羅漢像:
"三藏行者十六羅漢像十六鋪、釋迦像一鋪持來,與直錢十貫四百文、絹三
疋了,摠合十四貫也。送石藏料耳。"托人送回日本的石藏經藏。④　一月二
十九日,成尋先派遣小師賴緣、快宗、惟觀、心賢、善久等五人至明州找商
船,付囑將這些佛典文物分處收藏:

---

①　馬廷鸞《碧梧玩芳集》卷一六《東平精舍十八阿羅漢尊者真贊》,文淵閣四庫全書本,册一一八
　　七,頁9。
②　釋惠洪《注石門文字禪》卷一八《繡釋迦像并十八羅漢贊并序·第十八賓頭盧尊者》,頁
　　1141—1144。
③　平林文雄《參天台五臺山記校本并に研究》卷六,頁200—201。
④　平林文雄《參天台五臺山記校本并に研究》卷六,頁201。

文惠大師來坐,《古清涼山傳》二帖被返了,即送日本,奉宇治殿
了。文惠大師志與釋迦佛牙頌一鋪,即送日本,奉宇治殿。客省官人
來,小師五人摠與五百文錢了。六祖影二張送日本,一張石藏,一張進
宇治殿。①

　　"大德寺五百羅漢圖"係今日唯一遺存的宋代五百羅漢圖,它原來有
百幅,今存九十四幅,在《聖地寧波:日本佛教 1300 年の源流——すべて
はここからやって来た》、《大德寺傳來五百羅漢圖銘文調查報告書》二書
中有清晰的圖片;前者爲各圖定名,後者則有較大的圖樣。2014 年出版的
《大德寺傳來五百羅漢圖》,圖版更爲清晰,同時更正一些圖幅的命名,並
且附有解說。然而,迄今對"五百羅漢圖"描繪的內容以及其所傳達的意
涵,尚難完全理解,部分羅漢圖的名稱似可再商榷。筆者以爲:宋人著述
中關於五百羅漢的記載,對於解釋這些圖像及其意涵,應可提供一些資訊。
如晁補之《龍泉寺修五百阿羅漢洞募緣疏》云:

　　　　故十二大菩薩之所總持,與五百阿羅漢之所證入⋯⋯性空則法
空,如我説爲佛説。諸祕文之略出,衆聖號之具存。肅恭僧儀,炟赫靈
迹,或經行四世界,或宴坐一嵌巖。受請天宮,應供海殿。擲錫飛去,
投杯渡來。龍虎伏馴,仙鬼陪隸。少別萬里,蹔休千年。亦有混迹,和
光入塵,化俗游戲,自在變化無常。⋯⋯②

上文的描述似是羅漢畫的縮影,羅漢或出現在巖窟,或在天宮、或至海底龍
宮應供。至於其神變萬千"擲錫飛去,投杯渡來",伏虎降龍,出入仙鬼界,
混迹人間,自在變化。此類的羅漢贊頌,應有助於解讀"大德寺五百羅漢
圖"中千奇百怪的絢麗情境。大德寺本中有八幅含有喫茶、供茶或備茶的
內容,雖然顯示寺院生活之一面,③但它同時也有佛法的寓意以及當代的

────────────

① 平林文雄《參天台五臺山記校本并に研究》卷六,頁 206—207。
② 晁補之《雞肋集》卷七〇《龍泉寺修五百阿羅漢洞募緣疏》,頁 3—4。
③ 井手誠之輔《大德寺傳來五百羅漢圖の成立背景》,《大德寺傳來五百羅漢圖》,頁 275。

聖僧(羅漢爲其中之一類)信仰的實踐,試析如下。

(1) 第 1 圖"羅漢會"(圖 1A、B)

此圖係描繪"供羅漢"的場景,圖的下方有一位僧人手執長柄香爐,引領齋主迎請羅漢。中央右方的室内有四位僕人正在準備供羅漢的餐食,其上方則有五位羅漢自雲端下臨應供。齋主包括兩位官員及女眷二人,右方有一抱著嬰兒的僕婦,其後方是一名老者和其家人。在女眷後方的長桌上,放置了一些紅色漆器的茶盞和盞托,當是供茶之用。井手誠之輔認爲:此係惠安院羅漢會的場景,①本文則認爲此應是描繪一位官員在其家中供養羅漢的情形,而非在惠安院,理由如下:一則寺院的羅漢會理當有多位僧人參加,由僧眾準備供品;而此圖中僅有一位僧人,另外準備供品的都是俗人。二則此圖没有寺院建築的元素,而似俗人的宅邸。三則僕婦抱著嬰兒,年輕的家族成員攙扶著老者來參拜,也顯示此係在俗人家中。

(2) 第 48 圖"浴室"(圖 6)②

此圖具體描述寺院開浴時,在眾僧入浴之前的"請浴聖僧"的儀式,以及羅漢應供的情景。宋代禪寺每逢開浴日(寒月五日一浴,暑熱每日淋汗),③在眾僧入浴之前,必須先請浴聖僧,《禪苑清規》(X·1245)有具體的描述:

> 設浴前一日,刷浴、燒湯。至日,齋前掛開浴或淋汗或净髮牌。鋪設諸聖浴位,及净巾、香、花、燈燭等,並眾僧風藥、茶器。齋後打版,同施主入堂内燒香禮拜,請聖入浴。良久,打疊鳴鼓,請眾前兩會眾僧入浴,後一會行者入浴,末後住持、知事人入浴。④

---

① 《大德寺傳來五百羅漢圖》解説(井手誠之輔),頁 10。
② 《大德寺傳來五百羅漢圖》解説(井手誠之輔),頁 57;《聖地寧波》,頁 137;奈良國立博物館、東京文化財研究所企畫情報部《大德寺傳來五百羅漢圖銘文調查報告書》,頁 59。
③ 《禪林備用清規》(X·1250)卷七《周·知浴》,收入《卍新纂續藏經》,册六三,頁 647 中。
④ 《(重雕補注)禪苑清規》卷四,收入《卍新纂續藏經》,册六三,頁 533 上;鏡島元隆等《譯注禪苑清規》卷四《聖僧侍者》,頁 139。

圖 6　"48 浴室"

（《大德寺傳來五百羅漢圖》,頁 57）

負責打點浴事的"浴主",事先要準備聖僧的浴位和浴具,以及香、花、燈燭等物。浴主必須在浴室內鋪設"諸聖浴位",所請聖眾包括僧堂中的聖僧,以及證入聖位的眾聖(羅漢亦在其中)。上文僅簡述:午齋後打版,齋主和寺僧燒香請聖僧入浴。元式咸編《禪林備用清規》(成書於 1311 年)對"請浴聖僧"有更詳細的記敘:"半晚,浴頭覆首座、方丈、維那,鳴鼓三下,浴聖桶內皆著湯。"①即鳴鼓三下之後,寺僧將沐浴用水注入爲聖僧準備的"浴聖桶"中。《敕修百丈清規》(成書於 1338 年)、《增修教苑清規》(成書於1347 年)除了提及浴聖桶之外,更敘述僧眾燒香、禮請聖僧臨浴,還有觀想的部分:"鳴鼓三下,浴聖桶內皆著少湯,燒香禮拜,想請聖浴。"②約莫經過常人沐浴的時間,則鳴鼓請寺僧依序入浴。此圖的右邊,有一名僮僕正在擊鼓,浴室內有供著蓮花的花瓶,都符合上述清規請聖僧浴的內容。畫面的右上方,雲霧靄靄,意喻羅漢聖僧的降臨應供,一名羅漢正揭開浴室的竹簾,準備進入浴室;他回首望著朝向浴室門口前行的兩名羅漢,似在對話。這兩名羅漢的後面有一名異族童子,他的左肩和右手各有一個布包袱,應是羅漢的衣物。在畫面的下方也有兩名前來應供的羅漢,左邊的羅漢左手挽著裝衣物的包袱,右邊羅漢的身後則跟隨著一位手提包袱的鬼卒。在這兩位羅漢後方有一張桌子,上面放著一個淨瓶、兩隻茶盞,和三個覆蓋著的茶碗。這應該就是"浴主"所準備的"浴茶"了。③

(3)　第 54 圖"備茶"(圖 7)④

此圖有五位羅漢分別坐在巖石前的石頭和禪床上,左上方和下方是備茶的場景。左上方有泉水從山石中瀉下,一名侍者右手執湯瓶,左手持木杓取水。左下方則有二名鬼狀人物在做供茶前置作業,左邊一名係紅髮、獠牙,穿著綠色紅色褲子的鬼卒,正在碾茶;右側一名鬼卒身穿綠衣,手持

---

① 《禪林備用清規》卷七《周·知浴》,頁 647 中。
② 《敕修百丈清規》(T·2025)卷四《兩序章·西序頭首·知浴》,收入《大正新修大藏經》,冊四八,頁 1311 中;《增修教苑清規》(X·968)卷上《兩序門第五·列職·知浴》,《卍新纂續藏經》,冊五七,頁 316 上。
③ 關於寺院的"浴茶",參見拙文《唐、宋寺院中的茶與湯藥》,頁 83;《〈禪苑清規〉中所見的茶禮與湯禮》,頁 363—364,370—371。
④ 《聖地寧波》,頁 140;奈良國立博物館、東京文化財研究所《大德寺傳來五百羅漢圖》解說(北澤菜月),頁 63。

圖 7 "54 喫茶の準備"

（《大德寺傳來五百羅漢圖》，頁 63）

扇子,站在熾熱的火爐旁。畫面中有茶碾子、茶盒、茶籠、火爐、扇子等備茶器物。此圖和藏於日本奈良能滿院的一幅有"陸仲淵筆"題名的"羅漢圖"場景頗爲相近;該圖的中央繪有一名右手伸至背後搔癢、同時閱讀著左手所持經卷的羅漢,左下方有兩名侍者正在備茶,一名童子正在碾茶,一名侍者清潔茶器(圖8)。① 此外,在幽玄齋選的《佛教繪畫》中"十六羅漢圖"的一幅也有茶碾子備茶的情景。② 此種以茶碾子備茶法是供給少數人飲用,至於如宋、元時期的"禪宗上堂圖"(私人收藏)左方的備茶方式,則是爲供多數人飲用的。③

(4) 第 56 圖"喫茶"(圖 9)④

此圖描繪巖穴屋內,有四名羅漢坐在禪床上,手各持茶盞并托,左上方一名童子左手執著茶瓶,爲羅漢手中的茶盞注水;他的右手則用茶籠子調勻茶末。在童子右方的桌子上,有一個黑色茶盒,內置一匙,應是放茶末的茶盒。由上可知,此圖表現的是點茶法的喫茶。此圖前方是巖穴屋外,一名侍者引領一名持杖白髮老僧羅漢行向屋內,這是第五名羅漢。

(5) 第 45 圖"裁縫"⑤

此圖下半部有四名羅漢在縫綴衣裳,穿針者一人,縫衣者二人,中間是縫衣的工具。其左側一名俗人侍者手持袈裟,注視著縫衣的羅漢們。圖的上方有一名穿著綠色袍子的羅漢,後面跟隨著一位手捧茶盤(上有茶盒和茶盞)的侍童,似是送茶來給縫衣的羅漢們。縫衣補綴是羅漢圖中的題材之一,明末蓮峰禪師有《十八羅漢贊》之七"朝陽"云:"氀毲布衲,補綴難全,金針刺罷,日麗中天。"⑥此係咏羅漢縫補的圖像,也點出其佛法意涵。因此之故,臺北故宮博物院藏劉松年"補衲圖"或恐原係羅漢畫之一幀。⑦

---

① 《聖地寧波》,圖 114"羅漢圖"(奈良能滿院),頁 165;解説(北澤菜月),頁 310—311。
② 幽玄齋選《佛教繪畫》,富山美術館,1986 年,圖 37;解説(幽玄齋),頁 218—220。
③ "上堂圖"見《聖地寧波》,頁 157,圖 107;芳澤勝弘《"禪宗上堂圖"に見える茶具について——付‧大德寺藏"五百羅漢圖"見える茶具》,《花園大學國際禪學研究所論叢》第 5 卷,2010 年,頁 20—29。
④ 《大德寺傳來五百羅漢圖》解説(北澤菜月),頁 65;《聖地寧波》,頁 141;奈良國立博物館、東京文化財研究所企畫情報部《大德寺傳來五百羅漢圖銘文調查報告書》,頁 67。
⑤ 《大德寺傳來五百羅漢圖》解説(北澤菜月),頁 54;《聖地寧波》,頁 136;奈良國立博物館、東京文化財研究所企畫情報部《大德寺傳來五百羅漢圖銘文調查報告書》,頁 56。
⑥ 《蓮峰禪師語錄》(J‧B410)卷六,收入《嘉興大藏經》,冊三六,頁 358 中。
⑦ 故宮博物院《劉松年畫羅漢》參考圖版目錄"二、劉松年補衲圖",臺北,故宮博物院,1980 年,頁 68。此圖上有乾隆題:"應真間理綫和織……"

圖 8　羅漢圖(奈良能滿院)

(《聖地寧波》,頁 165)

圖 9　"56 喫茶"

（《大德寺傳來五百羅漢圖》,頁 65）

（6）第 51 圖“飯僧”①

此圖描繪五名羅漢接受飲食供養，前面一排坐著兩名羅漢，右方的羅漢業已食畢，一名穿著白色衣服的侍者手持湯瓶，在羅漢的空鉢中注湯，以爲洗鉢之用。右下方一名官員合掌立於衆羅漢之前，另有一名蕃客站在官員後面手持寶物供養。左下方有一夷奴手持湯瓶，一名漢人侍者提著食盒。在羅漢後方有一張半被巖石遮住的桌子，其上放置有四個茶盞的茶盤，另有兩個茶盒。這應當是爲寺院中“飯後茶”所準備的茶具。②

（7）第 37 圖“講説筆記”③

在巖窟寺院中，坐在高座上的羅漢右手持如意，似作説法狀，前方的桌案上有一茶盞和茶盒。下方四名羅漢分坐兩張桌子前，抄寫經文，左側兩名作討論狀。左上方有三位天人前來瞻禮供養，一合掌致敬，一持香花，一持食盤。一如前述“禪宗上堂圖”，在講經説法的場景中，也有茶盞，可見茶在寺院生活中的重要性。

（8）第 55 圖“乘輿”④

此圖下半部有四名羅漢坐而論道，一名侍童手持茶盒，在他後方的桌子上，置有五個茶盞和茶具。圖上半部有兩名鬼卒合抬著一張禪床，上面坐著一名羅漢，似前來參加這場盛會。

關於以上諸羅漢圖的典故和涵意，猶有未盡之處，尚待將來深入探討。

六、結　語

中國佛教的聖僧信仰包括聖僧總體、羅漢和個別聖僧三個系統，其中羅漢信仰出現最晚；它歷經晚唐、五代的發展，至宋而大盛。同時，各種寺院的齋堂或僧堂中必定供奉聖僧──憍陳如尊者，個別聖僧如泗州大聖

---

① 《大德寺傳來五百羅漢圖》解説（北澤菜月），頁 60；《聖地寧波》，頁 139；奈良國立博物館、東京文化財研究所企畫情報部《大德寺傳來五百羅漢圖銘文調查報告書》，頁 62。
② 參見本書第九章。
③ 《大德寺傳來五百羅漢圖》解説（井手誠之輔），頁 46；《聖地寧波》，頁 132；奈良國立博物館、東京文化財研究所企畫情報部《大德寺傳來五百羅漢圖銘文調查報告書》，頁 48。
④ 《大德寺傳來五百羅漢圖》解説（北澤菜月），頁 64；《聖地寧波》，頁 141；奈良國立博物館、東京文化財研究所企畫情報部《大德寺傳來五百羅漢圖銘文調查報告書》，頁 66。

（僧伽大師）的信仰也流行於各地，①顯示宋代聖僧信仰的壯大。

羅漢信仰的特色係強調釋迦涅槃之後，羅漢住世度化，透過應供使人們增加福報，有關羅漢的靈應事迹特別引人入勝。如上所述，供羅漢儀軌的簡單易行，而特別強調茶供。茶湯的乳花原來是高超點茶技藝的表現，但透過供茶乳花顯示羅漢應供的宣揚，也給予信徒獲得福祐的信心。羅漢信仰流行和其靈應傳奇有關，這些靈應事迹透過士人名宦撰寫的贊頌、碑記的傳布，更促進此一信仰的蓬勃興盛。

前此學者研究聖僧信仰如泗州大聖，多僅關注士人所發揮的影響力，②事實上，由於宋代商業的發達、商人經濟力的提升，使得他們在羅漢信仰的發展中扮演著重要的角色。碑記顯示，有些商人捐獻鉅資以建造羅漢閣，如廣州東莞縣資福禪寺羅漢閣就是由當地商人捐資建造的："獨此南越嶺海之民，貿遷重寶，坐獲重樂，得之也易，享之也愧，是故其人以愧故捨。海道幽險，死生之間，曾不容髮，而況飄墮羅剎鬼國，呼號神天佛菩薩僧，以脫須臾。當此之時，身非己有，而況財物，實同糞土。是故其人以懼故捨。愧懼二法，助發善心，是故越人輕施樂捨，甲於四方。"③另外，從廣東南華寺北宋木造五百羅漢像上的銘文，顯示其中有一部分是外地商人所建造的；在有銘文的一百二十五尊羅漢之中，九十三尊是本地人捐貨所造，另有三十二尊大都由泉州（今福建泉州市）、衢州（今浙江省衢縣）、潮州（今廣東省潮州市）、連州（今廣東連縣）的商人捐建的。④ 此外，北宋仁宗皇祐五年（1053）在建昌軍南城（今江西資溪縣）所建的承天院羅漢閣，係由"上下百越，走兩川而歸，克有貨財"的商人丘文遂出資興建。⑤ 又，仁宗嘉祐（1056—1064）初年，龍巖人楊飾捐貨在漳州崇福禪院千佛閣之南建

---

① 關於僧伽和尚研究，王惠民有《僧伽研究論著目錄》（2009），公布於敦煌研究院網站的"論著目錄"項下（http://public.dha.ac.cn/Content.aspx?id=149132737013&Page=2）。今至少可補下列諸文：齊藤圓真《成尋の見た中國の庶民信仰—泗州大師僧伽信仰》，《天台學報》第47卷，2004年，頁43—53；蔡相煇《以李邕（673—742）〈泗州臨淮縣普光王寺碑〉爲核心的僧伽（628—709）信仰》，《空大人文學報》，第14卷，2005年，頁49—93。
② 黃啓江《泗州大聖僧伽傳奇新論》，頁71—73。
③ 《蘇軾全集·中·文集》卷一二《記·廣州東莞縣資福禪寺羅漢閣記》，頁907。
④ 廣東省博物館《南華寺》，《北宋木雕五百羅漢造像發現記》，頁117,126。
⑤ 李覯著，左贊編《盱江集》卷二四《承天院羅漢閣記》，文淵閣四庫全書本，冊一〇九五，頁10。

大阿羅漢浴室,①亦是一例。此外,一般平民對羅漢信仰的推展也有相當的貢獻,如邵陽新化縣承熙禪寺五百羅漢閣就是一群平民捐貲建造的。②廣東南華寺五百羅漢像只有兩尊是都知兵馬使的家眷捐建的,其餘都來自平民百姓的捐獻。③

以上所述宋代羅漢信仰的各種面向,在某種程度上也反映了時代的脈動和佛教的變化。宋代皇帝權力的高漲,科舉取士成爲仕進最重要的途徑,功名來自科舉考試,而不是如中古貴族有家族門望的保障,人們對未來充滿著不確定感的憂慮,故有爲求科舉登第而供羅漢者,有爲皇帝貶謫後的不安而禱求者。又,上從皇帝、官員供羅漢以祈晴祈雨,下至平民百姓祈請各種福祐平安,顯示它是一種流行於各階層的信仰。④

就研究羅漢信仰而言,"大德寺五百羅漢圖"的重要性不言可喻,它的內容極爲豐富,同時也是探討宋代佛教史珍貴的資料。就筆者初步的觀察,包括以下幾個層面:(一)從中國聖僧信仰這個角度思考,將能理解此圖更多的內容。聖僧信仰包括聖僧總類、羅漢、個別聖僧三類,⑤"五百羅漢圖"中也有個別聖僧的內容,"75 嬰兒供養(僧伽和尚)"、"B7 應身觀音(寶誌和尚)",⑥分別係表現其時個別聖僧的僧伽和尚、寶誌和尚的信仰。(二)宋代水陸法會流行,以下諸圖都和此有關:"4 向冥界行道"、"5 冥府訪問"、"6 降臨龍宮"、"17 戰沒者供養"、"19 水官的來臨"、"72 降臨餓鬼道"、"73 降臨地獄"、"B10 施飯餓鬼"。⑦(三)薦亡是羅漢信仰重要的功能之一,"18 天女昇天"係表現羅漢濟度亡故的女子得以昇天;"75 嬰兒供

---

① 《鐔津文集》卷一二《漳州崇福禪院千佛閣記》,頁 711 中—712 上。

② 胡寅《斐然集·下》卷二一《羅漢閣記》,頁 455。

③ 廣東省博物館《南華寺》,稱"只有兩尊(260、360 號)是下級軍官'都知兵馬使'的遺孀捐造的"(頁 120)。按都知兵馬使爲節鎮重職,《資治通鑑》卷二一五《唐紀三十一·玄宗天寶六載》胡注云:"兵馬使,節鎮衙前軍職也,總兵權,任甚重。至德以後,都知兵馬使率爲藩鎮儲帥。"

④ 黄啓江《泗州大聖僧伽傳奇新論》,以爲它不僅是牧田諦亮所謂的庶民佛教,而是跨越各階層的信仰。

⑤ 參見本書第十二章《中國的聖僧信仰和儀式(4—13 世紀)》。

⑥ 《大德寺傳來五百羅漢圖》,頁 75,98。

⑦ 《大德寺傳來五百羅漢圖》,頁 13—15,26,28,81—82,101。關於此圖和水陸法會的關係,參見井手誠之輔下列二文:(1)《大德寺傳來五百羅漢圖試論》,《聖地寧波》,頁 256—257;(2)《大德寺傳來五百羅漢圖的成立背景(承前)》,《大德寺傳來五百羅漢圖》,頁 269—272。

養"係超度早夭的嬰兒。①（四）宋代佛教流行內容的表現，"35 阿彌陀佛畫像供養"、"36 觀音畫像禮拜"分別反映阿彌陀佛和水月觀音信仰的流行。②（五）佛教界的新思潮，如"77 唐僧取經"將玄奘聖化爲羅漢，是北宋初年以降佛教界提升這位高僧的表現之一。③（六）"B9 渡水羅漢（達磨祖師）"反映當世禪宗的流行。④（七）它也反映了羅漢信仰的社會面向，如"1 羅漢供"描繪官員家中供羅漢的場景、"24 宮中訪問"則顯示皇宮中的羅漢供。⑤

　　由上觀之，若要對羅漢信仰有更完整的理解，必得將它置於聖僧信仰的背景下加以討論；如欲對宋代羅漢信仰有深刻的認識，必須重視它和當時佛教界流行的內涵如懺儀和各種信仰的交融互動，凡此皆有待歷史、藝術史、佛教史學者更進一步的鑽研探究。

　　附記：本文曾於"跨越想象的邊界：族群·禮法·社會——中國史國際學術研討會"（臺灣師範大學歷史學系，2013 年 11 月 29—30 日）宣讀，蒙李玉珉教授惠賜指正，謹致謝意。

（本文原刊於《"中研院"歷史語言研究所集刊》第 86 本第 4 分，2015 年）

① 《大德寺傳來五百羅漢圖》，頁 27，84。
② 《大德寺傳來五百羅漢圖》，頁 44—45。
③ 拙文《宋代玄奘的聖化：圖像、文物和遺迹》，《中華文史論叢》2019 年第 1 期，頁 193—194。
④ 《大德寺傳來五百羅漢圖》，頁 100。
⑤ 《大德寺傳來五百羅漢圖》，頁 33。

附錄

南朝迄宋代竺曇猷、白道猷記載的變化表

時代	作者	書名或篇名	竺曇猷／白道猷	出處
梁	慧皎 497—554	《高僧傳》(T·2059)《晉始豐赤城山竺曇猷傳》	竺曇猷 竺曇猷，或云法猷，燉煌人。	《大正藏》第 50 册，頁 395 下
隋	楊廣	《國清百錄》(T·1934)《皇太子敬靈龕文》	道猷 自曇光坐滅之後，道猷身證己來，興公飛錫所不能稱，靈運山居未有斯事。	《大正藏》第 46 册，頁 813 中
隋	灌頂 561—632	《隋天台智者大師別傳》(T·2050)	白道猷 聞天台地記稱有仙官，白道猷所見者信矣。	《大正藏》第 50 册，頁 193 上
隋	柳顧言	《國清百錄·天台國清寺智者禪師碑文》	道猷 道猷往而證果。	《大正藏》第 46 册，頁 818 上
唐	道宣 596—667	《續高僧傳》(T·2060) 1.《隋國師智者天台山國清寺釋智顗傳》 2.《唐天台山國清寺釋灌頂傳》	道猷 1. 此乃會稽之天台山也，聖賢之所托矣。昔僧光、道猷、法蘭、曇密，晉宋英達無不栖焉。 2. 爲智者設千僧齋，置國清寺。即昔有晉曇光、道猷之故迹也。	1.《大正藏》第 50 册，頁 564 下 2.《大正藏》第 50 册，頁 584 中
唐	道宣	《釋迦方志》(T·2088) 永徽元年(650)	竺曇猷 昔晉太元初，有燉煌沙門竺曇猷。	《大正藏》第 51 册，頁 972 下
唐	道宣	《集神州三寶感通錄》(T·2106)	帛道猷 東晉初天台山寺者，昔有沙門帛道猷，或云竺姓者，銳涉山水，窮括奇異	《大正藏》第 52 册，頁 423 中

時代	作者	書名或篇名	竺曇猷／白道猷	出處
唐	道世 ？—683	《法苑珠林》 （T・2122） 總章元年(668)	1. 竺曇猷 a. 晉太元初有燉煌沙門竺曇猷。 b. 晉始豐赤城山有曇猷，或云法猷，燉煌人。 2. 帛道猷 東晉初天台山寺者，昔有沙門帛道猷，或云竺道猷。統涉山水，窮括奇異。	1.《大正藏》第53冊，頁429中，900上 2.《大正藏》第53冊，頁594下
唐	神清 ？—820	《北山錄》（T・2113）	1. 竺道猷 昔晉宋之間，西來三藏多以禪法教授，如竺道猷，定力深遠，高巖誦經，群虎前聽。 2. 竺曇猷 昔竺曇猷造天台。	1.《大正藏》第52冊，頁611上 2.《大正藏》第52冊，頁624下
唐	澄觀 737—838	《大方廣佛華嚴經疏》(T・1735)	白道猷 天台之南赤城山也……其間有白道猷之遺蹤。	《大正藏》第53冊，頁860上
唐	白居易 772—846	《沃洲山禪院記》	白道猷 厥初有羅漢僧西天竺人白道猷居焉。	《白居易集箋校》，頁3685
唐	懷信	《釋門自鏡錄》（T・2083）	竺曇猷 竺曇猷，或云法猷，燉煌人。	《大正藏》第51冊，頁814下
唐	徐靈府	《天台山記》（T・2096）	白道猷 其中山趾有寺，曰中巖寺，即是西國高僧白道猷所立也。	《大正藏》第51冊，頁1054中
唐	崔致遠 857—951	《有唐新羅國故知異山雙谿寺教諡真鑒禪師碑銘并序》	竺曇猷 彼竺曇猷之扣睡虎頭令聽經，亦未專微於僧史也。	《桂苑筆耕集》

時代	作者	書名或篇名	竺曇猷／白道猷	出處
宋	李昉等	《太平御覽》太平興國二年(977)	竺曇猷 竺曇猷,燉煌人。少苦行,習禪定,遊江左止剡之石城山。	卷六五五《釋部三‧異僧上》,頁3057中
宋	贊寧 919—1001	《宋高僧傳》 (T‧2061) 端拱元年(988)	道猷 1.《寂然傳》:初有羅漢白道猷,言西域來,戻止是山。 2.《普岸傳》:大和年中謂衆曰:天台赤城,道猷曾止息焉;……東入石橋聖寺,乃是綠身道猷尊者結茅居此。	1.《大正藏》第50册,頁880上 2.《大正藏》第50册,頁880中
宋	雪竇重顯 980—1052	《明覺禪師語録》 (T‧1996) 《送寳相長老并序》	白道猷 赤松子也浪虛閑,白道猷兮大輕擲。	《大正藏》第50册,頁698中
宋	戒珠 985—1077	《净土往生傳》 (T‧2071) 治平元年(1064)	道猷 人或告曰:此必會稽之天台爾,晉宋以來,僧光、道猷、法蘭、曇密之徒,皆棲焉。	《大正藏》第50册,頁115中
宋	士衡	《天台九祖傳》 (T‧2069)	道猷 爲大師設千僧齋,置國清寺,即昔有晉曇光、道猷之故迹也。	《大正藏》第50册,頁101上
宋	沈作賓修,施宿等纂	《嘉泰會稽志》 嘉泰元年(1201)	白道猷	卷八,頁6854上;卷九,頁6877中
宋	釋居簡 1164—1246	《重刻永明壽禪師物外集序》 開禧(1205—1208)初	曇猷 開禧初,余登會稽,探禹穴,陟華頂,度石橋,閱曇猷逸迹。	《北磵集》卷五
宋	史安之修,高似孫纂	《剡録》 嘉定七年(1214)	1. 白道猷 2. 竺曇猷	1. 卷三,頁7219中 2. 卷三,頁7220
宋	黃䇓、齊碩修,陳耆卿纂	《嘉定赤城志》 嘉定十六年(1223)	曇猷	卷二一,頁7440,7445中